T0326589

Prognoseberichterstattung

Münsteraner Schriften
zur Internationalen Unternehmensrechnung

Herausgegeben von Peter Kajüter

Band 1

PETER LANG

Frankfurt am Main · Berlin · Bern · Bruxelles · New York · Oxford · Wien

Daniela Barth

Prognoseberichterstattung

Praxis, Determinanten und Kapitalmarktwirkungen bei
deutschen börsennotierten Unternehmen

PETER LANG
Internationaler Verlag der Wissenschaften

Bibliografische Information der Deutschen Nationalbibliothek
Die Deutsche Nationalbibliothek verzeichnet diese Publikation
in der Deutschen Nationalbibliografie; detaillierte bibliografische
Daten sind im Internet über http://dnb.d-nb.de abrufbar.

Zugl.: Münster (Westfalen), Univ., Diss., 2009

Gedruckt auf alterungsbeständigem,
säurefreiem Papier.

D 6
ISSN 1868-7687
ISBN 978-3-631-59543-5
© Peter Lang GmbH
Internationaler Verlag der Wissenschaften
Frankfurt am Main 2009
Alle Rechte vorbehalten.

www.peterlang.de

Geleitwort

Reformmaßnahmen der letzten Jahre zielten darauf ab, den Lagebericht zu einem wert- und zukunftsorientierten Berichtsinstrument auszubauen. So erfuhr insbesondere die Prognoseberichterstattung mit der Änderung der §§ 289 Abs. 1 und 315 Abs. 1 HGB durch das Bilanzrechtsreformgesetz (BilReG) eine umfassende Aufwertung. Die Berichtsanforderungen im Lagebericht, und damit auch im Prognosebericht, werden darüber hinaus durch den vom Deutschen Standardisierungsrat (DSR) im Jahr 2004 verabschiedeten DRS 15 „Lageberichterstattung" konkretisiert.

Weiterhin ist die Prognoseberichterstattung durch die globale Finanzmarktkrise verstärkt in den Fokus gerückt. So verzichtete beispielsweise die Merck KGaA auf die Abgabe von Prognosen zur zukünftigen Unternehmensentwicklung in ihrem Lagebericht 2008 mit dem Hinweis, dass die besonderen Umstände der Finanzmarktkrise derzeit keine quantitativen Prognosen erlauben und selbst qualitative Trendaussagen zum jetzigen Zeitpunkt nicht möglich seien. Der DSR reagierte auf die mit der weltweiten Wirtschaftskrise verbundenen Unsicherheiten in Bezug auf die Prognosepublizität und veröffentlichte im März 2009 einen Hinweis zum Prognosebericht gemäß DRS 15. In diesem erkennt der DSR zwar die Beeinträchtigung der Prognosefähigkeit aufgrund der aktuellen wirtschaftlichen Rahmenbedingungen an, hält aber gleichwohl einen vollständigen Verzicht oder die Beschränkung auf qualitative Trendaussagen für nicht vertretbar. Auch die Deutsche Prüfstelle für Rechnungslegung (DPR) hat die Relevanz des Themas erkannt und erklärte die Prognoseberichterstattung zu einem ihrer Prüfungsschwerpunkte in den Jahresfinanzberichten 2007 und den Halbjahresfinanzberichten 2008.

Angesichts der steigenden Relevanz einer den Abschluss ergänzenden verbalen Managementberichterstattung hat sich auch der IASB dem Thema angenommen und im Oktober 2005 ein Diskussionspapier und im Juni 2009 einen Exposure Draft für einen „Management Commentary" veröffentlicht. Der Entwurf sieht vor, dass in einem Managementbericht neben vergangenheitsorientierten verstärkt qualitativ-verbale und prognostische Informationen als Entscheidungsgrundlage für Investoren offengelegt werden.

Die aufgezeigte Reformierung der Prognosepublizität sowie die zunehmende Bedeutung der zukunftsorientierten Berichterstattung für Investoren und andere Adressaten waren Anlass für Frau Barth, sich im Rahmen ihrer Arbeit der Prognoseberichterstattung im Lagebericht zu widmen. Sie machte die Prognosepublizität dabei zum Untersuchungsgegenstand zweier empirischer Teilstudien, die sich der Berichterstattung über das künftige Unternehmensgeschehen aus zwei Blickwinkeln nähern. In der ersten Teilstudie thematisiert Frau Barth die Prognosepublizität im Lagebericht, welche mittels einer hypothesengeleiteten Inhaltsanalyse untersucht wird. Die zweite Teilstudie beschäftigt sich mit der Entscheidungsrelevanz publizierter Prognosedaten im Rahmen einer Ereignisstudie.

Im Hinblick auf die Entwicklung und Ausgestaltung der Prognoseberichterstattung im Zeitablauf zeigen die Ergebnisse, dass die Einführung des DRS 15 mit einer Aufwertung der Prognosepublizität verbunden war. So kann nicht nur ein statistisch signifikanter Anstieg des Umfangs der Prognoseberichterstattung im Beobachtungszeitraum von 2004 bis 2006 konstatiert werden, auch hinsichtlich der Prognosegenauigkeit und des Prognosehorizonts ist im Zeitablauf eine Verbesserung festzustellen. Kritisch sind hingegen die Ausführungen von kleineren, im SDAX gelisteten Unternehmen zu sehen, bei denen die Angaben zur voraussichtlichen Entwicklung im Prognosebericht auch noch im Berichtsjahr 2005 und 2006 relativ vage und wenig aussagekräftig sind. Ferner kann dem vom DRS 15 geforderten zweijährigen Prognosehorizont bei der Mehrzahl der Unternehmen keine Konformität im Beobachtungszeitraum bescheinigt werden. Hinsichtlich der Bestimmungsfaktoren der Prognoseberichterstattung wird deutlich, dass die unterschiedlichen Publizitätsumfänge im Prognosebericht maßgeblich durch die Unternehmensgröße erklärt werden können. In allen drei Beobachtungsjahren zeigen die Analysen einen statistisch signifikanten Zusammenhang zwischen dem Umfang der Prognosepublizität und der Unternehmensgröße. Die zweite Teilstudie konstatiert folgendes Ergebnis: Sowohl bei positiven als auch bei negativen Prognoseankündigungen kommt es zu signifikanten Kursreaktionen um das Veröffentlichungsdatum. Diese schlagen sich bei negativen Prognoseänderungen in einer betragsmäßig deutlich umfangreicheren Überrendite nieder als dies bei positiven Prognoseankündigungen der Fall ist.

Die vorliegende Arbeit bietet umfassende Einblicke in die Praxis, die Determinanten und die Kapitalmarktwirkungen der Prognosepublizität deutscher börsennotierter Unternehmen. Sie zeigt dabei zahlreiche Implikationen für Investoren und andere Adressaten sowie für Wirtschaftsprüfer, Standardsetter und Enforcementinstitutionen auf. Insofern wünsche ich der Arbeit einen großen Leserkreis in Wissenschaft und Praxis.

Münster, im Juli 2009   Prof. Dr. Peter Kajüter

Geleitwort

Unsicherheit über die Perspektiven von Unternehmen und die Qualität ihrer Strategien sind derzeit allgegenwärtig. Glaubwürdige Informationen und Anhaltspunkte für die Bildung von Einschätzungen werden dringend benötigt. Welche schädlichen Auswirkungen Informationsasymmetrien in einzel- und gesamtwirtschaftlicher Hinsicht nach sich ziehen können, hat uns die aktuelle Finanzmarktkrise deutlich und schmerzvoll vor Augen geführt. Da ist es nicht überraschend, dass die Prognoseberichterstattung in den Fokus der aktuellen Diskussion gerückt ist. Ihren Investoren und anderen Stakeholdern berichterstattende Unternehmen stellen die aktuellen Entwicklungen oftmals vor große Herausforderungen bei der Einschätzung des zukünftigen Unternehmensgeschehens.

Dies ist der Ausgangspunkt für die Dissertation von Frau Dr. Daniela Barth, eine theoretisch fundierte Arbeit von höchster praktischer Relevanz. Sie kann eine Fülle empirisch gesicherter neuer Erkenntnisse vorlegen. So werden mit der vorliegenden Arbeit erstmals Einblicke in die Berichtspraxis der Prognosepublizität und deren Kapitalmarktwirkungen unter Berücksichtigung aktueller Rechnungslegungsanforderungen auf der Grundlage einer umfassenden Datenbasis gewährt.

Die vorliegende Arbeit erhält den „Dr. Andreas Dombret Promotionspreis 2009". Dieser Preis wird einmal im Jahr für jene mit summa cum laude bewertete Dissertation an der Wirtschaftswissenschaftlichen Fakultät der Westfälischen Wilhelms-Universität Münster vergeben, in der die Verbindung von theoretischem Wissen und konkretem Nutzen für die wirtschaftliche Praxis am besten gelingt. Diese Anforderung hat Frau Dr. Barth in hervorragender Weise erfüllt. Ich wünsche ihrer Arbeit eine weite Verbreitung und ihr selbst viel Erfolg auf ihrem Weg von der Theorie in die Praxis.

Frankfurt, im Juli 2009   Dr. Andreas Raymond Dombret

Vorwort

> *„Mehr als die Vergangenheit interessiert mich die Zukunft,*
> *denn in ihr gedenke ich zu leben."*
> Albert Einstein (1879-1955), deutscher Physiker und Nobelpreisträger

Der Wunsch in die Zukunft blicken zu können, ist so alt wie die Menschheit. Insbesondere in Zeiten von Wirtschaftskrisen interessiert die Einschätzung des künftigen Unternehmensgeschehens mehr denn je. Die vorliegende Arbeit nahm sich dem Thema der Prognoseberichterstattung an, indem sie folgenden Fragen nachging: Wie hat sich die Prognosepublizität im Zeitablauf entwickelt und durch welche Determinanten wird diese beeinflusst? Welche Kapitalmarktwirkungen gehen mit der Bekanntgabe von Prognoseänderungen einher? Trotz all der Zukunftsorientierung soll an dieser Stelle noch einmal ein Blick in die Vergangenheit geworfen werden, um denjenigen zu danken, die zum Entstehen und Erfolg der Arbeit maßgeblich beigetragen haben.

Entstanden ist die Arbeit während meiner Zeit als wissenschaftliche Mitarbeiterin in den Jahren 2006 bis 2009 am Lehrstuhl für Internationale Unternehmensrechnung zunächst an der ESCP-EAP Europäische Wirtschaftshochschule Berlin, später an der Westfälischen Wilhelms-Universität Münster. Zu großem Dank bin ich daher meinem Doktorvater und akademischen Lehrer, Herrn Prof. Dr. Peter Kajüter, verpflichtet, der mich als erste Doktorandin an seinem Lehrstuhl aufgenommen hat. Mit konstruktiven Diskussionen und zahlreichen Anregungen hat er mein Dissertationsvorhaben über alle Phasen hinweg – bis zur Gründung dieser Schriftenreihe – unterstützend begleitet und somit einen erfolgreichen und zügigen Abschluss meiner Arbeit ermöglicht. Bedanken möchte ich mich zudem bei Herrn Prof. Dr. Hans-Jürgen Kirsch für die unkomplizierte Übernahme des Zweitgutachtens. Herrn Prof. Dr. Christoph Watrin und Herrn Prof. Dr. Aloys Prinz sei an dieser Stelle für die Prüfertätigkeit im Rahmen meiner Disputation gedankt.

Für die Auszeichnung meiner Dissertation mit dem Promotionspreis 2009 der Wirtschaftswissenschaftlichen Fakultät der Westfälischen Wilhelms-Universität Münster danke ich Herrn Dr. Andreas Raymond Dombret ganz herzlich.

In der Anfangsphase der Promotionszeit in Berlin fand ich in meiner Bürokollegin Jane Samantha Oguachuba eine wertvolle Gesprächspartnerin. Für ihre zahlreichen Hinweise und Ratschläge bei der Themensuche und -findung danke ich sehr. Während dieser Zeit gilt es auch Ulrich Küting einen aufrichtigen Dank auszusprechen, für die unermüdliche Diskussionsbereitschaft und den vielfältigen Ideenaustausch sowie die unvergessenen Sightseeingtouren in und um Berlin.

Der Hauptteil meiner Arbeit entstand an der Westfälischen Wilhelms-Universität in Münster. Hier möchte ich insbesondere der „ersten Generation" des Lehrstuhls danken, mit der gemeinsam in vielen Projekten der Lehrstuhl aufgebaut wurde. Den studentischen Hilfskräften des Lehrstuhls sei für die umfassenden Literatur- und Kopierarbeiten gedankt. Mein Dank geht darüber hinaus an Martin Merschdorf, der sich in den letzten Wochen bei Formatierungs- und Layoutfragen als ein kompetenter Ansprechpartner erwies.

Ein liebevolles Dankeschön möchte ich an dieser Stelle meinem Lehrstuhlkollegen Simon
Esser und meiner „Flurkollegin" Gisa Ortwein aussprechen, die einen maßgeblichen Anteil am erfolgreichen Abschluss meiner Arbeit hatten. Simon Esser danke ich für die immer aufmunternden Worte, seine unnachgiebige Motivation und die außerordentlich
freundschaftliche, kollegiale Zusammenarbeit am Lehrstuhl. Der intensive Gedankenaus-
tausch und die unterstützenden Korrekturarbeiten waren für mich eine unschätzbare Be-
reicherung. Gisa Ortwein danke ich für die vielen nützlichen Impulse und die äußerst
hilfreichen Anmerkungen rund um das Promotionsvorhaben. Ihre unendliche Geduld
beim Korrekturlesen meiner Arbeit war einzigartig. Neben den fachlichen Unterstüt-
zungsleistungen von Simon und Gisa hat sich über die Zeit eine wunderbare Freundschaft
entwickelt, die durch unsere zahlreichen Freizeitaktivitäten in der „lebenswertesten Stadt
der Welt" immer erneut die nötige Distanz zur Arbeit geschaffen und für viel Abwechs-
lung und Heiterkeit gesorgt haben. Die Zeit wird stets unvergessen bleiben.

Der unbestritten größte Dank gebührt meinen Eltern und meiner Schwester. Meinen Eltern möchte ich für das schier unendlich mir entgegengebrachte Vertrauen und die bei-
spiellose Unterstützung jedweder Art danken. Ihr liebevoll bereitetes Zuhause haben mir
bedingungslosen Rückhalt und den erforderlichen Abstand vom Dissertationsprojekt gegeben. Auch meine Schwester sorgte bei unseren Kurztrips immer wieder für eine will-
kommene Ablenkung. Meinen Eltern und meiner Schwester widme ich diese Arbeit in
Dankbarkeit.

Münster, im Juli 2009   Daniela Barth

Inhaltsübersicht

Inhaltsverzeichnis

Abbildungsverzeichnis

Abbildungsverzeichnis (Anhang)

Tabellenverzeichnis

Tabellenverzeichnis (Anhang)

Formelverzeichnis

Abkürzungsverzeichnis

Abb.	Abbildung
Abs.	Absatz
ADR	American Depository Receipt
a.F.	alte Fassung
AFRAC	Austrian Financial Reporting and Auditing Committee
AG	Aktiengesellschaft
AICPA	American Institute of Certified Public Accountants
AktG	Aktiengesetz
a.M.	anderer Meinung
AMEX	American Stock Exchange
Anm.	Anmerkung
ANOVA	Analysis of Variance
API	Abnormal Performance Index
APT	Arbitrage Pricing Theory
Art.	Artikel
ASB	Accounting Standards Board
ASRB	Accounting Standards Review Board
ASX	Australian Stock Exchange
Aufl.	Auflage
Bay.	Bayerische
BB	Betriebs-Berater [Zeitschrift]
Bd.	Band
BERR	Department for Business Enterprise & Regulatory Reform
BFuP	Betriebswirtschaftliche Forschung und Praxis [Zeitschrift]
BilMoG-RegE	Regierungsentwurf des Bilanzrechtsmodernisierungsgesetzes
BilReG	Bilanzrechtsreformgesetz
BilReG-RefE	Referentenentwurf zum Bilanzrechtsreformgesetz
BiRiLiG	Bilanzrichtliniengesetz
BMJ	Bundesministerium der Justiz
BMW	Bayerische Motoren Werke
BörsG	Börsengesetz
BörsO	Börsenordnung
bspw.	beispielsweise
BT-Drucks.	Bundestags-Drucksache
BWL	Betriebswirtschaftslehre
bzgl.	bezüglich
ca.	circa
CA	Companies Act
CAPM	Capital Asset Pricing Model

CAR	Cumulative Abnormal Return
CDAX	Composite Deutscher Aktienindex
CICA	Canadian Institute of Chartered Accountants
CLERP	Corporate Law Economic Reform Program
CSA	Canadian Securities Administrators
DAX	Deutscher Aktienindex
DB	Der Betrieb [Zeitschrift]
DBW	Die Betriebswirtschaft [Zeitschrift]
DI	Disclosure Index
Diss.	Dissertation
DP	Diskussionspapier
DPR	Deutsche Prüfstelle für Rechnungslegung
Dr.	Doktor
DRÄS	Deutscher Rechnungslegungs Änderungsstandard
DRS	Deutscher Rechnungslegungsstandard
DRSC	Deutsches Rechnungslegungs Standards Committee
DSR	Deutscher Standardisierungsrat
DStR	Deutsches Steuerrecht [Zeitschrift]
DW	Durbin-Watson-Statistik
EBIT	Earnings Before Interest and Taxes
EBITDA	Earnings Before Interest, Taxes, Depreciation and Amortization
EBT	Earnings Before Taxes
ED	Exposure Draft
E-DRS	Entwurf eines Deutschen Rechungslegungsstandard
EFTA	European Free Trade Association
EG	Europäische Gemeinschaft
EMH	Efficient Market Hypothesis
EPS	Earnings per Share
et al.	et alii
etc.	et cetera
EU	Europäische Union
f./ff.	folgende/fortfolgende
FAZ	Frankfurter Allgemeine Zeitung
FB	Finanzbetrieb [Zeitschrift]
F&E	Forschung und Entwicklung
Fn.	Fußnote
FRR	Financial Reporting Release
FRS	Financial Reporting Standard
FRSB	Financial Reporting Standards Board
FS	Festschrift
FTD	Financial Times Deutschland [Zeitung]

FWB	Frankfurter Wertpapierbörse
GAAP	Generally Accepted Accounting Principles
gesamtw.	gesamtwirtschaftlich
ggf.	gegebenenfalls
GmbH	Gesellschaft mit beschränkter Haftung
GoL	Grundsätze ordnungsmäßiger Lageberichterstattung
GuV	Gewinn- und Verlustrechnung
Habil.-Schr.	Habilitations-Schrift
HDAX	Hundred Deutscher Aktienindex
HFA	Hauptfachausschuss
HGB	Handelsgesetzbuch
h.M.	herrschende Meinung
Hrsg.	Herausgeber
http	hypertext transfer protocol
HWO	Handwörterbuch der Organisation
HWR	Handwörterbuch des Rechnungswesens
HWRP	Handwörterbuch der Rechnungslegung und Prüfung
HWU	Handwörterbuch Unternehmensrechnung und Controlling
IAS	International Accounting Standard
IASB	International Accounting Standards Board
i.d.R.	in der Regel
IDW	Institut der Wirtschaftsprüfer
ifo	Information und Forschung
IFRS	International Financial Reporting Standards
inkl.	inklusive
InvG	Investmentgesetz
IRZ	Zeitschrift für Internationale Rechnungslegung
ISIN	International Securities Identifying Number
i.S.v.	im Sinne von
IWF	Internationaler Währungsfonds
Jg.	Jahrgang
JoAE	Journal of Accounting and Economics [Zeitschrift]
JoAR	Journal of Accounting Research [Zeitschrift]
JoF	Journal of Finance [Zeitschrift]
Kap.	Kapitel
KapAEG	Kapitalaufnahmeerleichterungsgesetz
Kath. Univ.	Katholische Universität
KonTraG	Gesetz zur Kontrolle und Transparenz im Unternehmensbereich

KoR	Zeitschrift für internationale und kapitalmarktorientierte Rechnungslegung
ln	natürlicher Logarithmus
MC	Management Commentary
MD&A	Management's Discussion and Analysis
MDAX	Midcap Deutscher Aktienindex
Mrd.	Milliarde
m.w.N.	mit weiteren Nachweisen
NASDAQ	National Association of Securities Dealers Automated Quotations
NEMAX	Neuer Markt Aktienindex
n.F.	neue Fassung
NI	National Instruments
No.	Number
Nr.	Nummer
NYSE	New York Stock Exchange
o.a.	oben angeführter
OECD	Organisation for Economic Co-operation and Development
OFR	Operating and Financial Review
o.Jg.	ohne Jahrgang
o.V.	ohne Verfasser
pdf	portable document format
PiR	Praxis der internationalen Rechnungslegung [Zeitschrift]
Prof.	Professor
PS	Prüfungsstandard
Q-Q-Diagramm	Quantil-Quantil-Diagramm
RAND	Research and Development
RH	Rechnungslegungshinweis
RIW	Recht der Internationalen Wirtschaft [Zeitschrift]
Rn.	Randnummer
RS	Reporting Statement
Rz.	Randziffer
S.	Seite
SA	Securities Act
SDAX	Smallcap Deutscher Aktienindex
SEA	Securities Exchange Act

SEC	Securities and Exchange Commission
Sec.	Section
sog.	so genannte
Sp.	Spalte
SPSS	Statistical Package of the Social Sciences
Stand.abw.	Standardabweichung
StuB	Steuern und Bilanzen [Zeitschrift]
Tab.	Tabelle
TecDAX	Technologie Deutscher Aktienindex
Techn. Hochsch.	Technische Hochschule
TUG	Transparenzrichtlinien-Umsetzungsgesetz
Tz.	Textziffer
u.a.	unter anderem
UK	United Kingdom
ÜR-UG	Übernahmerichtlinie-Umsetzungsgesetz
Univ.	Universität
US	United States
USA	United States of America
u.U.	unter Umständen
Vgl.	Vergleiche
VIF	Varianzinflationsfaktor
WiSt	Wirtschaftswissenschaftliches Studium [Zeitschrift]
WM	Wertpapier-Mitteilungen, Zeitschrift für Wirtschafts- und Bankrecht
WP	Wirtschaftsprüfung
WPg	Die Wirtschaftsprüfung [Zeitschrift]
WpHG	Wertpapierhandelsgesetz
WpPG	Wertpapierprospektgesetz
WpÜG	Wertpapiererwerbs- und Übernahmegesetz
www	world wide web
z.B.	zum Beispiel
ZBB	Zeitschrift für Bankrecht und Bankwirtschaft
ZfB	Zeitschrift für Betriebswirtschaft
zfbf	Zeitschrift für betriebswirtschaftliche Forschung
ZfgSt	Zeitschrift für die gesamte Staatswissenschaft
ZIP	Zeitschrift für Wirtschaftsrecht
z.T.	zum Teil
zugl.	zugleich

Symbolverzeichnis

§	Paragraph
%	Prozent
*	Signifikanzniveau
Σ	Summe
€	Euro
AR_{it}	abnormale Rendite der Aktie i im Zeitpunkt t
B	nicht standardisierter Koeffizient
CAR_t	kumulierte abnormale Rendite im Zeitpunkt t
df	Anzahl der Freiheitsgrade
d_i	Item i im Disclosure Index
$E[R_{it}]$	erwartete Rendite
F	F-Wert des F-Tests
H	Hypothese
I	Marktindex
i	Item im Disclosure Index bzw. Aktie eines Unternehmens
n	absoluter Wert
N	Anzahl der analysierten Unternehmen bzw. Ereignisse
p	Signifikanzwert
p_{it}	Aktienkurs der Aktie i im Zeitpunkt t
r	Rangkorrelationskoeffizient (Spearman Rho)
R^2	Bestimmtheitsmaß
R_{it}	tatsächliche Rendite der Aktie i im Zeitpunkt t
R_{mt}	Rendite des Marktportfolios im Zeitpunkt t
S	Anzahl der Tage im Schätzzeitraum
s	jeweiliger Handelstag im Schätzzeitraum
t	Zeit
T	T-Wert des T-Tests
α	Konstante, Achsenabschnitt
β	Regressionskoeffizient
ε	Störterm
μ	Mittelwert

1 Einleitung

1.1 Problemstellung und Zielsetzung

Der Lagebericht hat als Ergänzung und Erläuterung des vergangenheitsorientierten Jahresabschlusses in Deutschland eine lange Tradition. Während die Angaben zu Geschäft und Rahmenbedingungen sowie zur Ertrags-, Finanz- und Vermögenslage die Jahresabschlussdaten des abgelaufenen Geschäftsjahres erläutern, kommt dem Nachtrags-, Risiko- und Prognosebericht eine Ergänzungsfunktion in zeitlicher Hinsicht zu.[1] Der **Prognosebericht** erlangte dabei in den letzten Jahren bei den Berichtsadressaten zunehmende Aufmerksamkeit. So zeigen empirische Studien, dass die Informationswünsche der Investoren und übrigen Stakeholder mehr und mehr auf eine zukunftsorientierte Berichterstattung über das künftige Unternehmensgeschehen abzielen. Zur Identifikation der Informationsanforderungen führte bspw. das *AICPA* die bis heute umfassendste empirische Untersuchung mit dem Titel „Improving Business Reporting" durch, um darauf aufbauend Vorschläge zur Reform der Unternehmensberichterstattung zu präsentieren. Hinsichtlich zukunftsgerichteter Informationen waren es insbesondere die Angaben über erwartete Chancen und Risiken (opportunities and risks) sowie über die künftigen Pläne des Managements (management's plans for the future), welchen eine hohe Entscheidungsrelevanz von den befragten Investoren und Gläubigern zugesprochen wurde.[2] Auch Studien für den deutschsprachigen Raum bestätigen das zunehmende Interesse an einer zukunftsorientierten Berichterstattung seitens der Investoren, Finanzanalysten und Gläubiger.[3]

Angesichts der steigenden Relevanz zukunftsorientierter Informationen, ist in den letzten Jahren ein stetiger Prozess der Weiterentwicklung des Lageberichts zu beobachten gewesen. Wurde dem Gesetzgeber in der Vergangenheit häufig die „stiefmütterliche Behandlung"[4] des Lageberichts zur Last gelegt, erfuhr die zukunftsbezogene Publizität im Rahmen der Lageberichterstattung durch das Bilanzrechtsreformgesetz (BilReG) im Jahr 2004 eine umfassende Aufwertung.[5]

---

[1] Vgl. *Baetge et al.* (1989), S. 9f.; *Greinert* (2004), S. 51; *Glatz* (2007), S. 11. Vgl. ferner *Krüger/Schneider-Piotrowsky* (2008), S. 473: „Die stark vergangenheitsbezogene Berichterstattung im handelsrechtlichen Jahresabschluss wird wesentlich durch die prospektive Berichterstattung im Lagebericht ergänzt."

[2] Vgl. *AICPA* (1994), Chapter 3. Bezug nehmend auf den Vorsitzenden des mit der Untersuchung beauftragten *Edmund L. Jenkins* ist die Studie auch unter dem Begriff des „Jenkins Report" bekannt geworden; vgl. *Haller/Dietrich* (2001), S. 165ff. Einen guten Projektüberblick bieten auch *Berndlmaier/Klein* (1997), S. 1089ff.

[3] Vgl. *Blohm* (1962), S. 51f.; *Hub* (1972), S. 148f.; *Kellinghusen/Irrgang* (1978), S. 2280f.; zu zeitnäheren Studien mit dem Fokus auf die Lageberichterstattung vgl. *Sorg* (1984), S. 1028ff.; *Krumbholz* (1994), S. 129ff.; *Prigge* (2006), S. 66ff.

[4] *Streim* (1995), S. 707; *Tichy* (1979), S. 1, spricht in diesem Kontext von einem „stiefmütterlichen Dasein".

[5] Vgl. *Greinert* (2004), S. 55; *Kajüter* (2004a), S. 202; *Tesch/Wißmann* (2006), S. 179; *Scheele* (2007), S. 156.

„Der Kern der Lageberichtsänderungen besteht in [...] einer Erweiterung der zukunfts-
orientierten Lageberichterstattung. "[6]

Die dabei auf europäischer Ebene in Gang gesetzten Reformmaßnahmen zielten allgemein
auf die Verbesserung des Informationsgehalts der Lageberichte und deren Vergleichbarkeit
ab. Ferner sollten dem Investor mit diesem Berichtsinstrument entscheidungsnützliche
Informationen zur Verfügung gestellt werden. Der deutsche Gesetzgeber reagierte auf die
europäischen Anforderungen, indem er u.a. die entsprechenden Paragraphen zur Prognoseberichterstattung im Handelsgesetzbuch neu kodifizierte. Demnach ist die voraussichtliche Entwicklung des Unternehmens mit ihren wesentlichen Chancen und Risiken im
Lagebericht zu erläutern; zugrunde liegende Annahmen sind anzugeben (§§ 289 Abs. 1
Satz 4 bzw. 315 Abs. 1 Satz 5 HGB). Die Berichtsanforderungen im Lagebericht[7] werden
durch den vom *Deutschen Standardisierungsrat* (DSR) im Jahr 2004 verabschiedeten DRS
15 „Lageberichterstattung" weiter konkretisiert, um auftretende Informationsasymmetrien
zwischen den Adressaten der Rechnungslegung und der Unternehmensleitung zu reduzieren (DRS 15.3). Der Standard zur Lageberichterstattung beinhaltet u.a. spezifische Vorgaben zur Aufstellung und Ausgestaltung eines Prognoseberichts. Zu Recht titelte vor diesem Hintergrund die Frankfurter Allgemeine Zeitung am 07.03.2005 „Im Lagebericht
wird jetzt mehr nach vorne geschaut"[8]. Der Lagebericht sollte schlussendlich als Instrument einer wert- und zukunftsorientierten Berichterstattung ausgebaut werden, um die
Prognose der voraussichtlichen Unternehmensentwicklung zu erleichtern.[9]

„Vor allem die Regelungen des DRS 15 sind als Novum in der deutschen Lagepublizität
zu verstehen, da durch diesen Standard zunehmend zukunftsorientierte sowie wertorien-
tierte Informationen aus Sicht des Managements (management approach) in die (Kon-
zern-)Lageberichterstattung aufgenommen wurden. "[10]

Aber nicht nur der deutsche Gesetzgeber hat die zukunftsorientierte Berichterstattung im
Lagebericht reformiert, auch auf internationaler Ebene ist die verbale Berichterstattung als
Ergänzung des Jahresabschlusses im Rahmen eines Managementberichts in den Fokus
gerückt. So sind in den USA, Kanada und Großbritannien ebenfalls neue Verlautbarun-
gen zur Berichterstattung in der Management's Discussion and Analysis (MD&A) bzw.
im Operating and Financial Review (OFR) verabschiedet worden.[11] Auf supranationaler
Ebene existieren hingegen noch keine einheitlichen Regeln zur Managementberichterstattung. Daher verabschiedete das *IASB* im Oktober 2005 ein Diskussionspapier mit dem
Titel „Management Commentary" (DP MC), in dem neben vergangenheitsorientierten
Informationen verstärkt eine qualitativ-verbale und prognostische Unternehmensberichterstattung verlangt wird. So wurde eine „forward-looking orientation" in der Definition

---

[6] *Kaiser* (2005b), S. 405.
[7] Aus Vereinfachungsgründen wird im Folgenden nur vom „Lagebericht" gesprochen. Gemeint ist damit
     auch der Konzernlagebericht.
[8] *Buchheim* (2005), S. 22, in FAZ vom 07.03.2005.
[9] Vgl. zur Begründung der Reformierung E-DRS 20 C2. (Tz. 3).
[10] *Coenenberg* (2005), S. 909.
[11] Vgl. *Kajüter* (2004a), S. 197; ausführlich zu den internationalen Regelungen vgl. Kap. 2.2.2.

und den Zielen des DP MC fest verankert.[12] Ursächlich für die Erweiterung des Financial Reportings um einen Managementbericht waren auch hier die veränderten Informationsbedürfnisse der Abschlussadressaten.[13]

Die vorstehenden Ausführungen zeigen, dass umfassende Reformbemühungen in den letzten Jahren dazu geführt haben, eine zukunftsorientierte Berichterstattung im Lagebericht zu implementieren. Die Reformbemühungen beschränkten sich dabei nicht nur auf das Gesellschaftsrecht; auch im Kapitalmarktrecht wurde im Zuge der EU-Transparenzrichtlinie die Finanzberichterstattung neu geregelt. Mit Verabschiedung des Transparenzrichtlinien-Umsetzungsgesetzes (TUG) im Dezember 2006 ist der Lagebericht – als Berichtsmedium von Prognosen – Pflichtbestandteil der Jahresfinanzberichterstattung geworden (§ 37v WpHG).[14] Darüber hinaus ist auch in der unterjährigen Berichterstattung der Halbjahres- bzw. Quartalsfinanzbericht um zukunftsorientierte Informationen im Rahmen eines Zwischenlageberichts zu ergänzen (§ 37w WpHG). Die Anforderungen zur Zwischenberichterstattung werden durch den vom *DSR* im Jahr 2008 verabschiedeten DRS 16 konkretisiert.

Ein häufig genanntes Argument für die Veröffentlichung von Prognosedaten in der Finanzberichterstattung ist, dass eine fundierte Kapitalanlageentscheidung seitens der Investoren allein auf Grundlage von vergangenheitsorientierten Informationen, wie sie im Jahresabschluss dargelegt werden, nicht möglich ist.[15] Zukunftsgerichtete Aussagen, sei es im Prognosebericht oder in Pressemitteilungen, können Investoren bei ihren Dispositionen am Kapitalmarkt unterstützen.[16] Inwiefern der Kapitalmarkt durch Prognoseveröffentlichungen tangiert wird, soll anhand eines Praxisbeispiels einführend illustriert werden: Die *Deutsche Telekom AG* gab im Januar 2007 zum zweiten Mal innerhalb von sechs Monaten eine Senkung ihrer Gewinnprognose bekannt. Nachdem bereits im August 2006 das bereinigte Ergebnis (EBITDA) für das Jahr 2007 auf 19,7 bis 20,2 Mrd. Euro revidiert wurde, passte die Telekommunikationsgesellschaft ihre Planziele für 2007 zu Beginn des Jahres erneut auf 19,0 Mrd. Euro an.[17] Auslöser für die Prognosekorrektur waren der zunehmende Preiswettbewerb sowie die Entwicklung der Wechselkurse. Der Kapitalmarkt reagierte auf die negative Prognoseänderung mit einem Preisabschlag von rund 5%.[18] Das Beispiel der *Deutschen Telekom AG* stellt keinen Einzelfall dar. Zuletzt sahen sich auch im Jahr 2008 viele deutsche Konzerne gezwungen, durch die in den USA ausgelöste Finanz-

---

[12] Vgl. DP MC, Tz. 55. Zum DP MC vgl. vertiefend *Kümmel/Zülch* (2006), S. 393; *Coenenberg/Fink* (2007), S. 195ff., sowie ausführlich Kap. 2.2.3 dieser Arbeit.

[13] Vgl. DP MC, Tz. 102ff.; *Kirsch/Scheele* (2006), S. 89. Die Verabschiedung eines Exposure Drafts ist für das zweite Quartal 2009 geplant; für eine Projektzusammenfassung vgl. *IASB* (2009).

[14] Vgl. *Buchheim/Ulbrich* (2004), S. 278; *Beiersdorf/Buchheim* (2006a), S. 1674; *Buchheim/Knorr* (2006), S. 422.

[15] Vgl. *Puckler* (1974), S. 157.

[16] Vgl. *Steinmeyer* (2008), S. 1: „Basierend auf der Erkenntnis, dass sich der Wert eines Unternehmens aus seinen Zukunftsperspektiven herleitet, ist die Berichterstattung über dessen zukünftige Entwicklung wesentliche Entscheidungsgrundlage für die Dispositionen aller auf Kapital-, Güter- und sonstigen Faktormärkten der Welt aktiven Wirtschaftssubjekten geworden."

[17] Vgl. *Deutsche Telekom* (2007); *Hillenbrand* (2007), S. 1.

[18] Vgl. *o.V.* (2007), S. 16.

marktkrise, ihre Prognosen anzupassen, was schließlich erhebliche Kurseinbußen an den
Kapitalmärkten zur Folge hatte.[19]
Ausgangspunkt für die Entwicklung der Problemstellung dieser Arbeit stellen somit einerseits die Berichtsanforderungen zur Prognosepublizität im Lagebericht und andererseits
deren Auswirkungen auf den deutschen Kapitalmarkt dar. In empirischen Arbeiten wurde
diesem Forschungsgebiet in der Vergangenheit meist nur getrennt voneinander Beachtung
geschenkt. So widmeten sich zahlreiche Untersuchungen der allgemeinen Berichterstattung im Lagebericht.[20] Nur wenige Studien fokussierten sich allerdings dabei – unter Berücksichtigung der aktuellen Berichtsanforderungen – auf den Prognosebericht als alleinigen Untersuchungsgegenstand. Ferner beschränkte sich der Erkenntnisstand oftmals nur
auf deskriptive Befunde.[21] Des Weiteren sind in der Literatur vielfältige kapitalmarktorientierte Studien zu finden, welche die Aktienkursreaktion auf die Bekanntgabe eines Ereignisses untersuchten.[22] Inwiefern das Ereignis einer Prognoseveröffentlichung Kapitalmarktreaktionen auslöst, ist indessen im deutschsprachigen Raum unzureichend erforscht.
Die vorliegende Arbeit soll deshalb einen Beitrag leisten, diese Forschungslücken zu
schließen.

Die zunehmende Bedeutung einer zukunftsorientierten Berichterstattung über das künftige Unternehmensgeschehen und die beobachteten Reformmaßnahmen zur Lageberichterstattung leiten in Verbindung mit den nur defizitären Befunden zur Prognosepublizität[23]
in bisherigen Studien zur zentralen **Problemstellung** dieser Arbeit über. Die Prognosepublizität ist Untersuchungsgegenstand zweier umfassender empirischer Teilstudien, die
sich der Berichterstattung über das künftige Unternehmensgeschehen aus zwei Blickwinkeln nähern. Die erste Teilstudie thematisiert die Entwicklung der Prognosepublizität im
Lagebericht. In diesem Zusammenhang drängt sich die Frage auf, inwiefern sich die
Prognoseberichterstattung im Zeitablauf verändert respektive nach Verabschiedung des
DRS 15 verbessert hat und durch welche Determinanten die Berichtspraxis beeinflusst
wird. Die zweite Teilstudie beschäftigt sich mit der Entscheidungsrelevanz (i.S.v. Kapitalmarktrelevanz) publizierter Prognosedaten. Dabei wird der Frage nachgegangen, inwieweit der Prognoseberichterstattung ein Informationsgehalt zukommt.

Aus der dargelegten Problemstellung ergibt sich die Notwendigkeit, zwei unterschiedliche
Forschungsmethoden anzuwenden. In der ersten Teilstudie wird eine hypothesengeleite-
te Inhaltsanalyse mithilfe eines Disclosure Index durchgeführt, in der die Praxis der Prognoseberichterstattung bei den größten deutschen börsennotierten Unternehmen im Zeitraum von 2004 bis 2006 Untersuchungsgegenstand ist. Die Fokussierung auf diesen Un-

---

[19] Vgl. bspw. die Prognoserevidierungen der *BASF AG* (2008); der *BMW Group* (2008) oder der *Deutsche Post World Net* (2008).
[20] Vgl. z.B. Studien von *Rang* (2007); *Dietsche/Fink* (2008), S. 250ff.; ausführlich zum Stand der gegen-wärtigen Forschung vgl. Kap. 3.2.1.
[21] Vgl. hierzu z.B. die deskriptiven Studien von *Schmidt/Wulbrand* (2007) und der *Kirchhoff Consult AG* (2008).
[22] Vgl. bspw. die Studien von *Coenenberg/Möller* (1979); *Bühner* (1990b) und *Almeling* (2008); ausführ-lich zum Stand der kapitalmarktorientierten Forschung vgl. Kap. 3.2.2.2.2.
[23] Die Begriffe der Prognosepublizität und der Prognoseberichterstattung werden im Folgenden synonym verwendet. Zur Definition vgl. ausführlich Kap. 2.1.1.

tersuchungszeitraum ermöglicht somit eine Aussage zur Berichtspraxis sowohl vor als auch nach der HGB-Reform und der Einführung des DRS 15. Die Analyse der zukunftsbezogenen Berichterstattung beschränkt sich dabei ausschließlich auf die im Prognosebericht veröffentlichten Angaben. Zukunftsorientierte Aussagen im Chancen- bzw. Risikobericht sind nicht Gegenstand dieser Arbeit.[24] Dies ist einerseits damit zu begründen, dass die Vorschriften zur Risikoberichterstattung in einem separaten Standard geregelt sind (DRS 5). Hiernach hat die Risikoberichterstattung von der Prognoseberichterstattung getrennt zu erfolgen (DRS 15.83).[25] Andererseits steht die allgemeine zukunftsorientierte Berichterstattung im Mittelpunkt der vorliegenden Untersuchungen und nicht deren positive bzw. negative abweichende Entwicklung.[26]

Um die Frage nach der Entscheidungsrelevanz publizierter Prognosedaten beantworten zu können, wird im Rahmen der zweiten Teilstudie auf die Methodik einer Ereignisstudie zurückgegriffen. Dabei soll die Analyse der Aktienkursreaktion um das Veröffentlichungsdatum einer Prognoseänderung Aufschluss darüber geben, inwiefern den Prognosedaten ein Informationsgehalt zugesprochen werden kann. Im Rahmen dieser Teilstudie wird auf Pressemitteilungen als Berichtsinstrument von Prognoseänderungen im Zeitraum von 2004 bis 2007 zurückgegriffen, um das Datum der Veröffentlichung identifizieren zu können. Die Auswahl dieses Berichtsinstruments ist damit zu begründen, dass die Prognoseänderungen mit einem deutlichen zeitlichen Vorlauf vor der Veröffentlichung des Lageberichts über Pressemitteilungen an den Markt gelangen.[27]

Abb. 1-1 fasst die im Fokus stehenden Forschungsfelder dieser Arbeit mit der dazugehörigen Forschungsmethodik zusammen.

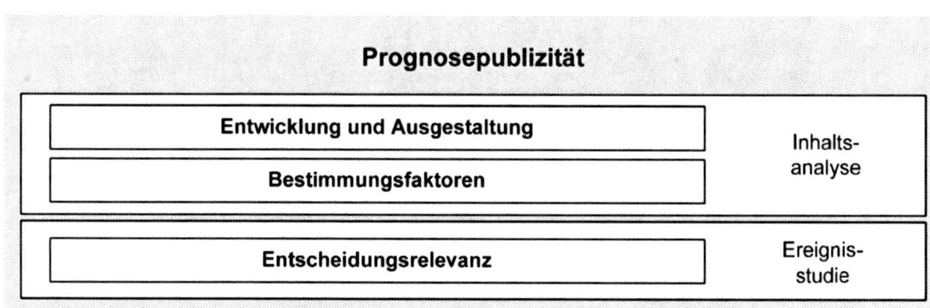

Abb. 1-1: Forschungsfelder der Arbeit

---

[24] Zur Risikoberichterstattung vgl. Arbeiten von *Kajüter* (2001a), S. 205ff.; *Schulze* (2001), S. 59ff.; *Kajüter* (2002), S. 243ff., sowie zu empirischen Befunden *Kajüter* (2001b), S. 107ff.; *Kajüter/Winkler* (2004), S. 249ff.; *Kajüter/Esser* (2007), S. 381ff. Zur Chancenberichterstattung vgl. empirische Befunde von *Bohn* (2008), S. 70ff.

[25] Demgegenüber hat die Berichterstattung über Chancen im Rahmen des Prognoseberichts zu erfolgen (DRS 5.5 und 5.27). Zur Abgrenzung des Prognoseberichts von den Chancen- und Risikoberichterstattung vgl. auch Kap. 2.2.1.2.2.

[26] Zur Definition von Chancen und Risiken vgl. DRS 5.9.

[27] Vgl. ausführlich zur Auswahl des Berichtsinstruments im Rahmen der Ereignisstudie Kap. 6.1.

Vor dem Hintergrund der hier skizzierten Problemstellung verfolgt die vorliegende Arbeit die **Zielsetzung**, die Praxis der Prognosepublizität, deren Determinanten und Entscheidungsrelevanz zu analysieren. Differenziert nach den betrachteten Forschungsfeldern können daraus folgende drei Teilziele formuliert werden:

- Das erste Teilziel besteht darin, die Entwicklung und Ausgestaltung der Prognosepublizität im Lagebericht über einen Zeitraum von drei Jahren zu untersuchen. Dabei soll auch die Konformität mit aktuellen Anforderungen im HGB und DRS 15 aufgezeigt werden.
- Das zweite Teilziel beinhaltet die Identifikation von möglichen Bestimmungsfaktoren der Prognosepublizität.
- Das dritte Teilziel widmet sich dem Zusammenwirken von Prognosepublizität und Kapitalmarktreaktion. Dabei soll die Entscheidungsrelevanz der publizierten Prognoseinformationen ermittelt werden.

In einem nach gelagerten Schritt sind im Lichte der empirischen Befunde Implikationen sowohl für Berichtsadressaten, insbesondere Investoren, als auch für den Berufsstand der Wirtschaftsprüfer und Enforcement-Institutionen[28] abzuleiten. Des Weiteren soll die Relevanz der Ergebnisse für Standardsetzer, wie den *DSR* und das *IASB*, aufgezeigt werden.

Mit dieser Problemstellung und Zielsetzung grenzt sich die vorliegende Arbeit deutlich von bisherigen Forschungsbemühungen ab. Die Auswertung der deutschen Prognosepublizität im Lagebericht erfolgt erstmals anhand eines fundierten Disclosure Index, mit dem die Berichtspraxis sowohl vor als auch nach Einführung des DRS 15 erfasst wird. Während sich frühere Studien häufig nur auf die Analyse eines Berichtsjahres beschränkten, werden in dieser Arbeit Ergebnisse für einen Untersuchungszeitraum von drei Jahren zur Verfügung gestellt. Ferner geht die vorliegende Arbeit über die vielfach deskriptiven Befunde bisheriger Studien hinaus, indem die Ergebnisse der Inhaltsanalyse von einer kapitalmarktorientierten Ereignisstudie flankiert werden. Die Arbeit erscheint damit aus zweierlei Gründen von Relevanz: Zum einen werden aktuelle Befunde zur Prognosepublizität anhand der Berichtspraxis der größten deutschen Unternehmen über einen Zeitraum von drei Jahren zur Verfügung gestellt und daraus relevante Implikationen abgeleitet. Zum anderen werden die Entscheidungsrelevanz der Prognosedaten für den Kapitalmarkt kritisch hinterfragt und entsprechende Schlussfolgerungen für Investoren herausgearbeitet.

In den folgenden zwei Kapiteln wird hieran anknüpfend der Gang der Arbeit detailliert aufgezeigt sowie eine wissenschaftstheoretische Einordnung vorgenommen.

---

[28] Insbesondere für die *Deutsche Prüfstelle für Rechnungslegung* (DPR) dürften die Ergebnisse von Interesse sein. So zählte die Prognoseberichterstattung zu einem der Prüfungsschwerpunkte in den Jahresfinanzberichten 2007 und den Halbjahresfinanzberichten 2008; vgl. *DPR* (2007); *DPR* (2008b), S. 4.

1.2 Gang der Untersuchung

Der Aufbau und die Struktur der Arbeit orientieren sich im Wesentlichen an der im vorstehenden Kapitel formulierten Problemstellung. Nach den einleitenden Ausführungen endet das **erste Kapitel** mit einer wissenschaftstheoretischen Einordnung der Arbeit. Diese bildet den Ausgangspunkt für die Analyse des Forschungsstandes und die Wahl der Forschungsmethodik im weiteren Fortgang der Arbeit.

Im **zweiten Kapitel** wird der konzeptionelle Rahmen aufgespannt, indem einerseits die terminologischen Grundlagen zum Begriff der Prognose gelegt werden und andererseits die Regulierung der Prognosepublizität aufgezeigt wird. Letzteres Kapitel beinhaltet die Vorschriften zur Prognoseberichterstattung in Deutschland sowie in ausgewählten Ländern. Das zweite Kapitel schließt mit den supranationalen Regelungen im DP MC. Die in diesem Kapitel vermittelten Grundlagen finden explizite Berücksichtigung bei der Konstruktion des Disclosure Index im empirischen Teil der Arbeit.

Der gegenwärtige Stand der empirischen Forschung wird in **Kapitel drei** aufgearbeitet und kritisch reflektiert. Hierzu bedarf es zunächst einer Unterteilung der empirischen Bilanzforschung in deskriptive und wirkungsorientierte Forschung, bevor der Zweig der kapitalmarktorientierten Forschung – als ein Teilbereich der wirkungsorientierten Forschung – vertiefend behandelt wird. Aufbauend auf dieser Unterteilung schließt sich ein Überblick über empirische Befunde bisheriger Studien an, um mögliche Forschungslücken ableiten zu können. Ein kurzes Zwischenfazit rundet das dritte Kapitel ab und hebt die identifizierten Schwachstellen früherer Untersuchungen hervor.

Vor diesem Hintergrund beginnt im **vierten Kapitel** die Entwicklung des empirischen Untersuchungsrahmens dieser Arbeit. Das theoretische Fundament bildet die Positive Accounting Theory, dessen Grundkonzeption zu Beginn des Kapitels einleitend thematisiert wird. Aufbauend auf diesem Fundament werden im weiteren Verlauf verschiedene Theorieansätze diskutiert, aus denen schließlich die zu untersuchenden Hypothesen für die empirischen Teilstudien dieser Arbeit generiert werden. Die Reihenfolge der Hypothesen orientiert sich dabei an den in der Problemstellung aufgeworfenen Fragestellungen und dem zugrunde liegenden Theoriegut.

Nach der Hypothesenentwicklung folgt die erste Teilstudie, die sich der Prognosepublizität im Lagebericht als Untersuchungsgegenstand widmet (**Kapitel fünf**). Neben der Struktur des empirischen Feldes und der angewandten Untersuchungsmethodik werden auch die verschiedenen Auswertungsverfahren im Rahmen des Forschungsdesigns dargelegt. Von zentraler Bedeutung ist hier die Konstruktion eines Disclosure Index, welche sich an den im zweiten Kapitel gelegten Grundlagen orientiert. Die Präsentation der empirischen Befunde wird anhand der in der Einleitung formulierten Teilziele gegliedert. So werden die gewonnenen Erkenntnisse einerseits zu der Entwicklung und Ausgestaltung der Prognoseberichterstattung und andererseits zu den Bestimmungsfaktoren der Prognosepublizität dargestellt und diskutiert. Ferner werden Implikationen für die Praxis sowie gewisse Grenzen der Untersuchung im Rahmen einer kritischen Gesamtwürdigung aufgezeigt.

Die zweite Teilstudie schließt sich unmittelbar im **sechsten Kapitel** an. Hier rückt die eingangs gestellte Forschungsfrage bzgl. der Kapitalmarktreaktion auf die Prognosepublizität in den Fokus der Betrachtung. Analog zum Vorgehen im vorherigen Kapitel wird auch hier zunächst das Forschungsdesign der Studie erschlossen, indem die Struktur des empirischen Feldes, die angewandte Untersuchungsmethodik und die zum Einsatz kommenden Auswertungsmethoden konkretisiert werden. Die empirischen Befunde beziehen sich auf die Kapitalmarktreaktionen bei positiven und negativen Prognoseänderungen. Diese werden im Anschluss im Rahmen der kritischen Würdigung erörtert und diskutiert. Aus den gewonnenen Erkenntnissen beider Teilstudien wird letztendlich ein Gesamturteil formuliert, welches den empirischen Teil der Arbeit abschließt.

Die Schlussbetrachtung im **siebten Kapitel** fasst die wesentlichen Ergebnisse der durchgeführten Untersuchungen zusammen. Dabei wird zum einen der Erkenntnisfortschritt dieser Arbeit aufgezeigt und zum anderen ein Ausblick auf die fortlaufenden Entwicklungen beim *IASB* hinsichtlich der Verabschiedung neuer Regelungen zur Managementberichterstattung gegeben. Schließlich wird auf weiteres Forschungspotenzial in den betrachteten Forschungsfeldern verwiesen.

Abb. 1-2 gibt abschließend einen grafischen Überblick über den Gang der Arbeit.

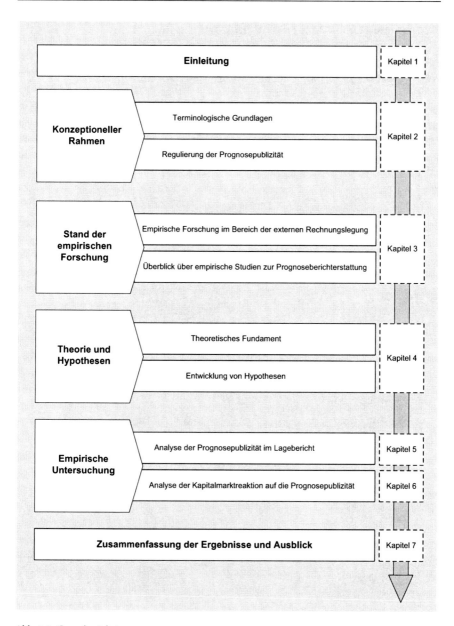

Abb. 1-2: Gang der Arbeit

1.3 Wissenschaftstheoretische Einordnung der Arbeit

Die Wissenschaftstheorie beschäftigt sich mit der Wissenschaft als Erkenntnisobjekt.[29] Unter dem Begriff der Erkenntnis werden dabei als wahr nachgewiesene Aussagen verstanden. Die Wissenschaftstheorie, als ein Teilbereich der Erkenntnistheorie, setzt sich daher mit dem Problem auseinander, worin ein Wahrheitsnachweis oder eine Begründung besteht. Hierbei soll geklärt werden, was die Bedingungen der wissenschaftlichen Erkenntnisgewinnung sind.

Die heutige Betriebswirtschaftslehre wird hauptsächlich von zwei wissenschaftstheoretischen Ansätzen geprägt: dem kritischen Rationalismus und dem Konstruktivismus.[30] Der **kritische Rationalismus** ist eng mit dem Namen *Karl Popper* verbunden und stellt eine Weiterentwicklung des Neopositivismus und des klassischen Rationalismus dar.[31] Zu den grundlegenden Annahmen zählt ein konsequenter Fallibilismus, nach dem die menschliche Vernunft prinzipiell fehlbar ist.[32] Sämtliches Wissen ist somit nur als vorläufig anzusehen, da es sich als fehlerhaft herausstellen kann. Jede Aussage kann zum Objekt kritischer Prüfungen werden und somit widerlegt (falsifiziert) werden.[33] Eine sichere Begründung von Aussagen (Verifikation) ist ausgeschlossen. Der Erkenntnisgewinn läuft nach einem dreistufigen Schema ab:[34] Für einen erklärungsbedürftigen Kausalzusammenhang (Problem) werden Hypothesen formuliert (Lösung), die teilweise durch empirische Überprüfung eliminiert werden können. Ziel dieser Wissenschaftstheorie ist die Entwicklung von Gesetzesaussagen (nomologische Hypothesen),[35] welche sich aus dem Wechselspiel von Hypothesenbildung und Elimination ergeben. Unter Hypothesen sind in diesem Zusammenhang allgemeine und falsifizierbare All-Aussagen zu verstehen, die weder räumlich noch zeitlich beschränkt sind.[36] Solange die aus der Theorie abgeleiteten Hypothesen bei Konfrontation mit der Realität nicht verworfen werden können, gilt die Theorie vorläufig als gültig.[37] Ist die Realität nicht mit den Hypothesen im Einklang, sind letztere zu modifizieren bzw. zu verwerfen.

Der **Konstruktivismus** der sog. „Erlanger Schule" wird mit dem Namen *Paul Lorenzen*[38] assoziiert.[39] Der Erkenntnisgewinn erfolgt hier über Argumentationsleistungen. Anstelle von Hypothesen, die durch Falsifikationsversuche zu Gesetzesaussagen reifen, werden Aussagen über argumentative Schlussfolgerungen deduktiv abgeleitet. Diese Aussagen sind

---

[29] Vgl. im Folgenden *Poser* (2006), S. 16.
[30] Vgl. *Fülbier* (2005), S. 22ff.
[31] Vgl. *Popper* (1935). Zum kritischen Rationalismus vgl. vertiefend *Albert* (2000); *Meyer* (2002).
[32] Vgl. *Ulrich/Hill* (1976), S. 345; *Raffée/Abel* (1979a), S. 3; *Lingnau* (1995), S. 124.
[33] Zur Falsifikationslehre vgl. ausführlich *Popper* (1935), S. 40; *Meyer* (2002), S. 20ff. *Bartel* (1990), S. 55, spricht von sog. „Leeraussagen", wenn eine Hypothese keinen empirischen Gehalt besitzt und damit nicht widerlegt werden kann.
[34] Vgl. *Fülbier* (2005), S. 22.
[35] Zum Begriff der nomologischen Hypothese vgl. ausführlich Kap. 2.1.2.2.
[36] Vgl. *Popper* (1935), S. 32; *Lingnau* (1995), S. 125.
[37] Vgl. *Bartel* (1990), S. 58; *Möller/Hüfner* (2002a), Sp. 352.
[38] Vgl. *Lorenzen* (1974). Zum Konstruktivismus vgl. auch vertiefend die Ausführungen bei *von Ameln* (2004); *Flick* (2007b), S. 150ff.
[39] Vgl. *Fülbier* (2005), S. 23f.

jedoch nicht unumstößlich, da auch hier die Fehlbarkeit menschlicher Argumentationsleistung anerkannt wird. *Raffée/Abel* sprechen in diesem Zusammenhang von einem „eingeschränkten Fallibilismus"[40].

Auch wenn der kritische Rationalismus den dominierenden Forschungsansatz in der Betriebswirtschaftslehre darstellt, ist die konstruktivistische Forschung ein wichtiger Baustein des betriebswirtschaftlichen Erkenntnisgewinns.[41] Im Bereich der Rechnungslegungsforschung können sich beide Ansätze ergänzen: So lassen sich im Rahmen einer positiven Herangehensweise[42] über Hypothesenbildung und empirische Überprüfung bspw. die Anwendung von Rechnungslegungsvorschriften sowie die Kapitalmarktreaktionen auf die Umsetzung dieser Regelungen untersuchen. Hingegen kann ein eher konstruktivistischer Forschungsansatz neben der Auslegung bestimmter Rechnungslegungsregeln auch die Entwicklung neuer Vorschriften vorantreiben.[43]

Neben der Wahl des wissenschaftstheoretischen Ansatzes ist im Rahmen einer wissenschaftlichen Arbeit auch eine Entscheidung über die anzuwendende Forschungsstrategie zu treffen. In den Wirtschaftswissenschaften können drei Forschungsstrategien unterschieden werden, welche zur Problemlösung eingesetzt werden können:

- die sachlich-analytische,
- die formal-analytische und
- die empirische Forschungsstrategie.[44]

Bei der **sachlich-analytischen** Strategie werden logische Plausibilitätsüberlegungen herangezogen, um einen zu erforschenden Problemzusammenhang zu durchdringen.[45] Die dabei formulierten Aussagen sind interpretierend-deskriptiver Natur. Bei einer **formalanalytischen** Vorgehensweise erfolgt die Problemdurchdringung durch die vereinfachte, abstrakte Beschreibung des Problems und darauf aufbauende Modellanalysen.[46] Der unmittelbare Problembezug unterscheidet diese Forschungsstrategie von der sachlichanalytischen und empirischen Strategie. Die **empirische** Forschungsstrategie ist hingegen darauf ausgerichtet, theoretische Aussagen an der Realität zu testen, um ihre Geltung zu begründen oder ihren Wahrheitsmangel zu belegen.[47] Dies kann in Form real-deskriptiver Aussagen geschehen,[48] mit denen eine reine Beschreibung der Realität vorgenommen wird. Darüber hinaus können empirisch-kognitive Aussagen zum Einsatz kommen, bei denen die explanatorische, kausalanalytische Zielrichtung stärker verfolgt wird. Letztere Aussagen konzentrieren sich auf die Beziehungen zwischen den betrachteten Variablen und zwischen Variablenkategorien.

---

[40] *Raffée/Abel* (1979a), S. 6.
[41] Vgl. im Folgenden *Fülbier* (2005), S. 24.
[42] Zum Begriff der positiven Forschungsrichtung und deren Abgrenzung von normativen Ansätzen vgl. ausführlich Kap. 4.1.
[43] Vgl. *Fülbier* (2005), S. 24.
[44] Vgl. im Folgenden die Ausführungen bei *Grochla* (1978), S. 71ff.; *Al-Laham* (1997), S. 9f.
[45] Vgl. *Grochla* (1978), S. 72ff.
[46] Vgl. *Grochla* (1978), S. 85ff.; *Al-Laham* (1997), S. 10.
[47] Vgl. *Grochla* (1978), S. 78ff. Als empirische Untersuchung werden Arbeiten bezeichnet, die im Rahmen von Hypothesentests Daten der Realität einbeziehen, vgl. *Möller/Hüfner* (2002a), Sp. 352.
[48] Zur deskriptiven Forschung vgl. auch ausführlich Kap. 3.1.1.

Die **vorliegende Arbeit** lässt sich dem wissenschaftstheoretischen Ansatz des **kritischen Rationalismus** zuordnen. Die in der Problemstellung aufgeworfenen Forschungsfragen implizieren dabei die Anwendung eines positiven Forschungsansatzes, der über Hypothesenentwicklung und unter Anwendung einer **empirischen Forschungsstrategie** die Prognosepublizität und deren Einflussfaktoren untersucht. Darüber hinaus wird im Rahmen einer Kapitalmarktstudie die Investorenreaktion auf die Abgabe von Prognosen empirisch analysiert. Bevor jedoch die durchzuführenden Teilstudien konkretisiert werden, ist zunächst ein konzeptioneller Rahmen mit den markierenden terminologischen Grundlagen und den Vorschriften zur Prognosepublizität aufzuspannen (vgl. Kap. 2).

2 Konzeptionelle Grundlegung

2.1 Terminologische Grundlagen zur Prognoseberichterstattung

In diesem Kapitel werden erforderliche Definitionen und begriffliche Grundlagen hinsichtlich des Untersuchungsgegenstandes der Prognosepublizität vermittelt, um einerseits ein einheitliches Verständnis der in dieser Arbeit verwendeten Begriffe zu erreichen und andererseits den Grundstein für die empirische Untersuchung zu legen.

2.1.1 Definition und Abgrenzung des Prognosebegriffs

Der **Begriff der Prognose** lässt sich aus dem griechischen Wort „prognosis" ableiten, was übersetzt soviel wie Vorherwissen bedeutet. Ursprünglich stammt der Begriff aus der medizinischen Terminologie, hat aber in der Wirtschaftswissenschaft einen festen Platz eingenommen.[49] Erste Prognoseansätze finden sich in Form von numerischen Wirtschaftsprognosen gegen Ende des neunzehnten Jahrhunderts bei der Beschreibung und Vorhersage von Konjunkturverläufen.[50] Im Mittelpunkt der zukunftsbezogenen Forschung standen somit zunächst konjunkturelle Bewegungen.[51] Im Gegensatz zu astronomischen oder meteorologischen Prognosen beziehen sich Wirtschaftsprognosen auf die Vorhersage des zukünftigen Wertes einer ökonomischen Variablen oder eines Systems von Variablen.[52] Der Begriff der Wirtschaftsprognose stellt dabei einen Oberbegriff für volkswirtschaftlich ausgerichtete Prognosen dar, der sich auf die Vorhersage gesamtwirtschaftlicher Größen bezieht.[53] Je nach Untersuchungsgegenstand sind Konjunktur-, Wachstums-, Bevölkerungs-, Beschäftigungs- und Strukturprognosen zu unterscheiden.[54]

In der Betriebswirtschaftslehre unterstützen Prognosen den Planungs- und Entscheidungsprozess im Unternehmen.[55] Dabei bilden Prognosen die Verbindung zwischen den gemachten betrieblichen Erfahrungen in der Vergangenheit und den zukunftsbezogenen Überlegungen der Planung und Entscheidung. Hierzu zählen bspw. Absatzprognosen, die sich auf die zukünftige betriebliche (unternehmerische) Entwicklung beziehen.[56] Der Begriff der Prognose beschreibt allgemein eine Aussage über ein zukünftiges Ereignis.

„A forecast or a prediction is generally defined as a statement concerning unknown, in particular future, events."[57]

---

[49] Zum Ursprung des Begriffes vgl. *Menges* (1966), S. 53; *Rogge* (1972), S. 14f.
[50] Vgl. *Menges* (1966), S. 50.
[51] Vgl. *Gerfin* (1964), S. 3. Siehe hierzu auch schon *Morgenstern* (1928), S. 1: „Prognose ist ein Urteil über künftige Wirtschaftslagen."
[52] Vgl. *Menges* (1966), S. 53.
[53] Vgl. *Rogge* (1972), S. 17. Zum Begriff der Wirtschaftsprognose vgl. bspw. *Morgenstern* (1928), S. 3ff.; *Bosse* (1957), S. 65ff.; *Gerfin* (1964), S. 1ff.
[54] Zu den unterschiedlichen Kategorien von Wirtschaftsprognosen vgl. *Rothschild* (1969), S. 20.
[55] Zum betriebswirtschaftlichen Prognosebegriff vgl. *Wild* (1969), S. 62f.
[56] Vgl. *Danckwerts* (1968), S. 289ff.; *Rogge* (1972), S. 17.
[57] *Theil* (1975), S. 1.

Für wissenschaftliche Auswertungszwecke ist es jedoch erforderlich, den Prognosebegriff weiter zu präzisieren.[58] So ist der Prognosebegriff zweckmäßigerweise auf solche Aussagen zu beschränken, die nach einem bestimmten Zeitablauf überprüft werden können. Die Prognose „Der Umsatz wird steigen, sinken oder gleich bleiben." bezieht sich zwar auf ein zukünftiges Ereignis, ist aber vollkommen inhaltsleer. Diese Art von Vorhersage kann nicht überprüft werden, da sie keinen möglichen Sachverhalt ausschließt. Auch der Aussagegehalt der Prognose „Eines Tages wird der Umsatz steigen." ist nicht einschätzbar, da kein bestimmtes Zeitintervall zugrunde gelegt wird. Die Knüpfung des Prognosebegriffs an die Überprüfbarkeit impliziert, dass sich die zukunftsbezogene Aussage auf einen endlich geschlossenen Zeitraum[59] und einen genau definierten Sachverhalt beziehen muss. Dabei kommt auch dem Modus ihrer Herleitung eine entscheidende Bedeutung zu. Eine Prognose gilt dann als überprüfbar, wenn ihre Herleitung analysiert werden kann.[60]

Vor diesem Hintergrund sollen sich Prognosen im Folgenden nur auf zukünftige Aussagen beziehen, die in nachvollziehbarer Weise aus Modellen der Realität abgeleitet wurden und nicht bspw. aus Methoden des Handlesens oder Wahrsagens herrühren.[61] Somit ist unter einer Prognose „eine aus einem Modell der Realität abgeleitete überprüfbare Aussage über ein zukünftiges Ereignis oder eine zukünftige Folge von Ereignissen"[62] zu verstehen. Die Definition von *Picot* geht noch einen Schritt weiter. Dem Autor zufolge handelt es sich bei einer Prognose um

„eine Aussage, die – aufbauend auf ausdrücklichen Bedingungen und möglichst rational – den zukünftigen Eintritt eines Zustandes oder eines Ereignisses angibt."[63]

Die Veröffentlichung von Prognosen wird häufig unter dem Begriff der Prognoseberichterstattung bzw. -publizität zusammengefasst. Unter Prognosepublizität wird allgemein die öffentliche, zukunftsorientierte Berichterstattung von Unternehmen an externe Adressaten, z.B. Investoren, Gläubiger etc., verstanden.[64] Dabei werden Informationen über die zukünftige wirtschaftliche Entwicklung eines Unternehmens (des Prognosegebers) in unterschiedlichsten Berichtsmedien vermittelt.[65]

Bevor im folgenden Kapitel auf das Kriterium der Rationalität und das Herleitungsmodell einer Prognose näher eingegangen wird, soll der Begriff der Prognose für das weitere Verständnis dieser Arbeit von dem der Diagnose und Planung abgegrenzt werden. Die Meinungen in der Literatur gehen auseinander, ob der Begriff der Prognose mit dem der **Diagnose** gleichzusetzen ist.[66] Im Rahmen von Wirtschaftsprognosen kann argumentiert werden, dass eine Konjunkturdiagnose eine Prognose dahingehend impliziert, dass der

---

[58] Zum Begriff der Prognose vgl. hier und im Folgenden *Bretzke* (1975b), S. 116ff.
[59] Vgl. *Brockhoff* (1977), S. 18.
[60] Vgl. *Bretzke* (1974), S. 293ff.
[61] Zu irrationalen Prognosen vgl. *Rogge* (1972), S. 14; vgl. ausführlich Kap. 2.1.2.1 dieser Arbeit.
[62] *Bretzke* (1975b), S. 118.
[63] *Picot* (1977), S. 2149. Im weiteren Verlauf der Arbeit werden Begriffe wie Vorhersage und Voraussage synonym verwendet.
[64] Zum Begriff der Prognosepublizität vgl. *Busse von Colbe* (1968b), S. 91ff.; *Mennenöh* (1984), S. 1ff.
[65] Zu den unterschiedlichen Berichtsmedien vgl. ausführlich Kap. 2.1.6.
[66] Vgl. zur Darstellung der unterschiedlichen Meinungen *Schöpf* (1966), S. 46ff.

Konjunkturauf- oder -abschwung weitergehen oder ein Umschwung eintreten wird. Eine Diagnose stellt somit zwangsläufig eine „regressive Prognose"[67] dar, die nachträglich voraussagt, was geschehen ist und sich in der aktuellen Wirtschaftslage niederschlägt. Daher scheint eine Trennung von Diagnose und Prognose auf dem Gebiet der Konjunkturanalyse nicht zweckmäßig.[68] Andererseits wird argumentiert, dass sich die Begriffe der Prognose und Diagnose bzgl. ihres Gegenstandes und ihrer Methode unterscheiden und somit verschiedene Erkenntnisgegenstände darstellen.[69] Während eine Diagnose den Ist-Zustand erklärt, beschreibt eine Prognose die unbestimmte, nur einschätzbare Zukunft. Somit stellt der Diagnostiker nur fest, wie sich die Wirtschaft zum jetzigen Zeitpunkt verhält, wohingegen der Prognostiker darüber zu urteilen hat, wie sich das Verhalten der Wirtschaft in näherer Zukunft verändern wird. Eine Diagnose kann damit nicht als nachträgliche Prognose bezeichnet werden, da eine Erklärung des Ist-Zustandes nicht durch ein Element der Vorhersage gekennzeichnet ist.[70] Vor diesem Hintergrund wird der Begriff der Prognose von dem der Diagnose im weiteren Verlauf der Arbeit getrennt verwendet.

Vom dem Begriff der **Planung** ist die Prognose für die weiteren Untersuchungen ebenfalls abzugrenzen. Während die Prognose darüber Auskunft gibt, was unter bestimmten Bedingungen in der Zukunft geschieht, legt die Planung fest, wie beim Eintritt zukünftiger Ereignisse gehandelt werden soll.[71]

2.1.2 Klassifizierung und Herleitung von Prognosen

2.1.2.1 Rationale versus irrationale Prognosen

Prognosen lassen sich in irrationale und rationale Prognosen unterteilen (vgl. Abb. 2-1).[72] **Irrationale** Prognosen werden ohne theoretische Basis und jeglicher Objektivität entbehrend aufgestellt. Unbegründete Vorhersagen werden auch als Prophezeiungen[73] bezeichnet.[74] Hierzu zählten bspw. in der Antike die Befragung des Orakels zu Delphi oder die Deutung des Vogelflugs durch die Auguren. Aber auch die Methoden des Handlesens und Wahrsagens werden ohne das wissenschaftliche Fundament der Objektivität angewendet.[75]

---

[67] *Seidenfus* (1962), S. 25.

[68] Vgl. *Krelle* (1962), S. 30ff.; *Seidenfus* (1962), S. 25; *Steffe* (1962), S. 122.

[69] Vgl. *Neuhauser* (1962), S. 187ff. So auch *Mellerowicz* (1970b), S. 62: „Vor jeder Prognose steht die Diagnose."

[70] Vgl. *Weippert* (1962), S. 169ff.

[71] Vgl. *Picot* (1977), S. 2149. Zur Abgrenzung von „Planung" und „Prognose" siehe auch *Bretzke* (1975b), S. 87ff.; *Brockhoff* (1977), S. 16f.; *Schmalz* (1978), S. 22f. Zum betriebswirtschaftlichen Planungsbegriff im Kontext der Lageberichterstattung vgl. auch *Steinmeyer* (2008), S. 156ff.

[72] Zur Einteilung von Prognosen vgl. *Danckwerts* (1968), S. 289; *Denk* (1974), S. 17ff.

[73] Vgl. *Denk* (1974), S. 16ff. Zum Begriff der wissenschaftlichen Prognose einerseits und der unbedingten historischen Prophetie andererseits vgl. *Albert* (1964a), S. 64; *Popper* (1965), S. 116ff. Die wissenschaftliche Begründung der Prognoseaussage im Zeitpunkt der Aufstellung unterscheidet den wissenschaftlichen Prognostiker vom Propheten, vgl. *Tietzel* (1989), S. 548.

[74] Vgl. *Tietzel* (1983), S. 6.

[75] Zu den nicht-wissenschaftlichen Methoden des Vorhersagens vgl. *Rogge* (1972), S. 14.

Hiervon sind **rationale** Prognosen abzugrenzen: Diese stützen sich auf Beobachtungen, die von jedem gemacht werden können, und sind weder Ergebnis eines reinen Zufalls, noch sagen sie das Ergebnis eines reinen Zufalls voraus.[76] Von zukunftsbezogenen Informationen wird verlangt, dass sie möglichst zuverlässig sein sollen und damit einen hohen empirischen Informationsgehalt besitzen.[77] Hat eine Prognose einen positiven empirischen Informationsgehalt, so ist sie prinzipiell falsifizierbar.[78] Damit ist die Möglichkeit gegeben, dass sich die zukunftsgerichtete Aussage später als falsch herausstellt.[79] Im Verwendungszeitpunkt für Planungs- und Entscheidungszwecke kann die Prognose allerdings keinen Wahrheitswert besitzen. Da sie sich auf die Zukunft bezieht, ist sie weder verifiziert noch falsifiziert. Es besteht lediglich die Chance, dass sich die Prognose bewahrheiten wird, respektive die Gefahr, dass sie sich als falsch herausstellt.

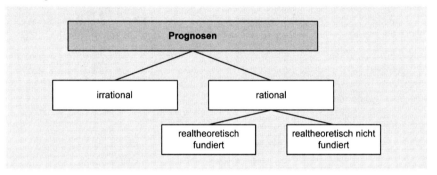

Abb. 2-1: Klassifizierung von Prognosen
Quelle: in Anlehnung an *Denk* (1974), S. 16f.

2.1.2.2 Fundierte versus nicht fundierte Prognosen

Aufgrund des oben beschriebenen Unsicherheitsfaktors wird bei der rationalen Ableitung von Prognosen auf wissenschaftliche Theorien zurückgegriffen. Hierbei sind realtheoretisch fundierte und realtheoretisch nicht fundierte Prognosen zu unterscheiden (vgl. Abb. 2-1). Anzustreben ist die realtheoretisch **fundierte** Prognose, da ihre Ausgangsinformationen durch eine oder mehrere empirisch bestätigte Theorien ausreichend gesichert sind.[80] Realtheoretisch fundierte Prognosen werden aus allgemeingültigen Sachverhalten (Gesetzesaussagen, Theorien) mit möglichst hohem empirischen Informationsgehalt und gewis-

---

[76] Vgl. *Danckwerts* (1968), S. 289.
[77] Vgl. *Wild* (1969), S. 66.
[78] Vgl. *Fischer-Winkelmann* (1971), S. 56ff.; zur Falsifizierbarkeit von Theorien vgl. ausführlich *Popper* (1935), S. 46ff.
[79] Vgl. *Wild* (1969), S. 66f.
[80] Vgl. *Kosiol* (1968), S. 285. Unter theoretischer Fundierung ist die Verwendung einer Theorie zu verstehen, die auf einem System von nomologischen Hypothesen aufbaut, vgl. *Albert* (1964a), S. 63, Fn. 47. Ähnlich auch *Urban* (1973), S. 56f., der unter Fundierung die Überprüfung versteht, ob eine Prognose im Zeitpunkt der Aufstellung wissenschaftlich begründet war.

sen Randbedingungen (sog. Antezedensbedingungen) deduktiv abgeleitet.[81] Die wissenschaftliche Prognose ist damit stets an die explizite Nennung eines Gesetzes oder einer Theorie geknüpft. Wenn nicht ersichtlich ist, warum ein Ereignis auftreten oder vorhanden sein wird, ist die Ableitung einer Voraussage unbegründet und kann nicht rational diskutiert werden.[82] Die Aussage stellt dann nur eine Spekulation dar. In der Wissenschaftstheorie werden die generellen Gesetzesaussagen auch als nomologische Hypothesen bezeichnet.[83] Es handelt sich dabei um allgemeine, empirisch gehaltvolle Aussagen über die Struktur der Realität, die anhand von Tatsachen nachgeprüft werden können.[84] Nomologische Sätze können auch als Allsätze (universelle Sätze) gekennzeichnet werden, die aussagen, dass unter bestimmten allgemein gekennzeichneten Bedingungen immer und überall bestimmte allgemein gekennzeichnete Konsequenzen auftreten können.[85] Da Gesetzmäßigkeiten für Wirtschaftsprognosen kaum verfügbar sind,[86] besteht auch die Möglichkeit, empirische Generalisierungen heranzuziehen, sofern sich diese praktisch bewährt haben.[87] Dabei handelt es sich nicht mehr um logische Gesetze im Sinne von analytischen Allaussagen, sondern um generelle Aussagen mit empirischem Gehalt:[88] Wenn der Kurs der Währung steigt, steigen auch die Umsätze.

Neben den allgemeinen Gesetzesaussagen sind ferner gewisse Randbedingungen zu definieren. Letztere beziehen sich auf Sachverhalte, die entweder zum Zeitpunkt der Prognose erfüllt und weiter gültig sein müssen, oder die erst in der Zukunft eintreten werden.[89] In beiden Fällen müssen diese Bedingungen ihrerseits prognostiziert werden (Prognose „zweiter Stufe"[90]). Im Rahmen von Wirtschaftsprognosen umfassen die Randbedingungen u.a. die Entwicklung gesamtwirtschaftlicher Ereignisse, wie Konjunktur, Zinsniveau oder Wechselkurse, aber auch Ereignisse wie Handlungen von Marktpartnern und Behörden.[91] Gesetzesaussage und Randbedingung bilden zusammen das Prognoseargument (Expla-

---

[81] Vgl. *Popper* (1935), S. 26f.; *Albert* (1957), S. 65; *Kosiol* (1968), S. 285; *Bretzke* (1975b), S. 124f. In Anlehnung an das Schema von *Hempel/Oppenheim* (1953), S. 320ff.

[82] Vgl. *Urban* (1973), S. 10f.

[83] Vgl. *Bretzke* (1975a), S. 500ff. Nomologische Aussagen lassen sich zwar durch Beobachtungen endgültig widerlegen (falsifizieren), aber niemals endgültig bestätigen (verifizieren).

[84] Vgl. *Albert* (1964a), S. 23.

[85] Vgl. *Popper* (1935), S. 28, und S. 32f.; *Albert* (1964a), S. 24; *Fischer-Winkelmann* (1971), S. 36.

[86] Wie z.B. in den Naturwissenschaften: Das Wasser wird gefrieren, wenn die Wassertemperatur unter einen kritischen Wert sinkt; vgl. *Drobeck* (2001), S. 1225. *Bretzke* (1975b), S. 126, begründet die Seltenheit von nomologischen Hypothesen in der Wirtschaftswissenschaft damit, dass ökonomische Prozesse von menschlichen Entscheidungen beeinflusst werden, aus dem Zusammenwirken verschiedener Variablen resultieren und nur selten wiederholt unter gleichen Bedingungen ablaufen. So auch schon *Popper* (1965), S. 117, der zu dem Ergebnis kam, dass zyklische Systeme in erster Linie in der Biologie auftreten. Im Gegensatz zur Gesellschaft, die sich verändert und dessen Entwicklung im Wesentlichen nicht zyklisch ist.

[87] Vgl. *Hagest/Kellinghusen* (1977), S. 411; *Drobeck* (2001), S. 1225.

[88] Vgl. *Kosiol* (1968), S. 285.

[89] Vgl. *Tietzel* (1983), S. 11.

[90] *Tietzel* (1989), S. 552.

[91] Vgl. *Rückle* (1984), S. 63. Hierbei mag es sinnvoll sein, auf die durch Wirtschaftsforschungsinstitute oder statistische Ämter erstellten und veröffentlichten Prognosen zu Konjunktur-, Branchen- und Wechselkursentwicklungen zurückzugreifen, vgl. *Dörner* (1996), S. 233.

nans).[92] Die mit Hilfe des Explanans abgeleitete singuläre Aussage, die das zu erklärende Ereignis beschreibt bzw. vorhersagt, wird als Explanandum bezeichnet (vgl. Abb. 2-2).[93] Bezieht sich die Aussage über den Eintritt des im Explanandum beschriebenen Ereignisses auf die Zukunft, liegt eine Prognose vor. Betrifft die Aussage hingegen einen Zustand in der Vergangenheit, wird von einer Retrognose gesprochen.[94] Bei der Vorhersage handelt es sich um eine zweifach bedingte Prognose.[95] Sie hängt zum einen von der Richtigkeit der Gesetzesaussage ab und zum anderen vom Eintritt der Randbedingung.[96] Die folgende Abbildung zeigt die deduktive Ableitung einer Prognose anhand des Hempel-Oppenheim-Schemas.[97]

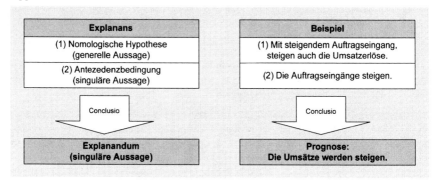

Abb. 2-2: Struktur und Beispiel einer Prognose
Quelle: in Anlehnung an *Chmielewicz* (1979), S. 151; *Drobeck* (2001), S. 1125

Die Unsicherheit von Prognosen lässt sich durch das Heranziehen wissenschaftlicher Theorien nicht gänzlich vermeiden. Zur deduktiven Ableitung von Prognosen aus Gesetzmäßigkeiten werden Kenntnisse über die Randbedingungen benötigt. Diese Bedingungen

---

[92] Dabei können nomologische Hypothesen sowohl für Erklärungen als auch für Prognosen gleichermaßen verwendet werden; vgl. *Fischer-Winkelmann* (1971), S. 59. Mit Bezug auf Prognosen sprechen *Tietzel* (1989), S. 548, und *Drobeck* (1998), S. 90f., bei dem Prognoseargument von „Projectans" und bezeichnen die vorherzusehende Aussage als „Projectandum".
[93] Vgl. *Albert* (1964a), S. 48f.; *Fischer-Winkelmann* (1971), S. 46. Zur strukturellen Identität von wissenschaftlicher Erklärung und Prognose, vgl. *Fischer-Winkelmann* (1971), S. 52ff.; *Hempel* (1977), S. 43ff.; *Chmielewicz* (1979), S. 154ff.
[94] Vgl. *Wild* (1970), S. 558.
[95] Zu bedingten und unbedingten Prognosen vgl. ausführlich Kap. 2.1.3.
[96] Vgl. *Drobeck* (2001), S. 1225.
[97] Vgl. *Hempel/Oppenheim* (1953), S. 320ff., sowie *Poser* (2006), S. 45ff. In ähnlicher Struktur bezogen auf die Ableitung von Prognosen vgl. *Fischer-Winkelmann* (1971), S. 54ff.; *Urban* (1973), S. 7ff.; *Rückle* (1984), S. 63; *Drobeck* (1998), S. 91.

beziehen sich aber selbst auf die Zukunft, müssen also ihrerseits vorhergesagt werden. Damit stellt sich ein unendlicher Prognoseregress ein.[98]

Vor diesem Hintergrund können realtheoretisch fundierte Prognosen in der Wirtschaftswissenschaft kaum erarbeitet werden, so dass es sich im sozio-ökonomischen Bereich meist nur um rationale, aber realtheoretisch **nicht fundierte** Prognosen handelt.[99] Das Nichtzustandekommen von realtheoretisch fundierten Prognosen ist hauptsächlich in der Unvollkommenheit der Informationsbasis begründet.[100] Wenn keine bestätigten Gesetze verfügbar sind, muss auf möglichst plausible, aber ungenügend verifizierte Hypothesen oder unbestätigte Annahmen zurückgegriffen werden. Diese Art von Prognosen wird als realtheoretisch nicht fundiert bezeichnet.[101] Die Prognose ist auf eine bestimmte Art und Weise fundiert, aber nicht durch das objektive nomologische Wissen. Somit beruht die Vorhersage auf der Behauptung, dass bestimmte Annahmen auch in der Zukunft gelten werden. In die Kategorie der nicht fundierten Prognosen lassen sich einzelwirtschaftliche Vorhersagen einordnen, deren Zustandekommen durch Extrapolation, Analogieschluss oder ähnliche Verfahren der Schätzung gekennzeichnet sind. Nicht fundierte Prognosen werden häufig auch unter dem Begriff der Projektion zusammengefasst, um sie bereits terminologisch von theoretisch fundierten Prognosen zu unterscheiden.[102] Projektionen zeichnen sich gegenüber Prognosen somit durch einen fiktiveren und hypothetischeren Charakter aus.[103] Ferner weisen diese nur eine eingeschränkte Trefferwahrscheinlichkeit auf.[104] Der Begriff der Projektion bleibt bei den weiteren Betrachtungen in dieser Arbeit ohne Berücksichtigung.

Im weiteren Fortgang stehen rationale, möglichst realtheoretisch fundierte, überprüfbare Prognosen, die aus einer Modellstruktur abgeleitet wurden, im Fokus der Untersuchungen. Während sich die vorstehenden Klassifizierungen hauptsächlich auf die Herleitung von Prognosen konzentrierten, werden im folgenden Kapitel die Ausgestaltung publizierter Prognosen sowie deren Merkmale diskutiert.

2.1.3 Ausgestaltung und Merkmale von Prognosen

Da der Zweck zukunftsbezogener Informationen darin besteht, das Entscheidungsverhalten der Adressaten zu verbessern, kommt der Frage nach der konkreten Ausgestaltung der Prognosen eine große Bedeutung zu.[105] Die Aufbereitung der Literatur zeigt, dass eine

---

[98] Vgl. *Denk* (1974), S. 20; *Bretzke* (1975b), S. 126; *Chmielewicz* (1979), S. 157; *Tietzel* (1989), S. 553. Ein Ausweg aus diesem infiniten Regress wäre nur in einem geschlossenen System möglich, in dem alle Gesetze und Randbedingungen gegeben und konstant sind, vgl. *Wild* (1969), S. 67.

[99] Vgl. *Albert* (1964a), S. 62f.; *Denk* (1974), S. 19.

[100] Vgl. *Kosiol* (1968), S. 286.

[101] Vgl. *Kosiol* (1968), S. 286.

[102] Zum Begriff der Projektion vgl. *Albert* (1964a), S. 63; *Wild* (1970), S. 554, und S. 562, Fn. 24; *Chmielewicz* (1979), S. 158. Zu unterschiedlichen Definitionen in der Literatur vgl. *Schöpf* (1966), S. 55ff. m.w.N.

[103] Vgl. *Menges* (1966), S. 54.

[104] Vgl. *Giersch* (1960), S. 39. Im Gegensatz zur Prognose, die der Autor als eine Vorhersage mit einer an Gewissheit grenzenden Wahrscheinlichkeit (maximale Wahrscheinlichkeit) definiert.

[105] Vgl. *Sieben* (1987), S. 590.

Fülle von Merkmalen existiert, um verschiedene Arten von Prognosen zu unterscheiden.[106] Daher bedarf es zunächst einer Konkretisierung der unterschiedlichen Merkmalsausprägungen im Kontext dieser Arbeit. Im Folgenden stehen die Merkmale im Fokus der Betrachtungen (vgl. Abb. 2-3), die auch Berücksichtigung bei der Konstruktion des Disclosure Index erfahren.

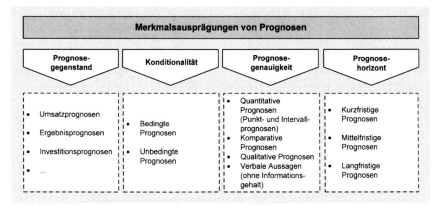

Abb. 2-3: Merkmalsausprägungen von Prognosen

Das Kriterium des **Prognosegegenstandes** unterscheidet hinsichtlich der Variablen, die zu prognostizieren sind.[107] Im Bereich der ökonomischen Prognosen können dies z.b. der Umsatz auf einem Markt, der Umsatz eines einzelnen Artikels oder der Marktanteil einer Gütergruppe am gesamten Marktvolumen sein.

Das Merkmal der **Konditionalität** unterscheidet zwischen bedingten und unbedingten Prognosen.[108] Eine Prognose ist bedingt, wenn das Eintreffen einer prognostizierten Größe von anderen Ereignissen abhängig ist.[109] Als Beispiel kann folgende Vorhersage aus dem Prognosebericht der *Bayer AG* angeführt werden, bei der die Ergebnisprognose von der Entwicklung des Marktumfelds und der zentralen Planannahmen abhängig gemacht wird:

„Bis zum Jahr 2009 wollen wir – unter der Voraussetzung eines weiter positiven Marktumfelds in unseren Geschäften und keiner wesentlichen Abweichung von zentralen Planannahmen (z.B. Wechselkurse) – eine bereinigte EBITDA-Marge in der Größenordnung von 22 Prozent erwirtschaften."[110]

---

[106] Zu verschiedenen Prognosemerkmalen vgl. ausführlich *Brockhoff* (1977), S. 36ff.; *Wöller* (2008b), S. 146ff.

[107] Zum Begriff des Prognosegegenstandes vgl. *Brockhoff* (1977), S. 39f.

[108] Vgl. *Bretzke* (1975b), S. 118f.; *Theil* (1975), S. 6; *Mennenöh* (1984), S. 3f.

[109] Vgl. *Rothschild* (1969), S. 167ff. In Bezug auf Wirtschaftsprognosen und -politik vgl. auch *Giersch* (1960), S. 39; *Jöhr/Kneschaurek* (1962), S. 421ff.; *Gerfin* (1964), S. 14f.

[110] *Bayer AG*, Geschäftsbericht 2006, S. 96.

Voraussagen, die gemäß dem Hempel-Oppenheimschen Schema deduktiv abgeleitet werden, sind stets bedingte Prognosen.[111] Im Gegensatz dazu liegt eine unbedingte Prognose vor, wenn ein Ereignis vorhergesagt wird ohne an eine bestimmte Voraussetzung geknüpft zu sein. Bei bedingten und unbedingten Prognosen ergibt sich ein gewisser Trade-off zwischen dem Informationsgehalt der Prognose und der Eintrittswahrscheinlichkeit.[112] Eine unbedingte Prognose weist zwar einen hohen informativen Wert auf, kann aber durch den Eintritt von nicht berücksichtigten Ereignissen widerlegt werden. Bedingte Prognosen hingegen sind an gewisse Voraussetzungen geknüpft, die den Informationsgehalt einschränken. Gleichzeitig schützt dies aber gegen Misserfolge, da die Prognose nur bei Eintritt der vorausgesetzten Bedingungen Gültigkeit hat. Unter dem Aspekt der Überprüfbarkeit von Prognosen, mag es für externe Adressaten zweckmäßig sein, die Prämissen der Vorhersagen ausdrücklich zu publizieren. Denn nur so kann die Plausibilität der zukünftigen Aussagen beurteilt werden kann.[113]

Um ein zukünftiges Ereignis zu beschreiben, können je nach **Genauigkeitsgrad** quantitative oder qualitative Prognosen herangezogen werden.[114] Bei quantitativen Prognosen enthält die Vorhersage konkrete Zahlenangaben:

„Die Forschungsausgaben werden voraussichtlich 2,8 Mrd. € betragen."[115]

Hingegen greifen qualitative Prognosen auf Umschreibungen der Zukunftslage zurück (z.B. der Umsatz wird im Jahr 2007 weiterhin „auf hohem Niveau"[116] liegen). Diese können auch in komparativer Form auftreten[117] (z.B. das Unternehmen will „im Geschäftsjahr 2007 ein Konzernergebnis vor Steuern erreichen, das über dem des Vorjahres liegt"[118], oder es wird mit einer „leichten Steigerung"[119] des Konzernüberschusses im Jahr 2007 gerechnet). Hiervon sind rein verbale Aussagen abzugrenzen, die keinen Informationsgehalt in Bezug auf die zukünftige Entwicklung erkennen lassen, wie z.B.

„Bechtle will auch 2007 die auf Kontinuität ausgerichtete Dividendenpolitik fortsetzen."[120]

Dabei ist zu berücksichtigen, dass qualitative Aussagen mit subjektiven Interpretationen verbunden sind. Wird auf eine Quantifizierung der Prognose verzichtet, erhöht sich zwar die Eintrittswahrscheinlichkeit der Prognose; gleichzeitig geht die Vorhersage aber auch

---

[111] Vgl. *Urban* (1973), S. 40.
[112] Zum Trade-off vgl. ausführlich *Glöckle* (1996), S. 26.
[113] Vgl. *Bretzke* (1974), S. 295; *Puckler* (1974), S. 158.
[114] Vgl. *Rothschild* (1969), S. 170f.; *Hirst et al.* (2008), S. 327; *Quick/Reus* (2009), S. 20. Allgemein zum Präzisionsgrad von Aussagen vgl. *Küting/Weber* (2006), S. 411.
[115] *Bayer AG*, Geschäftsbericht 2006, S. 96.
[116] *Adidas AG*, Geschäftsbericht 2006, S. 108.
[117] Zur komparativen Prognoseart vgl. ausführlich *Bretzke* (1975b), S. 119; *Rückle* (1984), S. 64.
[118] *BMW Group*, Geschäftsbericht 2006, S. 63.
[119] *E.ON AG*, Geschäftsbericht 2006, S. 66.
[120] *Bechtle AG*, Geschäftsbericht 2006, S. 55.

mit einem geringeren Informationsgehalt einher.[121] Eine Prognose wird daher umso sicherer eintreffen, je allgemeiner sie formuliert ist. In der Literatur ist der Vorzug qualitativer Angaben vor quantitativen Aussagen indes umstritten.[122] Als Argument für die Publizität von quantitativen Vorhersagen wird angeführt, dass Zahlenangaben informativer sind und für den Berichtsempfänger eine bessere Entscheidungsgrundlage darstellen.[123] Allerdings sind detaillierte Vorhersagen auch mit der Gefahr verbunden, dass sich die Wettbewerbslage des betreffenden Unternehmens verschlechtern kann, so dass oftmals verbalen, qualitativen Prognosen der Vorzug gegeben wird.[124] Gegen eine verbale Berichterstattung spricht jedoch, dass die Nachprüfbarkeit und Verständlichkeit der gemachten Aussagen beeinträchtigt werden kann.[125]

Bei quantitativen Prognosen kann darüber hinaus zwischen Punkt- und Intervallprognosen unterschieden werden.[126] Bei einer Punktprognose wird die zu schätzende Größe genau festgelegt, wie z.B.

„Für das Jahr 2007 rechnen wir für den Konzern mit einer operativen Marge von ca. 9%."[127]

Im Gegensatz dazu wird bei einer Intervallprognose der zu schätzende Prognosegegenstand in gewissen Bandbreiten angegeben, wie z.B. die Aussage, dass die Verbesserung der „Rohertragsmarge zwischen 45% und 47%"[128] liegen wird. Bei der Abgabe einer Punkt- oder Intervallprognose ist zu berücksichtigen, dass eine Punktprognose kaum exakt eintreffen wird.[129] Eine Intervallprognose hingegen impliziert, dass eine punktgenaue Vorhersage nicht möglich ist. Deshalb wird ein gewisser Bereich abgesteckt, indem das künftige Ereignis erwartet wird. Formal gesehen erhöht sich damit die Eintrittswahrscheinlichkeit bei der Intervallprognose. Die Ausführungen machen den Trade-off zwischen der Trefferwahrscheinlichkeit und dem Informationsgehalt der Prognose deutlich. Je exakter die Prognose ist, desto unwahrscheinlicher ist ihr genaues Eintreffen in der Zukunft. Eine Punktprognose enthält zwar wertvolle Informationen, das Eintreffen ist allerdings ungewiss (vgl. Abb. 2-4). Eine Intervallprognose wird sich indessen eher als wahr herausstellen, ihr Informationsgehalt ist jedoch geringer als der einer Punktprognose.[130]

---

[121] Bei der Vorhersage, dass der Umsatz steigen wird, ergibt sich eine Erfolgschance von 50%. Da die meisten Unternehmen ein kontinuierliches Wachstum anstreben, kann die Erfolgswahrscheinlichkeit sogar weitaus größer sein, vgl. *Rothschild* (1969), S. 171, Fn. 4. Im Gegensatz dazu ist jedoch der Informationswert der abgegebenen Prognose eher gering.

[122] Vgl. *Sahner/Kammers* (1984), S. 2312; *Glade* (1986), § 289 HGB, Tz. 15, und *Sieben* (1987), S. 593, geben qualitativen Prognosen den Vorzug; a.M. *Lück* (1995), § 289 HGB, Rn. 58 und 59.

[123] Vgl. *Lück* (1995), § 289 HGB, Rn. 58.

[124] Vgl. *Sahner/Kammers* (1984), S. 2313, *Glade* (1986), § 289 HGB, Tz. 15.

[125] Vgl. *Lück* (1995), § 289 HGB, Rn. 58.

[126] Vgl. *Kuhlo* (1962), S. 255; *Bretzke* (1975b), S. 119; *Theil* (1975), S. 6ff.; *Rieso* (2005), S. 25f.

[127] *Adidas AG*, Geschäftsbericht 2006, S. 111.

[128] *Adidas AG*, Geschäftsbericht 2006, S. 110.

[129] Vgl. *Rothschild* (1969), S. 165f.

[130] Vgl. *Lück* (1995), § 289 HGB, Rn. 59; a.M. *Baetge/Schulze* (1998), S. 942, die einen höheren Informationsgehalt bei der Angabe von Bandbreiten bzw. Intervallen als bei Punktprognosen sehen.

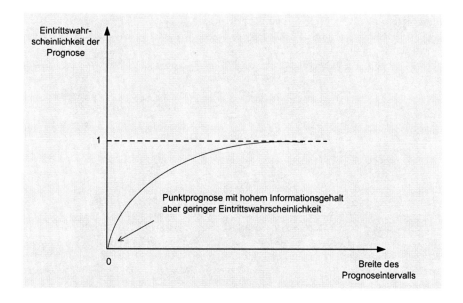

Abb. 2-4: Zusammenhang zwischen Eintrittswahrscheinlichkeit und Prognoseintervall
Quelle: in Anlehnung an *Baetge* (1998), S. 720; *Schulze* (2001), S. 130; *Rieso* (2005), S. 26

Die Meinungen in der Literatur präferieren tendenziell Intervallprognosen gegenüber Punktprognosen.[131] Dabei wird als Argument für die Veröffentlichung von Intervallprognosen angeführt, dass durch die Prognose eines einzelnen punktuellen Wertes „den Informationsempfängern eine Vorhersagegenauigkeit vorgetäuscht"[132] wird. Daher ist der Berichtsadressat über mögliche Schwankungsbreiten der betrachteten Zukunftsgrößen zu informieren, um mögliche Chancen und Risiken abschätzen zu können. Abschließend sei auf folgenden Grundsatz zur Erstellung von Prognosen verwiesen:

„Informationsgehalt soviel als zur Problemlösung nötig, Sicherheit(sgrad) soviel wie (dann noch) möglich."[133]

Das Kriterium des **Prognosehorizonts** differenziert nach kurz-, mittel- und langfristigen Prognosen.[134] Unter dem Prognosehorizont ist dabei die zeitliche Reichweite oder Geltungsdauer der Prognose zu verstehen.[135] Im Bereich der Wirtschaftsprognosen umfassen

---

[131] Vgl. *Sieben* (1987), S. 590ff.; *Adler et al.* (1995), § 289 HGB, Rn. 108; *Lange* (2008), § 289 HGB, Rn. 92. Zur Vorteilhaftigkeit von punktuellen oder mehrwertigen Prognosen vgl. auch *Rückle* (1984), S. 64f.

[132] *Bechtel et al.* (1976), S. 211.

[133] *Wild* (1969), S. 77.

[134] *Wöller* (2008b), S. 147, unterscheidet darüber hinaus säkulare Prognosen, die einen Zeitraum von mehreren Jahrzehnten oder Jahrhunderten umfassen.

[135] Vgl. *Brockhoff* (1977), S. 40f.; *Drobeck* (2001), S. 1224.

kurzfristige Prognosen einen Zeitraum von wenigen Monaten.[136] Hierbei handelt es sich um Aussagen über unmittelbar bevorstehende Saisonentwicklungen, die auch mögliche Umbrüche signalisieren sollen. Der Zeithorizont von mittelfristigen Prognosen umfasst ein bis drei Jahre; kann in Ausnahmefällen aber auch fünf bis acht Jahre betragen. Im Gegensatz dazu beziehen sich langfristige Prognosen auf einen Zeitraum von zehn bis sogar fünfzehn Jahren. In der Literatur sind hierzu abweichende Meinungen zu finden.[137] So können sich kurzfristige Konjunkturprognosen auch auf einen Zeitraum von ein bis zwei Jahren erstrecken. Mittelfristige Prognosen können eine Zeitperiode von zehn bis zwanzig Jahren umfassen.[138] Ungeachtet von Jahresangaben vertritt *Rogge* die Auffassung, dass sich kurz-, mittel- und langfristige Prognosen nicht mit exakten Zahlenangaben definieren lassen, sondern vielmehr im komparativen Sinne zu verstehen sind.[139] Demnach nimmt eine kurzfristige Prognose im Allgemeinen einen kürzeren Zeitraum ein als eine langfristige Aussage.

Im betriebswirtschaftlichen Bereich besteht bei den Berichtsadressaten[140] ein Interesse an langfristigen Prognosen über die künftige Unternehmensentwicklung.[141] Diese erweisen sich aber als problematisch, da sich mit zunehmendem Prognosehorizont die Wirkung externer Einflussfaktoren, wie z.b. des technischen Fortschritts, immer weniger abschätzen lässt. Daher ist im Zusammenhang mit dem Prognosehorizont auch immer die Zuverlässigkeit der abgegebenen Prognose zu beurteilen. Es ist zu bedenken, dass Prognosen auf längere Sicht mit zunehmender Unsicherheit behaftet sind.[142] Im Gegensatz dazu ist der Nutzen bei kurzfristigen Prognosen im Geschäftsbericht, die sich auf einen Vorhersagezeitraum von nur einem Jahr erstrecken, fraglich.[143] Aufgrund des zeitlichen Abstandes zwischen Bilanzstichtag und Veröffentlichung der Prognose im Lagebericht erhält der Adressat letztendlich nur eine Vorhersage für wenige Monate. Als vorteilhaft erweisen sich daher Prognosen mit einem Zeithorizont von zwei Jahren.[144] Aus Sicht der Adressaten ist hierbei ein akzeptabler Informationsgehalt der Voraussage gegeben.[145] Abschließend bleibt jedoch zu berücksichtigen, dass die Zeiträume für Prognosen und Zukunftspläne der Unternehmen auch von den einzelnen Industriesektoren und Marktbereichen abhängig sind.

---

[136] Vgl. *Menges* (1966), S. 66f. *Fiedler* (1971), S. 10ff., nimmt ebenfalls eine Einteilung nach kurz-, mittel- und langfristigem Prognosehorizont vor und klassifiziert dementsprechend einzelne Prognoseverfahren.

[137] Vgl. tabellarische Übersicht bei *Rogge* (1972), S. 91, Fn. 33.

[138] Vgl. *Jöhr/Kneschaurek* (1962), S. 432. Zu unterschiedlichen Prognosehorizonten im Bereich der Landwirtschaft vgl. *Hanau/Wöhlken* (1962), S. 384ff.

[139] Vgl. *Rogge* (1972), S. 91.

[140] Zu den Adressaten des Prognoseberichts vgl. ausführlich Kap. 2.1.5.

[141] Vgl. *Bechtel et al.* (1976), S. 210f.

[142] Vgl. *Bosse* (1957), S. 66; *Giersch* (1960), S. 300; *Kuhlo* (1962), S. 217; *Peiffer* (1974a), S. 194; *Wöller* (2008b), S. 147; a.M. *Wild* (1969), S. 77, der die Auffassung vertritt, dass es vielmehr darauf ankommt, ob und wie der Informationsgehalt der Prognose durch die größere oder kleinere zeitliche Reichweite beeinflusst wird. Zu unterschiedlichen Meinungen in der Literatur vgl. auch *Schöpf* (1966), S. 70ff.

[143] Nach *Lewandowski* (1974), S. 1ff., dienen kurzfristige Prognosen nur als „operationelle Grundlage des Managements".

[144] Vgl. *Puckler* (1974), S. 158; *Wanik* (1975), S. 55.

[145] Vgl. *Glöckle* (1996), S. 23.

So nimmt bspw. der Prognosezeitraum von der Grundstoffindustrie über die Verbrauchsgüterbranche hin zu Modeartikeln immer weiter ab.[146]

2.1.4 Prognoseprozess und Prognoseverfahren

Die Fähigkeit, Prognosen im Lagebericht abzugeben, setzt zunächst eine verlässliche und aussagekräftige Unternehmensplanung voraus, die dem Management eine möglichst vollständige Kenntnis über die wesentlichen Chancen und Risiken im Unternehmen vermittelt.[147] Der Planungs- und **Prognoseprozess** lässt sich dabei in drei Phasen unterteilen:[148]

- Entwurfsphase,
- Durchführungsphase und
- Evaluationsphase.

Die Entwurfsphase umfasst die Definition des Problems und die Entwicklung eines theoretischen Modells. Dabei sind vorhandene Datenquellen zu analysieren und ein geeignetes Prognosemodell auszuwählen. Nach der Datenbeschaffung sind dann in der Durchführungsphase die zahlenmäßigen Prognosen zu erstellen. Hierbei können mehrere Prognoseverfahren miteinander kombiniert werden. Die Evaluationsphase beinhaltet die Dokumentation der Prognoseergebnisse sowie deren Präsentation (z.B. im Lagebericht). Eine ständige Überwachung und Revision der Prognoseergebnisse ist dabei unerlässlich.

In der Durchführungsphase kommt der Auswahl eines geeigneten **Prognoseverfahrens**, welches eine sachgerechte Prognose der Determinanten ermöglicht, eine entscheidende Bedeutung zu. Unter einem Prognoseverfahren/ -modell ist ein System zu verstehen, das die beobachteten Werte der zu prognostizierenden Größen aus Vergangenheit und Gegenwart verknüpft, um als Ergebnis eine Prognose zu generieren.[149] Dabei sollen Prognose- und Planungstechniken das Management im Unternehmen bei der Beschreibung und Einschätzung künftiger Veränderungen, bei der Suche nach Handlungsalternativen und bei der Bewertung von Entscheidungsalternativen unterstützen.[150] Da bei jeder Prognose unterschiedliche Ausgangsdaten für die Erstellung vorliegen, scheint eine Kombination mehrerer Prognoseverfahren hilfreich, um die zukünftige Entwicklung sachlogisch zu erklären.[151] Abb. 2-5 fasst mögliche Prognoseverfahren differenziert nach dem Prognosezeit-

---

[146] Vgl. *Brockhoff* (1977), S. 41. Dies ist auf die unterschiedlichen Planungshorizonte in den verschiedenen Industriezweigen zurückzuführen; vgl. *Neumann* (1974), S. 14ff. Siehe hierzu auch die Übersicht zu maximalen Prognosehorizonten für verschiedene Wirtschaftsbereiche bei *Lewandowski* (1974), S. 248ff.

[147] Vgl. *Freidank/Steinmeyer* (2005), S. 2515. Zur Umsetzung des Zusammenspiels von Planung und Reporting am Beispiel einer Entwicklungsprognose vgl. modellhafte Darstellung bei *Steinmeyer* (2008), S. 403ff.

[148] Vgl. im Folgenden *Hüttner* (1986), S. 299ff. m.w.N. Zu den Stufen des Prognoseprozesses im Rahmen einer Unternehmensbewertung vgl. auch *Kuhner* (2006), S. 717ff.

[149] Vgl. *Fiedler* (1971), S. 10; *Hansmann* (1995), S. 270. Zur Definition von Prognoseverfahren vgl. auch *Wöller* (2008a), S. 171.

[150] Vgl. *Macharzina/Wolf* (2008), S. 836f.

[151] Vgl. *Fiedler* (1971), S. 10.

raum zusammen.[152] Eine Einteilung der Prognoseverfahren nach zeitlichen Gesichtspunkten liegt in der Dauer der Planungsperiode begründet.[153] Mit zunehmendem Planungshorizont wird die Genauigkeit der Prognose geringer, da Aussagen über mögliche Einflussfaktoren mit wachsendem Zeitraum schwieriger werden. Somit sind auf lange Sicht meist nur noch global formulierte, verbale zukunftsgerichtete Aussagen möglich, wohingegen auf kurze Sicht auch numerische Prognosen abgegeben werden können.

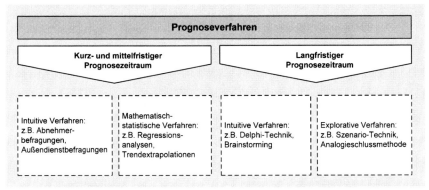

Abb. 2-5: Prognoseverfahren nach Planungszeitraum
Quelle: in Anlehnung an *Fiedler* (1971), S. 10; *Macharzina/Wolf* (2008), S. 846

Für **kurz- und mittelfristige** Prognosen im operativen Bereich kommen häufig quantitative Methoden zur Anwendung (vgl. Abb. 2-5). Zu den intuitiven Prognoseverfahren zählt z.B. eine Abnehmerbefragung.[154] Da die Abnehmerwünsche auch die Bedarfsentwicklung beeinflussen, sollten ihre Vorstellungen von der zukünftigen Entwicklung bei der Prognoseerstellung berücksichtigt werden. Daher beauftragen Unternehmen oftmals Marktforschungsinstitute mit der Durchführung von Abnehmerbefragungen, um aus Hochrechnungen eine Entwicklungstendenz ableiten zu können. Aber auch Außendienstbefragungen können zur Prognoseerstellung dienlich sein.

Zu den mathematisch-statistischen Verfahren zählen bspw. Regressionsanalysen.[155] Im Rahmen von Regressionsanalysen werden funktionale Beziehungen zum Ausdruck gebracht.[156] Je nachdem, ob die Prognose auf Grundlage einer oder mehrerer Einflussgrößen erfolgt, sind Einfachregressionen bzw. multiple Regressionen zu unterscheiden. Dabei wird versucht, anhand wissenschaftlicher Theorien, Größen zu identifizieren, welche die prognostizierende Variable beeinflussen. Neben Regressionsanalysen können bspw. auch

---

[152] Zur Anwendung dieser Prognoseverfahren in den umsatzstärksten deutschen Industrieunternehmen vgl. *Brockhoff* (1977), S. 12ff.
[153] Vgl. *Fiedler* (1971), S. 11.
[154] Vgl. im Folgenden *Fiedler* (1971), S. 16.
[155] Vgl. *Quick/Reus* (2009), S. 19.
[156] Zum Prognoseverfahren der Regressionsanalyse vgl. ausführlich *Schwarze* (1980), S. 231ff.; *Hüttner* (1986), S. 77; *Hansmann* (1995), S. 280ff.

Trendextrapolationen als quantitative Prognoseverfahren zum Einsatz kommen. Diese Verfahren werden zur Einschätzung zukünftiger, unabhängig von Schwankungen, erwartbarer Entwicklungsrichtungen eingesetzt.[157] Die zu prognostizierenden Größen (z.b. Preise, Umsätze) werden dabei nur anhand des Zeitkriteriums ermittelt. Als Annahme wird unterstellt, dass die in der Vergangenheit beobachtete Wirkung der Verursachungsfaktoren auch in Zukunft Gültigkeit besitzt. Dies führt zu einer Entwicklung von Trends, welche die allgemeine Richtung einer Zeitreihe darstellen.

Eine Vielzahl von Determinanten, welche die zukünftige Entwicklung beeinflussen können, stellt quantitative Prognoseverfahren vor große Herausforderungen. Daher dienen häufig qualitative Prognoseverfahren dazu, auch nichtfinanzielle Faktoren bei der Prognose zu berücksichtigen.[158] Insbesondere bei **langfristigen** Prognosen im strategischen Bereich kommen qualitative Verfahren zum Einsatz (vgl. Abb. 2-5). Die Delphi-Technik, als intuitives Verfahren, basiert auf schriftlichen Expertenbefragungen und versucht über den Konsens einer unabhängigen Expertengruppe zukünftige Entwicklungen abzuschätzen.[159] Diese Methode ist eine spezielle Form der Gruppenprognose, die von Wissenschaftlern der amerikanischen RAND Corporation Anfang der 60er Jahre entwickelt wurde. Mit dem Delphi-Verfahren werden häufig technologische, demographische oder konjunkturelle Entwicklungen prognostiziert. Negativ anzumerken ist, dass die Methode sehr zeit- und arbeitsintensiv in der Durchführung ist. Neben dem Delphi-Verfahren ist bspw. auch die Methode des Brainstormings denkbar, um zukünftige Entwicklungen einschätzen zu können. Beim Brainstorming handelt es sich um eine Gruppensitzung, bei der maximal 12 Teilnehmer zusammenkommen, um sich zu Prognoseproblemen zu äußern und Prognosen abzugeben.[160]

Zu den explorativen Verfahren zählt z.b. die Szenario-Technik, welche zur Beschreibung der zukünftigen Entwicklung des Prognosegegenstandes bei alternativen Rahmenbedingungen eingesetzt wird.[161] Dabei werden aufbauend auf einer Analyse der Gegenwart verschiedene Entwicklungsmöglichkeiten aufgezeigt, die sich zu einem qualitativen Gesamtbild für den Prognosezeitraum zusammensetzen lassen. Auch die Analogieschlussmethode ist den qualitativen Prognoseverfahren zuzuordnen. Diese legt die Annahme zugrunde, dass die in einem Bereich (z.b. Land, Branche) bereits stattgefundene Entwicklung ähnlich, jedoch zeitlich versetzt, auch in anderen Bereichen eintreten wird und somit entsprechende Entwicklungstendenzen vorhergesagt werden können.[162] Jedoch sind dieser Methode insofern Grenzen gesetzt, als dass Analogien nur möglich sind, wenn eine strukturelle Gleichartigkeit der Probleme und ein kausaler Zusammenhang gegeben sind.

---

[157] Zur Trendextrapolation vgl. die ausführliche Darstellung bei *Hansmann* (1983), S. 104ff.; *Macharzina/Wolf* (2008), S. 841f. Zur Berechnung von Trends vgl. auch *Wöller* (2008a), S. 192ff.

[158] Vgl. *Fink* (2007), S. 117.

[159] Zur Anwendung und Durchführung der Delphi-Methode vgl. im Folgenden *Hansmann* (1995), S. 272ff.; *Fink* (2007), S. 120 m.w.N.; *Pradel/Aretz* (2008), S. 246ff.

[160] Zur Methodik des Brainstormings vgl. *Wöller* (2008a), S. 176.

[161] Vgl. *Hansmann* (1995), S. 272; *Kuhner* (2006), S. 719; *Fink* (2007), S. 118f.

[162] Vgl. zur Anwendung und Eignung der Analogieschlussmethode *Hansmann* (1995), S. 272f.; *Macharzina/Wolf* (2008), S. 839; *Wöller* (2008a), S. 180f.

2.1.5 Adressaten der Prognoseberichterstattung

Nicht nur in der internen Unternehmenssteuerung sind Prognosen für das Management unerlässlich für eine zuverlässige Planung, auch externe Berichtsadressaten sind auf Unternehmensprognosen angewiesen, um z.b. fundierte Investitionsentscheidungen treffen zu können.[163] Externe Adressaten sind dadurch gekennzeichnet, dass sie keinen vollständigen Zugang zu Dispositions- und Dokumentationsunterlagen im Unternehmen haben und somit auf Informationen angewiesen sind, die durch das Management zugänglich gemacht werden.[164] Die Analyse des Informationsbedarfs von Investoren, Banken und Finanzanalysten zeigt, dass zukunftsorientierte Informationen zur zielgerichteten Entscheidungsfindung benötigt werden.[165] Die Relevanz von Prognosen ist daher unbestritten.[166]

Im Fokus des Adressatenkreises von Prognosen stehen insbesondere Investoren und Gläubiger.[167] Aber auch Finanzanalysten, die Belegschaft und die interessierte Öffentlichkeit können durchaus ein Interesse an der zukünftigen Unternehmensentwicklung bekunden (vgl. Abb. 2-6).

---

[163] Die Adressaten der Prognoseberichterstattung decken sich mit denen des Lageberichts; zu den Adressaten des Lageberichts allgemein vgl. Kap. 2.2.1.2.2.

[164] Vgl. *Rückle* (1984), S. 58.

[165] Vgl. empirische Studien von *Blohm* (1962), S. 50f.; *Hub* (1972), S. 148ff.; *Kellinghusen/Irrgang* (1978), S. 2280ff., die einen hohen Bedarf an zukunftsorientierten Informationen bei den Adressaten konstatieren. *Busse von Colbe* (1968a), S. 10, bestätigt, dass sich Aktionäre, Gläubiger und die übrige Öffentlichkeit weniger für die Geschichte als vielmehr für die Zukunft des Unternehmens interessieren. Auch aktuellen Studien zufolge wird dem Prognosebericht als Teil des Lageberichts eine hohe Bedeutung beigemessen, vgl. *Riebel* (2004), S. 43; *Prigge* (2006), S. 66f.

[166] Vgl. *Rückle* (1984), S. 59.

[167] Vgl. *Peiffer* (1974b), S. 164; allgemein zu den Adressaten von Prognosen vgl. auch *Wanik* (1975), S. 46ff.; *Nölte* (2008), S. 33ff.

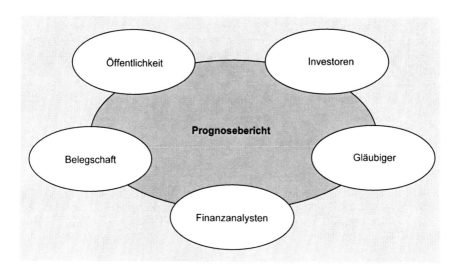

Abb. 2-6: Adressaten der Prognoseberichterstattung

Investoren haben insbesondere ein Interesse an Nachrichten über die langfristigen Zukunftsaussichten des Unternehmens und über die geplanten Maßnahmen zur Sicherung des zukünftigen Unternehmenserfolgs.[168] Aktionäre und Anlageberater sind daher an allen Informationen interessiert, aus denen sie künftige Kursentwicklungen von Aktien sowie Ausschüttungen prognostizieren können. Durch die Bereitstellung von Nachrichten über die Zukunftsaussichten des Unternehmens können Investoren zukünftige Zahlungsströme, wie bspw. Dividenden, besser abschätzen und so ihre Entscheidungsfindung fundieren. Die Publizität von Prognosen ermöglicht den Investoren ferner eine bessere Beurteilung des Anlagerisikos.[169]

Neben den Investoren haben auch die **Gläubiger** ein berechtigtes Interesse an Prognosen. Letztere benötigen zukunftsbezogene Informationen dahingehend, ob ein Kreditengagement eingegangen werden soll und wie sich die Kreditkonditionen für dieses gestalten.[170] Hierbei geben publizierte Prognosen Aufschluss über die Kreditrückzahlungsmöglichkeiten des Schuldners und das damit einhergehende Kreditrisiko.

Darüber hinaus benötigt auch die Gruppe der **Finanzanalysten** und Fondsmanager im Rahmen ihrer Tätigkeiten zukunftsorientierte Informationen. Diese können u.a. dem Prognosebericht im Lagebericht entnommen werden. Zu weiteren Adressaten von Prognosen werden in der Literatur häufig auch die Belegschaft sowie die interessierte Öffentlichkeit gezählt.[171] Unter dem Aspekt der Arbeitsplatzsicherung geben Prognosen der **Be-**

---

[168] Vgl. *Busse von Colbe* (1968a), S. 11; *Schmalz* (1978), S. 18.
[169] Vgl. *Glöckle* (1996), S. 11.
[170] Vgl. *Busse von Colbe* (1968a), S. 13; *Peiffer* (1974b), S. 164.
[171] Vgl. *Peiffer* (1974b), S. 164f.; *Schmalz* (1978), S. 10; *Schloen* (1988), S. 1661.

legschaft Auskunft über den weiteren Fortbestand des Unternehmens sowie seine Erfolgsaussichten. Zur interessierten **Öffentlichkeit** zählen die öffentlichen Haushalte, für die zukunftsbezogene Unternehmensangaben zur Bestimmung der eigenen Haushaltspolitik von Interesse sind.[172] Im empirischen Teil dieser Arbeit stehen insbesondere die Investoren als Adressaten des Lageberichts im Mittelpunkt der Untersuchungen. Ferner wird die Reaktion der Kapitalmarktteilnehmer auf die Bekanntgabe von Prognoseänderungen am Aktienmarkt analysiert.

2.1.6 Berichtsinstrumente der Prognoseberichterstattung

Um sich über das künftige Unternehmensgeschehen und die geplanten Geschäftsaktivitäten zu informieren, stehen den oben genannten Adressaten eine Vielzahl von Instrumenten der Prognosepublizität zur Verfügung. Insbesondere für Investoren stellt die kapitalmarktrechtliche Berichterstattung Informationsmedien zur Verfügung, welche auch zukunftsorientierte Angaben enthalten. Abb. 2-7 gliedert mögliche Informationsquellen der Prognoseberichterstattung nach dem Grad ihrer Periodizität in regelmäßige und anlassbezogene Berichtsinstrumente:[173]

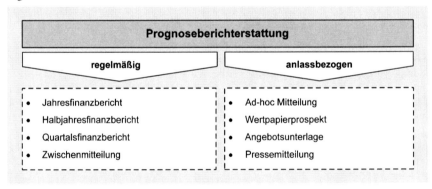

Abb. 2-7: Berichtsinstrumente der Prognoseberichterstattung

Eine regelmäßige Prognoseberichterstattung ist im jährlichen Geschäftsbericht im Rahmen der Lageberichterstattung zu finden. Dies gilt sowohl für das Gesellschaftsrecht als auch für das Kapitalmarktrecht. Der Lagebericht ist nach § 290 Abs. 1 HGB nicht Bestandteil des Abschlusses, sondern stellt ein eigenständiges Berichtsinstrument dar.[174]

---

[172] Vgl. *Glöckle* (1996), S. 13f.
[173] Eine ähnliche Unterteilung nehmen auch *Rückle* (1981), S. 435f., und *Mennenöh* (1984), S. 9, vor, die zwischen einmaligen und laufenden Prognosen differenzieren. Abb. 2-7 stellt eine mögliche Systematisierung der Informationsmedien für Prognosen dar, welche jedoch keine abschließende Aufzählung ist.
[174] Vgl. *Hommelhoff* (2002), § 289, Rn. 12; *Krawitz/Hartmann* (2006), S. 1267, sprechen vom Lagebericht als „zweite Säule" der Berichterstattung; vgl. auch *Tesch/Wißmann* (2006), S. 9.

Während der Jahresabschluss mit Bilanz,[175] GuV und Anhang eine eher vergangenheits-orientierte Sichtweise einnimmt und die Vermögens-, Finanz- und Ertragslage des abge-laufenen Geschäftsjahres darstellt, muss im Lagebericht explizit über die zukünftige Un-ternehmensentwicklung in Form von Prognosen berichtet werden (§ 289 Abs. 1 HGB bzw. § 315 Abs. 1 HGB).[176] Inhaltlich sind aber beide Berichtsinstrumente nicht isoliert voneinander zu betrachten. So kommt dem Lagebericht zum Zwecke der Informations-vermittlung eine Verdichtungs- und Ergänzungsfunktion zu.[177] Insbesondere der Progno-sebericht nimmt durch die Einbeziehung von zukunftsbezogenen Angaben eine Ergän-zungsaufgabe des vergangenheitsorientierten Jahresabschlusses in zeitlicher Hinsicht wahr. Neben der gesellschaftsrechtlichen Verankerung ist der Lagebericht auch zwingender Be-standteil der kapitalmarktrechtlichen Berichterstattung.[178] Umfangreiche Änderungen der Publizitätspflicht ergaben sich mit der Verabschiedung des Transparenzrichtlinien-Umsetzungsgesetzes (TUG) am 15.12.2006, durch welches die EU-Transparenzrichtlinie vom 15.12.2004 in deutsches Recht transformiert wurde.[179] Damit ist der Lagebericht – als Berichtsmedium von Prognosen – Bestandteil der **Jahresfinanzberichterstattung** ge-mäß § 37v WpHG geworden.

Aber nicht nur in der jährlichen Berichterstattung sind Prognosen im Lagebericht zu fin-den, auch die unterjährige Berichterstattung ist um zukunftsorientierte Informationen zu ergänzen. So ist sowohl im **Halbjahresfinanzbericht** (§ 37w WpHG) als auch im **Quar-talsfinanzbericht** ein Zwischenlagebericht aufzustellen.[180] Dadurch erfährt der Lagebe-richt eine Aufwertung als Pflichtbestandteil der regelmäßigen Kapitalmarktpublizität,[181] wodurch wiederum auch zukunftsorientierte Angaben Einzug in die unterjährige Finanz-berichterstattung halten. Die Vorschriften zur Zwischenberichterstattung werden durch den vom *DSR* am 05.05.2008 verabschiedeten DRS 16 „Zwischenberichterstattung" konkretisiert und sind auf das Geschäftsjahr anzuwenden, welches nach dem 31.12.2007 begann (DRS 16.70).[182] Im Rahmen der Zwischenberichterstattung soll der Zwischenla-gebericht den Zwischenabschluss ergänzen und bestimmte prognoseorientierte Informati-

---

[175] Dennoch kann ein Zukunftsbezug bei einzelnen Bilanzpositionen festgestellt werden; vgl. u.a. *Matschke* (1981), S. 2289ff., der Prognosen bei der Bilanzierung von Pensionsverpflichtungen untersuchte. *Kirsch* (2004), S. 481ff., betrachtete die Prognosen bei der Bilanzierung und Bewertung der langfristi-gen Vermögens. Zu Prognosen im Bereich des Jahresabschlusses vgl. auch *Nadvornik/Schwarz* (1997), S. 39f.

[176] Vgl. zu den gesellschaftsrechtlichen Vorschriften ausführlich Kap. 2.2.1.2.

[177] Vgl. *Baetge et al.* (1989), S. 9f.; *Greinert* (2004), S. 51; *Glatz* (2007), S. 11.

[178] Vgl. *Buchheim/Ulbrich* (2004), S. 278; *Buchheim/Knorr* (2006), S. 422.

[179] Vgl. *Hebestreit/Rahe* (2007), S. 111; *Strieder/Ammedick* (2007a), S. 285. Zum Entwurf der EU-Transparenz-Richtlinie vgl. *Buchheim* (2003), S. 241ff.

[180] Zur Zwischenlageberichterstattung nach DRS 16 vgl. ausführlich *Roßbach* (2007), S. 12ff.; *Strieder/Ammedick* (2007b), S. 1369. Zu empirischen Ergebnissen *Philipps* (2007), S. 2330; *Kajüter et al.* (2009), S. 462ff.

[181] Vgl. *Beiersdorf/Buchheim* (2006a), S. 1674.

[182] Die offizielle Bekanntmachung durch das *BMJ* erfolgte am 24.07.2008. Unternehmen, die der Pflicht zur Konzernrechnungslegung unterliegen und ihren Zwischenbericht unter Anwendung von IAS 34 erstellen, haben die Vorschriften nach DRS 16 ergänzt zu berücksichtigen; vgl. *Strieder/Ammedick* (2007b), S. 1369.

onen des letzten Konzernlageberichts aktualisieren (DRS 16.34).[183] Der Prognosezeitraum beschränkt sich auf die verbleibenden Monate des Geschäftsjahres (DRS 16.37). Die Ausführungen zur Halbjahresfinanzberichterstattung gelten entsprechend auch für die Quartalsfinanzberichterstattung (DRS 16.57).[184]

Neben dem Halbjahresfinanzbericht, der von inländischen Aktien- und Schuldtitelemittenten zu erstellen ist, sind inländische Aktienemittenten auch zur **Zwischenmitteilung** verpflichtet (§ 37x WpHG). Sofern jedoch ein Quartalsfinanzbericht nach den Vorgaben des § 37w Abs. 2 bis 4 WpHG erstellt und veröffentlicht wird, entfällt diese Verpflichtung.[185] Dies betrifft in Deutschland insbesondere Unternehmen des Prime Standard der *Deutschen Börse AG*, da diese Unternehmen zur Veröffentlichung von Quartalsberichten nach den Vorschriften des WpHG verpflichtet sind.[186]

Zwischenmitteilungen können sich im Gegensatz zu den Quartalsfinanzberichten auf verbale Beschreibungen der Geschäftsentwicklung und der Angabe des Geschäftsergebnisses beschränken. Ein Prognosebericht im Rahmen eines Zwischenlageberichts ist somit nicht verpflichtend auszuweisen. Empirische Befunde zeigen jedoch, dass in der Berichtspraxis auch der Zwischenbericht genutzt wird, zukunftsorientierte Informationen den Berichtsadressaten zur Verfügung zu stellen.[187]

Nicht nur in der regelmäßigen Kapitalmarktberichterstattung sind Vorschriften zur Prognosepublizität zu finden, auch **Ad hoc-Mitteilungen** können als anlassbezogenes Berichtsmedium zukunftsbezogener Aussagen angesehen werden. Aufgrund ihrer verbalen Ausführungen und der freien Gestaltbarkeit in formaler Hinsicht sind Parallelen zwischen Ad hoc-Mitteilungen gemäß § 15 WpHG und den oben genannten Zwischenmitteilungen zu erkennen.[188] Im Gegensatz zu den Zwischenmitteilungen ist die Ad hoc-Publizität jedoch ereignisbezogen und nicht periodisch zu erstellen. Dabei werden mit Ad hoc-Meldungen zwei Zielsetzungen verfolgt:[189] Einerseits soll durch die unverzügliche Veröffentlichung von kursrelevanten Tatsachen die Anzahl von Insidern begrenzt werden. Somit soll gewährleistet sein, dass alle Marktteilnehmer über den gleichen Informationsstand verfügen. Andererseits ist der Zeitraum, der zur potenziellen Nutzung eines Insiderwissens zur Verfügung steht, zu verkürzen. Somit können auch Prognoserevisionen, die bei

---

[183] Zur Prognosepublizität im Zwischenlagebericht vgl. DRS 16.43-16.45; *Strieder/Ammedick* (2007b), S. 1371. Zum E-DRS 21 vgl. *Hebestreit/Rahe* (2007), S. 116.

[184] Unterschiede ergeben sich bei der Versicherung der gesetzlichen Vertreter sowie den Angaben zur fehlenden prüferischen Durchsicht und Prüfung; vgl. DRS 16.57-16.60. Vgl. auch *Henkel et al.* (2008), S. 41f.

[185] Vgl. *Kajüter/Reisloh* (2007), S. 621; *Henkel et al.* (2008), S. 42.

[186] Vgl. § 66 BörsO (Stand: 15.12.2008). Die eigens von der *Deutschen Börse AG* definierten Anforderungen an die Quartalsberichterstattung wurden aufgehoben und durch einen Verweis auf die Regelungen des WpHG ersetzt. Über die Vorschriften des WpHG hinaus verlangt die *Deutsche Börse AG* die Abfassung der Quartalsberichte in deutscher und englischer Sprache (§ 66 Abs. 3 BörsO); vgl. ausführlich *Kajüter/Reisloh* (2008), S. 96.

[187] Vgl. die Studie von *Kajüter/Reisloh* (2007), S. 629ff. Von 105 untersuchten Zwischenmitteilungen aus dem Jahr 2007 wiesen 80 Unternehmen (76%) einen Ausblick aus. Dieser beanspruchte mit durchschnittlich drei Sätzen ca. 10% des Umfangs einer Zwischenmitteilung.

[188] Vgl. *Kajüter/Reisloh* (2008), S. 97.

[189] Vgl. im Folgenden *Röder* (1999), S. 162 m.w.N.

Bekanntgabe zu Kursänderungen an den Kapitalmärkten führen, zu den meldepflichtigen Ereignissen in Ad hoc-Mitteilungen zählen.

Eine anlassbezogene Prognoseberichterstattung ist des Weiteren in **Wertpapierprospekten** bei Börsenzulassung zu finden. Grundlage hierfür bildet die aus dem Jahre 2003 stammende Prospektrichtlinie.[190] Nach dieser muss der Prospekt sämtliche Angaben enthalten, die es dem Anleger ermöglichen, sich ein fundiertes Urteil u.a. über die Zukunftsaussichten des Emittenten und jedes Garantiegebers bilden zu können (Art. 5 Abs. 1 Prospektrichtlinie). Die Umsetzung der Prospektrichtlinie erfolgte in Deutschland durch das Prospektrichtlinien-Umsetzungsgesetz vom 22.06.2005. Kernstück bildet das in Art. 1 verankerte Wertpapierprospektgesetz (WpPG).[191] Gemäß § 3 Abs. 1 WpPG ist ein Wertpapierprospekt für alle Wertpapiere zu veröffentlichen, die im Inland öffentlich angeboten werden. Dies betrifft auch die Zulassung von Wertpapieren zum amtlichen Handel, bei denen ein nach den Vorschriften des WpPG gebilligter oder bescheinigter Prospekt oder ein ausführlicher Verkaufsprospekt im Sinne des InvG veröffentlicht werden muss (§ 30 Abs. 3 Nr. 2 BörsG).[192] Gleiches gilt für die Zulassung von Wertpapieren zum geregelten Markt (§ 51 Abs. 1 Nr. 2 BörsG). Nach § 5 Abs. 1 WpPG soll der Wertpapierprospekt Angaben in leicht analysierbarer und verständlicher Form enthalten, um dem Publikum ein zutreffendes Urteil u.a. über die Zukunftsaussichten des Emittenten zu ermöglichen. In der Vergangenheit ergaben sich gesonderte Vorschriften zur Prognosepublizität im Zusammenhang mit einem Listing am Neuen Markt. Das Regelwerk „Neuer Markt" verlangte ausdrücklich im Emissionsprospekt Prognosen über das zukünftige Unternehmensgeschehen, die für den Leser plausibel hergeleitet sein mussten.[193]

Zukunftsbezogene Berichtselemente lassen sich ferner in der Übernahmepublizität finden.[194] So ist gemäß der Übernahmerichtlinie aus dem Jahr 2004 in der vom Bieter zu erstellenden **Angebotsunterlage** auf die Absichten des Bieters in Bezug auf die künftige Geschäftätigkeit der Zielgesellschaft einzugehen (Art. 6 Abs. 3 (i) Übernahmerichtlinie). Dies betrifft insbesondere die strategische Planung des Bieters für diese Gesellschaften und deren voraussichtliche Auswirkungen auf Arbeitsplätze und Standorte. In Deutschland wurden die Vorschriften zur Angebotsunterlage durch das Übernahmerichtlinie-Umsetzungsgesetz (ÜR-UG) im WpÜG verankert (§ 11 Abs. 2 Nr. 2 WpÜG). Des Weiteren werden im Rahmen des ÜR-UG die Vorschriften zur Lageberichterstattung durch den jeweils neu eingefügten vierten Absatz der §§ 289 und 315 HGB ergänzt.[195] Die zusätzlichen Offenlegungspflichten betreffen übernahmerechtliche Angaben und Erläute-

---

[190] Zu den Änderungen durch die Prospektrichtlinie vgl. u.a. *Kunold/Schlitt* (2004), S. 501ff.

[191] Vgl. *Kullmann/Sester* (2005), S. 1068ff.; *Fleischer* (2006), S. 4.

[192] Vgl. *Glöckle* (1996), S. 136ff. Mit dem WpPG wurde ein einheitlicher Prospektbegriff geschaffen, der die bisherige Unterteilung in Börsenzulassungsprospekt und Verkaufsprospekt beseitigte, vgl. *Kullmann/Sester* (2005), S. 1068; *Fleischer* (2006), S. 4.

[193] Vgl. *Siebel/Gebauer* (2001), S. 178ff. Zur Aussagekraft von Prognosen im Emissionsprospekt siehe auch die empirische Untersuchung von *Quick/Kayadelen* (2002), S. 949ff. Kritisch zur Abgabe von Prognosen bei Unternehmen der New Economy sowie damit verbundene strafrechtliche Sanktionen vgl. *Claussen* (2002), S. 108ff.

[194] Vgl. *Fleischer* (2006), S. 6.

[195] Vgl. *Baetge et al.* (2007a), S. 1887ff.

rungen solcher Unternehmen, die durch Ausgabe stimmberechtigter Aktien einen organisierten Markt i.S.v. § 2 Abs. 7 WpÜG in Anspruch nehmen. Dadurch sollen potenzielle Bieter schon vor der Abgabe eines Übernahmeangebotes ein umfassendes Bild über die Zielgesellschaft und ihre Struktur sowie mögliche Übernahmehindernisse erhalten. Der *DSR* konkretisierte die Vorschriften in seinem am 07.12.2007 verabschiedeten Begleitstandard DRS 15a „Übernahmerechtliche Angaben und Erläuterungen im Konzernlagebericht".[196]

Abschließend sind an dieser Stelle zum Bereich der anlassbezogenen Prognosepublizität **Pressemitteilungen** zu nennen, welche sich ebenfalls eignen, externe Berichtsadressaten Informationen über das künftige Unternehmensgeschehen zur Verfügung zu stellen.[197]

Vor diesem Hintergrund wird im empirischen Teil dieser Arbeit der jährliche Lagebericht als Berichtsmedium herangezogen, um im Rahmen der ersten Teilstudie eine Aussage über die Entwicklung und Bestimmungsfaktoren der regelmäßigen Prognosepublizität im Zeitablauf treffen zu können. Denn nur durch einen kontinuierlichen Informationsfluss wird eine vergleichende Analyse des Publizitätsverhaltens ermöglicht.[198] Im Rahmen der zweiten Teilstudie wird für die Untersuchung der Kapitalmarktreaktionen auf Pressemitteilungen als Berichtsinstrument zurückgegriffen. Dies ist damit zu begründen, dass Informationen für den Einsatz in Ereignisstudien durchschnittlich mit einem deutlichen zeitlichen Vorlauf vor der Geschäftsberichtsveröffentlichung über anlassbezogene Pressemitteilungen an den Markt gelangen.[199]

2.1.7 Freiwillige versus verpflichtende Prognoseberichterstattung

Der deutsche Gesetzgeber hat die Erstellung eines Prognoseberichts im Lagebericht aufgrund von EU-Vorgaben verpflichtend gemacht und die Anforderungen entsprechend im HGB geregelt. Ökonomisch gesehen stellt sich aber die Frage, ob eine solche Regulierungsnotwendigkeit besteht und die verpflichtende Lageberichterstattung nicht durch Anreize zur freiwilligen Informationsbereitstellung ersetzt werden könnte.[200] Allgemein gilt es zu hinterfragen, ob Unternehmen bereit sind, dem Kapitalmarkt ausreichende Informationen zur Verfügung zu stellen, ohne durch gesetzliche Vorschriften dazu gezwungen zu werden.[201] So zeigten empirische Studien zur freiwilligen Prognosepublizität, dass in einem nicht unerheblichen Umfang und sogar in recht präziser Form freiwillige Angaben zum zukünftigen Unternehmensgeschehen publiziert wurden.[202] Vertreter der freiwil-

---

[196] Zu den zusätzlichen Berichtspflichten im Lagebericht durch das ÜR-UG vgl. *Rabenhorst* (2008), S. 139ff.

[197] Zu Prognosen in Pressemitteilungen und Aktionärsbriefen vgl. auch die empirischen Untersuchungen von *Busse von Colbe* (1968b), S. 91ff.; *Schmalz* (1978), S. 43ff.

[198] Vgl. *Berndsen* (1979), S. 14f. Ausführlich zur Auswahl des Untersuchungsmediums im empirischen Teil der Arbeit vgl. Kap. 5.1.2.1.

[199] Vgl. ausführlich zur Auswahl des Berichtsinstruments im Rahmen der Ereignisstudie Kap. 6.1.

[200] Vgl. *Ballwieser* (2005), S. 5f.

[201] Vgl. *Hax* (1988), S. 191.

[202] Vgl. *Ewert/Wagenhofer* (1992), S. 301, und die dort zitierte Literatur.

ligen Berichterstattung (Marktlösung) argumentieren, dass sich auch ohne gesetzliche Eingriffe eine gute Publizitätspraxis durchsetzen wird.[203] Grundlage für diese Argumentation ist die **Principal-Agent-Theory.**[204] Eine typische Prinzipal-Agenten-Beziehung ist dadurch gekennzeichnet, dass der Prinzipal (Kapitalanleger) dem Agenten (Unternehmensleitung) die Verfügungsgewalt über das Vermögen überlässt. Für den Agenten ergeben sich dadurch Anreize von der optimalen Disposition des Vermögens abzuweichen, um seinen persönlichen Nutzen zu steigern.[205] Dies kann sich wiederum in einer Schmälerung des Gewinns für den Prinzipal niederschlagen. Da die Kapitalanleger das Verhalten des Managements allerdings antizipieren werden, fällt die Vermögenseinbuße auf den Agenten zurück. Die Kosten der Prinzipal-Agenten-Beziehung (agency costs)[206] sind somit vom Management zu tragen. Der Agent hat folglich in hohem Maße ein Interesse daran, die agency costs zu minimieren. Dies kann durch eine umfassende freiwillige Publizität über das künftige Unternehmensgeschehen erreicht werden, welche es dem Prinzipal ermöglicht, die Managementtätigkeiten zu überwachen. Dabei wird diesem auch die Sicherheit geboten, dass seine Interessen nicht vernachlässigt werden. Einen weiteren Erklärungsansatz für eine freiwillige Berichterstattung bietet die **Signaling Theory.**[207] Ausgehend von der asymmetrischen Informationsverteilung zwischen dem Kapitalgeber und der Unternehmensleitung hat Letztere ein Interesse daran, das Misstrauen der Kapitalgeber durch geeignete Maßnahmen abzubauen. Eine solche Maßnahme kann die freiwillige Offenlegung von Prognosen im Lagebericht darstellen. Bei fehlenden Informationen über die Entwicklung und die Zukunftsaussichten des Unternehmens müssten die Kapitalgeber anderenfalls von durchschnittlichen Ertragsaussichten ausgehen oder auf die Fortschreibung bisheriger Trends vertrauen. Um sich von Unternehmen mit schlechten Nachrichten abzugrenzen, besteht somit für Gesellschaften mit guten Geschäftsaussichten ein Anreiz, den Kapitalgeber freiwillig und möglichst vollständig zu informieren. Dies lässt vermuten, dass insbesondere günstige Unternehmensaussichten freiwillig veröffentlicht werden.[208] Eine unvollständige Berichterstattung würde indes von den Kapitalgebern als „bad news" interpretiert werden.[209] Letztendlich beruht die freiwillige Berichterstattung auf Kosten-Nutzen-Kalkülen des Unternehmens, wonach eine Rechnungslegung nur gerechtfertigt erscheint, wenn ihr Nutzen die Kosten übersteigt.[210]

Sowohl die Principal-Agent-Theory als auch die Signaling Theory gehen von eng gesetzten Prämissen aus, so dass ungewiss ist, ob die geschilderten Anreize zu einer freiwilligen

---

[203] Vgl. *Streim* (1995), S. 715f.; zur formalen Herleitung vgl. *Ewert/Wagenhofer* (1992), S. 304ff.

[204] Vgl. im Folgenden *Hax* (1988), S. 195ff.; *Brotte* (1997), S. 27ff.; *Hartung* (2002), S. 26ff. Ausführlich zur Principal-Agent-Theory vgl. Kap. 4.1.2 dieser Arbeit.

[205] Vgl. *Schroeder et al.* (2008), S. 125.

[206] Zur Definition vgl. ausführlich Kap. 4.1.2.2 dieser Arbeit.

[207] Vgl. *Feldhoff* (1992), S. 109ff.; *Streim* (1995), S. 715f.; *Brotte* (1997), S. 96; *Hartung* (2002), S. 28f. Zum Abbau von Informationsasymmetrien durch den Einsatz von Signaling vgl. ausführlich Kap. 4.1.2.4.

[208] Vgl. *Skinner* (1994), S. 43; *Brotte* (1997), S. 97. Ausführlich zum Einfluss der Ertragslage auf die Prognoseberichterstattung vgl. Kap. 4.2.

[209] Vgl. *Wagenhofer* (1990), S. 310ff.; *Streim* (1995), S. 716.

[210] Zu Kosten-Nutzen-Analysen vgl. *Verrecchia* (1983), S. 179ff.; vgl. ausführlich dazu auch Kap. 4.1.

Berichterstattung unter realen Bedingungen führen.[211] Zum einen wird unterstellt, dass die Richtigkeit einer positiven Information glaubhaft signalisiert werden kann. Dies trifft jedoch nur auf sog. hard facts zu, nicht aber auf zukunftsgerichtete unsichere Unternehmensangaben. Zum anderen würde ein Unternehmen auf die freiwillige Veröffentlichung positiver Informationen verzichten, wenn damit zu rechnen ist, dass die zukünftige Entwicklung negativ ausfällt.[212] Gegen die hier beschriebene marktwirtschaftliche Lösung spricht noch ein weiteres Argument: Ein Vergleich der Informationen im Lagebericht ist ohne eine gewisse Normierung nicht möglich.[213] Somit können einerseits gesetzliche Vorschriften und Rechnungslegungsstandards dazu beitragen, ein Mindestmaß an Normierung zu schaffen. Andererseits können den Unternehmen im Rahmen gesetzlicher Vorschriften auch bestimmte Wahlrechte eingeräumt werden, die sie entsprechend ihrer individuellen Kosten-Nutzen-Abwägung ausüben können.

Als Begründung für Rechnungslegungsnormen finden sich darüber hinaus in der Literatur diskutierte Gerechtigkeitsüberlegungen.[214] Die Regulierung durch den Staat wird dadurch gerechtfertigt, dass die Ungleichverteilung von Wohlstand oder Macht in der Gesellschaft verringert wird, um so die jeweils schwächer erachtete Partei, z.B. die Gläubiger, zu schützen. Die Interessen der als schutzwürdig eingestuften Informationsnachfrager sollen dabei durch weitreichende Informationsanforderungen an Unternehmen gewahrt werden.[215] Hierzu zählen nicht zuletzt zahlreiche handelsrechtliche Regelungen, die dem Gläubiger- bzw. Anteilseignerschutz dienen.

Die eingangs gestellte Frage nach einer Regulierungsnotwendigkeit der Prognosepublizität kann in Anbetracht der hier geschilderten Argumente befürwortet werden. Insbesondere die mangelnde Vergleichbarkeit der Unternehmensinformationen zeigt, dass eine Regulierung der Unternehmensberichterstattung nicht als ineffizient und unnötig eingestuft werden kann.[216] Auch aufgrund der hohen Bedeutung für die Berichtsadressaten[217] scheint eine verpflichtende Einführung der Prognosepublizität geboten. Vor diesem Hintergrund werden im folgenden Kapitel die relevanten Vorschriften zur Prognosepublizität in Deutschland und in ausgewählten Ländern vorgestellt.

---

[211] Vgl. *Brotte* (1997), S. 98ff.
[212] Vgl. *Brotte* (1997), S. 99f.
[213] Für Argumente gegen eine Marktlösung vgl. *Hax* (1988), S. 198f.
[214] Vgl. *Feldhoff* (1994), S. 531.
[215] Vgl. *Hartung* (2002), S. 24.
[216] Vgl. *Brotte* (1997), S. 104.
[217] Vgl. hierzu ausführlich Kap. 2.1.5.

2.2 Regulierung der Prognoseberichterstattung

2.2.1 Regulierung der Berichterstattung in Deutschland

2.2.1.1 Historische Entwicklung der Vorschriften

Erste Ansätze zur Prognosepublizität im Rahmen der Lageberichterstattung lassen sich in Deutschland im **AktG** von 1937 finden (§ 128 Abs. 1 AktG, 1937). Diese Vorschriften wurden in das AktG von 1965 unverändert übernommen (§ 160 Abs. 1 AktG, 1965).[218] Demnach ist im Geschäftsbericht über den Geschäftsverlauf und die Lage der Gesellschaft zu informieren. Darüber hinaus ist über Vorgänge von besonderer Bedeutung, die nach dem Schluss des Geschäftsjahres eintreten, zu berichten. Der Inhalt der Berichtspflichten wurde durch den Gesetzgeber nicht näher konkretisiert, so dass die Begriffe „Geschäftsverlauf" und „Lage der Gesellschaft" mehrdeutig waren.[219] Das damalige Recht wurde so ausgelegt, dass eine explizite Verpflichtung zur Prognoseberichterstattung noch nicht bestand.[220] Der Ausweis von Prognosen war somit nach damaliger herrschender Auffassung nur freiwillig.

Mit Verabschiedung des Bilanzrichtliniengesetzes (**BiRiLiG**) am 19.12.1985 wurde die Lageberichterstattung in Deutschland neu geregelt. Während bisher nur Aktiengesellschaften von der Lageberichterstattung betroffen waren, erweiterte das BiRiLiG die Aufstellungspflicht auf alle Kapitalgesellschaften (§ 264 Abs. 1 HGB) und Genossenschaften (§ 336 Abs. 1 HGB). Ferner wurde die Zukunftsorientierung des Lageberichts in den §§ 289 Abs. 2 Nr. 2 HGB bzw. 315 Abs. 2 Nr. 2 HGB fest verankert. Danach soll der Lagebericht auf „die voraussichtliche Entwicklung der Kapitalgesellschaft" eingehen.[221] Durch diese Vorschrift wurde Art. 46 Abs. 2b der 4. EG-Richtlinie von 1978 bzw. Art. 36 Abs. 2b der 7. EG-Richtlinie von 1983 fast wörtlich in deutsches Recht transformiert.[222] Der

---

[218] Vgl. *Blohm/Müller* (1967), S. 2; *Tichy* (1979), S. 217.

[219] Vgl. *Sahner/Kammers* (1984), S. 2310; *Selch* (2000), S. 358.

[220] Vgl. *Busse von Colbe* (1968b), S. 101; *Hagest/Kellinghusen* (1977), S. 406f.; *Kropff* (1980), S. 531; *Maul* (1984), S. 192; *Sieben* (1987), S. 585; a.M. *Adler et al.* (1968), S. 758 nach denen „auch ein Ausblick auf die Entwicklung des Unternehmens" zum Lagebericht gehörte; a.M. auch *Bretzke* (1979), S. 338f., nach dessen Auffassung „Prognosen im Lagebericht auch schon vom geltenden deutschen Aktiengesetz her zwingend gefordert" wurden. Auch nach *Mellerowicz* (1970a), § 160, Anm. 4, war auf die „voraussichtliche wirtschaftliche Entwicklung" einzugehen und somit eine zeitraumbezogene, dynamische, zukunftsorientierte Sichtweise geboten. Eine ähnliche Sichtweise vertraten auch *Godin/Wilhelmi* (1971), § 160, Anm. 2.

[221] Der Wortlaut „soll auch eingehen auf" in § 289 Abs. 2 HGB lässt einen weniger verbindlichen Charakter der Vorschrift vermuten als die Formulierung „sind darzustellen" in § 289 Abs. 1 HGB. Der Gesetzgeber hat den Unternehmen allerdings kein Wahlrecht eingeräumt, sondern bringt lediglich zum Ausdruck, dass z.B. auf Angaben zur Forschung und Entwicklung verzichtet werden kann, wenn bei einem Handelsunternehmen keine Forschung und Entwicklung betrieben wird; vgl. *Baetge et al.* (2007b), S. 794f. Trotz der Soll-Bestimmung kann somit davon ausgegangen werden, dass § 289 Abs. 1 und Abs. 2 HGB gleich hohe Anforderungen an die Berichterstattung stellen; vgl. *Adler et al.* (1995), § 289 HGB, Rn. 94.

[222] Vgl. *Emmerich/Künnemann* (1986), S. 148, Fn. 60; *Sieben* (1987), S. 583; *Sorg* (1988), S. 382; *Selch* (2000), S. 360.

Prognosebericht wurde damit Bestandteil der Lageberichterstattung[223] und stellte die „bedeutsamste und daher im Zentrum kritischer Aufmerksamkeit stehende Neuerung zum Lagebericht dar"[224]. In diesem war auf die zukünftige Entwicklung der wichtigsten Eckdaten des Unternehmens, wie Beschäftigung, Investitionen, Belegschaft, Umsatz und Ertrag, einzugehen.[225] Eine kurze verbale Darstellung der zukünftigen Entwicklung wurde als ausreichend erachtet, so dass auf zahlenmäßige Prognosen verzichtet werden konnte.[226]

Mit Verabschiedung des Gesetzes zur Kontrolle und Transparenz im Unternehmensbereich (KonTraG) am 06.03.1998 wurden die Vorschriften zur Lageberichterstattung in den §§ 289 Abs. 1 HGB und 315 Abs. 1 HGB weiter konkretisiert. Hierbei wurde der Zusatz ergänzt, dass bei der Darstellung des Geschäftsverlaufs und der Lage auch „auf die Risiken der künftigen Entwicklung einzugehen" ist. Der Risikobericht wurde somit als neuer Bestandteil in die Lageberichterstattung eingeführt.[227] Die Verankerung von Prognose- und Risikobericht in separaten Absätzen (§ 289 Abs. 2 Nr. 2 HGB bzw. § 289 Abs. 1 HGB) führte dementsprechend zu einer Trennung der beiden zukunftsbezogenen Berichtselemente.[228] Durch die Aufnahme der Risikoberichterstattung in die §§ 289 Abs. 1 HGB bzw. 315 Abs. 1 HGB handelte es sich um eine Mussvorschrift, während die Sollvorschriften zur Prognoseberichterstattung unverändert in den §§ 289 Abs. 2 Nr. 2 HGB bzw. 315 Abs. 2 Nr. 2 übernommen wurden.[229]

Die letzten Änderungen, betreffend die Vorschriften zur künftigen Berichterstattung, erfolgten auf EU-Ebene mit Verabschiedung der Fair-Value Richtlinie in 2001 und der Modernisierungsrichtlinie in 2003, welche u.a. die Vorschriften zum Lagebericht betrafen und als Rahmenwerk für die Ausgestaltung nationaler Gesetze galten.[230] Während die Modernisierungsrichtlinie die Verbesserung von Vergleichbarkeit und Informationsgehalt der Berichte von Unternehmen aus verschiedenen EU-Mitgliedstaaten beinhaltete, wurden Unternehmen durch die Fair-Value Richtlinie zur Berichterstattung über bestimmte Finanzrisiken im Lagebericht verpflichtet.

Am 10.12.2004 trat das durch den deutschen Gesetzgeber entwickelte Bilanzrechtsreformgesetz (BilReG) in Kraft, wodurch die gesetzlichen Regelungen zur künftigen Be-

---

[223] Vgl. *Clemm/Ellrott* (1986), § 289, Rn. 26f. Zur Einführung der Prognoseberichterstattung und der damit verbundenen Diskussion, ob es sich um eine freiwillige oder verpflichtende Berichterstattung handelte vgl. *Maul* (1984), S. 187ff.; *Sahner/Kammers* (1984), S. 2312; *Emmerich/Künnemann* (1986), S. 147ff.; *Sorg* (1988), S. 382f.; *Stobbe* (1988), S. 305ff.; *Dörner* (1996), S. 222ff.

[224] *Emmerich/Künnemann* (1986), S. 147.

[225] Vgl. *Clemm/Ellrott* (1986), § 289, Rn. 26; *Stobbe* (1988), S. 309. Zum Prognosegegenstand vgl. auch die Übersicht der Gesetzeskommentare in *Drobeck* (1998), S. 110ff.

[226] Vgl. *Clemm/Ellrott* (1986), § 289, Rn. 26; *Glade* (1986), § 289 HGB, Tz. 15.

[227] Ausführlich zur Einführung der Risikoberichterstattung durch das KonTraG vgl. *Baetge/Schulze* (1998), S. 937ff.; *Kajüter* (2001b), S. 105ff.; *Kajüter* (2004b), S. 427ff.

[228] Vgl. *Kirsch/Scheele* (2005), S. 1151.

[229] Jedoch bleibt auch hierbei zu berücksichtigen, dass trotz Formulierung als Sollvorschrift nach h.M. eine Berichtspflicht besteht, sofern die Sachverhalte wesentlich sind; vgl. *Kajüter* (2004a), S. 197.

[230] Vgl. *Kajüter* (2004a), S. 197; *Wolf* (2005), S. 438. Zu den Auswirkungen der Modernisierungsrichtlinie vgl. z.B. *Kirsch/Scheele* (2004), S. 1ff.

richterstattung im HGB erneut modernisiert wurden.[231] Die Vorschriften zum Lagebericht sollten durch das BilReG an die Vorgaben des durch die Modernisierungsrichtlinie geänderten Art. 46 der Bilanzrichtlinie angepasst werden.[232] Ziel war es dabei, den Informationsgehalt des Lageberichts und dessen Vergleichbarkeit zu verbessern sowie dem Investor entscheidungsrelevante Informationen zu vermitteln. An die Stelle des in den §§ 289 Abs. 2 Nr. 2 HGB bzw. 315 Abs. 2 Nr. 2 HGB geregelten Prognoseberichts traten Vorschriften zur Risikoberichterstattung in Bezug auf die Verwendung von Finanzinstrumenten.[233] Die Prognoseberichterstattung wurde in den §§ 289 Abs. 1 Satz 4 HGB bzw. 315 Abs. 1 Satz 5 HGB neu kodifiziert.

Der Referentenentwurf des BilReG (BilReG-RefE) sah in den §§ 289 Abs. 1 bzw. 315 Abs. 1 HGB noch die Pflicht zur Beschreibung der wesentlichen Ziele und Strategien des Unternehmens vor.[234] In der endgültigen Fassung wurde diese Passage allerdings mit der Begründung gestrichen, dass konkrete Angaben dazu in vielen Fällen nicht möglich sind.[235] In der Literatur wird die Streichung der Angabepflicht kritisch gesehen, da Informationen zu Zielen und Strategien des Unternehmens zur Identifikation wichtiger Treibergrößen für die zukünftige Entwicklung durchaus nützlich sein können.[236] Der Lageberichtsadressat wünscht sich gerade im Prognosebericht Informationen darüber, welche Ziele das Management mit welchen Maßnahmen zukünftig erreichen will. Darüber hinaus benötigt er Angaben welche aus der Unsicherheit der zukünftigen Entwicklung resultierenden Chancen und Risiken diese Ziele und Strategien unterstützen oder gefährden. Somit kann die Streichung des ursprünglich geplanten Pflichtbestandteils „Ziele und Strategien" mit einem Informationsverlust für den Lageberichtsadressaten einhergehen.[237]

Auch der Entwurf zu einem DRS für die Lageberichterstattung (E-DRS 20) forderte die Darstellung der strategischen Ausrichtung des Konzerns für die nächsten beiden Geschäftsjahre im Prognosebericht (E-DRS 20.85).[238] In der endgültigen Fassung des DRS 15 wurde aber auch hier auf die Informationselemente „Ziele" und „Strategien" verzich-

---

[231] Vgl. *Kaiser* (2005b), S. 405ff. Ein Vergleich der Ausgestaltung des Prognoseberichts nach altem und neuem Recht (HGB i.d.F. des BilReG) findet sich bei derselben (2005), S. 411; *Kirsch/Scheele* (2005), S. 1151ff.

[232] Vgl. Begründung zum Referentenentwurf des BilReG (BilReG-RefE), Nr. 9, § 289 HGB, S. 62; *Wolf* (2005), S. 438.

[233] Zu den Neuerungen bei der Lageberichterstattung durch das BilReG vgl. synoptische Gegenüberstellung der alten und neuen Fassung des § 289 HGB bei *Tesch/Wißmann* (2006), S. 38f.

[234] Vgl. BilReG-RefE Art. 1, Nr. 9a bzw. Art. 1, Nr. 19a; vgl. *Greinert* (2004), S. 52; *Kajüter* (2004a), S. 200f.; *Schröder* (2007), S. 43f. Zur strategieorientierten Lageberichterstattung vgl. ausführlich *Scheele* (2007), S. 158ff.

[235] Vgl. BT-Drucks. 15/4054 Beschlussempfehlung und Bericht des Rechtsausschusses, S. 37f. Ursächlich hierfür war auch die Kritik einzelner Interessensverbände, vgl. u.a. *Deutscher Anwaltverein* (2004), S. 7; *Deutsche Industrie- und Handelskammer* (2004), S. 2; *IDW* (2004), S. 8.

[236] Vgl. *Fink/Keck* (2005), S. 138; *Freidank/Steinmeyer* (2005), S. 2514; *Baetge/Heumann* (2006), S. 349; *Scheele* (2007), S. 158ff.

[237] Vgl. *Kaiser* (2005b), S. 407ff.

[238] Vgl. *Kajüter* (2004a), S. 202; *Wolbert* (2006), S. 50; ausführlich zur strategieorientierten Lageberichterstattung im E-DRS 20 vgl. *Scheele* (2007), S. 167.

tet.[239] Abb. 2-8 fasst die Entwicklung der Vorschriften zur Prognosepublizität abschließend zusammen.[240]

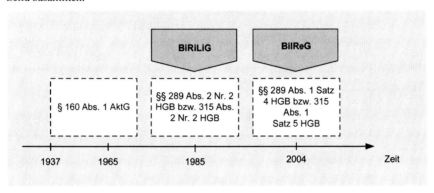

Abb. 2-8: Entwicklung der Vorschriften zur Prognoseberichterstattung

Im Rahmen des Bilanzrechtsmodernisierungsgesetzes (BilMoG) sind weitere Änderungen in der Lageberichtspublizität in der Diskussion, die jedoch die Prognoseberichterstattung nicht unmittelbar tangieren.[241]

2.2.1.2 Aktuelle Vorschriften nach HGB und DRS 15

2.2.1.2.1 Vorschriften nach HGB

Die Prognoseberichterstattung ist in den §§ 289 Abs. 1 Satz 4 HGB bzw. 315 Abs. 1 Satz 5 HGB wie folgt geregelt:

„Ferner ist im Lagebericht die voraussichtliche Entwicklung mit ihren wesentlichen Chancen und Risiken zu beurteilen und zu erläutern; zugrunde liegende Annahmen sind anzugeben."

Hiermit weist der Gesetzgeber explizit darauf hin, dass im Lagebericht neben den Risiken auch über die Chancen zu berichten ist.[242] Ferner erlangte der Prognosebericht im Zuge

---

[239] Vgl. *Kaiser* (2005b), S. 408, Fn. 20. Zum Prognosebericht im E-DRS 20.85-20.92 vgl. u.a. *Kirsch/Scheele* (2003), S. 2737; *Kajüter* (2004a), S. 202f.; *Lange* (2004), S. 987; *Willeke* (2004), S. 364f.

[240] Für einen Überblick über die Gesetzesinitiativen zur Reform des Lageberichts seit 1965 vgl. *Selch* (2000), S. 357ff.; *Müßig* (2008), S. 189ff.

[241] Am 21.05.2008 hat die Bundesregierung den Regierungsentwurf eines Gesetzes zur Modernisierung des Bilanzrechts veröffentlicht. So ist bspw. künftig das interne Kontroll- und Risikomanagementsystem im Hinblick auf den Rechnungslegungsprozess mit den wesentlichen Merkmalen im Lagebericht zu beschreiben. Eine entsprechende Änderung der §§ 289 bzw. 315 HGB ist geplant. Zu den Neuerungen im Lagebericht vgl. BilMoG-RegE Art. 1 Nr. 33 bzw. Nr. 51; vgl. auch *Bischof/Selch* (2008), S. 1021ff.

[242] Vgl. *Kajüter* (2004b), S. 427ff.; *Lange* (2004), S. 985f.; *Kaiser* (2005c), S. 345; *Bohn* (2008), S. 13ff.

der Reformmaßnahmen einen höheren Stellenwert. Bei der Berichterstattung über die voraussichtliche Entwicklung handelt es sich gegenwärtig um eine Mussvorschrift und nicht um eine Sollvorschrift, wie es noch vor Verabschiedung des BilReG der Fall war.[243] Des Weiteren reicht es nicht mehr aus, nur auf die voraussichtliche Entwicklung „einzugehen" (§ 289 Abs. 2 Nr. 2 HGB a.F.), sondern diese ist „zu beurteilen und zu erläutern" (§ 289 Abs. 1 Satz 4 n.F.).[244] Angesichts dieser Änderungen erfuhr der Prognosebericht eine gewisse Aufwertung.[245]

Was über die „voraussichtliche Entwicklung" zu berichten ist, wird im HGB nicht explizit genannt.[246] Durch die Einbindung der Prognoseberichterstattung in den Abs. 1 des § 289 HGB bzw. § 315 HGB macht der Gesetzgeber aber deutlich, dass die Berichterstattungspflichten eng mit der Darstellung und Analyse des Geschäftsverlaufs, des Geschäftsergebnisses und der Lage der Gesellschaft verknüpft sind.[247] Somit ist die voraussichtliche Entwicklung der Vermögens-, Finanz- und Ertragslage zu erläutern. Darüber hinaus sind wesentliche Eckdaten zu Beschäftigung, Investitionen und ihre Finanzierung, Belegschaft, Umsatz, Kosten, Erträge und Geschäftsergebnis zu erörtern.[248] Die Beurteilung und Erläuterung der erwarteten Entwicklung hat ferner Angaben zur gesamtwirtschaftlichen Situation und zur zukünftigen Branchensituation zu umfassen.[249] Da diese Angaben gleichzeitig Prämissen für weitere Prognosen darstellen, sollten sie im Prognosebericht auf jeden Fall berücksichtigt werden. Insbesondere im Konzernlagebericht sind Ereignisse, Entscheidungen und Faktoren, die für die weitere Entwicklung des Konzerns von Bedeutung sein können, aufzunehmen.[250] Dazu zählen sowohl finanzielle als auch nicht finanzielle Informationen und Leistungsindikatoren.

Die voraussichtliche Entwicklung ist zu beurteilen und zu erläutern. Somit kann eine verbale Darstellung als ausreichend betrachtet werden.[251] Die reine Darstellung der voraussichtlichen Entwicklung ist jedoch nicht ausreichend, sondern ist um Erklärungen und Verdeutlichungen der Zusammenhänge, Sachverhalte und Umstände zu ergänzen. Die Prognoseaussagen hat die Geschäftsführung bzw. der Vorstand nach pflichtgemäßem Er-

---

[243] Vgl. *Böcking/Dutzi* (2007), § 289 HGB, Rn. 103; Zur Auslegung der Sollvorschrift nach § 289 Abs. 2 HGB a.F. vgl. *Räuber* (1988), S. 1288f.; *Adler et al.* (1995), § 289 HGB, Rn. 94.

[244] Vgl. *Ellrott* (2006), § 289 HGB, Rn. 36; *Kirsch/Köhrmann* (2007a), B 510, Rz. 99.

[245] Vgl. *Greinert* (2004), S. 55; *Kajüter* (2004a), S. 202; *Tesch/Wißmann* (2006), S. 179; *Scheele* (2007), S. 156.

[246] Vgl. hier und im Folgenden *Ellrott* (2006), § 289 HGB, Rn. 38; *Lange* (2008), § 289 HGB, Rn. 87.

[247] Vgl. *Baetge et al.* (2007b), S. 804; *Böcking/Dutzi* (2007), § 289 HGB, Rn. 110; *Kirsch/Köhrmann* (2007a), B 510, Rz. 104.

[248] Vgl. auch die Checkliste zum Prognosebericht bei *Lück* (1995), § 289 HGB, Rn. 62.

[249] Vgl. *Kirsch/Köhrmann* (2007a), § 289 HGB, Rz. 103.

[250] Vgl. *Fülbier/Pellens* (2008), § 315 HGB, Rn. 47.

[251] Vgl. im Folgenden *Ellrott* (2006), § 289 HGB, Rn. 39. Vgl. abweichende Meinung bei *Lück* (1995), § 289 HGB, Rn. 58, der die Gefahr sieht, dass verbale Ausführungen inhaltsleer formuliert werden und damit die Nachprüfbarkeit und Verständlichkeit der Prognosen beeinträchtigt wird. Auch *Kirsch/Köhrmann* (2007a), B 510, Rz. 107, merken an, dass ein pauschaler Verzicht auf Quantifizierungen nicht die Intention des Gesetzgebers hinreichend berücksichtigt, den Gehalt des Lageberichts an entscheidungsrelevanten Informationen zu erhöhen; vgl. die ausführliche Diskussion zum Genauigkeitsgrad von Prognosen in Kap. 2.1.3.

messen zu formulieren.[252] Die Pflicht zur Beurteilung und Erläuterung wird dadurch verstärkt, dass die zugrunde liegenden Annahmen anzugeben sind. Dabei sind die wesentlichen Prämissen, die den Prognoseaussagen zugrunde liegen, transparent zu machen.[253] In Bezug auf den zeitlichen Umfang der Prognosen, wird eine Bezugsperiode von i.d.R. zwei Jahren als sinnvoll angesehen.[254] Ein einjähriger Prognosezeitraum wird als zu kurz betrachtet, da bei Veröffentlichung des Lageberichts bereits mehrere Monate seit dem Abschlussstichtag vergangen sind. Bei längeren Prognosehorizonten ist zu berücksichtigen, dass mit zunehmender Länge die Zuverlässigkeit der Aussagen abnimmt. Der Prognosehorizont ist im Prognosebericht anzugeben, damit die Adressaten die Zuverlässigkeit der Informationen einschätzen können.[255]

2.2.1.2.2 Vorschriften nach DRS 15

Zur Umsetzung der im HGB kodifizierten Regelungen verabschiedete der *DSR*, zuständig für die Entwicklung von Empfehlungen zur Anwendung der Grundsätze über die Konzernrechnungslegung, am 07.12.2004 den DRS 15 „Lageberichterstattung", der am 26.02.2005 vom *BMJ* im Bundesanzeiger bekannt gemacht wurde.[256] Die DRS haben gemäß § 342 Abs. 2 HGB die Vermutung, Grundsätze ordnungsmäßiger Buchführung für Konzerne zu sein.[257] Eine analoge Anwendung des DRS 15 auch auf den Lagebericht im Einzelabschluss wird empfohlen (DRS 15.5).[258] Mit dem Lagebericht[259] wird das Ziel verfolgt, die Informationsasymmetrien zwischen den Adressaten der Rechnungslegung und der Unternehmensleitung zu reduzieren (DRS 15.3). Nach DRS 15.3 soll der Lagebericht den Adressaten entscheidungsrelevante und verlässliche Informationen zur Verfügung stellen, damit sich diese ein zutreffendes Bild von Geschäftsverlauf und Lage der Gesellschaft machen können. In erster Linie lassen sich dabei die Anteilseigner als Lageberichtsadressat identifizieren.[260] Hier haben einerseits Finanzinvestoren, wie z.B. Fondsgesellschaften, ein Interesse an der voraussichtlichen Entwicklung des Aktienkurses und der Dividendenhöhe. Andererseits nutzen auch Privatanleger, insbesondere Kleinaktionäre, in Ermangelung anderer Informationsquellen die publizierten Daten aus dem Lagebericht

---

[252] Vgl. *Lange* (2008), § 289 HGB, Rn. 89.

[253] Vgl. *Kirsch/Köhrmann* (2007a), B 510, Rz. 110.

[254] Zum Prognosehorizont vgl. im Folgenden *Puckler* (1974), S. 158; *Wanik* (1975), S. 55; *Ellrott* (2006), § 289 HGB, Rn. 37; ausführlich zum geeigneten Prognosehorizont vgl. Kap. 2.1.3.

[255] Vgl. *Böcking/Dutzi* (2007), § 289 HGB, Rn. 113.

[256] Zu den Regelungen in DRS 15 vgl. u.a. *Padberg* (2005), S. 188f.; *Mayr* (2007), S. 278ff.

[257] Vgl. *Ernst* (1998), S. 1030f.; *Scheffler* (1999), S. 412; *Spanheimer* (2000), S. 1005; *Baetge/Prigge* (2006), S. 402.

[258] Zur Ausstrahlungswirkung vgl. *Spanheimer* (2000), S. 1000f.; *Baetge et al.* (2001), S. 773; *Böcking* (2006), S. 76f.

[259] Die im Folgenden dargelegten Vorschriften beziehen sich auf den Konzernlagebericht. Da jedoch eine analoge Anwendung auf den Lagebericht im Einzelabschluss möglich ist, wird weiterhin der Begriff des „Lageberichts" aus Vereinfachungsgründen verwendet.

[260] Vgl. *Kropff* (1980), S. 519. Zum Adressatenkreis des Lageberichts vgl. auch *Stobbe* (1988), S. 303ff.; *Selch* (2003), S. 40ff.; *Tesch/Wißmann* (2006), S. 17ff.

für ihre Anlageentscheidungen.[261] Neben den Investoren werden allgemein auch die Gläubiger, Lieferanten, Kunden, Arbeitnehmer, der Staat sowie die interessierte Öffentlichkeit als Adressaten des Lageberichts genannt.[262]

Die Regelungen in DRS 15 sind für Geschäftsjahre, die nach dem 31.12.2004 begonnen haben, anzuwenden (DRS 15.92). Ein wesentlicher Grundsatz der Lageberichterstattung ist die Vermittlung der Sicht der Unternehmensleitung (DRS 15.28), wodurch der Management Approach aus dem anglo-amerikanischen Raum Einzug in die Lageberichterstattung hielt.[263] Insbesondere im Prognosebericht ist die voraussichtliche Entwicklung der Gesellschaft aus der Perspektive der Unternehmensleitung darzustellen. Die Erwartungen über die zukünftige Entwicklung des Konzerns sind schließlich aus der Sicht der Unternehmensleitung zu erläutern und zu einer Gesamtaussage zu verdichten (DRS 15.85). Hierbei sind positive oder negative Entwicklungstrends mit deren wesentlichen Einflussfaktoren darzustellen. Dabei umfasst die Zukunftsorientierung auch die Berichterstattung über die bestehenden Planungen und Erwartungen des Managements (DRS 15.34). Diese Berichterstattung hat mindestens qualitative Informationen zu umfassen, die im Zusammenhang mit den Rahmenbedingungen der Geschäftstätigkeit zu erläutern sind. Der DRS 15.93 gibt eine Gliederungsempfehlung für folgende Berichtsinhalte im Lagebericht ab (vgl. Abb. 2-9).[264]

---

[261] Vgl. *Hartmann* (2006), S. 19. Abweichend dazu zeigen empirische Befunde, dass Privatanleger Zeitungen, Zeitschriften und Wirtschaftssendungen als Informationsquellen vor dem Geschäftsbericht präferieren; vgl. *Ernst et al.* (2005), S. 21ff.

[262] Vgl. *Kropff* (1980), S. 519f.; *Hartmann* (2006), S. 18ff. *Baetge et al.* (1989), S. 10ff., schließen die Öffentlichkeit als Empfänger des Lageberichts aus, da die Ermittlung und Berücksichtigung der Interessen der Öffentlichkeit das Bericht erstattende Unternehmen überfordern würde.

[263] Zur Anwendung des Management Approach in der Rechnungslegung vgl. *Weißenberger/Maier* (2006), S. 2077ff.; bezogen auf den Lagebericht vgl. dieselben, S. 2079; *Deussen* (2007), S. 798; *Müßig* (2008), S. 197ff.

[264] Darüber hinaus ist gemäß DRS 17 der Lagebericht um einen Vergütungsbericht zu ergänzen. Ferner sind gemäß DRS 15a übernahmerechtliche Angaben und Erläuterungen im Lagebericht zu machen.

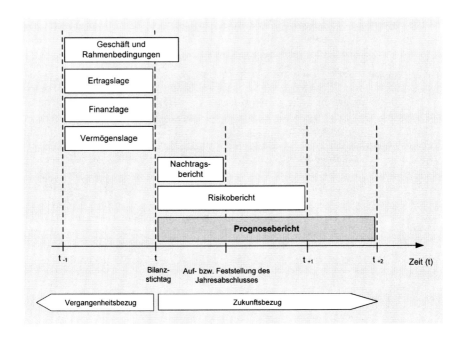

Abb. 2-9: Zeitliche Einordnung der Berichtsinhalte nach DRS 15
Quelle: vereinfachte Darstellung in Anlehnung an *Fink/Keck* (2005), S. 141

Die inhaltliche Abgrenzung von Prognose- und Risikobericht ist umstritten, da beide Berichtselemente einer zukunftsorientierten Berichterstattung im Lagebericht dienen.[265] Mit Verabschiedung des KonTraG wurde der Risikobericht getrennt vom Prognosebericht in die Lageberichterstattung aufgenommen.[266] Durch das BilReG wurde der Prognose- und Risikobericht in den §§ 289 Abs. 1 Satz 4 bzw. 315 Abs. 1 Satz 4 gebündelt, wodurch eine Integration beider Berichtsteile vermutet wird.[267] Im Gegensatz dazu sieht der *DSR* eine strikte Trennung von Prognose- und Risikobericht vor.[268] In DRS 15.83 wird explizit auf die Risikoberichterstattung in DRS 5 verwiesen und somit aus DRS 15 ausgeklammert. Nach DRS 15.91 hat die Darstellung der voraussichtlichen Entwicklung aus Gründen der Klarheit geschlossen und von der Risikoberichterstattung getrennt zu erfolgen. Der Chancenbericht ist nach der überarbeiteten Fassung des DRS 5 nunmehr dem

---

[265] Vgl. *Hartung* (2002), S. 138f.; *Kirsch/Scheele* (2005), S. 1151; *Schröder* (2007), S. 22ff.
[266] Vgl. zur Abgrenzung von Risiko- und Prognosebericht nach Einführung des KonTraG *Baetge/Schulze* (1998), S. 940ff.; *Krawitz/Hartmann* (2006), S. 1265.
[267] Vgl. *Greinert* (2004), S. 55; *Kajüter* (2004b), S. 430; *Pfitzer et al.* (2004), S. 2597; *Wolf* (2005), S. 439; *Böcking* (2006), S. 79.
[268] Vgl. *Quick/Reus* (2009), S. 18. Kritisch zu den Inkonsistenzen zwischen den gesetzlichen Regelungen und den einschlägigen DRS *Kajüter* (2004b), S. 433; *Kirsch/Scheele* (2005), S. 1153ff.

Prognosebericht zuzuordnen (DRS 5.5 und DRS 5.27).[269] Die Anpassung der Berichtsinhalte hatte für nach dem 31.12.2005 beginnende Geschäftsjahre zu erfolgen.

Im Folgenden sollen, unter Rückgriff auf die in Kap. 2.1 gelegten Grundlagen, die Inhalte des DRS 15 in Bezug auf den Prognosebericht ausführlicher erläutert werden, welche als Basis für die Konstruktion des Disclosure Index im empirischen Teil der Arbeit dienen. In DRS 15.84 bis 15.91 werden die Vorschriften zur Prognoseberichterstattung im Rahmen des Lageberichts konkretisiert und durch Empfehlungen[270] in DRS 15.120 bis 15.123 ergänzt. In der Begründung des E-DRS 20 heißt es:

> „Der Konzernlagebericht soll als Instrument einer wert- und zukunftsorientierten Berichterstattung ausgebaut werden, der die Prognose über die voraussichtliche Entwicklung des Unternehmens erleichtert."[271]

Wie bereits in Kap. 2.1.2 erörtert, sind Prognosen im Zeitpunkt ihrer Aufstellung mit Unsicherheit behaftet und ihr zukünftiges Eintreffen ungewiss. Daher muss eine Prognose für den Adressaten überprüfbar und ihre Herleitung nachvollziehbar sein. Dies wird in DRS 15.86 dadurch berücksichtigt, dass der Prognosecharakter der Darstellung erkennbar sein muss und dabei auf die wesentlichen Annahmen und Unsicherheiten bei der Beurteilung der voraussichtlichen Entwicklung einzugehen ist.[272] Vor diesem Hintergrund erscheint es sinnvoll, den Angaben im Prognosebericht einen Satz voranzustellen, dass es sich ausschließlich um nach bestem Wissen und Gewissen getroffene Erwartungen und Annahmen über die künftige Unternehmensentwicklung handelt, die aufgrund der Zukunftsorientierung mit Unsicherheit behaftet sind.[273] Somit kann sich der Adressat selbst ein Bild über die Prognosesicherheit und -genauigkeit machen.[274] Auch empirische Befunde zeigen, dass die Prognoseadressaten der Angabe von Prämissen zur Überprüfung der Plausibilität eine hohe Bedeutung beimessen.[275] Hierzu sieht der Grundsatz der Verlässlichkeit (DRS 15.17) vor, die wesentlichen Prämissen zukunftsbezogener Aussagen offen zu legen. Diese müssen plausibel, widerspruchsfrei und vollständig sein. Eine Prognose gilt dann als glaubwürdig, wenn sie auf plausiblen, von sachverständigen Dritten akzeptierbaren Annahmen beruht und ihre Ableitung objektiv nachvollziehbar ist.[276] Um das Herleitungsverfahren der Prognose für den Adressaten verständlich zu machen, fordert DRS 15.17 weiterhin, dass das zugrunde liegende Prognoseverfahren für die jeweilige Problemstellung sachgerecht sein soll. Sofern Schätzungen erforderlich sind, sollen die

---

[269] Vgl. *Schmidt/Wulbrand* (2007), S. 426; *Bohn* (2008), S. 50ff.

[270] Hinsichtlich der Umsetzung dieser Empfehlungen ergibt sich ein geringerer Verpflichtungsgrad als bei den verpflichtenden Angaben. Im Falle einer Nichtbeachtung drohen dem Unternehmen keine unmittelbaren Sanktionen, vgl. *Baetge/Prigge* (2006), S. 402; *Böcking* (2006), S. 76.

[271] E-DRS 20 C2. (Tz. 3).

[272] Somit wird auch der Forderung des Schrifttums entsprochen, dass die wesentlichen Annahmen, auf deren Basis Prognosen erstellt werden, explizit offen gelegt werden, um eine intersubjektive Nachprüfbarkeit zu erreichen, vgl. *Sahner/Kammers* (1984), S. 2313 m.w.N.

[273] Vgl. *Kaiser* (2005b), S. 412.

[274] Vgl. *Glatz* (2007), S. 61.

[275] Vgl. *Krumbholz* (1994), S. 135. Insbesondere Wertpapieranalysten messen der Angabe von Prämissen eine hohe Bedeutung bei.

[276] Vgl. *Bechtel et al.* (1976), S. 212.

angewandten Schätzverfahren erläutert werden. Wie bereits in Kap. 2.1.2 ausgeführt, ist das Eintreffen einer Prognose von gewissen Randbedingungen abhängig, die wiederum selbst prognostiziert werden müssen. Angesichts dessen ist bei zukunftsbezogenen Aussagen im Lagebericht explizit darauf zu verweisen, dass die tatsächlichen Ergebnisse wesentlich von den Erwartungen über die voraussichtliche Entwicklung abweichen können, wenn eine der genannten oder andere Unsicherheiten eintreten oder sich die den Aussagen zugrunde liegenden Annahmen als unzutreffend erweisen (DRS 15.16).

Der Angabe von Schätzverfahren und der getroffenen Annahmen im Prognosebericht kommt auch im Zusammenhang mit der Prognoseprüfung durch den Wirtschaftsprüfer eine entscheidende Bedeutung zu.[277] Prognosen als Bestandteil des Lageberichts unterliegen der (Lageberichts-)Prüfung gemäß § 317 Abs. 2 HGB.[278] Der Hauptfachausschuss (HFA) des *Instituts der Wirtschaftsprüfer* (IDW) hat hierzu den Prüfungsstandard IDW PS 350 am 06.09.2006 verabschiedet.[279] Demnach hat sich der Abschlussprüfer von der Zuverlässigkeit und Funktionsfähigkeit des unternehmensinternen Planungssystems zu überzeugen (Rn. 23). Dabei ist auch zu prüfen, ob das verwendete Prognosemodell für die jeweilige Problemstellung sachgerecht ist und richtig gehandhabt wurde (Rn. 25). Die Problematik der Prüfung von Prognosen liegt darin, dass sich die Angaben auf eine noch nicht existierende Realität beziehen und somit die Richtigkeit der Angaben ex-ante nicht nachprüfbar ist. Gleichwohl kann der Abschlussprüfer durch die Prüfung der Herleitung einer Prognose dessen Plausibilität bzw. den eigentlichen Realitätsgehalt der Aussage messen. Dabei ist die logische Haltbarkeit der Herleitung der Prognose aus dem Datenmaterial und den Gesetzesaussagen zu prüfen.[280]

Hinsichtlich des **Prognosegegenstandes** sind gemäß DRS 15.84 Aussagen über die Änderung der Geschäftspolitik, die Erschließung neuer Absatzmärkte, die Verwendung neuer Verfahren, z.B. in der Beschaffung, Produktion oder beim Absatz, und das Angebot neuer Produkte und Dienstleistungen zu treffen. Die sich daraus ergebenden Investitionsvolumina sowie die erwarteten finanzwirtschaftlichen Auswirkungen sind im Prognosebericht zu erläutern. Neben der voraussichtlichen Entwicklung des Unternehmens sind auch die erwartete Entwicklung der wirtschaftlichen Rahmenbedingungen, z.B. der Konjunktur, sowie die erwarteten Branchenaussichten darzustellen (DRS 15.88). Ferner heißt es in DRS 15.89, dass die weitere Entwicklung der Ertrags- und Finanzlage darzustellen und mindestens als positiver oder negativer Trend zu beschreiben ist. DRS 15.121 und 15.122 konkretisieren die Prognosegegenstände zur zukünftigen Ertrags- und Finanzlage: Danach soll die erwartete Entwicklung von Umsatz, Aufwendungen und Ergebnis angegeben und erläutert werden. Eine Überleitungsrechnung vom operativen Ergebnis zum Konzerner-

---

[277] Vgl. *Sahner/Kammers* (1984), S. 2316. Zur Problematik der Prognoseprüfung durch den Abschlussprüfer vgl. auch *Peiffer* (1974a), S. 191ff.; *Hagest/Kellinghusen* (1977), S. 408ff.; *Bretzke* (1979), S. 345ff.; *Kupsch* (1985), S. 1152ff.; *Kaiser* (2005a), S. 2310ff.; *Böcking* (2006), S. 83ff.

[278] Zu den Prüfvorschriften des Lageberichts vgl. auch *Hartmann* (2006), S. 49ff.; *Farr* (2007), S. 45; *Schröder* (2007), S. 56ff.

[279] Vgl. *IDW* (2006), S. 1293ff. Allgemein zum Lagebericht vgl. die IDW Rechnungslegungshinweise IDW RH HFA 1.007 und 1.005, *IDW* (2005a), S. 212ff.; *IDW* (2005b), S. 746ff. Zur zukunftsorientierten Prüfung des Lageberichts nach IDW PS 350 vgl. auch *Scherff/Willeke* (2006), S. 146.

[280] Vgl. *Schmalenbach-Gesellschaft für Betriebswirtschaft* (2003), S. 109; *Tesch/Wißmann* (2006), S. 134ff.

gebnis unter expliziter Nennung von Zinsaufwendungen, der voraussichtlichen Entwicklung des Fremdkapitalkostensatzes und der Steuerquote, wird empfohlen. Hinsichtlich der künftigen Finanzlage sieht DRS 15.122 als Prognosegegenstand den Umfang der Investitionen vor. In diesem Zusammenhang ist auch darauf einzugehen, inwiefern die erwarteten Cashflows aus laufender Geschäftstätigkeit zur Deckung der Investitionen beitragen. Wesentliche Finanzmittelabflüsse im Prognosezeitraum und deren Refinanzierung sind zu erläutern.

In Bezug auf den **Genauigkeitsgrad** von Prognosen, lässt sich seitens des *DSR* keine konkrete Vorgabe erkennen. So wird zwar in DRS 15.120 die Quantifizierung der erwarteten Entwicklung der wesentlichen Einflussfaktoren der Ertrags- und Finanzlage für das auf den Konzernabschlussstichtag folgende Geschäftsjahr empfohlen.[281] Ein verpflichtender Ausweis von Punkt- oder Intervallprognosen besteht hier jedoch nicht. Ist die Angabe einer quantitativen Prognose mit zu großer Unsicherheit behaftet, ist dies anzugeben und zu begründen (DRS 15.123). Bei der Anwendung von Schätzungen sieht DRS 15.17 vor, dass diese ggf. in Bandbreiten publiziert werden.

Der **Prognosehorizont** beträgt nach DRS 15.87 mindestens zwei Jahre, gerechnet vom Konzernabschlussstichtag. Der Standard orientiert sich damit bei der Wahl des Prognosezeitraums an der in der Literatur vorherrschenden Meinung, die einen Horizont von zwei Jahren als adäquat betrachtet.[282] Einen längeren Prognosezeitraum empfiehlt DRS 15.87 bei Unternehmen mit längeren Marktzyklen oder bei komplexen Großprojekten. Auch der *DSR* hat die Problematik der abnehmenden Prognosesicherheit bei zunehmendem Prognosehorizont erkannt. So sind Prognosen für die jeweiligen Geschäftsjahre getrennt anzugeben, wenn diese für einen längeren Zeitraum aufgestellt werden (DRS 15.129).

Beinhaltet der Konzernabschluss eine Segmentberichterstattung, ist die voraussichtliche Entwicklung der Segmente separat darzustellen (DRS 15.90).

2.2.2 Regulierung der Berichterstattung in ausgewählten Ländern

Nicht nur in Deutschland existieren verpflichtende Vorschriften zur Prognoseberichterstattung. Auch in anderen Ländern wurde die zukunftsbezogene Publizität Bestandteil gesetzlicher Regelungen und börsenrechtlicher Vorschriften. Im Folgenden werden die gegenwärtigen Anforderungen zur Prognosepublizität in ausgewählten Ländern vorgestellt.[283]

---

[281] Vgl. hierzu *Kaiser* (2005b), S. 417, nach dessen Meinung verbale Darstellungen im Prognosebericht als ausreichend anzusehen sind. Quantitative Angaben sind nur dann erforderlich, wenn sie dem Lageberichtsadressaten entscheidungsrelevante Informationen vermitteln; vgl. hierzu auch die Diskussion in Kap. 2.1.3.

[282] Vgl. *Fink/Keck* (2005), S. 145; *Buchheim/Knorr* (2006), S. 421 m.w.N.; *Ellrott* (2006), § 289 HGB, Rn. 37; *Kirsch/Köhrmann* (2007a), B 510, Rz. 106; zum geeigneten Prognosehorizont siehe bereits ausführliche Diskussion in Kap. 2.1.3.

[283] Die Auswahl der Länder orientiert sich dabei an dem im DP MC (Anhang B-D) publizierten Überblick über bestehende Regelungen zur Lageberichterstattung.

2.2.2.1 Vorschriften in den USA

Ein dem deutschen Lagebericht ähnliches Berichtsinstrument ist in den USA die Management's Discussion and Analysis of Financial Conditions and Results of Operations (MD&A).[284] Die Vorschriften hierzu wurden von der *Securities and Exchange Commission* (SEC) erlassen und basieren auf dem Securities Act von 1933 und Securities Exchange Act von 1934. Die MD&A, die neben dem Geschäftsbericht jährlich bei der *SEC* einzureichen ist, soll die Einschätzung der wirtschaftlichen Lage aus Sicht des Managements wiedergeben. Diese hat sich am Management Approach zu orientieren ("through the eyes of management"[285]). Die Publizitätspflichten in der MD&A ergeben sich u.a. aus **Regulation S-K, Item 303**. Seit Einführung der MD&A-Berichtspflicht 1968 hat die *SEC* diese Vorschriften kontinuierlich überarbeitet.[286] Von ihrer zwischenzeitlich neutralen Einstellung gegenüber Prognoseinformationen in der MD&A, ging die *SEC* 1980 zu einer Empfehlung zur Veröffentlichung von Prognoseinformationen über.[287] Im Jahr 1989 verabschiedete die *SEC* das Financial Reporting Release (FRR) 36, welches die Anforderungen in Item 303 der Regulation S-K hinsichtlich zukunftsbezogener Angaben konkretisieren sollte. Hierdurch wurde deutlich, dass die *SEC* den zukunftsgerichteten Informationen in der MD&A einen hohen Stellenwert beimisst.[288] Im Dezember 2003 folgte FRR Nr. 72, ein Interpretation Guidance. Ähnlich wie beim deutschen Lagebericht kommt der MD&A eine Ergänzungsfunktion in zeitlicher Hinsicht zu.[289] So sollen sämtliche Trends und Unsicherheiten offen gelegt werden, welche Auswirkungen auf die künftige Finanz- und Ertragslage haben. Damit wurde die MD&A ein Instrument für eine prognostische Unternehmensberichterstattung.[290] In Item 3 Regulation S-K wird auf die Beschreibung von bekannten Trends bzgl. der Liquidität, Kapitalausstattung und des Ergebnisses verwiesen.[291] Dabei unterscheidet die *SEC* zwei Kategorien von Prognoseinformationen:[292] Zum einen ist die Angabe von bekannten Trends, Nachfragen, Verpflichtungen, Ereignissen und Unsicherheiten vorgeschrieben, wenn sie dem Management bereits bekannt sind und höchstwahrscheinlich ("reasonably likely") erwartet wird, dass sie einen wesentlichen Einfluss auf die Finanz- und Ertragslage haben (Pflichtprognosen). Zum anderen können Unternehmen freiwillig ihre Einschätzungen zu erwarteten zukünftigen Trends, Nachfragen, Verpflichtungen, Ereignissen oder Unsicherheiten publizieren, wenn das Eintreten entweder nicht hinreichend wahrscheinlich ist oder – wenn hierzu keine Festlegung mög-

---

[284] In der Literatur wird auch vom „US-amerikanischen Pendant zum Lagebericht" gesprochen, vgl. *Scheele* (2007), S. 222.

[285] FRR Nr. 72, Sec. I.B.; vgl. *Dieter/Sandefur* (1989), S. 64; *Johnen/Ganske* (2002), Sp. 1523.

[286] Zur Entwicklung der Lageberichterstattung in den USA vgl. *Schneider* (1989), S. 149ff.; *Glatz* (2007), S. 66ff.; *Hüfner* (2007), S. 293ff.; *Scheele* (2007), S. 224ff.

[287] Vgl. *Glatz* (2007), S. 66; *Hüfner* (2007), S. 293. Zur kritischen Haltung der SEC gegenüber „future-oriented information" in SEC-Dokumenten vgl. *Mennenöh* (1984), S. 24ff.; *Glöckle* (1996), S. 64ff.

[288] Vgl. FRR Nr. 36, Sec. III.B.; *Glatz* (2007), S. 67. Zu den wesentlichen Änderungen durch FRR Nr. 36 vgl. auch *Dieter/Sandefur* (1989), S. 64ff.

[289] Vgl. *Bruns/Renner* (2001), S. 9; *Hartmann* (2006), S. 180.

[290] Vgl. *Scheele* (2007), S. 227.

[291] Vgl. Regulation S-K, Item 303 (a)(1), Item 303 (a) (2ii), Item 303 (a)(3ii).

[292] Vgl. FRR Nr. 36, Sec. III.B.; *Bruns/Renner* (2001), S. 16; *Kopp* (2002), S. 663f.; *Hartmann* (2006), S. 220ff. m.w.N.; *Glatz* (2007), S. 90.

lich ist – zumindest nur geringe Auswirkungen auf die Ertrags- und Finanzlage hat (freiwillige Prognosen).

Ausländische Emittenten haben sich an **Form 20-F, Item 5** „Operating and Financial Review and Prospects" (OFR) zu orientieren.[293] In diesem wird auf die Angabe von Trendinformationen verwiesen:

> „*trends which are anticipated to have a material effect on the company's financial condition and results of operations in future periods.*"

Parallel zu Regulation S-K, Item 303 (a) ist über Unsicherheiten, Ansprüche, Verpflichtungen und Ereignisse zu berichten, wenn sie die Zukunftslage des Unternehmens betreffen.[294] Der Ausweis von „forward-looking information" wird von der *SEC* empfohlen.[295]

Die *SEC* hat 1979 das US-Wertpapierrecht um sog. „safe harbors"[296] für zukunftsorientierte Aussagen ergänzt, um Unternehmen zur Prognosepublizität zu ermutigen.[297] Die „safe harbor"-Bestimmungen bieten den Emittenten bei der Publizität von zukunftsbezogenen Informationen einen gewissen Schutz vor haftungsrechtlichen Konsequenzen.

2.2.2.2 Vorschriften in Kanada

Auch in Kanada erfolgt die Lageberichterstattung im Rahmen der Management's Discussion and Analysis (MD&A). Im Dezember 2003 verabschiedeten die *Canadian Securities Administrators* (CSA) die National Instruments (NI) 51-102 „Continuous Disclosure Obligation".[298] Vorschriften zur MD&A befinden sich hier in Part 5. Die Offenlegungsanforderungen werden durch sog. Formblätter ergänzt. Das entsprechende Formblatt für die MD&A ist Form 51-102 F1. Schon in der Definition zur MD&A wird explizit auf die zukunftsbezogene Berichterstattung hingewiesen:

> „*a narrative explanation, through the eyes of management, [...] of your company's financial conditions and future prospects.*"[299]

Unternehmen werden ermutigt, zukunftsorientierte Informationen in ihre MD&A aufzunehmen, wenn sie auf einer zuverlässigen Basis ermittelt werden können.[300] Insbesondere

---

[293] Zu den unterschiedlichen Berichtsanforderungen in der MD&A und im OFR vgl. *Hüfner* (2007), S. 298ff. Inwiefern letzteres Berichtsinstrument im Zuge der Anerkennung der IFRS durch die SEC weiterhin Gültigkeit besitzt, bleibt abzuwarten. So lange jedoch keine Vorschriften für ein dem Lagebericht ähnliches Berichtsinstrument seitens des *IASB* verabschiedet sind, wird der OFR für ausländische Emittenten auch weiterhin von Relevanz sein. Zum Stand der IFRS-Anerkennung durch die SEC und den damit verbundenen Neuerungen für Foreign Private Issuers vgl. *Erchinger/Melcher* (2007b), S. 245ff.; *Erchinger/Melcher* (2007a), S. 2635f.; *Erchinger/Melcher* (2008), S. 2292ff.

[294] Vgl. Form 20-F, Item 5 D.

[295] Vgl. Form 20-F, Instruction to Item 5 (3); *Selchert* (1999b), S. 232f.; *Bruns/Renner* (2001), S. 17.

[296] Vgl. Änderungen im SA von 1933, Sec. 27A und SEA von 1934, Sec. 21E.

[297] Vgl. *o.V.* (1979), S. 3; *Selchert* (1999b), S. 232f.; *Bruns/Renner* (2001), S. 17; *Johnen/Ganske* (2002), Sp. 459; *Kopp* (2002), S. 664; *Hirst et al.* (2008), S. 321.

[298] Die Vorschriften zur MD&A sind in Kanada – abweichend zu den gesellschaftsrechtlichen Regelungen in Deutschland – ausschließlich im Börsenrecht geregelt, vgl. *Scheele* (2007), S. 206.

[299] Form 51-102 F1, Part 1 (a), "What is MD&A?".

[300] Form F51-102 F1, Part 1 (g), "Forward-looking Information".

ist auf Trends und zukünftige Unsicherheiten einzugehen, wenn diese relativ wahrscheinlich („reasonably likely") das Geschäftsgeschehen beeinflussen. Detaillierte Prognosen zu
künftigen Umsätzen und Gewinnen bzw. Verlusten sind nicht verpflichtend auszuweisen.
Bei der Berichterstattung ist der Management Approach zugrunde zu legen. Das *Canadian Institute of Chartered Accountants* (CICA) veröffentlichte im November 2002 einen
Leitfaden zur Anwendung der Vorschriften in der MD&A, der im Mai 2004 in überar-
beiteter Version erschien. In den Grundprinzipien ist die Prognosepublizität fest verankert:

> „MD&A's should [...] have a forward-looking orientation. "[301]

Obgleich die Regelungen in Form 51-102 F1 und der CICA-Guidance eine prognoseorientierte Berichterstattung anstreben, kommt diese im CICA-Leitfaden stärker zum Ausdruck.[302] Dieser regt zu einer planungsbezogenen Prognoseberichterstattung an, während
in Form 51-102 F1 überwiegend durch einfache Trendextrapolation eine Zukunftsorientierung erreicht werden soll.

2.2.2.3 Vorschriften in Großbritannien

In Großbritannien wurde das Gesellschaftsrecht in den letzten Jahren mit dem sog. Companies Act (CA) 2006 umfassend reformiert und modernisiert.[303] Dieser trat ab Januar
2007 schrittweise in Kraft. Ein dem deutschen Lagebericht nach HGB ähnliches Berichtsinstrument ist in Großbritannien der Directors' Report, der im britischen Gesellschaftsrecht eine lange Tradition besitzt.[304] Vorschriften zum Directors' Report finden sich im
CA 2006, Part 15, Chapter 5.[305] Danach ist der Directors' Report um einen Business Review zu ergänzen. In diesem ist auf wesentliche Trends und Faktoren einzugehen, die Einfluss auf die zukünftige Entwicklung, das Ergebnis und die Geschäftsposition haben (CA
2006, Part 15, Chapter 5, Sec. 417 (5) (a)). Die Prognoseorientierung des Business Review wird somit durch den CA 2006, zumindest für börsennotierte Unternehmen, erweitert.[306]

Darüber hinaus existiert in Großbritannien ein zweites dem Lagebericht ähnliches Berichtsinstrument: Der Operating and Financial Review (OFR). Dieser basiert auf dem
vom *Accounting Standards Board* (ASB) am 26.01.2006 verabschiedeten Reporting Statement (RS) „Operating and Financial Review", welcher mit dem deutschen Rechnungsle-
gungsstandard Nr. 15 vergleichbar ist. Bei dem RS besteht keine gesetzliche Bindungs-

---

[301] *CICA* (2004), S. 12.
[302] Vgl. *Scheele* (2007), S. 210.
[303] Zu den Änderungen beim Operating and Financial Review vgl. z.B. *Singleton-Green* (2006), S. 39f.
[304] Vgl. *Scheele* (2007), S. 182.
[305] Dieser wurde zum 06.04.2008 in Kraft gesetzt, wohingegen Sec. 417, Part 15, Chapter 5 bereits zum
01.10.2007 für anwendbar erklärt wurde. Für den kompletten Zeitplan des Inkrafttretens vgl. *BERR*
(2009).
[306] Vgl. *Scheele* (2007), S. 193.

kraft; es handelt sich vielmehr um freiwillig anzuwendende Verlautbarungen.[307] Das *ASB* hat auch im RS die zukunftsbezogene Berichterstattung aufgenommen:

> „*main trends and factors that directors consider likely to impact future prospects.*"[308]

Ferner ist in den Grundprinzipien die „forward-looking orientation"[309] fest verankert. Der RS ist prinzipienorientiert und folgt dem Konzept des Management Approach („through the eyes of the board of directors"[310]).

2.2.2.4 Vorschriften in Australien und Neuseeland

Vorschriften für eine zukunftsbezogene Berichterstattung im Directors' Report finden sich in **Australien** im Corporations Act 2001, Sec. 299. Dem zufolge ist auf die Geschäftstätigkeiten, deren Ergebnisse sowie die erwartete Unternehmenssituation in zukünftigen Geschäftsjahren einzugehen.[311] Umfangreiche Änderungen für den Directors' Report ergaben sich durch den „Corporate Law Economic Reform Program Act 2004" (CLERP 9). Hierdurch wurde Sec. 299A im Corporations Act von 2001 aufgenommen. Dieser enthält ergänzende Berichtsanforderungen für börsennotierte Unternehmen. Nach 299A ist im Directors' Report auch auf Geschäftsstrategien und Prognosen für zukünftige Geschäftsjahre einzugehen („entity's business strategies and its prospects for future financial years"[312]). Die Australische Börse (ASX) orientiert ihre Börsenregeln ebenfalls an Sec. 299A des Corporations Act. Börsennotierte Unternehmen haben gemäß Listing Rules, Chapter 4.10.17 der ASX, den Jahresabschluss um einen „Review of operations and activities for the reporting period" zu ergänzen. Zur Anwendung des Corporations Act und der Börsenregeln entwickelte die Group 100[313] einen Leitfaden „Guide to Review of Operations and Financial Condition". Dieser soll börsennotierte Gesellschaften bei der Erstellung ihres Reviews unterstützen. Die Berichterstattung hat sich dabei am Management Approach zu orientieren („analysis of the business as seen through the eyes of the directors"[314]). Die zukunftsorientierte Sichtweise des Reviews wird an verschiedenen Stellen des Leitfadens deutlich. So wird zum einen auf eine dynamische Berichterstattung der Geschäftsaktivitäten verwiesen:

> „*main factors and influences that may have a major effect on future results.*"[315]

---

[307] Vgl. *Scheele* (2007), S. 186. Ursprünglich wurden die Vorschriften zum OFR im Reporting Standard 1 geregelt, welche für sämtliche börsennotierte Unternehmen verpflichtend waren. Im Zuge der Reformmaßnahmen wurde im Jahr 2006 der Reporting Standard 1 durch ein Reporting Statement ersetzt, welches nahezu identischen Inhalt aufweist, aber keine gesetzliche Bindungswirkung entfaltet; vgl. den geschichtlichen Überblick bei *Scheele* (2007), S. 182ff.

[308] RS Operating and Financial Review, Tz. 47.

[309] RS Operating and Financial Review, Tz. 8.

[310] RS Operating and Financial Review, Tz. 4.

[311] Vgl. Corporations Act 2001, Sec. 299, (1) (d) (i)-(iii).

[312] CLERP 9, Schedule 2, Part 2 (6).

[313] Die Group 100 setzt sich aus den Senior Finance Executives der nationalen privaten und öffentlichen Unternehmen in Australien zusammen. Der Guide to Review of Operations and Financial Condition wurde erstmals 1998 veröffentlicht und erschien 2003 in einer überarbeiteten Version.

[314] Guide to Review of Operations and Financial Condition (2003), Introduction.

[315] Guide to Review of Operations and Financial Condition (2003), Tz. 9.

Zum anderen ist die vergangenheitsbezogene Publizität um „trends and factors that are likely to affect future performance"[316] zu ergänzen. Die Zukunftsorientierung der Berichterstattung schlägt sich auch in den Angaben zu „Investments for Future Performance"[317] nieder.

In **Neuseeland** ist das *Accounting Standards Review Board* (ASRB), welches auf den Financial Reporting Act 1993 bzw. den Financial Reporting Amendment Act 2006 zurück geht, für die Entwicklung und Harmonisierung von Financial Reporting Standards (FRS) zuständig. Welchen Stellenwert die zukunftsorientierte Berichterstattung in Neuseeland einnimmt, wird an dem im Dezember 2005 verabschiedeten FRS 42 mit dem Titel „Prospective Financial Statements" deutlich. Dieser ist für Geschäftsjahre nach dem 01.06.2006 verpflichtend anzuwenden (FRS 42.72). Inhaltlich umfasst FRS 42 Prinzipien und Mindestanforderungen in Bezug auf eine zukunftsorientierte Berichterstattung:

> *„An entity that presents prospective financial statements shall present and disclose information that enables users of those statements to evaluate the entity's financial prospects and to assess actual financial results prepared in future reporting periods against the prospective financial statements."*[318]

Ein dem deutschen Lagebericht ähnliches Berichtsinstrument ist zwar in der neuseeländischen Berichtspraxis nicht zu finden, dennoch sieht das *ASRB* ein „complete set of prospective financial statements"[319] vor, welches neben einer zukunftsorientierten Bilanz und Gewinn- und Verlustrechnung auch eine vorausschauende Eigenkapitalveränderungs- und Cashflowrechnung beinhaltet. Ferner ist im Anhang auf die zugrunde liegenden Annahmen und Bilanzierungsregeln einzugehen.[320]

2.2.3 Supranationale Regelungen im DP „Management Commentary"

Die vorstehenden Ausführungen haben die unterschiedlichen Vorschriften zur Prognosepublizität in Deutschland und in ausgewählten Ländern aufgezeigt. Zusammenfassend lässt sich festhalten, dass in den meisten Ländern die zukunftsorientierte Publizität, wenn auch in unterschiedlichster Form, Bestandteil der jährlichen Berichterstattung geworden ist. Auf supranationaler Ebene existieren dagegen bisher noch keine einheitlichen Vorschriften zur Lageberichterstattung und damit verbunden zur Prognosepublizität. Für kapitalmarktorientierte Unternehmen, welche die IFRS verpflichtend anwenden, gelten weiterhin die nationalen Regelungen zur Lageberichterstattung, so dass in Deutschland zwingend ein Lagebericht gemäß den §§ 289 bzw. 315 HGB aufzustellen und offen zu legen

---

[316] Guide to Review of Operations and Financial Condition (2003), Tz. 9.
[317] Guide to Review of Operations and Financial Condition (2003), Tz. 14f.
[318] FRS 42.26.
[319] FRS 42.28.
[320] Vgl. FRS 42.28.

ist.[321] IFRS bilanzierende deutsche Unternehmen werden von der HGB-Lageberichterstattung erst befreit, wenn das IFRS-Regelwerk ein vergleichbares Berichtsinstrument aufgenommen hat und dieses durch den deutschen Gesetzgeber anerkannt wird.[322]

Vor diesem Hintergrund hat das *IASB* im Oktober 2002 eine Arbeitsgruppe initiiert, die sich aus Mitarbeitern der nationalen Standardsetter in Deutschland (*DRSC*), Großbritannien (*ASB*), Kanada (*CICA*) sowie Neuseeland (*FRSB*) zusammensetzte. Diese entwickelte potenzielle Vorschriften eines dem deutschen Lagebericht ähnlichen Berichtsinstruments, im Folgenden Managementbericht genannt. Am 27.10.2005 veröffentlichte das IASB ein Diskussionspapier (DP) „Management Commentary" (MC), welches bis zum 28.04.2006 zur Kommentierung zur Verfügung stand.[323] Nach Ablauf der Kommentierungsfrist lagen 116 Stellungnahmen dem *IASB* vor, wovon 14% aus Deutschland stammen.[324] Die eingegangenen Stellungnahmen betonen die große Bedeutung der zukunftsorientierten Berichterstattung. Darüber hinaus werden aber weitergehende Erläuterungen und Definitionen bzgl. der „forecast and projections" als notwendig erachtet. Ferner regt insbesondere der österreichische Standardsetzer (*AFRAC*) an, die Anforderungen auf qualitative Angaben zu beschränken.[325]

Das DP MC stellt als Adressaten die Investoren und deren Informationsbedürfnisse in den Mittelpunkt.[326] Dabei wird vermutet, dass mit dieser Ausrichtung auch die Informationsinteressen der anderen Adressaten erfüllt werden. Der Finanzbericht (Financial Report) wird dabei in zwei Säulen zerlegt:[327]

- den Managementbericht (Management Commentary)
- und den Abschluss (Financial Statement), der sich aus Bilanz, GuV, Eigenkapitalveränderungsrechnung und Kapitalflussrechnung als den primären Abschlussbestandteilen (Primary Financial Statements) sowie einem Anhang (Notes) zusammensetzt.

---

[321] Vgl. § 315a Abs. 1 HGB; *Küting/Hütten* (1999), S. 16ff.; *Pellens et al.* (2008), S. 937f. Zu den Überschneidungen zwischen Konzernlagebericht nach HGB und IFRS-Konzernanhang vgl. *Prigge* (2006), S. 79ff. Die Studie von *Krüger/Schneider-Piotrowsky* (2008), S. 471ff., bemängelt die Redundanzen bei der Kombination von IFRS-Konzernabschluss und HGB-Konzernlagebericht. Insbesondere zwischen HGB-Prognoseberichterstattung und IFRS-Konzernabschluss sind Inkompatibilitäten in der Berichterstattung festzustellen.

[322] Vgl. *Fink/Keck* (2005), S. 139. Zum Lagebericht im Kontext der internationalen Rechnungslegung vgl. auch *Kirsch/Köhrmann* (2007b), B 500, Rz. 65ff.

[323] Im Anhang A des Diskussionspapiers befindet sich ein Vorschlag für einen möglichen Standard. Anhang B bis D erläutert die Anforderungen zur Lageberichterstattung in ausgewählten Ländern. Abschließend werden in Anhang E Vorschläge erörtert, wie Informationen des Abschlusses zu den Informationen in einem Managementbericht abgegrenzt werden können, vgl. hierzu auch *Beierdorf/Buchheim* (2006b), S. 97.

[324] Alle Stellungnahmen sind abrufbar unter www.iasb.org (Stand: 06.07.2009). Vgl. zu den eingegangenen Stellungnahmen ausführlich *Kasperzak/Beiersdorf* (2007), S. 124f., und die dort zitierte Literatur.

[325] Vgl. Stellungnahme des Österreichischen Standardsetzers *AFRAC* (2006), S. 4.

[326] Vgl. DP MC, Tz. 30; *Kirsch/Scheele* (2006), S. 90; *Krawitz/Hartmann* (2006), S. 1270; *Pöckel* (2006), S. 72; *Glatz* (2007), S. 92.

[327] Vgl. DP MC, Tz. 8; vgl. hierzu auch *Kümmel/Zülch* (2006), S. 393.

Ursächlich für die Erweiterung des Financial Reporting um einen Managementbericht sind die veränderten Informationsbedürfnisse der Abschlussadressaten.[328] Neben vergangenheitsorientierten Informationen wird verstärkt auch eine qualitativ-verbale und prognostische Unternehmensberichterstattung verlangt.

Die Zukunftsorientierung des Managementberichts kommt bereits in der **Definition** und den Zielen des MC zum Ausdruck:

> *„It also explains the main trends and factors that are likely to affect the entity's future development."*[329] *„Our definition and objective of MC both build on a forward-looking orientation."*[330]

Die Regelungen zum Managementbericht werden sodann in Prinzipien (principles) und qualitative Anforderungen (qualitative characteristics) unterteilt. In den drei **Prinzipien** des MC finden sich konkrete Regelungen, die auf die Angabe von Prognosen im Managementbericht abzielen. Zum einen kommt dem Managementbericht – wie auch schon nach deutschem Recht – eine Ergänzungsfunktion zu (DP MC, Tz. 39 (a)). Hierzu zählt die zeitliche Ergänzung des Jahresabschlusses durch zukunftsbezogene Angaben.[331] Zum anderen hat sich die Berichterstattung, gemäß des zweiten Grundsatzes, am Management Approach zu orientieren (DP MC, Tz. 39 (b)).[332] Dabei wird die konkrete Ausgestaltung der Berichterstattung über die voraussichtliche Entwicklung des Unternehmens dem Management überlassen (DP MC, Tz. 97, A21 und A29).

> *„An 'orientation to the future' is about communicating, through management's eyes."*[333]

Verbinden lässt sich dieser Grundsatz mit dem Argument der Entscheidungsrelevanz, da die Unternehmensleitung als Entscheidungsgremium innerhalb der Gesellschaft am besten dem Adressaten entscheidungsnützliche Informationen zur Verfügung stellen kann.[334] Im dritten Grundsatz wird die Zukunftsorientierung (orientation to the future) im Managementbericht explizit genannt (DP MC, Tz. 39 (c)).[335]

Die **qualitativen Anforderungen** (DP MC, Tz. 58-95) umfassen die Grundsätze der Verständlichkeit, Relevanz, Verlässlichkeit und Nachvollziehbarkeit. Darüber hinaus hat sich die Berichterstattung an den Kriterien der Ausgewogenheit und der Vergleichbarkeit zu orientieren. Auch in den qualitativen Anforderungen spiegelt sich die Zukunftsorientierung wider: Dem Grundsatz der Nachvollziehbarkeit folgend, sollte der Managementbericht Hinweise enthalten, die auf die Unsicherheit im Zusammenhang mit zukunftsbezogenen Daten aufmerksam machen (DP MC Tz. 76). Hierzu zählt auch die Angabe der wesentlichen Annahmen bei der Publizität von Prognosen.[336] Dem Kriterium der Ausge-

---

[328] Vgl. DP MC, Tz. 102ff.; *Kirsch/Scheele* (2006), S. 89.
[329] DP MC, Tz. 19; vgl. auch *Kümmel/Zülch* (2006), S. 394.
[330] DP MC, Tz. 55.
[331] Vgl. *Scheele* (2007), S. 250.
[332] Vgl. *Engelbrechtsmüller/Fuchs* (2006), S. 103.
[333] DP MC, Tz. 56; vgl. auch *Riegler* (2006), S. 116; *Coenenberg/Fink* (2007), S. 204f.; *Glatz* (2007), S. 93; *Pellens et al.* (2008), S. 939.
[334] Vgl. *Fink* (2006), S. 145.
[335] Vgl. auch *Mayr* (2007), S. 287f.
[336] Vgl. *Fink* (2006), S. 146.

wogenheit entsprechend, ist sowohl auf positive als auch auf negative Zukunftsaussichten einzugehen (DP MC, Tz. 78).[337]

In Bezug auf die **Berichtsinhalte** des MC sind Unternehmensinformationen zu Ergebnissen und Prognosen (results and prospects) im Managementbericht zu veröffentlichen (DP MC Tz. 100 (d)).[338] Hierbei gibt das DP keinen konkreten Prognosehorizont vor. Bei quantifizierten Prognosen sind die damit verbundenen Risiken und Prämissen zu erläutern, um die Eintrittswahrscheinlichkeit der Angaben abschätzen zu können (DP MC, Tz. A47). So ist bspw. der Einfluss des Ölpreises auf die Geschäftstätigkeit eines Chemieunternehmens zu erläutern sowie die damit verbundene weitere Entwicklung des Unternehmens (DP MC, Tz. 134).[339] Die Unternehmensleitung hat auf die Unsicherheiten im Rahmen zukunftsbezogener Aussagen hinzuweisen. Darüber hinaus sind Abweichungen von früher publizierten quantitativen Prognosen zu analysieren und zu erläutern (DP MC, Tz. A48).

Ein Vergleich des MC mit den Vorschriften nach DRS 15 bzgl. der zukunftsorientierten Berichterstattung zeigt, dass die Angaben im MC prinzipienorientiert und z.T. bewusst vage formuliert sind.[340] Lassen sich in DRS 15 konkrete Regelungen u.a. zu Prognosezeitraum oder Prognosegegenstand finden, sind im DP MC indes kaum Hilfestellungen für die Ausgestaltung einer zukunftsorientierten Berichterstattung zu finden. Der Ausweis von Prognosen in einem eigenen Berichtsteil (Prognosebericht) nach DRS 15 hebt die Zukunftsorientierung des Lageberichts im deutschen Recht hervor.[341] Hingegen wird beim DP von der Arbeitsgruppe durch die Prinzipienorientierung und die Ausrichtung am Management Approach bewusst in Kauf genommen, dass eine zwischenbetriebliche Vergleichbarkeit einzelner Managementberichte nur eingeschränkt möglich ist (DP MC, Tz. 83 und A58).[342] In Bezug auf die Ausgestaltung der zukunftsbezogenen Berichterstattung existieren im DP keine detaillierten Angaben, um so möglichen Konfliktfeldern mit nationalen Rechtsvorschriften (z.B. den Safe-Harbor-Rules in der US-amerikanischen Berichterstattung) aus dem Wege zu gehen (DP MC, Tz. 57). Abschließend lässt sich festhalten, dass das DP sicherlich einen wichtigen Beitrag zur internationalen Angleichung der Regelungen zur Managementberichterstattung darstellt. Trotz der hier angeführten Unterschiede zwischen dem DP MC und dem DRS 15 bzgl. der Prognoseberichterstat-

---

[337] Vgl. *Coenenberg/Fink* (2007), S. 206; *Scheele* (2007), S. 251.

[338] *Engelbrechtsmüller/Fuchs* (2006), S. 105, weisen darauf hin, dass sich Unternehmen verstärkt mit der strategischen und operativen Planung, der Budgetierung sowie dem Forecasting auseinandersetzen müssen, um die zukunftsbezogenen Angaben im MC (prospects) offen legen zu können. Daher sollte, nicht nur vor dem Hintergrund der externen Lageberichterstattung, mehr Wert auf die Einführung und Pflege moderner Controllinginstrumente gelegt werden.

[339] Vgl. *Beiersdorf/Buchheim* (2006b), S. 99.

[340] Vgl. *Kirsch/Scheele* (2006), S. 91; *Coenenberg/Fink* (2007), S. 214f. Ein Vergleich von DRS 15 mit dem DP MC findet sich bei *Pöckel* (2006), S. 71ff., und *Mayr* (2007), S. 292f.

[341] Vgl. *Fink* (2006), S. 145.

[342] Vgl. *Kirsch/Scheele* (2006), S. 90. Zum Zielkonflikt zwischen Vergleichbarkeit und Flexibilität der Information vgl. auch *Riegler* (2006), S. 115.

tung, kann insgesamt ein Einfluss der Erfahrungen mit dem deutschen Lagebericht auf den Entwicklungsprozess festgestellt werden.[343]

Tab. 2-1 fasst abschließend die hier diskutierten Regelungen zur Prognoseberichterstattung zusammen.

Land	Berichtsinstrument	Rechtsgrundlage/ Standards/Empfehlungen	Ausgestaltung/Prinzipien
Deutschland	Lagebericht	§§ 289 bzw. 315 HGB; DRS 15 „Lageberichterstattung"	Die voraussichtliche Entwicklung ist mit ihren wesentlichen Chancen und Risiken zu erläutern.
USA	MD&A, OFR	Regulation S-K, Item 303; FRR; Form 20-F, Item 5	To provide information about the quality of, and potential variability of, a company's earnings and cash, so that investors can ascertain the likelihood that past performance is indicative of future performance (FRR 72). Forward-looking information is encouraged, but not required (Form 20-F, Item 5).
Kanada	MD&A	NI 51-102; CICA-Guidance	A forward-looking orientation is fundamental to useful MD&A reporting.
Großbritannien	Directors' Report, OFR	CA 2006, Part 15, Chapter 5; Reporting Statement "Operating and Financial Review"	Shall have a forward-looking orientation.
Australien	Directors' Report, OFR	Corporations Act 2001, Sec. 299; CLERP 9; Guide to Review of Operations and Financial Conditions	Discussion of past performance should be supplemented by known trends and factors that are likely to affect future performance.
Neuseeland	Prospective Financial Statements	FRS 42 "Prospective Financial Statements"	An entity that presents prospective financial statements shall present and disclose information that enables users of those statements to evaluate the entity's financial prospects.
Supranationale Ebene	Management Commentary	DP MC	The definition and objective of MC both build on a forward-looking orientation.

Tab. 2-1: Prognoseberichterstattung in ausgewählten Ländern
Quelle: in Anlehnung an DP MC, Appendix B-C, unter Ergänzung von eigenen Angaben

---

[343] Vgl. *Buchheim/Knorr* (2006), S. 424; *Scheele* (2007), S. 246, spricht von einer „Vorbildfunktion für den IASB-Lagebericht".

3 Stand der empirischen Forschung

3.1 Empirische Forschung im Bereich der externen Rechnungslegung

Empirische Studien im Bereich des externen Rechnungswesens sind zahlreich und vielfältig. Daher bedarf es zunächst einer Systematisierung, anhand derer die Forschungsbeiträge geordnet und ausgewertet werden können. Dabei wird zunächst zwischen deskriptiver und wirkungsorientierter Forschung unterschieden (Kap. 3.1.1), bevor das Untersuchungsfeld der Kapitalmarktforschung vertiefend dargestellt wird (Kap. 3.1.2). Es schließt sich eine Einordnung der vorliegenden Befunde zur Prognoseberichterstattung in die empirische Rechnungslegungsforschung an (Kap. 3.2). Die Aufarbeitung des Forschungsstandes erfolgt mit dem Ziel, mögliche Forschungsfelder und Defizite bisheriger Studien zu identifizieren.

3.1.1 Deskriptive und wirkungsorientierte Forschung

Als empirische Untersuchungen werden Arbeiten bezeichnet, die „im Rahmen der explorativen Phase oder im Rahmen von Hypothesentests Daten der Realität einbeziehen".[344] Die empirische Forschung im Bereich der externen Rechnungslegung lässt sich in die deskriptive und die wirkungsorientierte Forschung unterteilen.[345]

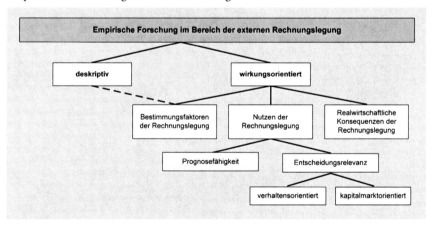

Abb. 3-1: Struktur der empirischen Forschung
Quelle: in Anlehnung an *Coenenberg/Haller* (1993b), S. 562

Das Untersuchungsfeld der **deskriptiven Forschung** (vgl. Abb. 3-1) umfasst die Beschreibung der veröffentlichten Unternehmensinformationen sowie die Praxis der Erstel-

---

[344] *Möller/Hüfner* (2002a), Sp. 352.
[345] Eine Systematisierung empirischer Studien im Rechnungswesen bieten *Coenenberg et al.* (1984), S. 61ff.

lung von Jahresabschlüssen.[346] Die deskriptiven Daten werden dabei häufig mithilfe einer Inhaltsanalyse erhoben.[347] Darauf aufbauend kann die Qualität der Berichterstattung analysiert werden, indem der Ist-Zustand mit einem für die jeweilige Untersuchung entwickelten Sollmaßstab[348] verglichen wird.[349] Somit widmet sich der Bereich der Deskription der reinen Abbildung oder dem Vergleich von in der Rechnungslegungspraxis auftretenden Phänomenen.[350] Durch Datenerhebung wird versucht, ein reales Bild über Verhaltensweisen von mit der Rechnungslegung verbundenen Personen oder über Ausprägungen von Rechnungslegungsdaten zu erhalten. In Deutschland bezieht sich diese Art von Forschung hauptsächlich auf die Analyse von Einzel- und Konzernabschlüssen sowie der Veröffentlichung von Zusatzinformationen (z.B. Segmentinformationen, Lageberichtspublizität etc.).[351]

Neben der deskriptiven Forschung beschäftigt sich ein zweiter Teilbereich der empirischen Bilanzforschung mit der ökonomischen Bedeutung der externen Rechnungslegung, indem deren **Wirkungen** und Konsequenzen erfasst werden (vgl. Abb. 3-1)[352] Hierbei sind drei Kategorien zu unterscheiden:

- Bestimmungsfaktoren der Rechnungslegung,
- Nutzen der Rechnungslegung sowie
- Konsequenzen der Rechnungslegung.

Aufbauend auf den deskriptiven Ergebnissen kann anhand von Korrelations- und Regressionsanalysen überprüft werden, inwiefern ein Zusammenhang zwischen Umwelt- und Unternehmensfaktoren und dem Publizitätsverhalten besteht (**Bestimmungsfaktoren** der Rechnungslegung).[353] Obwohl dieser Teilbereich von *Coenenberg/Haller* der wirkungsorientierten Forschung zugerechnet wird, ist aufgrund der erforderlichen Datenbasis die Nähe zur deskriptiven Forschung gegeben. Die Erklärung der Bedeutung bestimmter Einflussfaktoren auf bilanzpolitisches Verhalten lässt sich in die Forschungsrichtung der Positive Accounting Theory[354] einordnen.[355] Diese verfolgt das Ziel, basierend auf abgeleiteten Hypothesen, ein bestimmtes Rechnungslegungsverhalten zu erklären und geht somit über die reine Deskription der Ergebnisse hinaus. Dabei wird bspw. versucht, einen statistisch signifikanten Zusammenhang zwischen dem Publizitätsniveau und bestimmten Unter-

---

[346] Vgl. *Berndsen* (1978), S. 123f.; *Mayntz et al.* (1978), S. 28; *Möller* (1983), S. 286.

[347] Zur Forschungsmethodik der Inhaltsanalyse vgl. ausführlich Kap. 5.1.2.1.

[348] Das Informationssoll lässt sich nur mit Kenntnis der Informationsbedarfe der Empfänger exakt ermitteln. Als Ersatzmaßstab werden häufig Gesetzesauslegungen, normative Entscheidungsmodelle oder sonstige Kriterien herangezogen, vgl. *Berndsen* (1978), S. 123; *Coenenberg et al.* (1978), S. 504.

[349] Vgl. *Coenenberg et al.* (1978), S. 504f.

[350] Vgl. *Coenenberg/Haller* (1993a), S. 560ff.

[351] Vgl. *Coenenberg/Haller* (1993b), Sp. 507.

[352] *Mayntz et al.* (1978), S. 28f., grenzen die deskriptive Forschung von der verifizierenden Forschung ab, wobei Letztere nach Zusammenhängen zwischen mehreren Variablen fragt.

[353] Vgl. *Berndsen* (1979), S. 11f.; *Coenenberg/Haller* (1993a), S. 576.

[354] Zur Positive Accounting Theory vgl. grundlegende Arbeiten von *Watts/Zimmerman* (1978), S. 112ff.; *Watts/Zimmerman* (1986); *Watts/Zimmerman* (1990), S. 131ff.; vgl. ferner *Haller* (1988), S. 398f.; *Ballwieser* (1993), S. 125ff.

[355] Vgl. *Coenenberg/Haller* (1993b), Sp. 512f. Ausführlich zur Positive Accounting Theory vgl. Kap. 4.1.

nehmenscharakteristika, wie der Unternehmensgröße oder der Ertragslage,[356] festzustellen. Ein genereller Ursache-Wirkungs-Zusammenhang lässt sich auf diese Weise allerdings nicht begründen. Die untersuchten Determinanten können lediglich zur Erklärung verschiedener Publizitätsumfänge beitragen.

Die zweite Kategorie der wirkungsorientierten Forschung beschäftigt sich mit dem „a priori value" der Rechnungslegungsinformation. Hierbei wird analysiert, ob die Information dem Rechnungslegungsadressaten einen **Nutzen** stiftet.[357] Dies ist immer dann gegeben, „wenn das Ergebnis der Entscheidung bei Ausnutzung der Information besser ausfällt als ohne deren Berücksichtigung".[358] Wird also die Entscheidung von Adressaten durch eine Rechnungslegungsinformation beeinflusst, kommt ihr ein Informationsgehalt und somit auch ein Nutzen zu.[359]

Der Nutzen der Rechnungslegung kann anhand der **Prognosefähigkeit** abgebildet werden (prognosewertorientierte Forschung).[360] Jahresabschlussdaten haben für externe Adressaten dann einen hohen Nutzen, wenn sie spezifische Entwicklungen des Unternehmens prognostizieren können. Dies können Wachstumsprognosen, aber auch Insolvenzprognosen sein. Bei Wachstumsprognosen wird versucht, die Entwicklung des Gewinns oder der Dividende mithilfe von Bilanzkennzahlen zu prognostizieren.[361] Bei Insolvenzprognosen wird der Frage nachgegangen, inwieweit mittels finanzanalytischer Kennzahlen aus Bilanz und GuV eine Insolvenz bzw. Unternehmenskrise vorhergesagt werden kann.[362] Aber nicht nur quantitative Daten können zur Prognosefähigkeit von Unternehmenskrisen beitragen; auch qualitativen, verbalen Informationen, wie z.B. den Ausführungen des Managements im Geschäftsbericht oder Aktionärsbrief, ist ein Prognosewert nachzuweisen. Für die Untersuchung der Prognosefähigkeit von Bilanzkennzahlen werden statistische Verfahren, wie z.B. dichotome Klassifikationstests oder multivariate Diskriminanzanalysen, herangezogen.[363]

Neben der Prognosefähigkeit wird ferner die Nutzenstiftung durch den Einfluss der Rechnungslegung auf die Entscheidungen und das Verhalten der an ihr interessierten Personen gemessen (**Entscheidungsrelevanz** der Rechnungslegung).[364] Die Entscheidungsre-

---

[356] Zur Kategorisierung möglicher Einflussfaktoren vgl. *Wallace et al.* (1994), S. 44ff.; *Naser et al.* (2002), S. 127ff. Einen Überblick über mögliche Determinanten der Publizität geben auch *von Wysocki* (1976), S. 747ff.; *Berndsen* (1978), S. 130ff.

[357] Vgl. *Berndsen* (1979), S. 12f.; *Coenenberg/Haller* (1993a), S. 567ff.

[358] *Möller/Hüfner* (2002a), Sp. 355.

[359] Vgl. *Coenenberg/Haller* (1993b), Sp. 507f.

[360] Zur Prognosefähigkeit von Rechnungslegungsdaten vgl. *Coenenberg et al.* (1978), S. 502f.; *Möller/Hüfner* (2002a), Sp. 354f.

[361] Vgl. *Coenenberg et al.* (1978), S. 503.

[362] Vgl. *Coenenberg* (1993), S. 77ff.; *Coenenberg/Haller* (1993a), S. 567f.

[363] Vgl. *Coenenberg/Haller* (1993b), Sp. 511f. Zur Anwendung dieser statistischen Verfahren bei der Beurteilung von Wachstumskrisen vgl. bspw. *Baetge et al.* (1986), S. 607ff.; *Baetge* (1989), S. 792ff. Zur Früherkennung von Unternehmenskrisen mittels der Methode neuronaler Netze vgl. u.a. *Baetge et al.* (1996b), S. 151f.

[364] Vgl. *Möller/Hüfner* (2002b), S. 413ff. Die Autoren führen neben der Prognose- und Entscheidungsrelevanz den Bereich der Bewertungsrelevanz ein. Dieser untersucht die Relevanz von Informationen für die Bewertung von Unternehmen und Unternehmensanteilen. Vgl. auch *Lindemann* (2006), S. 969ff.

levanz einer Information ist dann gegeben, wenn durch die Verfügbarkeit bestimmter Unternehmensdaten eine Änderung des Verhaltens der Informationsadressaten bewirkt wird.[365] Durch Befragung, Experiment oder mithilfe von Fallstudien bzw. Planspielen[366] kann bei einzelnen Individuen die tatsächliche Wirkung von spezifischen Rechnungslegungsinformationen erfasst werden, um daraus generelle Aussagen abzuleiten (**verhaltensorientierte Forschung**).[367] Hierzu zählen auch Untersuchungen, die mittels Befragung den von den Adressaten geäußerten Informationsbedarf direkt ermitteln. Im Rahmen solcher Informationsbedarfsstudien werden Adressaten der Rechnungslegung befragt, welchen Nutzen sie einer bestimmten Rechnungslegungsinformation beimessen. Die persönliche Einschätzung der Probanden zeigt sodann, welche Entscheidungsrelevanz der Information zukommt. Um die mit solchen experimentellen Untersuchungen verbundenen Nachteile zu vermeiden,[368] bietet sich ferner eine indirekte Messung der Entscheidungsrelevanz der Rechnungslegungsinformation an.[369] So kann der Nutzen für einzelne Adressatengruppen durch Beobachtungen von Reaktionen am Kapitalmarkt aggregiert erfasst werden (**kapitalmarktorientierte Forschung**).[370] Dabei wird der Frage nachgegangen, ob und in welchem Ausmaß Rechnungslegungsdaten für den Kapitalmarkt nützlich sind.

Die dritte Kategorie der wirkungsorientierten Forschung beschäftigt sich mit dem „ex post value" der Rechnungslegungsinformation. Diese thematisiert die ökonomischen **Konsequenzen** von Rechnungslegungsnormen bei den Rechnungslegenden.[371] Rechnungslegungsnormen und deren Spielräume können Rückwirkungen auf Entscheidungen im Unternehmen haben und damit deren Finanzierungs- und Investitionsalternativen beeinflussen. Hierzu zählen z.B. die Auswirkungen einer Änderung von Bilanzierungsvorschriften für Leasing und Währungsumrechnung auf die Finanzierungsentscheidungen im Unternehmen, die Effekte einer Änderung der Bilanzierung von F&E-Ausgaben auf die F&E-Aktivitäten sowie die Auswirkungen der Bilanzierungsmöglichkeiten des Goodwill auf die Akquisitionspreise.[372]

3.1.2 Kapitalmarktorientierte Forschung

Studien zur Entscheidungsrelevanz bedienen sich häufig des Kapitalmarktansatzes, der als ein Teilbereich der wirkungsorientierten Forschung in diesem Kapitel – vor dem Hintergrund des empirischen Teils dieser Arbeit – vertiefend vorgestellt wird. Die kapitalmarkt-

---

[365] Vgl. *Coenenberg et al.* (1978), S. 498.
[366] Zu den einzelnen Forschungsformen vgl. den Überblick bei *Müller-Böling* (1992), Sp. 1495; ausführlich siehe *Schnell et al.* (2005), S. 319; *Atteslander* (2006), S. 67ff.; *Diekmann* (2007), S. 434ff.
[367] Vgl. *Coenenberg/Haller* (1993b), Sp. 508f.
[368] Der Hauptkritikpunkt zielt auf die künstliche Untersuchungssituation solcher Experimente ab, welche die Entscheidungs- und Handlungssituation in der Realität nicht korrekt widerspiegelt. Dadurch kann nur bedingt von den Untersuchungsergebnissen auf das konkrete Verhalten der Individuen geschlossen werden, vgl. *Gebhardt* (1980), S. 73ff.
[369] Vgl. *Coenenberg et al.* (1978), S. 499.
[370] Vgl. ausführlich Kap. 3.1.2 dieser Arbeit.
[371] Zu den Konsequenzen der Rechnungslegung vgl. *Coenenberg/Haller* (1993a), S. 581f.
[372] Vgl. die Beispiele bei *Coenenberg* (1993), S. 93, und die dort zitierte Literatur.

orientierte Forschung basiert auf der Annahme, dass, wenn Jahresabschlussinformationen relevant sind, sich diese über die Disposition von Investoren auf die Kursentwicklung auswirken.[373] Es wird somit versucht, einen Zusammenhang zwischen der Anteilsbewertung an der Börse und der Veröffentlichung von Unternehmensinformationen abzuleiten. Lässt sich eine Reaktion des Kapitalmarktes durch Kurs- bzw. Umsatzveränderungen auf Unternehmensinformationen beobachten, kommt den abgegebenen Informationen ein Informationsgehalt zu, da sie die Investitionsentscheidung beeinflusst haben.[374] In diesem Zusammenhang wird dann auch von der Kapitalmarktrelevanz von Rechnungslegungsinformationen gesprochen.[375]

Die hier dargelegten Ausführungen zur Ermittlung der Entscheidungsrelevanz von Jahresabschlussinformationen anhand von Aktienkursbewegungen greift auf folgende Annahmen und Modelle aus der Finanzierungstheorie zurück:[376] Der Aktienkurs und damit die Aktienrendite ist abhängig von der Ertrags- und Risikoerwartung der Investoren. Die Erwartungen der Aktionäre werden wiederum aufgrund gesamtwirtschaftlicher, branchen- und unternehmensbezogener Informationen gebildet. Wird eine mittelstrenge Informationseffizienz des Kapitalmarktes unterstellt,[377] sind diese Informationen, sobald sie öffentlich zugänglich sind, in den Aktienkursen eingepreist. Dabei schlagen sich alle extern über das Unternehmen verfügbaren Informationen in dessen Aktienkurs nieder. Es existiert ein Gleichgewichtspreis, der den gegebenen Informationsstand vollständig widerspiegelt. Gelangt nun eine zusätzliche Information auf den Markt, kommt es bei den Investoren zu einer Revidierung ihrer Erwartungshaltung, wenn die abgegebene Information für das Entscheidungsverhalten der Anleger von Bedeutung ist.[378] Die Information verursacht damit durch Kauf- bzw. Verkaufsentscheidungen eine Umstrukturierung des Portfolios. Der ausgelöste Anpassungsprozess am Kapitalmarkt ist beendet, wenn die abgegebene Information vollständig verarbeitet ist und sich ein neuer Gleichgewichtspreis eingestellt hat.

In Abb. 3-2 werden mögliche Wirkungsweisen von Kapitalmarktinformationen aufgezeigt.

---

[373] Vgl. *Coenenberg* (1993), S. 80. Zur kapitalmarktorientierten Forschung vgl. u.a. die grundlegenden Arbeiten von *May* (1991), S. 131ff.; *Kothari* (2001), S. 105ff.; *Lindemann* (2004).

[374] Vgl. *Coenenberg/Haller* (1993b), Sp. 509.

[375] Vgl. *Lindemann* (2004), S. 102ff.

[376] Vgl. im Folgenden die Ausführungen bei *Coenenberg et al.* (1978), S. 499.

[377] Zur Informationseffizienz des Kapitalmarktes vgl. *Fama* (1970), S. 404ff.; *Fama* (1976), S. 133ff. Im Zusammenhang mit der Durchführung von Ereignisstudien siehe *Glaum* (1996), S. 240. Zur Theorie effizienter Kapitalmärkte vgl. ausführlich Kap. 4.1.3 dieser Arbeit.

[378] Vgl. *May* (1991), S. 313f.; *Glaum* (1996), S. 240ff.

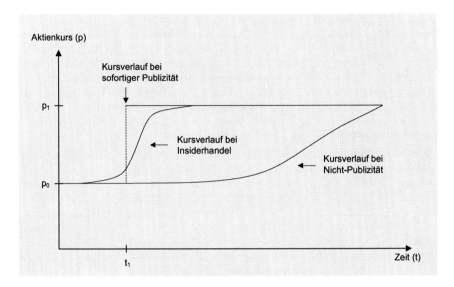

Abb. 3-2: Wirkungsweisen von Kapitalmarktinformationen
Quelle: *Pellens et al.* (2008), S. 923

Werden Investoren über entscheidungsrelevante Informationen durch das Unternehmen nicht informiert, „sickert" die Nachricht verzögert an den Markt (vgl. Abb. 3-2). Damit nähert sich der Aktienkurs nur langsam an das neue Kursniveau (p_1) an.[379] Der Aktienkurs erreicht schneller das neue Kursniveau (p_1), wenn entscheidungsrelevante Informationen zwar den Investoren nicht offiziell bekannt gegeben werden, aber Unternehmensinsider aufgrund ihrer Kenntnisse verstärkt am Kapitalmarkt agieren. Somit kommt letztendlich auch dem Insiderhandel eine „Informationsweitergabefunktion"[380] zu. Werden Kapitalmarktteilnehmer indessen umgehend informiert, z.B. im Rahmen von Ad hoc-Mitteilungen, passt sich der Aktienkurs sofort an das neue Kursniveau (p_1) an. Dies erfolgt umso schneller, je effizienter der Markt ist.

In der anglo-amerikanischen Kapitalmarktforschung werden Untersuchungen, die sich mit der Wirkungsweise von veröffentlichten Ereignissen auf den Kapitalmarkt beschäftigen, als „Ereignisstudien" (event studies) bezeichnet.[381] Grundlegende Arbeiten auf diesem Forschungsgebiet waren die US-amerikanischen Studien von *Beaver, Ball/Brown* und *Fama et al.*, deren Vorgehensweise im Folgenden angesichts der grundlegenden Methoden

---

[379] Vgl. hier und im Folgenden *Pellens et al.* (2008), S. 923.
[380] *Pellens et al.* (2008), S. 923.
[381] Vgl. *May* (1991), S. 313 m.w.N. *Lindemann* (2006), S. 968ff., unterscheidet zwischen „Ereignisstudien", die zur Messung der Entscheidungsrelevanz eingesetzt werden, und sog. „Assoziationsstudien" (association studies), welche die Bewertungsrelevanz von Rechnungslegungsdaten in Bezug auf den Marktwert des Eigenkapitals erklären. Zum Begriff der Bewertungsrelevanz vgl. *Möller/Hüfner* (2002b), S. 412ff.

kurz skizziert wird.[382] *Beaver* analysierte den Einfluss einer Gewinnbekanntgabe durch das Unternehmen auf das Handelsvolumen und die Kursentwicklung anhand wöchentlicher Kursdaten.[383] Dabei wurde folgender Zusammenhang untersucht (vgl. Abb. 3-3):[384]

Abb. 3-3: Kapitalmarktorientierter Ansatz nach *Beaver*
        Quelle: in Anlehnung an *Coenenberg* (1984), S. 310; *Lindemann* (2006), S. 971

Die Untersuchung von *Beaver* gab nur einen statistischen Zusammenhang zwischen der Jahresabschlussinformation und der Kursänderung wieder, indem quadrierte abnormale Renditen interpretiert wurden. Es waren allerdings keinerlei Aussagen über die Inhalte der Informationen, wie z.B. die Richtung der Kursänderung, möglich. Dennoch zeigten die durchschnittlichen Handelsvolumina sowie die Kursreaktionen, dass den publizierten Jahresgewinnen ein Informationsgehalt zugesprochen werden konnte. *Ball/Brown* erweiterten den Ansatz, um den entscheidungsorientierten Informationsgehalt zu quantifizieren (vgl. Abb. 3-4).[385]

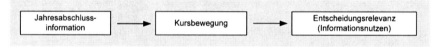

Abb. 3-4: Kapitalmarktorientierter Ansatz nach *Ball/Brown*
        Quelle: in Anlehnung an *Coenenberg* (1984), S. 310

Die abnormalen monatlichen Renditen wurden von *Ball/Brown* auf Basis des Marktmodells ermittelt. Dabei wurde erstmals ein Abnormal Performance Index (API) zur Kumulation der abnormalen Renditen im Ereignisfenster herangezogen. Die Ergebnisse der Studie zeigten, dass sowohl vor Bekanntgabe der Gewinnmeldung als auch danach eine abnormale Kursentwicklung festzustellen war.

Die Studie von *Fama et al.* untersuchte auf Basis monatlicher Renditen die Kapitalmarktreaktion auf die Ankündigung von Aktiensplits.[386] Auch bei dieser Untersuchung kam das Marktmodell zur Anwendung. Um eine Aussage zum Informationsgehalt der Ankündigungen treffen zu können, wurden von den Autoren kumulierte abnormale Renditen

---

[382] Vgl. *Beaver* (1968), S. 67ff.; *Ball/Brown* (1968), S. 159ff.; *Fama et al.* (1969), S. 1ff. Einen Überblick über die historische Entwicklung solcher event studies gibt *Kothari* (2001), S. 112ff.
[383] Vgl. *Beaver* (1968), S. 67ff.
[384] Vgl. *Coenenberg* (1984), S. 310; *Lindemann* (2006), S. 971.
[385] Vgl. *Ball/Brown* (1968), S. 159ff.
[386] Vgl. *Fama et al.* (1969), S. 1ff.

(CAR) im Ereignisfenster berechnet. Die von den Autoren verwendeten grundlegenden Methoden finden bis heute Anwendung in Ereignisstudien.[387]

3.2 Überblick über empirische Studien zur Prognoseberichterstattung

Nachdem im vorherigen Kapitel verschiedene Ansätze der empirischen Forschung im externen Rechnungswesen aufgezeigt wurden, wird nachstehend ein Überblick über den gegenwärtigen Stand der Forschung im Bereich der Prognosepublizität geboten. Die Darstellung der vorliegenden Befunde orientiert sich dabei an der vorstehenden Kategorisierung. Auf den Forschungsbereich der Prognosefähigkeit und der Konsequenzen von Rechnungslegungsinformationen wird nachfolgend nicht näher eingegangen, da im empirischen Teil der Arbeit die explizite Berichterstattung über Prognosen Gegenstand der Untersuchungen ist.

3.2.1 Deskriptive Studien

Eine Vielzahl von Forschungsergebnissen im Bereich der Prognosepublizität ist deskriptiver Natur. *Busse von Colbe* untersuchte erstmals die freiwillige Prognosepublizität von deutschen Aktiengesellschaften, indem er Geschäftsberichte, Aktionärsbriefe, Pressemitteilungen und -berichte im Zeitraum von 1962 bis 1966 auswertete.[388] Die Ergebnisse zeigten, dass sich die meisten Aussagen auf folgende Prognosegegenstände konzentrierten: Umsatz, Investitionen und Jahresüberschuss. In Bezug auf die Konditionalität wurde bei etwa 13% aller untersuchten Prognosen deren Eintritt von einem anderen Ereignis abhängig gemacht. Exakte Punktprognosen waren zumeist bei Aussagen zur Investitionstätigkeit vorzufinden, während Prognosen zum Jahresüberschuss in relativ vager Form abgegeben wurden. Angaben zu Prognoserechnungen, wie z.B. Plankosten- oder Plankapitalflussrechnungen, konnten in keinem der analysierten Berichtsmedien gefunden werden. Hinsichtlich des Prognosehorizonts betrafen 60% der Prognosen nur das laufende Geschäftsjahr.[389]

Zu ähnlichen Ergebnissen kam die Studie von *Berndsen*.[390] Der Autor untersuchte die Unternehmenspublizität von 116 börsennotierten Industrie-Aktiengesellschaften im Zeitraum von 1970 bis 1974. Die Analyse offenbarte, dass die Prognosepublizität von den untersuchten Unternehmen nur sehr zurückhaltend ausgeübt wurde. Die meisten Prognosen betrafen die Berichtsgrößen Umsatz, Investitionen, Produktion, Ertrag und Beschäfti-

---

[387] Zur Durchführung und Vorgehensweise der Ereignisstudie in dieser Arbeit vgl. Kap. 6.1.

[388] Vgl. im Folgenden *Busse von Colbe* (1968b), S. 91ff. Tab. A-1 im Anhang fasst diese und die im Folgenden dargestellten deskriptiven Studien in chronologischer Reihenfolge nach dem Jahr der Veröffentlichung zusammen. Einen Überblick über empirische Befunde zur Prognoseberichterstattung gibt auch *Selch* (2003), S. 94ff.

[389] Zu ähnlichen deskriptiven Befunden bezogen auf die Schweiz vgl. *Schmalz* (1978).

[390] Vgl. im Folgenden *Berndsen* (1979). Die Studie ist dem Bereich der wirkungsorientierten Forschung zuzuordnen, da im Anschluss an die deskriptive Analyse des Publizitätsverhaltens eine kapitalmarktorientierte Untersuchung folgte, in der die Verhaltenswirkung der Unternehmenspublizität auf die Investoren gemessen wurde. Aus thematischen Gründen werden die deskriptiven Ergebnisse, welche die Prognoseberichterstattung betreffen, bereits an dieser Stelle vorgestellt.

gung. Dabei dominierten Aussagen mit einem Prognosehorizont von bis zu maximal einem Jahr. Die Überprüfung der Treffgenauigkeit zeigte ferner, dass die wenigen überprüfbaren quantitativen Prognosen ex-post einen hohen Treffgenauigkeitsgrad aufwiesen. Es bestand nur eine leichte Tendenz zu pessimistischen Prognosen.

Tichy analysierte den Inhalt des Lageberichts nach § 160 Abs. 1 AktG, indem er zunächst Grundsätze ordnungsmäßiger Lageberichterstattung (GoL) ermittelte.[391] Die deduktiv gewonnenen Erkenntnisse über den Inhalt des Lageberichts gingen sodann in einen Kriterienkatalog ein, der die einzelnen Berichtsmerkmale zusammenfasste. Im Rahmen einer deskriptiven Analyse ermittelte der Autor schließlich den Informationsgehalt ausgewählter Lageberichte. Der Vergleich von Soll- und Ist-Größen zielte auf die Gewinnung von Aussagen über die Qualität der Lageberichterstattung ab. Die empirischen Ergebnisse der Untersuchung ließen erkennen, dass die Ausführungen zur zukünftigen Entwicklung oftmals recht dürftig waren, was der Autor auf die Freiwilligkeit der Abgabe eines Prognoseberichts nach § 160 Abs. 1 AktG zurückführte.

Der Studie von *Busse von Colbe* folgend führte *Sorg* Untersuchungen durch, bei denen die Zukunftsangaben in den Lageberichten der Jahre 1985 und 1992 börsennotierter Industrie-Aktiengesellschaften deskriptiv analysiert wurden.[392] Die Ergebnisse ließen erkennen, dass sowohl in den Lageberichten von 1985 als auch von 1992 über die zukünftige Ertragslage und das zukünftige Ergebnis am häufigsten berichtet wurde. Dabei überwogen im Jahr 1985 komparative und qualitative Zukunftsaussagen (ca. 51%). 1992 waren rund 53% der Prognosen allgemeiner, nicht zu klassifizierender Art. Ferner stellte *Sorg* bzgl. des Prognosehorizonts fest, dass sich die Mehrzahl der abgegebenen Zukunftsaussagen auf einen Zeitraum von unter einem Jahr erstreckte. Angaben zu den zugrunde liegenden Prognoseberichtssystemen oder -verfahren konnten in beiden Studien nicht identifiziert werden.

Die Untersuchung von *Castan* schloss im Vergleich zu den vorstehenden Studien auch die Lageberichte nicht kapitalmarktorientierter Personengesellschaften ein.[393] Die Analyse von insgesamt 500 Lageberichten für das Geschäftsjahr 1987 zeigte, dass 80% der Prognoseberichte nur ein globales Urteil über die zukünftige Entwicklung beinhalteten. Zahlenangaben wurden dabei nur in 7% der Fälle gemacht. Hinsichtlich des Prognosehorizonts dominierte ein Zeitraum von nur einem Jahr. 60 der 500 untersuchten Berichte enthielten gar keinen Ausblick. Die schlechtere Berichtspraxis im Vergleich zur o.a. Studie von *Sorg* führte *Castan* auf den zusätzlichen Einbezug von Personengesellschaften zurück.[394]

Ein schlechtes Qualitätsniveau für den Prognosebericht im Geschäftsbericht 1991 konstatierte die Studie von *Baetge/Krumbholz*:

---

[391] Vgl. im Folgenden *Tichy* (1979).
[392] Vgl. im Folgenden *Sorg* (1988), S. 381ff., und *Sorg* (1994), S. 1962ff. Eine ähnliche Untersuchung bezogen auf GmbHs führten *Schildbach et al.* (1990), S. 2297ff., durch. Die Autoren analysierten den Prognosebericht im Lagebericht und kamen zu dem Ergebnis, dass der Prognosebericht zwar den zweitgrößten Teil des Lageberichts einnahm, die Angaben in 62% der Fälle aber mangelhaft waren. Zu vergleichbaren Ergebnissen kam auch die Studie von *Paschen* (1992), S. 52.
[393] Vgl. im Folgenden *Castan* (1990), S. 395ff.
[394] Vgl. *Castan* (1990), S. 415.

„Prognosen sind im Lagebericht meist unpräzise und vage."[395]

Vergleichbare Ergebnisse generierte die Studie von *Baetge et al.* für die Prognoseberichte 1995.[396] Sofern überhaupt Angaben zur zukünftigen Entwicklung in den deskriptiv ausgewerteten Berichten vorhanden waren, wurden diese meist nur in Form eines globalen Urteils abgegeben. Hinsichtlich des Prognosehorizonts bezogen sich die Prognosen i.d.R. auf einen Zeitraum von einem Jahr. Darüber hinaus wurden Prognosen kaum anhand von Einflussfaktoren oder Zukunftsszenarien begründet oder erläutert. Aussagen zum zukünftigen Unternehmensgeschehen waren grundsätzlich qualitativer Art. Auch für die Jahre 1999 bis 2001 konnte keine nennenswerte Verbesserung der Qualität der Prognoseberichterstattung festgestellt werden.[397] Nach wie vor wies dieser Berichtsteil große Defizite auf.

Ähnliche deskriptive Untersuchungen führten *Küting/Heiden* durch, die auch den Prognosebericht – neben anderen Berichtsteilen – im Lagebericht der Geschäftsberichte 2000 und 2001 analysierten.[398] Die Ergebnisse zeigten, dass trotz einer Zunahme an qualitativen Angaben weiterhin viele pauschale Formulierungen in den Prognoseberichten zu finden waren.

Eine vergleichbare Vorgehensweise zu der Studie von *Tichy* wählte auch *Ballwieser*, der die Umsetzung von GoL in den Geschäftsberichten 1995 der DAX-30-Unternehmen untersuchte.[399] Die Studie brachte in Bezug auf die Prognosepublizität ein ernüchterndes Ergebnis hervor. Soweit überhaupt ein Planungshorizont erkennbar war, handelte es sich lediglich um das kommende Geschäftsjahr. Eine Quantifizierung der Umsatz- und Ergebnisentwicklung im Sinne von Punkt- und Intervallprognosen erfolgte bei nur fünf Gesellschaften.

Einen Ländervergleich führte *Selchert* durch, indem er die zukunftsorientierte Berichterstattung im deutschen Lagebericht mit den Angaben in der US-amerikanischen MD&A verglich.[400] Die deskriptive Auswertung der Lageberichte der DAX-30- und Neue Markt-Unternehmen zeigte, dass die Aussagen zur zukünftigen Entwicklung i.d.R. sehr allgemein gehalten waren. Dabei enthielten die Informationen zum Unternehmensumfeld überwiegend Zahlenangaben, hingegen wurden die Angaben zur Entwicklung des Unternehmens selbst in Form verbaler Tendenzaussagen formuliert. Die Analyse der Geschäftsberichte ausgewählter Dow Jones-Unternehmen ergab, dass die zukunftsbezogenen Angaben an

---

[395] *Baetge/Krumbholz* (1994), S. 1.

[396] Vgl. *Baetge et al.* (1997), S. 212ff. Das Institut für Revisionswesen der Westfälischen Wilhelms-Universität Münster bzw. das dort ansässige Forschungsteam beurteilt regelmäßig die inhaltliche Aussagekraft von Geschäftsberichten anhand eines Kriterienkatalogs für den Wettbewerb „Der beste Geschäftsbericht" des Manager Magazins. Exemplarisch werden hier die Ergebnisse für den Prognosebericht als Bestandteil der Auswertung der Geschäftsberichte 1995 der 500 größten börsennotierten deutschen Kapitalgesellschaften vorgestellt. Für aktuelle Befunde vgl. *Döhle* (2008), S. 102ff.

[397] Zu den Ergebnissen des Wettbewerbs „Der beste Geschäftsbericht" für die Geschäftsjahre 1999 bis 2001 vgl. *Baetge/Brötzmann* (2003), S. 9ff.; speziell zum Prognosebericht vgl. dieselben, S. 28ff.

[398] Vgl. *Küting/Heiden* (2002), S. 933ff.

[399] Vgl. im Folgenden *Ballwieser* (1997), S. 153ff. Der Autor bezog sich dabei auf das von *Baetge et al.* (1989) entwickelte System von Grundsätzen ordnungsmäßiger Lageberichterstattung.

[400] Vgl. im Folgenden *Selchert* (1999a), S. 405ff.

verschiedenen Stellen innerhalb der MD&A zu finden waren, so dass kein separater „Ausblick", wie im deutschen Lagebericht, vorlag. Jedoch waren Angaben zu geplanten Investitionsvolumina zumeist relativ umfangreich. Die deutsche sowie die US-amerikanische zukunftsorientierte Berichterstattung reichten von der völligen Abstinenz zukünftiger Angaben bis zur Nennung konkreter Investitionen und geschätzter Umsatzerwartungen. Dabei war jedoch die US-amerikanische Prognosepublizität insgesamt „ergiebiger"[401] als die deutsche Berichterstattung.

Während sich die vorstehenden Autoren im Rahmen ihrer deskriptiven Arbeiten auf die Analyse von Geschäftsberichten, insbesondere den Lagebericht, fokussierten, wählte *Kamp* die Untersuchungsmethode einer schriftlichen Befragung.[402] Mit Einführung des § 289 Abs. 2 Nr. 2 HGB entwickelte der Autor Leitlinien zur Prognosepublizität im Lagebericht. Um einen Eindruck zu erhalten, inwieweit sich die Unternehmen mit Prognosen im Lagebericht bereits befasst und welche Meinungen sich in diesem Stadium über die neuen Regelungen gebildet hatten, wurden 300 Unternehmen befragt. Aufbauend auf den Einschätzungen der Unternehmen leitete *Kamp* induktiv ein System von Leitlinien zur Prognosepublizität ab, bestehend aus zehn Rahmen- und dreizehn Spezialleitlinien. Zu den Rahmenleitlinien zählten bspw. Anforderungen wie wahre Prognosen, vollständige Prognosen, wesentliche Prognosen oder klare Prognosen. Die Spezialleitlinien bezogen sich auf die Prognosevariable (z.B. Wesentlichkeit), den Prognosezeitraum (z.B. Abgrenzung), den Detaillierungsgrad (z.B. Informationsgehalt) und die Darstellungsform (z.B. verbale Prognosen). Diese Leitlinien stellten Empfehlungen dar, die eine annähernd vereinheitlichte Prognosepraxis ermöglichen sollten.

Zu den zeitnahen Studien zählt die Untersuchung von *Schmidt/Wulbrand*, welche die Umsetzung der aktuellen Anforderungen an die Lageberichterstattung nach dem BilReG und DRS 15 bei den DAX-30-Unternehmen thematisierte.[403] Dabei wurden jeweils die Lageberichte vor (Geschäftsjahr 2003) und nach (Geschäftsjahr 2005) den Änderungen durch das BilReG und der Einführung des DRS 15 untersucht. Der Studie von *Küting/Heiden*[404] folgend wurden die einzelnen Lageberichtsbestandteile anhand eines Auswertungsrasters formal und inhaltlich deskriptiv analysiert. Hinsichtlich des Prognoseberichts ließ sich erkennen, dass den Schwerpunkt der Prognosen in beiden Vergleichsjahren die konjunkturelle und branchenspezifische Entwicklung ausmachte. Intervallprognosen wurden hauptsächlich zur Darstellung der künftigen Umsatz- und Ergebnisentwicklung sowie geplanter Investitionen herangezogen.[405] Insgesamt konnte ein Rückgang der nicht zu klassifizierenden allgemeinen Aussagen zugunsten von Intervallprognosen identifiziert werden. In Bezug auf den Prognosehorizont wurde allerdings weiterhin ein kurzer Zeitraum von den Bericht erstattenden Unternehmen bevorzugt, der sich mehrheitlich auf ein Jahr beschränkte.

---

[401] *Selchert* (1999a), S. 425.
[402] Vgl. im Folgenden *Kamp* (1988).
[403] Vgl. im Folgenden *Schmidt/Wulbrand* (2007), S. 417ff.
[404] Vgl. *Küting/Heiden* (2002), S. 933ff.
[405] Vgl. *Schmidt/Wulbrand* (2007), S. 423.

Die Qualität der Lageberichterstattung von Kapitalgesellschaften in Deutschland wurde in den letzten Jahren auch von *Rang* im Auftrag der Hans Böckler Stiftung erhoben.[406] Der im Jahr 2004 veröffentlichten Studie lagen 170 Lageberichte von 136 Unternehmen der Geschäftsjahre 2001 und 2002 zu Grunde. Eine Aktualisierung der Studie erfolgte im Jahr 2007 unter Berücksichtigung von 130 Lageberichten von 130 Gesellschaften für die Geschäftsjahre 2004 bis 2005/2006. In Bezug auf den Prognosebericht konnte insgesamt eine Abnahme der Qualitätsunterschiede im Zeitablauf konstatiert werden. Ferner waren es insbesondere die Unternehmen aus der Automobilbranche, welche die höchste Berichtsqualität aufwiesen.[407]

Eine ähnliche Vorgehensweise wählte auch die Studie von *Dietsche/Fink*, welche die Qualität der Lageberichterstattung bei den im HDAX gelisteten Unternehmen analysierte. Hierzu wurden die Lageberichte des Jahres 2005 bzw. 2005/06 von 82 Gesellschaften anhand eines gewichteten Kriterienkataloges untersucht.[408] Hinsichtlich des Prognoseberichts konnten die Autoren feststellen, dass verstärkt umfeldbezogene Daten dargestellt wurden, wohingegen unternehmensspezifische Entwicklungen seltener abgebildet wurden. Quantifizierte Punktprognosen waren in den Prognoseberichten kaum enthalten. Am häufigsten fanden sich qualitative Beschreibungen der prognostizierten Parameter.

Die deskriptiven Auswertungen der *Kirchhoff Consult AG* fokussierten sich allein auf den Prognosebericht als Untersuchungsgegenstand.[409] Das Unternehmen analysierte in den letzten Jahren die Umsetzung des DRS 15 in Bezug auf den Prognosebericht in den Geschäftsberichten 2004, 2005, 2006 und 2007. Hierzu wurde jeweils das Kapitel „Ausblick" im Lagebericht der DAX-30-Unternehmen ausgewertet.[410] Die Ergebnisse aus dem Jahr 2005 (erstmaliger Anwendungszeitpunkt von DRS 15) zeigten, dass die Vorschriften zum Prognosebericht nur oberflächlich umgesetzt wurden. Nur etwa die Hälfte der DAX-Unternehmen berücksichtigte einen Prognosehorizont von zwei Jahren. Im Geschäftsjahr 2006 konnte nur drei Unternehmen eine „hohe Transparenz" des Prognoseberichts bescheinigt werden.[411] Der Umfang des Ausblicks variierte dabei von einer Seite bis zu neun Seiten. Bei der im Jahr 2008 durchgeführten Studie konnte sodann den analysierten Unternehmen eine verbesserte Berichtsqualität zugesprochen werden. 11 von 30 Unternehmen konnten ihr Transparenzlevel im Vergleich zum Vorjahr verbessern.[412]

---

[406] Vgl. *Rang* (2004) und *Rang* (2007). Die Auswertung erfolgte anhand einer Bewertungsskala. In Bezug auf den Prognosebericht wurden vier (im Jahr 2001/2002) bzw. acht Kriterien (in den Jahren 2004-2006) erhoben, die maximal mit drei Punkten pro Kriterium gewichtet wurden.

[407] Vgl. *Rang* (2004), S. 56f.; *Rang* (2007), S. 75.

[408] Vgl. *Dietsche/Fink* (2008), S. 205ff. Insgesamt wurden 76 Kriterien mit einem durchschnittlichen Disaggregationsgrad von 3,6 Punkten berücksichtigt. Darüber hinaus erfolgte eine Gewichtung der einzelnen Berichtsteile des Lageberichts anhand der von *Baetge/Prigge* (2006), S. 404ff., durchgeführten Adressatenbefragung. Vgl. im Detail *Prigge* (2006); ausführlich zu dieser Studie vgl. auch Kap. 3.2.2.2.1 dieser Arbeit.

[409] Vgl. *Kirchhoff Consult AG* (2005); *Kirchhoff Consult AG* (2006); *Kirchhoff Consult AG* (2007); *Kirchhoff Consult AG* (2008).

[410] Im Geschäftsjahr 2004 wurden zusätzlich die Daten der MDAX-Unternehmen berücksichtigt.

[411] Vgl. *Kirchhoff Consult AG* (2007), S. 3.

[412] Vgl. *Kirchhoff Consult AG* (2008), S. 4.

Den Fokus auf die Prognoseberichterstattung richteten auch *Quick/Reus* in ihrer kürzlich publizierten Studie zur Qualität der Prognoseberichterstattung bei den DAX-30-Gesellschaften.[413] Die Autoren gingen der Frage nach, ob die Prognoseberichterstattung in den Geschäftsberichten 2005 normenkonform erfolgte und ob diese einem idealtypischen Prognosemodell entsprachen. Die deskriptive Auswertung zeigte, dass über das angewandte Prognoseverfahren grundsätzlich nicht berichtet wurde. Die meisten Prognosen betrafen nur das folgende Geschäftsjahr. Dabei dominierten Vorhersagen qualitativer Art. Anhand der Befunde kam die Studie schließlich zu dem Ergebnis, dass „die vorgefundene Qualität der Prognoseberichterstattung nicht überzeugte."[414]

Die Studie von *Pellens et al.* betrachtete nicht die abgegebenen Prognosen im Lagebericht, sondern fokussierte sich bei ihrer Analyse auf die Managementprognosen in Pressemitteilungen als Berichtsinstrument.[415] Dabei wurde der Frage nachgegangen, ob die Managementprognosen der DAX-Unternehmen zu pessimistisch sind. Hierzu analysierten die Autoren die Prognoseaussagen für das nächste Jahresergebnis in Pressemitteilungen, die zum Zeitpunkt der Bilanzpressekonferenz und der Vorstellung der drei folgenden Quartalsberichte im Zeitraum von 2002 bis 2005 abgegeben wurden. Es konnte festgestellt werden, dass der (Konzern-)Jahresüberschuss die am häufigsten verwendete Erfolgsgröße war. Hinsichtlich des Präzisionsgrades wurde ein relativ hoher Anteil der Managementprognosen in Form von Punktaussagen abgegeben. Insgesamt ließen die Auswertungen vermuten, dass die DAX-Unternehmen eher zu pessimistischeren Prognosen neigten. Ein Vergleich der freiwilligen Managementprognose in den Pressemitteilungen mit der verpflichtenden Prognose im Lagebericht offenbarte ferner, dass die Präzision der Prognosen im Lagebericht und in der freiwilligen Berichterstattung in den meisten Fällen übereinstimmte.

Zusammenfassend lässt sich zum Stand der deskriptiven Forschung festhalten, dass sich die älteren Studien (z.B. *Busse von Colbe, Tichy*) auf die freiwillige Prognoseberichterstattung im Rahmen des § 160 Abs. 1 AktG beziehen. Auf welchem Niveau sich die gegenwärtige Prognoseberichterstattung im Lagebericht bewegt, kann anhand dieser Befunde nicht beantwortet werden. Aktuellere Studien, wie z.B. von *Quick/Reus*, der *Kirchhoff Consult AG* oder von *Schmidt/Wulbrand*, berücksichtigen indessen die jeweils geltenden Normen nach HGB und DRS 15, der Stichprobenumfang bezieht sich bei diesen Studien jedoch nur auf eine kleine empirische Basis. Entsprechend beschränken sich diese Untersuchungen auf die DAX-30-Unternehmen, so dass eine Verallgemeinerung der Ergebnisse auf z.B. alle kapitalmarktorientierte Unternehmen nur eingeschränkt möglich ist. Ferner waren in der Vergangenheit die Befunde zur Prognosepublizität oftmals nur Bestandteil umfangreicher Untersuchungen zur Lageberichterstattung (z.B. *Baetge et al., Schmidt/Wulbrand, Dietsche/Fink*). Nur wenige Studien fokussierten sich bisher auf die zukunftsbezogenen Informationen im Prognosebericht als Untersuchungsgegenstand (*Sorg, Kirchhoff Consult AG, Quick/Reus*). Darüber hinaus beschränkten sich die Analysen häufig nur

---

auf ein einzelnes Berichtsjahr, so dass eine Aussage zur Entwicklung der Prognosepublizität im Zeitablauf nicht möglich ist.[416] Abschließend bleibt zu berücksichtigen, dass eine z.T. mangelnde Fundierung des Auswertungsrasters bzw. Kriterienkataloges, anhand dessen die Berichte ausgewertet wurden, Anlass zu Kritik gibt. So war mancherorts nicht ersichtlich, welche Auswertungskriterien in der Untersuchung Berücksichtigung fanden bzw. warum eine bestimmte Gewichtung der Items vorgenommen wurde.[417]

3.2.2 Wirkungsorientierte Studien

3.2.2.1 Bestimmungsfaktoren der Rechnungslegung

In die Kategorie der wirkungsorientierten Forschung sind u.a. Studien einzuordnen, welche die Bestimmungsfaktoren der Rechnungslegung zum Untersuchungsgegenstand haben. Hauptsächlich im anglo-amerikanischen Raum werden sog. Disclosure Index Studien durchgeführt, um die Bestimmungsfaktoren der Unternehmenspublizität zu analysieren.[418] Dabei handelt es sich um Studien, die zunächst ausgewählte Items in einem Disclosure Index zusammenfassen, anhand dessen dann die Berichterstattungspraxis deskriptiv ausgewertet wird. In einem zweiten Schritt wird oftmals im Rahmen einer wirkungsorientierten Studie der Einfluss bestimmter Determinanten auf den Disclosure Index untersucht. Disclosure Index Studien verfolgen das Ziel, die Quantität oder Qualität der Publizitätspraxis zu erheben bzw. die Einflussfaktoren der Berichterstattung zu bestimmen.[419] Hierbei können drei Kategorien von Einflussfaktoren unterschieden werden:[420]

- In den Bereich der **structure-related** variables fallen Determinanten wie die Unternehmensgröße oder der Verschuldungsgrad.[421]
- Zu den **performance-related** variables zählen Einflussgrößen der Ertragslage, wie z.B. die Eigenkapitalrendite.
- Bestimmungsfaktoren, wie z.B. die Wahl des Wirtschaftsprüfers, lassen sich hingegen zu den **market-related** variables klassifizieren.

---

[416] Vgl. bspw. *Dietsche/Fink* (2008), S. 251, die sich auf die Geschäftsberichte des Jahres 2005 bzw. 2005/06 beschränkten. Auch die von *Quick/Reus* im Jahr 2009 veröffentlichte Studie fokussierte sich bei der Auswertung der Prognoseberichte nur auf das Geschäftsjahr 2005. Darüber hinaus überprüften die Autoren stichprobenartig aktuelle Geschäftsberichte. Dabei konnten sie jedoch nur „vermuten", dass sich an den aufgezeigten Defiziten im Zeitablauf nichts geändert hat; vgl. *Quick/Reus* (2009), S. 21 und S. 32.

[417] Vgl. bspw. *Rang* (2007), S. 34, der acht Bewertungskriterien zum Prognosebericht angibt und diese – eher intuitiv – mit einer maximalen Punktzahl von drei gewichtet.

[418] Ausführlich zur Methodik und Vorgehensweise bei einer Disclosure Index Studie vgl. Kap. 5.1.2.2.

[419] Vgl. *Hütten* (2000), S. 233.

[420] Eine Übersicht mit den in der englischsprachigen Literatur untersuchten Determinanten der Berichterstattung findet sich bei *Raffournier* (1995), S. 267; *Ahmed/Curtis* (1999), S. 35ff.; *Naser et al.* (2002), S. 124ff. Für den deutschsprachigen Raum vgl. *Berndsen* (1978), S. 124ff.

[421] Vgl. im Folgenden z.B. *Wallace et al.* (1994), S. 44ff.; *Naser et al.* (2002), S. 127.

Nachfolgend werden Studien zu den Bestimmungsfaktoren der Prognoseberichterstattung zunächst für den deutschsprachigen Raum vorgestellt,[422] bevor im Anschluss ein Überblick über Disclosure Index Studien aus dem anglo-amerikanischen Raum gegeben wird.

Aufbauend auf deskriptiv ausgewerteten Geschäftsberichten und Pressemitteilungen aus den Jahren 1968 bis 1971 untersuchte *Wasser* in seiner Studie die Bestimmungsfaktoren freiwilliger Prognosepublizität.[423] Anhand eines gewichteten Bewertungsschematas bestimmte der Autor zunächst das Ausmaß freiwilliger Prognosepublizität bei 100 Gesellschaften. Im Anschluss daran wurden bestimmte Hypothesen unter Verwendung der im ersten Schritt ermittelten Messwerte mithilfe statistischer Verfahren getestet. Als Bestimmungsfaktoren der Prognosepublizität zog *Wasser* die Unternehmensgröße, Aktionärsstruktur, Branche, Ertragslage und den Marktanteil heran. Die Ergebnisse der Untersuchung zeigten einen statistisch signifikanten Zusammenhang zwischen der Prognosepublizität und den Bestimmungsfaktoren Unternehmensgröße, Anzahl der Aktionäre, Marktanteil und Branchenzugehörigkeit. Isoliert betrachtet ließen sich mithilfe der Unternehmensgröße bis zu 56% der Unterschiede, in dem von den Unternehmen praktizierten Publizitätsausmaß erklären. Dagegen trugen die getesteten Ertragskraftindikatoren nicht nennenswert zur Begründung unterschiedlicher Publizitätsumfänge bei.

Eine vergleichbare Vorgehensweise wählte *Bauchowitz*, der zunächst im Rahmen einer deskriptiven Analyse die Praxis der Lageberichterstattung in den Geschäftsjahren 1968 und 1975 untersuchte.[424] Darauf aufbauend wurden vermutete Einflussgrößen der Berichterstattung abgeleitet und überprüft. Die Studie fokussierte sich dabei auf die Bestimmungsfaktoren Unternehmensgröße und Börsennotierung. Es konnte festgestellt werden, dass Informationen über die Zukunftserwartungen relativ selten im Lagebericht anzutreffen waren. Am häufigsten fanden sich allgemein gehaltene, knappe Bemerkungen über das erwartete Ergebnis. Ein signifikanter Zusammenhang zwischen dem Publizitätsverhalten und der Unternehmensgröße oder einer Börsennotierung konnte nicht ermittelt werden.

Unter Einbezug des Kapitalmarktes untersuchte *Pechtl* in seiner Studie die Prognosekraft des Prognoseberichts, indem er den Zusammenhang zwischen den zukunftsbezogenen Aussagen im Lagebericht und der Entwicklung der Aktienrendite analysierte.[425] Hierzu wurden zunächst die Prognoseberichte von 202 börsennotierten Aktiengesellschaften im Geschäftsjahr 1995 mithilfe einer Inhaltsanalyse deskriptiv ausgewertet. Schließlich wurde der ermittelte Informationswert des Prognoseberichts der Aktienrendite, die das Unternehmen im darauf folgenden Geschäftsjahr erzielte, gegenübergestellt. Die Ergebnisse ließen einen signifikanten Zusammenhang zwischen Prognosebericht und Aktienrendite erkennen. Ankündigungen über eine Verschlechterung der Kostenposition und Angaben, die kein Unternehmenswachstum anzeigten, korrelierten negativ mit der Aktienrendite.

---

[422] Tab. A-2 im Anhang fasst die im Folgenden dargestellten Studien in chronologischer Reihenfolge nach dem Jahr der Veröffentlichung zusammen.

[423] Vgl. im Folgenden *Wasser* (1976). Einen Überblick über betrachtete Bestimmungsfaktoren in der Unternehmenspublizität in ausgewählten Studien gibt *Berndsen* (1978), S. 130ff.

[424] Vgl. im Folgenden *Bauchowitz* (1979).

[425] Vgl. im Folgenden *Pechtl* (2000), S. 141ff.

Umgekehrt konnten erfreuliche Ergebnisentwicklungen als positive Signale hinsichtlich der Aktienrendite gewertet werden.

Der gegenwärtige Erkenntnisstand zu den Bestimmungsfaktoren der Prognoseberichterstattung beschränkt sich in Deutschland auf Studien, die sich auf die damals freiwillige Prognosepublizität nach § 160 Abs. 1 AktG bezogen (*Wasser* und *Bauchowitz*). Auch die von *Pechtl* im Jahre 1995 durchgeführte Studie berücksichtigte die Vorschriften zur zukünftigen Berichterstattung vor Verabschiedung des BilReG. Somit kann festgehalten werden, dass keine aktuellen empirischen Befunde zu den Einflussfaktoren der Prognosepublizität – unter Berücksichtigung geltender Anforderungen – vorliegen. Darüber hinaus kam die Methodik des Disclosure Index bei den bisher vorgestellten Studien nicht zum Einsatz. Da im weiteren Fortgang der Arbeit auf die Disclosure Index Methodik zurückgegriffen wird, werden im Folgenden ausgewählte anglo-amerikanische Studien vorgestellt,[426] welche prognoseorientierte Items im Index berücksichtigten.[427]

Im Rahmen einer Disclosure Index Studie untersuchten *Gray et al.* die freiwillige Berichterstattung in Geschäftsberichten von börsennotierten Unternehmen aus den USA und Großbritannien.[428] Hierbei wurde zwischen jenen Unternehmen unterschieden, die nur an der heimischen Börse gelistet waren und jenen, die zusätzlich auch einen ausländischen Kapitalmarkt in Anspruch nahmen. Um den Umfang der Publizität zu ermitteln, entwickelten die Autoren einen ungewichteten Disclosure Index mit 128 Items, der u.a. auch prognoseorientierte Angaben zum künftigen Umsatz, Ergebnis oder Cashflow enthielt.[429] Ziel der Studie war es, signifikante Unterschiede in der Berichterstattung zwischen Unternehmen aufzudecken, die nur an der heimischen Börse gelistet waren und Unternehmen, die zusätzlich auch einen ausländischen Börsenplatz in Anspruch genommen hatten. Die Ergebnisse zeigten, dass ein Listing an internationalen Kapitalmärkten gleichzeitig mit einer umfangreicheren Berichterstattung im Geschäftsbericht verbunden war.

In Anlehnung an den von *Gray et al.* entwickelten Disclosure Index untersuchte die Studie von *Hossain et al.* den Umfang der freiwilligen Berichterstattung in den Geschäftsberichten von 55 Unternehmen, die zum Stichtag 31.12.1991 an der New Zealand Stock Exchange gelistet waren.[430] Der zugrunde liegende Disclosure Index beinhaltete 95 Items, die u.a. auch zukunftsgerichtete Angaben, wie z.B. Prognosen zum Umsatz, Ergebnis oder Cashflow, berücksichtigten.[431] Basierend auf agency-theoretischen Überlegungen wurden sodann Hypothesen generiert, mit denen der Einfluss bestimmter Faktoren (Unternehmensgröße, Verschuldungsgrad, Vermögen, Wirtschaftsprüfungsgesellschaft, Auslandslisting) auf den Umfang der Berichterstattung analysiert wurde. Die Studie kam zu dem

---

[426] Hierbei konnten nur Untersuchungen Berücksichtigung finden, die im Rahmen ihrer Studie auch eine Liste mit den im Disclosure Index enthaltenen zukunftsbezogenen Items veröffentlicht haben. Bei einer Vielzahl von Studien ist häufig nicht ersichtlich, welche Items Gegenstand der Analyse sind, da keine Angaben zur Zusammensetzung des Disclosure Index gemacht werden.

[427] Tab. A-3 im Anhang fasst die im Folgenden dargestellten Disclosure Index Studien in chronologischer Reihenfolge nach dem Jahr der Veröffentlichung zusammen.

[428] Vgl. *Gray et al.* (1995), S. 43ff.

[429] Der Disclosure Index beinhaltete insgesamt 13 zukunftsbezogene Items, vgl. *Gray et al.* (1995), S. 65f.

[430] Vgl. *Hossain et al.* (1995), S. 69ff.

[431] Eine Liste mit allen Items findet sich im Anhang der Studie, vgl. *Hossain et al.* (1995), S. 86f.

Ergebnis, dass die Determinanten Unternehmensgröße, Verschuldungsgrad und Auslandslisting den Umfang der Berichterstattung signifikant beeinflussten.

Die Bestimmungsfaktoren der Geschäftsberichterstattung bei 109 börsennotierten Unternehmen in China waren Gegenstand in der von *Wang et al.* im Jahr 2008 veröffentlichten Studie.[432] Auch hier wurde im Rahmen eines Disclosure Index der Umfang der freiwilligen Geschäftsberichterstattung erhoben. Der ungewichtete Index deckte sich zu 70% mit dem von *Gray et al.* entwickelten Index und berücksichtigte somit auch Prognoseitems zum künftigen Umsatz, Ergebnis oder Cashflow.[433] Als Einflussfaktoren der Publizität wurden folgende Determinanten von den Autoren untersucht: Eigentümerstruktur und Ertragskraft des Unternehmens, Reputation der Wirtschaftsprüfungsgesellschaft sowie Höhe der Fremdkapitalkosten. Die Ergebnisse der Studie zeigten, dass der Umfang der freiwilligen Berichterstattung durch die Eigentümerstruktur, die Eigenkapitalrendite und die Auswahl des Wirtschaftsprüfers beeinflusst wurde. Hingegen waren umfangreichere Geschäftsberichte nicht automatisch mit geringeren Fremdkapitalkosten für das Unternehmen verbunden.

Mit dem kurzen Überblick über ausgewählte Studien, die im Disclosure Index auch zukunftsorientierte Items berücksichtigten, konnte gezeigt werden, dass in den meisten Fällen ein ungewichteter Index herangezogen wurde, um den Umfang der Berichterstattungspraxis zu erheben und ausgewählte Determinanten des Publizitätsverhaltens zu untersuchen. Zur Entwicklung des Disclosure Index in dieser Arbeit und den zu untersuchenden Bestimmungsfaktoren der Publizität sei an dieser Stelle auf Kap. 5.1.2.2 respektive Kap. 4.2.3 verwiesen.

3.2.2.2 Nutzen der Rechnungslegung

Der zweite Bereich der wirkungsorientierten Forschung widmet sich dem Nutzen der Rechnungslegungsinformation. Nach einem Überblick über verhaltensorientierte Studien (Kap. 3.2.2.2.1) wird der Bereich der kapitalmarktorientierten Studien (Kap. 3.2.2.2.2) vorgestellt.

3.2.2.2.1 Verhaltensorientierte Studien

Zur Ermittlung der Entscheidungsrelevanz von Prognoseinformationen fokussieren sich die bisherigen Studien im deutschsprachigen Raum auf die Ermittlung des Informationsbedarfs von Rechnungslegungsadressaten (verhaltensorientierte Forschung).[434] *Sorg* ermittelte den Nutzen von Prognoseinformationen, indem er zunächst die Informationsinteressen von Outsider-Adressaten (Kleinaktionäre, Gläubiger, Kunden und Lieferanten) im Rahmen einer Informationsbedarfsstudie deduktiv ableitete und gewichtete.[435] Im Anschluss folgte eine Analyse der Geschäftsberichte börsennotierter Aktiengesellschaften,

---

[432] Vgl. im Folgenden *Wang et al.* (2008), S. 14ff.
[433] Eine Übersicht mit allen prognosebezogenen Items findet sich bei *Wang et al.* (2008), S. 27.
[434] Die im Folgenden zitierten Studien werden in Tab. A-4 in chronologischer Reihenfolge nach dem Jahr der Veröffentlichung zusammengefasst.
[435] Vgl. im Folgenden *Sorg* (1984), S. 1028ff.

welche die Beurteilung der zukunftsbezogenen Berichterstattung aus Sicht der Abschlussadressaten anhand eines Soll-Ist-Vergleichs ermöglichte. Es konnte festgestellt werden, dass fast 25% der untersuchten Geschäftsberichte keine zukunftsorientierten Aussagen enthielten. Ferner war eine Vielzahl der angebotenen Informationen kaum relevant für die befragten Kleinaktionäre. Im Umkehrschluss wurden hoch relevante Informationsinteressen der Adressaten (z.b. Angaben zur Dividende sowie zur Finanz- und Ertragslage) in erheblichem Umfang nicht berücksichtigt oder waren nur bedingt nachvollziehbar.

Während sich *Sorg* in seiner Studie auf die Informationsbedürfnisse bzgl. zukunftsorientierter Angaben im Geschäftsbericht fokussierte, weitete *Krumbholz* seine Informationsbedarfsstudie auf alle Angaben im Lagebericht aus.[436] Hierzu wurden 67 Fachleute (Wirtschaftsprüfer und Wertpapieranalysten) um eine Einschätzung und Gewichtung verschiedener Erhebungskriterien zur Messung der Qualität des Lageberichts gebeten. Im Anschluss an die Befragung wertete der Autor 120 Geschäftsberichte aus, um ein Urteil über die Praxis der Lageberichterstattung fällen zu können. Die Ergebnisse zum Prognosebericht wiesen Parallelen zu den Resultaten von *Sorg* auf. Prognosen, die von den befragten Fachleuten als hoch bedeutend eingestuft wurden (z.b. zum Umsatz und zum Ergebnis), waren nur vereinzelt zu finden. In den meisten Geschäftsberichten wurde verbal, in Form von qualitativen und komparativen Prognosen, über das zukünftige Unternehmensgeschehen berichtet. Der Autor kam somit zu dem Schluss, dass die untersuchten Prognoseberichte kaum dazu geeignet sind, die Lageberichtsadressaten bei ihrer Disposition zu unterstützen.

Eine vergleichbare Informationsbedarfsstudie wurde von *Prigge* im Jahr 2005 durchgeführt.[437] Dabei wurde der Frage nachgegangen, wie künftig die Konzernlageberichterstattung zu gestalten sei, damit diese den Anforderungen des Gesetzgebers und des Kapitalmarktes gerecht wird. Hierzu führte der Autor eine Online-Befragung durch, bei der Privatanleger und Kapitalmarktexperten zu den einzelnen Bestandteilen des Lageberichts und somit auch zum Prognosebericht befragt wurden. Basierend auf 267 auswertbaren Fragebögen konnte gezeigt werden, dass der Prognosebericht den wichtigsten Teil der Konzernlageberichterstattung für die Kapitalmarktexperten darstellte.[438] Die hohe Bedeutung des Prognoseberichts wurde damit begründet, dass Kapitalmarktexperten für ihre strategische Unternehmensanalyse umfangreiche zukunftsgerichtete Angaben benötigen.[439] Innerhalb des Prognoseberichts hatten die Ausführungen zur erwarteten Ertragslage des Konzerns aus Sicht der befragten Privatanleger und Kapitalmarktexperten die größte Bedeutung. Hingegen wurden Angaben zu den wirtschaftlichen Rahmenbedingungen in den folgenden zwei Geschäftsjahren als weniger relevant eingeschätzt.

Abschließend sind die empirischen Ergebnisse von *Frings* vorzustellen, dessen Studie ein gutes Beispiel dafür ist, wie mehrere Forschungszweige miteinander kombiniert werden

---

[436] Vgl. im Folgenden *Krumbholz* (1994).
[437] Vgl. im Folgenden *Prigge* (2006).
[438] Privatanleger schrieben dem Bericht über die Ertrags-, Finanz- und Vermögenslage eine höhere Bedeutung zu, vgl. *Prigge* (2006), S. 66f.
[439] Vgl. *Baetge/Prigge* (2006), S. 404.

können.[440] Um die Publizitätsfreudigkeit deutscher und amerikanischer Aktiengesellschaften anhand der Geschäftsberichte zu untersuchen, ermittelte der Autor zunächst im Rahmen einer Informationsbedarfsstudie die Informationsbedürfnisse der Investoren. Aus diesen wurde sodann ein Kriterienkatalog mit Publizitätsanforderungen abgeleitet. Anhand dieses Kataloges wurden die Geschäftsberichte deskriptiv ausgewertet. Dabei wurde ermittelt, inwiefern die Anforderungen in den jeweiligen Ländern erfüllt wurden. Aufbauend auf den deskriptiven Ergebnissen analysierte *Frings* die möglichen Einflussfaktoren (Branchenzugehörigkeit, Unternehmensgröße, Verschuldungsgrad) der Prognosepublizität. Darüber hinaus wurde die Treffsicherheit der publizierten Prognosen anhand des Prognosefehlers ermittelt. In Bezug auf die Prognosepublizität kam die Studie zu dem Ergebnis, dass den amerikanischen Geschäftsberichten mehr Informationen über die zukünftige Entwicklung des Unternehmens entnommen werden konnten, als den deutschen Geschäftsberichten. Schwerpunktmäßig erstreckten sich die Prognosen in beiden Ländern auf die Finanzierungstätigkeit, wobei der Prognosehorizont oftmals nur das laufende Geschäftsjahr betraf. Hinsichtlich der untersuchten Einflussfaktoren zeigten die Ergebnisse, dass die Prognosepublizität nur im geringen Umfang durch die getesteten Variablen beeinflusst wurde. Die Treffsicherheit der Prognosen konnte dagegen, mit Ausnahme der Intervallprognosen, sowohl für deutsche als auch für amerikanische Prognoseberichte als gut bezeichnet werden.

Abschließend bleibt zu den Informationsbedarfsstudien Folgendes kritisch anzumerken: Die Ermittlung von Informationsbedürfnissen bezog sich bei den hier vorgestellten Studien auf speziell ausgewählte Adressatengruppen (Wirtschaftsprüfer, Finanzanalysten, Kleinanleger etc.), so dass bei einer Verallgemeinerung der Ergebnisse auf alle Berichtsadressaten Vorsicht geboten ist. Ferner ist die Einschätzung und Gewichtung bestimmter Informationen im Geschäftsbericht durch Adressaten aus Gründen der Subjektivität in der Literatur umstritten.[441] Ein geringer Umfang an Befragungsteilnehmern (*Krumbholz*: 67 Fachleute) sowie geringe Rücklaufquoten (*Prigge*: 12%) können darüber hinaus Anlass zur Kritik bieten.[442] Dessen ungeachtet kann durch die hier vorgestellten Informationsbedarfsstudien die Tendenz abgeleitet werden, dass die zukunftsorientierten Informationen im Lagebericht durchaus einen entscheidungsrelevanten Charakter aufweisen und ihnen somit ein Nutzen zugesprochen werden kann.

3.2.2.2.2 Kapitalmarktorientierte Studien

Die Entscheidungsrelevanz von Rechnungslegungsinformationen kann, neben der Ermittlung von Informationsbedürfnissen, auch im Rahmen kapitalmarktorientierter Studien aggregiert erhoben werden. Die grundlegenden Arbeiten von *Beaver, Ball/Brown* und *Fama et al.* bildeten die Basis für die methodische Vorgehensweise vieler deutscher Studien.[443] Dieses Kapitel gibt einen Überblick über den gegenwärtigen Stand der kapital-

---

[440] Vgl. im Folgenden *Frings* (1975).
[441] Vgl. *Dhaliwal* (1980), S. 387f.; *Cooke/Wallace* (1989), S. 51; vgl. ausführlich Kap. 5.1.2.2.2.
[442] Vgl. *Krumbholz* (1994), S. 3; *Prigge* (2006), S. 60.
[443] Vgl. *Beaver* (1968), S. 67ff.; *Ball/Brown* (1968), S. 159ff.; *Fama et al.* (1969), S. 1ff.; zum Inhalt der Studien vgl. Kap. 3.1.2.

marktorientierten Forschung in Bezug auf Ereignisstudien, indem wesentliche „Ereignisse" und deren Kapitalmarktwirkungen aufgezeigt werden.[444] Die Ausführungen konzentrieren sich zunächst auf den deutschsprachigen Raum, bevor abschließend auch amerikanische Studien vorgestellt werden.

In Deutschland sind zahlreiche empirische Befunde zur Entscheidungsrelevanz der Rechnungslegung zu finden.[445] Pionierarbeiten leistete *Brandi*, der in seiner 1977 durchgeführten Untersuchung zeigen konnte, dass die **Jahresabschlusspublizität** börsennotierter deutscher Unternehmen einen Informationsgehalt besitzt.[446] Es folgten Studien von *Berndsen*, *Coenenberg/Möller* und *Keller/Möller*, die ebenfalls den Informationsgehalt von Jahresabschlussdaten nachweisen konnten.[447] Zu den zeitnäheren Studien zählt die Untersuchung von *Almeling* aus dem Jahr 2008.[448] Auch diese Studie kam zu dem Schluss, dass Ergebnisankündigungen einen Informationsgehalt besitzen, da ein erhöhtes Ausmaß an abnormalen Renditen und der entsprechenden Handelsvolumina am Tag der Ereignisankündigung festgestellt werden konnte.

Aber nicht nur die Jahresabschlusspublizität war Gegenstand kapitalmarktorientierter Forschung, auch zur **Zwischenberichterstattung** liegen empirische Erkenntnisse in der Literatur vor. So konnten die Studien von *Coenenberg/Henes* und *Coenenberg/Federspieler* zeigen, dass auch den unterjährig publizierten Zwischenberichtsergebnissen während des Veröffentlichungsdatums ein Informationsgehalt zukam.[449]

Während die bisher dargestellten Studien auf die unmittelbare Kapitalmarktwirkung von Rechnungslegungsdaten als Untersuchungsgegenstand abzielten, liegen auch empirische Befunde über die mittelbare Entscheidungswirkung von Rechnungslegungsdaten vor. Hierzu zählen Ereignisse oder Entwicklungen im Unternehmen, deren Ankündigung sich zu einem späteren Zeitpunkt in Rechnungslegungsinformationen niederschlägt.[450] *Pellens/Tomaszewski* untersuchten bspw. die Reaktion der Kapitalmarktteilnehmer auf die Ankündigung eines **Rechnungslegungswechsels** vom deutschen Handelsrecht auf IFRS oder US-GAAP.[451]

---

[444] In Anbetracht der großen Anzahl von Ereignisstudien, die sich auf unterschiedlichste Ereignisse erstreckten, erscheint eine Fokussierung auf den Bereich der Rechnungslegung im Rahmen dieser Arbeit als notwendig und sinnvoll. Daher konzentriert sich der folgende Überblick auf Ereignisse, die weitestgehend mit Rechnungslegungsdaten im Zusammenhang stehen bzw. sich in den Angaben im Jahresabschluss und Lagebericht niederschlagen. Kapitalmarktreaktionen auf externe Ereignisse, wie z.B. Naturkatastrophen oder Finanzanalystenempfehlungen, sind nicht Gegenstand der Erhebung. Eine umfassende Übersicht zu deutschen und ausländischen Studien bieten *May* (1991), S. 315ff., sowie *Röder* (1999), S. 52ff. Zu Ereignisstudien im Bereich Corporate Social Responsibility vgl. Überblick bei *McWilliams et al.* (1999), S. 343ff.

[445] Vgl. *Möller/Hüfner* (2002b), S. 437ff.

[446] Vgl. *Brandi* (1977), S. 125ff.

[447] Vgl. *Berndsen* (1979), S. 237ff.; *Coenenberg/Möller* (1979), S. 438ff.; *Keller/Möller* (1993), S. 35ff. Zum Informationsgehalt von im Jahresabschluss veröffentlichten Gewinnen vgl. *Coenenberg/Brandi* (1979).

[448] Vgl. im Folgenden *Almeling* (2008).

[449] Vgl. *Coenenberg/Henes* (1995), S. 969ff.; *Coenenberg/Federspieler* (1999), S. 167ff.

[450] Vgl. *Möller/Hüfner* (2002b), S. 441.

[451] Vgl. *Pellens/Tomaszewski* (1999), S. 199ff.

Mit den Aktienmarktwirkungen auf die Ankündigung einer **Dividendenänderung** beschäftigten sich *Sahling*, *Gerke et al.* und *Heiden*.[452] Auch hier zeigten sich in der Ankündigungsperiode der Dividendenänderung signifikante Aktienkursreaktionen, so dass dieser ein Informationsgehalt für die Marktteilnehmer zugesprochen werden konnte.

Dem Einfluss von **Kapitalerhöhungen** aus Gesellschaftsmitteln auf die Entwicklung der Aktienkurse widmete sich *Schulz* in seiner empirischen Arbeit.[453] Der Studie zufolge bewirkte eine Kapitalerhöhung aus Gesellschaftsmitteln einen Anstieg der Aktienkurse im Vergleich zum Branchenindexwert. Einen signifikant positiven Kurseffekt bei der Ankündigung von Kapitalerhöhungen aus Gesellschaftsmitteln zeigten auch die Ereignisstudien von *Gebhard et al.* und *Kaserer/Brunner*.[454]

Aktienkursverläufe auf die Ankündigung einer **Unternehmensübernahme** wurden erstmalig in Deutschland von *Bühner* analysiert.[455] Es folgten Studien von *Grandjean*, *Gerke et al.* und *Böhmer/Löffler*, die statistisch signifikante Kursreaktionen auf die Veröffentlichung einer Übernahmeabsicht nachweisen konnten.[456]

Während die zuletzt genannten Studien die Kursreaktion auf ein bestimmtes Ereignis im Unternehmen untersuchten, analysierte die Studie von *Bühner/Krenn* die Kapitalmarktreaktion auf mehrere ausgewählte **Restrukturierungsereignisse** in Abhängigkeit der jeweiligen Ankündigungsart.[457]

Den Aktienkursverlauf auf die Veröffentlichung von **Ad hoc-Meldungen** untersuchte *Röder* in den Jahren 1996/97.[458] Die Ergebnisse zeigten, dass es zu einer abnormalen Kursreaktion am Ereignisstichtag kam. Im Jahr 2002 aktualisierte *Röder* seine Untersuchung, indem er den Informationsgehalt von Ad hoc-Meldungen auf intraday-Basis analysierte.[459] Auch die Studie von *Oerke* widmete sich dem Informationsgehalt von Ad hoc-Mitteilungen.[460] Tab. 3-1 fasst die vorgestellten Kapitalmarktstudien in Deutschland nach dem untersuchten Ereignis zusammen.[461]

---

[452] Vgl. *Sahling* (1981); *Gerke et al.* (1997), S. 810ff.; *Heiden* (2002).

[453] Vgl. im Folgenden *Schulz* (1972).

[454] Vgl. *Gebhardt et al.* (1994), S. 308ff.; *Kaserer/Brunner* (1997), S. 77ff.

[455] Vgl. *Bühner* (1990a); *Bühner* (1990b), S. 295ff.; *Bühner* (1992), S. 445ff.

[456] Vgl. *Grandjean* (1992), S. 197. Vgl. dieselbe, S. 68ff., für eine kritische Darstellung der von *Bühner* (1990b) verwendeten Prüfgrößen. Für weitere Studien vgl. *Gerke et al.* (1995), S. 805ff.; *Böhmer/Löffler* (1999), S. 299ff.

[457] Vgl. *Bühner/Krenn* (2003), S. 179ff.

[458] Vgl. im Folgenden *Röder* (1999), S. 182ff.

[459] Vgl. *Röder* (2002), S. 728ff.

[460] Vgl. *Oerke* (1999).

[461] Die Übersicht erhebt keinen Anspruch auf Vollständigkeit, vermag jedoch einen guten Überblick über durchgeführte Ereignisstudien in Deutschland zu vermitteln, deren untersuchte Ereignisse sich im weitesten Sinne in Rechnungslegungsinformationen niederschlagen.

Ereignis	Autor	Zeitraum	Untersuchungsgegenstand
Jahresab-schluss-publizität	Brandi (1977)	1967-1972	Informationsgehalt von Jahresabschlussinformationen
	Berndsen (1979)	1967-1973	Messung des Publizitätsverhaltens und deren Auswirkungen auf die Anlageentscheidungen am Aktienmarkt
	Coenenberg/Möller (1979)	1961-1972	Entscheidungswirkungen von Jahresabschlussinformationen vor und nach der Aktienrechtsreform 1965
	Keller/Möller (1993)	1974-1986	Informationswert von Jahresabschlüssen
	Almeling (2008)	2002-2006	Auswirkungen der Unternehmenspublizität auf den Kapitalmarkt
Zwischen-berichts-publizität	Coenenberg/Henes (1995)	1989-1993	Informationsgehalt von Zwischenberichten
	Coenenberg/Federspieler (1999)	1988-1995	Informationsgehalt von deutschen Zwischenberichten im Vergleich zu britischen und französischen Zwischenberichten
Wechsel Rechnungsle-gungssystem	Pellens/Tomaszewski (1999)	1996/97	Kapitalmarktreaktionen auf die Ankündigung eines Wechsels von HGB auf IFRS bzw. US-GAAP
Dividenden-änderung	Sahling (1981)	1971-1977	Reaktion des Aktienmarktes auf wesentliche Ausschüttungsänderungen
	Gerke et al. (1997)	1987-1994	Informationsgehalt von Dividendenänderungen
	Heiden (2002)	1981-1990	Kursreaktion auf Dividendenankündigungen
Kapital-erhöhung	Schulz (1972)	1960-1969	Einfluss von Kapitalerhöhungen aus Gesellschaftsmitteln auf die Entwicklung der Aktienkurse
	Gebhardt et al. (1994)	1980-1990	Kursreaktion auf die Kapitalerhöhung aus Gesellschaftsmitteln
	Kaserer/Brunner (1997)	1962-1991	Kurz- und langfristige Kurseffekte bei Kapitalerhöhungen aus Gesellschaftsmitteln
Unterneh-mensüber-nahmen	Bühner (1990) Bühner (1992)	1973-1985 1973-1987	Aktienmarktreaktionen auf Unternehmens-zusammenschlüsse
	Grandjean (1992)	1982-1986	Unternehmenszusammenschlüsse und die Verteilung der abnormalen Aktienrenditen zwischen den Aktionären der übernehmenden und übernommenen Gesellschaft
	Gerke et al. (1995)	1987-1992	Bewertung von Unternehmensübernahmen auf dem deutschen Aktienmarkt
	Böhmer/Löffler (1999)	1985-1993	Kursrelevante Ereignisse bei Unternehmensübernahmen
Restrukturie-rungsaktivitä-ten	Bühner/Krenn (2003)	1991-1997	Kursreaktion auf die Veröffentlichung von Restrukturie-rungsaktivitäten
Ad hoc-Publizität	Röder (1999) Röder (2002)	1996-1997 1998	Aktienmarktwirkungen von Ad hoc-Meldungen Intraday-Umsätze bei Ad hoc-Meldungen
	Oerke (1999)	1995-1997	Marktreaktionen auf Ad hoc-Mitteilungen
Prognose-publizität			Forschungsdefizit in Deutschland

Tab. 3-1: Ausgewählte Ereignisstudien in Deutschland

In der Gesamtschau beziehen sich die hier vorgestellten Studien auf eine Vielzahl von Ereignissen, die sich sowohl auf die Jahresabschluss- und Zwischenberichtspublizität als auch auf unternehmensspezifische Ereignisse erstreckten. Dabei unterschieden sich die Untersuchungen nicht nur im Umfang der einbezogenen Unternehmen bzw. Ereignisankündigungen, sondern auch bzgl. ihres Analysezeitraums. Dabei wird ersichtlich, dass der

Aktienkursreaktion auf die Publizität von Prognosen in der kapitalmarktorientierten Forschung in Deutschland bisher keine Beachtung geschenkt wurde. Erste empirische Befunde zu den Auswirkungen von Prognoseveröffentlichungen am Kapitalmarkt lassen sich jedoch in der amerikanischen Kapitalmarktforschung finden.[462] Daher werden im Folgenden wegweisende Studien vorgestellt, welche sich der Kapitalmarktreaktion auf die Abgabe von Managementprognosen als Untersuchungsgegenstand widmeten.

Foster analysierte in seiner Studie die Kapitalmarktreaktionen, gemessen am Handelsvolumen und der Kursreaktion, auf die Abgabe von EPS-Prognosen durch das Management.[463] Die EPS-Prognosen wurden anhand des Wall Street Journal Annual Index ermittelt. Somit wurden diejenigen Unternehmen in der Studie berücksichtigt, bei denen das Management eine EPS-Prognose im Wall Street Journal veröffentlichte. Schließlich gingen 68 Prognosen über den Zeitraum von 1968 bis 1970 in die Untersuchung ein. Die Ergebnisse der Studie zeigten, dass sowohl einzelne Investoren als auch der gesamte Kapitalmarkt den EPS-Prognosen einen Informationsgehalt zukommen ließen, was sich jeweils in den untersuchten Handelsvolumina und Kursreaktionen niederschlug.

Die Untersuchung von *Patell* zeigte ähnliche Ergebnisse wie die von *Foster*.[464] Die Abgabe von Managementprognosen führte zu einer signifikanten Kursänderung um das Veröffentlichungsdatum, so dass diese eine zusätzliche Information für den Investor darstellte. Auch hier wurden die Prognoseveröffentlichungen dem Wall Street Journal entnommen. Dabei wurden nur Veröffentlichungen von Unternehmen berücksichtigt, die an der NYSE gelistet waren.

Auch die Kapitalmarktstudie von *Jaggi* analysierte, ob Gewinnprognosen des Managements Investoren mit relevanten Informationen für ihre Anlageentscheidungen versorgten.[465] Hierfür wurden freiwillige jährliche Gewinnprognosen im Zeitraum von 1971 bis 1974 sowie die täglichen Aktienkursveränderungen um das Veröffentlichungsdatum untersucht. Dabei wurden Unternehmen berücksichtigt, die freiwillig Gewinnprognosen im Wall Street Journal veröffentlichten. Während die Studie von *Foster* Managementprognosen analysierte, die nach Ende des Geschäftsjahres abgegeben wurden, bezog sich diese Studie auf Vorhersagen, die mindestens acht Monate vor Geschäftsjahresende veröffentlicht wurden. Im Gegensatz zu der Untersuchung von *Patell*, die wöchentliche Aktienrenditen beobachtete, flossen in *Jaggi's* Analyse tägliche Kapitalmarktreaktionen ein. Die Ergebnisse dieser Studie ließen Preisanpassungen am Kapitalmarkt auf die Bekanntgabe der Prognose im Beobachtungszeitraum erkennen. Damit konnte auf einen Informationsgehalt der Gewinnprognose geschlossen werden. Die Befunde wurden von der von *Penman*

---

[462] Tab. A-5 im Anhang fasst die im Folgenden zitierten Studien in chronologischer Reihenfolge nach dem Jahr der Veröffentlichung zusammen. Einen umfassenden Überblick über die US-amerikanische Kapitalmarktforschung im Rechnungswesen gibt *Kothari* (2001), S. 105ff.; mit Fokus auf die Prognosepublizität vgl. derselbe, S. 151ff. Einen guten Überblick über Ereignisstudien, differenziert nach quantitativen und qualitativen Ereignissen, bieten auch *May/Schweder-Weber* (1990), S. 18ff. Mit Bezug auf die Prognoseberichterstattung vgl. auch *Hirst et al.* (2008), S. 329ff.

[463] Vgl. im Folgenden *Foster* (1973), S. 25ff.

[464] Vgl. Im Folgenden *Patell* (1976), S. 246ff.

[465] Vgl. im Folgenden *Jaggi* (1978), S. 961ff.

durchgeführten Studie bestätigt.[466] Die Gewinnprognosen besaßen im Durchschnitt Informationen, die für die Bewertung des Unternehmens und damit für die Anlageentscheidung der Investoren relevant waren.

Während die bisher beschriebenen Kapitalmarktstudien nicht zwischen kurz- und langfristigen Prognosen unterschieden, berücksichtigten *Nichols/Tsay* in ihrer Studie den Prognosehorizont, indem sie den Informationsgehalt von langfristigen Gewinnprognosen untersuchten.[467] Hierzu wurden die Kapitalmarktreaktionen auf die freiwillige Veröffentlichung von EPS-Prognosen von 83 Unternehmen im Wall Street Journal über einen Zeitraum von 1968 bis 1973 analysiert. Insgesamt konnten so die größten US-amerikanischen Unternehmen berücksichtigt werden, die an der NYSE oder der AMEX gelistet waren. Die Berechnung von durchschnittlichen abnormalen Renditen während des Veröffentlichungszeitraums deutete darauf hin, dass auch langfristige Managementprognosen einen Informationsgehalt besaßen.

Die Kapitalmarktwirkungen, differenziert nach Prognosearten, untersuchten *Pownall et al.* in ihrer Studie.[468] Dabei wurden die unterschiedlichen Kursreaktionen auf die Abgabe von Punktprognosen und qualitativen Prognosen analysiert sowie die Prognose von unterjährigen und jährlichen Gewinnen. Die Untersuchung basierte auf einer Stichprobe von 1.252 Prognosen, die von 91 Unternehmen im Zeitraum von 1979 bis 1987 veröffentlicht wurden. Dabei fanden Unternehmen Berücksichtigung, die ihre Prognosen dem Dow Jones News Retrieval Service bzw. dem Wall Street Journal zur Verfügung stellten. Die Ergebnisse ließen erkennen, dass den untersuchten Prognosen generell ein Informationsgehalt zugesprochen werden konnte. Differenziert nach verschiedenen Prognosearten konnte festgestellt werden, dass die Unterschiede zwischen Punktprognosen und anderen Prognosearten nicht signifikant waren. Im Gegensatz dazu waren unterjährige Gewinnprognosen signifikant informativer als jährliche Gewinnprognosen.

Skinner unterschied in seiner Studie zwischen Prognosen mit guten und schlechten Nachrichten (good news vs. bad news).[469] Hierzu untersuchte der Autor die Hypothese, der zufolge die Kapitalmarktreaktionen auf negative Gewinnankündigungen größer sind, als die auf positive. In die Stichprobe gingen 313 Gewinnangaben von 93 NASDAQ-Unternehmen über einen Zeitraum von 1981 bis 1990 ein. Die Ergebnisse zeigten, dass die Aktienkursreaktion auf negative Angaben betragsmäßig deutlich höher war, als dies bei positiven Ankündigungen der Fall war.

Der Frage „Why do managers explain their earnings forecasts?" gingen *Baginski et al.* in ihrer im Jahr 2004 veröffentlichten Studie nach.[470] Die Autoren untersuchten die Kapitalmarktreaktionen auf die Veröffentlichung von Gewinnprognosen, welche von zusätzli-

---

[466] Vgl. *Penman* (1980), S. 132ff.
[467] Vgl. im Folgenden *Nichols/Tsay* (1979), S. 140ff.
[468] Vgl. im Folgenden *Pownall et al.* (1993), S. 896ff.
[469] Vgl. im Folgenden *Skinner* (1994), S. 38ff. Einen ähnlichen Ansatz wählte auch die Studie von *Hutton et al.* (2003), S. 867ff., die zeigen konnte, dass „bad news" mit stärkeren negativen Kursreaktionen verbunden waren, wohingegen „good news" nur ein Informationsgehalt zugesprochen werden konnte, wenn die Ankündigung von überprüfbaren, zukunftsorientierten Erläuterungen begleitet wurde.
[470] Vgl. im Folgenden *Baginski et al.* (2004), S. 1ff.

chen Erläuterungen ergänzt wurden. Dabei wurden Unternehmen berücksichtigt, deren Gewinnprognosen über den Dow Jones News Retrieval Service veröffentlicht wurden. Anhand von 951 Gewinnprognosen über den Zeitraum von 1993 bis 1996 kam die Studie zu dem Ergebnis, dass eine signifikante Kursreaktion zu beobachten war, wenn die Prognoseankündigung durch zusätzliche Erklärungen bzw. externe Bestimmungsfaktoren (z.B. Wechselkursschwankungen) begleitet wurde.

Zu den zeitnäheren Studien zählt die Untersuchung von *Hutton/Stocken*, die sich der Prognosereputation und deren Kapitalmarktwirkungen auf die Bekanntgabe einer Gewinnprognose widmete.[471] Dabei wurde auf Unternehmen zurückgegriffen, deren Prognosen durch den Dow Jones News Retrieval Service veröffentlicht wurden. Auf Basis von 8.277 Gewinnprognosen von 1.767 Unternehmen war im Zeitraum von 1996 bis 2003 festzustellen, dass der Kapitalmarkt umgehend auf eine positive Gewinnankündigung reagierte, wenn das Unternehmen bereits eine gewisse Reputation bzgl. ihrer Prognosen aufgebaut hatte. Dabei wurde die Reputation anhand der erzielten Treffgenauigkeit und der Prognosehäufigkeit in der Vergangenheit gemessen.

Zusammenfassend kann zu den amerikanischen Ereignisstudien festgehalten werden, dass sich die Arbeiten durch unterschiedliche Akzentuierungen, wie z.B. den Untersuchungszeitraum, der Prognoseart oder dem Prognosehorizont, auszeichnen. Gemeinsamkeiten lassen sich insbesondere bei der Auswahl des Berichtsmediums erkennen. So griffen die hier vorgestellten Studien auf den Dow Jones News Retrieval Service bzw. das Wall Street Journal zurück, um die Veröffentlichung von Unternehmensprognosen zu identifizieren und den Ereignisstichtag festzulegen.

3.3 Zwischenfazit

Nachdem im zweiten Kapitel dieser Arbeit die konzeptionelle Grundlegung erfolgte, ist in Kapitel drei der Stand der empirischen Forschung im Bereich der Prognosepublizität aufgearbeitet worden, um mögliche Forschungsfelder aufzeigen zu können. Aufbauend auf einer Kategorisierung der Forschungsmöglichkeiten im externen Rechnungswesen, wurden empirische Befunde sowohl im Bereich der deskriptiven als auch der wirkungsorientierten Forschung vorgestellt. Während ein Großteil der **deskriptiven** Ergebnisse zur Prognosepublizität nur im Zusammenhang mit einer umfassenden Analyse der Lageberichterstattung vorlag, konnten vereinzelte Arbeiten identifiziert werden, welche die Abgabe von Prognosen zum alleinigen Untersuchungsgegenstand hatten. Diese wurden allerdings größtenteils vor Verabschiedung des BilReG durchgeführt, so dass aktuelle Erkenntnisse zur Berichtspraxis der Prognosepublizität kaum vorliegen. Im Hinblick auf die in der Einleitung formulierten Forschungsfragen lässt sich somit insbesondere ein Defizit bzgl. der Entwicklung der Prognoseberichterstattung im Zeitablauf und deren Konformität mit gegenwärtigen Rechnungslegungsanforderungen konstatieren. Im Bereich der **wirkungsorientierten** Forschung fokussierte sich ein Teil der empirischen Arbeiten auf die Ermittlung der Bestimmungsfaktoren publizierter Prognosen. Ein anderer Teil ermittelte im Rahmen von Informationsbedarfsstudien den Nutzen der Rechnungslegung bei den

---

[471] Vgl. im Folgenden *Hutton/Stocken* (2007).

Adressaten hinsichtlich der Lageberichtspublizität. Jedoch zeigten auch diese Studien keine Fokussierung auf die gegenwärtige Prognosepublizität. Im Bereich der kapitalmarktorientierten Forschung liegen bisher keine empirischen Erkenntnisse über die Kurswirkungen bei der Veröffentlichung von Prognosen am deutschen Aktienmarkt vor. Tab. 3-2 fasst die Studien zur Prognosepublizität in Abhängigkeit relevanter Rechnungslegungsvorschriften in Deutschland überblicksartig zusammen.

Deutsche Rechnungslegungsvorschriften zur Prognosepublizität			
	§ 160 Abs. 1 AktG (1965)	§ 289 Abs. 2 bzw. § 315 Abs. 2 HGB (nach BiRiLiG 1985)	§ 289 Abs. 1 bzw. § 315 Abs. 1 HGB (nach BilReG 2004); DRS 15
Deskriptive Studien	Busse von Colbe (1968)	Kamp (1988); Sorg (1988 und 1994); Selchert (1999)	Kirchhoff Consult AG (2005, 2006, 2007, 2008) Quick/Reus (2009)
Wirkungsorientierte Studien	Wasser (1976); Sorg (1984)	Pechtl (2000)	Forschungsdefizit (Untersuchungsfeld dieser Arbeit)

Tab. 3-2: Stand der empirischen Forschung zur deutschen Prognosepublizität

Aus der Abbildung wird ersichtlich, dass sich in Deutschland insbesondere auf dem Gebiet der wirkungsorientierten Studien ein Forschungsdefizit ergibt. Somit liegen kaum empirische Befunde vor, inwiefern die Einführung des DRS 15 die Prognoseberichterstattung beeinflusst hat, durch welche Determinanten sie bestimmt wird und welchen Nutzen die Prognoseberichterstattung am deutschen Kapitalmarkt für die Investoren stiftet. Darüber hinaus fehlt es an empirischen Befunden aus Längsschnittstudien, welche sich auf die Veränderung der Berichterstattung im Zeitablauf fokussierten. An diesem Punkt setzt die vorliegende Arbeit an: Die Forschungslücke soll mit einer umfassenden wirkungsorientierten Untersuchung zu den Bestimmungsfaktoren und der Kapitalmarktwirkung veröffentlichter Unternehmensprognosen vor dem Hintergrund relevanter Rechnungslegungsvorschriften geschlossen werden.[472] Hierzu wird im nachfolgenden Kapitel zunächst die Arbeit in die Forschungsrichtung der Positive Accounting Theory eingeordnet (Kap. 4.1), bevor relevante Forschungsfragen konkretisiert und zu testende Hypothesen generiert werden (Kap. 4.2).

---

[472] Da der Informationsbedarf an zukunftsbezogenen Daten bei den Investoren in verschiedensten Informationsbedarfsuntersuchungen bereits identifiziert wurde, wird in dieser Arbeit auf ein erneutes Erheben der Adressatenwünsche verzichtet. Vgl. zu den Informationsbedürfnissen der Abschlussadressaten u.a. Studien von *Sorg* (1984); *Krumbholz* (1994); *Prigge* (2006).

4 Theoriebasis und Hypothesengenerierung

4.1 Positive Accounting Theory als theoretisches Fundament

In der Einleitung wurde eine grundlegende Unterscheidung zwischen normativer und positiver Forschungsrichtung vorgenommen, mit dem Ergebnis, die vorliegende Arbeit letzterem Forschungszweig zuzuordnen. Daran anknüpfend wird im Folgenden, mit Bezug zur Rechnungslegung, auf die Forschungsrichtung der „Positive Accounting Theory" näher eingegangen. Diese bildet das Fundament für die weitere Vorgehensweise der Arbeit. In den nachstehenden Kapiteln werden die Grundkonzeption dieser Forschungsrichtung vorgestellt und die damit im Zusammenhang stehenden Theorien erläutert (Kap. 4.1), bevor darauf aufbauend die zu untersuchenden Hypothesen abgeleitet werden (Kap. 4.2).

4.1.1 Grundkonzeption der Positive Accounting Theory

Bei der in den USA entstandenen Forschungsrichtung der Positive Accounting Theory handelt es sich um einen Denkansatz im Bereich der Rechnungslegungstheorie, der von den Autoren *Watts* und *Zimmerman* entscheidend geprägt wurde.[473] Die Vertreter der „Rochester School" übertrugen den ursprünglich nur im Bereich der Nationalökonomie verwandten Begriff der „positive theory" in das Rechnungswesen und grenzten sich damit von der normativen Form der Theoriebildung ab.[474] Die Ansätze der Positive Accounting Theory zielen darauf ab, die in der Rechnungslegungspraxis auftretenden Phänomene zu erklären und in einen sinnhaften Zusammenhang zu stellen.[475] Es wird somit der Frage nachgegangen, warum sich die Praxis der Rechnungslegung so entwickelt hat, wie sie sich in der Realität darstellt. Dabei gilt es herauszufinden, welche beeinflussenden Umstände und Faktoren das in der Realität beobachtete Rechnungslegungsverhalten erklären. Die Positive Accounting Theory ist von den in den 1940er und 1950er Jahren entwickelten normativen Theorien abzugrenzen, die festlegen, wie Rechnungslegung ausgestaltet sein sollte.[476] Nach *Watts/Zimmerman* ist eine positive Theorie

„designed to explain and predict which firms will and which firms will not use a particular method of valuing assets, but it says nothing as to which method a firm should use."[477]

---

[473] Vgl. *Watts/Zimmerman* (1986).

[474] Vgl. *Haller* (1994), S. 597.

[475] Vgl. *Haller* (1988), S. 398. Eine Rechnungslegungstheorie verfolgt dabei das Ziel „to provide a set of principles and relationships that explains observed practices and predicts unobserved practices."; *Schroeder et al.* (2008), S. 1. Zum Positive Accounting Research vgl. ferner *Ewert* (1987), S. 295ff.

[476] Vgl. *Ewert* (1987), S. 292ff.; *Godfrey et al.* (2006), S. 52ff.; *Schroeder et al.* (2008), S. 123f. Zum Begriff der normativen Aussagen vgl. auch *Poser* (2006), S. 33ff.

[477] *Watts/Zimmerman* (1986), S. 7. Gegen diese Vorgehensweise wird in der Literatur kritisch angemerkt, dass die Positive Accounting Theory die Entwicklung nicht vorantreibt, sondern nur einen Ist-Zustand beschreibt. Lösungsmöglichkeiten, wie die gewonnenen Erkenntnisse in sinnvolle Rechnungslegungsnormen umgewandelt werden können, werden im Rahmen der Positive Accounting Theory nicht gegeben; vgl. *Sterling* (1990), S. 130; *Haller* (1994), S. 604.

Während sich demnach eine normative Herangehensweise auf einen Soll-Zustand konzentriert, dient ein positives Vorgehen der Beschreibung und Erklärung eines Ist-Zustandes.[478] Beide Vorgehensweisen sind wesentlich für wissenschaftliches Argumentieren und finden sich in der betriebswirtschaftlichen Forschung wieder: So sucht bspw. die normative Rechnungslegungsforschung nach verbesserten Bilanzierungsvorschriften und unterbreitet dem Gesetzgeber bzw. Standardsetzer Gestaltungsvorschläge zur Reform des Bilanzrechts. Entsprechende Vorschläge erscheinen geeignet, wenn sie dem normativen Ziel, z.b. der Vermittlung von entscheidungsrelevanten Informationen, genügen.[479] Hingegen beschäftigen sich positive Forschungsfragen im Bereich der Rechnungslegung bspw. mit Aspekten, warum das deutsche Bilanzrecht eher Gläubiger-, denn Anteilseignerschutz geprägt ist. Aber auch die Analyse von Kapitalmarktreaktionen auf bestimmte Bilanzierungsvorgänge anhand veröffentlichter Jahresabschlüsse börsennotierter Unternehmen lässt sich in diese Forschungsrichtung einordnen.

Für die Vertreter der Positive Accounting Theory geht der Inhalt dieser Forschungsrichtung über die rein empirische Erfassung der Realität hinaus.[480] Vielmehr soll ein einheitliches mikroökonomisches Theoriegut den empirischen Arbeiten einen konzeptionellen Rahmen geben. Als ökonomischer Anknüpfungspunkt dient der Rückgriff auf Kosten-Nutzen-Analysen, wonach Rechnungslegung nur gerechtfertigt erscheint, wenn ihr Nutzen die Kosten übersteigt.[481] Bei einer Kosten-Nutzen-Analyse wird der Nutzen von Rechnungslegungsinformationen mit den Kosten ihrer Erstellung und Veröffentlichung verglichen. Bei den Kosten der Berichterstattung ist zwischen direkten und indirekten Kosten zu separieren. Zu den direkten Kosten zählen z.B. Kosten der Publikation oder der Wirtschaftsprüfung.[482] Indirekte Kosten ergeben sich als finanzielle Einbußen, die dem Unternehmen dadurch entstehen, dass zu publizierende Sachverhalte die künftige Ertragslage negativ beeinflussen.[483] Als Beispiele können entgehende Pioniergewinne oder eine Erhöhung der Kapitalkosten als Folge von Fehlinterpretationen der Investoren angeführt werden. Der Nutzen der Rechnungslegungsinformationen ist hingegen weitaus schwieriger zu operationalisieren, da der jeweilige Informationsnutzen der verschiedenen Adressaten unterschiedlich zu bewerten und damit kaum messbar ist.[484] Er ließe sich bspw. über Einsparungen bei den Kapitalkosten, die durch eine Senkung der Informationsasymmetrien generiert werden, abbilden.[485] Nach Gegenüberstellung von Kosten und Nutzen ist schließlich abzuwägen, welche Informationen ausgewiesen werden. Ein unterlassener

---

[478] Vgl. im Folgenden *Fülbier* (2005), S. 20f.; *Deegan/Unerman* (2006), S. 206; *Godfrey et al.* (2006), S. 55.

[479] Vgl. *Fülbier* (2005), S. 20.

[480] Vgl. *Haller* (1994), S. 598.

[481] Zu Kosten-Nutzen-Überlegungen vgl. *Leftwich et al.* (1981), S. 50ff.; *Verrecchia* (1983), S. 179ff.; *Dye* (1985), S. 123ff., sowie *Starbatty* (2005), S. 24f. m.w.N. Im Kontext von Managementprognosen vgl. *Nölte* (2008), S. 40ff.

[482] Vgl. zu den direkten Kosten u.a. *Wagenhofer/Ewert* (2007), S. 334ff. Zu den Kosten der Wirtschaftsprüfung zur Verifizierung der publizierten Informationen vgl. *Ewert* (1990), S. 215ff. Vgl. auch *Ballwieser* (1985), S. 51f., der die Kosten am Beispiel der Segmentberichterstattung darstellt.

[483] Vgl. *Pellens* (1991), S. 67, Fn. 29; *Henes* (1995), S. 69; *Griewel* (2006), S. 238f.

[484] Vgl. *Baetge et al.* (2007b), S. 124f.

[485] Vgl. *Griewel* (2006), S. 238f.

Ausweis von Informationen kann u.a. dadurch zustande kommen, dass die Bekanntgabe der Information vorteilhaft gewesen wäre, sich aber nach Abzug der Kosten nicht mehr lohnt.[486]

Neben Kosten-Nutzen-Effekten sind weitere Effekte zu berücksichtigen, die dadurch entstehen, dass Rechnungslegungsnormen unternehmerisches Verhalten beeinflussen. Somit versucht die Positive Accounting Theory die Wahl der Rechnungslegungsmethode durch das Management zu erklären, indem Hypothesen über beeinflussende Faktoren entwickelt und im Anschluss daran empirisch getestet werden.[487] Zur Überprüfung der Hypothesen bedienen sich die Studien dieser Forschungsrichtung methodisch primär uni- und multivariater Verfahren, wie bspw. Regressions- und Diskriminanzanalysen.[488] Typische Instrumente wie Feldstudien, Interviews oder Experimente aus dem Bereich der verhaltenswissenschaftlichen Rechnungslegungsforschung kommen dabei nicht zur Anwendung.

Vor diesem Hintergrund wurden von *Watts/Zimmerman* drei grundlegende Hypothesen entwickelt, welche das Rechnungslegungsverhalten von Managern erklären sollen. Nach der **bonus plan hypothesis** ist die Ausgestaltung der Rechnungslegung abhängig von den Managementvergütungsmodellen:

„managers of firms with bonus plans are more likely to choose accounting procedures that shift reported earnings from future periods to the current period."[489]

Die **debt/equity hypothesis** unterstellt hingegen einen Zusammenhang zwischen dem Verschuldungsgrad eines Unternehmens und der Gewinnausweispolitik:

„the larger a firm's debt/equity ratio, the more likely the firm's manager is to select accounting procedures that shift reported earnings from future periods to the current period."[490]

Die dritte Hypothese ist die sog. **size hypothesis**, nach der große Unternehmen im stärkeren Maße bei den Rechnungslegungsinstitutionen Lobbyismus betreiben, um politische Kosten zu reduzieren.[491] Diese Hypothese basiert auf der Annahme, dass größere Unternehmen mit höheren politischen Kosten konfrontiert sind. Diese wiederum können mit der Höhe des Unternehmensergebnisses steigen, so dass große Unternehmen eher auf eine Ergebnisreduzierung bedacht sind. Die Unternehmensgröße fungiert dabei als eine „proxy variable for 'political attention'".[492]

„the larger the firm, the more likely the manager is to choose accounting procedures that defer reported earnings from current to future periods."[493]

---

[486] Vgl. *Ewert/Wagenhofer* (1992), S. 310.
[487] Vgl. *Haller* (1988), S. 398; *Riahi-Belkaoui* (2004), S. 446.
[488] Vgl. *Haller* (1994), S. 598f.
[489] *Watts/Zimmerman* (1986), S. 208.
[490] *Watts/Zimmerman* (1986), S. 216.
[491] Vgl. *Haller* (1988), S. 399.
[492] *Watts/Zimmerman* (1990), S. 139. Kritisch zur Wahl der Unternehmensgröße als Stellvertretervariable *Ball/Foster* (1982), S. 183; *Haller* (1994), S. 605.
[493] *Watts/Zimmerman* (1986), S. 235.

Die Positive Accounting Theory baut auf dem ökonomischen Rationalprinzip auf, wonach sich Individuen bei ihren Entscheidungen rational im Hinblick auf die Maximierung ihres eigenen Nutzens verhalten.[494] Die Handlung der Individuen wird dabei durch Eigeninteressen gesteuert. Ein Manager wird demnach bei der Wahl der Rechnungslegungsmethode von der jeweiligen Wirkung der Methode auf seinen Nutzen beeinflusst.[495] Um die Eigeninteressen des Managements zu überwachen und zu kontrollieren, werden vertragliche Vereinbarungen zwischen den Stakeholdern und der Unternehmensleitung getroffen (contracting theory):[496]

> „Contracting theory characterises the firm as a legal nexus (connection) of contractual relationships among suppliers and consumers of factors of production."[497]

Die mit der Vertragsbeziehung im Zusammenhang stehenden direkten (z.B. Verhandlungskosten) und indirekten Kosten (z.B. Verluste durch dysfunktionale Informationen) werden als sog. contracting costs bezeichnet.[498] Die Rechnungslegung stellt somit ein Instrument dar, um die bei den Vertragsverhältnissen zwischen Management und Kapitalgeber bestehenden contracting costs, insbesondere agency costs,[499] zu verringern.[500] Damit soll gewährleistet werden, dass trotz der asymmetrischen Informationsverteilung die Manager im Sinne der Kapitalgeber handeln.[501]

Die Positive Accounting Theory gründet somit ihre Erklärung von Rechnungslegungsentscheidungen primär auf die in der Realität bestehenden Informationsasymmetrien und Transaktionskosten.[502] Hierzu wird auf die aus der Neuen Institutionenökonomie[503] stammende **Principal-Agent-Theory** zurückgegriffen, welche die Beziehung zwischen den Eigentümern (Principal) und dem Management (Agent) eines Unternehmens charakterisiert. Darüber hinaus diente auch die **Theorie der effizienten Kapitalmärkte**[504] als

---

[494] Vgl. *Deegan/Unerman* (2006), S. 207f. Kritiker der Positive Accounting Theory führen hierzu an, dass grundsätzlich jede Handlung auf eigennützige Motive zurückgeführt werden kann, so dass die Erklärungskraft fraglich ist; vgl. *Sterling* (1990), S. 103; *Haller* (1994), S. 604.

[495] Vgl. *Haller* (1988), S. 398.

[496] Die Existenz von Unternehmen wird auf das Phänomen anfallender contracting costs zurückgeführt. Hierbei bezieht sich *Watts* (1992), S. 242f., auf die grundlegende Arbeit von *Coase* (1937), S. 386ff., nach der „firms exist when the costs of contracting in the firm are lower than the costs of contracting in the market."; vgl. *Haller* (1994), S. 607.

[497] *Godfrey et al.* (2006), S. 300.

[498] Vgl. *Watts* (1992), S. 245. Zu den Bestandteilen der contracting costs vgl. auch *Watts/Zimmerman* (1990), S. 134f.; *Riahi-Belkaoui* (2004), S. 447.

[499] Zur Zusammensetzung der agency costs vgl. ausführlich Kap. 4.1.2.2.

[500] Vgl. *Haller* (1988), S. 398f.

[501] *Chambers* (1993), S. 13ff., sieht die enge Auslegung der „theory of the firm" nach *Coase* im Rahmen der Positive Accounting Theory kritisch, da seiner Meinung nach die Manager nicht nur die Agents der Kapitalgeber sind, sondern der gesamten Koalition von Interessenten. So ist bilanzpolitisches Verhalten nicht nur auf die Vertragsbeziehung zwischen Manager und Kapitalgeber zurückzuführen, sondern auch auf die Einbindung in eine Konzernstruktur. Vertragsverhältnisse zu Lieferanten oder Kundenbeziehungen werden nicht berücksichtigt, vgl. dazu auch *Haller* (1994), S. 605.

[502] Vgl. *Haller* (1994), S. 598.

[503] Zur Neuen Institutionenökonomie vgl. die umfassenden Darstellungen u.a. bei *Horsch* (2005); *Erlei et al.* (2007).

[504] Vgl. *Watts/Zimmerman* (1986), S. 15ff.; *Godfrey et al.* (2006), S. 261f.

Basis für die Entwicklung dieser Forschungsrichtung. Dazu fassen *Healy/Palepu* treffend zusammen:

> *„The positive accounting literature focuses on management's motives for making accounting choices when markets are semi-strong form efficient, there are significant costs in writing and enforcing contracts, and there are political costs arising out of the regulatory process."*[505]

Die entsprechende Literatur beschäftigt sich dabei mit der Rolle von

> *„contracting and political considerations in explaining management accounting choices when there are agency costs and information asymmetry."*[506]

Im Folgenden wird daher auf die Ausgestaltung der Principal-Agent-Theory und der Theorie effizienter Kapitalmärkte näher eingegangen, bevor in Kap. 4.2, aufbauend auf dem vorgestellten Theoriegut, die zu untersuchenden Hypothesen dieser Arbeit generiert werden.

4.1.2 Principal-Agent-Theory und ausgewählte Theorieansätze

4.1.2.1 Grundkonzeption der Principal-Agent-Theory

Die Principal-Agent-Theory lässt sich in den Kontext einer positiven Forschungsrichtung wie folgt einordnen: Die positiven Modelle der Principal-Agent-Theory befassen sich in überwiegend verbaler Form mit der Beschreibung und Erklärung institutioneller Gestaltungen von Auftragsbeziehungen in der Realität.[507] Hierbei wird die Abweichung von einem Optimalzustand, u.a. durch die Messung sog. agency costs, ermittelt. Im Gegensatz dazu sind die normativen Principal-Agent-Theorien mathematisch orientiert und behandeln Probleme, in denen individuelle Nutzenfunktionen einer Maximierung unter Nebenbedingungen unterzogen werden.[508] Somit ist der positive Principal-Agent-Ansatz eher nicht-mathematisch, aber empirisch orientiert, während der normative Ansatz mikroökonomisch fundiert und mathematisch ausgerichtet ist.

Um die Entscheidungsfreiheit des Managers in Bezug auf eine bestimmte Rechnungslegungsmethode zu erklären, kommt der Principal-Agent-Theory eine entscheidende Bedeutung zu.[509] *Watts/Zimmerman* stützten sich bei der Entwicklung der Positive Accounting Theory auf die grundlegenden Arbeiten von *Jensen* und *Meckling*.[510] Diese definieren eine Principal-Agenten-Beziehung als

---

[505] *Healy/Palepu* (2001), S. 419.

[506] *Healy/Palepu* (2001), S. 419.

[507] Zur Abgrenzung von normativen Principal-Agent-Modellen vgl. *Wenger/Terberger* (1988), S. 506f.; *Richter/Bindseil* (1995), S. 134; *Meinhövel* (2005), S. 69ff.

[508] Vgl. *Wenger/Terberger* (1988), S. 506ff.; *Richter/Furubotn* (2003), S. 176.

[509] Vgl. *Deegan/Unerman* (2006), S. 213; *Schroeder et al.* (2008), S. 127: „Agency theory is a descriptive theory in that it helps to explain why a diversity of accounting practices exists."

[510] Vgl. *Watts/Zimmerman* (1986), S. 180ff.

„a contract under which one or more persons (the principal(s)) engage another person (the agent) to perform some service on their behalf which involves delegating some decision making authority to the agent."[511]

Die Principal-Agent-Theory beschreibt die Auftragsbeziehungen zwischen wirtschaftlichen Akteuren in einer Welt mit partiellen Interessenskonflikten und asymmetrischer Informationsverteilung.[512] Da in der Wirtschaft nicht nur Transaktionen zwischen gleich informierten Akteuren vorliegen, nimmt häufig ein Auftraggeber (Principal) die Dienste eines besser informierten Beauftragten (Agent) in Anspruch. Hierzu zählt bspw. die Beziehung zwischen Eigentümer (Principal) und Management (Agent) eines Unternehmens.[513] Die Principal-Agent-Theory beschäftigt sich daher mit den wirtschaftlichen Folgen einer Delegation von Entscheidungskompetenzen durch den Principal an einen Agenten, welcher seinen Entscheidungsspielraum opportunistisch ausüben kann.[514] Das Ausnutzen dieser Spielräume und damit die unzureichende Diensterfüllung durch den Agenten bleiben dem Principal zunächst verborgen, da eine asymmetrische Informationsverteilung zwischen dem Auftraggeber und dem besser informierten Agenten vorliegt.[515] Dabei lassen sich folgende Informationsprobleme identifizieren:

- Vor Vertragsabschluss ist es für den Principal schwierig, die Eigenschaften des Agenten und die von ihm angebotenen Leistungen zu beurteilen.[516] Somit bleiben dem Principal ex ante die Eigenschaften über den Vertragspartner verborgen (**hidden characteristics**). Dieser wiederum möchte seine Leistungen zu einem hohen Preis verkaufen und wird daher seine Eigenschaften in einem vorteilhaften Licht erscheinen lassen. Aufgrund des mangelnden Wissens vor Vertragsabschluss wird der Auftraggeber von einer Durchschnittsqualität der angebotenen Leistung ausgehen, wofür er eine durchschnittliche Gegenleistung (Preis) zu zahlen bereit ist.[517] Als Folge werden Auftragnehmer mit einer überdurchschnittlichen Leistungsqualität zu diesen Konditionen nicht mehr anbieten und aus dem Markt aussteigen. Mit dem Marktaustritt sinkt die Durchschnittsqualität der verbleibenden Auftragnehmer. Infolgedessen reagieren die Prinzipale mit einer rückläufigen Preisbereitschaft. Bei dieser Reaktionsspirale verlassen die noch verbleibenden Qualitätsführer den Markt. Es besteht die Gefahr einer Negativauslese (adverse selection).[518]

---

[511] *Jensen/Meckling* (1976), S. 308.

[512] Vgl. *Pfaff/Zweifel* (1998), S. 184. Zum Begriff der asymmetrischen Informationsverteilung vgl. ausführlich *Kiener* (1990), S. 22f.; *Spremann* (1990), S. 562ff.

[513] Vgl. *Breid* (1995), S. 822f.; *Schroeder et al.* (2008), S. 124f. Weitere Beispiele für Vertragsbeziehungen finden sich bei *Picot* (1991), S. 150; *Kräkel* (2007), S. 20. Mit Bezug zum externen Rechnungswesen vgl. auch *Ewert* (1987), S. 284ff.

[514] Vgl. *Meinhövel* (2005), S. 65; vgl. mathematisches Grundmodell einer Principal-Agent-Beziehung bei *Ross* (1973), S. 134ff.; *Hartmann-Wendels* (1989), S. 716ff.; *Hartmann-Wendels* (1992), Sp. 72ff.

[515] Vgl. im Folgenden *Meinhövel* (2005), S. 68f.

[516] Vgl. *Breid* (1995), S. 824; *Göbel* (2002), S. 101.

[517] Vgl. *Horsch* (2005), S. 86.

[518] Vgl. die grundlegende Arbeit von *Akerlof* (1970), S. 488ff., der das Problem der adverse selection am Beispiel des Gebrauchtwagenmarktes „market for lemons" diskutierte. Vgl. ferner *Spremann* (1990), S. 574ff.; *Jost* (2001a), S. 27f.; *Richter/Furubotn* (2003), S. 258ff.; *Erlei et al.* (2007), S. 148ff.

- Nach Vertragsabschluss besteht die Möglichkeit verborgener Handlungen seitens des Auftragnehmers, die vom Auftraggeber nicht oder nur unter prohibitiv hohen Kosten beobachtet werden können (**hidden action**).[519] Der Agent kann die bestehenden Informationsasymmetrien für sich ausnutzen, indem er bspw. verstärkten direkten Konsum am Arbeitsplatz betreibt und seine Arbeitszeit verringert (shirking).[520] Aber auch die Nutzung von Ressourcen des Auftraggebers für private Zwecke, wie z.b. die Nutzung eines Dienstwagens für private Fahrten, fallen unter das hidden action-Problem (consumption on the job).

- Eine weitere Problematik taucht nach Vertragsabschluss auf, wenn der Auftraggeber zwar die Handlungen des Agenten beobachten, aber nicht beurteilen kann (**hidden information**).[521] Diese Informationsprobleme liegen regelmäßig vor, wenn die Asymmetrien aufgrund von Spezialkenntnissen besonders groß sind. Ein Aktionär kann bspw. nur schwer beurteilen, ob ein Manager die für ihn beste Investitionsentscheidung getroffen oder aus eigennützigen Aspekten (z.B. Machtgewinn) gehandelt hat (fringe benefits). Die sich aus den hidden action und hidden information ergebenden Probleme können dazu führen, dass die Gegenpartei nach Vertragsabschluss Handlungsspielräume ausnutzt. Es ergibt sich ein moralisches Risiko (moral hazard).[522]

Die Principal-Agent-Theory bildet die Ausgangsbasis für eine Reihe weiterer Theoriekonzeptionen, welche die Beziehung zwischen Auftraggeber und Auftragnehmer charakterisieren. Die für die Hypothesenbildung relevanten Theorien werden in den folgenden Kapiteln wie folgt erläutert: Die mit der Auftragsbeziehung zwischen Principal und Agent verbundenen Kosten, werden im Rahmen der **Agency Cost Theory** zunächst in Kap. 4.1.2.2) erörtert. Es schließen sich Ausführungen zur **Political Cost Theory** an (Kap. 4.1.2.3), welche die Kosten aus der Einflussnahme von Überwachungsinstanzen und Regulierungsbehörden aufgreift. Schließlich werden entsprechende Lösungsmöglichkeiten für die beschriebenen Agencyprobleme im Rahmen der **Signaling Theory** (Kap. 4.1.2.4) aufgezeigt, bevor abschließend die Prognoseberichterstattung als Reportinginstrument in den Bereich der **Cheap Talk Theory** eingeordnet wird (Kap. 4.1.2.5).

4.1.2.2 Agency Cost Theory

Jensen/Meckling unterscheiden drei Kostenkomponenten, welche die Auftragsbeziehung zwischen Principal und Agent kennzeichnen (agency costs):[523] Zur Überwindung der Informationsasymmetrien fallen im Rahmen eines umfassenden Monitorings zum einen Überwachungskosten (**monitoring costs**) beim Auftraggeber an. Diese umfassen Ausgaben des Principals, um das Verhalten des Agents in seinem Sinne zu beeinflussen (z.B.

---

[519] Vgl. *Arrow* (1985), S. 43ff.; *Hartmann-Wendels* (1989), S. 714; *Picot* (1991), S. 151f.; *Kräkel* (2007), S. 21.

[520] Vgl. *Breid* (1995), S. 832; *Göbel* (2002), S. 102; *Subramaniam* (2006), S. 59f.

[521] Vgl. *Picot* (1991), S. 152; *Demougin/Jost* (2001), S. 77ff.; *Göbel* (2002), S. 102; *Perridon/Steiner* (2007), S. 524.

[522] Vgl. *Arrow* (1985), S. 38ff.; *Richter/Furubotn* (2003), S. 174. Zur Moral Hazard-Problematik vgl. das grundlegende Modell von *Stiglitz/Weiss* (1981), S. 393ff., sowie *Spremann* (1990), S. 571ff.

[523] Vgl. im Folgenden *Jensen/Meckling* (1976), S. 308; *Richter/Furubotn* (2003), S. 177.

Kosten der Beobachtung, Kosten für die Vorgabe von Regeln etc.).[524] Zum anderen ergeben sich Rechenschaftskosten (**bonding costs**) beim Beauftragten. Diese beinhalten Ausgaben des Agenten, um seinerseits Informationsasymmetrien abzubauen und Zielharmo-
nie herbeizuführen (z.B. Kosten für ein Signaling, Reporting). Die dritte Komponente
umfasst den **residual loss**. Dieser ergibt sich als ein in Geld gemessener Wohlfahrtsverlust
für den Auftraggeber aufgrund einer Abweichung zwischen der tatsächlichen Handlung
des Beauftragten und einer für den Principal nutzenmaximierenden Handlung.[525] Die
Summe dieser drei Kostenkomponenten ergeben die sog. agency costs. Diese können je
nach Unternehmensgröße und Komplexitätsgrad unterschiedlich ausgestaltet sein. Tendenziell zeigt sich aber, dass größere und komplexere Unternehmen mit zunehmenden
Informationsasymmetrien und agency costs konfrontiert sind.[526] Im Rahmen der Positive
Accounting Theory stellt das Reporting ein mögliches Instrument dar, die bestehenden
agency costs zu verringern, so dass die Agenten im Interesse der Prinzipale handeln.[527] Die
Positive Accounting Theory betont dabei

"the role of accounting in reducing the agency costs of an organization."[528]

Das Reporting wird umso weitreichender sein, je größer das Unternehmen und die damit
verbundenen Informationsasymmetrien und agency costs sind. Die Prognoseberichterstattung kann daher im Rahmen der Agency Cost Theory als Monitoring-Instrument interpretiert werden, welches die Überwachungskosten, verursacht durch die ungleiche Informationsverteilung, zu minimieren versucht.

4.1.2.3 Political Cost Theory

Während die Agency Cost Theory die Beziehungen zwischen Principal und Agent kennzeichnet, resultieren politische Kosten aus der Einflussnahme von Überwachungsinstanzen
und Regulierungsbehörden auf die Geschäftsaktivitäten des Unternehmens. Diese sind
somit definiert als

*„those associated with the power of government to expropriate wealth from companies
and to redistribute it to other parties in society."*[529]

Der Geschäftsbericht kann dabei unterschiedlichen Adressaten als Informationsinstrument dienen, z.B. den Gewerkschaften zur Lohnfindung oder den Verbraucherverbänden,
um die Angemessenheit der Preise zu beurteilen.[530] Dabei werden Überwachungsinstanzen, wie z.B. die *DPR*, ihre Aufmerksamkeit tendenziell auf Unternehmen lenken, deren
Berichterstattung unzureichend ist.

---

[524] Vgl. *Göbel* (2002), S. 125. Für weitere Beispiele siehe auch *Schroeder et al.* (2008), S. 125f.
[525] Vgl. *Meinhövel* (2005), S. 73. Zum Residualverlust vgl. auch *Göbel* (2002), S. 125; *Richter/Furubotn*
(2003), S. 177.
[526] Vgl. *Jensen/Meckling* (1976), S. 305ff.
[527] Vgl. *Healy/Palepu* (2001), S. 407.
[528] *Deegan/Unerman* (2006), S. 217.
[529] *Wong* (1995), S. 397.
[530] Vgl. *Wong* (1995), S. 397f.

Im Rahmen der Political Cost Theory wird argumentiert, dass die Unternehmensgröße ein entscheidender Indikator für die Marktmacht einer Gesellschaft ist und damit verstärkt die Aufmerksamkeit von Überwachungsinstanzen und Regulierungsbehörden anzieht.[531] Je größer ein Unternehmen ist, desto höher sind auch die anfallenden politischen Kosten (z.B. Steuern, Umweltschutzauflagen etc.). Um diese zu reduzieren, werden insbesondere größere Unternehmen eine umfangreichere Berichterstattung aufweisen als kleinere. Aber nicht nur die Unternehmensgröße steht im Zusammenhang mit der Verursachung politischer Kosten, auch der Einfluss der Branchenzugehörigkeit ist nicht außer Acht zu lassen.[532] So werden „political sensitive firms"[533] zu einer umfangreicheren Berichterstattung neigen, um anfallende politische Kosten zu minimieren. Als typisches Beispiel für politisch sensible Unternehmen wird in der Literatur oftmals die Mineralölindustrie angeführt.[534] Gegen Ende des Jahres 1973 kam mit Beginn der Mineralölversorgungsschwierigkeiten ein gesteigertes öffentliches Interesse an den Aktionen und der wirtschaftlichen Entwicklung dieser Branche auf. Demnach lässt sich ein besonderes Interesse an Informationen über Konzerne bestimmter Wirtschaftszweige nicht verneinen. Im Kontext dieser Arbeit fokussieren sich die Informationen dabei auf die im Prognosebericht gemachten Angaben.

4.1.2.4 Signaling Theory

Lösungsmöglichkeiten für die in den vorstehenden Kapiteln beschriebene Agencyproblematik liegen insbesondere in der Reduzierung der Informationsasymmetrien zwischen Principal und Agent.[535] Der Principal hat die Möglichkeit, vor Vertragsabschluss die Aktivitäten des Auftragnehmers zu „durchleuchten", um den geeigneten Agenten zu finden und die Gefahr einer falschen Auswahl zu vermindern (Screening).[536] Nach Vertragsabschluss bleibt dem Auftraggeber die Möglichkeit, die Handlungen des Auftragnehmers zu beobachten und zu überwachen, um die Informationsasymmetrien zu reduzieren (Monitoring).[537] Hierbei können eigens eingerichtete Stellen oder Gremien, wie z.B. Revisoren, Aufsichtsräte oder Sicherheitsbeauftragte, die Tätigkeiten der Agenten kontrollieren.

Auf der Seite des Auftragnehmers bietet sich hingegen ein Signaling oder Reporting an. Hat der Agent ein Interesse daran, die Informationsunterschiede vor Vertragsabschluss zu senken, wird er versuchen, dem Auftraggeber seine Eigenschaften glaubhaft zu signalisie-

---

[531] Vgl. *Watts/Zimmerman* (1990), S. 139; *Schroeder et al.* (2008), S. 126.

[532] Vgl. *Ball/Foster* (1982), S. 183: „firm size operationalization ignores industry membership, which may be a key determinant."

[533] *Deegan/Unerman* (2006), S. 242.

[534] Vgl. *Wasser* (1976), S. 95; *Verrecchia* (1983), S. 182.

[535] Vgl. *Göbel* (2002), S. 110ff.

[536] Vgl. vertiefend *Stiglitz* (1975), S. 283ff.; *Bester/Hellwig* (1987), S. 135ff.; *Jost* (2001a), S. 28f.; *Kräkel* (2007), S. 29ff.

[537] Vgl. *Arrow* (1985), S. 45f.; *Göbel* (2002), S. 112; *Subramaniam* (2006), S. 62f.

ren (Signaling).[538] Nach Vertragsabschluss ist der Agent u.U. selbst daran interessiert, sein Handeln gegenüber dem Principal transparent zu machen. Unter den Begriff des Reportings fallen Tätigkeiten, wie z.b. die Berichterstellung, die Dokumentation der Aktivitäten oder die freiwillige Unterwerfung von Kontrollen. Tab. 4-1 fasst die dargestellten Agencyprobleme mit den dazugehörigen Lösungsmöglichkeiten zusammen.[539]

Entstehungszeitpunkt	Problemtyp	Problem	Lösungsmöglichkeiten	
			Principal	Agent
Vor Vertragsabschluss	Hidden characteristics	Adverse selection	Screening	Signaling
Nach Vertragsabschluss	Hidden action	Shirking, consumption on the job	Monitoring	Reporting
	Hidden information	Fringe benefits		

Tab. 4-1: Agencyprobleme und Lösungsmöglichkeiten
        Quelle: in Anlehnung an *Göbel* (2002), S. 100 und S. 110

Im Rahmen der Signaling Theory werden somit Möglichkeiten diskutiert, um den Informationsasymmetrien zu begegnen. Diese können durch die besser informierte Vertragspartei abgebaut werden, indem bestimmte Informationen publiziert werden.[540] Im Rahmen dieser Arbeit bezieht sich das Signaling auf die im Prognosebericht publizierten Angaben über das zukünftige Unternehmensgeschehen. Dabei ergeben sich für Gesellschaften mit positiven Ertragsaussichten Anreize, diese dem Markt weiterzuleiten, um sich von Unternehmen mit einer zukünftig schlechten Ertragslage abzugrenzen.[541] Die Nichtveröffentlichung von Informationen würden Investoren hingegen als Signal für ungünstige Geschäftsaussichten interpretieren (vgl. Kap. 2.1.7).

4.1.2.5 Cheap Talk Theory

Nach Vertragsabschluss kann der Agent im Rahmen eines umfassenden Reportings sein Handeln gegenüber dem Principal transparent machen. Dieses Reporting umfasst dabei nicht nur vergangenheitsbezogene Informationen über das Unternehmensgeschehen, sondern kann auch einen Ausblick auf die zukünftigen Geschäftsaktivitäten beinhalten. Im Rahmen der Cheap Talk Theory[542] stellen Prognosen über das künftige Unternehmensgeschehen Nachrichten dar, die im Abgabezeitpunkt weder überprüfbar noch bindend sind.[543]

---

[538] Vgl. grundlegende Arbeiten von *Spence* (1973), S. 47ff.; *Spence* (2002), S. 434ff., der die Signaling Theory ursprünglich in Bezug auf die Informationsasymmetrien am Arbeitsmarkt entwickelt hatte. Vgl. auch ausführliche Darstellung des Signaling-Ansatzes bei *Gruber* (1987), S. 205ff.; *Kräkel* (2007), S. 29ff.

[539] Für eine erweiternde Darstellung vgl. auch *Breid* (1995), S. 824.

[540] Vgl. *Morris* (1987), S. 48.

[541] Vgl. *Ross* (1979), S. 183ff.; *Brotte* (1997), S. 96; *Godfrey et al.* (2006), S. 315f.

[542] Vgl. grundlegende Arbeiten von *Farrell/Gibbons* (1989), S. 1214ff.; *Aumann/Hart* (2003), S. 1619ff.

[543] Vgl. *Wagenhofer/Ewert* (2007), S. 375.

„*Cheap talk consists of costless, nonbinding, nonverifiable messages that may affect the listener's beliefs.*"[544]

Die Kommunikation findet dabei zwischen einem besser informierten Sender (Agent) und einem schlechter informierten Empfänger (Principal) statt, der ein Signal in Form von zukunftsbezogenen Angaben sendet.[545] Der Sender, welcher die Informationen besitzt und weitergibt, hat keine unmittelbaren Vor- oder Nachteile aus der Publikation dieser Informationen.[546] Durch die Berichterstattung wird nur der Empfänger beeinflusst. Im Rahmen der Cheap Talk-Modelle gibt es keine Beschränkung der berichteten Information; prinzipiell kann sie alles umfassen. In dieser Arbeit können die im Prognosebericht abgegebenen Informationen als Cheap Talk für das Unternehmen bezeichnet werden, da diese beliebig publiziert werden können, ohne eine Bindungswirkung zu entfalten. Ferner handelt es sich bei Prognosen um Aussagen, die im Zeitpunkt ihrer Abgabe durch den Rechnungslegungsadressaten nicht verifiziert werden können. Erst zu einem späteren Zeitpunkt wird sich zeigen, wie zuverlässig die publizierten Aussagen im Geschäftsbericht waren.

Die Cheap Talk Theory unterscheidet sich von der Signaling Theory dadurch, dass beim Signaling das abgegebene Signal (z.B. Dividendenankündigung) direkt den Nutzen des Senders beeinflusst.[547] Hierbei werden dem Empfänger glaubwürdige Informationen übermittelt. Hingegen werden beim Cheap Talk dem Adressaten Informationen über die Zukunft zur Verfügung gestellt, die im Zeitpunkt ihrer Abgabe auf Einschätzungen beruhen und damit die Glaubwürdigkeit der publizierten Daten infrage gestellt werden kann. Bei Prognosen handelt es sich um nicht verifizierbare Informationen, die ein Unternehmen nicht wahrheitsgetreu ausweisen muss, sondern innerhalb bestimmter Grenzen manipulieren kann.[548] Um die publizierten Prognosen den Adressaten dennoch glaubwürdig zu übermitteln, besteht u.a. die Möglichkeit, das Signaling als zusätzliches Instrument einzusetzen. So kann ein Unternehmen bspw. offensichtlich Investitionen tätigen, zum Beweis, dass es von einer positiven zukünftigen Wirtschaftsentwicklung ausgeht.

4.1.3 Efficient Capital Market Theory

Die Entwicklung der Positive Accounting Theory wurde neben der Principal-Agent-Theory durch die Theorie der effizienten Kapitalmärkte (efficient market hypothesis, EMH) entscheidend beeinflusst. Letztere baut auf den grundlegenden Arbeiten von *Fama* auf.[549] Dieser definiert einen Kapitalmarkt als informationseffizient, wenn die Kurse jederzeit alle verfügbaren Informationen vollständig widerspiegeln:

---

[544] *Farrell/Rabin* (1996), S. 116.
[545] Vgl. *Crawford/Sobel* (1982), S. 1431ff.
[546] Vgl. *Wagenhofer/Ewert* (2007), S. 375.
[547] Zu den Unterschieden vgl. *Wagenhofer/Ewert* (2007), S. 375.
[548] Vgl. im Folgenden zur Glaubwürdigkeit nicht verifizierter Informationen *Wagenhofer/Ewert* (2007), S. 372ff.
[549] Vgl. *Fama et al.* (1969), S. 1ff.; *Fama* (1970), S. 383ff.; *Fama* (1976), S. 133ff.; *Fama* (1991), S. 1575ff.

„A market in which prices always 'fully reflect' all available information. "[550]

Ein Kapitalmarkt gilt somit als informationseffizient, wenn die Preise der Finanzierungstitel dem jeweils gegebenen Informationsstand entsprechen.[551] Die Anpassung an das jeweilige Marktgleichgewicht erfolgt unendlich schnell. Eine Über- oder Unterbewertung von Wertpapieren gibt es folglich nicht. Läge diese Informationseffizienz nicht vor, hätten Investoren die Möglichkeit, höhere Renditen zu erzielen, indem sie Unter- und Überbewertungen der Finanzierungstitel für sich ausnutzen könnten. Nach *Fama* werden drei Stufen der Informationseffizienz abgegrenzt:[552]

- die schwache,
- die mittelstrenge und
- die strenge Informationseffizienz.

Das Abgrenzungskriterium für die einzelnen Stufen bildet dabei die Informationsmenge, welche in die Kursbildung auf dem Kapitalmarkt einfließt. Die jeweils höhere Form von Informationseffizienz schließt die niedrigeren Stufen mit ein, so dass sich der beschriebene Zusammenhang wie folgt illustrieren lässt (vgl. Abb. 4-1):[553]

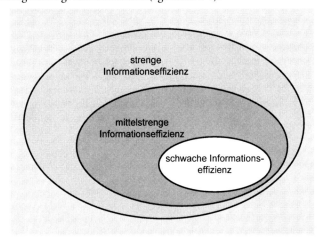

Abb. 4-1: Abstufungen von Informationseffizienz
Quelle: in Anlehnung an *Steiner/Bruns* (2007), S. 40

Bei der **schwachen** Informationseffizienz spiegeln sich in den aktuellen Kursen alle Informationen über beobachtete Marktpreise der Vergangenheit wider.[554] Dahinter steht die Annahme, dass Marktvorgänge der Vergangenheit Schlüsse auf die zukünftige Entwick-

---

[550] *Fama* (1970), S. 383.
[551] Vgl. hier und im Folgenden Ausführungen bei *Pernsteiner* (1997), S. 24; *Franke/Hax* (2004), S. 398.
[552] Vgl. *Fama* (1970), S. 383ff.
[553] Vgl. *Lindemann* (2004), S. 13f.; *Steiner/Bruns* (2007), S. 39f.
[554] Vgl. zur schwachen Informationseffizienz im Folgenden *Franke/Hax* (2004), S. 399; *Steiner/Bruns* (2007), S. 39; *Wagenhofer/Ewert* (2007), S. 92; *Schroeder et al.* (2008), S. 118.

lung zulassen. Ein bestimmtes Verlaufsmuster in der Kursentwicklung könnte sich bspw. häufiger wiederholen. Liegt ein schwach informationseffizienter Kapitalmarkt vor, können durch die Analyse historischer Börsendaten (technische Aktienanalyse) keine überdurchschnittlichen Renditen erzielt werden.

Auf der Stufe der **mittelstrengen** Informationseffizienz verarbeitet der Kapitalmarkt alle öffentlich zugänglichen Informationen.[555] Neben historischen Kursdaten gehören hierzu auch Pressemitteilungen sowie öffentlich verfügbare Jahresabschlüsse und sonstige Publikationen des Unternehmens. Durch die Auswertung dieser Informationsmedien (Fundamentalanalyse) können keine überdurchschnittlichen Anlagegewinne mehr erzielt werden.

Auf **streng** informationseffizienten Märkten gehen alle vorhandenen Informationen in den Preisbildungsprozess ein. Somit ist es auch Insidern nicht möglich, Überrenditen mit ihrem Wissen zu erzielen.[556] Ein Insiderhandelsverbot wäre daher auch nicht mehr nötig, da Insider keinen zusätzlichen Nutzen generieren.[557]

Empirische Untersuchungen zeigen, dass die strenge Informationseffizienz auf Wertpapiermärkten nicht vorzufinden ist.[558] Hinsichtlich der schwachen Form der Informationseffizienz argumentieren die Anhänger der technischen Analyse, dass beo-bachtbare und wiederkehrende Trends an den Kapitalmärkten vorhanden sind. Das Vorliegen der mittelstrengen Informationseffizienz ist hingegen umstritten.[559] Im Bereich der Rechnungslegung ist vornehmlich diese Stufe der Informationseffizienz relevant, weil es sich hierbei um Informationen handelt, die dem Kapitalmarkt öffentlich zugänglich sind.[560] Eine Abgrenzung, welche Informationen als öffentlich verfügbar gelten, ist jedoch z.T. schwierig.[561] Hierzu zählen bspw. auch Informationen von Börsendiensten, die von jedem Investor entgeltlich erworben werden können. Solche Daten sind allgemein zugänglich, solange ein Preis dafür entrichtet wird. Aus diesem Grund ist ein differenziertes Vorgehen bei der Beurteilung der Kapitalmarkteffizienz ratsam, da Kapitalmärkte nicht einheitliche Effizienzgrade aufweisen.[562]

Der Theorie effizienter Kapitalmärkte kam bei der Entwicklung der Positive Accounting Theory eine entscheidende Bedeutung zu.[563]

„One form of the EMH hypothesis states that given publicly available information, the current price of a stock is an unbiased estimate of future prices of that stock (see Watts

---

[555] Vgl. zur mittelstrengen Informationseffizienz die Ausführungen bei *Schildbach* (1986), S. 11; *Lindemann* (2004), S. 14; *Brealey et al.* (2008), S. 359.
[556] Vgl. *Lindemann* (2004), S. 14; *Godfrey et al.* (2006), S. 262; *Perridon/Steiner* (2007), S. 199; *Schroeder et al.* (2008), S. 119.
[557] Vgl. *Pernsteiner* (1997), S. 24.
[558] Vgl. *Steiner/Bruns* (2007), S. 42ff. Zur Informationseffizienz des deutschen Aktienmarktes vgl. auch die Analyse von *Möller* (1985), S. 500ff.
[559] Vgl. *Pernsteiner* (1997), S. 25.
[560] Vgl. *Wagenhofer/Ewert* (2007), S. 92.
[561] Kritisch zur mittelstrengen Informationseffizienz vgl. *Schildbach* (1986), S. 13ff.
[562] Vgl. *Steiner/Bruns* (2007), S. 46.
[563] Vgl. *Watts/Zimmerman* (1986), S. 15ff.; *Deegan/Unerman* (2006), S. 210ff.

and Zimmerman, 1986, chapter 2). An implication of the EMH is that the stock market reacts in an unbiased fashion to accounting earnings announcements [...]."[564]

Die Entwicklung einer Theorie effizienter Kapitalmärkte in den 1960er Jahren bildete den Ausgangspunkt für eine Vielzahl kapitalmarktorientierter Studien, die sich der Forschungsrichtung der Positive Accounting Theory zuordnen ließen. Die Arbeiten von *Beaver*, *Ball/Brown* und *Fama et al.*[565] waren dabei wegweisend auf dem Gebiet der positiven Kapitalmarktforschung.[566] Aufbauend auf den Annahmen eines mittelstrengen informationseffizienten Kapitalmarktes, versuchten diese Studien im Rahmen der Positive Accounting Theory die Aktienkursreaktion auf die Abgabe von Rechnungslegungsinformationen zu erklären. Hingegen war die Zahl normativ ausgerichteter Arbeiten in englischsprachigen Journals während dieses Zeitraums rückläufig.[567] Auch im Rahmen dieser Arbeit wird auf die Theorie effizienter Kapitalmärkte zurückgegriffen, um das Aktienkursverhalten auf die Abgabe von Prognosen zu analysieren.

4.2   Entwicklung von Hypothesen

4.2.1   Vorüberlegungen zur Hypothesenentwicklung

Hypothesen stellen Zusammenhänge auf Basis einer Theorie dar, die mithilfe gegebener Daten empirisch getestet werden können.[568] Diese sagen das Ergebnis einer empirischen Untersuchung vorher und geben durch ihre theoretische Fundierung gleichzeitig eine Erklärung des untersuchten Effekts ab.[569] In der Literatur werden Forschungshypothesen wie folgt klassifiziert:[570]

- **Veränderungshypothesen** unterstellen, dass sich die Ausprägung einer Variablen im Verlauf der Zeit ändert.
- **Unterschiedshypothesen** testen den Zusammenhang, ob zwei (oder mehrere) Populationen sich bzgl. einer abhängigen Variablen unterscheiden.
- **Zusammenhangshypothesen** gehen davon aus, dass zwischen zwei oder mehr Merkmalen ein Zusammenhang besteht.

Die Besonderheit der statistischen Hypothesenprüfung liegt darin, dass sie immer von einem Hypothesenpaar, bestehend aus einer sog. Alternativhypothese und einer Nullhypothese, ausgeht.[571] Die Forschungshypothese entspricht üblicherweise der Alternativ-

---

[564] *Watts* (1995), S. 303.

[565] Vgl. *Beaver* (1968), S. 67ff.; *Ball/Brown* (1968), S. 159ff.; *Fama et al.* (1969), S. 1ff.; ausführlich zum Inhalt dieser Studien vgl. bereits Kap. 3.1.2.

[566] Vgl. *Watts/Zimmerman* (1986), S. 40ff. und S. 57ff.; *Godfrey et al.* (2006), S. 266ff.

[567] Vgl. *Watts* (1995), S. 303. Während der Anteil empirischer Studien im Journal of Accounting Research von 5% in 1963 auf 60% in 1972 anstieg, sank der Anteil normativer Arbeiten von 39% in 1963 auf 0% in 1972; vgl. *Dyckman/Zeff* (1984), S. 240.

[568] Vgl. *Wagenhofer* (1990), S. 222. Zum Begriff der forschungsleitenden Hypothese vgl. auch *Mayntz et al.* (1978), S. 30f.

[569] Vgl. *Bortz/Döring* (2006), S. 23.

[570] Vgl. zur folgenden Klassifizierung *Bortz/Döring* (2006), S. 492.

[571] Vgl. *Smith* (2003), S. 52f.; *Bortz/Döring* (2006), S. 24.

hypothese. Die Nullhypothese drückt hingegen aus, dass bestimmte Zusammenhänge bzw. Veränderungen nicht auftreten.

Aufbauend auf dem im vorangegangenen Kapitel dargelegten Theoriegut werden im Folgenden die zu untersuchenden Hypothesen dieser Arbeit abgeleitet. Die Reihenfolge orientiert sich dabei an den in der Einleitung formulierten Teilzielen der Arbeit: Entwicklung und Ausgestaltung der Berichterstattung (Kap. 4.2.2), Bestimmungsfaktoren der Berichterstattung (Kap. 4.2.3) und Entscheidungsrelevanz der Berichterstattung (Kap. 4.2.4).

4.2.2 Entwicklung und Ausgestaltung der Prognosepublizität

4.2.2.1 Entwicklung der Berichterstattung

Es kann die Vermutung aufgestellt werden, dass sich die Prognoseberichterstattung im Zeitablauf hinsichtlich ihres Umfangs (i.s.v. Quantität der Berichterstattung) verbessert hat. Dies lässt sich zum einen damit begründen, dass im Jahr 2005 mit Verabschiedung des DRS 15 zusätzliche Anforderungen an die Berichterstattung zur zukünftigen Unternehmensentwicklung gestellt wurden, wodurch der Abschlusserstellter zusätzliche Leitlinien und Empfehlungen zur Gestaltung des Prognoseberichts erhalten hat. Zum anderen kann vor dem Hintergrund der **Political Cost Theory** argumentiert werden (vgl. Kap. 4.1.2.3), dass Unternehmen nach Verabschiedung des DRS 15 umfassender berichten werden, um ein negatives Auffallen bei Enforcement-Institutionen zu vermeiden. Um die durch den Enforcement-Prozess möglicherweise anfallenden politischen Kosten so gering wie möglich zu halten, ist folgender Zusammenhang zu untersuchen:

H₁: Der Umfang der Prognoseberichterstattung steigt im Untersuchungszeitraum.

Frühere empirische Studien konnten zeigen, dass sich der Umfang der Berichterstattung im Zeitablauf durchaus verbessert hat. Die Studie von *Schmidt/Wulbrand* konstatierte z.B. eine allgemeine Verbesserung des Informationsgehalts und der Vergleichbarkeit der Lageberichterstattung nach Einführung des DRS 15 für die DAX-30-Gesellschaften.[572] In Bezug auf den Prognosebericht stellte die *Kirchhoff Consult AG* fest, dass sich die Transparenz im Geschäftsjahr 2005 im Vergleich zu 2004 bei den DAX-30-Unternehmen leicht verbessert hatte.[573]

Der Umfang der Berichterstattung und damit deren Entwicklung im Zeitablauf können im empirischen Teil der Arbeit anhand des entwickelten Disclosure Index abgebildet werden. Dieser gilt als Maß für die Quantität der Prognoseberichterstattung.[574]

---

[572] Vgl. *Schmidt/Wulbrand* (2007), S. 426. Der Umfang der Lageberichterstattung wurde dabei in Sätzen gemessen; ausführlich zu dieser Studie vgl. Kap. 3.2.1.
[573] Vgl. *Kirchhoff Consult AG* (2006), S. 4; ausführlich zu dieser Studie vgl. Kap. 3.2.1.
[574] Vgl. hierzu auch ausführliche Diskussion in Kap. 5.1.2.2.

4.2.2.2 Ausgestaltung der Berichterstattung

Da sich die Angaben im Prognosebericht auf die Zukunft beziehen, ist die Einschätzung der Zuverlässigkeit im Publizitätszeitpunkt schwierig. Infolgedessen eröffnen sich Ermessensspielräume bei der Abgabe von Prognosen für das Management. In diesem Kontext werden zukunftsgerichtete Aussagen auch als **Cheap Talk** bezeichnet, da sie im Abgabezeitpunkt weder überprüfbar noch bindend sind (vgl. Kap. 4.1.2.5).[575] Es ist daher anzunehmen, dass die Prognoseberichterstattung Unterschiede bzgl. ihres Genauigkeitsgrades und des Prognosehorizonts aufweist. Für die Unternehmensleitung besteht ein Anreiz, ungünstige Prognoseinformationen zurückzuhalten, um negative Investorenreaktionen zu vermeiden. Eine ungenaue, weniger aussagekräftige Berichterstattung könnte die Einschätzung der künftigen Geschäftsentwicklung für Investoren erschweren. Dieser Effekt wird noch verstärkt, wenn sich die zukunftsgerichteten Angaben nur auf einen kurzen Prognosehorizont erstrecken. Gerade bei uninformierten Berichtsadressaten (z.B. Kleinaktionären) könnte im Rahmen von Cheap Talk-Modellen gezeigt werden, dass unpräzise Gewinnprognosen veröffentlicht wurden, um das Entscheidungsverhalten der Adressaten zu beeinflussen.[576] Auch die Untersuchung von *Skinner* ließ erkennen, dass gute Nachrichten in Form von Punkt- oder Intervallprognosen abgegeben wurden, während bei schlechten Neuigkeiten lediglich qualitative Angaben erfolgten.[577] Vor diesem Hintergrund lässt sich die Hypothese aufstellen, dass die Berichterstattung über das künftige Unternehmensgeschehen unterschiedlich ausgestaltet ist. Die unterschiedliche Ausgestaltung der Berichterstattung kann dabei anhand des Genauigkeitsgrades von Prognosen und anhand des Prognosehorizonts operationalisiert werden.

H₂: Die Prognosegegenstände weisen unterschiedliche Genauigkeitsgrade auf.
H₃: Die Prognosegegenstände weisen unterschiedliche Prognosehorizonte auf.

4.2.3 Bestimmungsfaktoren der Prognosepublizität

4.2.3.1 Einfluss der Unternehmensgröße

Die Nachfrage nach einer Berichterstattung über das Unternehmensgeschehen lässt sich im Rahmen der Principal-Agent-Theory über die bestehenden Informationsasymmetrien zwischen Management und Investor begründen:

> *„demand for financial reporting and disclosure arises from information asymmetry and agency conflicts between managers and outside investors."*[578]

Je größer und komplexer ein Unternehmen ist, desto umfassender gestalten sich diese Informationsasymmetrien und die damit im Zusammenhang stehenden **agency costs** (vgl.

---

[575] Vgl. *Farrell/Gibbons* (1989), S. 1214ff.; *Aumann/Hart* (2003), S. 1619ff.; *Wagenhofer/Ewert* (2007), S. 75.

[576] Vgl. *Newman/Sansing* (1993), S. 92ff. Die Ergebnisse der Untersuchung decken sich mit der Beobachtung, dass „firms sometimes provide very precise estimates of future earnings, whereas at other times firms provide a highly 'qualitative' forecast."

[577] Vgl. empirische Befunde bei *Skinner* (1994), S. 38ff.; ausführlich zu der Studie vgl. Kap. 3.2.2.2.2.

[578] *Healy/Palepu* (2001), S. 406.

Kap. 4.1.2.2).[579] Um letztere zu reduzieren, werden größere Unternehmen dazu geneigt sein, eine umfassende Berichterstattung, insbesondere auch über das zukünftige Unternehmensgeschehen, abzugeben. Je weitreichender die abgegebenen Informationen sind, desto eher lassen sich die Informationsasymmetrien und die damit im Zusammenhang stehenden agency costs abbauen. Mittelgroße und kleinere Unternehmen werden hingegen vom Umfang her tendenziell weniger ausweisen. Als eine mögliche Determinante der Prognoseberichterstattung lässt sich somit die Unternehmensgröße identifizieren.

Auch im Rahmen der **Political Cost Theory** konnte gezeigt werden, dass die Unternehmensgröße ein Indikator für die Marktmacht und damit die Aufmerksamkeit von Regulierungsbehörden ist (vgl. Kap. 4.1.2.3). Je größer ein Unternehmen ist, desto höher sind die anfallenden politischen Kosten für dieses:

„The magnitude of the political costs is highly dependent on firm size."[580]

Um die Aufmerksamkeit von regulierenden Institutionen und die damit im Zusammenhang stehenden Kosten zu reduzieren, werden größere Unternehmen vermutlich umfangreicher über die zukünftige Unternehmensentwicklung berichten.

Ein weiteres Argument, welches die Größen-Hypothese untermauert, ist das bei Großunternehmen tendenziell besser ausgebaute interne Controllingsystem.[581] Für eine fundierte Prognoseerstellung sind weitreichende Möglichkeiten zur Informationsbeschaffung sowie leistungsfähige Kapazitäten zur Informationsverarbeitung erforderlich.[582] Vor allem große DAX-Konzerne werden umfassende interne Prognoseverfahren und -modelle etabliert haben, die dem Management zur zukünftigen Unternehmenssteuerung dienen.[583] Die intern generierten Daten können somit als Basis für die externe Berichterstattung fungieren. Hingegen kann bei mittelgroßen und kleineren Unternehmen, die vermutlich aufgrund von begrenzten Ressourcen nur über eingeschränkte Controllingsysteme verfügen, mit einem geringeren Publizitätsumfang gerechnet werden.[584] Hierfür spricht auch das Argument, dass kleinere Unternehmen, insbesondere Einproduktunternehmen, Informationen über die zukünftige Geschäftsentwicklung zurückhalten, aus Angst, ihre Wettbewerbsposition zu verschlechtern.[585]

---

[579] Vgl. *Jensen/Meckling* (1976), S. 305ff.
[580] *Watts/Zimmerman* (1978), S. 115; vgl. auch *Godfrey et al.* (2006), S. 318.
[581] Vgl. Argumentation bei *Singhvi/Desai* (1971), S. 131; *Frings* (1975), S. 286; *Cooke* (1989), S. 119. Empirische Befunde zeigen, dass größere Unternehmen über tendenziell besser ausgestaltete Controllingsysteme verfügen; vgl. *Bruns/Waterhouse* (1975), S. 177ff.; *Amshoff* (1993), S. 372ff. m.w.N.; *Chenhall* (2003), S. 148ff. Zur Ausgestaltung von Controllingsystemen allgemein vgl. *Küpper* (2008); *Weber/Schäffer* (2008); *Horváth* (2009).
[582] Vgl. *Wasser* (1976), S. 72.
[583] Zu Prognoseverfahren und -modellen vgl. bereits Kap. 2.1.4.
[584] „Smaller firms may not possess the necessary resources for collecting and presenting an extensive array of information."; *Buzby* (1975), S. 18.
[585] Vgl. *Frings* (1975), S. 287; *Wasser* (1976), S. 72.

Die vorstehenden Ausführungen haben gezeigt, dass die Unternehmensgröße als eine mögliche Determinante der Prognoseberichterstattung infrage kommt.[586] Somit soll im weiteren Verlauf der Arbeit folgende Hypothese getestet werden:

> H_4: Es besteht ein positiver Zusammenhang zwischen dem Umfang der Prognoseberichterstattung und der Unternehmensgröße.

Vergangene empirische Studien konnten nicht immer einen positiven Zusammenhang zwischen der Berichterstattung über den zukünftigen Geschäftsverlauf und der Unternehmensgröße bestätigen. Während die Studie von *Wasser* zu dem Ergebnis kam, dass die Unternehmensgröße als Bestimmungsfaktor des Ausmaßes freiwilliger Prognosepublizität angesehen werden konnte,[587] ergab sich bei *Bauchowitz* kein Zusammenhang zwischen der Publizitätsbereitschaft über die zukünftige Entwicklung des Unternehmens und seiner Größe.[588] Allgemein lässt sich jedoch ein Zusammenhang zwischen der Unternehmensgröße und der Publizitätsfreudigkeit im Geschäftsbericht in internationalen Studien feststellen.[589]

Die Unternehmensgröße als eine mögliche Determinante kann durch verschiedene Variablen gemessen werden.[590] Infrage kommen hier bspw. die Bilanzsumme oder der Umsatz. Aber auch die Anzahl der Mitarbeiter kann als Maßstab für die Unternehmensgröße herangezogen werden.

4.2.3.2 Einfluss der Ertragslage

Aufgrund der vorliegenden Informationsasymmetrien zwischen Principal und Agent müssen Investoren bei fehlenden Informationen über die zukünftige Unternehmensentwicklung von durchschnittlichen Ertragsaussichten ausgehen.[591] Das unter dem Begriff der adverse selection beschriebene Agencyproblem kann durch **Signaling**-Maßnahmen reduziert werden (vgl. Kap. 4.1.2.4). Danach besteht für Unternehmen mit positiven Ertragsaussichten der Anreiz, diese dem Markt zu signalisieren, um sich von Unternehmen mit schlechten Ertragsaussichten abzugrenzen. Als eine weitere mögliche Determinante der Prognoseberichterstattung lässt sich somit die Ertragslage ausmachen. Auch *Singhvi/Desai* sehen einen positiven Zusammenhang zwischen der Rentabilität des Unternehmens und der Berichterstattung.[592] Die Argumentation der Autoren stützt sich auf die Annahme, dass die Rendite als ein Maßstab für die Qualität des Managements dient:

---

[586] Zum Einfluss der Unternehmensgröße auf das Publizitätsverhalten vgl. auch *Berndsen* (1978), S. 130ff.

[587] Vgl. *Wasser* (1976), S. 81; ausführlich zu dieser Studie vgl. Kap. 3.2.2.1.

[588] Vgl. *Bauchowitz* (1979), S. 171, ausführlich zu dieser Studie vgl. Kap. 3.2.2.1. Sowohl die Untersuchung von *Wasser* (1976) als auch die Studie von *Bauchowitz* beschränkten sich auf die freiwillige Prognosepublizität nach § 160 AktG.

[589] Vgl. bspw. die Studie von *Singhvi/Desai* (1971), S. 129ff.; *Cooke* (1989), S. 113ff.; *Inchausti* (1997), S. 45ff.; *Naser et al.* (2002), S. 122ff.

[590] Vgl. *Frings* (1975), S. 286; *Wasser* (1976), S. 69f.

[591] Vgl. *Brotte* (1997), S. 96.

[592] Vgl. *Singhvi/Desai* (1971), S. 134.

„Profitability is often taken as a measure of good management."[593]

Bei einer guten zukünftigen Ertragslage wird das Management folglich eher dazu geneigt sein, detaillierte Informationen zu berichten, um so die Beständigkeit der Managementleistung zu signalisieren, ihre Stellung zu festigen und gleichzeitig ihre finanzielle Position zu verbessern.[594] Eine ähnliche Argumentation verfolgt auch *Trueman* bei der Beantwortung der Frage „Why do managers voluntarily release earnings forecasts?"[595] Der Autor konnte zeigen, dass Manager einen Anreiz haben, an den Markt positive Signale über den Unternehmenswert zu senden, indem sie regelmäßig Gewinnprognosen publizieren. Die laufende Abgabe von Prognosen signalisiert dem Markt, dass das Management in der Lage ist, zukünftige Veränderungen in der wirtschaftlichen Entwicklung zu antizipieren, um darauf mit adäquaten Maßnahmen zu reagieren (z.B. durch Anpassung der Produktionspläne). Unter dem Stichwort der „management talent signaling hypothesis"[596] ist somit folgender Zusammenhang in dieser Arbeit zu testen:

H5: Es besteht ein positiver Zusammenhang zwischen dem Umfang der Prognoseberichterstattung und der Ertragslage des Unternehmens.

Auch für einen negativen Zusammenhang zwischen dem Umfang der Prognoseberichterstattung und der Ertragslage des Unternehmens lassen sich Argumente anführen.[597] Unter dem Gesichtspunkt der Informationsinteressen externer Unternehmensbeteiligter kann der Umfang der Publizität bei niedriger Rentabilität größer sein, da gerade bei einer schlechten Ertragslage Außenstehende wissen möchten, auf welche Ursachen dies zurückzuführen ist.

Empirische Studien in der deutschen Literatur zeigen unterschiedliche Befunde: So trugen in der Analyse von *Wasser* die getesteten Ertragskraftindikatoren Eigenkapital- und Umsatzrentabilität nicht nennenswert zur Erklärung unterschiedlicher Umfänge der Prognosepublizität bei.[598] Die Untersuchung von *Pechtl* bestätigte indes, dass ein „Schweigen" im Prognosebericht ein Signal für eine negative Aktienrendite war.[599] Auch internationale Studien konstatieren unterschiedliche Ergebnisse. Während die Studie von *Wang et al.* einen signifikanten positiven Zusammenhang zwischen der Profitabilität und der allgemeinen Unternehmenspublizität feststellen konnte,[600] zeigten sich keine signifikanten Befunde in den Untersuchungen von *Raffournier*.[601]

---

[593] *Cerf* (1961), S. 21.
[594] Vgl. *Frings* (1975), S. 292; *Inchausti* (1997), S. 54. Ähnliche Argumentation auch bei *Ruland et al.* (1990), S. 712, der die Beweggründe freiwilliger Prognosepublizität untersuchte.
[595] *Trueman* (1986), S. 53ff.
[596] *Healy/Palepu* (2001), S. 424.
[597] Vgl. *Wasser* (1976), S. 99ff.
[598] Vgl. *Wasser* (1976), S. 109.
[599] Vgl. *Pechtl* (2000), S. 156f.; ausführlich zu den im Folgenden zitierten Studien vgl. bereits Kap. 3.2.2.1.
[600] Vgl. *Wang et al.* (2008), S. 14ff.
[601] Vgl. *Raffournier* (1995), S. 261ff.

Als Indikatoren der Ertragskraft kommen bspw. die Eigenkapital- sowie Umsatzrentabilität infrage.[602]

4.2.3.3 Einfluss des Verschuldungsgrades

Neben der Ertragslage ist auch ein Einfluss des Verschuldungsgrades auf den Umfang der Prognoseberichterstattung denkbar.[603] Analog zur Determinante der Unternehmensgröße lässt sich argumentieren, dass höher verschuldete Unternehmen mit steigenden Informationsasymmetrien und damit verbundenen **agency costs** konfrontiert sind.[604] Diese resultieren insbesondere aus der Vertragsbeziehung zwischen Management und Gläubiger. Mit zunehmendem Verschuldungsgrad steigen die Informationsbedürfnisse der Fremdkapitalgeber.[605] Um diesen gerecht zu werden, weisen Gesellschaften mit höherem Verschuldungsgrad tendenziell mehr Informationen über die zukünftige Entwicklung des Unternehmens aus.[606] Infolgedessen kann ein positiver Zusammenhang zwischen dem Verschuldungsgrad und dem Umfang der Prognoseberichterstattung vermutet werden. Die zu testende Hypothese lautet:

H_6: Es besteht ein positiver Zusammenhang zwischen dem Umfang der Prognoseberichterstattung und dem Verschuldungsgrad des Unternehmens.

In der Untersuchung von *Frings* zur freiwilligen Prognoseberichterstattung konnte kein signifikanter Einfluss des Verschuldungsgrades auf die Prognosepublizität für deutsche Unternehmen ausgemacht werden.[607] Weitere Befunde sind zu dieser Thematik in der Literatur nicht zu finden. Internationale Studien können einen Zusammenhang zwischen dem Verschuldungsgrad und der allgemeinen Unternehmenspublizität nicht immer bestätigen.[608] Der Verschuldungsgrad kann anhand des Verhältnisses Fremdkapital zu Gesamtkapital operationalisiert werden.

4.2.3.4 Einfluss der Aktionärsstruktur

Als eine weitere mögliche Determinante der Prognoseberichterstattung lässt sich die Aktionärsstruktur des Unternehmens identifizieren:

---

[602] Vgl. *Wasser* (1976), S. 99.

[603] Vgl. die debt/equity-Hypothese bei *Watts/Zimmerman* (1986), S. 216; ausführlich dargestellt in Kap. 4.1.1.

[604] Vgl. *Jensen/Meckling* (1976), S. 337ff.

[605] Vgl. *Alsaeed* (2005), S. 313. Einen negativen Zusammenhang zwischen der Publizität und dem Verschuldungsgrad prognostiziert *Frings* (1975), S. 291, da Banken und sonstige Kreditgeber über bessere Informationsquellen als den Geschäftsbericht verfügen.

[606] Ähnliche Argumentation bei *Chow/Wong-Boren* (1987), S. 539; *Malone et al.* (1993), S. 251f.; *Wallace et al.* (1994), S. 44; *Inchausti* (1997), S. 55.

[607] Vgl. *Frings* (1975), S. 365; ausführlich zu dieser Studie vgl. bereits Kap. 3.2.2.2.1.

[608] So zeigte sich bspw. in der Studie von *Malone et al.* (1993), S. 249ff., ein signifikanter Zusammenhang zwischen dem Umfang der Berichterstattung und dem Verschuldungsgrad, während die Untersuchungen von *Chow/Wong-Boren* (1987), S. 533ff., einen solchen Zusammenhang nicht bestätigen konnten.

„The ownership distribution has a significant influence on the quality of disclosure."[609]

Aus agency-theoretischen Gesichtspunkten kann argumentiert werden, dass Informationsasymmetrien und damit verbundene **agency costs** umso höher sind, je weitreichender die Streuung der Eigentümerstruktur ist. Denn eine geringe Anzahl von institutionellen Großaktionären ist grundsätzlich eher in der Lage, die Aktivitäten des Managements zu überwachen als eine Vielzahl von privaten Kleinanlegern. Die Aktionärsstruktur kann dabei über die Höhe des Streubesitzanteils abgebildet werden. So sind umfassendere Angaben zur zukünftigen Unternehmensentwicklung bei Gesellschaften mit einem hohen Streubesitzanteil zu erwarten, welche die Monitoring-Aktivitäten der Investoren unterstützen sollen.[610] Dies lässt sich damit begründen, dass Unternehmen mit vielen Anteilseignern einem stärkeren Publizitätsdruck der Aktionäre und Analysten ausgesetzt sind als Gesellschaften mit kleinerem Anlegerkreis. Die Forderung nach einer umfassenden Berichterstattung resultiert aus dem Schutzbedürfnis der Investoren bei Unternehmen mit breit gestreutem Eigenkapital.[611] Je mehr Aktionäre an einer Gesellschaft beteiligt sind, desto geringer ist der Anteil ihrer Stimmrechte und damit die Einflussnahme auf die Entscheidungen des Managements. Diese geminderten Einwirkungsmöglichkeiten können in einem gewissen Umfang durch eine erweiterte Berichterstattung, insbesondere über das künftige Unternehmensgeschehen, kompensiert werden. Demnach ist der Frage nachzugehen, ob das Management mit zunehmender Aktionärszahl auch in entsprechend größerem Umfang den Informationsinteressen der externen Anteilseigner gerecht wird.[612]

H_7: Es besteht ein positiver Zusammenhang zwischen dem Umfang der Prognoseberichterstattung und der Anzahl der Aktionäre des Unternehmens.

Die Studie von *Wasser* konnte einen starken Einfluss der Aktionärsstruktur auf die freiwillige Prognoseberichterstattung konstatieren.[613] So veröffentlichten Publikumsgesellschaften signifikant mehr Prognosen als Nicht-Publikumsgesellschaften. Auch in internationalen Studien wurde ein Einfluss der Aktionärsstruktur auf die Berichterstattungspraxis festgestellt.[614]

4.2.3.5 Einfluss der Auslandsorientierung

Eine weitere mögliche Determinante der Prognoseberichterstattung ist die Auslandsorientierung eines Unternehmens. Diese soll zum einen anhand des Internationalisierungsgra-

---

[609] *Singhvi/Desai* (1971), S. 132.
[610] Zum Einfluss der Aktionärsstruktur auf die Unternehmenspublizität vgl. *Cerf* (1961), S. 21; *Ruland et al.* (1990), S. 713; *Raffournier* (1995), S. 264.
[611] Vgl. Argumentation bei *Wasser* (1976), S. 81.
[612] Vgl. *Wasser* (1976), S. 82.
[613] Vgl. *Wasser* (1976), S. 86f.
[614] Vgl. hierzu bspw. die Studie von *Malone et al.* (1993), S. 249ff.; *Wang et al.* (2008), S. 14ff.

des (Auslandsanteil am Umsatz) gemessen werden.[615] Zum anderen ist die Auslandsorientierung durch den Einfluss eines ausländischen Börsenlistings auf den Umfang der Berichterstattung zu prüfen.

Nach *Jensen/Meckling* ist eine Principal-Agent-Beziehung dadurch gekennzeichnet, dass die Entscheidungskompetenz in einem Unternehmen vom Eigentümer an das Management delegiert wird (vgl. Kap. 4.1.2.1).[616] Die sich dabei ergebenen Informationsasymmetrien resultieren einerseits aus Interessenskonflikten zwischen dem Management und inländischen Eigentümern. Andererseits können diese aber auch aufgrund von Beteiligungen ausländischer Investoren entstehen, sofern ausländische Kapitalmärkte zur Unternehmensfinanzierung in Anspruch genommen werden. Weiterhin sind bei weltweit agierenden Konzernen Principal-Agent-Beziehungen zwischen der Unternehmensleitung und ausländischen Kunden, international tätigen Lieferanten und Abnehmern außerhalb des Heimatmarktes denkbar. Die Unternehmensberichterstattung zum Abbau bestehender Informationsasymmetrien und damit verbundener **agency costs** beschränkt sich somit nicht mehr nur auf inländische Unternehmensbeteiligte, sondern muss auch die Informationsinteressen ausländischer Kunden bzw. Investoren berücksichtigen. Ein zunehmender Internationalisierungsgrad des Unternehmens ist daher mit steigenden Informationsbedürfnissen ausländischer Beteiligter verbunden. Vor diesem Hintergrund kann die Vermutung aufgestellt werden, dass sich die zukünftige Unternehmensberichterstattung umso umfangreicher gestaltet, desto höher der Umsatz mit ausländischen Kunden/Abnehmern ist, um bestehende Interessenskonflikte und daraus resultierende agency costs zu verringern.

H₈: Es besteht ein positiver Zusammenhang zwischen dem Umfang der Prognoseberichterstattung und dem Internationalisierungsgrad des Unternehmens.

Aus agency-theoretischen Gesichtspunkten lässt sich der Umfang der Berichterstattung auch durch ein Auslandslisting erklären.[617] Während eine geringe Anzahl von heimischen Investoren eher in der Lage ist, die Aktivitäten des Managements zu überwachen, wachsen mit zunehmender Anzahl von Investoren an ausländischen Kapitalmärkten die Probleme des Monitorings.[618] Eine umfassende Berichterstattung im jährlichen Geschäftsbericht, insbesondere über das künftige Unternehmensgeschehen, wäre eine Möglichkeit die monitoring costs zu reduzieren. Darüber hinaus lässt sich argumentieren, dass die Inanspruchnahme eines ausländischen Kapitalmarktes häufig mit der Absicht erfolgt, zusätzli-

---

[615] Ein in der Literatur häufig verwendeter Indikator zur Messung des Internationalisierungsgrades ist der Auslandsumsatz im Verhältnis zum Gesamtumsatz, vgl. *Daniels/Bracker* (1989), S. 49; *Geringer et al.* (1989), S. 113; *Sullivan* (1994), S. 330ff.; *Ruigrok et al.* (2007), S. 358.

[616] Vgl. *Jensen/Meckling* (1976), S. 308.

[617] Vgl. *Cooke* (1991), S. 177.

[618] Vgl. *Schipper* (1981), S. 86: „any monitoring problems that could be solved by issuing public accounting reports would be increasing in the number of owners". Siehe auch Argumentation bei *Cooke* (1989), S. 118.

ches Kapital für das Unternehmen zu generieren.[619] Um die damit verbundenen Kapital-kosten so gering wie möglich zu halten, werden Unternehmen freiwillig eine umfangrei-chere Berichterstattung anstreben, so dass mögliche Informationsasymmetrien minimiert werden.[620] Ferner werden Finanzanalysten eine Kaufempfehlung für Papiere informations-freudiger Gesellschaften eher aussprechen, da sie aufgrund der ausführlicheren Informati-onspolitik das Unternehmen besser beurteilen können.[621]

Werden ausländische Kapitalmärkte zur Unternehmensfinanzierung in Anspruch ge-nommen, sind nicht nur die inländischen Kapitalmarktanforderungen bzgl. der Berichter-stattungspflichten zu erfüllen, sondern auch die Informationspflichten des ausländischen Börsenplatzes.[622] Insbesondere bei einem Listing in den USA müssen Unternehmen den umfangreichen Berichtspflichten der *SEC* gerecht werden.[623] Es lässt sich daher annehmen, dass die ermittelten Daten zur Erfüllung der ausländischen Publizitätspflichten auch in die deutsche Berichterstattung einfließen. Somit werden im Ausland notierte Gesell-schaften tendenziell mehr publizieren, als Unternehmen die nur im Inland gelistet sind.[624]

H9: Der Umfang der Prognoseberichterstattung ist bei Unternehmen größer, die auch einen ausländischen Kapitalmarkt in Anspruch nehmen.

Empirische Befunde zum Einfluss des Internationalisierungsgrades und eines Auslandslis-tings auf die Prognoseberichterstattung deutscher Unternehmen sind in der Literatur bis-her nicht zu finden. In internationalen Studien konnte durchaus ein Einfluss des Aus-landsumsatzes bzw. eines Auslandslistings auf die allgemeine Unternehmensberichterstat-tung festgestellt werden.[625]

---

[619] Für weitere Motive, die für ein Auslandslisting sprechen, vgl. die empirische Studie von *Saudagaran* (1988), S. 101ff. Die Ergebnisse der Untersuchung zeigten, dass die Entscheidung für ein Auslandslis-ting u.a. durch den Auslandsanteil am Umsatz und damit durch die Abhängigkeit von ausländischen Kunden und Absatzmärkten beeinflusst wird. Vgl. hierzu auch aktuelle Befunde von *King/Mittoo* (2007), S. 60ff.: „Improved access to foreign capital, increased visibility and prestige, and growth of the shareholder base remained important objectives."

[620] Vgl. *Patton/Zelenka* (1997), S. 611.

[621] Vgl. *Frings* (1975), S. 289.

[622] Vgl. ähnliche Argumentation bei *Cooke* (1992), S. 232. Siehe auch empirische Studie von *Saudagaran/Biddle* (1992), S. 106ff., welche die Berichtsanforderungen am ausländischen Börsenplatz als einen signifikanten Einflussfaktor für ein Auslandslisting identifizieren konnte.

[623] Vgl. *Singhvi/Desai* (1971), S. 132f.; *Frings* (1975), S. 296. Ausführlich zu den Vorschriften zur Progno-sepublizität in den USA vgl. bereits Kap. 2.2.2.

[624] Vgl. *Elmendorff* (1958), S. 478f.; *Hossain et al.* (1994), S. 339f. Die Untersuchung von *Street/Bryant* (2000), S. 305ff., konnte empirisch zeigen, dass der Umfang der Berichterstattung bei einem US-Listing größer ist, als bei einem heimischen Börsenlisting. Auch die Studie von *Eaton et al.* (2007), S. 22, kam zu dem Ergebnis, dass „US accounting standards result in increased disclosure that is benefi-cial to investors."

[625] Vgl. bspw. die Studien von *Raffournier* (1995), S. 261ff.; *Zarzeski* (1996), S. 18ff., und *Inchausti* (1997), S. 45ff.

4.2.3.6 Einfluss der Wirtschaftsprüfungsgesellschaft

Eine weitere Möglichkeit, agency costs aufgrund der ungleich verteilten Informationslage zwischen Investor und Management zu reduzieren, liegt in der Prüfung der abgegebenen Jahresabschlussinformationen durch den Wirtschaftsprüfer. Der Wirtschaftsprüfungsleistung kommt die Funktion zu, die publizierten Daten im Jahresabschluss und Lagebericht zu verifizieren.[626] Dabei soll ein vertrauenswürdiges Urteil über die Zuverlässigkeit der Rechnungslegung abgegeben werden. Die Prüfungsleistung beinhaltet einen spezifischen Soll-Ist-Vergleich, bei dem die Istgröße aus der vom Management vorgelegten Rechnungslegung besteht und die Sollgröße aus den regulativen Vorgaben ermittelt wird.[627] Die im Rahmen des Prüfungstestats übermittelte Zuverlässigkeit der publizierten Rechnungslegungsdaten können dazu beitragen, die Informationsasymmetrien zwischen dem Unternehmen und den Eigentümern abzubauen und damit die aus den Vertragsbeziehungen resultierenden **agency costs** zu verringern (vgl. Kap. 4.1.2.2).[628] *Francis/Wilson* konnten in ihrer Studie zeigen, dass steigende agency costs auch mit einer wachsenden Nachfrage nach einer hochwertigen Qualität der Wirtschaftsprüfungsleistung verbunden waren.[629] Der Umfang der Unternehmensberichterstattung kann daher auch von der Auswahl des Wirtschaftsprüfers und seinen Qualitätsstandards abhängig sein. Unternehmen mit einer umfassenden Informationsbasis werden eher hochqualifizierte Wirtschaftsprüfer auswählen als Unternehmen mit schlechter Informationslage.[630] Dies lässt sich darauf zurückführen, dass Wirtschaftsprüfungsgesellschaften die Berichterstattung ihrer Mandanten positiv beeinflussen können, um ihre eigene Qualität dem Markt zu signalisieren und somit ihre Reputation zu steigern. Bei kleineren Prüfungskanzleien kann hingegen davon ausgegangen werden, dass sie nur einen geringen Einfluss auf die Berichterstattungspraxis ihrer Mandanten ausüben können.[631] Ein Verlust des Mandats, infolge zu hoher Anforderungen an die Berichterstattung, kann bei kleineren Kanzleien schwerwiegende wirtschaftliche Konsequenzen haben.

Da sich die direkte Messung der Qualität der Wirtschaftsprüfungsleistung als schwierig gestaltet,[632] wird diese häufig über die Größe der Wirtschaftsprüfungsgesellschaft erfasst.[633] Je größer die Wirtschaftsprüfungsgesellschaft ist, desto höher ist der Anreiz, eine

---

[626] Vgl. im Folgenden *Wagenhofer/Ewert* (2007), S. 420f. Dabei ist zu beachten, dass es sich bei Prognosen um nicht verifizierbare Informationen handelt, die das Unternehmen nicht wahrheitsgetreu ausweisen muss, sondern in gewissen Grenzen manipulieren kann. Zur Glaubwürdigkeit nicht verifizierter Informationen vgl. *Wagenhofer/Ewert* (2007), S. 372ff.

[627] Vgl. hierzu auch schon *Leffson* (1988), S. 13, der die Prüfung allgemein definiert als einen „Prozess zur Gewinnung eines vertrauenswürdigen Urteils über gegebene wirtschaftliche Sachverhalte durch Vergleich eines vom Prüfer selbst herbeigeführten Istobjektes mit einem vorgegebenen oder zu ermittelnden Sollobjekt und anschließender Urteilsbildung".

[628] Vgl. auch *Watts/Zimmerman* (1983), S. 613ff., sowie *Ewert* (1990) zum Einsatz der Wirtschaftsprüfungsleistung, um Agencyprobleme zu reduzieren.

[629] Vgl. *Francis/Wilson* (1988), S. 663ff.; *Craswell/Taylor* (1992), S. 304.

[630] Vgl. *Titman/Trueman* (1986), S. 160.

[631] Vgl. *Malone et al.* (1993), S. 254; *Wallace et al.* (1994), S. 47; *Alsaeed* (2005), S. 315.

[632] Vgl. *Naser et al.* (2002), S. 128f.

[633] Vgl. *DeAngelo* (1981), S. 183ff. Die Autorin kam in ihrer Untersuchung zu dem Ergebnis, dass „larger audit firms supply a higher level of audit quality."

hochwertige Prüfungsleistung anzubieten, um die eigene Reputation zu steigern. Hingegen kann eine schlechte Berichterstattungspraxis des Mandanten zu einem Reputationsverlust des Wirtschaftsprüfers führen. In der Literatur wird die Größe häufig über die Zugehörigkeit zu einer der Big-Four Wirtschaftsprüfungsgesellschaften definiert.[634] Im Rahmen der **Signaling Theory** kann die Prüfung durch eine Big-Four Prüfungsgesellschaft als Signal an den Markt interpretiert werden, dass eine umfassende, qualitativ hochwertige Berichterstattung vorliegt.[635] Dieses Verhalten ist Investoren durchaus bewusst, so dass sie über die Wahl des Wirtschaftsprüfers auf die Informationslage des Unternehmens und damit auch auf dessen Wert schließen können. Daraus lässt sich die Hypothese ableiten, dass Unternehmen, welche von einer der Big-Four Gesellschaften geprüft werden, tendenziell eine umfangreichere Berichterstattung aufweisen.[636]

Folgende Überlegungen sind hierbei ergänzend zu berücksichtigen: Gerade die Prognoseberichtsprüfung stellt im Rahmen der Abschlussprüfung eine besondere Herausforderung für den Abschlussprüfer dar. Wie bereits in Kap. 2.2.1.2.2 erörtert, liegt die Problematik darin, dass sich die Prognosen auf eine noch nicht existierende Realität beziehen und damit die Prüfung der Angaben komplex ist. Dennoch hat sich der Abschlussprüfer von der Zuverlässigkeit und Funktionsfähigkeit des unternehmensinternen Prognosesystems zu überzeugen.[637] Dabei ist zu prüfen, ob die gemachten Zukunftsangaben plausibel und realistisch erscheinen. Vor diesem Hintergrund kann argumentiert werden, dass gerade größere Prüfungsgesellschaften über mehr Erfahrung bei der Prognoseprüfung verfügen und eine umfassendere Prognoseberichterstattung gewährleisten.

H10: Der Umfang der Prognoseberichterstattung ist bei Unternehmen größer, die durch eine der Big-Four Wirtschaftsprüfungsgesellschaften geprüft werden.

Empirische Befunde, die diesen Zusammenhang für den Prognosebericht deutscher Unternehmen bestätigen, lassen sich in der Literatur bisher nicht finden. In internationalen Studien sind die Befunde zum Einfluss der Wirtschaftsprüfungsgesellschaft auf die allgemeine Unternehmensberichterstattung hingegen zahlreich. So zeigten z.B. die Untersuchungen von *Ahmed/Nicholls* und *Patton/Zelenka* einen positiven Zusammenhang zwischen der Größe der Wirtschaftsprüfungsgesellschaft und der Unternehmenspublizität,[638] während ein solcher Zusammenhang in den Studien von *Firth* und *Alsaeed* nicht beobachtet werden konnte.[639]

---

[634] In Deutschland zählen zu den Big-Four Wirtschaftsprüfungsgesellschaften Deloitte, Ernst & Young, KPMG sowie PricewaterhouseCoopers.
[635] Vgl. *Titman/Trueman* (1986), S. 160; *Craswell/Taylor* (1992), S. 304; *Wang et al.* (2008), S. 18.
[636] Für eine ähnliche Argumentation vgl. *Firth* (1979), S. 274; *Raffournier* (1995), S. 265f.; *Inchausti* (1997), S. 55.
[637] Vgl. *IDW* (2006), S. 1293ff.; vgl. bereits die Ausführungen in Kap. 2.2.1.2.2.
[638] Vgl. *Ahmed/Nicholls* (1994), S. 62ff.; *Patton/Zelenka* (1997), S. 605ff.
[639] Vgl. *Firth* (1979), S. 273ff.; *Alsaeed* (2005), S. 310ff.

4.2.3.7 Einfluss der Branche

Nach *Watts/Zimmerman* wird die Höhe der politischen Kosten nicht nur durch die Unternehmensgröße determiniert,[640] sondern auch durch weitere Einflussgrößen, wie z.b. die Branchenzugehörigkeit.[641] Um die Aufmerksamkeit von Regulierungsbehörden und die damit verbundenen **political costs** zu minimieren, kann vermutet werden, dass Firmen politisch sensibler Wirtschaftszweige eine umfassendere Berichterstattung aufweisen als Unternehmen anderer Industriebereiche (vgl. Kap. 4.1.2.3). Ferner kann das Konkurrenzverhalten innerhalb einer Branche als Argument für eine differierende Ausgestaltung der Berichterstattung angeführt werden. *Cerf* spricht in diesem Zusammenhang von einem „follow the leader"[642] Einfluss. Nach diesem wird ein Unternehmen im Geschäftsbericht mehr berichten, wenn die Konkurrenzunternehmen derselben Branche ebenfalls umfassend publizieren. Der Umfang der Berichterstattung richtet sich demzufolge nach dem Publizitätsverhalten einer für den Wirtschaftszweig maßgeblichen Gesellschaft. Vor dem Hintergrund der **Signaling Theory** kann ein Abweichen von der branchendurchschnittlichen Berichtsstruktur auch als Signal für „bad news" interpretiert werden.[643]

Letztlich können zwischen den einzelnen Branchen auch insofern Publizitätsunterschiede bestehen, als verschiedene Planungs- und Prognosehorizonte in den Wirtschaftszweigen vorliegen. Wie bereits in Kap. 2.1.3 erörtert, nimmt bspw. der Prognosezeitraum von der Branche der Grundstoffindustrie über die Verbrauchsgüterbranche hin zu Modeartikeln ab.[644] Dies lässt sich über unterschiedliche Planungszeiträume in den Branchen begründen. Demnach ist die Gefahr von publizierten Fehlprognosen bei Unternehmen mit relativ sicherem Planungshorizont weitaus geringer als bei Gesellschaften in Industriezweigen mit überraschenden und tiefgreifenden Änderungen sowie einem schnelllebigen Geschäftsmodell.[645] Aufbauend auf den genannten Argumenten lässt sich folgende Hypothese formulieren:

H₁₁: Der Umfang der Prognoseberichterstattung wird durch die Branchenzugehörigkeit beeinflusst.

In bisherigen Studien zur freiwilligen Prognosepublizität konnte durchaus ein Einfluss der Branchenzugehörigkeit auf die Berichterstattung festgestellt werden. In der Untersuchung von *Frings* zeigten sich branchenspezifische Unterschiede bei der Prognosepublizität, welche jedoch nicht statistisch signifikant waren.[646] Hingegen ergab sich in der Analyse von *Wasser* ein statistisch signifikanter Zusammenhang zwischen der Branchenzugehörigkeit

---

[640] Vgl. *Watts/Zimmerman* (1978), S. 115.
[641] Vgl. *Ball/Foster* (1982), S. 183.
[642] *Cerf* (1961), S. 23. Ähnliche Argumentation auch bei *Cooke* (1991), S. 177, für den die herrschende Publizitätspraxis einen „bandwagon effect" innerhalb der Branche hat. Vgl. auch *Dye/Sridhar* (1995), S. 158, die ein bestimmtes „herding behavior" innerhalb einer Branche ausmachen.
[643] Vgl. *Inchausti* (1997), S. 56.
[644] Zu den Prognosehorizonten in den verschiedenen Industriezweigen vgl. *Brockhoff* (1977), S. 41.
[645] Vgl. Argumentation bei *Wasser* (1976), S. 96.
[646] Vgl. *Frings* (1975), S. 361f.

und dem Ausmaß freiwilliger Prognosepublizität.[647] Auch in internationalen Studien zeigte sich die Branchenzugehörigkeit als Einflussgröße der Unternehmenspublizität.[648]

4.2.4 Entscheidungsrelevanz der Prognosepublizität

Um der Frage nachzugehen, inwiefern die Prognosepublizität auch für den Aktienmarkt entscheidungsrelevant ist, wird im zweiten Teil der empirischen Arbeit eine Kapitalmarktstudie durchgeführt. Unter der Annahme einer mittelstrengen Informationseffizienz werden alle am Kapitalmarkt öffentlich zugänglichen Informationen verarbeitet, wie z.B. Pressemitteilungen oder Jahresabschlussinformationen (vgl. Kap. 4.1.3). Vor dem Hintergrund der **Capital Market Theory** lässt sich somit argumentieren, dass einer Prognoseveröffentlichung ein Informationsgehalt zukommt, wenn sie entsprechende Reaktionen am Kapitalmarkt auslöst.[649] Gelangt eine Nachricht über eine Prognoseänderung an den Markt, kommt es bei den Investoren zu einer Revidierung ihrer Erwartungshaltung bzgl. ihrer Rendite, wenn die abgegebene Information für das Entscheidungsverhalten der Anleger von Bedeutung ist.[650] Im Umkehrschluss kann einer Prognosebekanntgabe kein zusätzlicher Informationsgehalt zugesprochen werden, wenn eine Kursanpassung ausbleibt. Ein Maß für den Informationsgehalt bildet dabei die gemessene Überrendite (abnormale Rendite) um das Veröffentlichungsdatum. Wird bei der Abgabe von Prognoseänderungen zwischen Prognoseerhöhungen und -senkungen differenziert, lässt sich folglich vermuten, dass erstere mit positiven Überrenditen verbunden sind, während letztere negative Überrenditen hervorrufen. Um die Frage nach der Entscheidungsrelevanz und damit dem Informationsgehalt von Prognoseankündigungen beantworten zu können, gilt es, im Rahmen einer Ereignisstudie folgenden Zusammenhang zu testen:

H₁₂: Die Ankündigung von Prognoseänderungen führt zu statistisch signifikanten Überrenditen im Veröffentlichungszeitraum.

Ferner lässt sich der Argumentation von *Skinner* folgend die Vermutung aufstellen, dass Prognosesenkungen zu deutlich stärkeren Kursausschlägen führen als Nachrichten über eine Prognoseanhebung.[651] Somit soll abschließend folgende Hypothese untersucht werden:

H₁₃: Die Kapitalmarktreaktion auf negative Prognoseänderungen ist am Ereignisstichtag betragsmäßig größer als bei positiven Prognoseänderungen.

---

[647] Vgl. *Wasser* (1976), S. 96ff.
[648] Ein Einfluss der Branchenzugehörigkeit auf die Unternehmensberichterstattung konnte z.B. in den Studien von *Stanga* (1976), S. 42ff., und *Cooke* (1991), S. 174ff., festgestellt werden. Kein Einfluss zeigte sich hingegen in der von *Alsaeed* (2005), S. 310ff., durchgeführten Untersuchung.
[649] Vgl. ähnliche Argumentation bei *Jaggi* (1978), S. 962.
[650] Vgl. *May* (1991), S. 313f.; *Glaum* (1996), S. 240ff.
[651] Vgl. *Skinner* (1994), S. 45.

Für den deutschen Kapitalmarkt liegen noch keine Erkenntnisse hinsichtlich der Entscheidungsrelevanz von Prognoseinformationen vor. Studien aus dem amerikanischen Raum konnten indessen einen Informationsgehalt von Managementprognosen nachweisen.[652] Abb. 4-2 fasst die hier erarbeiteten Hypothesen vor dem jeweiligen theoretischen Hintergrund, strukturiert nach den in der Einleitung formulierten Teilzielen der Arbeit, abschließend zusammen:

---

[652] Vgl. ausführlich zu den Studien Kap. 3.2.2.2.2. Der Studie von *Skinner* (1994), S. 45, zufolge reagierte der Kapitalmarkt auf die Veröffentlichung von „bad news" deutlich stärker (-6,06%) als bei Ankündigung von „good news" (+2,46%).

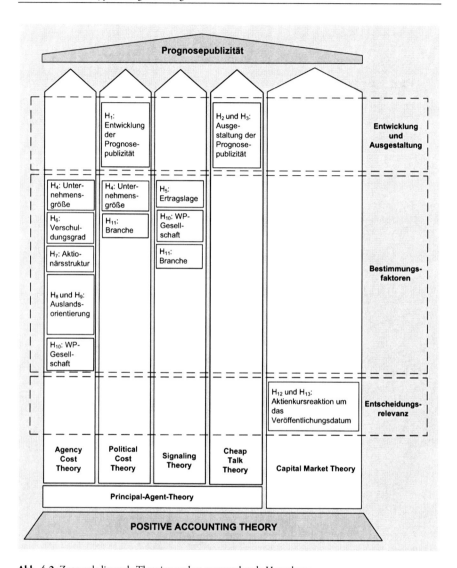

Abb. 4-2: Zugrunde liegende Theorien und zu untersuchende Hypothesen

5 Analyse der Prognosepublizität im Lagebericht

5.1 Festlegung des Forschungsdesigns

Nachdem im vorstehenden Kapitel die Theoriebasis erarbeitet und die zu untersuchenden Hypothesen generiert wurden, widmet sich das fünfte Kapitel der Prognosepublizität im Lagebericht. Hierzu wird zunächst das zugrunde liegende Forschungsdesign vorgestellt (Kap. 5.1), indem Fragen nach der Konzipierung der Datenerhebung und -analyse erörtert werden. Die Konstruktion eines Forschungsdesigns umfasst Komponenten wie die Auswahl des empirischen Materials sowie die Erläuterung der methodischen Herangehensweise.[653] Dabei ist das Design einer Untersuchung so anzulegen, dass ein Vergleich der empirisch beobachteten Sachverhalte mit den aus den Hypothesen abgeleiteten Behauptungen möglich ist.[654] Es schließen sich die Präsentation der empirischen Befunde in Kap. 5.2 sowie eine kritische Gesamtwürdigung der Ergebnisse in Kap. 5.3 an.

5.1.1 Struktur des empirischen Feldes

Zur Analyse der Prognoseberichterstattung im Lagebericht sowie den damit verbundenen Einflussfaktoren wurden in dieser Arbeit alle Unternehmen ausgewählt, die zum Stichtag 31.12.2006 im HDAX und SDAX der *Deutschen Börse AG* gelistet waren. Der HDAX umfasst die Werte aller 110 Unternehmen aus den Auswahlindizes DAX, MDAX und TecDAX und stellt damit einen branchenübergreifenden Index der größten Werte aus dem Prime Standard dar. Der SDAX erweitert die Unternehmensauswahl um 50 Gesellschaften. Die Marktkapitalisierung des HDAX und SDAX belief sich zum 31.12.2006 auf insgesamt rund 823.922 Mio. Euro. Im Folgenden wird die Zusammensetzung der einzelnen Indizes kurz skizziert:[655]

- Der DAX bildet das Segment der Bluechips ab und enthält die 30 größten und umsatzstärksten Unternehmen der Frankfurter Wertpapierbörse (FWB), die im Prime Standard zugelassen sind.
- Der MDAX umfasst 50 Midcap-Werte, die hinsichtlich Größe und Umsatz den DAX-Werten folgen. Es können sich nur Unternehmen aus den fortlaufend gehandelten Werten des Prime-Segments für diesen Index qualifizieren.
- Der TecDAX besteht aus den 30 größten und liquidesten Werten aus den Technologie-Sektoren des Prime-Segments unterhalb des DAX.
- Der SDAX beinhaltet 50 Unternehmen der klassischen Sektoren unterhalb des MDAX.

Für die Aufnahme in die Indizes kommen nur solche Unternehmen infrage, die ihren juristischen oder operativen Sitz in Deutschland haben oder die einen Schwerpunkt des Handelsumsatzes an der FWB und ihren Hauptsitz in einem EU oder EFTA Staat haben.[656]

---

[653] Vgl. *Flick* (2007a), S. 252f.
[654] Vgl. *Kromrey* (2006), S. 91.
[655] Vgl. im Folgenden *Deutsche Börse AG* (2009), S. 8f.
[656] Vgl. *Deutsche Börse AG* (2009), S. 8f.

Eine Grundgesamtheit von 160 Unternehmen stellt eine geeignete Ausgangsbasis dar, um die Praxis der Prognoseberichterstattung zu analysieren. Für die hier zu untersuchende Problemstellung sind jedoch folgende Modifikationen notwendig: Zum einen wurden alle Unternehmen ausgeschlossen, die nicht verpflichtet sind, einen deutschen Konzernlagebericht gemäß § 315 HGB aufzustellen und somit nicht in den Geltungsbereich des DRS 15 fallen.[657] Hierzu zählen Unternehmen, die ihren Sitz außerhalb Deutschlands haben. Ferner wurden zur besseren Vergleichbarkeit alle Unternehmen aus den Branchen Banken, Versicherungen und Finanzdienstleistungen[658] aufgrund ihrer spezifischen Geschäftstätigkeit ausgeschlossen.[659] Dies lässt sich dadurch begründen, dass die zu analysierenden Unternehmen bei den zu erfassenden Merkmalen vergleichbar sein müssen, damit ein einheitlicher Auswertungskatalog angewendet werden kann.[660] Die Prognosepublizität von Banken und Versicherungsunternehmen umfasst zum Teil Variablen, die kein Pendant in den Prognoseberichten von Gesellschaften anderer Branchen finden. Im Gegenzug erweisen sich z.b. Umsatzprognosen bei Banken als schwierig. Ein einheitliches Erhebungsschema für sämtliche Industriezweige ist somit nicht praktikabel. Unter Beachtung der beiden Ausschlusskriterien reduziert sich die Untersuchungsbasis auf 121 Unternehmen.

Um die Praxis der Prognoseberichterstattung im Zeitablauf zu analysieren, umfasst der Untersuchungszeitraum die Geschäftsjahre 2004, 2005 und 2006.[661] Damit ist sowohl das Jahr der verpflichtenden Erstanwendung von DRS 15 als auch jeweils ein Jahr vor bzw. nach der Einführung von DRS 15 in die Untersuchung eingeschlossen. Dies impliziert eine weitere Bereinigung der Grundgesamtheit um all jene Unternehmen, die nicht konstant über den Untersuchungszeitraum von drei Jahren einen Geschäftsbericht veröffentlicht haben.[662] Unter Berücksichtigung dieses Ausschlusskriteriums ergibt sich eine bereinigte Grundgesamtheit von 112 börsennotierten Gesellschaften.[663] In der vorliegenden Erhebung wurden somit 336 Prognoseberichte über den Untersuchungszeitraum von 2004 bis 2006 ausgewertet. Es kann zusammenfassend festgehalten werden, dass in die

---

[657] Der Geltungsbereich des DRS 15 umfasst alle Mutterunternehmen, die gesetzlich zur Aufstellung eines Konzernlageberichts gemäß § 315 HGB verpflichtet sind oder die einen solchen freiwillig aufstellen (DRS 15.4). Die Anwendung des Standards auf den Lagebericht gemäß § 289 HGB wird empfohlen (DRS 15.5).

[658] Der Untersuchung liegt die Brancheneinteilung der *Deutschen Börse AG* zugrunde. Eine Beschreibung der einzelnen Sektoren findet sich in *Deutsche Börse AG* (2009), S. 44ff.

[659] Dieser Ausschluss erfolgt entgegen den Ausführungen in DRS 15.6, nach denen der Standard für Unternehmen aller Branchen Gültigkeit besitzt.

[660] Für eine ähnliche Argumentation vgl. *Wasser* (1976), S. 55.

[661] Bei Unternehmen mit einem vom 31.12. abweichenden Geschäftsjahr wurden die Geschäftsberichte der Jahre 2003/04, 2004/05 bzw. 2005/06 zugrunde gelegt.

[662] Hierunter fällt bspw. die *Mobilcom AG*, die durch die Verschmelzung mit der *freenet.de AG* für das Geschäftsjahr 2006 keinen eigenen Geschäftsbericht mehr aufstellte. Die *Praktiker AG* hingegen gehörte 2004 noch zur *Metro Group* und veröffentlichte in diesem Geschäftsjahr keinen eigenen Geschäftsbericht. Ferner mussten die Unternehmen ausgeschlossen werden, bei denen während des Beobachtungszeitraums ein Börsenlisting erfolgte und die für den Zeitraum davor, trotz Anfrage in der Investor Relations-Abteilung, keinen Geschäftsbericht zur Verfügung stellten. Hierunter fallen weitere sieben Unternehmen (*Air Berlin AG, Demag Cranes AG, Ersol Solar Energy AG, MTU Aero Engines AG, Patrizia Immobilien AG, Premiere AG, Thielert AG*).

[663] Die in der Analyse berücksichtigten Unternehmen sind im Anhang in Tab. A-6 zusammengefasst.

empirische Analyse alle Unternehmen einflossen, die folgende Kriterien kumulativ erfüllten:

- Börsenlisting in einem der Auswahlindizes DAX, MDAX, TecDAX oder SDAX der *Deutschen Börse AG* zum Stichtag 31.12.2006,
- Veröffentlichung eines Konzernlageberichts nach § 315 HGB und DRS 15 über den Untersuchungszeitraum von 2004 bis 2006,
- keine Zugehörigkeit zu den Branchen Banken, Versicherungen oder Finanzdienstleistungen gemäß *Deutsche Börse AG*.

Die Aufteilung der Unternehmen auf die einzelnen Indizes ist Tab. 5-1 zu entnehmen.

Index	Grundgesamtheit		bereinigte Grundgesamtheit	
	N	%	N	%
DAX	30	100%	23	77%
MDAX	50	100%	34	68%
TecDAX	30	100%	23	77%
SDAX	50	100%	32	62%
Summe	160		112	

Tab. 5-1: Zusammensetzung der Grundgesamtheit nach Börsenindex (Inhaltsanalyse)

Die Marktkapitalisierung der zugrunde gelegten Unternehmensauswahl belief sich zum 31.12.2006 auf insgesamt ca. 591.048 Mio. Euro und deckte damit rund 72% der Grundgesamtheit ab (Mittelwert: ca. 5.277 Mio. Euro; Minimum: ca. 42 Mio. Euro; Maximum: ca. 71.158 Mio. Euro). Die Größe der Unternehmen in der bereinigten Grundgesamtheit, gemessen anhand der Bilanzsumme, verteilt sich auf die einzelnen Börsenindizes zum 31.12.2006 wie folgt (Angaben in Euro):

Index	Mittelwert	Stand.abw.	Minimum	Maximum
DAX	59.998.719.130	62.352.869.981	6.340.255.000	217.698.000.000
MDAX	3.933.566.176	3.492.330.839	732.118.000	15.024.000.000
TecDAX	561.765.115	431.095.624	107.519.000	1.636.258.000
SDAX	844.061.141	834.295.446	115.884.000	3.152.868.000
gesamt	13.871.806.644	36.485.501.282	107.519.000	217.698.000.000

Tab. 5-2: Unternehmensgröße in der bereinigten Grundgesamtheit

Die Branchenzusammensetzung der bereinigten Grundgesamtheit zeigt, dass die Bereiche Industrial sowie Pharma & Healthcare mit rund 31% bzw. 11% relativ stark vertreten sind, während dem Bereich Media weniger als 4% der Unternehmen angehören. Die Branchen Telecommunication, Utilities, Basic Resources und Foot & Beverages wurden aufgrund der geringen Anzahl von Unternehmen in der Kategorie „Others" zusammengefasst (vgl. Tab. 5-2).

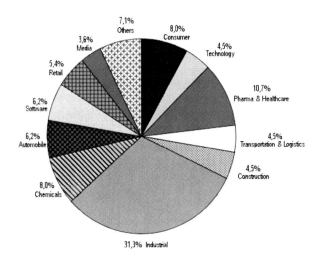

Abb. 5-1: Bereinigte Grundgesamtheit nach Branchen

Die hier betrachteten Unternehmen unterliegen der EU-Verordnung, nach der alle kapitalmarktorientierten Mutterunternehmen seit 2005 bzw. 2007 einen konsolidierten Abschluss nach IFRS aufzustellen haben.[664] Somit fand bei einigen Gesellschaften während des Untersuchungszeitraums ein Rechnungslegungswechsel von HGB bzw. US-GAAP auf die IFRS statt. Nichtsdestotrotz müssen diese Unternehmen einen Konzernlagebericht nach § 315 HGB und DRS 15 aufstellen (vgl. Kap. 2.2.3).

Tab. 5-3 fasst die Anzahl der HGB-, IFRS- und US-GAAP-Bilanzierer in der bereinigten Grundgesamtheit über den Untersuchungszeitraum zusammen.[665]

Rele- System	2004		2005		2006	
	N	%	N	%	N	%
HGB	19	17%	2	2%	0	0
IFRS	70	62%	99	88%	103	92%
US-GAAP	23	21%	11	10%	9	8%
Summe	112	100%	112	100%	112	100%

Tab. 5-3: Bereinigte Grundgesamtheit nach angewandtem Rechnungslegungssystem

---

[664] Vgl. EU-Verordnung Nr. 1606/2002 vom 19. Juli 2002, Art. 4 und Art. 9.

[665] Die zwei HGB-Bilanzierer im Berichtsjahr 2005 sind die *Douglas AG* und die *Gerry Weber AG*, die aufgrund ihres abweichenden Geschäftsjahres (30.09. bzw. 31.10.) letztmalig nach HGB bilanzierten.

5.1.2 Bestimmung der Untersuchungsmethodik

5.1.2.1 Inhaltsanalyse

Um eine Aussage über die Praxis der Prognoseberichterstattung treffen zu können, werden die Daten im Prognosebericht im Rahmen einer quantitativen Inhaltsanalyse ausgewertet.[666] Der Begriff der Inhaltsanalyse geht zurück auf den englischsprachigen Begriff der „content analysis", der zunächst eine Forschungstechnik (research technique) zur Beschreibung von Kommunikationsinhalten umfasste.[667] Später etablierte sich die Inhaltsanalyse zu einem Verfahren sozialwissenschaftlicher Datenerhebung, die gleichberechtigt neben anderen Methoden, wie der Befragung oder Beobachtung, steht.[668] Damit kann die Inhaltsanalyse als

„eine empirische Methode zur systematischen, intersubjektiv nachvollziehbaren Beschreibung inhaltlicher und formaler Merkmale von Mitteilungen"[669]

definiert werden. Sie „befasst sich mit der systematischen Erhebung und Auswertung von Texten, Bildern und Filmen."[670] Alternativ werden auch die Begriffe der Textanalyse, Dokumentenanalyse oder Bedeutungsanalyse verwendet. Die Inhaltsanalyse zählt zu den nicht-reaktiven Verfahren der Datenerhebung.[671] Während sich das Verhalten von Individuen bei Befragungen und Beobachtungen in der Untersuchungssituation verändern kann, sind im Gegensatz dazu die Medieninhalte als Untersuchungsmaterial nicht reaktiv. Auch bei mehrfacher Durchführung einer Inhaltsanalyse bleiben die Angaben in den zugrunde liegenden Dokumenten unverändert. Der Ablauf einer quantitativen Inhaltsanalyse lässt sich wie folgt beschreiben (vgl. Abb. 5-2).

---

[666] Auf die Methodik der qualitativen Inhaltsanalyse soll an dieser Stelle nicht näher eingegangen werden. Zum Begriff der qualitativen Inhaltsanalyse vgl. *Mayring* (2003), S. 11ff.; *Krippendorff* (2004), S. 87ff.; *Diekmann* (2007), S. 607ff.

[667] Vgl. *Merten* (1995), S. 48; *Rössler* (2005), S. 18f.

[668] Die Dokumentenanalyse und schriftliche Befragung stellten mit 34% bzw. 33% im Zeitraum von 1950 bis 1984 die wichtigsten Datenerhebungsmethoden aller empirischen Studien in der deutschsprachigen Betriebswirtschaftslehre dar. Im Zeitraum von 1990 bis 2001 dominierten die klassischen schriftlichen und telefonischen Datenerhebungen (60%), während in 40% aller Beiträge auf Daten wie Kursentwicklungen, Unternehmenspublikationen oder Datenbankanalysen zurückgegriffen wurde. Vgl. *Krafft et al.* (2003), S. 86ff.

[669] *Früh* (2004), S. 25.

[670] *Diekmann* (2007), S. 576.

[671] Vgl. *Stier* (1999), S. 163; *Rössler* (2005), S. 21; *Schnell et al.* (2005), S. 407.

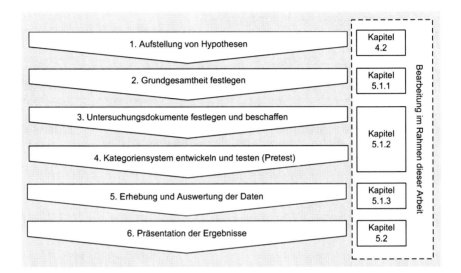

Abb. 5-2: Ablauf einer Inhaltsanalyse
Quelle: in Anlehnung an *Atteslander* (2006), S. 197; *Diekmann* (2007), S. 595

Nachdem die zu überprüfenden Hypothesen formuliert (vgl. Kap. 4.2) und die zu untersuchende Grundgesamtheit abgegrenzt wurden (vgl. Kap. 5.1.1), ist in einem nächsten
Schritt die Auswahl geeigneter Untersuchungsdokumente vor Durchführung der Inhaltsanalyse von entscheidender Bedeutung.[672] In Abhängigkeit von der formulierten Fragestel-
lung sind Art und Klasse von Texten festzulegen. Dabei ist zu berücksichtigen, dass die
Texte für den Zweck der Untersuchung

- relevant sind,
- tatsächlich existieren und
- zugänglich sind.[673]

Dieser empirischen Arbeit liegen die Prognoseberichte (als Teil des Lageberichts)[674] in den
veröffentlichten Geschäftsberichten der Jahre 2004, 2005 und 2006 zugrunde.[675] Der

---

[672] Vgl. *Unerman* (2000), S. 668ff.; *Atteslander* (2006), S. 195.
[673] Vgl. *Kromrey* (2006), S. 337.
[674] Aus Vereinfachungsgründen wird auch im empirischen Teil der Arbeit der Begriff des „Lageberichts"
stellvertretend für den des „Konzernlageberichts" verwandt. Da es sich bei den untersuchten Unternehmen ausschließlich um Konzerngesellschaften handelte, beziehen sich die Ausführungen entsprechend auf den Konzernlagebericht.
[675] Dieser Berichtsteil wird im Lagebericht häufig mit der Überschrift „Ausblick" oder „Prognosebericht"
gekennzeichnet. Bei einigen Unternehmen ist der Chancenbericht im Prognosebericht integriert. Sofern dieser durch separate Teilüberschriften oder in Unterkapiteln ersichtlich war, wurde er von der
Untersuchung ausgeschlossen.

Prognosebericht bildet die alleinige Basis für die Durchführung der Inhaltsanalyse.[676] Die Auswahl dieses Dokumentes lässt sich zum einen damit begründen, dass sich die Vorschriften zur Prognosepublizität in DRS 15 auf dieses Berichtsmedium beziehen und es damit relevant für den Zweck der Untersuchung ist. Zum anderen erschweren nur sporadisch auftretende Prognoseinformationen in anderen Medien[677] (z.B. Aktionärsbrief, Wertpapierprospekt) die vergleichende Analyse des Publizitätsverhaltens im Zeitablauf.[678] Somit gilt hier als Auswahlkriterium die Kontinuität des Informationsflusses, welche durch die Angaben im jährlichen Geschäftsbericht gewährleistet ist. Darüber hinaus sind die Prognoseberichte als Untersuchungsmedium im Rahmen der jährlichen Geschäftsberichterstattung leicht zugänglich. Für die Datenerhebung wurden die Geschäftsberichte über die Abteilung Investor Relations der entsprechenden Unternehmen bestellt und in Papierform ausgewertet.[679]

In einem nächsten Schritt ist ein Kategoriensystem zu entwickeln, welches einen wesentlichen Beitrag für den weiteren Verlauf der Inhaltsanalyse leistet.[680] Als Kategorien werden die formalen und inhaltlichen Kriterien bezeichnet, anhand derer das Untersuchungsmaterial ausgewertet wird.[681] Die theoriegeleitete Kategorienbildung stellt das Kernstück einer jeden Inhaltsanalyse dar.[682] Die Gesamtheit der Kategorien wird als Kategoriensystem bezeichnet, welche die Regeln der Codierung festlegen. Aus technischer Sicht stellt die Inhaltsanalyse damit ein Verfahren dar, mit dem Kommunikationsinhalte in numerische Informationen übertragen werden. Hierbei stellen die Kategorien die Transformationsregeln dar.[683] Der Prozess der Transformation wird auch als Codierung bezeichnet. Die Transformationsregeln werden in einem sog. Codebuch festgehalten. Dieses konkretisiert alle Erhebungsschritte, welche zur Datenauswertung notwendig sind und enthält für jede Variable vorgegebene Codes, nach denen verschlüsselt wird.[684] Der Codierer überträgt i.d.R. die Daten in ein Codeblatt, welches dann für weitere statistische Auswertungszwecke in den Computer eingelesen wird.

---

[676] Es sei denn, es wird im Prognosebericht auf weitere zukunftsorientierte Angaben im Lagebericht verwiesen. So verweisen bspw. die *Arques Industries AG* (2006) und die *BASF AG* (2006) in ihrem Prognosebericht auf den zukunftsorientierten Angaben zur Segmententwicklung zu finden sind. Liegt ein solcher Verweis im Prognosebericht vor, werden die zukunftsorientierten Informationen auch außerhalb des Prognoseberichts in der Analyse berücksichtigt. Aus Gründen der Vergleichbarkeit gilt diese Vorgehensweise bei dem betreffenden Unternehmen für den gesamten Untersuchungszeitraum.

[677] Zu den Berichtsinstrumenten der Prognosepublizität vgl. bereits ausführlich Kap. 2.1.6.

[678] Vgl. *Berndsen* (1979), S. 14f.

[679] Sofern kein physischer Geschäftsbericht durch die Investor Relations-Abteilung zur Verfügung gestellt werden konnte, wurde auf die elektronische Version im Internet zurückgegriffen.

[680] Vgl. *Lisch/Kriz* (1978), S. 69; *Diekmann* (2007), S. 589. Auch schon bei *Berelson* (1952), S. 147, wird deutlich, dass die „CONTENT ANALYSIS stands or falls by its categories." und „the definition of appropriate categories take on central importance."

[681] Vgl. *Stier* (1999), S. 163f.; *Rössler* (2005), S. 19.

[682] Vgl. *Atteslander* (2006), S. 189ff.

[683] Zu den einzelnen Begrifflichkeiten vgl. *Atteslander* (2006), S. 189.

[684] Vgl. ausführlich zur Anlegung eines Codebuchs *Merten* (1995), S. 319ff.

5.1.2.2 Disclosure Index

5.1.2.2.1 Definition und Grundlagen

Um die Entwicklung der Prognoseberichterstattung analysieren zu können, wurde ein theoriegeleitetes Kategoriensystem in Form eines Disclosure Index für die Auswertung der Prognoseberichte entwickelt. Da sich häufig die Quantität und Qualität publizierter Informationen nicht direkt messen lassen,[685] werden in der Literatur sog. Disclosure Indizes als Proxy verwendet. Disclosure Index Studien generieren einen Index, welcher auf Geschäftsberichte angewendet wird, mit dem Ziel, die Qualität oder Quantität verschiedener Berichte zu vergleichen und/oder Einflussfaktoren der Berichterstattung zu identifizieren.[686] Ein Index stellt dabei allgemein gesprochen einen Messwert für ein komplexes Merkmal dar, der sich aus dem Wert mehrerer Items ergibt.[687] In Bezug auf die Berichterstattung umfasst ein Disclosure Index „extensive lists of selected items which may be disclosed in company reports."[688] Er basiert auf der Methodik einer Inhaltsanalyse und kann als eine „objective, form-oriented content-analytic method"[689] charakterisiert werden. Mit dieser Methode kann bspw. die Berichterstattung von verschiedenen Unternehmen

- innerhalb eines Landes,[690]
- länderübergreifend,[691]
- im Zeitablauf[692] oder
- innerhalb einer Branche[693]

verglichen werden. Ob mit einem Disclosure Index nur der Umfang oder sogar die Qualität der Berichterstattung gemessen werden kann, ist in der Literatur umstritten:

---

[685] Vgl. *Cooke/Wallace* (1989), S. 51: „Financial disclosure is an abstract concept that cannot be measured directly."

[686] Vgl. *Hütten* (2000), S. 233. Alternativ zu einem Disclosure Index verwendet bspw. *Mak* (1991) den Prognosehorizont (gemessen in Monaten) und den Detaillierungsgrad von Prognosen (Gewinn nach Steuern, Gewinn vor und nach Steuern etc.) als Proxy für den Umfang der freiwilligen Prognoseberichterstattung in Emissionsprospekten.

[687] Vgl. *Bortz/Döring* (2006), S. 143ff.

[688] *Marston/Shrives* (1991), S. 195. Die Autoren sehen die Zweckmäßigkeit einer Forschungsmethodik darin, wie häufig sie in der Forschung zum Einsatz kommt. Die Methodik eines Disclosure Index kam erstmals in den 1960er Jahren auf und ist bis heute in einer Vielzahl von unterschiedlichen Forschungsprojekten verwendet worden. Eine Übersicht mit internationalen Disclosure Index Studien findet sich bei *Ball/Foster* (1982), S. 195ff.; *Naser et al.* (2002), S. 124ff., und *Alsaeed* (2005), S. 312.

[689] *Beattie et al.* (2004), S. 208, und S. 214.

[690] Vgl. bspw. die Studien von *Cooke* (1989), S. 113ff.; *Raffournier* (1995), S. 261ff.; *Inchausti* (1997), S. 45ff.

[691] Vgl. z.B. die empirischen Arbeiten von *Barrett* (1977), S. 1ff.; *Gray et al.* (1995), S. 43ff.

[692] Vgl. *Wallace* (1988), S. 352ff. Der Autor untersuchte die Unternehmensberichterstattung in Nigeria über einen Zeitraum von 1982 bis 1986.

[693] Vgl. u.a. die Studie von *Malone et al.* (1993), S. 249ff.

„*an index score [...] can give a measure of the extent of disclosure but not necessarily the quality of disclosure.*"[694]

Eine Vielzahl von Studien verwendet einen Disclosure Index, um den Umfang (**Quantität**) der Informationen im Geschäftsbericht einschätzen zu können.[695] Auch für *Hossain* ist der Einsatz eines Disclosure Index die beste Methode „to measure the extent of disclosure".[696] Andere Studien hingegen ziehen die Methodik eines Disclosure Index heran, um die **Qualität** der Berichterstattung beurteilen zu können. So definierten bspw. *Coy et al.* drei unterschiedliche Qualitätsniveaus zur Beurteilung der Geschäftsberichterstattung.[697] Bei der Bestimmung der Berichtsqualität werden häufig gewichtete Disclosure Indizes verwendet, welche die Items im Index nach ihrer Wichtigkeit mit unterschiedlichen Punktzahlen bewerten.[698] In anderen Studien wiederum wird die Annahme getroffen, dass der gemessene Umfang der Berichterstattung auch gleichzeitig einen guten Proxy zur Einschätzung der Qualität darstellt.[699] Eine eindeutige Unterscheidung nach Quantität und Qualität wird bei diesen Studien nicht vorgenommen.

Der in dieser Arbeit entwickelte Disclosure Index wird zur Messung des Umfangs der Prognoseberichterstattung eingesetzt und stellt somit ein Erhebungsinstrument zur Einschätzung der Berichtsquantität dar. Wie dieser im Detail ausgestaltet ist, wird in den folgenden Kapiteln näher erörtert.

5.1.2.2.2 Adressatenkreis und Gewichtung der Items

Der **Adressatenkreis** stellt einen wichtigen Ausgangspunkt bei der Entwicklung eines Disclosure Index dar. Vor der Auswahl der zu untersuchenden Items sind Überlegungen anzustellen, inwiefern die Items nur für einen speziellen Adressatenkreis (z.B. Finanzanalysten) relevant sind oder die Informationsbedürfnisse sämtlicher Abschlussadressaten widerspiegeln. In der Literatur lassen sich diesbezüglich unterschiedliche Vorgehensweisen finden: Die empirische Erhebung von *Cooke*[700] berücksichtigt bspw. die Informationsbedürfnisse aller Abschlussadressaten bei der Konstruktion des Disclosure Index und fokussiert sich dementsprechend nicht auf eine bestimmte „user group". In anderen Studien ist

---

[694] *Marston/Shrives* (1991), S. 195; vgl. auch die Diskussion bei *Hooks* (2000), S. 20ff. Die Autorin verwendet neben dem Begriff der Berichtsqualität auch den Begriff der „comprehensiveness of disclosure".

[695] Vgl. z.B. Studien von *Firth* (1984), S. 269ff.; *Cooke* (1992), S. 229ff.; *Wang et al.* (2008), S. 14ff.; ausführlich zur letzten Studie vgl. bereits Kap. 3.2.2.1.

[696] *Hossain* (2007), S. 2.

[697] Vgl. *Coy et al.* (1993), S. 123ff. Die Autoren unterschieden in ihrer Studie ein schwaches, zufriedenstellendes und exzellentes Qualitätsniveau und nahmen entsprechend eine Gewichtung der Items mit einer Punktzahl von eins bis drei vor. Auch die Studien von *Robbins/Austin* (1986), S. 417; *Singhvi/Desai* (1971), S. 129ff., zogen einen Disclosure Index zur Messung der Berichtsqualität heran.

[698] Vgl. *Beretta/Bozzolan* (2008), S. 337f. Zur Gewichtung von Disclosure Index Items vgl. ausführlich Kap. 5.1.2.2.2.

[699] Vgl. *Beretta/Bozzolan* (2008), S. 333ff. Die Autoren entwickelten in ihrer Studie zwei Indizes, welche zum einen die Berichtsquantität und zum anderen die Berichtsqualität von Prognosen erfassten. Die Ergebnisse der Untersuchung zeigten, dass der Disclosure Index zur Messung der Quantität nicht zugleich ein guter Proxy für die Einschätzung der Berichtsqualität war.

[700] Vgl. *Cooke* (1989), S. 114.

oftmals eine Befragung von Berichtsadressaten (z.b. Finanzanalysten) vorgeschaltet, in der die Probanden gebeten werden, die Wichtigkeit der im Disclosure Index enthaltenen Items einzuschätzen.[701] Bei der Berechnung des Disclosure Index werden die erhobenen Items sodann nach ihrer Bedeutung, entsprechend ihrer Einschätzung durch die Finanzanalysten, gewichtet. Dabei wird unterstellt, dass nicht alle Items eine gleich hohe Relevanz für den befragten Adressatenkreis haben.[702]

Hinsichtlich der **Gewichtung** von Items im Disclosure Index ist in früheren Arbeiten, insbesondere zur Beurteilung der Prognosepublizität, eine Reihe von unterschiedlichen Scoring-Modellen entwickelt worden, welche die Wichtigkeit bestimmter Angaben hervorheben.[703] So werden bspw. in der Studie von *Botosan* für richtungsweisende Prognosen zwei Punkte vergeben und Punktprognosen mit einem Faktor von drei gewichtet.[704] Generell werden in der Studie quantitative Angaben höher bewertet als qualitative Informationen. Ein ähnliches Vorgehen zeigt sich auch bei *Wasser*, der qualitative Prognosen mit einem Gewichtungsfaktor von 1,0 belegt und Punktprognosen mit 4,0.[705] Des Weiteren werden die unterschiedlichen Prognosehorizonte mit Werten von 2,0 (bis zu einem Jahr) bis 6,0 (über vier Jahre) gewichtet. *Buzby* hingegen vergibt die halbe Punktzahl für allgemeine Angaben und die volle Punktzahl für spezifizierte Aussagen.[706] Auch diese Vorgehensweise entspricht einer Gewichtung der Items. Das Heranziehen von gewichteten Disclosure Indizes steht häufig im Zusammenhang mit der Einschätzung der Berichtsqualität; wohingegen ein ungewichteter Index lediglich eine Aussage zur Berichtsquantität zulässt:

„Unweighted indices, by construction, can only measure the quantity of disclosure."[707]

Es bleibt jedoch anzumerken, dass die Einschätzung der Wichtigkeit und die anschließende Gewichtung der Items durch Befragung von speziellen Adressatenkreisen in der Literatur umstritten sind.[708] Insbesondere wird hier die Subjektivität durch die höhere Gewichtung einzelner Items aus der Sichtweise einer bestimmten „user group" bemängelt. Auch die Auswahl und Befragung einer ausgewählten Adressatengruppe wird kritisch gesehen.[709] Darüber hinaus zeigen empirische Befunde, dass keine signifikanten Unterschiede zwischen der Anwendung von gewichteten und ungewichteten Disclosure Indizes bestehen.[710] In den Studien konnte jeweils das gleiche Ergebnis sowohl mit einem gewichteten

---

[701] Vgl. *Singhvi/Desai* (1971), S. 130; *Buzby* (1975), S. 21ff.; *Stanga* (1976), S. 42ff.; *Firth* (1979), S. 274f.

[702] Eine umfassende Befragung führte *Hooks* (2000), S. 13ff., durch, der zunächst 15 Adressatengruppen um die Einschätzung der Items in einem Fragebogen bat. Im Anschluss daran wurden mit den Befragten Interviews geführt, um die Antworten in dem Fragebogen zu diskutieren.

[703] Zur Gewichtung von Indizes vgl. auch *Bortz/Döring* (2006), S. 145ff.

[704] Vgl. *Botosan* (1997), S. 333.

[705] Vgl. *Wasser* (1976), S. 52; ausführlich zu dieser Studie vgl. bereits Kap. 3.2.2.1.

[706] Vgl. *Buzby* (1975), S. 26.

[707] *Beretta/Bozzolan* (2008), S. 337.

[708] Vgl. z.B. Ausführungen bei *Dhaliwal* (1980), S. 386ff.; *Cooke/Wallace* (1989), S. 51; *Marston/Shrives* (1991), S. 199ff.; *Coy/Dixon* (2004), S. 82ff.

[709] Vgl. *Courtis* (1992), S. 31ff.

[710] Vgl. *Robbins/Austin* (1986), S. 412ff.; *Chow/Wong-Boren* (1987), S. 533ff. Auch *Coy/Dixon* (2004), S. 94, kommen zu dem Schluss, dass „the use of weightings in a disclosure index is unnecessary."

als auch mit einem ungewichteten Disclosure Index erzielt werden. Wird mit einem gewichteten Index gearbeitet, kann es ratsam sein, das Ergebnis mit einem ungewichteten Index abzusichern.[711]

Vor diesem Hintergrund fokussiert sich die Entwicklung des Disclosure Index in dieser Arbeit nicht auf einen speziellen Adressatenkreis, sondern bezieht die Publizitätsbedürfnisse aller Berichtsadressaten ein. Darüber hinaus wird ein ungewichteter Index herangezogen, um die einfließende Subjektivität so gering wie möglich zu halten. Es wird davon ausgegangen, dass alle Items von gleich hoher Bedeutung für den Adressatenkreis sind und daher eine „quasi Gewichtung" aller Items mit dem Faktor 1,0 erfolgt.[712]

5.1.2.2.3 Herleitung und Anzahl der Items

Die Methode des Disclosure Index wurde in bisherigen Arbeiten eingesetzt, um die Konformität der Berichterstattung mit gesetzlichen Regelungen zu überprüfen[713] oder den Umfang der freiwilligen Publizität zu messen.[714] Auch Kombinationen (Messung des Umfangs von verpflichtenden und freiwilligen Angaben) waren Untersuchungsgegenstand früherer Arbeiten.[715] Die in dem Disclosure Index enthaltenen Items wurden hierzu aus aktuellen Gesetzesgrundlagen, Reportingstandards oder geltenden Börsenregelungen abgeleitet, um die Konformität mit vorgegebenen Anforderungen zu überprüfen. Im empirischen Teil dieser Arbeit werden sowohl verpflichtende als auch freiwillige Prognoseangaben im Lagebericht untersucht. Als Basis für die **Herleitung** der zu untersuchenden Items im Disclosure Index dienten die entsprechenden Vorschriften des HGB sowie die Anforderungen in DRS 15.[716] Ferner wurden, basierend auf umfassenden Literaturrecherchen, Item-Listen bisheriger Studien[717] als Orientierungshilfe bei der Entwicklung des Index herangezogen.[718]

Bei der Konstruktion des Disclosure Index darf folgende Problematik nicht unberücksichtigt bleiben: Für den Codierer ist es schwierig zu entscheiden, ob ein Item nicht publiziert wird oder ob es vielleicht gar nicht für das betrachtende Unternehmen von Relevanz ist. So kann es vorkommen, dass ein Unternehmen bspw. deshalb keine Angaben zu Leasingverhältnissen macht, da es über keine Leasingverträge verfügt. Um Unternehmen für die fehlende Berichterstattung nicht abzustrafen, wird in der Literatur vorgeschlagen, den gesamten Geschäftsbericht zu lesen, um dann zu entscheiden, ob ein bestimmtes Item von einem Unternehmen zu publizieren ist.[719] In anderen Studien werden die Items so ausge-

---

[711] Vgl. *Marston/Shrives* (1991), S. 203.
[712] Durch die Auswahl der einzelnen Items kommt es zu einer impliziten Gewichtung des Disclosure Index, vgl. ausführlich Kap. 5.1.2.2.3.
[713] Vgl. z.B. Studie von *Patton/Zelenka* (1997), S. 605ff.
[714] Vgl. Studie von *Chow/Wong-Boren* (1987), S. 533ff.
[715] Vgl. Untersuchung von *Cooke* (1993), S. 229ff.
[716] Zu den Anforderungen im Prognosebericht nach HGB und DRS 15 vgl. bereits Kap. 2.2.1.2.
[717] Vgl. *Frings* (1975), S. 277ff.; *Wasser* (1976), S. 53ff.; *Gray et al.* (1995), S. 65; *Hossain et al.* (1995), S. 87; *Baetge/Brötzmann* (2003), S. 16; *Hossain et al.* (2005), S. 903.
[718] Eine ähnliche Vorgehensweise findet sich in den Studien von *Cooke* (1989), S. 114f.; *Hooks* (2000), S. 9.
[719] Vgl. *Cooke* (1989), S. 115.

wählt, dass von allen Unternehmen in der untersuchten Stichprobe eine Angabe erwartet werden kann.[720] Vor dem Hintergrund der hier skizzierten Problematik sind in dieser Arbeit die Items so ausgewählt, dass sie grundsätzlich für alle Unternehmen relevant sind. Deshalb wurden auch Unternehmen der Branchen Banken, Versicherungen und Finanzdienstleister aus der Grundgesamtheit ausgeschlossen, da bspw. eine Umsatzprognose aus Sicht einer Bank nicht möglich ist.[721]

In früheren Disclosure Index Studien zur allgemeinen Unternehmenspublizität variierte die **Anzahl** der Items im Disclosure Index von 16[722] bis 224[723] Items. Die Struktur und die Anzahl der in dieser Arbeit berücksichtigten Items orientiert sich an den Inhalten des DRS 15 und gestaltet sich wie folgt (vgl. Tab. 5-4):[724]

Disclosure Index	Anzahl der Items
I. Prognosen zu gesamtwirtschaftlichen Rahmenbedingungen	31
II. Prognosen zur zukünftigen Branchenentwicklung	19
III. Prognosen zur zukünftigen Unternehmensentwicklung	61
IV. Allgemeine Informationen	5
Summe	**116**

Tab. 5-4: Anzahl der Disclosure Index Items nach Kategorien

Die erste Kategorie umfasst Prognosen zur gesamtwirtschaftlichen Rahmenentwicklung (31 Items). Hierzu zählen bspw. Angaben zur zukünftigen Konjunkturentwicklung, Zinsprognosen sowie erwartete Nachfrageentwicklungen. In die zweite Kategorie fallen Items zur zukünftigen Branchenentwicklung (19 Items), wie z.B. zukünftige Marktvolumina oder Preisentwicklungen. Die dritte Kategorie befasst sich mit Prognoseitems, welche die zukünftige Unternehmensentwicklung betreffen, wie bspw. Umsatz- oder Investitionsprognosen. Dieser Teilbereich beinhaltet die Mehrzahl der Items (61 Items). Die letzte Kategorie enthält allgemeine Informationen (5 Items), inwiefern bspw. die Prognoseberichterstattung getrennt von der Risikoberichterstattung erfolgt oder zugrunde liegende

---

[720] Vgl. *Buzby* (1974), S. 430. Der Autor glich die Anwendbarkeit der Items mit der Berichterstattung in den 10-K Berichten der SEC ab.

[721] Vgl. Ausführungen in Kap. 5.1.1; ähnliche Argumentation in Bezug auf die Auswahl der Items im Disclosure Index bei *Wallace et al.* (1994), S. 43, Fn 2.

[722] Vgl. *Wallace et al.* (1994), S. 50.

[723] Vgl. *Cooke* (1989), S. 115.

[724] Ähnliche Vorgehensweise zur Bildung von Kategorien bei *Gray et al.* (1995), S. 53; ausführlich zu dieser Studie vgl. Kap. 3.2.2.1; vgl. auch *Coy/Dixon* (2004), S. 88.

Prognoseverfahren und -methoden erläutert werden. Insgesamt ergeben sich somit 116 Items, anhand derer der jeweilige Prognosebericht auszuwerten ist.[725]

Bei dem hier konstruierten Disclosure Index handelt es sich um einen dichotomen Index, bei dem die Punktzahl für jedes Item null oder eins betragen kann.[726] Die Punktzahl eins wird vergeben, wenn das Item im Prognosebericht publiziert wird. Wird das Item im Prognosebericht nicht genannt, beträgt die Punktzahl null. Der Disclosure Index ergibt sich sodann aus der Summe aller publizierten Items (vgl. Gleichung (5.1)):

$$(5.1) \qquad DI = \sum_{i=1}^{116} d_i$$

mit
DI   *Disclosure Index*
d_i *= 1, wenn Item i berichtet wird, sonst 0*

5.1.2.3 Reliabilität und Validität

Ein zentrales Kriterium für die Güte von Erhebungs- und Messinstrumenten sind die Reliabilität (Zuverlässigkeit) und die Validität (Gültigkeit).[727] Unter **Reliabilität** wird die Reproduzierbarkeit von Ergebnissen unter gleichen Bedingungen verstanden, so dass andere Forscher bei Anwendung desselben Erhebungsinstruments zu demselben Ergebnis kommen. Eine angemessene Reliabilität des Messinstruments ist unabdingbare Voraussetzung für die Objektivität einer Inhaltsanalyse.[728] Die Zuverlässigkeit einer Inhaltsanalyse gliedert sich in die Elemente

- Stabilität,
- Wiederholbarkeit und
- Genauigkeit.[729]

Die **Stabilität** bezieht sich darauf, inwiefern die Messergebnisse bei wiederholter Anwendung des Messinstruments im Zeitablauf unverändert bleiben. Sie ist dann gegeben, wenn die Befunde eines Codierers zu Beginn und am Ende der Auswertung übereinstimmen

---

[725] Eine detaillierte Auflistung aller Items im Disclosure Index befindet sich im Anhang, Tab. A-7. Da die Auswahl der Items in Anlehnung an DRS 15 erfolgte, lässt sich eine unterschiedliche Gewichtung der einzelnen Berichtsteile nicht vollständig vermeiden. Die Anzahl der Items impliziert eine gewisse Gewichtung dahingehend, dass den Prognosen zur Unternehmensentwicklung mit 61 Items eine höhere Bedeutung beigemessen wird als den Angaben zur künftigen Wirtschafts- und Branchenentwicklung (31 bzw. 19 Items).

[726] Vgl. zu dieser Vorgehensweise *Cooke* (1991), S. 179.

[727] Vgl. *Lisch/Kriz* (1978), S. 84ff.; *Merten* (1995), S. 302ff. Die Kriterien der Reliabilität und der Validität werden im Folgenden anhand der in dieser Arbeit durchgeführten Inhaltsanalyse diskutiert. Die Ausführungen gelten parallel für die Methode des Disclosure Index. Zur Zuverlässigkeit und Gültigkeit von Index Scores vgl. *Marston/Shrives* (1991), S. 197ff.

[728] Vgl. *Kassarjian* (1977), S. 13f.; *Früh* (2004), S. 17.

[729] Vgl. *Krippendorff* (2004), S. 214f.

und somit die Inhalte gleich codiert werden. In diesem Zusammenhang wird auch von der Intracoderreliabilität gesprochen.[730] Inkonsistenzen ergeben sich bspw. aus Lerneffekten, Unachtsamkeit oder Müdigkeit des Codierers.[731] Aber auch Mehrdeutigkeiten im Text oder im Kategoriensystem können für instabile Messergebnisse verantwortlich sein. Zur Messung der Intracoderreliabilität kann der gleiche Text mit dem gleichen Kategoriensystem der gleichen Person in einem zeitlichen Abstand mehrfach vorgelegt werden.[732] Dies bietet sich z.B. zu Beginn und zum Ende der Untersuchung an. Zeigen sich zu unterschiedlichen Zeitpunkten die gleichen Messergebnisse, scheint deren Stabilität gewährleistet zu sein.

Im Gegensatz dazu bezieht sich die **Wiederholbarkeit**, die sog. Intercoderreliabilität, auf die Unterschiede im Messergebnis, wenn mehrere Codierer eingesetzt werden.[733] Abweichende Ergebnisse können aus kognitiven Unterschieden zwischen Codierern, mehrdeutigen Codieranweisungen oder einfachen Fehlern bei der Auswertung resultieren. Daher ist die Intercoderreliabilität insbesondere von der Codierschulung[734] sowie der Sorgfalt der Codierung abhängig. Zur Überprüfung der Intercoderreliabilität sind verschiedene Testverfahren[735] entwickelt worden, welche die Zuverlässigkeit der Auswertung anhand eines Reliabilitätskoeffizienten messen.[736] Hierbei wird bspw. die Zahl übereinstimmender Codierungen zur Gesamtzahl aller Codierungen zweier Personen in Beziehung gesetzt.

Die Komponente der **Genauigkeit** beinhaltet die instrumentelle Zuverlässigkeit und bezieht sich auf die Präzision des Messinstruments selbst bzw. dessen mögliche Veränderung.[737] Sie kann sowohl durch Intra- als auch durch Intercoderverzerrungen beeinflusst werden, aber auch die Abweichungen von vorgegebenen Anforderungen können die Zuverlässigkeit eingrenzen.[738] Die Genauigkeit des Messinstruments kann gemessen werden, indem überprüft wird, ob die Ergebnisse eines unerfahrenen Codierers die durch einen erfahrenen Codierer gesetzten Anforderungen erfüllen.

Unter Berücksichtigung der hier diskutierten Aspekte wurde die Inhaltsanalyse in dieser Arbeit allein von der Autorin durchgeführt. Damit sollte der Gefahr potenzieller Abwei-

---

[730] Zum Begriff der Intracoderreliabilität vgl. u.a. *Stier* (1999), S. 165.

[731] Vgl. *Schnell et al.* (2005), S. 412f.; *Kromrey* (2006), S. 341.

[732] Vgl. *Milne/Adler* (1999), S. 239; *Atteslander* (2006), S. 192.

[733] Vgl. *Stier* (1999), S. 165.

[734] *Milne/Adler* (1999), S. 253, sehen eine Schulung für weniger erfahrene Codierer mit mindestens 20 Geschäftsberichten als notwendig an, um in der Hauptanalyse zuverlässige Ergebnisse erzielen zu können. Zur Bedeutung von Codierschulungen siehe auch *Krippendorff* (2004), S. 129ff.

[735] Vgl. z.B. *Scott* (1955), S. 321ff.; *Krippendorff* (2004), S. 221ff. Zur Anwendung dieser Verfahren vgl. die Studie von *Milne/Adler* (1999), S. 237ff., welche die Intercoderreliabilität im Rahmen eines Experiments mit mehreren Codierern über fünf Runden auf Grundlage von 49 Geschäftsberichten analysierte.

[736] Einen Überblick geben *Holsti* (1969), S. 135ff.; *Merten* (1995), S. 304ff.; *Früh* (2004), S. 177ff.; *Rössler* (2005), S. 185ff.

[737] Vgl. *Merten* (1995), S. 303.

[738] Vgl. *Krippendorff* (2004), S. 215f.

chungen durch kognitive Unterschiede zwischen Codierern begegnet werden.[739] Um darüber hinaus eine möglichst hohe Intracoderreliabilität der Befunde zu gewährleisten, wurde zunächst ein Pretest mit je drei Prognoseberichten pro Untersuchungszeitraum durchgeführt.[740] Die Codieranweisungen wurden sodann auf Basis der Pretestergebnisse überarbeitet und fanden schließlich in dem finalen Kategoriensystem Berücksichtigung. In einem zeitlichen Abstand wurden darüber hinaus die ersten drei ausgewerteten Prognoseberichte je Untersuchungszeitraum zum Ende der Erhebung erneut anhand des gleichen Kategoriensystems analysiert, um die Auswirkungen möglicher Lerneffekte auf das Untersuchungsergebnis zu messen. Die Befunde zeigten nur geringfügige Abweichungen vom ursprünglichen Untersuchungsergebnis, so dass auf eine hohe Stabilität der Ergebnisse geschlossen werden kann. Abschließend bleibt jedoch darauf hinzuweisen, dass im wissenschaftlichen Diskurs keine allgemein gültige Definition für eine angemessene Höhe der Zuverlässigkeit zu finden ist:

"Defining an acceptable level of reliability is one of the many problems in content analysis for which there is no single solution."[741]

Die Reliabilität ist eine Voraussetzung für die **Validität** der Ergebnisse. Bei der Validitätsprüfung wird der Frage nachgegangen, ob das entwickelte Instrument das misst, was es messen soll.[742] Die Validität stellt damit einen Qualitätsstandard dar, der angibt, ob das Messinstrument für die Überprüfung der Hypothesen geeignet ist. Dieser ist davon abhängig, wie präzise die Kategorien definiert wurden und ob die Operationalisierung plausibel erscheint. Eine plausible Beziehung zwischen den codierten Daten und der Forschungsfrage wird auch als face-validity bezeichnet.[743] Zur Beurteilung der inhaltlichen Richtigkeit und der sachlogischen Gültigkeit des Messverfahrens, kann auf folgende vier Typen der Validitätsprüfung zurückgegriffen werden:[744]

- Analysevalidität,
- Inhaltsvalidität,
- Kriteriumsvalidität und
- Inferenzvalidität.

Die **Analysevalidität** gibt darüber Auskunft, wie gut der vom Forscher gemeinte Bedeutungsgehalt durch den Codierer getroffen wurde. Anhand von Reliabilitätskoeffizienten kann beurteilt werden, ob Forscher und Codierer die Bedeutung der Kategorien übereinstimmend definieren und nach denselben Merkmalen im Text suchen.[745] Dabei kann die Codierung des Forschers als quasi gesetzt betrachtet werden, so dass die Frage zu klären

---

[739] Eine ähnliche Argumentation findet sich auch bei *Pechtl* (2000), S. 149, bei dem die Textanalyse nur durch den Autor durchgeführt wurde, um interpersonelle Interpretationsunterschiede der Inhalte zu minimieren.

[740] Vgl. *Diekmann* (2007), S. 593. Der Autor empfiehlt, das gewählte Kategoriensystem plus Codierregeln in einem Pretest zu überprüfen.

[741] *Holsti* (1969), S. 142.

[742] Vgl. *Kassarjian* (1977), S. 15; *Früh* (2004), S. 183ff.; *Atteslander* (2006), S. 191f.

[743] Vgl. *Früh* (2004), S. 184.

[744] Vgl. im Folgenden *Rössler* (2005), S. 193ff. Für weitere Typisierungen vgl. *Holsti* (1969), S. 143ff.; *Krippendorff* (2004), S. 318ff.

[745] Vgl. *Rössler* (2005), S. 193ff.

bleibt, wie gut der Codierer die Auffassung des Forschers vertritt. Zeigen die Reliabilitätskoeffizienten Abweichungen bei der Codierung an, müssen Kategoriendefinitionen und Codierschulungen seitens des Forschers verbessert werden, um mögliche Interpretationsspielräume der Codierer einzuschränken.[746] Da in dieser Arbeit die Forscherin auch die Codierung der Prognoseberichte vornahm, entfällt an dieser Stelle die Überprüfung der Analysevalidität.

Die **Inhaltsvalidität** bezieht sich auf die Frage, ob die zu analysierenden Konstrukte durch die Messung vollständig abgedeckt und alle relevanten Teilaspekte bei der Kategorienbildung berücksichtigt wurden.[747] Um die Vollständigkeit des Instrumentariums zu sichern, kann zum einen auf frühere Forschungsarbeiten zurückgegriffen werden.[748] Zum anderen lässt sich die Vervollständigung des Auswertungssystems aus dem Codierverhalten und dem Erfahrungsbericht der Codierer ableiten. Um in dieser Arbeit der Inhaltsvalidität gerecht zu werden, wurde im Vorfeld der Analyse eine umfassende Literaturrecherche durchgeführt.[749] Aufbauend auf Erhebungskriterien und Auswertungsschemata früherer Studien wurden sodann die Items des Disclosure Index sorgfältig ausgewählt. Darüber hinaus wurden während des Pretests wesentliche Items vermerkt, die im Disclosure Index bis dahin noch keine Berücksichtigung fanden. Diese gingen später in das finale Auswertungssystem ein.

Die Kriteriums- und Inferenzvalidität nutzen den Vergleich mit externen Quellen und vergleichbaren Untersuchungen, um die Gültigkeit der Ergebnisse einer Inhaltsanalyse einzuschätzen.[750] Eine hohe **Kriteriumsvalidität** ist dann gewährleistet, wenn sich die Erhebungsergebnisse durch andere Inhaltsanalysen stützen lassen und im Einklang mit früheren Befunden stehen. Abweichende oder überraschende Ergebnisse müssen dabei plausibel erklärt werden können. Die **Inferenzvalidität** soll hingegen klären, ob die auf Basis der Inhaltsanalyse durchgeführten Schlussfolgerungen Gültigkeit besitzen. Als Vergleichsobjekt dienen hierzu nicht durchgeführte Inhaltsanalysen, sondern Studien mit anderen Erhebungsmethoden, welche die Schlüssigkeit der Ergebnisse belegen sollen. Die Befunde einer Inhaltsanalyse können bspw. mit den Ergebnissen einer Befragung abgeglichen werden. Allerdings ist eine passende Studie in der Literatur, welche die eigene Argumentation sinnvoll ergänzt, nicht immer zu finden. Bei der Beurteilung der Kriteriums- und Inferenzvalidität handelt es sich um Aspekte, die üblicherweise bei der Diskussion der Ergebnisse im Forschungsbericht behandelt werden,[751] so dass an dieser Stelle auf Kap. 5.3 der Arbeit verwiesen wird.

Um den Anforderungen der Zuverlässigkeit und Gültigkeit gerecht zu werden, sei an dieser Stelle noch abschließend auf die Arbeit von *Kassarjian* verwiesen, der zu beachtende

[746] Vgl. *Früh* (2004), S. 184f.
[747] Vgl. *Stier* (1999), S. 57; *Rössler* (2005), S. 194f.
[748] Die Sichtung bisheriger Studien im Vorfeld der Erhebung erleichtert die Bildung eines vollständigen Kategoriensystems.
[749] Vgl. hierzu ausführlich Kap. 3.2 dieser Arbeit.
[750] Vgl. *Stier* (1999), S. 58f.; *Rössler* (2005), S. 195f.
[751] Vgl. *Rössler* (2005), S. 196.

Leitlinien für die Durchführung einer Inhaltsanalyse aufstellte.[752] Bei Berücksichtigung dieser Leitlinien sollte eine Inhaltsanalyse den Kriterien der „objectivity", „systematization" und „quantification" genügen. Aber auch die zu analysierenden Dokumente, die Untersuchungseinheiten sowie das Kategoriensystem sind sorgfältig auszuwählen und in der Untersuchung zu erläutern.

5.1.3 Erläuterungen zu den Auswertungsverfahren

Empirische Arbeiten bedienen sich zur Überprüfung von Theorien der Ökonometrie.[753] Diese beschäftigt sich mit der quantitativen Identifizierung von Verhaltensmustern zwischen wirtschaftlichen Aggregaten. Die in den Hypothesen postulierten Zusammenhänge werden dabei durch mathematisch-statistische Tests überprüft. Diese sollen den Forscher letztendlich in die Lage versetzen, eine Aussage darüber zu treffen, ob die aufgestellte Hypothese wahr oder falsch ist.[754] Die dargelegte Vorgehensweise, gültige Aussagen durch Falsifizierung von Hypothesen zu gewinnen, entspricht dem Schema der Erkenntnisgewinnung im Rahmen des kritischen Rationalismus.[755]

Im Folgenden werden die in dieser Arbeit verwendeten Auswertungsverfahren vorgestellt. Analog zu den in der Einleitung formulierten Teilzielen der Arbeit wird dabei zwischen den Methoden zur Erforschung der Entwicklung und Ausgestaltung der Prognoseberichterstattung (Kap. 5.1.3.1) und den Verfahren zur Identifizierung der Bestimmungsfaktoren der Prognosepublizität unterschieden (Kap. 5.1.3.2).

5.1.3.1 Entwicklung und Ausgestaltung der Prognosepublizität

Um der Forschungsfrage nach der Entwicklung der Prognoseberichterstattung im Zeitablauf und deren Konformität mit geltenden Anforderungen nachgehen zu können, wurden die Daten zunächst in **deskriptiver Form** ausgewertet.[756] Dabei wird die formale und inhaltliche Ausgestaltung der Prognoseberichterstattung anhand absoluter und prozentualer Häufigkeitsverteilungen in Kap. 5.2.1 dargestellt. Als statistische Maßzahlen wurden der Mittelwert als Lagemaß sowie die Standardabweichung, das Minimum und Maximum als Streuungsmaße ermittelt.[757] Um die Prognosepublizität aus unterschiedlichen Blickwinkeln zu betrachten, wurden ferner die Ergebnisse nach Berichtsteil (künftige Wirtschaftsentwicklung, Branchenentwicklung, Unternehmensentwicklung) differenziert ausgewer-

---

[752] Vgl. *Kassarjian* (1977), S. 8ff. Siehe auch Studie von *Kolbe/Burnett* (1991), S. 243ff., welche die Anwendung dieser Leitlinien in 128 ausgewählten Artikeln im Bereich Consumer Research analysierte und kritisch diskutierte.

[753] Vgl. *Bartel* (1990), S. 56.

[754] Vgl. *Hildebrandt* (2008), S. 91.

[755] Vgl. *Popper* (1935), S. 40; ausführlich zum kritischen Rationalismus vgl. bereits Kap. 1.3.

[756] Die Auswertung der Daten erfolgte mithilfe des statistischen Datenanalyseprogramms SPSS (Statistical Package of the Social Sciences). Für eine Einführung in das Softwareprogramm vgl. *Brosius* (2008); *Bühl* (2008); *Toutenburg/Heumann* (2008), S. 287ff.

[757] Zu den statistischen Maßzahlen für Häufigkeitsverteilungen vgl. exemplarisch die Ausführungen bei *Degen/Lorscheid* (2002), S. 38ff.; *Hartung et al.* (2005), S. 31ff.; *Toutenburg/Heumann* (2008), S. 21ff.

tet. Die empirischen Befunde werden durch grafische Häufigkeitsverteilungen (z.b. Säulendiagramme) ergänzend illustriert.[758]

Die deskriptiven Befunde lassen jedoch noch keine Rückschlüsse darüber zu, ob die Ergebnisse in der Grundgesamtheit signifikant sind, so dass im weiteren Verlauf der Arbeit auf sog. **Signifikanztests** zurückgegriffen wurde.[759] Ein Test auf Signifikanz zeigt jeweils an, ob die Nullhypothese zurückzuweisen ist.[760] Ein signifikantes Ergebnis liegt schließlich vor, wenn der Signifikanztest eine sehr geringe Irrtumswahrscheinlichkeit anzeigt. Die Annahme der Alternativhypothese ist üblicherweise mit einer Irrtumswahrscheinlichkeit von unter 5% akzeptabel.[761] Somit deutet ein Signifikanzwert von $p < 0{,}050$ darauf hin, dass die Nullhypothese falsch ist und daher ein Zusammenhang zwischen den untersuchten Variablen besteht. Das zugrunde liegende Signifikanzniveau wird mit entsprechenden Sternchen symbolisiert (* = signifikant, ** = hoch signifikant).[762]

Die Hypothese nach der Entwicklung der Berichterstattung im Zeitablauf (H_1) wurde anhand des Disclosure Index im Rahmen einer einfaktoriellen **ANOVA** (Analysis of Variance) untersucht. Eine Varianzanalyse gibt darüber Aufschluss, ob die Mittelwerte in unterschiedlichen Teilgruppen identisch sind.[763] Die Durchführung einer einfaktoriellen ANOVA ist jedoch an bestimmte Anforderungen geknüpft, damit die Ergebnisse des Signifikanztests Gültigkeit besitzen.[764] So müssen die betrachteten Variablen mindestens Intervallskalenniveau aufweisen, um sinnvolle Mittelwerte berechnen zu können. Darüber hinaus müssen die betrachteten Variablen in der Grundgesamtheit normalverteilt sein. Um diese Prämisse zu überprüfen, bietet sich zum einen eine grafische Lösung an, bei der im Rahmen eines Normalverteilungsdiagramms der Verlauf der Variablen zu beobachten ist.[765] Zum anderen stehen bestimmte Testverfahren zur Verfügung, welche die Variablen auf Normalverteilung analysieren.[766] Ferner liegt der einfaktoriellen ANOVA die Annahme zugrunde, dass die Varianzen der Variablen in den verschiedenen Fallgruppen gleich groß sind. Die Levene-Teststatistik gibt Aufschluss darüber, ob eine solche Varianzhomo-

---

[758] Vgl. zur grafischen Darstellung von Häufigkeitsverteilungen *Büning et al.* (2002), S. 11ff.; *Pflaumer et al.* (2005), S. 21ff.; *Bamberg et al.* (2008), S. 11ff.

[759] Zur allgemeinen Vorgehensweise bei einem Signifikanztest vgl. Ausführungen bei *Degen/Lorscheid* (2002), S. 310ff.; *Bamberg et al.* (2008), S. 183ff.

[760] Zum Begriff der Nullhypothese und den entsprechenden Alternativhypothesen vgl. Kap. 4.2.

[761] Vgl. *Bortz/Döring* (2006), S. 26. In besonderen Fällen kann auch eine Signifikanzschwelle von 1% oder 0,1% zugrunde gelegt werden. In der Grundlagenforschung ist hingegen ein Signifikanzniveau von 5% üblich, auf welches auch in dieser Arbeit zurückgegriffen werden soll. Zum Begriff des Signifikanzniveaus und dem Annahmebereich der Nullhypothese vgl. ferner *Rönz/Förster* (1992), S. 158; *Degen/Lorscheid* (2002), S. 308ff.; *Bleymüller et al.* (2008), S. 101f. *Bühl* (2008), S. 121, unterscheidet zwischen höchst signifikanten ($p \leq 0{,}001$), sehr signifikanten ($p \leq 0{,}01$), signifikanten ($p \leq 0{,}05$) und nicht signifikanten ($p > 0{,}05$) Ergebnissen.

[762] Vgl. *Brosius* (2008), S. 516f.; *Bühl* (2008), S. 121.

[763] Vgl. *Bleymüller et al.* (2008), S. 119; *Herrmann/Landwehr* (2008), S. 581.

[764] Vgl. im Folgenden zu den Modellannahmen einer Varianzanalyse *Kähler* (2002), S. 397; *Tabachnick/Fidell* (2007), S. 86f.; *Bleymüller et al.* (2008), S. 119.

[765] Vgl. zum grafischen Q-Q-Diagramm *Kähler* (2002), S. 82f.; *Toutenburg/Heumann* (2008), S. 57f.

[766] Hierzu zählt das Kolmogorv-Smirnov-Testverfahren, vgl. *Lilliefors* (1967), S. 399ff.; *Hartung et al.* (2005), S. 183ff. Zur Anwendung und Durchführung mittels SPSS vgl. *Eckstein* (2008b), S. 253ff.

genität vorliegt.[767] Die Nullhypothese, die es mit der einfaktoriellen ANOVA zu überprüfen gilt, besagt, dass alle betrachteten Gruppen in der Grundgesamtheit (Berichtsjahr) einen gleich hohen Mittelwert aufweisen.[768] Der dabei zu ermittelnde F-Wert zeigt mit dem entsprechenden Signifikanzniveau an, ob die Nullhypothese zurückzuweisen ist.[769] Da die in dieser Arbeit untersuchte Datenbasis den Anforderungen einer ANOVA nicht vollständig gerecht wird, wurden die Ergebnisse mithilfe eines nicht-parametrischen Verfahrens überprüft. Diese Testverfahren sind anzuwenden, wenn ein zu niedriges Skalenniveau für parametrische Tests vorliegt oder Verteilungsannahmen nicht hinreichend erfüllt sind.[770] Dabei wird der Frage nachgegangen, ob mehrere Stichproben derselben Grundgesamtheit entstammen.

Die vorstehenden Ausführungen zeigen, dass nicht-parametrische Testverfahren (z.B. Friedman-Test, Kruskal-Wallis-Test) geringe Anforderungen an die verwendete Datenbasis stellen (häufig sind ordinal skalierte Merkmale für die Testdurchführung ausreichend), während parametrische Testverfahren, wie bspw. die einfaktorielle ANOVA oder der T-Test, mindestens intervallskalierte Merkmale fordern.[771] So kommt dem **Skalenniveau** bei der Durchführung bestimmter Testverfahren eine entscheidende Bedeutung zu.[772] Ob ein Disclosure Index Intervallskalenniveau aufweist oder die Daten lediglich ordinal skaliert sind, ist in der Literatur umstritten.[773] Einer strengen Auslegung der Kriterien folgend, können die Werte eines Disclosure Index nur in eine Rangordnung gebracht werden und zeichnen sich damit lediglich durch eine Ordinalskalierung aus.[774] Die Berechnung eines arithmetischen Mittels wäre dann nicht möglich. In diesem Falle müsste auf den Median als Mittelwertmaß zurückgegriffen werden.[775] Folglich können auch nur nicht-parametrische Testverfahren bei der Analyse von Zusammenhängen zwischen den Variablen zur Anwendung kommen.[776] Eine gegenteilige Meinung vertreten *Gregoire/Driver*, die empirisch zeigen konnten, dass die Anwendung parametrischer Testverfah-

---

[767] Vgl. *Tabachnick/Fidell* (2007), S. 88f. Zur Überprüfung der Varianzhomogenität mittels SPSS vgl. *Eckstein* (2008a), S. 129.

[768] Zur Herleitung der Alternativhypothesen H_1 vgl. ausführlich Kap. 4.2.2.1.

[769] Vgl. *Herrmann/Landwehr* (2008), S. 590f. Zur Ermittlung des F-Wertes mittels SPSS vgl. *Kähler* (2002), S. 400ff.

[770] Im Einzelnen kamen hier der Friedman-Test (bei verbundenen Stichproben) und der Kruskal-Wallis-Test (bei unverbundenen Stichproben) zur Anwendung. Für ein Anwendungsbeispiel vgl. *Smith* (2003), S. 73ff., der die Ergebnisse einer ANOVA dem nicht-parametrischen Kruskal-Wallis-Test gegenüberstellte. Vertiefend zu den nicht-parametrischen Testverfahren und deren Anwendung vgl. *Büning/Trenkler* (1994), S. 200ff.; *Brosius* (2008), S. 841ff.

[771] Vgl. *Smith* (2003), S. 56f. Zum Begriff der metrischen und nicht-metrischen Skalen vgl. *Backhaus et al.* (2006), S. 4ff.

[772] „Das Meßniveau der Daten bestimmt die Art ihrer Auswertung."; vgl. *Mayntz et al.* (1978), S. 191.

[773] Vgl. im Folgenden *Marston/Shrives* (1991), S. 199ff.; *Coy/Dixon* (2004), S. 82ff.

[774] Es wäre falsch anzunehmen, dass ein durchschnittlicher Disclosure Index von 50 doppelt so gut wäre wie ein Index Score von 25; vgl. *Coy et al.* (1994), S. 261.

[775] Zu den unterschiedlichen Lageparametern vgl. bspw. *Pflaumer et al.* (2005), S. 33ff.; *Bamberg et al.* (2008), S. 16ff.; *Bleymüller et al.* (2008), S. 13ff.

[776] Zu den unterschiedlichen Skalenniveaus und den anzuwendenden Testverfahren vgl. *Stevens* (1946), S. 677ff.; insbesondere zu nicht-parametrischen Testverfahren vgl. *Siegel* (1956), S. 21ff.

ren trotz ordinal skalierten Datenmaterials unproblematisch ist.[777] Ähnliche Befunde lieferte auch die Studie von *Davison/Sharma*, die den Nachweis erbrachte, dass ein Intervallskalenniveau bei parametrischen Testverfahren (ANOVA, T-Test) nicht erforderlich ist, wenn die Voraussetzungen der Normalverteilung und der Varianzhomogenität erfüllt sind.[778] In der Literatur lassen sich vielfach Disclosure Index Studien finden, die einen intervallskalierten Disclosure Index unterstellen und hauptsächlich parametrische Testverfahren anwenden.[779] Zur Auswertung des Disclosure Index in dieser Arbeit wurde, neben einer deskriptiven Analyse, auch auf parametrische Testverfahren, wie die einfaktorielle ANOVA und den T-Test, zurückgegriffen. Die Ergebnisse wurden jedoch durch nicht-parametrische Tests ergänzt, um eine Absicherung der empirischen Befunde zu gewährleisten.[780]

Um die Ausgestaltung der Prognosen bzgl. ihres Genauigkeitsgrades (H_2) und Prognosehorizonts (H_3) zu untersuchen, kam der nicht-parametrische **Friedman-Test** zum Einsatz.[781] Dieser überprüft, ob zwei verbundene Stichproben derselben Grundgesamtheit entstammen.[782] Der auf Basis von Rangwerten ermittelte Chi-Quadrat-Wert gibt mit dem entsprechenden asymptotischen Signifikanzniveau darüber Aufschluss, ob die Nullhypothese zurückgewiesen werden kann.[783]

5.1.3.2 Bestimmungsfaktoren der Prognosepublizität

Um die Bestimmungsfaktoren der Prognosepublizität zu identifizieren, wurde der Zusammenhang zwischen dem Disclosure Index und den einzelnen Determinanten zunächst isoliert voneinander untersucht (Kap. 5.1.3.2.1), bevor abschließend der simultane Einfluss aller Determinanten auf den Disclosure Index analysiert wurde (Kap. 5.1.3.2.2).

5.1.3.2.1 Isolierter Einfluss der Determinanten

Eine **Korrelationsanalyse** gibt in der vorliegenden Arbeit darüber Aufschluss, inwiefern ein Zusammenhang zwischen dem Umfang der Prognoseberichterstattung und den Vari-

---

[777] Vgl. *Gregoire/Driver* (1987), S. 159ff.

[778] Vgl. *Davison/Sharma* (1988), S. 137ff.

[779] Vgl. bspw. *Cooke* (1989), S. 116, der die Voraussetzungen der Normalverteilung und Varianzgleichheit überprüfte, bevor er eine einfaktorielle ANOVA durchführte. *Firth* (1979), S. 277ff., wandte einen parametrischen T-Test an, überprüfte aber die Ergebnisse mit einem nicht-parametrischen Wilcoxon-Test. Bei der Korrelationsanalyse kamen Kendall's Rangkorrelationskoeffizienten zum Einsatz. *Smith* (2003), S. 57, weist ebenfalls darauf hin, dass einige Forscher auf parametrische Testverfahren zurückgreifen, auch wenn die Voraussetzungen dafür nicht vorliegen, da die Unterschiede in den Ergebnissen geringfügig sind, was nicht zuletzt auf die Robustheit der Testverfahren bei Verletzung der zugrunde liegenden Annahmen zurückzuführen ist, vgl. *Smith* (2003), S. 61.

[780] Zu den Vor- und Nachteilen nicht-parametrischer Testverfahren vgl. *Büning/Trenkler* (1994), S. 2f.

[781] Unter dem Begriff „nicht-parametrisch" werden Verfahren verstanden, die keine Annahmen über einzelne Parameter der Grundgesamtheitsverteilung treffen, vgl. *Büning/Trenkler* (1994), S. 1. Zur Anwendung und Durchführung eines Friedman-Tests mittels SPSS vgl. *Bühl* (2008), S. 333f.

[782] Zur Herleitung der Alternativhypothesen H_2 und H_3 vgl. ausführlich Kap. 4.2.2.2.

[783] Zur Verteilung von Rängen bei nicht-parametrischen Testverfahren vgl. *Büning/Trenkler* (1994), S. 50ff.

ablen Unternehmensgröße (H_4), Ertragslage (H_5), Verschuldungsgrad (H_6), Aktionärsstruktur (H_7) und Internationalisierungsgrad (H_8) besteht. Als Indikator für die Unternehmensgröße dient in dieser Arbeit die logarithmierte Bilanzsumme.[784] Aber auch die Variablen Umsatz und Mitarbeiteranzahl wurden alternativ verwendet. Für die Ertragslage wird die Umsatzrendite nach Steuern herangezogen (alternativ: Eigenkapitalrendite nach Steuern). Die Aktionärsstruktur wird über den Streubesitzanteil approximiert. Als Indikator für den Internationalisierungsgrad fließt der Auslandsanteil am Umsatz in die Korrelationsanalyse ein. Der Korrelationskoeffizient ist ein Indikator, der die Stärke eines Zusammenhangs zweier Variablen kennzeichnet.[785] Er beschränkt sich darauf, lineare Zusammenhänge aufzudecken und kann – je nach Richtung – Werte zwischen -1 und +1 annehmen. Während positive Werte auf einen positiven Zusammenhang zwischen betrachteten Variablen hindeuten, zeigen negative Ausprägungen einen negativen Zusammenhang an.[786] Je höher der Betrag des Korrelationskoeffizienten ist, desto stärker ist auch der untersuchte Zusammenhang.[787] Ein Korrelationskoeffizient von null besagt, dass kein linearer Zusammenhang vorliegt. In dieser Arbeit wurde der Rangkorrelationskoeffizient nach Spearman zugrunde gelegt (Spearman Roh).[788] Dabei handelt es sich um einen Koeffizienten, bei dem die betrachteten Variablen lediglich Ordinalskalenniveau aufweisen müssen und die Annahme der Normalverteilung der Grundgesamtheit (wie bspw. bei dem Korrelationskoeffizient nach Pearson) nicht erfüllt sein muss.[789] Ein Test auf Signifikanz zeigt jeweils an, ob die Nullhypothese, der zufolge der Koeffizient in der Grundgesamtheit gleich Null ist und damit kein Zusammenhang zwischen den Variablen besteht, zurückzuweisen ist.[790]

Der Einfluss eines ausländischen Börsenlistings (H_9) sowie der Einfluss der Wirtschaftsprüfungsgesellschaft (H_{10}) auf den Umfang der Prognoseberichterstattung wurden anhand eines **T-Tests** ermittelt. Ein T-Test bei unabhängigen Stichproben dient dazu, Mittelwerte von lediglich zwei Fallgruppen miteinander zu vergleichen.[791] In dieser Arbeit wurden jeweils zwei Gruppen von Unternehmen unterschieden: Unternehmen, die mit ihren Eigenkapitaltiteln nur an einer inländischen Börse gelistet waren und Gesellschaften, die darüber hinaus auch einen ausländischen Börsenplatz mit Eigenkapitaltiteln in Anspruch nahmen. Darüber hinaus wurde zwischen Unternehmen differenziert, die von einer Big-Four Wirtschaftsprüfungsgesellschaft geprüft wurden, und Unternehmen, die einer anderen Prüfungsgesellschaft das Mandat erteilt hatten. Um einen T-Test durchführen zu

---

[784] Um Niveauunterschiede zwischen den einzelnen Variablen auszugleichen, wurde bei der Bilanzsumme und dem Umsatz mit logarithmierten Werten gerechnet.

[785] Vgl. *Rönz/Förster* (1992), S. 10ff.; *Degen/Lorscheid* (2002), S. 69ff.; *Hartung et al.* (2005), S. 545ff.

[786] Vgl. *Rönz/Förster* (1992), S. 108; *Büning et al.* (2002), S. 57f.; *Brosius* (2008), S. 503.

[787] Für mögliche Interpretationen der Höhe des Korrelationskoeffizienten vgl. *Brosius* (2008), S. 509; *Bühl* (2008), S. 346.

[788] Vgl. *Degen/Lorscheid* (2002), S. 75ff.; *Smith* (2003), S. 71f.; *Hartung/Elpelt* (2007), S. 190ff.; zur Anwendung der Rangkorrelationsanalyse mittels SPSS vgl. *Eckstein* (2008a), S. 171ff.

[789] Vgl. *Brosius* (2008), S. 511ff. Zu den Vor- und Nachteilen dieses Korrelationskoeffizienten vgl. *Büning/Trenkler* (1994), S. 235.

[790] Zur Herleitung der Alternativhypothesen H_4 bis H_8 vgl. Kap. 4.2.3.1 bis Kap. 4.2.3.5.

[791] Zur Teststatistik und Vorgehensweise vgl. *Kähler* (2002), S. 364ff.; *Bortz/Döring* (2006), S. 498f.

können, müssen bestimmte Anforderungen an die Daten erfüllt sein.[792] Einerseits erfordert dieses Testverfahren mindestens Intervallskalenniveau bei den betrachteten Variablen, um geeignete Mittelwerte berechnen zu können. Neben dem Intervallskalenniveau setzt der T-Test andererseits voraus, dass die Variablen in der Grundgesamtheit normalverteilt sind. Da der T-Test jedoch relativ robust auf die Verletzung der Normalverteilungsannahme reagiert, werden dessen Ergebnisse nicht völlig unbrauchbar, wenn keine perfekte Normalverteilung vorliegt.[793] Die dritte Anforderung an die Daten umfasst die Varianzgleichheit, nach der die Varianzen in den jeweiligen Fallgruppen gleich groß sein müssen. Allerdings handelt es sich hierbei um keine notwendige Voraussetzung für die Anwendung des T-Tests, da zwei verschiedene Teststatistiken für den Fall gleicher und ungleicher Varianzen zur Verfügung stehen.[794] Mithilfe des T-Tests wird die Nullhypothese überprüft, ob die Mittelwerte in den beiden Fallgruppen identisch sind.[795] Die Ergebnisse wurden in dieser Arbeit durch den nicht-parametrischen Mann-Whitney-Test abgesichert. Dieser basiert auf Rangzahlen und erfordert damit lediglich ein Ordinalskalenniveau.[796] Auch die Annahmen einer normalverteilten Grundgesamtheit und der Varianzgleichheit müssen bei diesem Testverfahren nicht erfüllt sein. Dabei gilt es, die Nullhypothese zu testen, nach der die beiden Stichproben derselben Grundgesamtheit entstammen.

Der Brancheneinfluss auf den Umfang der Prognoseberichterstattung (H_{11}) wurde mithilfe einer einfaktoriellen **ANOVA** überprüft.[797] Diese gab darüber Aufschluss, ob die Mittelwerte des Disclosure Index in den unterschiedlichen Branchen identisch sind. Die Ergebnisse wurden darüber hinaus durch ein nicht-parametrisches Testverfahren (Kruskal-Wallis-Test) abgesichert.

5.1.3.2.2 Simultaner Einfluss der Determinanten

Nachdem der Zusammenhang zwischen den einzelnen Einflussfaktoren und dem Disclosure Index zunächst isoliert voneinander untersucht wurde, gilt es, in einem abschließenden Schritt den simultanen Einfluss der Bestimmungsfaktoren auf den Umfang der Prognosepublizität im Rahmen einer multivariaten Auswertung zu testen. Hierzu wird das in der Problemstellung formulierte Teilziel der Bestimmungsfaktoren der Prognosepublizität im Rahmen einer **Regressionsanalyse** erarbeitet. Diese versucht, die Zusammenhänge

---

[792] Vgl. zu den Annahmen im Folgenden *Eckstein* (2008a), S. 112, sowie zu deren Überprüfung mithilfe von SPSS derselbe, S. 115f.

[793] Vgl. *Boneau* (1960), S. 57ff.; *Brosius* (2008), S. 465. Der T-Test kann auch bei nicht normalverteilten Stichproben angewendet werden, wenn der Stichprobenumfang für jede der zwei unabhängigen Zufallsstichproben größer 50 ist, vgl. auch *Eckstein* (2008a), S. 112.

[794] Vgl. *Brosius* (2008), S. 466.

[795] Zur Herleitung der Alternativhypothese H_9, nach der Unternehmen mit einem zusätzlichen Auslandslisting eine umfangreichere Prognoseberichterstattung aufweisen, vgl. ausführlich Kap. 4.2.3.5. Zur Alternativhypothese H_{10}, der zufolge der Umfang der Berichterstattung bei Unternehmen, die von einer Big-Four Wirtschaftsprüfungsgesellschaft geprüft werden, höher ist; vgl. ausführlich Kap. 4.2.3.6.

[796] Vgl. *Kähler* (2002), S. 379ff.; *Smith* (2003), S. 66ff. Zur Anwendung und Umsetzung mittels SPSS vgl. Ausführungen bei *Eckstein* (2008a), S. 120f.

[797] Zur Durchführung und Anwendung einer ANOVA vgl. ausführlich Kap. 5.1.3.1.

zwischen einer abhängigen (zu erklärenden) und einer oder mehreren unabhängigen (erklärenden) Variablen zu identifizieren.[798] Während die Korrelationsanalyse ein quantitatives Maß für einen Zusammenhang darstellt, wird bei einer Regressionsanalyse ein funktionaler Zusammenhang spezifiziert.[799] In dieser Arbeit bildet der Umfang der Prognoseberichterstattung die zu erklärende Variable, welcher anhand des ermittelten Disclosure Index gemessen wird.[800] Als unabhängige Variablen dienen die Determinanten Unternehmensgröße, Ertragslage, Verschuldungsgrad, Aktionärsstruktur und Internationalisierungsgrad. Für die Durchführung einer Regressionsanalyse müssen diese Variablen mindestens Intervallskalenniveau aufweisen.[801] Dies ergibt sich aus dem Grundgedanken einer Regression, nach dem Abstände kontinuierlich gemessen und interpretiert werden sollen. Ausnahmen bilden sog. Dummy- oder 0/1-Variablen, bei denen ein Nominalskalenniveau vorliegt. In dieser Arbeit werden ferner der Einfluss der Wirtschaftsprüfungsgesellschaft, der Einfluss eines Auslandslistings sowie der Brancheneinfluss als Dummy-Variablen in die Regressionsgleichung aufgenommen. Damit ergibt sich folgendes Regressionsmodell (vgl. Gleichung (5.2)), welches es zu testen gilt:

$$(5.2) \quad DI = \alpha + \beta_1\ GR\ddot{O}\beta E + \beta_2\ ERTRAG + \beta_3\ VERSCHULDUNG + \beta_4\ STREUBESITZ + \beta_5$$
$$AUSLAND + \beta_6\ LISTING + \beta_7\ WP + \beta_8\ BRANCHE + \varepsilon$$

mit

α	*Konstante, Achsenabschnitt*
β_i	*Regressionskoeffizient*
ε	*Störterm*
DI	*Disclosure Index*
GRÖßE	*logarithmierte Bilanzsumme*
ERTRAG	*Umsatzrendite (Konzernjahresüberschuss nach Steuern / Umsatz)*
VERSCHULDUNG	*Verschuldungsgrad (Fremdkapital / Gesamtkapital)*
STREUBESITZ	*Streubesitzanteil*
AUSLAND	*im Ausland erzielter Umsatz / Gesamtumsatz*
LISTING	*Dummy-Variable; mit 1, wenn Auslandslisting vorliegt, sonst 0*
WP	*Dummy-Variable; mit 1, wenn Prüfung von einer Big-Four Prüfungsgesellschaft, sonst 0*
BRANCHE	*Dummy-Variablen für die einzelnen Branchen (Consumer etc.); mit 1, wenn Zugehörigkeit zur ausgewählten Branche, sonst 0*

Nach Schätzung der Regressionsfunktion ist die Güte dieser anhand entsprechender Indikatoren zu prüfen. In dieser Arbeit wurden globale Gütemaße zur Prüfung des Regressionsmodells sowie Maße zur Prüfung der Regressionskoeffizienten herangezogen.

---

[798] Vgl. *Rönz/Förster* (1992), S. 4ff.; *Backhaus et al.* (2006), S. 46.

[799] Vgl. *Hartung et al.* (2005), S. 569; *Pflaumer et al.* (2005), S. 140.

[800] Die zu erklärende Variable wird auch als Regressand, die erklärenden Merkmale als Regressoren, bezeichnet, vgl. *Hartung/Elpelt* (2007), S. 77; *Bamberg et al.* (2008), S. 44; *Eckstein* (2008a), S. 186.

[801] Vgl. *Brosius* (2008), S. 537.

In die erste Kategorie fallen

- das Bestimmtheitsmaß R^2 sowie
- die F-Statistik.

Bei dem **Bestimmtheitsmaß** wird die Güte der Anpassung der Regressionsfunktion an die empirischen Daten gemessen („goodness of fit").[802] Hierbei handelt es sich um ein normiertes Maß, welches Werte zwischen $0 \leq R^2 \leq 1$ annehmen kann.[803] Je näher ein Wert von eins erreicht wird, desto höher sind die Bestimmtheit und damit die statistische Erklärungskraft der Regression. Da die Höhe des Bestimmtheitsmaßes nicht unabhängig von der Anzahl der erklärenden Variablen ist, wird in dieser Arbeit darüber hinaus das korrigierte Bestimmtheitsmaß bei der Überprüfung der Güte der Regressionsfunktion herangezogen. Dies berücksichtigt den Sachverhalt, dass mit jeder weiteren aufgenommenen Variablen ein mehr oder weniger großer Erklärungsanteil hinzugefügt wird, der möglicherweise nur zufällig bedingt ist.[804] Mithilfe der **F-Statistik** wird der Frage nachgegangen, ob das geschätzte Regressionsmodell auch über die Stichprobe hinaus Gültigkeit besitzt. Hierbei gilt es, die Nullhypothese zu widerlegen, der zufolge kein Zusammenhang zwischen Stichprobe und Grundgesamtheit besteht und somit die Regressionskoeffizienten alle gleich Null sind.[805]

Da die Kennzahlen R^2 und korrigiertes R^2 nur pauschale Aussagen über das gesamte Modell erlauben, sind auch die Regressionskoeffizienten der einzelnen Variablen zu bewerten.[806] Hierzu wurden im Folgenden

- der Beta-Wert und
- der T-Test

herangezogen.

Um den Erklärungsgehalt der einzelnen unabhängigen Variablen zu vergleichen, werden standardisierte Koeffizienten, sog. **Beta-Koeffizienten**, betrachtet.[807] Diese berücksichtigen, dass die einzelnen Variablen unterschiedliche Dimensionen bzw. Einheiten aufweisen, indem sowohl die abhängige als auch die erklärenden Variablen vor Durchführung der Regression in Z-Werte transformiert werden.[808] Die sich ergebenden Beta-Koeffizienten können sodann direkt miteinander verglichen werden, um den Erklärungsbeitrag der einzelnen Variablen zu bestimmen.

Wenn die globale Prüfung der Regressionsfunktion im Rahmen des F-Tests gezeigt hat, dass nicht alle Regressionskoeffizienten gleich Null sind, hat darüber hinaus die Überprü-

---

[802] Vgl. *Chatterjee/Price* (1995), S. 64f.; *Backhaus et al.* (2006), S. 63ff.; *Green* (2008), S. 35ff.

[803] Vgl. zur Berechnung und Interpretation *Degen/Lorscheid* (2002), S. 84; *Eckstein* (2008b), S. 316.

[804] Zur Berechnung des korrigierten Bestimmtheitsmaßes vgl. *Kockläuner* (1988), S. 25ff.; *Chatterjee/Price* (1995), S. 65; *Backhaus et al.* (2006), S. 68.

[805] Vgl. *Kockläuner* (1988), S. 115f.; *Chatterjee/Price* (1995), S. 66f.; *Backhaus et al.* (2006), S. 68ff.

[806] Vgl. *Brosius* (2008), S. 553.

[807] Vgl. *Chatterjee/Price* (1995), S. 213; *Kockläuner* (2000), S. 106f.; *Brosius* (2008), S. 559.

[808] Zur Z-Transformation vgl. *Kähler* (2002), S. 72ff.

fung aller Regressionskoeffizienten isoliert zu erfolgen.[809] Dies kann im Rahmen eines **T-Tests** geschehen. Hierbei gilt es, die Nullhypothese, dass kein linearer Zusammenhang zwischen den Variablen vorliegt, abzulehnen. Das entsprechende Signifikanzniveau gibt darüber Aufschluss, mit welcher Irrtumswahrscheinlichkeit die Nullhypothese abgelehnt werden kann.

In einem letzten Schritt sind die Modellprämissen der Regressionsanalyse zu überprüfen, da diese nur zur Anwendung kommen kann, wenn bestimmte Annahmen erfüllt sind.[810] Hierzu zählt die Prüfung

- der Residuen auf Normalverteilung und Autokorrelation sowie
- der erklärenden Variablen auf Kollinearität.

Eine zentrale Forderung des Regressionsmodells liegt darin, dass die Residuen zufällig auftreten müssen und keinem systematischen Verlauf folgen dürfen. Ist diese Annahme verletzt, können die Signifikanztests verzerrte Ergebnisse aufweisen. Die Residuen der Regressionsschätzung sollen jedoch nicht nur zufällig auftreten, sondern einer **Normalverteilung** folgen.[811] Ein grafischer Test auf Normalverteilung kann darüber Aufschluss geben, ob die Modellprämisse der normalverteilten Residuen vorliegt. Darüber hinaus empfiehlt es sich bei einer Regressionsanalyse zu prüfen, ob zwischen den Residuen systematische Zusammenhänge bestehen und diese miteinander korrelieren. Derartige Zusammenhänge werden als **Autokorrelation** bezeichnet.[812] Die lineare Regressionsanalyse setzt voraus, dass die Residuen unkorreliert sind. Bei Vorliegen von Autokorrelation kann es zu verzerrten und unzulässigen Ergebnissen des Signifikanztests kommen. Um eine mögliche Autokorrelation festzustellen, wird üblicherweise auf die Durbin-Watson-Statistik zurückgegriffen. Der Koeffizient des Durbin-Watson-Tests kann Werte zwischen null und vier annehmen.[813] Je näher ein Wert von zwei erreicht wird, desto geringer ist das Ausmaß der Autokorrelation der Residuen.

Schließlich gilt es, eine **Kollinearitätsprüfung** durchzuführen, welche untersucht, ob zwischen zwei oder mehr erklärenden Variablen eine deutliche Korrelation besteht.[814] Bei Vorliegen perfekter Kollinearität kann die Regressionsgleichung nicht eindeutig geschätzt werden. Um eine mögliche Kollinearität zu identifizieren, wird in dieser Arbeit auf die Toleranz und den Varianzinflationsfaktor (VIF) zurückgegriffen.[815] Beide Werte zeigen an, ob eine mögliche Kollinearität zwischen den Variablen vorliegt. Dabei lassen Toleranzwerte unter 0,1 den Verdacht auf Kollinearität aufkommen. Nimmt der VIF Werte über 10 an, deutet dies ebenfalls auf das Vorliegen von Kollinearität und damit eine Kor-

---

[809] Vgl. *Backhaus et al.* (2006), S. 73ff. Für ein Anwendungsbeispiel mithilfe von SPSS vgl. *Kockläuner* (2000), S. 112f.; *Skiera/Albers* (2008), S. 476ff.

[810] Zu den Modellprämissen einer Regressionsanalyse vgl. im Folgenden *Brosius* (2008), S. 560ff.; *Green* (2008), S. 11ff.

[811] Vgl. *Kockläuner* (1988), S. 72ff.

[812] Vgl. *Rönz/Förster* (1992), S. 197ff.; *Chatterjee/Price* (1995), S. 157ff.; *Backhaus et al.* (2006), S. 88f.; für ein Zahlenbeispiel siehe *Skiera/Albers* (2008), S. 487ff.

[813] Vgl. *Chatterjee/Price* (1995), S. 162.

[814] Vgl. *Kockläuner* (1988), S. 125ff.; *Backhaus et al.* (2006), S. 89ff.

[815] Zur Ermittlung dieser Werte mittels SPSS vgl. *Eckstein* (2008a), S. 201ff.

relation zwischen den erklärenden Variablen hin.[816] Ferner wurde die Kollinearitätsprüfung anhand der ermittelten Korrelationskoeffizienten vorgenommen, welche mögliche Abhängigkeiten zwischen den untersuchten Variablen anzeigen.

Da die Ergebnisse einer multivariaten Regressionsanalyse von der Erfüllung der oben genannten Voraussetzungen abhängig sind, wurden in dieser Arbeit die Befunde durch eine sog. Rang-Regressionsanalyse abgesichert.[817] Hierbei werden der abhängigen und den unabhängigen Variablen Ränge zugewiesen.[818] Eine derartige Transformation der Daten ist immer dann sinnvoll, wenn der Zusammenhang zwischen den Variablen nicht-linear ist, keine Normalverteilung der Residuen vorliegt und diese nicht unabhängig voneinander sind. Nach der Zuweisung von Rangzahlen wird die Regressionsschätzung mit den rangbasierten Variablen, wie bereits geschildert, durchgeführt.

5.2 Empirische Befunde zur Prognoseberichterstattung

In den nachfolgenden Kapiteln werden die empirischen Befunde zur Prognosepublizität im Lagebericht vorgestellt. Die Gliederung dieses Kapitels orientiert sich dabei an den in der Einleitung formulierten Teilzielen der Arbeit. So werden zunächst die Ergebnisse für die Entwicklung der Prognoseberichterstattung im Zeitablauf sowie deren Ausgestaltung und Konformität mit aktuellen Regelungen dargelegt (Kap. 5.2.1), bevor die Bestimmungsfaktoren der Prognosepublizität thematisiert werden (Kap. 5.2.2). Die Ausführungen schließen mit einer kritischen Gesamtwürdigung und daraus resultierenden Implikationen (Kap. 5.3).

5.2.1 Entwicklung und Ausgestaltung der Prognosepublizität

5.2.1.1 Formale Ausgestaltung der Prognoseberichte

Alle 112 in die Untersuchung einbezogenen Unternehmen (100%) wiesen während des Untersuchungszeitraums von 2004 bis 2006 einen Prognosebericht im Lagebericht aus. Auffällig ist, wie sich die **Bezeichnung dieses Berichtsteils** im Zeitablauf verändert hat. Während im Geschäftsjahr 2004 die Mehrheit der Unternehmen (78%) ihre zukunftsbezogenen Angaben unter der Bezeichnung „Ausblick" zusammengefasst hat, reduzierte sich die Anzahl mit Einführung des DRS 15 auf 51% in 2005 (vgl. Abb. 5-3). Im Geschäftsjahr 2006 waren es schließlich nur noch 38% der Unternehmen, die unter dieser Bezeichnung ihre künftige Unternehmensentwicklung darlegten. In 2006 dominierte der in DRS 15 vorgeschlagene Begriff „Prognosebericht" (2004: 11%; 2005: 40%; 2006: 48%). Her-

---

[816] Vgl. *Chatterjee/Price* (1995), S. 202f.; *Brosius* (2008), S. 569. Nach *Skiera/Albers* (2008), S. 483, kann von linearer Unabhängigkeit ausgegangen werden, wenn die Toleranz- und VIF-Werte nahe eins liegen.

[817] Vgl. im Folgenden zum Vorgehen bei einer Rang-Regression im Rahmen von Accounting Disclosure Studies *Cooke* (1998), S. 209ff., dabei insbesondere S. 211ff. Studien, bei denen dieses Verfahren bereits zur Anwendung kam, sind die von *Lang/Lundholm* (1993), S. 246ff.; *Wallace et al.* (1994), S. 41ff. Auch in der Untersuchung von *Wallace/Naser* (1995), S. 311ff., wurden die Ergebnisse mit einer Rang-Regression abgesichert.

[818] Zur Durchführung von Rangtransformationen mittels SPSS vgl. *Bühl* (2008), S. 201ff.

vorzuheben ist in diesem Zusammenhang, dass mit Einführung der Chancenberichterstattung im Jahr 2005, Unternehmen die Prognose- und Chancenberichterstattung unter einer gemeinsamen Überschrift auswiesen.[819] Während in 2005 nur ein Unternehmen eine derartige Bezeichnung wählte (1%), waren es 2006 schon acht Gesellschaften (7%), welche den Chancenbegriff in die Kapitelüberschrift integrierten. Eine geringe Anzahl von Unternehmen (2004: 3%; 2005: 4%; 2006: 4%) schloss den Begriff „Nachtrag" in die Kapitelüberschrift mit ein. Unter der Rubrik „sonstiges" sind Bezeichnungen wie „Die Zukunft"[820] oder „Perspektiven"[821] zusammengefasst.

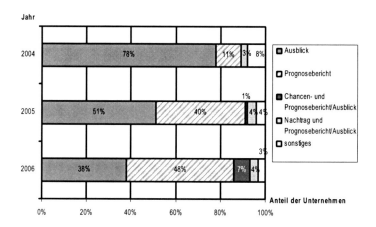

Abb. 5-3: Bezeichnung des analysierten Berichtsteils

Im Lagebericht 2006 berichteten insgesamt 31 der 112 Unternehmen (28%) explizit in einem Unterabschnitt des Prognoseberichts (teils durch eine separate Überschrift oder einen Gliederungspunkt gekennzeichnet)[822] über die zukünftigen Chancen des Unternehmens und folgten damit den Vorgaben des DRS 5.5 und DRS 5.27, nach denen die Berichterstattung über Chancen dem Prognosebericht zugeordnet ist (vgl. Kap. 2.2.1.2.2). Bereits im Jahre 2005 waren es 14 Unternehmen (13%), die einen Teilabschnitt im Prognosebericht den Unternehmenschancen widmeten. Im Jahr 2004 war dagegen, aufgrund der damaligen Rechtslage, bei keinem Unternehmen ein eigener Abschnitt zu den Chancen im Prognosebericht enthalten. Gemäß DRS 15.91 erfolgte bei allen analysierten Unternehmen im Untersuchungszeitraum die Prognoseberichterstattung getrennt von der

---

[819] Vgl. bspw. *Altana AG*, Geschäftsbericht 2006, S. 106: „Chancen- und Prognosebericht"; *Jungheinrich AG*, Geschäftsbericht 2006, S. 32: „Ausblick und Chancen".
[820] *Singulus Technologies AG*, Geschäftsbericht 2006, S. 28.
[821] *Rheinmetall AG*, Geschäftsbericht 2006, S. 50.
[822] Soweit eine solche Kennzeichnung ersichtlich war, wurden die Angaben nicht berücksichtigt, da der Prognosebericht Gegenstand dieser Untersuchung ist und nicht der Chancenbericht.

Risikoberichterstattung. Die hier präsentierten Befunde beziehen sich somit ausschließlich auf die im Prognosebericht gemachten Angaben.[823]

Die Analyse von **Aufbau und Ausmaß der Prognoseberichterstattung**[824] ließ folgendes wiederkehrendes Gliederungsschema erkennen: Bei der Mehrzahl der Unternehmen war die Prognoseberichterstattung dreigeteilt in einen Abschnitt zu den zukünftigen gesamtwirtschaftlichen Rahmenbedingungen, gefolgt von einem Abschnitt zur Branchenentwicklung (vgl. DRS 15.88). Ein weiteres Kapitel legte schließlich die künftige Entwicklung des Unternehmens dar.[825] Ein erster Indikator für das Ausmaß der Berichterstattung in den einzelnen Teilbereichen bildet die Anzahl der publizierten Sätze.[826] So wurden im Geschäftsjahr 2004 durchschnittlich ca. sechs Sätze (2005: neun Sätze; 2006: zehn Sätze) zur zukünftigen wirtschaftlichen Entwicklung publiziert (vgl. Tab. 5-5). Entgegen den Vorschriften in DRS 15.88 machten im Jahr 2004 rund 28% der Unternehmen keine Angaben zur künftigen Wirtschaftsentwicklung (2005: 24%; 2006: 17%), was ein Minimum von Null bei der Anzahl der Sätze erklärt. Die künftige Branchenentwicklung wurde mit durchschnittlich neun Sätzen in 2004 geschildert (2005: 11 Sätze; 2006: 13 Sätze). Auch hier zeigt ein Minimum von null Sätzen, dass es Gesellschaften gab, die keine Einschätzung zur Entwicklung der Branche abgaben (2004: 16%; 2005: 6%; 2006: 8%). Den Hauptteil der Prognoseberichte machten jeweils die Angaben zur zukünftigen Unternehmensentwicklung aus und nahmen dabei den umfangreichsten Abschnitt im Prognosebericht ein (2004: 28 Sätze; 2005: 37 Sätze; 2006: 45 Sätze). Insgesamt kann festgehalten werden, dass sich das Ausmaß der Prognoseberichterstattung (gemessen an der durchschnittlichen Satzzahl) bei allen Berichtsteilen über den Untersuchungszeitraum erhöht hat.

---

[823] Zur Begründung und zu den Ausnahmen vgl. Kap. 5.1.2.1.

[824] Im Folgenden wird der analysierte Berichtsteil als Prognosebericht bezeichnet.

[825] In einigen Fällen wurde auch in einem separaten Abschnitt auf die mit der Abgabe von Prognosen verbundene Unsicherheit verwiesen.

[826] Die Anzahl an Sätzen scheint hier ein geeigneter Maßstab zu sein, da bspw. eine Messung anhand der Anzahl der Seiten oder Wörter zu ungenau bzw. zu aufwendig gewesen wäre; vgl. die Argumentation bei *Schildbach et al.* (1990), S. 2298f. Vgl. eine ähnliche Argumentation bei *Milne/Adler* (1999), S. 243: „Using sentences for both coding and measurement seems likely, therefore, to provide complete, reliable and meaningful data for further analysis." Siehe auch *Unerman* (2000), S. 674ff.

Berichtsteil		Mittelwert	Stand.abw.	Minimum	Maximum
Wirtschaftsentwicklung	2004	6	7	0	35
	2005	9	9	0	42
	2006	10	9	0	50
Branchenentwicklung	2004	9	12	0	68
	2005	11	13	0	79
	2006	13	14	0	70
Unternehmensentwicklung	2004	28	27	0	140
	2005	37	32	3	143
	2006	45	36	5	163
Prognosebericht (gesamt)	2004	43	36	3	163
	2005	57	43	4	180
	2006	68	47	9	218

Tab. 5-5: Anzahl der Sätze nach Berichtsteilen

Differenziert nach den Auswahlindizes der *Deutschen Börse AG* zeigt sich, dass die DAX-Unternehmen im Jahr 2006 durchschnittlich mit rund 98 Sätzen (MDAX: 73 Sätze; TecDAX: 51 Sätze; SDAX: 52 Sätze) den umfangreichsten Prognosebericht aufwiesen. Ähnliche Befunde konnten für die Geschäftsjahre 2004 und 2005 konstatiert werden. Auch auf der Ebene der einzelnen Berichtsteile publizierten die DAX-Gesellschaften im Durchschnitt mehr als die Unternehmen im MDAX, TecDAX und SDAX.

Zusammenfassend kann festgehalten werden, dass die Anzahl der Sätze einen ersten Indikator für das Ausmaß der Prognoseberichterstattung liefert. Nichtsdestotrotz lassen sich Rückschlüsse auf den Informationsgehalt der abgegebenen Prognosen nur in begrenztem Maße ziehen, da die Anzahl der Sätze und der Aussagegehalt nicht immer korrelieren. Als Beispiel sei hier auf die *ProSiebenSat1 Media AG* verwiesen, die im Berichtsjahr 2006 mit einer Satzanzahl von 175 deutlich über dem Durchschnitt (μ = 68) lag, indessen aber nur über acht Prognosegegenstände informierte und sich damit unter dem Durchschnitt befand (μ = 11).[827] Entsprechend wird im folgenden Kapitel auf die inhaltliche Ausgestaltung der Prognoseberichte näher eingegangen.

5.2.1.2 Inhaltliche Ausgestaltung der Prognoseberichte

5.2.1.2.1 Prognosegegenstände

Über den Untersuchungszeitraum von drei Jahren wurden insgesamt 3.211 Prognosegegenstände von allen 112 analysierten Gesellschaften publiziert. Dabei zeichnete sich eine Zunahme bei der Publizität der Prognosevariablen im Zeitverlauf ab (2004: 902; 2005: 1.118; 2006: 1.191). Während im Jahr 2004 im Durchschnitt rund acht Prognosegegenstände pro Unternehmen ausgewiesen wurden, waren es im Jahr der verpflichtenden Erstanwendung von DRS 15 ca. zehn Prognosevariablen. Im Jahr 2006 stieg die durchschnittliche Anzahl schließlich auf rund elf Prognosegegenstände (vgl. Tab. 5-6).

---

[827] Vgl. *ProSiebenSat1 Media AG*, Geschäftsbericht 2006, S. 135ff.

Jahr	Mittelwert	Stand.abw.	Minimum	Maximum	Summe
2004	8	4	1	22	902
2005	10	5	2	21	1.118
2006	11	5	2	23	1.191
Summe					3.211

Tab. 5-6: Anzahl der Prognosegegenstände

Eine Differenzierung der Prognosegegenstände nach den Berichtsteilen zeigt, dass in dem Bereich zur erwarteten Entwicklung der wirtschaftlichen Rahmenbedingungen im Untersuchungszeitraum am häufigsten Prognosen zur Konjunktur (75%), zur künftigen Konsumentwicklung (29%) sowie zu den Rohstoffpreisen (19%) zu finden waren.[828] So machten im Durchschnitt über den Beobachtungszeitraum von drei Jahren 84 der 112 analysierten Unternehmen (75%) eine Angabe zur künftigen Konjunkturlage (vgl. DRS 15.88). Unterteilt nach Berichtsjahr ergab sich folgendes Bild: Während im Jahr 2004 ca. 71% der Unternehmen die voraussichtliche **Konjunkturentwicklung** (z.B. BIP) prognostizierten, waren es 2005 schon 75% bzw. 2006 rund 80% der Gesellschaften, die Angaben zu diesem Prognosegegenstand machten (vgl. Abb. 5-4). Dabei handelte es sich im Berichtsjahr 2006 größtenteils um bedingte Prognosen (77%), bei denen das Eintreffen der Aussage von Prämissen bzw. Einflussfaktoren, wie z.b. der Rohstoffpreisentwicklung, abhängig gemacht wurde (2004: 67%; 2005: 80%).[829]

64 der 81 Unternehmen (79%), die im Jahr 2004 eine Prognose zu den gesamtwirtschaftlichen Rahmenbedingungen abgegeben hatten, differenzierten ihre Ausführungen nach unterschiedlichen Wirtschaftsregionen (2005: 81%; 2006: 85%). Dabei wurden die Aussagen am häufigsten für die Regionen Deutschland, Europa, USA sowie für die Weltwirtschaft getrennt publiziert. Als positives Beispiel kann hier auf die *TUI AG* verwiesen werden, die ihre Ausführungen zu den wirtschaftlichen Rahmenbedingungen regional wie folgt klassifizierte:

„In den **Industrieländern** *wird für das Jahr 2007 mit einer leichten Abkühlung der konjunkturellen Entwicklung gerechnet. In den* **USA** *wird insbesondere durch die Abschwächung des Wohnimmobilienmarktes [...] ein abgeschwächtes Wachstum in 2007 erwartet – mit einer leichten Erholungstendenz für das Jahr 2008. Für den* **Euroraum** *wird von einer Fortsetzung des wirtschaftlichen Wachstums ausgegangen [...]."*[830]

47% der Gesellschaften, die im Jahr 2004 eine Einschätzung zu den gesamtwirtschaftlichen Rahmenbedingungen vornahmen, bezogen sich in ihren Ausführungen auf die Aussagen führender Wirtschaftsforschungsinstitute oder die Beurteilung des Sachverständigenrates zur gesamtwirtschaftlichen Entwicklung (2005: 60%; 2006: 59%). Die *SAP AG* verwies bspw. auf die Konjunkturprognosen des *IWF* und der *OECD*:

---

[828] Eine detaillierte Darstellung aller Prognosegegenstände nach Häufigkeit ihrer Nennung findet sich in Tab. A-8 im Anhang.

[829] Gemäß DRS 15.17, 15.86 und 15.89 sind die zugrunde liegenden Prämissen und Einflussfaktoren, von denen das Eintreffen der Prognose abhängig ist, anzugeben und zu erläutern.

[830] *TUI AG*, Geschäftsbericht 2006, S. 105 (Hervorhebungen durch die Verfasserin).

*„Der gegenwärtige Weltkonjunkturaufschwung soll nach Einschätzung des Internationalen Währungsfonds (**IWF**) im Jahr 2007 andauern, wenn auch nicht mehr mit der Dynamik des Jahres 2006. Die **OECD** geht für ihre Mitgliedstaaten für 2007 von einem realen BIP-Wachstum von 2,5% und für 2008 von 2,7% aus.* "[831]

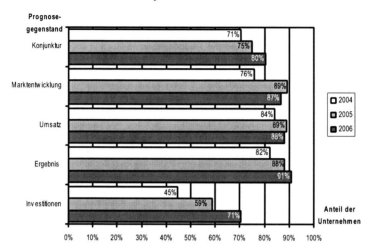

Abb. 5-4: Entwicklung ausgewählter Prognosegegenstände

Im Berichtsteil zu den Branchenaussichten (DRS 15.88) dominierten über den Untersuchungszeitraum Angaben zur künftigen **Marktentwicklung**. Im Durchschnitt gaben rund 84% der 112 Gesellschaften Informationen zum zukünftigen Marktgeschehen ab (2004: 76%; 2005: 89%; 2006: 87%; vgl. Abb. 5-4). 46% der Unternehmen, die im Berichtsjahr 2004 eine Einschätzung zur Marktentwicklung publizierten, berichteten auch die zugrunde liegenden Prämissen und Einflussfaktoren, von denen das Eintreffen der Prognose abhängig war (2005: 44%; 2006: 48%). Von 54% der Gesellschaften wurde nur eine unbedingte Prognose abgegeben (2005: 56%; 2006: 52%). Als weitere Prognosen wurden im Berichtsteil zur Branchenentwicklung die Nachfrage sowie das Absatzvolumen von den analysierten Gesellschaften relativ häufig publiziert (vgl. Tab. A-8). Die geringsten Nennungen erfolgten zum Produktionsvolumen sowie zur künftigen Preisentwicklung.

Die zukünftige Unternehmensentwicklung wurde im Untersuchungszeitraum am häufigsten anhand der Prognosegegenstände

- Umsatz,
- Ergebnis und
- Investitionen

---

[831] *SAP AG*, Geschäftsbericht 2006, S. 125 (Hervorhebungen durch die Verfasserin).

prognostiziert. Über den gesamten Untersuchungszeitraum betrachtet, machten durchschnittlich rund 87% der 112 analysierten Unternehmen Angaben sowohl zur Umsatz- als auch zur Ergebnisentwicklung. Über die zukünftige Investitionstätigkeit informierten im Mittel 58% der Konzerne. Differenziert nach Berichtsjahr zeigt sich folgendes Ergebnis: 94 der 112 analysierten Unternehmen (ca. 84%) publizierten in Übereinstimmung mit DRS 15.121 im Berichtsjahr 2004 eine **Umsatzprognose** (vgl. Abb. 5-4). Der Anteil stieg im Jahr der Erstanwendung von DRS 15 auf 89%. Im Jahr 2006 war ein leichter Rückgang auf 88% zu verzeichnen. Ob das Eintreffen der gemachten Aussagen von bestimmten Einflussfaktoren abhängig ist, wurde bei 71 der 99 Umsatzprognosen (72%) im Berichtsjahr 2006 angegeben (2004: 68%; 2005: 71%).

Während im Geschäftsjahr 2004 92 der 112 Gesellschaften (82%) eine **Ergebnisprognose** gemäß DRS 15.121 abgaben, stieg der Anteil auf 88% in 2005 und schließlich auf 91% in 2006 (vgl. Abb. 5-4). Von den Unternehmen, die eine Ergebnisprognose im Beobachtungszeitraum auswiesen, wählten im Durchschnitt 39% die Berichtsgröße EBIT (2004: 29%; 2005: 42%; 2006: 45%). Angaben zum künftigen EBT und EBITDA machten durchschnittlich nur 17% bzw. 13% der Gesellschaften. Vielfach war eine Information nur unter dem wenig spezifizierten Begriff „Ergebnis" oder „Gewinn" zu finden, wobei eine leicht sinkende Tendenz festzustellen ist (2004: 59%; 2005: 56%; 2006: 52%). Beispielhaft kann hier auf die Ergebnisprognosen der *Lufthansa AG* und der *Elexis AG* verwiesen werden:

*„Das **Ergebnis** des Lufthansa Konzerns wird sich dadurch weiter spürbar verbessern.* "[832]

*„Die Verkaufserlöse und die **Gewinne** der gesamten Gruppe dürften 2007 weitersteigen.* "[833]

EPS-Schätzungen waren nur gelegentlich im Prognosebericht vertreten. Auch Prognosen zum Finanzergebnis und zum EBITA hatten nur eine geringe Bedeutung. Von den 92 Ergebnisprognosen, die im Berichtsjahr 2004 abgegeben wurden, waren 63 (68%) bedingter Natur (2005: 70%; 2006: 64%). Bei den verbleibenden 32% wurden keine Annahmen über das Eintreffen der Schätzungen im Prognosebericht angegeben.

Im Untersuchungszeitraum konnte eine deutliche Zunahme der Prognosen zur unternehmerischen **Investitionstätigkeit** beobachtet werden (vgl. DRS 15.122). Während im Jahr 2004 lediglich 50 der 112 Unternehmen (45%) Angaben zu künftigen Investitionen machten, stieg der Anteil im Jahr 2005 auf 59%. Im Jahr 2006 konnte ein weiterer Anstieg auf 71% ausgemacht werden (vgl. Abb. 5-4). Von den Gesellschaften, die im Berichtsjahr 2006 eine Investitionsprognose abgaben, publizierten lediglich knapp 18% zugrunde liegende Prämissen und Einflussfaktoren, von denen das Eintreffen der Prognose abhängig gemacht wurde (2004: 20%; 2005: 18%).

Prognosen, über die im Beobachtungszeitraum kaum berichtet wurde, waren Angaben zur künftigen Entwicklung des Fremdkapitalkostensatzes, zu den Personalaufwendungen sowie zur künftigen Entwicklung der Abschreibungen (vgl. Tab. A-8).

---

[832] *Lufthansa AG*, Geschäftsbericht 2006, S. 108 (Hervorhebung durch die Verfasserin).
[833] *Elexis AG*, Geschäftsbericht 2006, S. 23 (Hervorhebung durch die Verfasserin).

Die in den vorstehenden Kapiteln präsentierten Ergebnisse haben einen ersten Einblick in die Prognosegegenstände und den damit verbundenen Angaben gegeben. Es schließt sich nunmehr die Frage an, in welcher Form die Prognosen abgegeben wurden, und ob der in DRS 15.84 vorgegebene Prognosehorizont von zwei Jahren in der Praxis umgesetzt wurde.

5.2.1.2.2 Prognosegenauigkeit

Prognosen können in quantitativer (Punkt- und Intervallprognosen), in komparativer oder qualitativer Form abgegeben werden.[834] Die Analyse aller beobachteter Prognosegegenstände über den Zeitraum von 2004 bis 2006 zeigt, dass von 3.211 publizierten Prognosen 1.217 Aussagen (38%) in komparativer Form abgegeben wurden (vgl. Tab. 5-7). Ein fast genau so großer Anteil von Prognosen war quantitativer Natur (1.195 Aussagen; 37%). Davon entfielen 966 Angaben auf Punktprognosen (30%) und 229 auf Intervallprognosen (7%). Mit einem Anteil von nur 9% (279 Aussagen) waren qualitative Einschätzungen eher selten zu finden. Allgemeine Angaben ohne einen Informationswert konnten bei 520 Prognosegegenständen (16%) beobachtet werden.[835]

Prognosegenauigkeit	2004		2005		2006		Summe	
	n	%	n	%	n	%	n	%
Punktprognose	233	26%	343	31%	390	33%	966	30%
Intervallprognose	70	8%	66	6%	93	8%	229	7%
Komparative Prognose	359	40%	425	38%	433	36%	1.217	38%
Qualitative Prognose	88	9%	104	9%	87	7%	279	9%
Allgemeine Angabe	152	17%	180	16%	188	16%	520	16%
Summe	902	100%	1.118	100%	1.191	100%	3.211	100%

Tab. 5-7: Prognosegenauigkeit nach Beobachtungszeitraum

Die Analyse der Prognosegenauigkeit im Zeitablauf lässt einen absoluten und relativen Anstieg bei den Punktprognosen erkennen. So stieg die Anzahl der abgegebenen Punktprognosen von 233 im Berichtsjahr 2004 (26%) auf 343 in 2005 (31%) und 390 im Jahr 2006 (33%; vgl. Tab. 5-7). Obwohl absolut gesehen die komparativen Prognosen von 359 in 2004 auf 425 in 2005 und 433 in 2006 ebenfalls zunahmen, reduzierte sich der relative Anteil komparativer Aussagen an der Gesamtzahl der abgegebenen Prognosen (2004: 40%; 2005: 38%; 2006: 36%). Ferner war auch eine Abnahme qualitativer Angaben über den Untersuchungszeitraum zu beobachten. So nahm der Anteil qualitativer Prognosen von 9% im Berichtsjahr 2004 und 2005 auf 7% in 2006 ab (vgl. Tab. 5-7). In der Gesamtbetrachtung kann festgehalten werden, dass der Anteil qualitativer und kom-

---

[834] Vgl. die Diskussion in Kap. 2.1.3. Inhaltslose Aussagen ließen sich keiner der Kategorien zuordnen und wurden deshalb unter der Rubrik „allgemeine Angabe" zusammengefasst.

[835] Vgl. z.B. *Deutsche Telekom AG*, Geschäftsbericht 2006, S. 109: „Neben dem VDSL-Ausbau werden sich die Investitionen 2007 auf den DSL- und den IP-Netz-Ausbau sowie auf den Erhalt und die Erweiterung der bestehenden Netzinfrastruktur fokussieren."

parativer Aussagen zugunsten von quantitativen Angaben in Form von Punkt- und Intervallprognosen über den Beobachtungszeitraum abgenommen hat.

In einem zweiten Schritt wurde die Prognosegenauigkeit, differenziert nach den einzelnen Berichtsteilen, betrachtet (vgl. Tab. 5-8).[836]

Prognosegenauigkeit	Wirtschafts-entwicklung		Branchen-entwicklung		Unternehmens-entwicklung		Summe	
	n	%	n	%	n	%	n	%
Punktprognose	240	33%	196	27%	530	30%	966	30%
Intervallprognose	10	1%	43	6%	176	10%	229	7%
Komparative Prognose	356	48%	263	37%	598	35%	1.217	38%
Qualitative Prognose	75	10%	94	13%	110	6%	279	9%
Allgemeine Angabe	57	8%	125	17%	338	19%	520	16%
Summe	738	100%	721	100%	1.752	100%	3.211	100%

Tab. 5-8: Prognosegenauigkeit nach Berichtsteilen (2004-2006)

Die Analyse der Prognosen zur **gesamtwirtschaftlichen Entwicklung** zeigt, dass über den gesamten Untersuchungszeitraum und alle Prognosegegenstände eingeschlossen die komparative Prognoseberichterstattung dominierte. Von insgesamt 738 abgegebenen Prognosen zur Einschätzung der gesamtwirtschaftlichen Rahmenbedingungen wurden über den Betrachtungszeitraum 356 komparative Prognosen (48%) abgegeben (vgl. Tab. 5-8). Quantitative Aussagen lagen bei insgesamt 250 Prognosen (34%) vor (240 Punkt- und 10 Intervallprognosen). Qualitative Angaben tauchten hingegen nur bei 75 Prognosen (10%) auf. Über 57 Prognosegegenstände (8%) wurde nur in allgemeiner Form berichtet.

Die Auswertung der **Branchenentwicklung** lässt erkennen, dass über den gesamten Beobachtungszeitraum bei allen Prognosen tendenziell mehr komparative Prognosen vorlagen als quantitative oder qualitative Prognosen. Insgesamt wurden von allen analysierten Unternehmen über den dreijährigen Untersuchungszeitraum 721 Prognosen zur künftigen Branchenentwicklung abgegeben. Davon war die Mehrzahl der 263 Prognosen (37%) komparativer Art (vgl. Tab. 5-8). Eine Quantifizierung fand bei 239 Angaben (33%) statt. 94 der 721 Prognosen (13%) wurden in qualitativer Form publiziert. Allgemeine Informationen lagen bei 125 Prognosegegenständen (17%) vor.

Die Prognoseberichterstattung über die künftige **Unternehmensentwicklung** erfolgte, über den gesamten Untersuchungszeitraum betrachtet, am häufigsten anhand von quantitativen Aussagen. Von insgesamt 1.752 untersuchten Prognosen zur Unternehmensentwicklung waren 706 (40%) quantitativer Art (vgl. Tab. 5-8). Diese untergliederten sich in 530 Punkt- und 176 Intervallprognosen. Knapp 35% der Prognosen wurden in komparativer Form abgegeben. Qualitative Angaben waren hingegen selten vorzufinden (6%). 338 der 1.752 analysierten Prognosen (19%) wiesen einen vagen, allgemeinen Charakter auf.

---

[836] Eine detaillierte Übersicht mit der Prognosegenauigkeit aller Prognosegegenstände, differenziert für jedes Berichtsjahr, findet sich im Anhang, Tab. A-9, Tab. A-10 und Tab. A-11.

Zu erwähnen bleiben die Angaben zur zukünftigen Finanzierungstätigkeit, Liquiditätslage, Dividendenentwicklung sowie zur Beschaffungssituation, die größtenteils nur durch allgemeine Aussagen in relativ vager Form gekennzeichnet waren. So machte zwar durchschnittlich jedes dritte Unternehmen im Beobachtungszeitraum eine Angabe zur künftigen Dividendenentwicklung, allerdings oftmals ohne näheren Informationsgehalt der Aussage:

„Die zukünftige Dividendenpolitik soll der Positionierung des Konzerns als Hochtechnologieunternehmen folgen. "[837]

Inwiefern die Prognosegenauigkeit mithilfe anerkannter **Schätz- oder Prognosemodelle** ermittelt wurde,[838] ist den zugrunde liegenden Prognoseberichten nicht zu entnehmen. So waren es im Berichtsjahr 2006 nur zwei Unternehmen, die näherungsweise erkennen ließen, dass die publizierten Voraussagen auf anerkannten Schätzverfahren beruhen. Im Prognosebericht der *Heidelberger Druckmaschinen AG* war hierzu Folgendes publiziert:

„Unsere eigenen Berechnungen beruhen sowohl auf externen Quellen als auch auf unserem bewährten internen Planungs- und Steuerungssystem [...] sowie auf anerkannten Schätzverfahren. "[839]

Um zu überprüfen, ob die unterschiedliche Ausgestaltung der Berichterstattung signifikant ist, wurde in einem letzten Schritt ein Signifikanztest durchgeführt. Die Ergebnisse werden anhand der am häufigsten genannten Prognosegegenstände nachfolgend vorgestellt.[840] Die endgültige Annahme oder Ablehnung der in Kap. 4.2.2 entwickelten Hypothesen erfolgt im Rahmen der kritischen Würdigung (Kap. 5.2.1.4).

Die Aussagen zur künftigen **Konjunkturentwicklung** waren häufig quantitativer Art. Dagegen kamen komparative und qualitative Einschätzungen weitaus weniger vor. Eine Betrachtung im Zeitablauf offenbart darüber hinaus, dass komparative und qualitative Aussagen zugunsten von quantitativen Angaben abgenommen haben. So stieg der Anteil an quantitativen Informationen von 62% in 2004 (46 Punkt- und 3 Intervallprognosen) auf 73% in 2005 (60 Punkt- und 2 Intervallprognosen). Schließlich wurden im Jahr 2006 von 90 publizierten Konjunkturprognosen 71 Prognosen (79%) in quantitativer Form abgegeben (davon waren 68 Punkt- und 3 Intervallprognosen; vgl. Abb. 5-5).

---

[837] *Jenoptik AG*, Geschäftsbericht 2006, S. 100.

[838] Zur Anwendung interner Schätz- und Prognosemodelle vgl. ausführlich bereits Kap. 2.1.4.

[839] *Heidelberger Druckmaschinen AG*, Geschäftsbericht 2006, S. 86. Bei der *Merck AG* ist ein Hinweis zu finden, dass die abgegebenen Prognosen auf der operativen Planung und der mittelfristigen Vorausschau des Unternehmens beruhen, vgl. *Merck AG*, Geschäftsbericht 2006, S. 73.

[840] Um bei den durchgeführten Signifikanztests möglichst viele Unternehmen einschließen zu können, beschränkt sich die Analyse auf die fünf am häufigsten publizierten Prognosegegenstände. Im Berichtsjahr 2006 konnten somit 51 der 112 Unternehmen berücksichtigt werden, die zu allen Prognosegegenständen Angaben machten (2004: 31; 2005: 46).

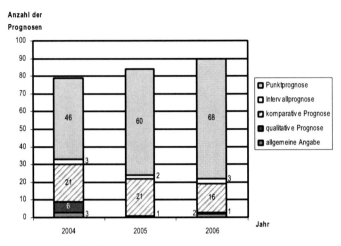

Abb. 5-5: Prognosegenauigkeit bei Konjunkturprognosen

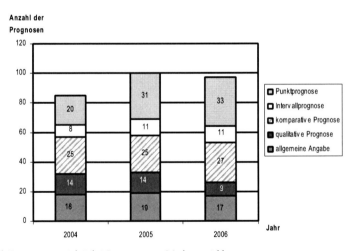

Abb. 5-6: Prognosegenauigkeit bei Prognosen zur Marktentwicklung

Im Berichtsjahr 2004 war die Mehrheit der abgegebenen Prognosen zur **Marktentwicklung** quantitativer Art (20 Punkt- und 8 Intervallprognosen; vgl. Abb. 5-7). Im Folgejahr konnte ein weiterer Anstieg der quantitativen Angaben verzeichnet werden. Schließlich wurden im Jahr 2006 44 von 97 publizierten Prognosen zur Marktentwicklung (45%) in quantitativer Form abgegeben. Diese setzten sich aus 33 Punkt- und 11 Intervallprognosen zusammen. Auffällig ist darüber hinaus, dass in jedem analysierten Berichtsjahr häufiger eine unspezifische, allgemeine Angabe zur Marktentwicklung abgegeben wurde als eine qualitative Prognose.

Bei der Einschätzung der künftigen Unternehmensentwicklung dominierten quantitative Angaben, insbesondere bei der Prognose von Umsatz und Investitionen. Während bei den **Umsatzprognosen** eine deutlich steigende Tendenz bei quantitativen Aussagen im Beobachtungszeitraum erkennbar war (2004: 49; 2005: 58; 2006: 60; vgl. Abb. 5-7) zeigte sich im Jahr 2006 ein leichter Rückgang bei den komparativen Angaben (2004: 40; 2005: 40; 2006: 35). Komparative Aussagen dominierten hingegen bei der Beschreibung der zukünftigen Ergebnisentwicklung. 51 der 92 **Ergebnisprognosen** (55%) waren im Berichtsjahr 2004 komparativer Art (vgl. Abb. 5-7). Im Jahr der verpflichtenden Erstanwendung des DRS 15 reduzierte sich der Anteil auf 47 Prognosen (47%). Im darauf folgenden Jahr war eine leichte Erhöhung auf 52 Angaben (51%) zu verzeichnen. Eine Zunahme von quantitativen Prognosen lässt sich auch bei den **Investitionen** beobachten. So waren im Berichtsjahr 2004 und 2005 über die Hälfte der Aussagen quantitativer Art (vgl. Abb. 5-7). Im Jahr 2006 stieg der Anteil auf 69%.

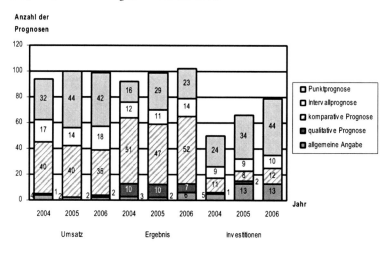

Abb. 5-7: Prognosegenauigkeit bei Umsatz-, Ergebnis- und Investitionsprognosen

Zusammenfassend ist festzuhalten, dass über die hier analysierten Prognosegegenstände in unterschiedlicher Form berichtet wurde. Ob die geschilderten Unterschiede in der Berichterstattung – bezogen auf die Prognosegenauigkeit – auch statistisch signifikant sind, wurde im Rahmen des nicht-parametrischen Friedman-Tests überprüft. Mit einem Signifikanzwert von $p = 0{,}000$ kann in jedem Berichtsjahr die Nullhypothese zurückgewiesen werden, der zufolge die Stichproben derselben Grundgesamtheit entstammen (vgl. Tab. 5-9). Die Ergebnisse deuten darauf hin, dass die Prognosegegenstände in allen drei Jahren statistisch signifikant verschiedene Genauigkeitsgrade aufwiesen.

	2004	2005	2006
	Mittlerer Rang	Mittlerer Rang	Mittlerer Rang
Konjunktur	1,97	2,21	2,07
Marktentwicklung	3,81	3,70	3,75
Umsatz	2,91	2,98	3,06
Ergebnis	3,56	3,34	3,59
Investitionen	2,75	2,78	2,54
N	32	46	51
Chi-Quadrat	36,957	32,354	55,426
df	4	4	4
Asymptotische Signifikanz	p = 0,000	p = 0,000	p = 0,000

Tab. 5-9: Ergebnisse des Signifikanztests zur Prognosegenauigkeit

5.2.1.2.3 Prognosehorizont

Neben der Prognosegenauigkeit ist der Prognosehorizont eine weitere wichtige Determinante, welche die inhaltliche Aussagekraft einer Prognose kennzeichnet.[841] Von allen 3.211 analysierten Prognosegegenständen im Beobachtungszeitraum von 2004 bis 2006 wurden 1.807 Aussagen (56%) nur für einen Prognosezeitraum von einem Jahr abgegeben (vgl. Abb. 5-8). Bei 730 Angaben (23%) erfolgte keine Spezifizierung des Prognosehorizonts. Der von DRS 15.84 geforderte Prognosezeitraum von zwei Jahren lag bei 12% der Angaben vor. Ein längerer Zeitraum von über zwei Jahren war nur bei 9% der zukunftsbezogenen Aussagen zu finden.

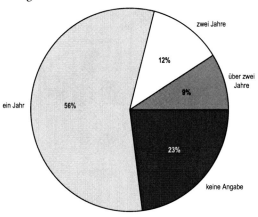

Abb. 5-8: Prognosehorizont

Eine Differenzierung der Untersuchung nach Berichtsjahr offenbart fernerhin, dass sich der Anteil kurzfristiger Prognosen (bis zu einem Jahr) zugunsten des Anteils von Progno-

---

[841] Zum optimalen Prognosehorizont vgl. die ausführliche Diskussion in Kap. 2.1.3 dieser Arbeit.

sen mit einem Prognosehorizont von zwei bzw. mehr Jahren reduziert hat. So sank der Anteil kurzfristiger Prognosen von 73% in 2004 auf 53% in 2005 und 46% in 2006 (vgl. Tab. 5-10). Hingegen konnte eine Zunahme bei den Einschätzungen mit einem Prognosehorizont von zwei Jahren verzeichnet werden. Mit Einführung des DRS 15 stieg dieser Anteil von 2% (2004) um elf Prozentpunkte auf 13% in 2005 und erneut auf 19% in 2006. Negativ zu beurteilen ist allerdings auch die relativ hohe Anzahl an Prognosen, bei denen kein Zeithorizont zu identifizieren war (2004: 20%; 2005: 25%; 2006: 23%). Als Beispiel kann hier der Prognosebericht der *Bilfinger Berger AG* angeführt werden, bei dessen Einschätzung offen blieb, für welchen Zeitraum die Aussage galt:

„Die Investitionen in Sachanlagen werden angesichts des weiter steigenden Geschäftsvolumens entsprechend zunehmen. Für die Finanzierung stehen dem Konzern ausreichend Mittel zur Verfügung."[842]

Ähnlich unspezifiziert sind auch die Prognosen des *Bilfinger Berger* Konzerns zum EBITA, Konzernergebnis oder zur Ausschüttungsquote.[843]

Prognosehorizont	2004		2005		2006		Summe	
	n	%	n	%	n	%	n	%
ein Jahr	661	73%	594	53%	552	46%	1.807	56%
zwei Jahre	17	2%	143	13%	230	19%	390	12%
über zwei Jahre	44	5%	101	9%	139	12%	284	9%
keine Angabe	180	20%	280	25%	270	23%	730	23%
Summe	902	100%	1.118	100%	1.191	100%	3.211	100%

Tab. 5-10: Prognosehorizont nach Beobachtungszeitraum

In Bezug auf die einzelnen Teilbereiche des Prognoseberichts weichen die Ergebnisse nicht wesentlich von den aggregierten Befunden ab. So zeigt sich, dass sowohl die Prognosen zur künftigen gesamtwirtschaftlichen Entwicklung als auch zur Branchen- und Unternehmensentwicklung mehrheitlich für nur ein Jahr abgegeben wurden (vgl. Tab. 5-11). Erfreulich ist, dass bei den zukunftsgerichteten Angaben zur Unternehmensentwicklung rund 24% der Prognosen für einen Zeitraum von zwei Jahren oder länger publiziert wurden. Als Beispiel kann an dieser Stelle auf die *Deutz AG* verwiesen werden, bei der im Berichtsjahr 2004 noch keine Angabe zur künftigen Investitionsentwicklung zu finden war. Im Prognosebericht 2005 publizierte das Unternehmen sodann eine Einjahresprognose für die Investitionstätigkeit.[844] Im darauf folgenden Berichtsjahr stieg der Prognosehorizont für Investitionen auf zwei Jahre:

„Darüber hinaus werden die Investitionen 2007 im DEUTZ-Konzern weiter steigen und im Jahr 2008 auf hohem Niveau bleiben."[845]

---

[842] *Bilfinger Berger AG*, Geschäftsbericht 2006, S. 97.
[843] Vgl. *Bilfinger Berger AG*, Geschäftsbericht 2006, S. 97.
[844] Vgl. *Deutz AG*, Geschäftsbericht 2005, S. 42: „Die Investitionstätigkeit wird im Jahr 2006 nochmals intensiviert."
[845] *Deutz AG*, Geschäftsbericht 2006, S. 62.

Negativ festzuhalten bleibt, dass der Anteil von Aussagen ohne Angabe eines Prognosehorizonts, insbesondere bei der Branchenentwicklung, mit 31% relativ hoch ist (vgl. Tab. 5-11).[846]

Prognosehorizont	Wirtschafts-entwicklung		Branchen-entwicklung		Unternehmens-entwicklung		Summe	
	n	%	n	%	n	%	n	%
ein Jahr	488	66%	340	47%	979	56%	1807	56%
zwei Jahre	83	11%	59	8%	248	14%	390	12%
über zwei Jahre	13	2%	99	14%	172	10%	284	9%
keine Angabe	154	21%	223	31%	353	20%	730	23%
Summe	738	100%	721	100%	1.752	100%	3.211	100%

Tab. 5-11: Prognosehorizont nach Berichtsteilen (2004-2006)

Des Weiteren wurden die am häufigsten genannten Prognosegegenstände dahingehend überprüft, ob statistisch signifikante Unterschiede bzgl. des Prognosehorizonts vorliegen. Die Angaben zur künftigen **Konjunkturentwicklung** wiesen mehrheitlich einen Prognosehorizont von nur einem Jahr auf (2004: 69; 2005: 55; 2007: 50; vgl. Abb. 5-9). Positiv anzumerken ist dabei, dass sich der einjährige Prognosehorizont im Zeitablauf zugunsten eines längeren Zeitraums gewandelt hat. So stieg der Anteil der Prognosen mit einem Horizont von zwei Jahren von 3% in 2004 auf 27% im Jahr der verpflichtenden Erstanwendung von DRS 15. Im Berichtsjahr 2006 wurden von 90 publizierten Konjunkturprognosen 35 (39%) für zwei Jahre abgegeben. Abnehmende Tendenzen zeichneten sich bei den unspezifizierten Aussagen ab. Während im Jahr 2004 noch 7 der 79 Konjunkturprognosen (9%) ohne Angabe eines Zeithorizontes publiziert wurden, war es im Jahr 2006 nur noch eine Vorhersage, der kein Prognosezeitraum zugeordnet werden konnte (1%).

---

[846] Eine detaillierte Übersicht mit den Prognosehorizonten aller Prognosegegenstände differenziert nach Berichtsjahr findet sich im Anhang Tab. A-12, Tab. A-13 und Tab. A-14.

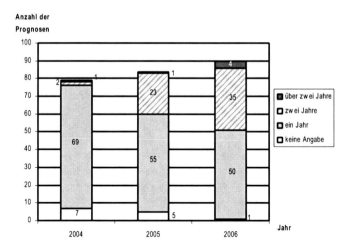

Abb. 5-9: Prognosehorizont bei Konjunkturprognosen

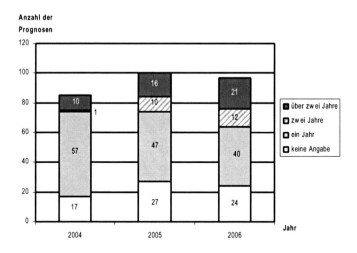

Abb. 5-10: Prognosehorizont bei Prognosen zur Marktentwicklung

Auch bei den Einschätzungen zur künftigen **Marktentwicklung** war die Einjahresprognose die vorherrschende Prognoseart (2004: 57; 2005: 47; 2006: 40; vgl. Abb. 5-10). Jedoch lässt sich ebenfalls eine abnehmende Tendenz hin zu einem Prognosehorizont von zwei oder mehr Jahren erkennen. War es im Berichtsjahr 2004 gerade mal ein Unternehmen, das eine Prognose zur Marktentwicklung für zwei Jahre abgab, waren es in 2005 schon

zehn Gesellschaften (2006: 12 Unternehmen), die den vom *DSR* empfohlenen Prognosezeitraum zu Grunde legten. 16 Konzerne gaben in 2005 sogar einen Prognosehorizont
von mehr als zwei Jahren an (2004: 10; 2006: 21). Positiv anzumerken ist, dass der Anteil
an Prognosen ohne eine Spezifizierung des Prognosehorizonts im Berichtsjahr 2006 rückläufig war.

Die Analyse der Prognosehorizonte bei den publizierten **Umsatzprognosen** lässt erkennen, dass über den Beobachtungszeitraum von 2004 bis 2006 jeweils mehrheitlich nur
Aussagen mit einem Zeitfenster von einem Jahr abgegeben wurden (2004: 75; 2005: 66;
2006: 54; vgl. Abb. 5-11). Zugleich zeigt sich aber auch hier ein Rückgang dieser Progno-
seform zugunsten längerfristiger Prognosen. Wurden im Jahr 2004 von 94 Umsatzprognosen nur zwei für einen Zeitraum von zwei Jahren veröffentlicht (2%), waren es im Berichtsjahr 2005 bzw. 2006 schon 22 Aussagen (22%) respektive 30 Angaben (30%). Hervorzuheben ist auch die Abnahme der Prognosen ohne Ausweis eines Prognosehorizonts
(2004: 14%; 2005 und 2006: 4%).

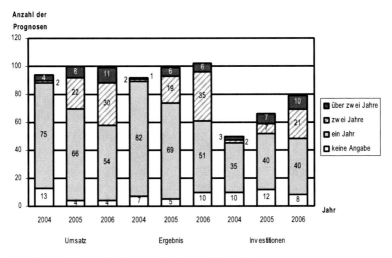

Abb. 5-11: Prognosehorizont bei Umsatz-, Ergebnis- und Investitionsprognosen

Ein ähnliches Bild ergibt sich bei der Analyse der **Ergebnisprognosen**. Der Anteil von
Einjahresprognosen sank im Untersuchungszeitraum von 82 Prognosen (89%) in 2004
auf 51 Prognosen (50%) in 2006. Waren es gerade einmal drei Ergebnisprognosen (3%),
die im Berichtsjahr 2004 einen Prognosehorizont von zwei und mehr Jahren aufwiesen,
erhöhte sich der Anteil im Jahr 2006 auf 41 Prognosen (40%; vgl. Abb. 5-11).

Auch bei den Aussagen zu den künftigen **Investitionen** des Unternehmens kann eine relative Abnahme der Prognosen mit einem einjährigen Zeithorizont festgestellt werden
(2004: 70%; 2005: 61%; 2006: 51%).

In der Gesamtschau lässt sich zum Prognosehorizont Folgendes konstatieren: Trotz der Vorgaben in DRS 15 wird in der Berichtspraxis größtenteils von einem zweijährigen Prognosehorizont abgewichen und eine Angabe nur für einen Zeitraum von einem Jahr publiziert. Diese Befunde sind weitestgehend unabhängig vom Prognosegegenstand. Dennoch ist eine Annäherung an einen Prognosezeitraum von zwei Jahren im Zeitablauf zu beobachten.

Obwohl in der Berichtspraxis mehrheitlich der einjährige Prognosehorizont dominiert, wurde dessen ungeachtet überprüft, ob statistisch signifikant verschiedene Prognosehorizonte bei der Beschreibung des zukünftigen Unternehmensgeschehens zur Anwendung kamen. Die Befunde des Signifikanztests illustrieren jedoch, dass die Nullhypothese, der zufolge die Stichproben derselben Grundgesamtheit entstammen, nicht zurückgewiesen werden kann (p_{2004} = 0,080; p_{2005} = 0,052; p_{2006} = 0,253; vgl. Tab. 5-12).[847] Somit unterscheiden sich die hier betrachteten Prognosen nicht signifikant hinsichtlich ihres Zeithorizonts.

	2004 Mittlerer Rang	2005 Mittlerer Rang	2006 Mittlerer Rang
Konjunktur	3,06	3,23	3,08
Marktentwicklung	2,59	2,61	2,65
Umsatz	3,19	3,14	3,13
Ergebnis	3,14	3,17	3,12
Investitionen	3,02	2,85	3,03
N	32	46	51
Chi-Quadrat	8,345	9,394	5,348
df	4	4	4
Asymptotische Signifikanz	p = 0,080	p = 0,052	p = 0,253

Tab. 5-12: Ergebnisse des Signifikanztests zum Prognosehorizont

5.2.1.2.4 Sonstige Berichtsinhalte

Im Zusammenhang mit den Ausführungen zur künftigen Geschäftspolitik des Unternehmens war in der Mehrzahl der Prognoseberichte auch eine Aussage zur strategischen Ausrichtung und den Zielen des Konzerns zu finden (2004: 59%; 2005: 73%; 2006: 78%). Dies ist insofern verwunderlich, als dass die Anforderungen zur Darstellung der Ziele und Strategien des Unternehmens in der endgültigen Fassung des DRS 15 nicht mehr berücksichtigt wurden, da auch das BilReG auf diese Angabepflicht verzichtete (vgl. Kap. 2.2.1.1). Als Beispiel kann hier der folgende Ausschnitt aus dem Prognosebericht der *Wincor Nixdorf AG* angeführt werden:

---

[847] Zur Anwendung kam der nicht-parametrische Friedman-Test; vgl. Kap. 5.1.3.1.

„Wir beabsichtigen, unsere bislang erfolgreiche Geschäftspolitik fortzuführen und die Strategie des Konzerns weiter umzusetzen. Im Mittelpunkt steht damit, das Kerngeschäft auszubauen, die Internationalisierung fortzusetzen und zusätzliche Geschäftspotenziale auf solchen Gebieten zu erschließen, die das Kerngeschäft erweitern oder diesem verwandt sind."[848]

63% der betrachteten Unternehmen gaben im Berichtsjahr 2004 segmentierte Prognosen ab (vgl. DRS 15.90). Im Berichtsjahr 2005 stieg der Anteil auf 78% (2006: 79%). Beispielhaft kann hier der *Bayer* Konzern genannt werden, der Umsatz- und Ergebnisprognosen für die Teilkonzerne *Bayer HealthCare*, *Bayer CropScience* sowie *Bayer MaterialScience* publizierte.[849] Auch die *ThyssenKrupp AG* differenzierte bei den Ausführungen zur künftigen Ertragslage nach den Unternehmensbereichen *Steel, Stainless, Technologies, Elevator* und *Services*.[850]

Die Verdichtung zu einer Gesamtaussage (vgl. DRS 15.85) war hingegen nur bei wenigen Unternehmen explizit zu finden (2004: 2%; 2005: 12%; 2006: 24%). Ein Beispiel stellt die Gesamtaussage im Prognosebericht der *Deutschen Telekom AG* dar:

*„**Gesamtaussage zur Geschäftsentwicklung des Konzerns**. Auf Grundlage der erwarteten Marktsituation in den einzelnen Geschäftsfeldern strebt die Deutsche Telekom für den Gesamtkonzern ein weiterhin positives Ergebnis an."*[851]

Ein Hinweis auf die mit Prognosen verbundene Unsicherheit (vgl. DRS 15.86) war in den meisten Prognoseberichten ebenfalls nicht vorhanden. So wiesen lediglich 15% der Gesellschaften im Berichtsjahr 2004 auf Unsicherheiten bei der Beurteilung der voraussichtlichen Entwicklung hin (2005: 25%; 2006: 30%). Positiv hervorzuheben ist bspw. der Prognosebericht der *ADVA AG*, der folgenden Hinweis enthält:

„Nichtsdestotrotz können die tatsächlichen Ergebnisse wesentlich von den Erwartungen abweichen, unter der Voraussetzung, dass Risiken zum Tragen kommen oder sich die hinter der Planung stehenden Annahmen als unrealistisch erweisen sollten."[852]

5.2.1.3 Entwicklung des Disclosure Index

In den vorstehenden Kapiteln wurden die empirischen Befunde zur formalen und inhaltlichen Ausgestaltung der Prognoseberichterstattung im Einzelnen präsentiert. Um ein Gesamturteil zur Entwicklung der Berichterstattung im Zeitablauf und deren Einflussfaktoren treffen zu können, werden im Folgenden die Ergebnisse des in Kap. 5.1.2.2 entwickelten Disclosure Index vorgestellt.

---

[848] *Wincor Nixdorf AG*, Geschäftsbericht 2006, S. 94.
[849] Vgl. *Bayer AG*, Geschäftsbericht 2006, S. 97.
[850] Vgl. *ThyssenKrupp AG*, Geschäftsbericht 2006, S. 105.
[851] *Deutsche Telekom AG*, Geschäftsbericht 2006, S. 110.
[852] *ADVA AG*, Geschäftsbericht 2006, S. 39.

Im Berichtsjahr 2004 erreichten die 112 analysierten Unternehmen einen durchschnittlichen Disclosure Index von 18 Punkten (vgl. Abb. 5-12).[853] Im Jahr der verpflichtenden Erstanwendung des DRS 15 stieg dieser um 33% auf durchschnittlich 24 Punkte an. Im darauf folgenden Jahr konnte eine erneute Erhöhung auf eine durchschnittliche Punktzahl von 27 verzeichnet werden. Das Maximum von 59 Punkten erreichte im Berichtsjahr 2005 die *K+S AG*.[854] Mit einem Disclosure Index von drei wies die *Südzucker AG* im Jahr 2004 das geringste Ergebnis auf.[855]

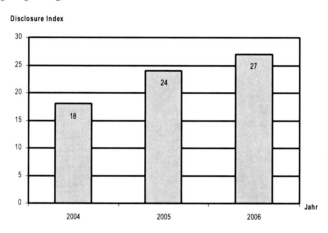

Abb. 5-12: Durchschnittlicher Wert des Disclosure Index im Untersuchungszeitraum

Die empirischen Ergebnisse zeigen, dass die vom *DSR* verabschiedeten Regelungen zur Prognoseberichterstattung insgesamt zu einer Verbesserung des Berichtsumfangs beigetragen haben. Die deskriptiven Befunde lassen jedoch noch keine Einschätzung darüber zu, ob das Ergebnis auf die Population zu übertragen ist oder ob sich der Befund zufällig aufgrund der Besonderheiten der Stichprobe eingestellt hat.[856] Daher wurde auf einen Signifikanztest im Rahmen einer einfaktoriellen ANOVA zurückgegriffen. Die Ergebnisse zei-

---

[853] Für den Mittelwert wurde hier und im Folgenden die Maßzahl des arithmetischen Mittels herangezogen, um im weiteren Verlauf der Arbeit auf parametrische Testverfahren zurückgreifen zu können. Unter der Annahme eines ordinalskalierten Disclosure Index wäre hingegen bei konsequenter Auslegung der Median als Mittelwert heranzuziehen (vgl. Kap. 5.1.3). Dieser beträgt 16 (Berichtsjahr 2004) bzw. 22 Punkte (Berichtsjahr 2005). Im Berichtsjahr 2006 misst der Median ebenso wie das arithmetische Mittel 27 Punkte.

[854] Wie hoch der Disclosure Index bei den verbleibenden Unternehmen war, ist Tab. A-6 im Anhang zu entnehmen. Hierbei zeigt sich, dass bei 34 der 112 Unternehmen (30%) ein rückläufiger Disclosure Index im Berichtsjahr 2006 festzustellen war.

[855] Welches Item aus dem Disclosure Index wie häufig publiziert wurde, zeigt Tab. A-15 im Anhang. In Tab. A-16 sind die erzielten Punkte im Disclosure Index mit den dazugehörigen Häufigkeiten zusammengefasst. Eine grafische Ansicht bietet Abb. A-1 im Anhang.

[856] Vgl. *Bortz/Döring* (2006), S. 25.

gen, dass zwischen den einzelnen Jahren signifikante Mittelwertunterschiede bestehen. Mit einem Signifikanzwert von p = 0,000 ist somit die Nullhypothese zurückzuweisen, der zufolge der Disclosure Index in allen drei Jahren einen gleich hohen Mittelwert aufweist (vgl. Tab. 5-13).[857] Aufgrund der fehlenden Varianzgleichheit und der nicht perfekten Normalverteilung der betrachteten Variablen wurden die Befunde der ANOVA mithilfe des nicht-parametrischen Friedman-Tests überprüft. Dieser bestätigt den bisherigen Befund (p = 0,000).

Disclosure Index		Mittelwert	Stand.abw.	Minimum	Maximum
Wirtschaftsentwicklung	2004	4	3	0	14
	2005	5	4	0	18
	2006	5	4	0	17
	ANOVA	p = 0,011			
Branchenentwicklung	2004	3	2	0	9
	2005	4	3	0	13
	2006	5	3	0	11
	ANOVA	p = 0,001			
Unternehmensentwicklung	2004	9	6	0	25
	2005	13	7	3	35
	2006	15	7	3	38
	ANOVA	p = 0,000			
sonstige Angaben	2004	1	1	1	3
	2005	2	1	1	4
	2006	2	1	1	5
	ANOVA	p = 0,000			
Prognosebericht (gesamt)	2004	18	9	3	44
	2005	24	11	5	59
	2006	27	11	8	58
	ANOVA	p = 0,000			

Tab. 5-13: Entwicklung Disclosure Index nach Berichtsteilen

Eine Differenzierung der Ergebnisse hinsichtlich des Berichtsteils zeigt ferner, dass sich der Disclosure Index in den einzelnen Bereichen ebenfalls im Beobachtungszeitraum verbessert hat.[858] So stieg der durchschnittliche Disclosure Index für den Bereich der **Wirtschaftsentwicklung** von durchschnittlich vier auf fünf Punkte (vgl. Tab. 5-13). Da 31 der 112 analysierten Unternehmen (28%) im Berichtsjahr 2004 keine Angaben zur künftigen Wirtschaftsentwicklung machten, ergab sich für diese Gesellschaften ein Disclosure Index von Null in diesem Berichtsteil. Die Durchführung einer einfaktoriellen ANOVA

---

[857] Bei der Beurteilung der zugrunde liegenden Modellannahmen zeigt sich, dass die Hypothese der Varianzhomogenität zurückzuweisen ist. Darüber hinaus ergab sowohl die grafische Überprüfung als auch der Kolmogorov-Smirnov-Test, dass die Variablen in der Grundgesamtheit nur im Berichtsjahr 2006 annähernd normalverteilt waren; vgl. Abb. A-2, Abb. A-3 und Abb. A-4 im Anhang.

[858] Zur Zusammensetzung der Teil-Disclosure Indizes für die einzelnen Berichtsteile vgl. Tab. A-7 im Anhang.

lässt erkennen, dass signifikante Mittelwertunterschiede zwischen den Berichtsjahren 2004, 2005 und 2006 bestehen (p = 0,011).[859]

Bei den Angaben zur **Branchenentwicklung** lässt sich ebenfalls ein Anstieg des Disclosure Index im Zeitraum von 2004 bis 2006 konstatieren (vgl. Tab. 5-13). Die Mittelwerte weisen auch hier statistisch signifikante Unterschiede auf (p = 0,001).[860] Keine Angaben zur künftigen Branchenentwicklung machten im Berichtsjahr 2004 18 der 112 Unternehmen (16%). In den Folgejahren war der Anteil weitaus geringer (2005: 6%; 2006: 8%).

Der Disclosure Index, der die Berichterstattung zur künftigen **Unternehmensentwicklung** abdeckt, zeichnete sich im Beobachtungszeitraum ebenfalls durch einen steigenden Mittelwert aus (2004: 9; 2005: 13; 2006: 15). Diese Mittelwertunterschiede erwiesen sich sowohl bei Durchführung eines parametrischen als auch bei Anwendung eines nicht-parametrischen Testverfahrens als statistisch signifikant (p = 0,000).[861] Darüber hinaus zeigt sich, dass dieser Berichtsteil – gemessen am durchschnittlichen Disclosure Index – den Schwerpunkt der Prognoseberichterstattung darstellte.

Der Vollständigkeit halber sei an dieser Stelle auf den Disclosure Index zu den „**sonstigen Angaben**" verwiesen. Dieser umfasst allgemeine Angaben gemäß DRS 15, wie bspw. die Verdichtung der Prognosen zu einer Gesamtaussage. Auch dieser Disclosure Index weist statistisch signifikante Mittelwertunterschiede auf (p = 0,000).[862] Aufgrund der geringen Anzahl von Items ist er aber von untergeordneter Bedeutung. Insgesamt kann festgehalten werden, dass die maximale Punktzahl im Disclosure Index sowohl zur Wirtschafts- als auch zur Branchenentwicklung jeweils im Berichtsjahr der verpflichtenden Erstanwendung des DRS 15 erreicht wurde. Gleiches gilt für den gesamten Disclosure Index, der alle Items umfasst.

Eine Differenzierung des Disclosure Index nach **Börsensegment** zeigt ferner,[863] dass die im DAX gelisteten Unternehmen im Beobachtungszeitraum von 2004 bis 2006 einen höheren Disclosure Index erzielten als die Unternehmen in den übrigen Börsensegmenten (vgl. Tab. 5-14). Mittels einer einfaktoriellen ANOVA kann für jedes Berichtsjahr getrennt gezeigt werden, dass die einzelnen Teilgruppen aus der Grundgesamtheit unter-

---

[859] Die Voraussetzung der Varianzhomogenität kann anhand der Levene-Teststatistik nicht abgelehnt werden. Eine perfekte Normalverteilung des Disclosure Index ist allerdings nicht gegeben. Dennoch bestätigt die Anwendung eines nicht-parametrischen Testverfahrens, dass die Stichproben nicht derselben Grundgesamtheit entstammen (p = 0,000).

[860] Trotz vorliegender Varianzgleichheit folgt der Disclosure Index zur Branchenentwicklung keiner Normalverteilung, so dass auf den nicht-parametrischen Friedman-Test zurückgegriffen wurde. Dieser bestätigt die Ergebnisse auf einem Signifikanzniveau von p = 0,000.

[861] Die Levene-Teststatistik zeigt an, dass keine Varianzhomogenität vorliegt. Darüber hinaus ist der Disclosure Index zur Unternehmensentwicklung nicht perfekt normalverteilt. Aus diesem Grund wurden auch hier die Ergebnisse durch den nicht-parametrischen Friedman-Test abgesichert.

[862] Dieses Ergebnis gilt sowohl für die parametrische als auch die nicht-parametrische Teststatistik.

[863] Für die Segmentierung wurde die Indexzusammensetzung zum 31.12.2006 zugrunde gelegt.

schiedlich hohe Mittelwerte aufweisen (p = 0,000).[864] Darüber hinaus wird auch hier deutlich, dass der Umfang der Prognoseberichterstattung in den einzelnen Börsensegmenten über den Untersuchungszeitraum angestiegen ist.

Index	N	2004		2005		2006	
		Mittelwert	Stand.abw.	Mittelwert	Stand.abw.	Mittelwert	Stand.abw.
DAX	23	25	10	32	11	35	10
MDAX	34	17	8	24	12	28	13
TecDAX	23	14	6	19	9	21	10
SDAX	32	15	9	20	9	23	8
Summe	112	18	9	24	11	27	11
ANOVA		p = 0,000		p = 0,000		p = 0,000	

Tab. 5-14: Entwicklung des Disclosure Index nach Börsenindex

Unterschiedliche Mittelwerte ergeben sich weiterhin, wenn eine Unterscheidung nach zugrunde liegendem **Rechnungslegungssystem** vorgenommen wird. So wiesen die nach US-GAAP bilanzierenden Gesellschaften im Untersuchungszeitraum einen höheren durchschnittlichen Disclosure Index auf als Unternehmen, die nach HGB bzw. IFRS bilanzierten (vgl. Tab. 5-15). Im Berichtsjahr 2006 erreichten US-GAAP-Bilanzierer einen durchschnittlichen Disclosure Index von 34, wohingegen nach IFRS bilanzierende Konzerne nur eine durchschnittliche Punktzahl von 26 erzielten. Bei den noch verbliebenen HGB-Bilanzierern konnten hingegen die geringsten Punktzahlen im Vergleich zu den Anwendern internationaler Rechungslegungssysteme beobachtet werden. Der Mittelwertvergleich zeigt jedoch, dass die hier beobachteten Mittelwerte auf dem Niveau p = 0,050 nicht statistisch signifikant verschieden sind.[865]

Rele-System	2004			2005			2006		
	N	Mittel-wert	Stand. abw.	N	Mittel-wert	Stand. abw.	N	Mittel-wert	Stand. abw.
HGB	19	14	7	2	21	8	0	-	-
IFRS	70	18	9	99	23	11	103	26	11
US-GAAP	23	21	10	11	28	14	9	34	12
Summe	112	18	9	112	24	11	112	27	11
ANOVA		p = 0,070			p = 0,446			p = 0,057	

Tab. 5-15: Entwicklung des Disclosure Index nach Rechnungslegungssystem

---

[864] Die Levene-Teststatistik zeigt an, dass von Varianzhomogenität ausgegangen werden kann. Da jedoch keine perfekte Normalverteilung des Disclosure Index vorliegt, wurden die Ergebnisse mit dem nicht-parametrischen Kruskal-Wallis-Test überprüft. Auch hiernach ergaben sich signifikante Ergebnisse, so dass die Nullhypothese, nach der die Stichproben derselben Grundgesamtheit entstammen, zurückzuweisen ist.

[865] Trotz vorliegender Varianzhomogenität wurden aufgrund der fehlenden Normalverteilungsannahme die Ergebnisse mit einem nicht-parametrischen Kruskal-Wallis-Test überprüft. Dieser bestätigt jedoch die nicht signifikanten Ergebnisse ($p_{2004} = 0,072$; $p_{2005} = 0,568$; $p_{2006} = 0,084$).

Bei dem hier verwendeten Disclosure Index wurde je ein Punkt für das publizierte Prognoseitem vergeben sowie jeweils ein Punkt für die Angabe der wesentlichen Einflussfaktoren und der Einhaltung eines Prognosehorizonts von mindestens zwei Jahren. Somit konnten maximal drei Punkte pro Prognoseitem erzielt werden. Unternehmen, die einen Prognosegegenstand nicht publizierten, konnten folglich auch keinen Punkt für die Nennung der Einflussfaktoren und den Prognosehorizont bei diesem Item erzielen. Um die Bedeutung dieser nicht vergebenen Punkte zu überprüfen, wurde ein alternativer Disclosure Index berechnet, bei dem jeweils nur ein Punkt für das berichtete Prognoseitem vergeben wurde. Ob wesentliche Einflussfaktoren und ein Prognosehorizont von mindestens zwei Jahren im Prognosebericht berücksichtigt wurden, ging nicht in die Berechnung des alternativen Disclosure Index ein. Damit war ein maximaler Score von 48 Punkten (vorher 116 Punkten) möglich. Die Auswertung des alternativen Disclosure Index zeigt, dass im Berichtsjahr 2004 ein durchschnittlicher Disclosure Index von 13 Punkten erreicht wurde (2005: 17; 2006: 18). Das Maximum wurde hier im Berichtsjahr 2006 von der *K+S AG* erreicht (35 Punkte). Dieser Prognosebericht deckte rund 73% der Items im Disclosure Index ab. Hinsichtlich der Verteilung des Disclosure Index Scores ergaben sich jedoch keine wesentlichen Abweichungen zu dem ursprünglich entwickelten Disclosure Index, so dass Letzterer (vgl. Tab. A-7) den weiteren Auswertungen zugrunde gelegt wird.

5.2.1.4 Kritische Würdigung der Ergebnisse

Die Lageberichterstattung soll entscheidungsrelevante und verlässliche Informationen zur Verfügung stellen, um auftretende Informationsasymmetrien zwischen den Adressaten der Rechnungslegung und der Unternehmensleitung zu reduzieren (DRS 15.3). Die Adressaten des Prognoseberichts sind bspw. daran interessiert, welche Gewinne in Zukunft erwartet werden, ob das Unternehmen in der Lage ist, seinen Verbindlichkeiten nachzukommen, ob mit einer Dividendenzahlung gerechnet werden kann oder der Arbeitsplatz zukünftig gesichert ist.[866] Inwiefern die untersuchten Prognoseberichte diesen Informationsbedürfnissen und den Anforderungen des DRS 15 im Zeitablauf gerecht werden, wird im Folgenden, aufbauend auf den dargelegten empirischen Befunden, kritisch erörtert. Darüber hinaus findet ein Vergleich mit den Ergebnissen früherer Studien zur deutschen Lageberichterstattung statt.[867]

Die empirischen Befunde zum Disclosure Index lassen eine Aufwertung des Prognoseberichts im Beobachtungszeitraum von 2004 bis 2006 erkennen. So stieg der **Umfang der Berichterstattung** – gemessen am durchschnittlichen Disclosure Index – im Jahr der verpflichtenden Erstanwendung des DRS 15 um 33%. Im darauf folgenden Jahr konnte eine

---

[866] Vgl. *Solfrian* (2005), S. 918. Siehe auch empirische Informationsbedarfsstudien von *Krumbholz* (1994) und *Prigge* (2006).

[867] Ein Vergleich mit internationalen Studien entfällt an dieser Stelle, da sich die im Disclosure Index ermittelten Items auf die deutsche Lageberichterstattung nach DRS 15 beziehen. Ein international vergleichbares Berichtsinstrument liegt in der Praxis noch nicht vor (zum Management Commentary vgl. Kap. 2.2.3). Darüber hinaus zeigte die empirische Untersuchung von *Selchert* (1999a), S. 405ff., dass ein in sich abgeschlossener Prognosebericht in der US-amerikanischen MD&A nicht zu finden ist, sondern dass sich die zukunftsbezogenen Aussagen über das komplette Berichtsinstrument erstrecken; vgl. ausführlich Kap. 3.2.1.

weitere Steigerung um rund 13% festgestellt werden. Positiv hervorzuheben ist dabei, dass nicht nur der gesamte Prognosebericht ausgeweitet wurde, sondern sich auch die Angaben zu den einzelnen Berichtsteilen umfangreicher gestalteten. Waren im Berichtsjahr 2004 häufig nur rudimentäre Aussagen zur erwarteten Entwicklung der wirtschaftlichen Rahmenbedingungen und zu künftigen Branchenaussichten zu finden, wurden den Adressaten im Jahr 2005 und 2006 schon weitaus detailliertere Angaben zur voraussichtlichen Konjunktur- und Marktentwicklung zur Verfügung gestellt. Die Ergebnisse des Signifikanztests haben bestätigt, dass im Beobachtungszeitraum signifikante Mittelwertunterschiede bei den ermittelten Disclosure Indizes bestehen (vgl. Kap. 5.2.1.3). Somit kann die in Kap. 4.2.2.1 entwickelte Hypothese (H_1), der zufolge der Umfang der Prognoseberichterstattung im Untersuchungszeitraum angestiegen ist, anhand der vorliegenden Ergebnisse bestätigt werden. Der Anstieg des Berichtsumfangs lässt sich zum einen damit begründen, dass den Unternehmen mit Verabschiedung des DRS 15 im Jahr 2005 zusätzliche Vorschriften und Empfehlungen zur Gestaltung des Prognoseberichts an die Hand gegeben wurden. Zum anderen kann vor dem Hintergrund der Political Cost Theory argumentiert werden, dass die analysierten Unternehmen ihre Prognoseberichterstattung ausgeweitet haben, um politische Kosten, bspw. durch ein negatives Auffallen im Rahmen eines Enforcement-Prozesses, zu minimieren.

Auch die Beurteilung der im Disclosure Index enthaltenen **Prognosegegenstände** lässt erkennen, dass eine Ausweitung der Berichterstattung im Zeitablauf stattgefunden hat. So stieg die Anzahl der ausgewiesenen Prognosegegenstände im Beobachtungszeitraum um 32%. Dessen ungeachtet zeigte sich jedoch, dass die in DRS 15 vorgegebenen Prognoseitems nicht von allen Unternehmen publiziert wurden. Während rund 87% der untersuchten Gesellschaften die zukünftige Ertragslage anhand der Entwicklung von Umsatz und Ergebnis prognostizierten (DRS 15.121), war eine empfohlene Überleitungsrechnung vom operativen Ergebnis zum Konzernergebnis unter expliziter Berücksichtigung von Zinsaufwendungen, Fremdkapitalkosten und Steuerquote in den analysierten Prognoseberichten nicht zu finden. Angaben zur zukünftigen Steuerquote sowie zur voraussichtlichen Entwicklung der Fremdkapitalkosten wurden von den Unternehmen kaum abgegeben. Ähnliche Defizite ergaben sich ferner bei der Berichterstattung über die zukünftige Finanzlage. So wurden zwar Angaben zum geplanten Investitionsumfang (DRS 15.122) noch relativ häufig publiziert. Aussagen zum erwarteten Cashflow sowie zu wesentlichen Finanzmittelabflüssen und deren Refinanzierung lagen indes nur in vereinzelten Prognoseberichten vor (vgl. Kap. 5.2.1.2.1).

Der mangelnde Ausweis von Prognoseitems zur Ertrags- und Finanzlage ist aus Adressatensicht kritisch zu beurteilen. Denn in der Vergangenheit durchgeführte Informationsbedarfsstudien haben gezeigt, dass es gerade diese Angaben waren, denen Privatanleger und Kapitalmarktexperten für die Einschätzung der zukünftigen Unternehmensentwicklung eine hohe Bedeutung beimessen.[868] Insbesondere Finanzanalysten und Fondsmanager benötigen für ihre Investitionsentscheidungen detaillierte Zukunftsinformationen über

---

[868] Vgl. *Prigge* (2006), S. 73f. Siehe auch empirische Ergebnisse bei *Krumbholz* (1994), S. 149ff., der in seiner Studie Wirtschaftsprüfer und Wertpapieranalysten um eine Einschätzung gebeten hatte (vgl. Kap. 3.2.2.2.1).

die Unternehmen, um künftige Zahlungsströme im Rahmen von Barwertkalkülen abschätzen zu können.

Auch Informationen zur Erschließung neuer Absatzmärkte, zur Verwendung neuer Verfahren sowie zum Angebot neuer Produkte und Dienstleistungen (DRS 15.84) erhielten die Adressaten des Prognoseberichts nur im begrenzten Umfang. Positiv hervorzuheben sind die Einschätzungen zur erwarteten Konjunktur- und Marktentwicklung (DRS 15.88), die den Berichtsadressaten im Jahr 2006 mehrheitlich zur Verfügung standen. Dies lässt sich gewiss damit begründen, dass eine Vielzahl von Unternehmen auf die Einschätzungen führender Wirtschaftsforschungsinstitute bzw. Branchenverbände zurückgegriffen hat (vgl. Kap. 5.2.1.2.1).

In der Gesamtschau konnten die Prognosen zu Umsatz, Ergebnis, zur Marktentwicklung und Konjunktur sowie zu den Investitionen als die am häufigsten publizierten Prognosegegenstände identifiziert werden. Diese wurden bei der Mehrzahl der Unternehmen differenziert nach Segmenten dargestellt (DRS 15.90). Eine Verdichtung der voraussichtlichen Entwicklung des Konzerns zu einer Gesamtaussage (DRS 15.85) war hingegen in den meisten Prognoseberichten nicht zu finden.[869] Überraschenderweise zeigte sich in der Mehrzahl der Prognoseberichte eine Angabe zur strategischen Ausrichtung der Gesellschaft. Obwohl in der endgültigen Fassung des DRS 15 die Passage zur Darstellung der strategischen Ausrichtung des Konzerns in den nächsten beiden Geschäftsjahren gestrichen wurde,[870] war in den meisten Prognoseberichten im Zusammenhang mit den zukünftigen Zielen und der Geschäftspolitik eine Aussage zur künftigen Unternehmensstrategie zu finden. Abweichend von der kritischen Literaturmeinung[871] lässt die Berichterstattungspraxis erkennen, dass die Streichung dieses Berichtsteils nicht unbedingt mit einem Informationsverlust für den Lageberichtsadressaten verbunden ist, sofern über diesen Sachverhalt freiwillig berichtet wird.

Die Tatsache, dass die oben genannten Gegenstände im Prognosebericht publiziert wurden, lässt jedoch noch keine Aussage über den Informationsgehalt dieser Angaben zu. So kann sich die Einschätzung der zukünftigen Unternehmensentwicklung für den Adressaten als schwierig erweisen, wenn die Aussagen zu den Prognosegegenständen unpräzise sind und nur für einen kurzen Zeitraum abgegeben werden. Daher sind die **Prognosegenauigkeit** und der Prognosehorizont ein entscheidender Indikator, um die Nachprüfbarkeit und Verständlichkeit der publizierten Prognosen beurteilen zu können. Vor dem Hintergrund der Cheap Talk Theory wurde in dieser Arbeit die Hypothese aufgestellt, dass die einzelnen Prognosegegenstände hinsichtlich ihres Genauigkeitsgrades unterschiedlich ausgestaltet sind (vgl. H_2 in Kap. 4.2.2.2). Die empirischen Ergebnisse unterstützen die Vermutung: Prognosen im Berichtsteil zur künftigen Wirtschaftsentwicklung

---

[869] Die von *Prigge* durchgeführte Informationsbedarfsstudie zeigte jedoch, dass der Gesamtaussage der Unternehmensleitung zur voraussichtlichen Entwicklung des Konzerns von den befragten Privatanlegern und Kapitalmarktexperten eine relativ hohe Bedeutung beigemessen wurde, vgl. *Prigge* (2006), S. 214f.

[870] Zur Begründung vgl. ausführlich bereits Kap. 2.2.1.

[871] Vgl. *Fink/Keck* (2005), S. 138; *Freidank/Steinmeyer* (2005), S. 2514; *Kaiser* (2005b), S. 407ff.; *Baetge/Heumann* (2006), S. 349; *Scheele* (2007), S. 158ff.

wurden im Untersuchungszeitraum vornehmlich in komparativer Form abgegeben. Abweichend davon lagen Angaben zur voraussichtlichen Konjunkturentwicklung (z.b. BIP) mehrheitlich in Form von Punktprognosen vor. Die Mehrzahl der Prognosen zur zukünftigen Unternehmensentwicklung war quantitativer Art. Hingegen wurde über die erwartete Ergebnisentwicklung in komparativer Form berichtet. Ein Signifikanztest bestätigte, dass die fünf am häufigsten genannten Prognosegegenstände statistisch signifikant verschiedene Genauigkeitsgrade aufwiesen. Damit lässt sich die Hypothese (H_2), der zufolge die Prognosegegenstände hinsichtlich ihres Genauigkeitsgrades unterschiedlich ausgestaltet sind, nicht verwerfen. Als Begründung kann zum einen die subjektive Natur von Prognosen angeführt werden, die im Zeitpunkt ihrer Abgabe weder verifiziert werden können noch für das Unternehmen bindend sind (Cheap Talk). Zum anderen mangelt es an konkreten Vorgaben seitens des *DSR*, der lediglich in DRS 15.121 eine Quantifizierung der erwarteten Entwicklung der wesentlichen Einflussfaktoren der Ertrags- und Finanzlage empfiehlt. Ist eine quantitative Prognose mit zu großer Unsicherheit behaftet, wird ferner empfohlen, dies anzugeben und zu begründen (DRS 15.123). Die sich daraus ergebenden Interpretations- und Ermessensspielräume spiegelten sich in den verschieden ausgestalteten Prognosegegenständen wider. Hier schließt sich auch die Frage nach der Vergleichbarkeit der Prognoseberichte an: Aufgrund der unterschiedlich formulierten Prognosegegenstände wird sich eine Einschätzung der zukünftigen Unternehmensentwicklung nicht nur im Zeitablauf, sondern auch zwischen einzelnen Unternehmen als schwierig gestalten. Ergänzend ist der relativ hohe Anteil an allgemeinen, unspezifischen Angaben zu kritisieren. So wurden insbesondere die Einschätzungen zur künftigen Dividendenentwicklung, zur Finanzierungstätigkeit und zum Finanzmittelbedarf mehrheitlich in unpräziser und vager Form abgegeben.[872] Diese verbalen, z.T. inhaltsleeren Formulierungen beeinträchtigen nicht nur die Verständlichkeit der gemachten Angaben. Letztendlich erschwert die unterschiedliche Ausgestaltung der Berichterstattung auch die Einschätzung der Verlässlichkeit und Treffgenauigkeit der publizierten Prognosen. Während das Eintreffen einer präzisen Punktprognose durchaus im Nachhinein überprüft werden kann, lässt sich die Richtigkeit einer unspezifizierten zukunftsbezogenen Aussage ex-post nur schwerlich überprüfen. Somit sind Zahlenangaben nicht nur informativer, sondern stellen auch für den Berichtsadressaten eine bessere Entscheidungsgrundlage dar.[873]

Vor diesem Hintergrund sind – neben der Prognosegenauigkeit – auch Informationen über die **wesentlichen Einflussfaktoren** und deren Auswirkungen bei der Beurteilung der Zuverlässigkeit von Prognosen unerlässlich (DRS 15.17; DRS 15.85; DRS 15.89). Da Prognosen im Zeitpunkt ihrer Aufstellung mit Unsicherheit behaftet sind und ihr zukünftiges Eintreffen ungewiss ist, müssen die publizierten Vorhersagen für den Adressaten überprüfbar und ihre Herleitung nachvollziehbar sein. Die Plausibilität der gemachten Angaben lässt sich nur beurteilen, wenn zugrunde liegende Prämissen publiziert wer-

---

[872] Insbesondere den Prognosen zur künftigen Dividendenzahlung wird von Kleinaktionären ein hohes Gewicht beigemessen, vgl. *Sorg* (1984), S. 1034ff. Aber auch in der von *Sorg* durchgeführten Studie zeigte sich, dass die Angaben zu diesem Prognosegegenstand mehrheitlich in unbestimmter, nicht zu klassifizierender Form abgegeben wurden.

[873] Vgl. *Lück* (1995), § 289 HGB, Rn. 58 und 59. Der Autor spricht sich für die Publizität von Punktprognosen aus, da diese eine verbesserte Informationsversorgung der Berichtsadressaten gewährleiste.

den.[874] Auch die empirische Untersuchung von *Krumbholz* zeigte,[875] dass Adressaten, insbesondere Wertpapieranalysten, der Angabe von Prämissen im Prognosebericht eine hohe Bedeutung beimessen. Darüber hinaus sieht der Grundsatz der Verlässlichkeit vor, dass bei zukunftsbezogenen Aussagen darauf hinzuweisen ist, dass die tatsächlichen Ergebnisse von den erwarteten Ergebnissen abweichen können, wenn sich die zugrunde liegenden Annahmen als unzutreffend erweisen (DRS 15.16). Die Praxis der Prognoseberichterstattung zeigte jedoch ein differenziertes Bild: So wurden bei den publizierten Umsatzprognosen in rund 70% der Fälle die zugrunde liegenden Einflussfaktoren genannt.[876] Bei den Investitionsprognosen belief sich der Anteil hingegen auf nur ca. 20% (vgl. Kap. 5.2.1.2.1). Festzuhalten bleibt, dass es sich bei den analysierten Angaben im Prognosebericht größtenteils um unbedingte Prognosen handelte, bei denen zugrunde liegende Prämissen und Einflussfaktoren nicht erläutert wurden. Ob das Eintreffen der Prognosen von bestimmten Annahmen abhängig ist, kann bei diesen Ausführungen durch den Adressaten nicht beurteilt werden. Kritisch anzumerken bleibt, dass die von den Adressaten und in DRS 15 geforderten Angaben zu den Einflussfaktoren nur bei ausgewählten Prognosegegenständen beachtet wurden. Dies kann möglicherweise darauf zurückzuführen sein, dass nicht bei allen Prognosegegenständen gleichermaßen Prämissen und Einflussfaktoren ermittelt werden können. Die Angabe von Einflussfaktoren im Prognosebericht ist letztendlich auch immer von dem angewandten Schätz- bzw. Prognosemodell abhängig, da sich nicht jedes Verfahren dazu eignet, Determinanten und Prämissen bei dem Prozess der Prognoseerstellung zu berücksichtigen. So stoßen insbesondere quantitative Prognoseverfahren an ihre Grenzen, wenn eine Vielzahl von Determinanten, welche die zukünftige Entwicklung beeinflussen können, berücksichtigt werden sollen (vgl. Kap. 2.1.4).

Damit die publizierten Prognosen und deren Ableitung für den Adressaten objektiv nachvollziehbar sind, sieht DRS 15.17 weiterhin vor, die angewandten **Schätzverfahren** im Prognosebericht zu beschreiben und ggf. Bandbreiten der Schätzung anzugeben. Die Nachvollziehbarkeit von Zukunftsaussagen kann nur gewährleistet sein, wenn neben den Annahmen und Prämissen auch ihre Herleitung, also das Prognoseverfahren, erläutert wird.[877] Die empirischen Befunde dieser Arbeit zeigten allerdings, dass in fast keinem der analysierten Prognoseberichte Angaben zu den angewandten Schätz- bzw. Prognosemodellen gemacht wurden (vgl. Kap. 5.2.1.2.2). Vor dem Hintergrund der präsentierten Ergebnisse stellt sich somit die Frage nach der Verlässlichkeit und Nachvollziehbarkeit der publizierten Daten im Prognosebericht. Aufgrund von fehlenden Angaben zu den Prämissen sowie den zugrunde liegenden Schätzverfahren wird sich die Einschätzung der zukünftigen Unternehmensentwicklung für eine Vielzahl externer Adressaten als schwierig erweisen. Ob die publizierten Angaben dazu beitragen können, die Informationsasymmetrien zwischen der Unternehmensleitung und den Adressaten der Rechnungslegung abzubauen, kann an dieser Stelle bezweifelt werden.

---

[874] Vgl. *Bretzke* (1974), S. 295; *Puckler* (1974), S. 158.

[875] Vgl. *Krumbholz* (1994), S. 135.

[876] Wie häufig die Einflussfaktoren bei den einzelnen Prognosegegenständen publiziert wurden, ist Tab. A-15 zu entnehmen.

[877] Vgl. *Sorg* (1994), S. 1968.

Neben der Angabe der wesentlichen Einflussfaktoren wurde auch der **Prognosehorizont** in dem entwickelten Disclosure Index berücksichtigt. Die Angabe des zugrunde liegenden Prognosehorizonts stellt ein weiteres wichtiges Kriterium dar, welches die Beurteilung des Informationsgehalts der Prognose ermöglicht. In der Literatur wird hierzu ein Prognosehorizont von zwei Jahren als adäquat betrachtet.[878] Auch gemäß DRS 15.87 ist ein Prognosezeitraum von mindestens zwei Jahren, ausgehend vom Konzernabschlussstichtag, zugrunde zu legen. Bei Konzernen mit längeren Marktzyklen oder bei komplexen Großprojekten wird ein längerer Betrachtungszeitraum empfohlen. Die Auswertung der Berichterstattungspraxis ließ jedoch erkennen, dass dieser Forderung mehrheitlich nicht nachgekommen wurde (vgl. Kap. 5.2.1.2.3). So präferierte die Mehrzahl der Unternehmen einen kürzeren Prognosehorizont von nur einem Jahr. Darüber hinaus wurde bei den Angaben zur künftigen Marktentwicklung und dem Investitionsvolumen vielfach nicht ersichtlich, auf welchen Zeithorizont sich die gemachten Aussagen erstreckten. Dies lässt erkennen, dass es für viele Unternehmen oftmals nicht einfach ist, Mittel- bzw. Langfristplanungen durchzuführen, insbesondere in einem schwierigen Marktumfeld. Positiv hervorzuheben sind die abnehmenden Tendenzen von einem einjährigen hin zu einem zwei- oder mehrjährigen Prognosehorizont sowie die Zunahme mittel- bis langfristiger Prognosen im Untersuchungszeitraum. Vor dem Hintergrund der Cheap Talk Theory wurde die Hypothese aufgestellt, dass die Prognosegegenstände hinsichtlich ihres Zeithorizonts signifikante Unterschiede aufweisen (vgl. H_3 in Kap. 4.2.2.2). Angesichts der Ergebnisse des Signifikanztests lässt sich diese Hypothese allerdings nicht bestätigen, so dass H_3 abzulehnen ist. Es zeigt sich, dass der einjährige Zeithorizont die Berichterstattungspraxis dominierte. Ein einheitlicher Prognosehorizont ist zwar, trotz des nicht bindenden Charakters von Prognosen, vor dem Hintergrund der Vergleichbarkeit von Prognoseberichten zu begrüßen. Andererseits ist die Abweichung von dem in der Literatur und in DRS 15 geforderten Prognosehorizont kritisch zu sehen. Da die Prognosen im Lagebericht erst mit Veröffentlichung des Geschäftsberichts erfolgen, erstrecken sich die zukunftsbezogenen Angaben nur noch auf die verbleibenden Monate des Geschäftsjahres. Ob dies für Investoren ausreichend ist, die zukünftige Unternehmensentwicklung sachgerecht einschätzen zu können, darf bezweifelt werden. Ein zu kurz gewählter Zeitraum macht die Prognosen für den Berichtsempfänger oftmals als Entscheidungshilfe unbrauchbar.[879]

Abb. 5-13 fasst die **Ergebnisse der Hypothesentests** zur Ausgestaltung der Prognosepublizität abschließend zusammen.

---

[878] Vgl. *Fink/Keck* (2005), S. 145; *Buchheim/Knorr* (2006), S. 421 m.w.N.
[879] Vgl. *Lück* (1995), § 289 HGB, Rn. 57.

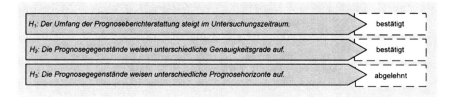

H_1: Der Umfang der Prognoseberichterstattung steigt im Untersuchungszeitraum.	bestätigt
H_2: Die Prognosegegenstände weisen unterschiedliche Genauigkeitsgrade auf.	bestätigt
H_3: Die Prognosegegenstände weisen unterschiedliche Prognosehorizonte auf.	abgelehnt

Abb. 5-13: Ergebnisse der Hypothesentests zur Entwicklung und Ausgestaltung der Prognosepublizität

Die empirischen Befunde dieser Arbeit decken sich weitestgehend mit den Ergebnissen früherer Studien.[880] Schon in der von *Busse von Colbe* durchgeführten deskriptiven Untersuchung zur freiwilligen Prognosepublizität zeigte sich, dass Prognosen zum Umsatz, Jahresüberschuss und zu den Investitionen im Beobachtungszeitraum von 1962 bis 1966 am häufigsten abgegeben wurden.[881] In Bezug auf den Prognosehorizont bezogen sich die freiwillig abgegebenen Aussagen mehrheitlich nur auf das laufende Geschäftsjahr. Dies deckt sich mit den empirischen Befunden dieser Arbeit. Auch in den von *Sorg* durchgeführten deskriptiven Auswertungen zukunftsbezogener Aussagen dominierte der einjährige Prognosehorizont in den Berichtsjahren 1985 und 1992.[882]

Eine im Zeitverlauf verbesserte Berichterstattung lässt sich erkennen, wenn die Ergebnisse dieser Arbeit mit denen von *Berndsen* und *Krumbholz* verglichen werden. So kritisierte die Studie von *Berndsen*, dass im Beobachtungszeitraum von 1970 bis 1974 keine Anhaltspunkte für die Veröffentlichung von Prämissen erkennbar waren.[883] Davon abweichend konnten in dieser Arbeit durchaus Unternehmen identifiziert werden, die Einflussfaktoren und Annahmen bei ausgewählten Prognosegegenständen publizierten. Ein ähnliches Resultat zeigt der Vergleich mit der von *Krumbholz* durchgeführten Analyse im Berichtsjahr 1991.[884] Während *Krumbholz* die überwiegend verbale Berichterstattung im Jahr 1991 bemängelte (qualitative und komparative Prognosen), konnten in dieser Arbeit Prognosegegenstände, wie z.B. der Umsatz oder die Investitionen, ausgemacht werden, über die mehrheitlich in quantitativer Form berichtet wurde. Positiv hervorzuheben ist, dass sich die Aussage „Prognosen sind im Lagebericht meist unpräzise und vage"[885] auf Basis der hier erhobenen Daten für den Zeitraum 2004 bis 2006 nicht mehr für alle Unternehmen verallgemeinern lässt. Ein Vergleich der hier erhobenen Daten mit aktuelleren Studien, die auch die Anforderungen des DRS 15 in ihrer Untersuchung berücksichtigten, weisen Parallelen zu den ermittelten Befunden dieser Arbeit auf: So stellten *Schmidt/Wulbrand*

---

[880] Der Vergleich der Ergebnisse dieser Arbeit mit den Befunden früherer Studien ist mit Vorsicht zu betrachten, da sich die Studien hinsichtlich der Unternehmensauswahl und des Untersuchungsgegenstandes unterscheiden. Nichtsdestotrotz sind Tendenzaussagen möglich.

[881] Vgl. *Busse von Colbe* (1968b), S. 106ff. Zu den folgenden Studien vgl. ausführlich bereits Kap. 3.2.1.

[882] Vgl. *Sorg* (1988), S. 384; *Sorg* (1994), S. 1966.

[883] Vgl. *Berndsen* (1979), S. 48f.

[884] Vgl. *Krumbholz* (1994), S. 266.

[885] *Baetge/Krumbholz* (1994), S. 1.

ebenfalls eine Aufwertung des Prognoseberichts im Zeitablauf fest.[886] Auch die Analysen
der *Kirchhoff Consult AG* konstatierten bei den DAX-30-Unternehmen eine verbesserte
Transparenz des Prognoseberichts im Geschäftsjahr 2005 im Vergleich zum Berichtsjahr
2004.[887] Ferner existieren Übereinstimmungen zu der Studie von *Quick/Reus*, die beobachteten, dass keine Angaben zum angewandten Prognoseverfahren gemacht wurden.[888]
Hinsichtlich des Prognosehorizonts bemängelten die Autoren auch den vorherrschenden
einjährigen Prognosezeitraum, obgleich die Literatur und DRS 15 einen Prognosehorizont von zwei Jahren als angemessen erachteten.

5.2.2 Bestimmungsfaktoren der Prognosepublizität

Nachdem die vorstehenden Kapitel die Ausgestaltung der Prognosen und die Entwicklung
des Disclosure Index im Beobachtungszeitraum kritisch dargestellt haben, werden im Folgenden die Bestimmungsfaktoren der Prognosepublizität präsentiert. Hierzu wurde zunächst der Einfluss der Determinanten auf den Disclosure Index als abhängige Variable
isoliert untersucht (Kap. 5.2.2.1), bevor mit einem multivariaten Analyseverfahren der
simultane Einfluss aller Bestimmungsfaktoren auf den Umfang der Prognoseberichterstattung getestet wurde (Kap. 5.2.2.2). Die endgültige Annahme oder Ablehnung der in Kap.
4.2.3 entwickelten Hypothesen erfolgt nach Durchführung der multivariaten Auswertung
im Rahmen der kritischen Würdigung (Kap. 5.2.2.3).

5.2.2.1 Isolierter Einfluss der Determinanten

Um die Stärke und die Richtung des Zusammenhangs zwischen dem Umfang der Prognoseberichterstattung und der Unternehmensgröße (Ertragslage, Verschuldungsgrad, Aktionärsstruktur, Internationalisierungsgrad) zu bestimmen,[889] wurden in der vorliegenden
Untersuchung in einem ersten Schritt Korrelationskoeffizienten (Spearman Rho) berechnet. Die Ergebnisse der Untersuchung bringen zum Vorschein, dass die **Unternehmensgröße** eine entscheidende Determinante der Prognosepublizität ist. Wird die Unternehmensgröße anhand der logarithmierten Bilanzsumme gemessen, beläuft sich der Korrelationskoeffizient auf r_{2004} = 0,405** für das Berichtsjahr 2004 (r_{2005} = 0,437**; r_{2006} =
0,440**). Dieser gibt an, dass eine mittlere positive Korrelation zwischen der Unternehmensgröße und dem Publizitätsumfang besteht. Größere Unternehmen weisen somit tendenziell einen umfangreicheren Prognosebericht auf als kleinere Unternehmen. Ein Signifikanztest zeigt, dass die Ergebnisse hoch signifikant sind (p = 0,000;[890] vgl. Tab. 5-16 bis
Tab. 5-18). Die Überlegung, in der Grundgesamtheit bestehe kein Zusammenhang zwischen der Unternehmensgröße und dem Umfang der Prognosepublizität, kann daher mit

---

[886] Vgl. *Schmidt/Wulbrand* (2007), S. 419. Die Autoren untersuchten den Umfang der gesamten Lageberichterstattung bei den DAX-30-Unternehmen anhand der durchschnittlichen Satzzahl in den Jahren
2003 und 2005.

[887] Vgl. *Kirchhoff Consult AG* (2006), S. 3f.

[888] Vgl. *Quick/Reus* (2009), S. 30.

[889] Zu den Lageparametern der einzelnen Einflussfaktoren vgl. Tab. A-17 im Anhang.

[890] Der Wert 0,000 ist auf drei Dezimalstellen gerundet. Dieser gibt an, dass der genaue Signifikanzwert
kleiner als 0,0005 ist; vgl. *Brosius* (2008), S. 510, Fn. 149. Nach *Bühl* (2008), S. 121, kann in diesem
Falle von einem höchst signifikanten Ergebnis gesprochen werden.

einer Irrtumswahrscheinlichkeit von 0% vorläufig zurückgewiesen werden. Ein ähnlich positiver Zusammenhang ergibt sich ferner, wenn anstelle der Bilanzsumme Variablen, wie z.b. der Umsatz[891] oder die Anzahl der Mitarbeiter,[892] als Indikator für die Unternehmensgröße herangezogen werden.

Der Einfluss der **Ertragslage** auf den Umfang der Prognoseberichterstattung wurde anhand der Umsatzrendite (nach Steuern) untersucht. In allen drei Berichtsjahren zeigt der Korrelationskoeffizient einen nur sehr schwachen Zusammenhang zwischen der Umsatzrendite und der Prognosepublizität an (r_{2004} = -0,114; r_{2005} = 0,017; r_{2006} = -0,111).[893] Darüber hinaus deuten die Koeffizienten im Berichtsjahr 2004 und 2006 auf eine negative Korrelation hin. Je schlechter die Ertragslage des Unternehmens war, desto mehr wurde also im Prognosebericht publiziert. Der hier untersuchte Zusammenhang ist jedoch nicht signifikant (vgl. Tab. 5-16 bis Tab. 5-18), so dass die Nullhypothese, in der Grundgesamtheit bestehe kein Zusammenhang zwischen der Ertragslage und der Prognoseberichterstattung, mithilfe der Korrelationsanalyse nicht zurückgewiesen werden kann. Der hier getestete Ertragskraftindikator kann nicht nennenswert zur Erklärung unterschiedlicher Publizitätsumfänge beitragen.

Im Gegensatz dazu stellt sich der **Verschuldungsgrad** im Rahmen der Korrelationsanalyse als ein signifikanter Einflussfaktor der Prognoseberichterstattung dar. Zwar deuten die Korrelationskoeffizienten mit r_{2004} = 0,244**; r_{2005} = 0,229*; r_{2006} = 0,312** auf nur einen schwach positiven Zusammenhang zwischen der Höhe des Verschuldungsgrades und dem Umfang der Berichterstattung hin (vgl. Tab. 5-16 bis Tab. 5-18), jedoch zeigt der Signifikanztest, dass die Ergebnisse mindestens auf dem Niveau p = 0,050 signifikant sind. Im Berichtsjahr 2006 ergibt sich mit einer Irrtumswahrscheinlichkeit von p = 0,001 ein hoch signifikantes Ergebnis. Unternehmen mit höherem Verschuldungsgrad scheinen somit auch tendenziell mehr im Prognosebericht auszuweisen, so dass die Nullhypothese anhand der Ergebnisse der Korrelationsanalyse zurückgewiesen werden kann.

Ähnliche Befunde ergeben sich auch bei der Determinante der **Aktionärsstruktur**.[894] Bei Verwendung des Streubesitzanteils als Näherungsgröße für die Aktionärsstruktur zeigen

---

[891] Die Verwendung des logarithmierten Umsatzes ergibt folgende Korrelationskoeffizienten: r_{2004} = 0,416**; r_{2005} = 0,428**; r_{2006} = 0,423**.

[892] Bei Berücksichtigung der Mitarbeiteranzahl weist der Korrelationskoeffizient im Berichtsjahr 2004 und 2005 auf eine mittlere Korrelation hin (r_{2004} = 0,419**; r_{2005} = 0,430**). Im Jahr 2006 kann ein nur schwach positiver Zusammenhang festgestellt werden (r_{2006} = 0,397**).

[893] Ähnlich schwache Ergebnisse ergaben sich bei Verwendung der Eigenkapitalrendite nach Steuern (r_{2004} = -0,053; r_{2005} = 0,040; r_{2006} = -0,076). Wobei sich auch hier im Berichtsjahr 2004 und 2006 ein negativer Zusammenhang zwischen der Eigenkapitalrendite und dem Umfang der Berichterstattung ergibt.

[894] Die Analyse der Aktionärsstruktur beschränkte sich im Jahr 2004 und 2005 auf N = 96 Unternehmen und im Jahr 2006 auf N = 98 Unternehmen, da für alle 112 Gesellschaften der Streubesitzanteil rückwirkend ermittelt werden konnte. So gab bspw. die *Balda AG* auf Nachfrage in der Investor Relations-Abteilung an, dass dem Unternehmen keine Daten mehr für die Jahre 2005 und 2006 vorliegen. Darüber hinaus mussten die Unternehmen ausgeschlossen werden, die während des Untersuchungszeitraums erst an die Börse gegangen sind, da für den Zeitraum vor der Börsennotierung kein Streubesitzanteil veröffentlicht wurde. Im Jahr 2004 waren das die *Bauer AG, Conergy AG, Lanxess AG, Q-Cells AG und Wacker Chemie AG*. Im Berichtsjahr 2005 waren die *Bauer AG* und die *Wacker Chemie AG* noch nicht börsennotiert.

die Korrelationskoeffizienten (r_{2004} = 0,240*; r_{2005} = 0,205*; r_{2006} = 0,207*, vgl. Tab. 5-16 bis Tab. 5-18) lediglich einen schwach positiven Zusammenhang zwischen der Anzahl der Aktionäre und dem Umfang der Prognoseberichterstattung an. Diese Ergebnisse erweisen sich aber als statistisch signifikant (p_{2004} = 0,019; p_{2005} = 0,045; p_{2006} = 0,040). Damit kann die Nullhypothese, der zufolge in der Grundgesamtheit kein linearer Zusammenhang zwischen den Variablen Streubesitz und Publizitätsumfang besteht, anhand der Korrelationsanalyse zurückgewiesen werden. Je größer der Streubesitzanteil ist, desto umfangreicher scheint sich auch die Berichterstattung über das zukünftige Unternehmensgeschehen zu gestalten.

Eine signifikant positive Korrelation ergibt sich ferner im Jahr 2004 und 2005 zwischen dem Umfang der Prognoseberichterstattung und dem Einflussfaktor des **Internationalisierungsgrades**, welcher anhand des ausländischen Umsatzanteils gemessen wurde (p_{2004} = 0,035; p_{2005} = 0,022).[895] Ein Korrelationskoeffizient von r_{2004} = 0,216* bzw. r_{2005} = 0,235* deutet auf einen schwach positiven Zusammenhang in den beiden Berichtsjahren hin (vgl. Tab. 5-16 und Tab. 5-17). Im Jahr 2006 zeigt der Korrelationskoeffizient eine nur sehr schwache positive Korrelation an (r_{2006} = 0,184), welche nicht statistisch signifikant ist (p_{2006} = 0,075; vgl. Tab. 5-18). Die Nullhypothese, der zufolge kein Zusammenhang zwischen dem Auslandsumsatz und dem Disclosure Index besteht, kann somit anhand der Ergebnisse der Korrelationsanalyse nur für die Jahre 2004 und 2005 zurückgewiesen werden. In diesen Jahren deuten die Befunde darauf hin, dass ein höherer Internationalisierungsgrad auch tendenziell mit einer umfangreicheren Prognoseberichterstattung verbunden ist.

---

[895] Die Unternehmensauswahl reduzierte sich im Jahr 2004 und 2005 auf N = 95 Unternehmen und im Berichtsjahr 2006 auf N = 94 Unternehmen, da nicht für alle 112 Gesellschaften eine präzise Angabe für den Anteil des im Ausland erwirtschafteten Umsatzes ermittelbar war. So wies bspw. die *adidas AG* ihre Umsatzerlöse nur differenziert nach den Regionen Europa, Nordamerika, Asien und Lateinamerika aus. Welcher Anteil davon im heimischen Markt erwirtschaftet wurde, ist dem Geschäftsbericht nicht zu entnehmen (vgl. *adidas AG*, Geschäftsbericht 2004, S. 155). Auch die *Lufthansa AG* wies z.B. im Geschäftsbericht 2006, S. 163 nur Daten für Europa (inkl. Deutschland) aus, so dass eine Unterteilung nach in- und ausländischen Umsatzerlösen nicht möglich war.

		Ln Bilanz-summe	Umsatz-rendite	Verschul-dungsgrad	Streubesitz	Anteil Auslandsum-satz
Disclosure Index	r	0,405**	-0,114	0,244**	0,240*	0,216*
	p-Wert	0,000	0,233	0,009	0,019	0,035
	N	112	112	112	96	95
Ln Bilanzsumme	r	1,000	-0,074	0,425**	0,226*	0,340**
	p-Wert		0,439	0,000	0,027	0,001
	N	112	112	112	96	95
Umsatzrendite	r	-0,074	1,000	-0,396**	-0,054	-0,128
	p-Wert	0,439		0,000	0,599	0,215
	N	112	112	112	96	95
Verschuldungs-grad	r	0,425**	-0,396**	1,000	0,202*	-0,016
	p-Wert	0,000	0,000		0,048	0,876
	N	112	112	112	96	95
Streubesitz	r	0,226*	-0,054	0,202*	1,000	0,158
	p-Wert	0,027	0,599	0,048		0,157
	N	96	96	96	96	82
Anteil Auslandsumsatz	r	0,340**	-0,128	-0,016	0,158	1,000
	p-Wert	0,001	0,215	0,876	0,157	
	N	95	95	95	82	95

** Die Korrelation ist auf dem 0,01 Niveau signifikant (zweiseitig).
* Die Korrelation ist auf dem 0,05 Niveau signifikant (zweiseitig).

Tab. 5-16: Ergebnisse der Korrelationsanalysen (2004)

		Ln Bilanz-summe	Umsatz-rendite	Verschul-dungsgrad	Streubesitz	Anteil Auslandsum-satz
Disclosure Index	r	0,437**	0,017	0,229*	0,205*	0,235*
	p-Wert	0,000	0,860	0,015	0,045	0,022
	N	112	112	112	96	95
Ln Bilanzsumme	r	1,000	-0,057	0,497**	0,089	0,288**
	p-Wert		0,553	0,000	0,391	0,005
	N	112	112	112	96	95
Umsatzrendite	r	-0,057	1,000	-0,396**	-0,247*	-0,089
	p-Wert	0,553		0,000	0,015	0,391
	N	112	112	112	96	95
Verschuldungs-grad	r	0,497**	-0,396**	1,000	0,238*	0,092
	p-Wert	0,000	0,000		0,020	0,375
	N	112	112	112	96	95
Streubesitz	r	0,089	-0,247*	0,238*	1,000	0,099
	p-Wert	0,391	0,015	0,020		0,375
	N	96	96	96	96	83
Anteil Auslandsumsatz	r	0,288**	-0,089	0,092	0,099	1,000
	p-Wert	0,005	0,391	0,375	0,375	
	N	95	95	95	83	95

** Die Korrelation ist auf dem 0,01 Niveau signifikant (zweiseitig).
* Die Korrelation ist auf dem 0,05 Niveau signifikant (zweiseitig).

Tab. 5-17: Ergebnisse der Korrelationsanalysen (2005)

		Ln Bilanz-summe	Umsatz-rendite	Verschul-dungsgrad	Streubesitz	Anteil Auslands-umsatz
Disclosure Index	r	0,440**	-0,111	0,312**	0,207*	0,184
	p-Wert	0,000	0,245	0,001	0,040	0,075
	N	112	112	112	98	94
Ln Bilanzsumme	r	1,000	0,028	0,477**	0,045	0,181
	p-Wert		0,767	0,000	0,659	0,081
	N	112	112	112	98	94
Umsatzrendite	r	0,028	1,000	-0,426**	-0,069	-0,152
	p-Wert	0,767		0,000	0,497	0,143
	N	112	112	112	98	94
Verschuldungs-grad	r	0,477**	-0,426**	1,000	0,169	0,034
	p-Wert	0,000	0,000		0,097	0,748
	N	112	112	112	98	94
Streubesitz	r	0,045	-0,069	0,169	1,000	0,056
	p-Wert	0,659	0,497	0,097		0,613
	N	98	98	98	98	85
Anteil Auslandsumsatz	r	0,181	-0,152	0,034	0,056	1,000
	p-Wert	0,081	0,143	0,748	0,613	
	N	94	94	94	85	94

** Die Korrelation ist auf dem 0,01 Niveau signifikant (zweiseitig).
* Die Korrelation ist auf dem 0,05 Niveau signifikant (zweiseitig).

Tab. 5-18: Ergebnisse der Korrelationsanalysen (2006)

Der Zusammenhang zwischen dem Umfang der Prognoseberichterstattung und einem **ausländischen Börsenlisting** wurde in der vorliegenden Untersuchung mithilfe eines T-Tests bestimmt. In der ersten Fallgruppe wurden all jene Unternehmen gruppiert, die nur an einer inländischen Börse notiert waren. Gesellschaften, die zusätzlich mindestens einen ausländischen Börsenplatz in Anspruch nahmen,[896] wurden in der zweiten Fallgruppe zusammengefasst.[897]

---

[896] In diese Kategorie fallen auch Unternehmen, die mit sog. American Depository Receipts (ADRs) einen ausländischen Kapitalmarkt in Anspruch nehmen. Hierbei handelt es sich um in US-Dollar ausgestellte, handelbare Hinterlegungsscheine, die anstelle der Originalaktien an der ausländischen Börse gehandelt werden, vgl. ausführlich zu ADR-Programmen *Pellens et al.* (2008), S. 60ff.

[897] Für die Mehrzahl der Unternehmen konnten rückwirkend keine Angaben zu einer ausländischen Börsennotierung für die Jahre 2004, 2005 und 2006 im Geschäftsbericht ermittelt werden. Daher beschränkt sich bei diesen Unternehmen die Datenerhebung auf den Stichtag 31.07.2008. Darüber hinaus mussten all jene Unternehmen unberücksichtigt bleiben, bei denen während des Untersuchungszeitraums erst ein Börsengang stattgefunden hatte. So wurden im Jahr 2004 fünf Unternehmen ausgeschlossen: *Bauer AG, Conergy AG, Lanxess AG, Q-Cells AG* und *Wacker Chemie AG* (N = 107). Im Jahr 2005 waren es zwei Unternehmen (*Bauer AG, Wacker Chemie AG*), die mit Eigenkapitaltiteln weder den inländischen noch einen ausländischen Kapitalmarkt in Anspruch genommen hatten (N = 110). Im Jahr 2006 lag bei allen untersuchten Unternehmen mindestens ein inländisches Listing vor (N = 112).

	2004			2005			2006		
	N	Mittelwert	Stand. abw.	N	Mittelwert	Stand. abw.	N	Mittel- wert	Stand. abw.
Kein Auslandslisting	77	16	8	80	22	11	82	25	11
Auslandslisting	30	22	10	30	29	11	30	32	11
T-Test		p = 0,002			p = 0,003			p = 0,003	

Tab. 5-19: Mittelwertvergleich nach Auslandslisting

Die Ergebnisse zeigen hoch signifikante Mittelwertunterschiede für alle drei Beobachtungsjahre (vgl. Tab. 5-19). Während im Berichtsjahr 2004 die Unternehmen, die lediglich im Inland gelistet waren, einen durchschnittlichen Disclosure Index von 16 Punkten erzielten, wiesen die Gesellschaften, welche zusätzlich an einem ausländischen Kapitalmarkt mit Eigenkapitaltiteln vertreten waren, einen signifikant höheren Disclosure Index von 22 auf (p = 0,002). Im Jahr 2005 und 2006 waren es ebenfalls die Unternehmen mit einem zusätzlichen Auslandslisting, welche eine umfangreichere Prognoseberichterstattung vorweisen konnten (p_{2005} = 0,003; p_{2006} = 0,003).[898] Somit kann die Nullhypothese, nach der die Mittelwerte in den beiden Fallgruppen identisch sind, zurückgewiesen werden.

Der Einfluss der **Wirtschaftsprüfungsgesellschaft** wurde ebenfalls mithilfe eines T-Tests analysiert. Hierfür wurden zwei Fallgruppen unterschieden: In der ersten Gruppe befanden sich all jene Unternehmen, die nicht von einer Big-Four Wirtschaftsprüfungsgesellschaft im Beobachtungszeitraum geprüft wurden. In der zweiten Gruppe wurden die Konzerne zusammengefasst, welche einer Big-Four Wirtschaftsprüfungsgesellschaft das Mandat erteilt hatten.[899] Die Ergebnisse zeigen, dass signifikante Mittelwertunterschiede in den einzelnen Teilgruppen bestehen. So wies im Berichtsjahr 2004 die erste Gruppe (keine Big-Four Gesellschaft) einen durchschnittlichen Disclosure Index von 14 Punkten auf, während die zweite Gruppe (Big-Four Gesellschaft) einen durchschnittlichen Disclosure Index von 19 erreichte (vgl. Tab. 5-20). Ein Signifikanzwert von p = 0,004 gibt an, dass die Mittelwerte signifikant verschieden sind und damit die Nullhypothese, nach der die Mittelwerte in den beiden Fallgruppen gleich groß sind, zurückgewiesen werden kann. Ähnliche Ergebnisse ergaben sich auch für die Geschäftsjahre 2005 und 2006. Im Jahr 2005 erzielten die Unternehmen, welche von einer Big-Four Wirtschaftsprüfungsgesellschaft geprüft wurden, einen deutlich höheren Mittelwert als die Unternehmen, welche eine andere Gesellschaft mit der Prüfung beauftragt hatten (p = 0,002). Auch für das Berichtsjahr 2006 ist mit einer Irrtumswahrscheinlichkeit von 1,6% die Nullhypothese zurückzuweisen, nach der die Mittelwerte in den beiden Fallgruppen identisch sind. Die Konzerne, welche von einer Big-Four Wirtschaftsprüfungsgesellschaft geprüft wurden,

---

[898] Da das Intervallskalenniveau des Disclosure Index umstritten ist und keine perfekte Normalverteilung in der Grundgesamtheit vorliegt, wurden die Ergebnisse durch den nicht-parametrischen Mann-Whitney-Test abgesichert. Aber auch hier ergaben sich signifikante Ergebnisse, so dass für jedes Berichtsjahr die Nullhypothese, der zufolge die beiden Stichproben derselben Grundgesamtheit entstammen, zurückzuweisen ist (p_{2004} = 0,003; p_{2005} = 0,002; p_{2006} = 0,004).

[899] Die Wirtschaftsprüfungsgesellschaft wurde anhand des Bestätigungsvermerks des Abschlussprüfers aus dem jeweiligen Geschäftsbericht ermittelt.

hatten mit durchschnittlich 28 Punkten eine deutlich umfangreichere Prognoseberichterstattung als jene Unternehmen, die einer anderen Gesellschaft das Prüfungsmandat erteilt hatten.[900]

		2004			2005			2006	
	N	Mittelwert	Stand. abw.	N	Mittelwert	Stand. abw.	N	Mittelwert	Stand. abw.
Nicht Big-Four WP-Gesellschaft	31	14	7	25	18	9	22	22	9
Big-Four WP-Gesellschaft	81	19	9	87	25	12	90	28	12
T-Test		p = 0,004			p = 0,002			p = 0,016	

Tab. 5-20: Mittelwertvergleich nach Wirtschaftsprüfungsgesellschaft

Ein weiterer Bestimmungsfaktor der Prognosepublizität, welcher in der Analyse nicht unberücksichtigt bleiben soll, ist die **Branchenzugehörigkeit**. Es lässt sich vermuten, dass die Prognoseberichterstattung innerhalb der Branchen unterschiedlich ausgestaltet ist und damit entsprechende Differenzen im Umfang aufweist. Ein Vergleich des durchschnittlich erzielten Disclosure Index zwischen den einzelnen Industriezweigen zeigt, dass die umfangreichste Berichterstattung bei den Unternehmen aus der Automobilbranche und dem Bereich Transportation & Logistics vorzufinden ist (vgl. Tab. 5-21). So hoben sich die Automobilunternehmen im Berichtsjahr 2004 mit einem durchschnittlichen Disclosure Index von 25 bspw. deutlich von den Gesellschaften aus dem Bereich Media ab, die im Durchschnitt nur einen Disclosure Index von elf erzielten. Auch die Gesellschaften aus dem Tätigkeitsfeld Transportation & Logistics wiesen im Beobachtungszeitraum tendenziell eine umfangreichere Prognoseberichterstattung auf (μ_{2004} = 23; μ_{2005} = 31; μ_{2006} = 34) als z.B. Unternehmen aus dem Wirtschaftszweig Retail (μ_{2004} = 11; μ_{2005} = 18; μ_{2006} = 23). Die Durchführung einer einfaktoriellen ANOVA lässt jedoch erkennen, dass die hier beobachteten Mittelwertunterschiede auf dem 0,05 Niveau nicht statistisch signifikant sind. Die Nullhypothese, dass in allen Branchen gleich hohe Mittelwerte vorliegen, kann für kein Beobachtungsjahr zurückgewiesen werden (p_{2004} = 0,240; p_{2005} = 0,068; p_{2006} = 0,462).[901]

---

[900] Ähnlich signifikante Ergebnisse ergeben sich, wenn anstelle des T-Tests der nicht-parametrische Mann-Whitney-Test durchgeführt wird (p_{2004} = 0,004; p_{2005} = 0,008; p_{2006} = 0,020).

[901] Der Levene-Test bestätigt, dass Varianzhomogenität vorliegt. Aufgrund der nicht perfekten Normalverteilungsannahme wurden die Ergebnisse durch den nicht-parametrischen Kruskal-Wallis-Test überprüft. Aber auch hiernach ergeben sich keine signifikanten Ergebnisse (p_{2004} = 0,094; p_{2005} = 0,091; p_{2006} = 0,479).

Branche	N	2004		2005		2006	
		Mittelwert	Stand. abw.	Mittelwert	Stand. abw.	Mittelwert	Stand. abw.
Consumer	9	20	11	24	13	27	14
Technology	5	13	6	18	8	22	6
Pharma & Healthcare	12	16	8	25	12	27	14
Transportation & Logistics	5	23	6	31	9	34	11
Construction	5	18	9	23	11	28	9
Industrial	35	17	10	22	10	26	10
Chemicals	9	20	8	32	15	31	16
Automobile	7	25	9	32	10	34	11
Software	7	17	9	20	11	21	9
Retail	6	11	5	18	8	23	10
Media	4	11	4	14	3	21	6
Others	8	19	13	23	12	27	10
ANOVA		p = 0,240		p = 0,068		p = 0,462	

Tab. 5-21: Mittelwertvergleich nach Branchenzugehörigkeit

Ein erstes Zwischenfazit zeigt, dass anhand der Korrelationsanalysen ein statistisch signifikanter Zusammenhang zwischen dem Disclosure Index und den Faktoren Unternehmensgröße, Verschuldungsgrad, Aktionärsstruktur und Internationalisierungsgrad zu beobachten war. Kein Zusammenhang konnte hingegen bei dem untersuchten Ertragskraftindikator festgestellt werden. Ferner konstatierten die Ergebnisse des T-Tests, dass die Inanspruchnahme eines ausländischen Kapitalmarktes sowie die Auswahl der Wirtschaftsprüfungsgesellschaft den Umfang der Prognoseberichterstattung beeinflussten. Indessen erwies sich der Einfluss der Branchenzugehörigkeit als statistisch nicht signifikant. Um ein abschließendes Urteil über die Bestimmungsfaktoren der Prognosepublizität treffen zu können, werden im folgenden Kapitel die Ergebnisse der Regressionsanalyse vorgestellt, welche den simultanen Einfluss aller Determinanten auf den Umfang der Berichterstattung untersuchte.

5.2.2.2 Simultaner Einfluss der Determinanten

Im Folgenden werden die Befunde des in Kap. 5.1.3.2.2 vorgestellten Regressionsmodells präsentiert. Die Regressionsschätzung wurde für alle drei Berichtsjahre separat durchgeführt, um die Stabilität der Ergebnisse im Zeitablauf überprüfen zu können. Darüber hinaus wurde das Regressionsmodell insofern modifiziert, als dass bestimmte Regressoren schrittweise aus dem Modell ausgeschlossen wurden, um zum einen den Erklärungsgehalt der Regressionsfunktion zu verbessern und zum anderen die Signifikanz bestimmter Variablen zu testen. Schließlich wurden die Ergebnisse der Regressionsschätzung mit einer Rang-Regression abgesichert.

Für das **Berichtsjahr 2004** kann die Unternehmensgröße – gemessen an der logarithmierten Bilanzsumme – als eine statistisch signifikante Einflussgröße auf den Umfang der Prognoseberichterstattung identifiziert werden. Bevor auf die Regressionskoeffizienten im

Einzelnen eingegangen wird, ist zunächst die globale Güte der Regressionsfunktion anhand des Bestimmtheitsmaßes und des F-Wertes überprüft worden: Für die vorliegende Regressionsschätzung wird ein korrigiertes R^2 von 0,078 ausgewiesen (R^2 = 0,283). Der Anteil der erklärten Streuung an der gesamten Streuung beläuft sich somit auf 7,8% (vgl. Tab. A-18 im Anhang). Die globale Überprüfung der Regressionskoeffizienten mithilfe der F-Statistik zeigt, dass das geschätzte Modell nicht unbedingt über die Stichprobe hinaus Gültigkeit besitzt. Mit einem Signifikanzwert von p = 0,174 kann die Nullhypothese, nach der die Regressionskoeffizienten alle gleich Null sind, nicht abgelehnt werden. Dies bedeutet allerdings nicht, dass kein Zusammenhang zwischen dem Disclosure Index und den untersuchten Variablen besteht. Möglicherweise wird dieser durch andere Einflüsse überlagert und damit aufgrund eines zu geringen Stichprobenumfangs nicht deutlich.[902] Die isolierte Beurteilung der Regressionskoeffizienten lässt hingegen erkennen, dass mit einem Beta-Faktor von 0,365 die Berichterstattung signifikant durch die Höhe der Bilanzsumme beeinflusst wird (p = 0,042). Die übrigen, in die Regressionsanalyse einfließenden, unabhängigen Variablen weisen indes keinen statistisch signifikanten Zusammenhang zur Berichterstattung auf.[903]

In der oben durchgeführten Regressionsanalyse konnten nur diejenigen Unternehmen berücksichtigt werden, bei denen für sämtliche Variablen im Berichtsjahr 2004 Werte vorlagen (N = 82).[904] Um die Regressionsanalyse mit allen 112 Unternehmen durchführen zu können, wurden daher in einem zweiten Schritt die Regressoren STREUBESITZ, AUSLAND und LISTING ausgeschlossen, die sich bisher als nicht signifikant erwiesen. Hinsichtlich der Beurteilung des Gesamtfits der Regressionsschätzung weist die R^2-Statistik sodann auf eine verbesserte Erklärungskraft des modifizierten Modells hin (korrigiertes R^2 = 17,2%; R^2 = 28,4%; vgl. Tab. 5-22). Die Überprüfung der F-Statistik zeigt zudem, dass das geschätzte Modell über die Stichprobe hinaus Gültigkeit besitzt (p = 0,003). Auch bei dieser Regressionsschätzung ist die Unternehmensgröße als ein statistisch signifikanter Einflussfaktor auf den Umfang der Prognoseberichterstattung auszumachen (p = 0,001).[905]

Die Überprüfung der Modellprämissen ergab folgendes Ergebnis: Ein grafischer Test auf Normalverteilung zeigt, dass die Residuen nicht perfekt, aber annähernd normalverteilt sind. Der Durbin-Watson-Koeffizient (DW = 1,986) deutet darauf hin, dass das Ausmaß der Autokorrelation als gering eingeschätzt werden kann (vgl. Tab. 5-22).[906] Um mögliche

---

[902] Vgl. *Backhaus et al.* (2006), S. 72.

[903] Abweichend von den oben dargestellten Ergebnissen lässt sich bei Durchführung einer Rang-Regression kein signifikanter Zusammenhang zwischen der Unternehmensgröße und der Prognoseberichterstattung feststellen (p = 0,084). Die Ergebnisse der Rang-Regression sind in Tab. A-21 im Anhang zusammengefasst.

[904] So mussten alle Unternehmen ausgeschlossen werden, bei denen keine Angaben zum Auslandsumsatz zu ermitteln waren bzw. bei denen aufgrund eines fehlenden Börsenlistings keine Daten zum Streubesitzanteil und zu einem Auslandslisting vorhanden waren.

[905] Die Ergebnisse werden durch die Rang-Regressionsanalyse bestätigt. Bei Ausschluss der Variablen (STREUBESITZ, AUSLAND und LISTING) erweist sich die Unternehmensgröße als ein statistisch signifikanter Einflussfaktor (p = 0,002; korrigiertes R^2 = 18,2%).

[906] Zu den kritischen Wertebereichen für den Durbin-Watson-Koeffizient und die Toleranz sowie den VIF vgl. bereits ausführlich Kap. 5.1.3.2.2.

Probleme von Multikollinearität aufzuspüren, wurden die Toleranz und der VIF als Kollinearitätsmaße herangezogen. Beide Werte lassen bei keiner der betrachteten Variablen Kollinearitätsprobleme erkennen.

R	R-Quadrat	Korrigiertes R-Quadrat	Standardfehler des Schätzers	Durbin-Watson-Statistik
0,533	0,284	0,172	8,400	1,986

	Quadrat-summe	df	Mittel der Quadrate	F	Signifikanz
Regression	2.690,016	15	179,334	2,542	0,003
Residuen	6.773,261	96	70,555		
Gesamt	9.463,277	111			

Variablen	B	Standard-fehler	Beta	T	Signifikanz	Toleranz	VIF
(Konstante)	-23,967	9,763		-2,455	0,016		
Ln Bilanzsumme	1,862	0,517	0,406	3,599	0,001	0,587	1,704
Umsatzrendite	-2,953	2,441	-0,112	-1,210	0,229	0,862	1,160
Verschuldungs-grad	2,594	5,551	0,051	0,467	0,641	0,626	1,597
WP-Gesellschaft	2,115	2,120	0,103	0,998	0,321	0,700	1,428
Consumer	3,254	3,168	0,096	1,027	0,307	0,849	1,177
Technology	-3,221	4,301	-0,072	-0,749	0,456	0,798	1,253
Pharma & Healthcare	-1,844	3,110	-0,062	-0,593	0,555	0,681	1,469
Transportation & Logistics	0,096	4,202	0,002	0,023	0,982	0,837	1,195
Construction	-2,395	4,125	-0,054	-0,581	0,563	0,868	1,152
Chemicals	-0,463	3,243	-0,014	-0,143	0,887	0,810	1,234
Automobile	2,333	3,673	0,061	0,635	0,527	0,797	1,255
Software	2,002	3,620	0,053	0,553	0,581	0,821	1,219
Retail	-7,475	3,936	-0,183	-1,899	0,061	0,802	1,247
Media	-3,704	4,486	-0,075	-0,826	0,411	0,909	1,100
Others	-3,612	3,499	-0,101	-1,032	0,305	0,776	1,289

Tab. 5-22: Ergebnisse der modifizierten Regressionsanalyse (2004)

In einem letzten Schritt wurden schließlich alle Variablen – mit Ausnahme der Bilanzsumme – aus dem Regressionsmodell ausgeschlossen. Die Ergebnisse zeigen schließlich einen hoch signifikanten Zusammenhang zwischen dem Umfang der Prognosepublizität und dem Einflussfaktor der Unternehmensgröße auf (p = 0,000). Das ausgewiesene korrigierte R^2 beträgt 17,6%.[907]

Bei der Durchführung der Regressionsanalyse mit dem Datenmaterial für das **Berichtsjahr 2005** lässt sich eine deutlich bessere Erklärungskraft des Regressionsmodells konstatieren (vgl. Tab. A-19 im Anhang). So steigert sich das korrigierte R^2 bei Verwendung der

---

[907] Die durchgeführte Rang-Regression zeigt keine abweichenden Ergebnisse.

Daten für das Jahr 2005 auf 24,4% (R^2 = 41%). Ferner bestätigt die F-Statistik, dass das geschätzte Modell über die Stichprobe hinaus Gültigkeit besitzt (p = 0,004). Die Analyse der Regressionskoeffizienten offenbart hingegen, dass die Bilanzsumme zwar mit 0,350 den höchsten Beta-Faktor aufweist, der Einfluss auf den Umfang der Prognoseberichterstattung jedoch nicht auf dem 0,05 Niveau statistisch signifikant ist (p = 0,065). Hingegen zeigt sich die Chemiebranche als eine statistisch signifikante Dummy-Variable (p = 0,017).[908]

Da auch im Berichtsjahr 2005 aufgrund des fehlenden Datenmaterials nicht alle Unternehmen in der Regressionsanalyse Berücksichtigung fanden (N = 83), wurde das zugrunde liegende Regressionsmodell schrittweise modifiziert. Hierbei wurden ebenfalls die Variablen STREUBESITZ, AUSLAND und LISTING aus der Regressionsgleichung ausgeschlossen, um das Modell mit allen 112 Unternehmen schätzen zu können. Die Ergebnisse weisen sodann auf einen höchst signifikanten Einfluss der Unternehmensgröße auf die Prognosepublizität hin (p = 0,001, vgl. Tab. 5-23). Die Chemiebranche kann hingegen nicht mehr als signifikante Determinante identifiziert werden (p = 0,119). Das ausgewiesene korrigierte R^2 beläuft sich bei dieser modifizierten Regressionsgleichung auf 19,6% (R^2 = 30,4%).[909] Auch für das Berichtsjahr 2005 wurden die Modellprämissen der Regressionsgleichung überprüft. So liegt eine annähernde Normalverteilung der Residuen vor. Die Durbin-Watson-Statistik deutet mit einem Wert von 1,910 auf keine Autokorrelation der Residuen hin. Die Toleranz- und VIF-Werte lassen darüber hinaus keine Probleme von Kollinearität erkennen (vgl. Tab. 5-23). Letztendlich wurden auch für das Berichtsjahr 2005 alle Variablen, bis auf die Bilanzsumme, aus dem Regressionsmodell ausgeschlossen. Die Ergebnisse bestätigen den höchst signifikanten Einfluss der Unternehmensgröße auf den Umfang der Prognoseberichterstattung (p = 0,000; R^2 = 18%).[910]

---

[908] Abweichende Ergebnisse ergeben sich bei Durchführung einer Rang-Regressionsanalyse. Die Befunde zeigen einen statistisch signifikanten Einfluss der logarithmierten Bilanzsumme auf den Umfang der Berichterstattung (p = 0,047). Hingegen kann der Einfluss der Chemiebranche durch die Rang-Regression nicht bestätigt werden (p = 0,716). Bei der Beurteilung der Erklärungskraft des Regressionsmodells ergibt sich ein korrigiertes R^2 von 22,7% (R^2 = 39,7%). Anhand der ermittelten F-Statistik wird deutlich, dass das geschätzte Modell auch über die Stichprobe hinaus Gültigkeit besitzt (p = 0,007). Die Ergebnisse der Rang-Regression sind in Tab. A-22 im Anhang zusammengefasst.

[909] Die Ergebnisse werden durch die Rang-Regressionsanalyse bestätigt. Auch hier zeigt sich die Unternehmensgröße als ein statistisch signifikanter Einflussfaktor auf die Berichterstattung (p = 0,002; korrigiertes R^2 = 17,9%).

[910] Es ergeben sich keine abweichenden Ergebnisse bei Anwendung einer Rang-Regressionsanalyse.

R	R-Quadrat	Korrigiertes R-Quadrat	Standardfehler des Schätzers	Durbin-Watson-Statistik		
0,552	0,304	0,196	10,261	1,910		
	Quadrat-summe	df	Mittel der Quadrate	F	Signifikanz	
Regression	4.424,012	15	294,934	2,801	0,001	
Residuen	10.107,979	96	105,291			
Gesamt	14.531,991	111				

Variablen	B	Standard-fehler	Beta	T	Signifikanz	Toleranz	VIF
(Konstante)	-27,984	12,896		-2,170	0,032		
Ln Bilanzsumme	2,379	0,697	0,393	3,416	0,001	0,548	1,824
Umsatzrendite	-1,499	1,602	-0,084	-0,936	0,352	0,895	1,117
Verschuldungs-grad	-3,654	7,115	-0,056	-0,514	0,609	0,606	1,650
WP-Gesellschaft	3,958	2,753	0,145	1,438	0,154	0,715	1,398
Consumer	2,620	3,917	0,063	0,669	0,505	0,829	1,206
Technology	-5,049	5,191	-0,092	-0,973	0,333	0,818	1,222
Pharma & Healthcare	1,254	3,669	0,034	0,342	0,733	0,730	1,370
Transportation & Logistics	2,921	5,153	0,053	0,567	0,572	0,830	1,204
Construction	-3,332	5,014	-0,060	-0,664	0,508	0,877	1,141
Chemicals	6,182	3,930	0,148	1,573	0,119	0,824	1,214
Automobile	4,239	4,474	0,090	0,947	0,346	0,802	1,248
Software	-1,603	4,449	-0,034	-0,360	0,720	0,810	1,234
Retail	-4,660	4,726	-0,092	-0,986	0,327	0,830	1,204
Media	-7,405	5,546	-0,121	-1,335	0,185	0,887	1,127
Others	-5,004	4,268	-0,113	-1,172	0,244	0,778	1,285

Tab. 5-23: Ergebnisse der modifizierten Regressionsanalyse (2005)

Bei der Analyse der Bestimmungsfaktoren anhand des Datenmaterials für das **Berichts-jahr 2006** wird ebenfalls ersichtlich, dass die Unternehmensgröße einen statistisch signifi-kanten Einfluss auf den Umfang der Prognoseberichterstattung hat (vgl. Tab. A-20 im Anhang). Mit einem Beta-Faktor von 0,417 kann die Bilanzsumme als eine statistische signifikante Variable identifiziert werden (p = 0,041). Bei den verbleibenden Regressoren ist hingegen kein signifikanter Einfluss auf den Disclosure Index festzustellen.[911] Die Überprüfung der globalen Gütekriterien des Regressionsmodells ergibt ein korrigiertes R^2

---

[911] Es konnten nur N = 83 Unternehmen in der Regressionsanalyse berücksichtigt werden, da nicht für alle Unternehmen Daten für den Streubesitzanteil und den Auslandsumsatz ermittelbar waren.

von 7,7% (R^2 = 27,5%). Die F-Statistik weist allerdings ein nicht signifikantes Ergebnis aus (p = 0,166).[912]

Die Erklärungskraft des Regressionsmodells lässt sich auch für das Berichtsjahr 2006 verbessern, wenn die Variablen STREUBESITZ, AUSLAND und LISTING schrittweise aus der Schätzung ausgeschlossen werden (vgl. Tab. 5-24). Das korrigierte R^2 beläuft sich sodann auf 10,9% (R^2 = 23%). Die F-Statistik verdeutlicht, dass das geschätzte Modell auch über die Stichprobe hinaus Gültigkeit besitzt (p = 0,031). Die Überprüfung der einzelnen Regressionskoeffizienten bestätigt, dass die Unternehmensgröße als ein statistisch signifikanter Einflussfaktor ausgemacht werden kann (p = 0,006).[913]

Die Modellprämissen der Regressionsschätzung können auch bei Verwendung der Daten aus dem Berichtsjahr 2006 als erfüllt angesehen werden. So liegt eine annähernde Normalverteilung der Residuen vor. Auch die Durbin-Watson-Teststatistik lässt keine Hinweise auf Autokorrelation der Residuen erkennen (DW = 2,275). Darüber hinaus können anhand der Toleranz- und VIF-Werte keine Probleme von Multikollinearität zwischen den Variablen identifiziert werden (vgl. Tab. 5-24).

Ein hoch signifikanter Einfluss der Bilanzsumme auf den Umfang der Prognoseberichterstattung ergibt sich, wenn alle übrigen Variablen aus dem Regressionsmodell ausgeschlossen werden (p = 0,000). Die Güte des Regressionsmodells, gemessen am korrigierten R^2, erhöht sich auf 16,5%. Die F-Statistik zeigt, dass das modifizierte Modell auch über die Stichprobe hinaus Gültigkeit besitzt (p = 0,000).[914]

---

[912] Die Ergebnisse der Rang-Regression zeigen hingegen, dass das geschätzte Modell auch über die Stichprobe hinaus Gültigkeit besitzt (p = 0,047). Dabei kann nicht nur bei der Bilanzsumme (p = 0,005), sondern auch bei der Dummy-Variablen CONSUMER (p = 0,047) ein signifikanter Zusammenhang zum Umfang der Prognoseberichterstattung festgestellt werden. Die durchgeführte Rang-Regression weist ein korrigiertes R^2 von 14,3% (R^2 = 32,7%) auf. Die detaillierten Ergebnisse der Rang-Regressionsschätzung sind Tab. A-23 im Anhang zu entnehmen.

[913] Die Unternehmensgröße erweist sich ebenfalls als ein statistisch signifikanter Faktor, wenn die Regressionsschätzung (unter Ausschluss von STREUBESITZ, AUSLAND und LISTING) mit gerankten Werten durchgeführt wird. Mit einem Signifikanzwert von p = 0,003 kann ein statistisch signifikanter Zusammenhang zwischen der gerankten Bilanzsumme und dem gerankten Disclosure Index festgestellt werden (korrigiertes R^2 = 13,3%).

[914] Die Ergebnisse werden durch die Rang-Regression bestätigt.

R	R-Quadrat	Korrigiertes R-Quadrat	Standardfehler des Schätzers	Durbin-Watson-Statistik
0,479	0,230	0,109	10,661	2,275

	Quadrat-summe	df	Mittel der Quadrate	F	Signifikanz
Regression	3.256,017	15	217,068	1,910	0,031
Residuen	10.912,046	96	113,667		
Gesamt	14.168,063	111			

Variablen	B	Standard-fehler	Beta	T	Signifikanz	Toleranz	VIF
(Konstante)	-23,416	13,894		-1,685	0,095		
Ln Bilanzsumme	2,121	0,760	0,347	2,791	0,006	0,520	1,924
Umsatzrendite	-2,297	3,675	-0,060	-0,625	0,533	0,858	1,165
Verschuldungs-grad	4,129	7,425	0,063	0,556	0,579	0,626	1,598
WP-Gesellschaft	3,255	3,022	0,115	1,077	0,284	0,704	1,421
Consumer	1,863	4,062	0,045	0,459	0,648	0,832	1,202
Technology	-3,092	5,268	-0,057	-0,587	0,559	0,858	1,166
Pharma & Healthcare	1,033	3,812	0,028	0,271	0,787	0,730	1,369
Transportation & Logistics	1,640	5,346	0,030	0,307	0,760	0,833	1,201
Construction	-0,903	5,180	-0,017	-0,174	0,862	0,887	1,127
Chemicals	1,628	4,087	0,039	0,398	0,691	0,822	1,216
Automobile	2,898	4,629	0,062	0,626	0,533	0,808	1,237
Software	-2,320	4,622	-0,050	-0,502	0,617	0,811	1,233
Retail	-3,892	5,010	-0,078	-0,777	0,439	0,798	1,254
Media	-3,404	5,726	-0,056	-0,595	0,554	0,899	1,113
Others	-4,122	4,452	-0,094	-0,926	0,357	0,772	1,295

Tab. 5-24: Ergebnisse der modifizierten Regressionsanalyse (2006)

Während in den oben beschriebenen Regressionsanalysen der gesamte Disclosure Index als abhängige Variable fungierte, wurden darüber hinaus Regressionsschätzungen mit den einzelnen Teil-Disclosure Indizes (gesamtwirtschaftliche Rahmenbedingungen, Branchenentwicklung, Unternehmensentwicklung)[915] als abhängige Variable durchgeführt. Die Ergebnisse zeigen jedoch, dass keine statistisch signifikante Determinante zu beobachten war, welche den Umfang der Prognoseberichterstattung in den einzelnen Berichtsteilen in den einzelnen Jahren signifikant beeinflusste.

Nach Durchführung der multivariaten Auswertungen mit dem Datenmaterial für alle drei Beobachtungsjahre lässt sich abschließend Folgendes festhalten: In allen drei Berichtsjahren konnte die Unternehmensgröße – gemessen an der logarithmierten Bilanzsumme – als eine wesentliche Einflussgröße auf den Umfang der Prognoseberichterstattung identifiziert werden. Inwiefern ein Einfluss der Dummy-Variablen CHEMICALS (im Berichtsjahr

---

[915] Zur Zusammensetzung der einzelnen Teil-Disclosure Indizes vgl. Tab. A-7 im Anhang.

2005) oder CONSUMER (im Berichtsjahr 2006) auch im Zeitablauf als stabil angesehen werden kann, bleibt im Rahmen der kritischen Würdigung abzuwägen. Fernerhin konnte gezeigt werden, dass durch den schrittweisen Ausschluss ausgewählter Regressoren (z.B. STREUBESITZ, AUSLAND und LISTING) nicht nur die Erklärungskraft des Regressionsmodells verbessert werden konnte, sondern auch die Unternehmensgröße als signifikanter Einflussfaktor bestätigt wurde. Welche der in Kap. 4.2.3 formulierten Hypothesen schlussendlich angenommen oder verworfen werden können, wird im nun folgenden Kapitel, aufbauend auf den hier präsentierten empirischen Befunden, kritisch diskutiert.

5.2.2.3 Kritische Würdigung der Ergebnisse

Das zweite Teilziel dieser Arbeit beschäftigt sich mit den Einflussfaktoren der Prognosepublizität. Hierzu sind mögliche Bestimmungsfaktoren, wie die Unternehmensgröße, der Verschuldungsgrad, die Eigentümerstruktur, der Internationalisierungsgrad sowie ein Auslandslisting, überprüft worden (structure related variables). Zum anderen gingen Determinanten der Ertragslage in die Untersuchung ein (performance related variables). Zudem wurde die Rolle der Wirtschaftsprüfungsgesellschaft und der Branchenzugehörigkeit in der vorliegenden Arbeit berücksichtigt (market related variables). Im Folgenden werden die Befunde zu den Bestimmungsfaktoren kritisch gewürdigt und mit den Ergebnissen früherer Studien verglichen.[916]

Aus agency-theoretischen Gesichtspunkten wurde die Hypothese aufgestellt, dass ein positiver Zusammenhang zwischen dem Umfang der Prognoseberichterstattung und der **Unternehmensgröße** besteht (vgl. H_4 in Kap. 4.2.3.1). Diese Hypothese kann anhand der vorliegenden Befunde bestätigt werden. Zum einen zeigte sich, dass Unternehmen, die im DAX gelistet waren, einen statistisch signifikant höheren Disclosure Index im Beobachtungszeitraum aufwiesen als bspw. Gesellschaften mit einem Listing im MDAX oder TecDAX. Zum anderen deutete die Korrelationsanalyse auf eine hoch signifikante positive Korrelation zwischen dem Umfang der Prognoseberichterstattung und der Unternehmensgröße hin. Diese Ergebnisse waren nicht nur im Zeitablauf stabil, sondern auch bei Verwendung alternativer Variablen für die Unternehmensgröße (Bilanzsumme, Umsatz, Mitarbeiteranzahl). Letztlich identifizierte auch die Regressionsanalyse die Unternehmensgröße als einen statistisch signifikanten Einflussfaktor der Prognosepublizität.[917] Der positive Zusammenhang zwischen dem Publizitätsumfang und der Unternehmensgröße lässt sich daher für alle drei Beobachtungsjahre bestätigen. Als Begründung können die Aussagen der Political Cost Theory herangezogen werden, nach denen die Unternehmensgröße einen Indikator für Marktmacht darstellt, durch den wiederum die potenzielle Aufmerksamkeit von Regulierungsbehörden determiniert wird. Um entstehende politische Kosten, z.B. im Rahmen von Enforcement-Prozessen, so gering wie möglich zu halten, wiesen größere Unternehmen auch tendenziell eine umfangreichere Berichterstattung

---

[916] Der Vergleich der Befunde ist jedoch mit einer gewissen Vorsicht zu betrachten, da sich die Untersuchungen, insbesondere in internationalen Studien, häufig auf die allgemeine, freiwillige Unternehmenspublizität bezogen. Dennoch sind Tendenzaussagen zu den Bestimmungsfaktoren der Berichterstattungspraxis möglich.

[917] Gleiches gilt für die Durchführung der Rang-Regressionsanalyse (vgl. Kap. 5.2.2.2).

auf. Andererseits lässt sich argumentieren, dass mit zunehmender Unternehmensgröße auch die Komplexität und damit die agency costs zur Überwindung der Informationsasymmetrien steigen. Um diese zu reduzieren, ist bei größeren Unternehmen eine umfangreichere Berichterstattung zu erwarten. Ferner unterstützen die empirischen Befunde die Argumentation, dass größere Unternehmen über besser ausgebaute interne Controllingsysteme verfügen und somit die intern generierten Daten auch für eine umfassende externe Berichterstattung nutzen können. So zeigten die empirischen Ergebnisse, dass insbesondere die im DAX und MDAX gelisteten Unternehmen in der Lage waren, im Berichtsjahr 2006 Umsatz-, Ergebnis- und Investitionsprognosen für zwei und mehr Jahre abzugeben, währenddessen bei den TecDAX- und SDAX-Unternehmen mehrheitlich kürzere Prognosehorizonte vorlagen.

Der Einfluss der Unternehmensgröße auf die Prognoseberichterstattung wurde auch in den Studien von *Wasser* und *Bauchowitz* untersucht, allerdings unter dem Aspekt einer freiwilligen Berichterstattung nach § 160 AktG. Die Ergebnisse dieser Arbeit bestätigen die empirischen Befunde der von *Wasser* durchgeführten Analyse, die ebenfalls einen statistisch signifikanten Zusammenhang zwischen der Unternehmensgröße und dem Ausmaß der Prognosepublizität feststellte.[918] Bis zu 56% der Unterschiede in dem von den Gesellschaften praktizierten Publizitätsausmaß konnten mithilfe der Unternehmensgröße in der von *Wasser* durchgeführten Untersuchung erklärt werden. Kritisch anzumerken bleibt dazu, dass der Einfluss der Unternehmensgröße nur isoliert von anderen Determinanten der Berichterstattung untersucht wurde. So blieben gewisse Abhängigkeiten zwischen den einzelnen Einflussfaktoren, z.B. zwischen der Unternehmensgröße und der Branchenzugehörigkeit, in der Analyse unberücksichtigt. Die Untersuchung der freiwilligen Prognoseberichterstattung von *Bauchowitz* konnte hingegen keinen statistisch signifikanten Einfluss der Unternehmensgröße konstatieren.[919] Dies führte der Autor darauf zurück, dass in den Lageberichten relativ selten Informationen zur künftigen Unternehmensentwicklung zu finden waren, da nach § 160 AktG noch keine Verpflichtung zur Veröffentlichung von Prognosen im Geschäftsbericht bestand. Die Befunde stehen auch im Einklang mit den Ergebnissen internationaler Studien, bei denen ein signifikant positiver Zusammenhang zwischen der Unternehmensgröße und dem allgemeinen Publizitätsausmaß beobachtet werden konnte.[920]

Als ein weiterer möglicher Einflussfaktor der Prognosepublizität wurde die **Ertragslage** untersucht. Vor dem Hintergrund der Signaling Theory ist in Kap. 4.2.3.2 erörtert worden, warum ein Zusammenhang zwischen der Ertragslage und dem Umfang der Prognoseberichterstattung vermutet werden kann (*H5*). Die empirische Auswertung legt den Schluss nahe, dass ein positiver Zusammenhang für den Beobachtungszeitraum nicht zu bestätigen ist. Die Korrelationsanalyse deutet hingegen auf einen negativen Einfluss der Umsatzrendite bzw. Eigenkapitalrendite für das Berichtsjahr 2004 und 2006 hin. Demnach scheinen Unternehmen ihre positive Ertragslage dem Abschlussadressaten nicht in

---

[918] Vgl. im Folgenden *Wasser* (1976), S. 69ff.; ausführlich zu dieser Studie vgl. Kap. 3.2.2.1.

[919] Vgl. *Bauchowitz* (1979), S. 170ff.; ausführlich zu dieser Studie vgl. Kap. 3.2.2.1.

[920] Vgl. bspw. die Studie von *Singhvi/Desai* (1971), S. 129ff.; *Buzby* (1975), S. 16ff.; *Cooke* (1989), S. 113ff.; *Inchausti* (1997), S. 45ff.; *Naser et al.* (2002), S. 122ff.; *Alsaeed* (2005), S. 310ff.

einer umfassenden Prognoseberichterstattung zu signalisieren, um sich von Konzernen mit schlechter Rentabilität abzugrenzen. Vielmehr stützen die Ergebnisse die Argumentation von *Wasser*, der zufolge der Umfang der Prognosepublizität bei niedriger Rentabilität größer ist, da gerade bei einer schlechten Ertragslage Außenstehende wissen möchten, auf welche Ursachen dies zurückzuführen ist.[921] Nichtsdestotrotz lässt sich festhalten, dass weder die Korrelationsanalyse noch die Regressionsanalyse statistisch signifikante Ergebnisse hervorbrachte. Daher ist die Hypothese (*H5*), dass ein positiver Zusammenhang zwischen den Ertragskraftindikatoren und der Prognosepublizität besteht, aufgrund der Ergebnisse dieser Arbeit abzulehnen. Dies bestätigt die empirischen Befunde von *Wasser*, der unlängst keinen signifikanten Zusammenhang zur Umsatz- bzw. Eigenkapitalrentabilität im Rahmen der freiwilligen Prognosepublizität feststellen konnte.[922] Die Ergebnisse dieser Arbeit sind auch im Einklang mit Befunden internationaler Studien, die nicht immer die Determinante der Ertragslage als signifikanten Einflussfaktor der Unternehmenspublizität identifizieren konnten.[923]

Die Bestimmungsfaktoren Verschuldungsgrad, Aktionärsstruktur und Internationalisierungsgrad wiesen, isoliert betrachtet, im Rahmen der Korrelationsanalyse zwar einen statistisch signifikanten Zusammenhang zum Umfang der Prognosepublizität auf. Bei Durchführung der multivariaten Analyse zeigte sich jedoch, dass die betrachteten Variablen keinen Einfluss auf die Berichtspraxis hatten. Aus agency-theoretischen Gesichtspunkten wurde argumentiert, dass ein zunehmender **Verschuldungsgrad** auch mit einer umfangreicheren Berichterstattung verbunden ist (vgl. *H6* in Kap. 4.2.3.3). Die Korrelationsanalyse deutete einen solch positiven Zusammenhang an.[924] Aufgrund der Ergebnisse der Regressionsanalyse, die den signifikanten Einfluss nicht bestätigten, ist die aufgestellte Hypothese jedoch zurückzuweisen. Es lässt sich vermuten, dass Fremdkapitalgeber, insbesondere Banken, bessere Informationsquellen als den Geschäftsbericht besitzen und damit keine umfangreichere Prognoseberichterstattung seitens der Unternehmen rechtfertigen.[925] Auch in der von *Frings* durchgeführten Studie konnte der Verschuldungsgrad nicht als signifikanter Einflussfaktor der freiwilligen Prognosepublizität ausgemacht werden.[926] Dies deckt sich auch mit Befunden internationaler Studien, die z.T. keinen Einfluss des Verschuldungsgrades auf die allgemeine Unternehmensberichterstattung konstatieren konnten.[927]

Die untersuchte **Aktionärsstruktur** konnte ebenfalls nicht nennenswert zur Erklärung unterschiedlicher Publizitätsumfänge beitragen. In Kap. 4.2.3.4 wurde gezeigt, dass eine

---

[921] Vgl. *Wasser* (1976), S. 99ff.

[922] Vgl. *Wasser* (1976), S. 104ff.

[923] Vgl. z.B. die Studien von *Raffournier* (1995), S. 261ff.; *Inchausti* (1997), S. 45ff. Abweichende Ergebnisse ergaben sich bei der Untersuchung von *Wang et al.* (2008), S. 14ff.

[924] Die Ergebnisse der Korrelationsanalyse zeigen jedoch, dass dieser Zusammenhang z.T. durch die Unternehmensgröße überlagert wird, da sich auch ein statistisch signifikanter Zusammenhang zwischen der Unternehmensgröße und dem Verschuldungsgrad feststellen lässt; vgl. Kap. 5.2.2.1.

[925] Vgl. *Frings* (1975), S. 291.

[926] Vgl. *Frings* (1975), S. 365; ausführlich zu dieser Studie vgl. Kap. 3.2.2.2.1.

[927] Vgl. bspw. die Studien von *Chow/Wong-Boren* (1987), S. 533ff.; *Raffournier* (1995), S. 261ff. Abweichend dazu zeigte sich z.B. in der Untersuchung von *Malone et al.* (1993), S. 249ff., ein signifikanter Zusammenhang zwischen dem Umfang der Berichterstattung und dem Verschuldungsgrad.

umfangreiche Berichterstattung aus dem Schutzbedürfnis der Investoren bei einem breit gestreuten Anteilseignerkreis resultiert. Während die durchgeführte Korrelationsanalyse diesen positiven Zusammenhang erkennen ließ, war im Rahmen der multivariaten Auswertung kein signifikanter Einfluss der Aktionärsstruktur auf die Prognosepublizität festzustellen. Somit ist die Hypothese (H_7), nach der ein positiver Einfluss der Aktionärsstruktur auf den Umfang der Prognoseberichterstattung besteht, abzulehnen. Es zeigt sich, dass die Unternehmensleitung bei zunehmendem Streubesitz nicht unbedingt im entsprechenden Umfang den Informationsinteressen der externen Anteilseigner gerecht wird. Die Ergebnisse sind jedoch mit einer gewissen Vorsicht zu betrachten, da die Aktionärsstruktur eines Unternehmens nur näherungsweise über den Streubesitzanteil abgebildet werden kann. Ob sich ein Unternehmen z.T. im Staatseigentum befindet, kann bspw. dabei nicht berücksichtigt werden. So zeigten sich auch abweichende Befunde zu der von *Wasser* durchgeführten Studie, in der ein starker Einfluss der Eigentümerstruktur auf die freiwillige Prognoseberichterstattung erkennbar war.[928] Allerdings lagen dieser Analyse nicht die Streubesitzanteile der Unternehmen zugrunde, sondern es wurde zwischen den zwei Gruppen Publikums- und Nicht-Publikumsgesellschaften unterschieden. In internationalen Studien konnte ein signifikanter Einfluss der Eigentümerstruktur auf den Umfang der Unternehmensberichterstattung hingegen nicht immer bestätigt werden.[929]

Der Einfluss des **Internationalisierungsgrades** auf die Prognoseberichterstattung wurde in Kap. 4.2.3.5 daraus abgeleitet, dass sich die bestehenden Informationsasymmetrien und die damit verbundenen agency costs auf ausländische Unternehmensbeteiligte ausweiten. Es wurde infolgedessen vermutet, dass mit zunehmender Auslandstätigkeit auch die Berichterstattung über das künftige Unternehmensgeschehen steigt, um den Informationsbedürfnissen ausländischer Beteiligter (z.B. Kunden, Abnehmer, Lieferanten) gerecht zu werden. Für das Berichtsjahr 2004 und 2005 konnte dieser Zusammenhang im Rahmen der Korrelationsanalyse bestätigt werden. Für das Berichtsjahr 2006 wies hingegen der Korrelationskoeffizient keinen statistisch signifikanten Einfluss des Internationalisierungsgrades nach. Dies deckt sich mit den Ergebnissen der Regressionsschätzung, welche ebenfalls keinen statistisch signifikanten Zusammenhang nachweisen konnten. Somit ist die Hypothese (H_8), dass ein zunehmender Internationalisierungsgrad auch mit einer umfangreicheren Prognoseberichterstattung verbunden ist, zurückzuweisen. Davon abweichend zeigte sich in der Studie von *Zarzeski*, dass ein höherer Auslandsumsatz auch mit einer umfangreicheren Berichterstattung im Geschäftsbericht verbunden war.[930]

Als kurzes **Zwischenfazit** bleibt festzuhalten, dass bei den hier untersuchten Zusammenhangshypothesen nur die der Unternehmensgröße (H_4) bestätigt werden konnte. Auch wenn die verbleibenden Determinanten – isoliert betrachtet – auf den Umfang der Berichterstattung einwirkten, war ein simultaner Einfluss im Rahmen der Regressionsschät-

---

[928] Vgl. *Wasser* (1976), S. 86ff.

[929] Während die Studien von *Naser et al.* (2002), S. 122ff., und *Alsaeed* (2005), S. 310ff., keinen Einfluss der Eigentümerstruktur auf die Berichterstattungspraxis feststellen konnten, zeigte sich die Aktionärsstruktur in den Untersuchungen von *Malone et al.* (1993), S. 249ff., und *Wang et al.* (2008), S. 14ff., als signifikante Determinante der allgemeinen Unternehmenspublizität.

[930] Vgl. die Studie von *Zarzeski* (1996), S. 18ff.: „higher levels of relative foreign sales relate to higher levels of disclosure."

zung nicht zu beobachten. Dies ist insofern nicht verwunderlich, da im Rahmen der Korrelationsanalysen die Abhängigkeiten zwischen den einzelnen Bestimmungsfaktoren unberücksichtigt blieben. So waren es gerade die größeren Unternehmen, welche auch einen höheren Internationalisierungsgrad aufwiesen. Ferner konnte auch ein Zusammenhang zwischen der Bilanzsumme (Umsatzrendite) und dem Verschuldungsgrad identifiziert werden. Erst bei Durchführung der Regressionsschätzung wurde diesen Interdependenzen Rechnung getragen, so dass sich letztendlich nur die Unternehmensgröße als statistisch signifikant erwies.

Aus agency-theoretischen Gesichtspunkten ist in Kap. 4.2.3.5 ein Zusammenhang zwischen einem **Auslandslisting** und dem Publizitätsumfang vermutet worden. Dabei wurde argumentiert, dass den entstehenden Informationsasymmetrien durch ausländische Investoren und den damit verbundenen agency costs mit einem umfassenden Unternehmensreporting, insbesondere über das künftige Unternehmensgeschehen, begegnet wird. Bei isolierter Betrachtung des Bestimmungsfaktors zeigten sich signifikant unterschiedliche Disclosure Indizes zwischen den Unternehmen mit einem heimischen Listing und Gesellschaften, die darüber hinaus einen ausländischen Kapitalmarkt in Anspruch nahmen. Im Rahmen der Regressionsanalyse konnte dieser Zusammenhang allerdings nicht bestätigt werden. Somit ist die Hypothese (*H9*), dass ein Auslandslisting mit einer umfangreicheren Prognoseberichterstattung verbunden ist, für die hier analysierten Unternehmen abzulehnen. Die Argumentation, der zufolge die ermittelten Prognosedaten zur Erfüllung ausländischer Publizitätpflichten auch in die deutsche Berichterstattung übertragen werden, muss an dieser Stelle aufgegeben werden. Dessen ungeachtet zeigten die empirischen Ergebnisse, dass die nach US-GAAP bilanzierenden Gesellschaften im Durchschnitt deutlich höhere Disclosure Indizes erzielten, als die HGB- und IFRS-Anwender. Dieser Befund spricht dafür, dass sich die umfassenden Berichtsanforderungen im Rahmen eines US-Listings auf die deutsche Berichterstattungspraxis auswirken. Die Mittelwertunterschiede erwiesen sich allerdings als statistisch nicht signifikant. Dies kann darauf zurückzuführen sein, dass die Unternehmensanzahl in den untersuchten Fallgruppen z.T. sehr gering war, da im Beobachtungszeitraum bei allen Unternehmen eine Umstellung auf die IFRS stattgefunden hatte. Ferner waren es vor allem die größeren Unternehmen, die aufgrund eines US-Listings die US-GAAP implementieren mussten. Auch allgemein war eine starke Abhängigkeit zwischen der Unternehmensgröße und einem Auslandslisting zu beobachten. So waren es insbesondere die im DAX gelisteten Konzerne, die im Beobachtungszeitraum einen ausländischen Kapitalmarkt in Anspruch nahmen. Abweichend zu den hier dargestellten Befunden zeigte sich in internationalen Studien zur allgemeinen Unternehmensberichterstattung durchaus ein Einfluss eines Auslandslistings. So liegen Befunde aus der Schweiz und Spanien vor, nach denen Unternehmen mit einem zusätzlichen ausländischen Börsenlisting durchaus eine umfangreichere Unternehmenspublizität vorweisen können.[931]

Welchen Einfluss die Auswahl des **Wirtschaftsprüfers** auf den Umfang der Prognoseberichterstattung haben könnte, wurde im Rahmen der Agency Cost Theory und der Signaling Theory in Kap. 4.2.3.6 diskutiert. Die isolierte Betrachtung des Zusammenhangs

---

[931] Vgl. *Raffournier* (1995), S. 261ff.; *Inchausti* (1997), S. 45ff.

zwischen der Wirtschaftsprüfungsgesellschaft und der Berichterstattungspraxis zeigte, dass Konzerne, welche von einer Big-Four Wirtschaftsprüfungsgesellschaft geprüft wurden, signifikant höhere Disclosure Indizes aufwiesen, als Unternehmen, die einer anderen Gesellschaft das Mandat erteilt hatten. Hierbei wird ein positiver Einfluss der Big-Four Gesellschaft auf die Berichterstattungspraxis erkennbar. Die Regressionsanalyse zeigte jedoch, dass der Einfluss der Wirtschaftsprüfungsgesellschaft auf den Umfang der Prognoseberichterstattung nicht signifikant ist. Somit ist die Hypothese (H_{10}), nach der eine umfangreichere Berichterstattung bei Unternehmen vorliegt, die von einer Big-Four Wirtschaftsprüfungsgesellschaft geprüft werden, zu verwerfen. Dies kann möglicherweise darauf zurückzuführen sein, dass die Unternehmensgröße einen starken Einfluss auf die Auswahl der Wirtschaftsprüfungsgesellschaft ausübte. So wurde den Big-Four Gesellschaften hauptsächlich von den im DAX und MDAX gelisteten Unternehmen das Prüfungsmandat erteilt. Die Ergebnisse stehen im Einklang mit früheren Befunden zur allgemeinen Unternehmenspublizität. So erwies sich auch in internationalen Studien die Größe der Wirtschaftsprüfungsgesellschaft oftmals nicht als signifikante Determinante der Berichterstattung.[932]

Ob die **Branchenzugehörigkeit** einen Einfluss auf die Praxis der Prognoseberichterstattung hat, wurde abschließend in einer isolierten und simultanen Analyse überprüft. Vor dem Hintergrund der Signaling Theory lässt sich vermuten, dass Unternehmen innerhalb einer Branche ein ähnliches Berichtsverhalten aufweisen. Da in den einzelnen Branchen unterschiedliche Planungs- und Prognosehorizonte eingesetzt werden, können hingegen zwischen den Wirtschaftszweigen abweichende Publizitätsumfänge vorliegen (vgl. Kap. 4.2.3.7). Die empirischen Befunde zeigten, dass es insbesondere die Unternehmen aus der Automobilbranche waren, die im Berichtsjahr 2006 Prognosen zum Umsatz, Ergebnis und den Investitionen für einen Zeitraum von zwei und mehr Jahren abgaben.[933] Hingegen fiel auf, dass Konzerne aus dem Bereich Technology mehrheitlich einen kürzeren Prognosehorizont von nur einem Jahr zugrunde legten. Dies stützt die Vermutung, dass in bestimmten Branchen durchaus eine solide Mittelfristplanung möglich ist, wohingegen gerade im Technologiesektor aufgrund der schnelllebigen Geschäftstätigkeit oftmals längerfristige Planungen bzw. Prognosen kaum möglich sind.

Im Hinblick auf den Umfang der Berichterstattung wiesen die Gesellschaften aus dem Automobilsektor einen umfangreicheren Prognosebericht auf, während die Gesellschaften aus dem Bereich Media und Retail tendenziell geringere Disclosure Indizes erzielten. Allerdings ließ ein Signifikanztest erkennen, dass die beobachteten Mittelwertunterschiede nicht statistisch signifikant waren. Dies kann darauf zurückzuführen sein, dass die Unternehmensanzahl in den einzelnen Fallgruppen z.T. sehr gering war. So gehörten dem Bereich Media lediglich vier Unternehmen an. In den Wirtschaftszweigen Technology, Transportation & Logistics sowie Construction waren jeweils nur fünf Konzerne vertre-

---

[932] Vgl. bspw. Studien von *Firth* (1979), S. 273ff.; *Malone et al.* (1993), S. 249ff.; *Alsaeed* (2005), S. 310ff. Zu abweichenden Befunden vgl. die Untersuchungen von *Ahmed/Nicholls* (1994), S. 62ff., und *Patton/Zelenka* (1997), S. 605ff.

[933] Dies deckt sich mit den deskriptiven Befunden von *Rang* (2004), S. 56; *Rang* (2007), S. 75, die der Automobilbranche eine relativ hohe Prognoseberichtsqualität im Vergleich zu anderen Industriezweigen bescheinigten; ausführlich zu der Studie vgl. Kap. 3.2.1.

ten. Um aussagekräftigere Ergebnisse erzielen zu können, wäre hier eine Ausweitung des Untersuchungssamples erforderlich.

Abweichend zu diesen Ergebnissen war im Rahmen der multivariaten Auswertung ein statistisch signifikanter Einfluss der Chemiebranche auf die Prognoseberichterstattung im Berichtsjahr 2005 festzustellen. Auch in früheren Studien waren es häufig die Unternehmen des Chemiesektors, welche die umfangreichste Berichterstattung aufwiesen.[934] Die Gültigkeit der ermittelten Befunde unterliegt jedoch gewissen Grenzen: Da sich ein statistisch signifikanter Zusammenhang für die Chemiebranche nur im Berichtsjahr 2005 ergab, zeigt sich, dass diese Ergebnisse im Zeitablauf nicht stabil sind.[935] Zudem ließ sich bei den verbleibenden Dummy-Variablen für die Branchenzugehörigkeit kein signifikanter Einfluss erkennen. Daher ist die Hypothese (H_{11}), der zufolge der Umfang der Berichterstattung durch die Branchenzugehörigkeit beeinflusst wird, abzulehnen. Als möglicher Erklärungsgrund kann hier angeführt werden, dass die Vorschriften in DRS 15 nicht branchenspezifisch sind. Da die Regelungen die Unternehmen aller Wirtschaftszweige betreffen (DRS 15.6), lässt sich zwischen den einzelnen Branchen eine gewisse Angleichung der Berichtspraxis erkennen. Die Ergebnisse decken sich mit den empirischen Befunden von *Frings*, der ebenfalls keinen signifikanten Einfluss der Branchenverteilung auf die Prognoseberichterstattung feststellen konnte.[936] Abweichend davon ergaben sich in der von *Wasser* durchgeführten Studie signifikante Unterschiede bei dem praktizierten Publizitätsverhalten in den einzelnen Branchen, wobei in dieser Studie eine gewisse Abhängigkeit zwischen der Branchenverteilung und der Unternehmensgröße nicht zurückzuweisen war.[937] Die Ergebnisse dieser Arbeit weisen Parallelen zu den Befunden internationaler Studien zur allgemeinen Unternehmensberichterstattung auf, in denen ein Einfluss der Branchenzugehörigkeit nicht immer zu beobachten war.[938]

In Abb. 5-14 werden die **Ergebnisse der Hypothesentests** zu den Bestimmungsfaktoren der Prognosepublizität abschließend überblicksartig dargestellt.

---

[934] Vgl. *Sorg* (1984), S. 1039; *Krumbholz* (1994), S. 262; ausführlich zu diesen Studien vgl. Kap. 3.2.

[935] Gleiches gilt für die Dummy-Variable CONSUMER, die im Rahmen der Rang-Regression im Berichtsjahr 2006 einen statistisch signifikanten Wert aufwies. Da dieser Zusammenhang für die Jahre 2004 und 2005 nicht bestätigt werden konnte, ist davon auszugehen, dass es sich im Zeitablauf um keinen stabilen Einflussfaktor handelt.

[936] Vgl. *Frings* (1975), S. 361ff.

[937] Vgl. *Wasser* (1976), S. 96ff.

[938] Vgl. *Wallace et al.* (1994), S. 41ff., und *Alsaeed* (2005), S. 310ff. Gleichwohl konnten in den Studien von *Stanga* (1976), S. 42ff., und *Cooke* (1992), S. 229ff., unterschiedliche Publizitätsumfänge in den einzelnen Branchen festgestellt werden.

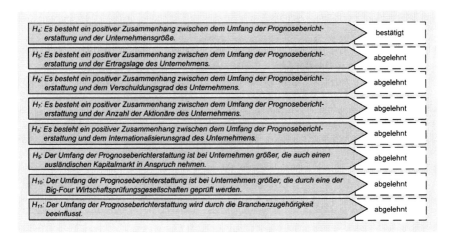

H₄: Es besteht ein positiver Zusammenhang zwischen dem Umfang der Prognoseberichterstattung und der Unternehmensgröße. — bestätigt

H₅: Es besteht ein positiver Zusammenhang zwischen dem Umfang der Prognoseberichterstattung und der Ertragslage des Unternehmens. — abgelehnt

H₆: Es besteht ein positiver Zusammenhang zwischen dem Umfang der Prognoseberichterstattung und dem Verschuldungsgrad des Unternehmens. — abgelehnt

H₇: Es besteht ein positiver Zusammenhang zwischen dem Umfang der Prognoseberichterstattung und der Anzahl der Aktionäre des Unternehmens. — abgelehnt

H₈: Es besteht ein positiver Zusammenhang zwischen dem Umfang der Prognoseberichterstattung und dem Internationalisierunsgrad des Unternehmens. — abgelehnt

H₉: Der Umfang der Prognoseberichterstattung ist bei Unternehmen größer, die auch einen ausländischen Kapitalmarkt in Anspruch nehmen. — abgelehnt

H₁₀: Der Umfang der Prognoseberichterstattung ist bei Unternehmen größer, die durch eine der Big-Four Wirtschaftsprüfungsgesellschaften geprüft werden. — abgelehnt

H₁₁: Der Umfang der Prognoseberichterstattung wird durch die Branchenzugehörigkeit beeinflusst. — abgelehnt

Abb. 5-14: Ergebnisse der Hypothesentests zu den Bestimmungsfaktoren der Prognosepublizität

5.3 Kritische Gesamtwürdigung und Implikationen

In der Gesamtschau kann positiv festgehalten werden, dass die Einführung des DRS 15 zu einer Aufwertung der Prognoseberichterstattung geführt hat. Mithilfe des entwickelten Disclosure Index konnte gezeigt werden, dass sich der Umfang der Prognoseberichterstattung im Beobachtungszeitraum von 2004 bis 2006 kontinuierlich erhöht hat. Neben der zunehmenden Anzahl von Prognoseitems konnte auch eine Verbesserung hinsichtlich der Prognosegenauigkeit und des Prognosehorizonts im Zeitablauf festgestellt werden. Dies bestätigt auch der Vergleich mit den Ergebnissen früherer Studien. Die defizitäre Berichterstattung vor Einführung des DRS 15 kann somit u.a. auf unzureichende Regelungen und Vorschriften zurückgeführt werden. Die vom *DSR* verabschiedeten Regelungen und Empfehlungen bzgl. der formalen und inhaltlichen Ausgestaltung von Prognoseberichten haben im Berichtsjahr 2005 und 2006 durchaus dazu beitragen können, die Informationsfunktion dieses Berichtsteils zu verbessern. Ferner bestätigen die Befunde die Argumentation der Political Cost Theory, der zufolge Unternehmen im Zeitablauf ihre Berichterstattung bei zunehmenden öffentlichen Erwartungen ausweiten, um politische Kosten zu minimieren.

Demgegenüber bleibt jedoch kritisch anzumerken, dass bei einer Reihe von Unternehmen (insbesondere bei kleineren im SDAX gelisteten Gesellschaften) die Angaben zur voraussichtlichen Entwicklung auch noch im Berichtsjahr 2005 und 2006 sehr vage und wenig aussagekräftig waren.[939] Darüber hinaus zeigen die Ergebnisse häufig kaum Konformität mit dem vom *DSR* vorgegebenen zweijährigen Prognosehorizont. Auch der Ausweis von wesentlichen Prämissen und Einflussfaktoren sowie die Angabe zu angewandten Schätzverfahren sind in der Mehrzahl der Prognoseberichte verbesserungsfähig. In den Ergebnis-

---

[939] Dies spiegelt sich auch in dem ermittelten Disclosure Index wider. So wurden von 116 Items durchschnittlich nur 27 Items von den SDAX-Unternehmen im Berichtsjahr 2006 publiziert (23%).

sen bestätigen sich die Aussagen der Cheap Talk Theory: Da die Richtigkeit der publizierten Prognosen im Zeitpunkt ihrer Abgabe nicht überprüft werden kann und die Veröffentlichung der Vorhersagen keine Bindungswirkung für das Unternehmen hat, tendieren Gesellschaften dazu, im Prognosebericht z.t. unvollständig und wenig präzise über das zukünftige Unternehmensgeschehen zu berichten. Ein weiteres Argument, welches für eine defizitäre Berichterstattung sprechen könnte ist, dass der Prognosebericht nicht nur Investoren, sondern auch den Konkurrenten des Bericht erstattenden Unternehmens zur Verfügung steht.[940] Somit würde eine hochwertige Prognoseberichterstattung auch die Wettbewerber mit Informationen versorgen, was wiederum die Position des berichtenden Unternehmens schwächen könnte. Letztendlich zeigt sich auch, dass die Vorschriften des DRS 15 Ermessensspielräume bei der Ausgestaltung der Prognoseberichte lassen (z.b. bei der Prognosegenauigkeit). Vor dem Hintergrund, dass im Prognosebericht die voraussichtliche Entwicklung aus Sicht der Unternehmensleitung dargestellt werden soll (Management Approach; vgl. DRS 15.28), können die fehlenden und unzureichenden Angaben beim Adressaten die Vermutung aufkommen lassen, es fehle dem Management an einer konstruktiven und weitsichtigen Planung.[941] So ist es Aufgabe der Unternehmensleitung, den erheblichen Informationsbedürfnissen über die zukünftige Unternehmensentwicklung seitens der Adressaten im Rahmen eines umfassenden Reportings gerecht zu werden.[942] Um bei einer abweichenden Entwicklung aus Sicht des Managements nicht in die Kritik zu geraten, ist es um so wichtiger anzugeben, unter welchen Prämissen und mithilfe welcher Schätzmodelle die Prognosen aufgestellt wurden.

Hinsichtlich der Bestimmungsfaktoren der Prognosepublizität kann festgehalten werden, dass sich unterschiedliche Publizitätsumfänge im Prognosebericht über den Einflussfaktor der Unternehmensgröße erklären lassen.[943] Sowohl die isolierte als auch die multivariate Analyse zeigte einen statistisch signifikanten Zusammenhang zwischen dem Umfang der Prognosepublizität und der Unternehmensgröße in allen drei Beobachtungsjahren. Die Ergebnisse stehen im Einklang mit agency-theoretischen Überlegungen, nach denen die Prognoseberichterstattung als ein Instrument des Monitorings gesehen wird, um anfallende agency costs zu reduzieren. Die übrigen hier untersuchten Determinanten trugen hingegen nicht nennenswert zur Erklärung des Berichtsumfangs bei. Allerdings sind gewisse Interdependenzen zwischen der Unternehmensgröße und den verbleibenden Determinanten nicht zu vernachlässigen, die – isoliert betrachtet – unterschiedliche Publizitätsumfänge erkennen ließen. Da die hier beobachteten Ergebnisse mit den Befunden früherer Stu-

---

[940] Vgl. *Quick/Reus* (2009), S. 32.

[941] Vgl. *Solfrian* (2005), S. 917f.

[942] Bei den untersuchten Prognoseberichten war nur in vereinzelten Fällen ein Hinweis darauf zu finden, dass die Berichterstattung über das künftige Unternehmensgeschehen aus Sicht der Unternehmensleitung erfolgte.

[943] Die Befunde decken sich mit denen von *Alsaeed* (2005), S. 310ff., der ebenfalls die Unternehmensgröße als den entscheidenden signifikanten Einflussfaktor der Unternehmensberichterstattung identifizieren konnte.

dien im Einklang stehen, kann die in Kap. 5.1.2.3 diskutierte Kriteriumsvalidität als gegeben angesehen werden.[944]

Die vorliegende Untersuchung weist methodisch gewisse **Grenzen** auf, die an dieser Stelle nicht unberücksichtigt bleiben sollen. Zum einen beschränkte sich die vorliegende Untersuchung auf Konzerne, die zum Stichtag 31.12.2006 im HDAX und SDAX der *Deutschen Börse AG* gelistet waren. Ob sich die hier beobachteten Zusammenhänge auch auf nicht kapitalmarktorientierte Unternehmen bzw. mittelständische Gesellschaften verallgemeinern lassen, ist ungewiss.

Zum anderen sind die hier ermittelten Ergebnisse von dem zugrunde liegenden Disclosure Index abhängig. Dieser wurde entwickelt, um den Umfang der Prognoseberichterstattung zu erheben. Der beobachtete Anstieg des Umfangs ist jedoch nicht automatisch mit einer Erhöhung der Berichtsqualität gleichzusetzen. Gegen die vorliegende Untersuchung kann ferner eingewendet werden, dass nur solche Faktoren berücksichtigt wurden, die für empirische Auswertungszwecke erkennbar und messbar waren.[945] So sind weitere Bestimmungsfaktoren der Unternehmenspublizität denkbar, die jedoch nur schwer oder gar nicht im Rahmen empirischer Erhebungsmethoden operationalisierbar sind. Hierzu zählen bspw. die Einstellung der Unternehmensleitung zur Publizität sowie unternehmenspolitische Ziele.[946]

Darüber hinaus kann in methodischer Hinsicht auch an der durchgeführten Inhaltsanalyse Kritik geübt werden. Da die Auswertung der Prognoseberichte von nur einer Person durchgeführt wurde, dürfen Aspekte wie die subjektive Einschätzung des Codierers sowie Lerneffekte und die Sorgfalt des Codierers nicht außer Acht gelassen werden.[947] Ferner sind die Ergebnisse der Inhaltsanalyse in hohem Maße von der Unabhängigkeit und Vollständigkeit des Kategoriensystems abhängig,[948] welches in dieser Arbeit durch den entwickelten Disclosure Index abgebildet wurde. Vor diesem Hintergrund wurde eine umfassende Literaturrecherche der empirischen Analyse vorangestellt, um ein möglichst vollständiges Kategoriensystem im Rahmen des Disclosure Index abzubilden. Auch die Durchführung eines Pretests sowie die sorgfältige Auswertung der Berichtsinhalte trugen dazu bei, die methodischen Defizite der Studie zu minimieren.

Letztendlich erlauben die hier angewendeten statistischen Verfahren und Signifikanztests keine Schlüsse auf die Kausalbeziehungen der untersuchten Variablen, sondern ermöglichen allenfalls eine Aussage über den statistischen Zusammenhang.[949] Generelle Ursache-Wirkungs-Zusammenhänge zwischen den untersuchten Einflussfaktoren und der Progno-

---

[944] Hinsichtlich der Inferenzvalidität ist eine Einschätzung nicht möglich, da in der Literatur nur Studien existieren, welche die Prognoseberichterstattung im Lagebericht im Rahmen einer Inhaltsanalyse erhoben haben.

[945] Bereits in der vorliegenden Untersuchung zeigten sich gewisse Schwierigkeiten, den Streubesitzanteil sowie den Auslandsumsatz rückwirkend für alle Unternehmen zu erheben.

[946] Vgl. *Frings* (1975), S. 367; *Bauchowitz* (1979), S. 178.

[947] Vgl. *Schnell et al.* (2005), S. 412f.; *Kromrey* (2006), S. 341.

[948] *Kromrey* (2006), S. 339, sieht die Entwicklung eines Kategorienschemates als „Kernproblem einer Inhaltsanalyse". Vgl. auch *Lisch/Kriz* (1978), S. 72ff.

[949] Vgl. *Mayntz et al.* (1978), S. 196; *Bauchowitz* (1979), S. 178.

sepublizität können nicht unterstellt werden. Des Weiteren wiesen die Ergebnisse mancher Teilanalysen Restriktionen auf, da die Unternehmensanzahl in bestimmten Fallgruppen (z.B. bei der Branchenverteilung) sehr gering war.

Die vorliegenden Befunde haben **Implikationen** sowohl für Rechnungslegungsadressaten als auch für Wirtschaftsprüfer, Enforcement-Institutionen und Standardsetzer. So können die verschiedenen Berichtsadressaten, insbesondere Investoren, bei größeren Unternehmen mit einer umfangreicheren Prognoseberichterstattung rechnen als bei kleineren Unternehmen. Werden die Erwartungen nicht erfüllt, kann eine unzureichende Berichterstattung eine ungünstige zukünftige Entwicklung vermuten lassen. Ferner kann eine nur rudimentäre Beschreibung der künftigen Unternehmenslage Anzeichen einer fehlenden Planungsweitsicht seitens des Managements sein. Daher empfiehlt es sich gerade bei kleineren Unternehmen, neben dem Prognosebericht auch auf andere zukunftsgerichtete Berichtsinstrumente des Unternehmens zurückzugreifen (z.B. Pressemitteilungen), um eine fundierte Anlageentscheidung zu gewährleisten.

Wirtschaftsprüfungsgesellschaften und Enforcement-Institutionen sollten ihr Augenmerk vor allem auf die kleineren Gesellschaften richten, bei denen interne Planungs- und Prognosemodelle oftmals unzureichend etabliert sind und daher eine investorengerechte Informationsvermittlung nur eingeschränkt möglich ist. Die *DPR* hat die mit dem Prognosebericht verbundenen Unsicherheiten erkannt und erklärte die Darstellung der voraussichtlichen Entwicklung zu einer ihrer Prüfungsschwerpunkte in den Jahresfinanzberichten 2007 und den Halbjahresfinanzberichten 2008.[950] In ihrem Tätigkeitsbericht 2007 identifizierte die *DPR* u.a. den Lage- und Risikobericht als zweithäufigste Fehlerquelle in den geprüften Jahresfinanzberichten und bemängelte die hohe Fehlerhäufigkeit bei den qualitativen Angaben. Die Mängel in der Berichterstattung wurden von der Enforcement-Institution nicht zuletzt darauf zurückgeführt, dass diesem Teil der Rechnungslegung in den Unternehmen zuweilen weniger Bedeutung beigemessen wird als dem reinen Zahlenwerk.[951]

Aus den vorliegenden Befunden können auch Implikationen für die Standardsetzer, wie den *DSR* und das *IASB*, abgeleitet werden. Die Ergebnisse dieser Arbeit lassen die Frage aufkommen, ob die berichtspflichtigen Unternehmen den Anforderungen des *DSR* gerecht werden können. So sind in den letzten Jahren zahlreiche Reformbemühungen zur Modernisierung des Lageberichts zu beobachten gewesen, die zur Verabschiedung unterschiedlicher Standards, betreffend die Berichterstattung im Lagebericht, geführt haben (DRS 5, DRS 15, DRS 15a und DRS 17). Allein die Befunde zur Prognoseberichterstattung deuten schon darauf hin, dass den Berichtsanforderungen des *DSR* nicht im vollen Umfang nachgekommen werden kann. Wenngleich eine Verbesserung der Prognoseberichterstattung nach Verabschiedung des DRS 15 zu beobachten war, zeigten sich insbesondere Schwierigkeiten bei der Angabe von zugrunde liegenden Prämissen und Einflussfaktoren sowie zu den angewandten Schätz- und Prognoseverfahren. Auch der geforderte zweijährige Prognosehorizont wurde oftmals in der Berichtspraxis nicht umgesetzt. Ur-

---

[950] Vgl. *DPR* (2007); *DPR* (2008b), S. 4. Auch im Jahr 2009 bildet der Lagebericht einen Prüfungsschwerpunkt bei der *DPR*. Im Fokus steht dabei die Risikoberichterstattung; vgl. *DPR* (2008a).
[951] Vgl. *DPR* (2008b), S. 5.

sächlich für die z.T. rudimentäre Prognoseberichterstattung, insbesondere bei den im
SDAX gelisteten Unternehmen, könnten die mit der Prognoseerstellung verbundenen
Kosten sein, welche bspw. aus der Etablierung geeigneter Prognosemodelle und Schätzverfahren herrühren. Somit scheint vor allem kleineren Unternehmen die zukunftsbezogene
Berichterstattung im Prognosebericht Schwierigkeiten zu bereiten, im Gegensatz zu den
quantitativen Angaben im vergangenheitsorientierten Jahresabschluss. Zumindest deuten
die empirischen Ergebnisse dieser Arbeit darauf hin, dass manche Gesellschaften bei Erfüllung der vom *DSR* auferlegten Anforderungen zur Prognoseberichterstattung an ihre
Grenzen stoßen. Inwiefern strengere Regelungen und umfassendere Berichtsanforderungen die Prognosepublizität verbessern würden, ist ungewiss. Vielmehr stellt sich abschließend die Frage, ob die „Verschlankung" und Bündelung der Vorschriften zur Lageberichterstattung in einem DRS nicht zur Verbesserung der Berichterstattung beitragen
könnten.

Die mit dem deutschen Prognosebericht gemachten Erfahrungen und die Ergebnisse empirischer Arbeiten zur Berichtspraxis der Prognosepublizität können ferner das *IASB* bei
der Erarbeitung eines Completed Guidance zum Management Commentary unterstützen.
Insbesondere zur Beantwortung der Frage, wie konkret die Regelungen zur Managementberichterstattung für die berichtspflichtigen Unternehmen ausgestalten sein sollen, können bereits vorliegende empirische Befunde hilfreich sein. Inwiefern die Einführung supranationaler Regelungen zur Managementberichterstattung die Berichtspraxis der Prognosepublizität verbessern würde, bleibt abzuwarten. Abschließend bleibt anzumerken, dass
die Regulierung der Prognoseberichterstattung auch zukünftig die Standardsetzer vor
Herausforderungen stellen wird, da es sich bei der Prognosepublizität um Informationen
handelt, die im Zeitpunkt ihrer Abgabe nicht verifiziert werden können.

Im Fokus der bisherigen Betrachtungen standen die Entwicklung und Ausgestaltung der
Prognoseberichtspraxis, deren Konformität mit dem HGB und DRS 15 sowie die Bestimmungsfaktoren der Prognosepublizität. Auf Basis der bisherigen Ergebnisse lässt sich
vermuten, dass die Rechnungslegungsadressaten bei weitem nicht alle notwendigen Informationen über das zukünftige Unternehmensgeschehen aus dem Lagebericht erhalten,
um rationale Investitionsentscheidungen treffen zu können. Um letztendlich die Frage zu
klären, ob den Prognoseinformationen ein Nutzen zugesprochen werden kann, wird im
folgenden Kapitel die Kapitalmarktstudie vorgestellt, welche die Investorenreaktion auf
die Bekanntgabe zukunftsbezogener Informationen analysierte.

6 Analyse der Kapitalmarktreaktion auf die Prognosepublizität

6.1 Festlegung des Forschungsdesigns

Bevor die Untersuchungsmethodik im Detail dargestellt wird, gibt das folgende Kapitel zunächst einen allgemeinen Überblick über das Konzept der Ereignisstudie. Darauf aufbauend wird der Ablauf einer solchen Studie – unter Bezugnahme auf die Vorgehensweise in dieser Arbeit – konkretisiert.

6.1.1 Grundlegendes zum Konzept der Ereignisstudie

Im Rahmen von Ereignisstudien (event studies) wird das Aktienkursverhalten auf ein bestimmtes Ereignis, z.B. die Abgabe von Prognosen, ermittelt.[952] Hierzu wird der Kursverlauf einer Aktie in einem Zeitraum um das Bekanntwerden des Ereignisses beobachtet. Ziel ist es dabei aufzudecken, inwiefern und in welcher Höhe sich ein bestimmtes Ereignis in den Aktienkursen niederschlägt und damit einen abnormalen Kursverlauf hervorruft.[953] Die Methodik der Ereignisstudie ist eng verknüpft mit dem Konzept der informationseffizienten Kapitalmärkte:[954] Das Bekanntwerden eines Ereignisses stellt eine neue, allgemein verfügbare Information dar. Unter der Voraussetzung einer mittelstrengen Informationseffizienz wird diese Information unverzüglich verarbeitet und löst entsprechende Kauf- bzw. Verkaufsentscheidungen am Kapitalmarkt aus.[955] Ereignisstudien ermöglichen somit gleichzeitig einen Test auf das Vorliegen von Markteffizienz, da die Geschwindigkeit der Kursanpassung an die neue Information ermittelt werden kann.[956] In Abb. 6-1 ist die Veränderung des Aktienkurses infolge des Bekanntwerdens eines Ereignisses zusammengefasst.

---

[952] Zum Begriff der Ereignisstudie vgl. u.a. *Bowman* (1983), S. 561; *Fama* (1991), S. 1599; *May* (1991), S. 313; *Glaum* (1996), S. 239ff.; *Lindemann* (2004), S. 110.

[953] Zur Zielsetzung einer Ereignisstudie vgl. *Binder* (1998), S. 111; *Richter* (2005), S. 183.

[954] Vgl. *Glaum* (1996), S. 239. Zur Informationseffizienz des Kapitalmarktes vgl. ausführlich bereits Kap. 4.1.3.

[955] Vgl. *Auer* (1999), S. 185f.; *Lindemann* (2004), S. 110.

[956] Vgl. *Brown/Warner* (1980), S. 205; *Lindemann* (2004), S. 110.

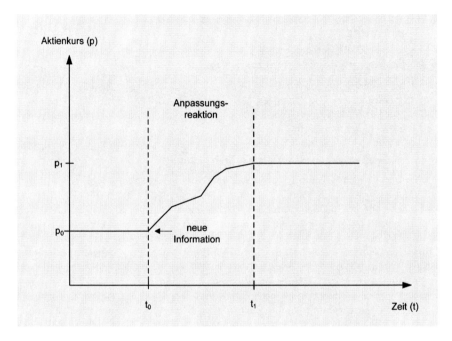

Abb. 6-1: Veränderung des Aktienkurses infolge eines Ereignisses
Quelle: in Anlehnung an *Glaum* (1996), S. 241

Im Ausgangszeitpunkt befindet sich der Kapitalmarkt im Gleichgewicht.[957] Bei einem gegebenen Informationsstand herrscht der Gleichgewichtspreis p_0. Im Zeitpunkt t_0 veröffentlicht das Unternehmen eine neue Information (z.B. Erhöhung der Gewinnprognose). Diese wird von den Kapitalmarktteilnehmern geprüft und löst durch entsprechende Kauf- oder Verkaufsentscheidungen eine Umstrukturierung des Portfolios aus.[958] Nach einem Anpassungsprozess stellt sich in t_1 ein neuer Gleichgewichtspreis p_1 zu dem neuen Informationsstand ein.[959] In diesem Falle handelt es sich um eine positive Differenz zwischen p_1 und p_0, die bspw. als Reaktion des Kapitalmarktes auf eine Prognoseerhöhung interpretiert werden kann.

---

[957] Vgl. *Glaum* (1996), S. 241.

[958] Vgl. *May* (1991), S. 313f.

[959] Abweichend zu Abb. 3-2, in der sich der Aktienkurs nach Publizität sofort an das neue Kursniveau (p_1) anpasst, stellt sich hier der neue Gleichgewichtspreis durch die Anpassungsreaktion erst mit einer zeitlichen Verzögerung ein; zur Begründung vgl. Kap. 6.1.3.2.

Der Ablauf einer Ereignisstudie lässt sich in sechs Schritten wie folgt beschreiben (vgl. Abb. 6-2):[960]

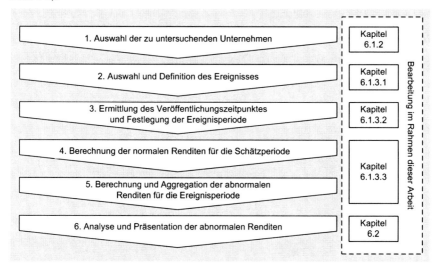

Abb. 6-2: Ablauf einer Ereignisstudie
Quelle: in Anlehnung an *Glaum* (1996), S. 242ff.; *Lindemann* (2004), S. 111

Nach der Auswahl der zu untersuchenden Unternehmen (vgl. Kap. 6.1.2) ist das Ereignis zu definieren und zeitlich einzugrenzen (vgl. Kap. 6.1.3.1). In einem dritten Schritt ist der Veröffentlichungszeitpunkt zu ermitteln, dessen Präzision maßgeblich für die Zuverlässigkeit der Ereignisstudie ist. Hierbei gilt es ebenfalls die Länge der Ereignis- und Schätzperiode exakt festzulegen (vgl. Kap. 6.1.3.2). Um abnormale Renditen in der Ereignisperiode aufzudecken, ist die tatsächlich erzielte Rendite um die normale Rendite zu bereinigen (vgl. Kap. 6.1.3.3). Abschließend sind die abnormalen Renditen nach eingehender Analyse zu präsentieren (vgl. Kap. 6.2). Die einzelnen Schritte einer Ereignisstudie werden in den folgenden Kapiteln vertiefend dargestellt.

6.1.2 Struktur des empirischen Feldes

Im Vorfeld der Ereignisstudie ist zu klären, welche Unternehmen in der Analyse Berücksichtigung finden sollen. Dabei können nur solche Gesellschaften in die Untersuchung eingehen, für die um das Veröffentlichungsdatum des Ereignisses ein Aktienkurs ermittelbar ist. Nicht-börsennotierte Unternehmen sind daher von der Untersuchung auszuschließen.

---

[960] Zur Vorgehensweise vgl. auch *Bowman* (1983), S. 561ff.; *Peterson* (1989), S. 36ff.; *MacKinlay* (1997), S. 13ff.; *Skrepnek/Lawson* (2001), S. 3ff.

Um eine gewisse Vergleichbarkeit zu den im vorherigen Kapitel dieser Arbeit durchgeführten Auswertungen zu gewährleisten, wurde in der folgenden Ereignisstudie auf die in Kap. 5.1.1 vorgestellte Grundgesamtheit zurückgegriffen. Untersuchungsgegenstand dieser Studie sind somit die Veröffentlichungen von Unternehmensprognosen der zum Stichtag 31.12.2006 in den Auswahlindizes DAX, MDAX, TecDAX und SDAX der FWB gelisteten Unternehmen. Der Erhebungszeitraum erstreckt sich hierzu auf die Jahre 2004 bis 2007, um auf eine hinreichende Anzahl an Prognoseveröffentlichungen zurückgreifen zu können. Die bereinigte Grundgesamtheit von 112 Unternehmen ist im Zuge dieser Studie schließlich um diejenigen Gesellschaften zu modifizieren, die nicht über den gesamten Untersuchungszeitraum von 2004 bis 2007 ein Listing an der FWB vorweisen konnten. Nach Ausschluss der nicht-börsennotierten Konzerne umfasste die zugrunde gelegte Datenbasis 106 Unternehmen (vgl. Tab. 6-1).[961]

Index	Grundgesamtheit		bereinigte Grundgesamtheit	
	N	%	N	%
DAX	30	100%	23	77%
MDAX	50	100%	31	64%
TecDAX	30	100%	21	70%
SDAX	50	100%	31	62%
Summe	160		106	

Tab. 6-1: Zusammensetzung der Grundgesamtheit nach Börsenindex (Ereignisstudie)

6.1.3 Konkretisierung der Untersuchungsmethodik

6.1.3.1 Festlegung des Ereignisses

Bevor die Ereignisstudie durchgeführt werden kann, kommt der Auswahl des Ereignisses sowie der Festlegung der Schätz- und Ereignisperiode eine entscheidende Bedeutung zu:

„The initial task of conducting an event study is to define the event of interest and identify the period over which the security prices of the firms involved in this event will be examined – the event window.“[962]

Für das zu untersuchende Ereignis muss daher möglichst präzise ermittelt werden, zu welchem Zeitpunkt die entsprechenden Informationen über dieses öffentlich bekannt werden,[963] da Kapitalmarktteilnehmer genau dann ihre Erwartungen an den neuen Informationsstand anpassen.[964] In vielen Ereignisstudien fallen Ereignis- und Ankündigungszeitpunkt nicht zusammen, wie z.B. bei Dividendenankündigungen oder Kapitalerhöhun-

---

[961] Ausgeschlossen wurden die *Bauer AG, Conergy AG, Lanxess AG, Q-Cells AG, Wacker Chemie AG* und *Wincor Nixdorf AG*, bei denen erst im Untersuchungszeitraum ein Börsenlisting erfolgte. Ein Delisting lag bei keinem der betrachteten Unternehmen im Beobachtungszeitraum vor.

[962] *MacKinlay* (1997), S. 14.

[963] Eine Nachricht gilt als „öffentlich" verfügbar, wenn sie durch ein beliebiges Medium, z.B. Zeitung, Fernsehen etc., verbreitet wird; vgl. *May/Schweder-Weber* (1990), S. 33, Fn. 77.

[964] Vgl. *Bowman* (1983), S. 564; *Lindemann* (2004), S. 112ff. Bei einem unpräzisen Ereignisstichtag kann die Aussagekraft des Testverfahrens negativ beeinflusst werden, vgl. *Brown/Warner* (1980), S. 225f.

gen.[965] Eine unpräzise Bestimmung des Stichtages kann dazu führen, dass am Ereignistag keine Kursreaktionen festzustellen sind und damit Fehlinterpretationen ausgelöst werden. So ist in der vorliegenden Arbeit auch nicht die Veröffentlichung der Prognose im Lagebericht relevant, sondern der Zeitpunkt ihrer Bekanntgabe in Presse- oder Ad-hoc-Mitteilungen. Diesbezüglich argumentieren *Coenenberg et al.*, dass Ergebnisinformationen im statistischen Durchschnitt mit einem deutlichen zeitlichen Vorlauf vor der Bilanzveröffentlichung wirken.[966] Somit gelangen Informationen nicht ausschließlich durch den Geschäfts- bzw. Lagebericht an den Markt, sondern zusätzlich über zeitlich eher verfügbare Berichtsmedien, wie z.B. das Internet oder Pressemitteilungen. Der Jahresabschlussveröffentlichung selbst kommt damit nur noch ein bestätigender Charakter zu.

Die Ausführungen zeigen, dass die Auswahl einer geeigneten Informationsquelle zur Bestimmung des Ereignistages eine große Bedeutung hat.[967] Diese muss zum einen aktuell sein, zum anderen aber auch das Kriterium der Objektivität erfüllen. Werden veraltete Informationsquellen verwendet, besteht die Gefahr, dass die relevanten Informationen schon früher an den Kapitalmarkt gelangt sind. Der Informationsgehalt ist somit nicht mehr exakt bestimmbar. Mangelt es an Objektivität, werden die Informationen bereits verzerrt an die Marktteilnehmer weitergeleitet und führen somit ebenfalls zu unzuverlässigen Ergebnissen.

Vor dem Hintergrund, dass die Entscheidungsrelevanz von Prognosedaten untersucht werden soll, ist in der vorliegenden Untersuchung die Veröffentlichung von Ergebnis- oder Umsatzprognosen als Ereignis ausgewählt worden. Um die Anpassung des Kapitalmarktes auf die Bekanntgabe einer neuen Prognoseinformation zu untersuchen, konzentrierte sich die Erhebung auf die Veröffentlichung von positiven und negativen Veränderungen von Gewinn- oder Umsatzprognosen. Damit gingen alle Ereignisse in die Analyse ein, die eine bereits abgegebene Prognose nach oben oder unten revidierten. Mitteilungen, die bereits publizierte Prognosen lediglich bestätigten, wurden von der Untersuchung ausgeschlossen, da eine signifikante Kapitalmarktreaktion auf ein schon bekanntes Ereignis nicht zu erwarten ist. Ebenfalls unberücksichtigt blieben Veröffentlichungen zu anderen Prognosegegenständen, wie z.B. zur künftigen Auftragsentwicklung oder zur voraussichtlichen Dividendenentwicklung, damit eine gewisse Vergleichbarkeit der Ergebnisse möglich ist. Als Berichtsmedium wurden die Pressemitteilungen der ausgewählten Unternehmen über einen Untersuchungszeitraum von vier Jahren herangezogen (2004 bis 2007).[968] Im konkreten Fall wurde das Archiv der Zeitung „Handelsblatt" auf Veröffentlichungen von positiven oder negativen Prognoseänderungen untersucht, um den Ereignisstichtag zu

---

[965] Vgl. *May/Schweder-Weber* (1990), S. 32ff.

[966] Vgl. *Coenenberg et al.* (1983), S. 321.

[967] Vgl. im Folgenden *Merino et al.* (1987), S. 753ff.; *May/Schweder-Weber* (1990), S. 39.

[968] Die Studie von *Pellens et al.* (2007), S. 28, verglich freiwillig abgegebene Unternehmensprognosen in Pressemitteilungen mit den entsprechenden Prognoseangaben im Lagebericht und kam zu dem Ergebnis, dass die Präzision der Prognosen im Lagebericht und in der freiwilligen Berichterstattung (Pressemitteilung) in den meisten Fällen übereinstimmte; ausführlich zu der Studie vgl. Kap. 3.2.1.

spezifizieren.[969] Darüber hinaus dienten die Homepage der Unternehmen sowie kostenlose Informationsanbieter im Internet dazu, den erstmaligen Bekanntgabezeitpunkt einer Prognoseänderung einzugrenzen.[970] Letztendlich ergaben sich für die Beobachtungsjahre 2004 bis 2007 auf Grundlage der in die Untersuchung einbezogenen Unternehmen 129 Prognoseankündigungen.[971] Bei 32 Unternehmen konnten keine auswertbaren Prognoseänderungen im Untersuchungszeitraum ermittelt werden, so dass sich die 129 Ereignisse auf nunmehr 74 Unternehmen verteilten.[972]

6.1.3.2 Ermittlung der Ereignisperiode und Schätzperiode

Die **Ereignisperiode** (event window) bildet das Zeitfenster, in dem die abnormalen Kursreaktionen gemessen werden.[973] Um den Informationsgehalt des Ereignisses und die Effizienz des Kapitalmarktes hinsichtlich der Verarbeitung neuer Informationen messen zu können, ist es zunächst einmal erforderlich, exakt zu ermitteln, zu welchem Zeitpunkt das Ereignis stattfand und wann die Informationen darüber erstmals an die Öffentlichkeit gelangen.[974] Nur so kann die Ereignisperiode zuverlässig bestimmt werden. Das Datum des Bekanntwerdens kann objektiv festgelegt werden, indem der Zeitpunkt der erstmaligen Veröffentlichung in einer der führenden Wirtschaftszeitungen zugrunde gelegt wird.[975] Um die Validität der Ergebnisse zu gewährleisten, ist sodann die Länge des Zeitfensters von entscheidender Bedeutung;[976] Erfahrungsgemäß beginnt die Ereignisperiode bereits vor dem Tag, an dem das Ereignis offiziell bekannt wird. Dadurch soll berücksichtigt werden, dass die Informationen auch schon vor der offiziellen Veröffentlichung durch Gerüchte an den Kapitalmarkt gelangen können und diese bereits teilweise durch die Investoren antizipiert worden sind.[977] Des Weiteren sind in der Ereignisperiode auch Han-

---

[969] Für eine ähnliche Vorgehensweise vgl. *Pellens et al.* (2007), S. 24; *Nölte* (2008), S. 63. *Bühner/Krenn* (2003), S. 185, argumentieren, dass das Handelsblatt neben der FAZ zu den führenden deutschen Zeitungen für Wirtschaftsnachrichten zählt. Ferner wird der hohe „Verbreitungsgrad" dieser Berichtsmedien angeführt; vgl. *Bühner* (1996), S. 10.

[970] Hierbei wurde insbesondere auf die Informationsanbieter www.n-tv.de, www.faz.net, www.finanznachrichten.de und www.boerse.ard.de zurückgegriffen.

[971] Vgl. Tab. A-24 im Anhang. Von den 129 einbezogenen Ankündigungen berichteten 63 über Ergebnisänderungen (49%), 16 über Umsatzänderungen (12%) und 50 Mitteilungen enthielten sowohl Ergebnis- als auch Umsatzänderungen (39%).

[972] Bei den ausgeschlossenen Mitteilungen handelte es sich in den meisten Fällen um Prognosen mit bestätigendem Charakter oder um Nachrichten, die neben der Prognoseänderung ein weiteres (überlappendes) Ereignis veröffentlichten. Betroffen waren davon 2 DAX-, 10 MDAX-, 8 TecDAX und 12 SDAX-Unternehmen. So kündigte bspw. die *SGL Carbon AG* neben einer Prognoseerhöhung auch gleichzeitig einen Rückzug von der NYSE an; vgl. *o.V.* (2006b), S. 18.

[973] Zur Festlegung der Ereignisperiode vgl. *MacKinlay* (1997), S. 14f.; *Auer* (1999), S. 187; *Lindemann* (2004), S. 112.

[974] Vgl. *May* (1991), S. 320.

[975] Vgl. *Glaum* (1996), S. 243. Durch das Heranziehen von Informationen, die öffentlich zugänglich sind, wird die mittelstrenge Informationseffizienz in Ereignisstudien deutlich; vgl. *May* (1991), S. 320. In US-amerikanischen Studien wird hierzu häufig auf die Veröffentlichungen im Wall Street Journal zurückgegriffen, vgl. *Peterson* (1989), S. 36.

[976] Vgl. *Glaum* (1996), S. 243.

[977] Vgl. *May* (1991), S. 320; *MacKinlay* (1997), S. 15.

delstage nach der offiziellen Bekanntgabe eingeschlossen.[978] Dies ist damit zu begründen, dass die Verarbeitung der Informationen eine gewisse Anpassungsreaktion in Gang setzt (vgl. Abb. 6-1), die nicht unverzüglich mit Veröffentlichung des Ereignisses abgeschlossen ist.

In der Literatur sind Studien zu finden, in denen die Länge des Ereignisfensters je nach Zielsetzung der Untersuchung von wenigen Tagen[979] bis zu einigen Monaten[980] bzw. Jahren[981] variiert.[982] Je größer der Ereigniszeitraum ist, desto wahrscheinlicher ist es, dass alle Kursreaktionen auf das Ereignis berücksichtigt werden können. Dessen ungeachtet ergibt sich aber auch die Gefahr, dass andere überlappende Ereignisse (confounding events) den Kursverlauf beeinflussen und somit die Messung der abnormalen Renditen verzerren können.[983] Unter confounding events sind Ereignisse zu verstehen, die sich während der Testperiode ereignen, aber nicht mit dem eigentlich zu untersuchenden Ereignis in Beziehung stehen (z.B. Anpassung der Gewinnprognose bei gleichzeitiger Bekanntgabe einer Kapitalerhöhung). In diesem Falle ließe sich die Kursreaktion nicht zweifelsfrei der Prognoseänderung zurechnen. Lösungsmöglichkeiten, mit solchen überlagernden Ereignissen umzugehen, bestehen bspw. darin, solche Unternehmen aus der Stichprobe auszuschließen, für die innerhalb der Testperiode confounding events vorliegen.[984] Darüber hinaus ergibt sich die Möglichkeit, Beobachtungen zu streichen, wenn überlappende Ereignisse auftreten, oder die Daten um den geschätzten Einfluss des überlagernden Ereignisses zu bereinigen. Nur so lässt sich das Ergebnis eindeutig mit der Veröffentlichung der Gewinnprognose in Verbindung bringen.

Schließlich ist die Festlegung der optimalen Länge der Ereignisperiode davon abhängig:[985]

- wie genau der Zeitpunkt bestimmt werden kann, an dem die betreffende Information am Markt bekannt wird,
- wie schnell der Markt die Informationen aufnimmt und verarbeitet und
- wie häufig andere kursrelevante Ereignisse eintreten, die überlappende Reaktionen auslösen können.

---

[978] Vgl. *Auer* (1999), S. 187; *Lindemann* (2004), S. 112.

[979] Vgl. bspw. die Studien von *Gerke et al.* (1997), S. 811 [-10; +10 Tage]; *Pellens/Tomaszewski* (1999), S. 214 [-10; +10 Tage]; ausführlich zu den im Folgenden zitierten Studien vgl. bereits Kap. 3.2.2.2.2.

[980] Die Studie von *Coenenberg/Möller* (1979), S. 449, untersuchte bspw. die Aktienkursreaktion 23 Wochen vor und 24 Wochen nach dem Ereignisstichtag. In der Untersuchung von *Bühner* (1990b), S. 299, begann die Ereignisperiode 24 Monate vor der Bekanntgabe des Ereignisses und endete 24 Monate danach.

[981] *Bühner* (1996), S. 10f., unterschied in seiner Studie zwischen einer kurzfristigen Erfolgsbeurteilung, bei der die Kursentwicklung jeweils 20 Tage vor und nach der Ankündigung betrachtet wurde und einer langfristigen Erfolgsanalyse, bei der sich die Ereignisperiode über einen Zeitraum von zwei Jahren vor und nach dem Ankündigungszeitpunkt erstreckte.

[982] Vgl. *Röder* (1999), S. 22.

[983] Vgl. *Bowman* (1983), S. 564; *Glaum* (1996), S. 244; *Gerke et al.* (1997), S. 811. Zur Problematik sich überschneidender Ereignisse vgl. auch *May* (1991), S. 321; *Möller/Hüfner* (2002b), S. 425ff.

[984] Vgl. *May* (1991), S. 320f. Zum Umgang mit überlappenden Ereignissen vgl. auch ausführlich *Röder* (1999), S. 33ff.

[985] Vgl. im Folgenden *Glaum* (1996), S. 244.

Nachdem die Länge der Ereignisperiode zur Bestimmung der abnormalen Renditen fest-gelegt worden ist, gilt es den Zeitraum der **Schätzperiode** zu ermitteln. Dieser dient dazu, die relevanten Parameter zur Ermittlung der normalen Renditen zu bestimmen.[986] Der Schätzzeitraum sollte keine Überschneidungen mit der Ereignisperiode aufweisen, damit die Berechnung der normalen Renditen nicht durch das Ereignis beeinträchtigt wird.[987] Als Lage kommen zwei Möglichkeiten in Betracht: Entweder wird eine Schätzperiode unmittelbar vor der Ereignisperiode gewählt[988] oder die Schätzperiode ist zweigeteilt in einen Zeitraum vor und nach der Ereignisperiode.[989] Auch hier gestaltet sich eine Aussage zur optimalen Lage der Schätzperiode als schwierig:[990] Einerseits können die Parameter umso zuverlässiger ermittelt werden, je länger die Schätzperiode ist. Andererseits steigt mit zunehmendem Zeitraum auch die Gefahr, dass Ereignisse in die Schätzperiode fallen, wel-che die Kurse beeinflussen und die Messung der normalen Renditen verzerren (confoun-ding events).

Der Tag der erstmaligen Veröffentlichung von Prognoseänderungen im Internet bzw. in Pressemitteilungen stellt in der hier vorgestellten Studie den Ereignisstichtag (t_0) dar. Die Ereignisperiode ist dabei so gewählt, dass sie sowohl fünf Tage vor dem Ereignisstichtag (t_{-5}) als auch fünf Tage nach der Ankündigung umfasst (t_{+5}). Sie enthält damit insgesamt elf Tage.[991] Hinsichtlich der optimalen Schätzperiode kamen *Hess/Bhagat* in ihrer Studie zu dem Ergebnis, dass die Befunde weitestgehend unabhängig von der Lage der Schätzpe-riode waren:

„results are not dependent on our choice of estimation period."[992]

In dieser Arbeit wurde daher auf einen vorgelagerten Schätzzeitraum von 200 Tagen [-205;-6 Tage] zurückgegriffen. Die Verteilung von Ereignis- und Schätzperiode ist in Abb. 6-3 zusammenfassend dargestellt.

---

[986] Vgl. *Lindemann* (2004), S. 113f.

[987] Vgl. *MacKinlay* (1997), S. 20.

[988] Zu diesem Versuchsaufbau vgl. bspw. die Studien von *Röckemann* (1994), S. 825 [-200; -51 Tage]; *Gerke et al.* (1997), S. 812 [-110; -11 Tage] und *Pellens/Tomaszewski* (1999), S. 214 [-210; -11 Tage].

[989] Vgl. zu dieser Vorgehensweise u.a. *Coenenberg/Henes* (1995), S. 978.

[990] Zu den Vor- und Nachteilen vgl. *Lindemann* (2004), S. 113f.

[991] In US-amerikanischen Kapitalmarktstudien zur Prognosepublizität ist zur Auswahl der Ereignisperiode kein einheitliches Vorgehen zu finden. Während die Studien von *Baginski et al.* (2004), S. 19, und *Hutton/Stocken* (2007), S. 24, bspw. ein event window von insgesamt drei Tagen wählten, untersuchte *Jaggi* (1978), S. 964, die Kapitalmarktreaktionen zehn Tage vor und zehn Tage nach dem Ereignis-stichtag. *Foster* (1973), S. 25ff.; *Patell* (1976), S. 246ff., und *Nichols/Tsay* (1979), S. 140ff., arbeiteten hingegen in ihren Ereignisstudien mit wöchentlichen Kursdaten, so dass die Ereignisperiode in diesen Studien jeweils acht Wochen vor und acht Wochen nach der Woche der Ereignisankündigung umfass-te. Ausführlich zu diesen Studien vgl. bereits Kap. 3.2.2.2.2.

[992] *Hess/Bhagat* (1986), S. 581.

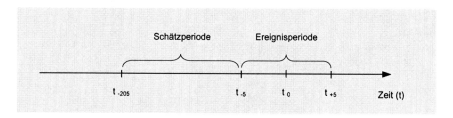

Abb. 6-3: Zeitlicher Ablauf der Ereignisstudie
Quelle: in Anlehnung an *Peterson* (1989), S. 38

Darüber hinaus wurde in der vorliegenden Arbeit überprüft, ob während der Ereignisperiode, neben dem zu untersuchenden Ereignis, weitere kursbeeinflussende Faktoren von den Unternehmen publiziert wurden. War dies der Fall, blieb die Ereignisankündigung im weiteren Verlauf der Untersuchung unberücksichtigt.

6.1.3.3 Aktienrenditen als Berechnungsgrundlage

Nachdem die Länge der Ereignis- und Schätzperiode festgelegt ist, gilt es, in einem nächsten Schritt die Kapitalmarktreaktionen in dem zugrunde gelegten Zeitfenster zu bestimmen. Hierzu werden nicht die absoluten Aktienkurse, sondern deren Renditen untersucht, da letztere die Niveau- und Größenunterschiede diverser Unternehmenstitel besser berücksichtigen und ausgleichen können.[993] Zur Berechnung der **Aktienrendite** können grundsätzlich zwei alternative Verfahren zur Anwendung kommen. Die diskrete Rendite (R_{it}) berechnet sich wie folgt (vgl. Gleichung (6.1)):[994]

$$(6.1) \qquad R_{it} = \frac{p_{it} - p_{it-1}}{p_{it-1}}$$

Hingegen wird bei der Berechnung stetiger Renditen (R_{it}) mit logarithmierten Werten gerechnet (vgl. Gleichung (6.2)):[995]

$$(6.2) \qquad R_{it} = ln(\frac{p_{it}}{p_{it-1}}) = ln(p_{it}) - ln(p_{it-1})$$

mit
R_{it} *Rendite der Aktie i am Tag t*
p_{it} *Aktienkurs der Aktie i am Tag t*
p_{it-1} *Aktienkurs der Aktie i am Tag t-1*

[993] Vgl. *Fama* (1965), S. 45f.; *May/Schweder-Weber* (1990), S. 78.
[994] Vgl. u.a. *Pieper et al.* (1993), S. 491; *Bühner* (1998), S. 823; *Auer* (1999), S. 187.
[995] Vgl. *Fama* (1965), S. 45f.; *Kaserer/Mohl* (1998), S. 431.

Dabei entsprechen p_{it} und p_{it-1} den Kursen der Aktie i zum Zeitpunkt t bzw. $t-1$. Zur Berechnung der Renditen ist auf bereinigte Aktienkurse zurückzugreifen, welche um exogene Einflüsse, wie z.b. Dividendenzahlungen, Kapitalerhöhungen oder Aktiensplits, angepasst wurden.[996]

Obwohl manche Ereignisstudien in der Vergangenheit auf die diskrete Renditeermittlung zurückgegriffen haben,[997] überwiegen in der Literatur die Vorteile einer stetigen Rendite für die Zwecke der empirischen Kapitalmarktforschung.[998] So kann zum einen durch die Logarithmierung eine annähernde Normalverteilung erreicht werden,[999] zum anderen unterliegen die Untersuchungsergebnisse einem geringeren Einfluss von Extrem- und Ausreißerwerten.[1000] Daher wurden in der vorliegenden Arbeit stetige Renditen ermittelt.

Die Berechnung der Renditen kann sowohl auf monatlichen oder wöchentlichen als auch auf täglichen Aktienkursdaten basieren.[1001] Je kürzer das Zeitintervall ist, desto konkretere Aussagen können über den Zeitpunkt der erstmaligen Kursreaktion und über die Anpassungsgeschwindigkeit der Kurse nach der Veröffentlichung getroffen werden. Die Studie von *Brown/Warner* konnte zeigen, dass die Verwendung von täglichen Börsenkursen einen höheren Erklärungsbeitrag leistete, als der Einsatz von monatlichen Kursdaten.[1002] Auch *Peterson* empfiehlt, mit täglichen Aktienrenditen zu arbeiten.[1003] Vor diesem Hintergrund wurde in dieser Arbeit zur Ermittlung der stetigen Renditen auf tägliche Aktienkursdaten zurückgegriffen. Als Basis dienten die bereinigten Schlusskurse[1004] am Handelsplatz Frankfurt (FWB) über den Zeitraum vom 01.01.2003 bis zum 31.12.2007.[1005]

Um die Kapitalmarktreaktion auf das zu untersuchende Ereignis zu quantifizieren, ist in einem nächsten Schritt die Überrendite (**abnormale Rendite**, AR_{it}) in der Ereignisperiode

---

[996] Sofern keine bereinigten Kursdaten zur Verfügung stehen, wird häufig auf die sog. „operation blanche" zur Bereinigung der Renditen zurückgegriffen, vgl. *Löffler* (2001), S. 137f.

[997] Vgl. bspw. *Coenenberg/Möller* (1979), S. 446f.; *Gerke et al.* (1995), S. 808; *Bühner* (1998), S. 823; ausführlich zu den Studien vgl. bereits Kap. 3.2.2.2.2.

[998] In den Untersuchungen von *Gerke et al.* (1997), S. 821, Fn. 7; *Kaserer/Brunner* (1997), S. 82; *Pellens/Tomaszewski* (1999), S. 214, wurde bspw. mit logarithmierten Renditen gerechnet.

[999] Der Normalverteilungsannahme kommt insbesondere bei der Anwendung parametrischer Testverfahren, wie z.B. dem T-Test, eine entscheidende Bedeutung zu.

[1000] Vgl. *Fama* (1965), S. 45f.; *Fama* (1976), S. 30f.; ähnliche Argumentation auch bei *Kaserer/Brunner* (1997), S. 97, Fn. 29. Vgl. auch Diskussion bei *Richter* (2005), S. 187, Fn. 2, der kaum abweichende Ergebnisse bei Verwendung von stetigen und diskreten Renditen feststellen konnte.

[1001] Vgl. *May/Schweder-Weber* (1990), S. 78ff. In der Untersuchung von *Bühner* (1990b), S. 298, wurde z.b. auf Basis monatlicher Aktienkurse gerechnet. Die Studie von *Coenenberg/Möller* (1979), S. 446, verwendete wöchentliche Börsenkurse. *Kaserer/Brunner* (1997), S. 82, nutzten hingegen Kursdaten auf Tagesbasis.

[1002] Vgl. *Brown/Warner* (1985), S. 25; vgl. auch *Jain* (1986), S. 76: „the use of daily data has become popular partly in order to take advantage of more powerful statistical tests available with these data."

[1003] Vgl. *Peterson* (1989), S. 56. Zur Anwendung täglicher Kursdaten und den damit verbundenen Problemen vgl. *Berry et al.* (1990), S. 70ff.

[1004] Zu den Vorteilen von Schlusskursen gegenüber Eröffnungs- oder Kassakursen bei der Durchführung von Ereignisstudien vgl. *Richter* (2005), S. 178ff.

[1005] Die bereinigten Aktienkurse wurden der Datenbank Datastream Advance von Thomson Financial und dem Finanzportal ariva.de entnommen, welche historische Kursreihen zur Verfügung stellen und einen Export in Microsoft Excel ermöglichen.

zu ermitteln (vgl. Formel (6.3)). Diese ergibt sich aus der Differenz zwischen der beobachteten (tatsächlichen) Rendite (R_{it}) und der erwarteten (normalen) Rendite ($E[R_{it}]$):[1006]

$$(6.3) \qquad AR_{it} = R_{it} - E[R_{it}]$$

mit

AR_{it} *abnormale Rendite der Aktie i am Tag t*
R_{it} *tatsächliche Rendite der Aktie i am Tag t*
$E[R_{it}]$ *erwartete Rendite der Aktie i am Tag t*

Während die tatsächliche Rendite (R_{it}) in der oben beschriebenen Weise ermittelt werden kann (vgl. Formel (6.1) bzw. (6.2)), sind zur Berechnung der erwarteten Rendite ($E[R_{it}]$) statistische Methoden bzw. Modelle heranzuziehen. Üblicherweise kommen hierzu mittelwertbereinigte Renditen (mean adjusted returns), marktbereinigte Renditen (market adjusted returns) oder markt- und risikobereinigte Renditen (market and risk adjusted returns) zum Einsatz (zu den einzelnen Verfahren vgl. ausführlich Kap. 6.1.4).

Um allgemeine Schlussfolgerungen über die Kurswirkungen des untersuchten Ereignisses ziehen zu können, sind anschließend die abnormalen Renditen über die gesamte Ereignisperiode und über die einzelnen Aktien zu aggregieren (**cumulative abnormal returns,** **CAR**).[1007] Dabei erscheint es sinnvoll, die durchschnittlichen abnormalen Renditen zunächst für Teilmengen des gesamten Portfolios zu bilden, wenn für unterschiedliche Teilmengen auch verschiedene Kursreaktionen erwartet werden.[1008] So lässt sich bspw. zwischen positiven und negativen Prognoseänderungen differenzieren. Die dabei zu ermittelnde Portfoliorendite (AR_t) wird wie folgt berechnet (vgl. Formel (6.4)):[1009]

$$(6.4) \qquad AR_t = \frac{1}{N} \sum_{i=1}^{N} AR_{it}$$

mit

AR_t *abnormale Portfoliorendite zum Zeitpunkt t*
AR_{it} *abnormale Rendite der Aktie i am Tag t*
N *Anzahl der betrachteten Ereignisse*

Die durchschnittlichen abnormalen Renditen ergeben sich durch die Summierung der abnormalen Renditen einzelner Aktien (AR_{it}) und ihrer Division durch die Anzahl der betrachteten Ereignisse (N). Durch diesen Berechnungsschritt liegt schließlich für jeden einzelnen Beobachtungszeitpunkt in der Ereignisperiode ein Mittelwert der abnormalen

---

[1006] Zur Berechnung vgl. u.a. *Brown/Warner* (1980), S. 207; *Peterson* (1989), S. 42f.; *MacKinlay* (1997), S. 15; *Stanzel* (2007), S. 273.

[1007] Vgl. *Bowman* (1983), S. 569f.; *MacKinlay* (1997), S. 21; *Lindemann* (2004), S. 115.

[1008] Vgl. *Röckemann* (1994), S. 825.

[1009] Vgl. *Pieper et al.* (1993), S. 493; *Auer* (1999), S. 190; *Stanzel* (2007), S. 274.

Rendite vor. Um abschließend die kumulierten abnormalen Renditen (CAR_t) zu erhalten, werden diese additiv miteinander verknüpft (vgl. Gleichung (6.5)):[1010]

$$(6.5) \qquad CAR_t = AR_t + CAR_{t-1}$$

mit
AR$_t$ *abnormale Portfoliorendite zum Zeitpunkt t*
CAR$_t$ *kumulierte abnormale Portfoliorendite zum Zeitpunkt t*
CAR$_{t-1}$ *kumulierte abnormale Portfoliorendite zum Zeitpunkt t-1*

In einem letzten Schritt wurden die kumulierten abnormalen Renditen auf statistische Signifikanz untersucht. Der parametrische T-Test ist dabei der gebräuchlichste Test, um die Existenz von abnormalen Renditen zu ermitteln.[1011] Hierbei wird bei einer gegebenen Irrtumswahrscheinlichkeit anhand einer T-Verteilung die Hypothese geprüft, dass bei der Ankündigung eines Ereignisses keine abnormalen Renditen zu verzeichnen sind (AR_t = 0).[1012] Im Gegensatz zu den in Kap. 5.1.3.2.1 vorgestellten T-Tests, bei denen zwei Mittelwerte miteinander verglichen wurden, testet der hier angewendete T-Test, ob der Mittelwert für eine Stichprobe signifikant von einem vorgegebenen Wert abweicht.[1013] Unter Zugrundelegung eines Signifikanzniveaus von p = 0,05(*) bzw. p = 0,01(**) wurde dabei die Irrtumswahrscheinlichkeit errechnet, mit der die Nullhypothese abzulehnen ist, der zufolge die durchschnittlichen abnormalen Renditen einem Testwert von Null entsprechen (zur Alternativhypothese H_{12} vgl. Kap. 4.2.4). Die Anwendung des T-Tests ist an die Voraussetzung gebunden, dass die Variablen in der Grundgesamtheit normalverteilt sind (vgl. Kap. 5.1.3.2.1).

Die Untersuchungen von *Fama* zeigten jedoch, dass bei Rückgriff auf tägliche Aktienrenditen diese nicht immer einer Normalverteilung folgen.[1014] Vor dem Hintergrund, dass der T-Test jedoch relativ robust auf die Verletzung dieser Annahme reagiert,[1015] wird auch

---

[1010] Die Methode der kumulierten abnormalen Renditen wurde erstmals in der von *Fama et al.* (1969) durchgeführten Studie angewendet. Eine ähnliche Technik stellt die Berechnung eines sog. Abnormal Performance Index (API) dar, der von *Ball/Brown* (1968) eingeführt wurde (ausführlich zu den Studien vgl. bereits Kap. 3.1.2); vgl. *Glaum* (1996), S. 247, und die dort zitierte Literatur.

[1011] Vgl. *Röckemann* (1994), S. 826f.

[1012] Vgl. *Gerke et al.* (1997), S. 812. Ausführlich zur Anwendung und Durchführung eines T-Tests vgl. bereits Kap. 5.1.3.2.1.

[1013] Zum Einstichproben-T-Test vgl. u.a. *Brosius* (2008), S. 478f.; *Bühl* (2008), S. 315f.; *Eckstein* (2008a), S. 108ff.

[1014] Vgl. *Fama* (1976), S. 21ff., der in diesem Zusammenhang von leptokurtisch verteilten Aktienrenditen spricht; vgl. hierzu auch *Winkelmann* (1984), S. 53ff. m.w.N. In der Literatur sind eine Reihe alternativer Testverfahren entwickelt worden, welche der fehlenden Normalverteilungsannahme gerecht werden sollen. Vgl. hierzu u.a. *Patell* (1976), S. 254ff.; *Corrado* (1989), S. 385ff.; *Boehmer et al.* (1991), S. 253ff. Zur Anwendung parametrischer vs. nicht-parametrischer Testverfahren in Ereignisstudien vgl. Diskussionen bei *Jain* (1986), S. 76ff.; *Berry et al.* (1990), S. 70ff.; *Henderson* (1990), S. 297ff.; *Cowan* (1992), S. 343ff.; *Cowan/Sergeant* (1996), S. 1731ff., sowie *Röder* (1999), S. 46ff., und *Löffler* (2001), S. 151ff.

[1015] Vgl. *Boneau* (1960), S. 57ff.; *Brosius* (2008), S. 465.

in dieser Arbeit auf ein parametrisches Testverfahren zurückgegriffen. *Brown/Warner* merken zur Problematik der nicht normalverteilten Renditen an:

„The non-normality of daily returns has no obvious impact on event study methodology. Although daily excess returns are also highly non-normal, there is evidence that the mean excess return in a cross-section of securities converges to normality as the number of sample securities increases. Standard parametric tests for significance of the mean excess return are well specified."[1016]

6.1.4 Erläuterungen zu den Auswertungsverfahren

Um die Kapitalmarktreaktionen auf ein bestimmtes Ereignis messen zu können, sind im Laufe der Zeit eine Reihe von unterschiedlichen Methoden entwickelt worden.[1017] Im Folgenden wird auf die am häufigsten verwendeten Modelle (mean adjusted returns, market adjusted returns, market and risk adjusted returns) zur Bestimmung der abnormalen Renditen eingegangen sowie deren praktische Anwendbarkeit diskutiert mit dem Ziel, die für diese Studie geeignete Methode auszuwählen.

6.1.4.1 Die Methode der mittelwertbereinigten Renditen

Bei der Methode der mittelwertbereinigten Renditen wird unterstellt, dass die erwartete Rendite ($E[R_{it}]$) konstant und unabhängig von der allgemeinen Marktentwicklung ist.[1018] Die erwartete Rendite wird mittels Durchschnittsbildung aus einer Zeitreihe von früheren Renditen aus der Vergangenheit bestimmt (vgl. Formel (6.6)):[1019]

$$(6.6) \quad E[R_{it}] = \frac{1}{S}\sum_{s=1}^{S} R_{is}$$

mit

E $[R_{it}]$ *erwartete Rendite der Aktie i am Tag t*
S   *Anzahl der Handelstage im Schätzzeitraum*
s   *jeweiliger Handelstag im Schätzzeitraum*
R_{is} *Rendite der Aktie i im Schätzzeitraum s*

Die mittelwertbereinigten Renditen stellen die einfachste Methode zur Bestimmung der erwarteten Rendite dar, da deren Berechnung ausschließlich von vergangenen Kursverläufen abhängig ist und allgemeine Marktentwicklungen unberücksichtigt bleiben.[1020] Nichtsdestotrotz konnten die Simulationen von *Brown/Warner* zeigen, dass die Ergebnisse

---

[1016] *Brown/Warner* (1985), S. 25. Für eine ähnliche Argumentation vgl. auch *Dyckman et al.* (1984), S. 26: „the t-test is an accurate test for the presence of abnormal performance despite the nonnormality of the distribution of daily residuals."
[1017] Einen Überblick bietet *May* (1991), S. 322ff.
[1018] Vgl. *Röckemann* (1994), S. 819.
[1019] Zur Berechnung vgl. *Pieper et al.* (1993), S. 491f.; *Auer* (1999), S. 187f.; *Lindemann* (2004), S. 114.
[1020] Vgl. *Röckemann* (1994), S. 824; *Harrison* (2000), S. 169ff.

des mittelwertbereinigten Modells nicht wesentlich von den Befunden komplexerer Modelle abweichen.[1021]

„When abnormal performance was present, the differences between methodologies based on Mean Adjusted Returns, Market Adjusted Returns, and Market and Risk Adjusted Returns were quite small."[1022]

Dies lässt sich damit begründen, dass die Varianz der abnormalen Renditen durch kompliziertere Modelle, wie z.b. das Marktmodell, nicht wesentlich reduziert werden kann.[1023] Nach Einsetzen des Ausdrucks (6.6) in die Formel (6.3) berechnet sich die abnormale Rendite unter Anwendung mittelwertbereinigter Renditen wie folgt (vgl. Gleichung (6.7)):

$$(6.7) \qquad AR_{it} = R_{it} - \frac{1}{S}\sum_{s=1}^{S} R_{is}$$

6.1.4.2 Methode der marktbereinigten Renditen

Während bei der Anwendung mittelwertbereinigter Renditen die normale Rendite für jede Aktie unterschiedlich hoch ist, wird bei der Methode der marktbereinigten Renditen eine konstante Marktrendite (R_{mt}) für alle Aktien unterstellt.[1024] Diese wird über ein Marktportfolio oder einen Marktindex (I) abgebildet. Analog zur Berechnung diskreter und stetiger Unternehmensrenditen (vgl. Gleichung (6.1) und (6.2)), werden diskrete bzw. stetige Marktrenditen unter Zuhilfenahme eines Index wie folgt berechnet (vgl. Gleichung (6.8) und (6.9)):[1025]

$$(6.8) \qquad R_{mt} = \frac{I_t - I_{t-1}}{I_{t-1}}$$

$$(6.9) \qquad R_{mt} = ln\ (I_t) - ln\ (I_{t-1})$$

mit
R_{mt}	*Marktrendite am Tag t*
I_t	*Marktindex am Tag t*
I_{t-1}	*Marktindex am Tag t-1*

[1021] Anderer Meinung sind *Klein/Rosenfeld* (1987), S. 345ff., die in ihrer Studie zu dem Fazit kamen, dass die Methode der mittelwertbereinigten Renditen in einem Bullen- oder Bärenmarkt zu verzerrten Ergebnissen führt und sich somit marktbereinigte bzw. risiko- und marktbereinigte Modelle als vorteilhafter erweisen.

[1022] *Brown/Warner* (1980), S. 246.

[1023] Vgl. *MacKinlay* (1997), S. 17; *Röder* (1999), S. 30.

[1024] Vgl. *Brown/Warner* (1980), S. 213; *Glaum* (1996), S. 245; *Lindemann* (2004), S. 114.

[1025] Das Modell der marktbereinigten Renditen kam bspw. in der Studie von *Bühner* (1996), S. 12f., zum Einsatz, der zur Berechnung der Marktrendite den DAX heranzog. Zur Konzipierung von Aktienmarktindizes vgl. *Kleeberg* (1991), S. 4ff.

Die Methode der marktbereinigten Renditen stellt einen Spezialfall des Marktmodells dar.[1026] Darüber hinaus findet keine Unterscheidung zwischen Schätz- und Ereignisperiode statt, da die Marktrendite ebenfalls in der Ereignisperiode ermittelt wird.[1027] Somit tritt die Problematik überlappender Ereignisse in der Schätzperiode nicht auf.

Die abnormale Rendite (AR_{it}) lässt sich schließlich aus der Differenz zwischen der tatsächlichen Rendite (R_{it}) und der zum gleichen Zeitpunkt gemessenen Marktrendite (R_{mt}) im Ereignisfenster bestimmen (vgl. Gleichung (6.10)):[1028]

$$(6.10) \qquad AR_{it} = R_{it} - R_{mt}$$

6.1.4.3 Methode der markt- und risikobereinigten Renditen

Im Gegensatz zu den oben vorgestellten mittel- bzw. marktbereinigten Renditen, die entweder nur das systematische Risiko der betreffenden Aktie oder die Markteinflüsse auf den Kursverlauf berücksichtigen, wird bei der Methode der markt- und risikobereinigten Renditen (Marktmodell) beiden Aspekten Rechnung getragen.[1029] Das am häufigsten verwendete Modell zur Berechnung der erwarteten Renditen ist das auf *Sharpe* zurückgehende Marktmodell.[1030] Dieses unterstellt einen linearen Zusammenhang zwischen der Rendite einzelner Aktien und der Rendite des Gesamtmarktes bzw. eines Marktindex.[1031] Zur Ermittlung der normalen Renditen wird mithilfe einer Regressionsanalyse folgende Gleichung geschätzt (6.11):

$$(6.11) \qquad R_{it} = \alpha_{it} + \beta_{it} R_{mt} + \varepsilon_{it}$$

mit

R_{it} *Rendite der Aktie i im Zeitpunkt t*

α_{it} *aktienspezifische Konstante*

β_{it} *systematisches Risiko von Aktie i, das durch Markteinflüsse bedingt ist*

R_{mt} *Rendite des gleichgewichteten Marktindex im Zeitpunkt t*

ε_{it} *Störterm, abnormale unsystematische Rendite der Aktie i im Zeitpunkt t, die bei außergewöhnlichen Ereignissen erzielt wird*

Die Bestimmung der Modellparameter α_{it} und β_{it} wird mithilfe der Methode der kleinsten Quadrate im Schätzzeitraum aus historischen Aktienkursen durchgeführt.[1032] Dabei wird unterstellt, dass die Parameter der Regressionsanalyse in der Ereignisperiode unver-

---

[1026] Vgl. *May* (1991), S. 323; *MacKinlay* (1997), S. 18f.; *Röder* (1999), S. 31; *Löffler* (2001), S. 141. Das Modell der marktbereinigten Renditen geht implizit von der Annahme aus, dass $\alpha_i = 0$ und $\beta_i = 1$ ist (zum Marktmodell vgl. ausführlich Kap. 6.1.4.3).

[1027] Vgl. *May* (1991), S. 323; *Lindemann* (2004), S. 114.

[1028] Zur Berechnung vgl. *Bühner* (1996), S. 12; *Röckemann* (1994), S. 824; *Röder* (1999), S. 31.

[1029] Vgl. *Brown/Warner* (1980), S. 213f.

[1030] Vgl. *Sharpe* (1963), S. 281. Die empirische Erhebung von *May/Schweder-Weber* (1990), S. 44f., konnte zeigen, dass in den meisten in der Literatur zu findenden Ereignisstudien das Marktmodell zur Anwendung kam; vgl. auch *May* (1991), S. 322; *Löffler* (2001), S. 139.

[1031] Vgl. *Bowman* (1983), S. 567ff.; *Röder* (1999), S. 23; *Lindemann* (2004), S. 114f.

[1032] Zu Schätzproblemen bei der Ermittlung der Beta-Faktoren vgl. *Winkelmann* (1984), S. 51ff.

ändert Gültigkeit besitzen.[1033] Nur unter Beachtung dieser Stationaritätsannahme können Abweichungen von der erwarteten Rendite als Kapitalmarktreaktion auf das betreffende Ereignis interpretiert werden. Als Schätzer für die Marktrendite kamen in bisherigen Studien bspw. der FAZ-Index,[1034] der DAX[1035] oder der CDAX[1036] zum Einsatz (zur Berechnung vgl. Gleichung (6.8) bzw. (6.9)).[1037]

Die abnormale Rendite berechnet sich abschließend nach dem Marktmodell wie folgt (vgl. Gleichung (6.12)):[1038]

$$(6.12) \qquad AR_{it} = R_{it} - (\alpha_{it} + \beta_{it}\, R_{mt})$$

6.1.4.4 Auswahl des geeigneten Analyseverfahrens

Neben den hier vorstehenden Verfahren sind in der Literatur eine Reihe weiterer Modelle zu finden, die im Rahmen von Ereignisstudien eingesetzt wurden.[1039] So kann die erwartete Rendite auch unter Anwendung des Capital Asset Pricing Models (CAPM)[1040] bestimmt werden.[1041] Dabei ergibt sich die erwartete Rendite aus einem risikolosen Zins und einer Risikoprämie in Abhängigkeit des systematischen Risikos. Die Arbitrage Pricing Theory (APT) stellt eine weitere Methode zur Ermittlung der erwarteten Rendite dar.[1042] Hierbei wird unterstellt, dass die Wertpapierrendite von einer endlichen Zahl von Faktoren abhängig ist, so dass, im Gegensatz zum CAPM, das systematische Risiko mehrdimensional gemessen wird.[1043] Zahlreiche Kritikpunkte am CAPM und an der APT führten allerdings dazu, dass diese Verfahren kaum noch Verwendung in Ereignisstudien fan-

---

[1033] Vgl. *May* (1991), S. 324; *Glaum* (1996), S. 246. Kritisch zur Stationaritätsannahme *Meyer* (1973), S. 318ff.

[1034] Vgl. *Gebhardt/Entrup* (1993), S. 13; *Gebhardt et al.* (1994), S. 318.

[1035] Vgl. *Kaserer/Brunner* (1997), S. 83. In der Studie von *Gebhardt/Entrup* (1993), S. 13, erwies sich der FAZ-Index aufgrund höherer Bestimmtheitsgrade (R^2) und niedrigerer Standardfehler gegenüber dem DAX als überlegen.

[1036] Vgl. *Kaserer/Mohl* (1998), S. 432; *Pellens/Tomaszewski* (1999), S. 214. Beim CDAX handelt es sich um einen dividenden- und bezugsrechtsbereinigten Index, der die Entwicklung des gesamten deutschen Aktienmarktes misst und sich somit gut zu Analysezwecke eignet; vgl. *Deutsche Börse AG* (2009) S. 11, zur Bereinigung des Index vgl. dieselbe, S. 32ff.

[1037] Zur Berechnung und Zusammensetzung dieser Marktindizes vgl. *Kleeberg* (1991), S. 15ff.

[1038] Vgl. *Glaum* (1996), S. 245f.; *Gerke et al.* (1997), S. 812; *Auer* (1999), S. 188f.

[1039] Einen guten Überblick über die eingesetzten Verfahren bietet *Binder* (1998), S. 117ff.

[1040] Das CAPM ist zurückzuführen auf *Sharpe* (1964), *Lintner* (1965) und *Mossin* (1966); zur Anwendung vgl. u.a. *Winkelmann* (1984), S. 20ff.; *Steiner/Bruns* (2007), S. 21ff.; *Brealey et al.* (2008), S. 217ff.

[1041] Vgl. *May/Schweder-Weber* (1990), S. 58ff.; *MacKinlay* (1997), S. 19; *Röder* (1999), S. 24ff.; *Skrepnek/Lawson* (2001), S. 6f.

[1042] Vgl. *Ross* (1976), S. 341ff. Zur Anwendung vgl. *Winkelmann* (1984), S. 122ff.; *Perridon/Steiner* (2007), S. 263ff.; *Steiner/Bruns* (2007), S. 29ff.

[1043] Vgl. *MacKinlay* (1997), S. 19; *Röder* (1999), S. 26f.

den.[1044] Welches Modell letztendlich für die Zwecke einer Event Study geeignet ist, richtet sich u.a. auch nach der Datenverfügbarkeit. So bietet sich bei Fehlen eines vorgelagerten Schätzzeitraums (z.b. bei Neuemissionen) die Anwendung des marktbereinigten Modells an, bei dem Ereignis- und Schätzperiode zusammenfallen.[1045] In der empirischen Kapitalmarktforschung hat sich größtenteils das Marktmodell durchgesetzt, welches sich in Simulationsstudien als vorteilhaft erwies.[1046] So zeigte sich bspw. in der von *Dyckman et al.* durchgeführten Analyse, dass

„the Market Model may offer more powerful tests than the Mean-Adjusted Returns Model and the Market-Adjusted Returns Model in detecting abnormal performance."[1047]

Vor diesem Hintergrund wurden auch in dieser Arbeit unter Anwendung des Marktmodells die abnormalen Renditen im Ereigniszeitraum ermittelt. Hierfür wurden zunächst die Koeffizienten Alpha und Beta im Rahmen einer Regressionsanalyse für jede der 129 Prognoseänderungen separat geschätzt.[1048] Die abhängige Variable bildete dabei jeweils die Rendite der Aktie i über den Schätzzeitraum von 200 Tagen. Als unabhängige Variable fungierte die Marktrendite. Als Marktindex wurde der CDAX der *Deutschen Börse AG* zugrunde gelegt.[1049] Anhand bereinigter täglicher Schlusskurse wurde eine stetige Marktrendite für jede Prognoseanpassung berechnet (vgl. Formel (6.9)). Die im Rahmen der Regressionsanalyse ermittelten Alpha- und Beta-Koeffizienten wurden sodann zur Ermittlung der abnormalen Renditen im Ereigniszeitraum eingesetzt (vgl. Gleichung (6.12)). Schließlich wurden die abnormalen Renditen getrennt nach positiven und negativen Prognoseänderungen analysiert. Ein T-Test gab abschließend darüber Aufschluss, ob signifikante Mittelwertunterschiede bei den durchschnittlich erzielten abnormalen Renditen in den beiden Gruppen vorlagen (vgl. H_{13}).[1050] Die Befunde werden im folgenden Kapitel vorgestellt.

[1044] Zur Diskussion um die Vorteilhaftigkeit vgl. u.a. *Roll* (1977), S. 129ff.; *Röder* (1999), S. 27 m.w.N. *May/Schweder-Weber* (1990), S. 59, merken zum CAPM an, dass es für Tests auf Informationsgehalt ungeeignet ist. Bzgl. der APT muss beachtet werden, dass diese zeitpunktbezogen formuliert ist und damit nur ein Test auf Informationseffizienz, nicht aber auf Informationsgehalt möglich ist; vgl. *May/Schweder-Weber* (1990), S. 62.

[1045] Vgl. *MacKinlay* (1997), S. 18f.

[1046] „Beyond a simple, one-factor market model, there is no evidence that more complicated methodologies convey any benefit."; vgl. *Brown/Warner* (1980), S. 246. Siehe auch *Brown/Warner* (1985), S. 25. Ähnliche Argumentation bei *Gebhardt et al.* (1994), S. 318. *MacKinlay* (1997), S. 18, argumentiert, dass das Marktmodell durch eine Varianzreduktion die Ergebnisse verbessern kann. Dieser Effekt wird noch verstärkt, je höher das R^2 der Regression zwischen Aktie und Marktportfolio ausfällt.

[1047] *Dyckman et al.* (1984), S. 21.

[1048] In Anlehnung an Kapitel fünf erfolgte auch hier die Regressionsanalyse mithilfe von SPSS. Ausführlich zur Anwendung und Durchführung einer Regressionsschätzung vgl. bereits Kap. 5.1.3.2.2. Die Güte der Regressionsschätzungen sowie deren Modellprämissen wurden jeweils anhand in Kap. 5.1.3.2.2 vorgestellten Gütemaße überprüft.

[1049] Vgl. *Deutsche Börse AG* (2009), S. 11.

[1050] Zur Anwendung und Durchführung eines T-Tests zur Überprüfung von Mittelwertunterschieden vgl. ausführlich Kap. 5.1.3.2.1.

6.2 Empirische Befunde zu den Kapitalmarktreaktionen

6.2.1 Ausgestaltung der Prognoseankündigungen

Bei den 129 zu untersuchenden Ereignissen handelt es sich bei 96 Veröffentlichungen um positive Ankündigungen im Sinne einer Erhöhung der Ergebnis- bzw. Umsatzprognose (74%). Die verbleibenden 33 Ankündigungen (26%) weisen einen negativen Charakter in Form einer Prognosesenkung auf.[1051] Differenziert nach Berichtsjahr zeigt sich, dass die meisten der 129 Prognoseänderungen im Jahr 2007 publiziert wurden (33%), wohingegen im Jahr 2004 nur 26 Unternehmensprognosen (20%) in der Analyse berücksichtigt werden konnten. Tab. 6-2 fasst die Verteilung der Ankündigungen nach Jahr und Richtung der Prognoseänderung zusammen:[1052]

Jahr	Prognoseänderung				Summe	
	positiv		negativ			
	N	%	N	%	N	%
2004	15	16%	11	33%	26	20%
2005	21	22%	7	21%	28	22%
2006	25	26%	8	24%	33	26%
2007	35	36%	7	21%	42	33%
Summe	96	100%	33	100%	129	100%

Tab. 6-2: Prognoseankündigungen nach Berichtsjahr und Prognoserichtung

Eine Unterteilung der Veröffentlichungen nach Börsenindex lässt erkennen, dass es insbesondere die im DAX gelisteten Unternehmen waren, die eine Prognoseänderung im Zeitraum von 2004 bis 2007 bekannt gaben. So sind 46 der 129 Prognoseänderungen (36%) einem DAX-Konzern zuzuordnen, wohingegen nur 26 Bekanntmachungen von einem im SDAX gelisteten Unternehmen stammen (20%). Die Verteilung der Prognoseankündigungen auf die einzelnen Börsenindizes, differenziert nach Berichtsjahr, ist in Abb. 6-4 zusammengefasst:

[1051] Eine Übersicht mit den Ankündigungsterminen, differenziert nach positiven und negativen Mitteilungen, findet sich in Tab. A-24 im Anhang.

[1052] Eine differenzierte Analyse der Prognoseänderungen nach Ergebnis- und Umsatzprognosen bietet sich an dieser Stelle nicht an, da insgesamt nur 16 reine Umsatzänderungen berücksichtigt werden konnten (63 Ergebnisänderungen und 50 Ergebnis- und Umsatzänderungen).

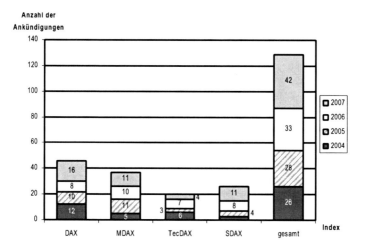

Abb. 6-4: Prognoseankündigungen nach Börsenindex und Berichtsjahr

Da die Qualität der Regressionsanalyse auch die Qualität der anhand dieser Ergebnisse geschätzten Überrenditen beeinflusst,[1053] wurden für die weitere Berechnung alle Ankündigungen ausgeschlossen, bei denen sich im Rahmen der Regressionsschätzung keine signifikanten Zusammenhänge zwischen der Aktienrendite und der Marktrendite erkennen ließen. Ein zu geringer (negativer) Erklärungsgehalt bzw. keine signifikanten Ergebnisse ergaben sich bei acht positiven Prognoseänderungen und bei zwei negativen Ankündigungen, so dass sich die folgenden Ergebnisse auf insgesamt 119 Prognosebekanntgaben beziehen (88 positive Prognoseänderungen; 31 negative Prognoseänderungen).[1054]

6.2.2 Kapitalmarktreaktionen bei positiven Prognoseänderungen

Zunächst wurden die Kursreaktionen bei Ankündigung einer positiven Prognoseänderung untersucht. Die Befunde zeigen, dass die Mehrzahl der Aktionäre auf die Mitteilung einer Prognoseerhöhung positiv reagierte und somit abnormale Renditen (AR_t) in der Ereignisperiode erzielt wurden. Dabei konzentrierten sich die Kapitalmarktreaktionen auf die Tage t_{-2} bis t_0. Am Ankündigungstag t_0 ergab sich eine durchschnittliche abnormale Rendite von +1,42% (vgl. Tab. 6-3). Die Ergebnisse des T-Tests lassen erkennen, dass die gemessene durchschnittliche abnormale Rendite am Ereignisstichtag signifikant von Null ver-

---

[1053] Vgl. *Gebhardt et al.* (1994), S. 317.
[1054] Die Ergebnisse der Regressionsanalysen sind in Tab. A-25 und Tab. A-26 im Anhang zusammengefasst. Die Durbin-Watson-Teststatistik deutete bei keiner der durchgeführten Regressionsschätzungen auf Autokorrelation der Residuen hin. Ebenfalls ergaben sich keine Kollinearitätsprobleme, da nur eine erklärende Variable in das Regressionsmodell aufgenommen wurde.

schieden ist (p = 0,001).[1055] Eine ebenfalls signifikante Überrendite konnte bereits zwei Tage vor Bekanntgabe des Ereignisses festgestellt werden. So betrugen die durchschnittlichen abnormalen Renditen am Tag t_{-1} +0,39% und Tags zuvor (t_{-2}) +0,54%. An beiden Tagen lagen statistisch signifikante Überrenditen vor (t_{-1}: p = 0,042; t_{-2}: p = 0,028). Einen Tag nach der Bekanntgabe der Prognoseänderung (t_1) konnten weiterhin positive abnormale Renditen verzeichnet werden, welche sich allerdings als nicht statistisch signifikant von Null verschieden erwiesen (p = 0,464).

| Ereignistag (t) | Durchschnittliche Überrendite (AR_t) | | | | |
	DAX (N = 34)	MDAX (N = 25)	TecDAX (N = 13)	SDAX (N = 16)	gesamt (N = 88)
-5	0,11%	-0,19%	0,61%	-0,44%	0,00%
-4	0,19%	-0,10%	-0,10%	-0,54%	-0,07%
-3	0,12%	0,06%	-0,14%	-0,01%	0,04%
-2	0,06%	0,28%	0,72%	1,83%	0,54%*
-1	0,60%*	-0,23%	0,54%	0,79%	0,39%*
0	1,10%**	1,61%*	0,68%	2,42%	1,42%**
1	0,11%	0,12%	0,77%	-0,05%	0,18%
2	-0,15%	0,13%	0,78%	-0,80%	-0,05%
3	0,39%	-0,04%	0,89%	-0,49%	0,18%
4	0,17%	0,25%	-0,79%	-0,19%	-0,02%
5	0,11%	-0,23%	2,30%*	-0,59%	0,21%

** Die abnormalen Renditen sind auf dem 0,01 Niveau signifikant (zweiseitig).
* Die abnormalen Renditen sind auf dem 0,05 Niveau signifikant (zweiseitig).

Tab. 6-3: Verlauf der abnormalen Renditen bei positiven Ankündigungen

Eine Differenzierung der Ergebnisse nach Börsenindex lässt erkennen, dass bei den im DAX und MDAX gelisteten Aktientiteln ebenfalls am Ereignisstichtag (t_0) eine statistisch signifikante Überrendite erzielt wurde (p_{DAX} = 0,006; p_{MDAX} = 0,013; vgl. Tab. 6-3). Bei den DAX-Werten kann sogar schon im Vorfeld der Ankündigung (t_{-1}) eine signifikant von Null abweichende abnormale Rendite in Höhe von 0,60% beobachtet werden (p = 0,012). Hingegen reagierten die im TecDAX notierten Titel erst mit einer zeitlichen Verzögerung am Tag t_5 mit einer durchschnittlichen Überrendite von 2,30% (p = 0,029). Auch bei den im SDAX gelisteten Aktien zeichnete sich schon zwei Tage vor Bekanntgabe der Prognoseänderung eine positive abnormale Rendite ab (AR_{-2} = 1,83%), welche am Ereignisstichtag ihr Maximum von 2,42% erreichte. Diese Werte waren allerdings nicht signifikant von Null verschieden.

Um eine Aussage über die Kapitalmarktreaktion auf die Ankündigung einer Prognoseerhöhung in der gesamten Ereignisperiode treffen zu können, wurden darüber hinaus kumulierte abnormale Renditen betrachtet. Auch die Analyse der CARs lässt eine deutlich positive Kursreaktion am Ankündigungstag erkennen (vgl. Abb. 6-5). So stiegen die CARs

---

[1055] Anhand des Kolmogorov-Smirnov-Tests wurde überprüft, inwiefern die Normalverteilungsannahme der betrachteten Variablen erfüllt ist. Die Teststatistik zeigte, dass die durchschnittlichen abnormalen Renditen nicht an allen Ereignistagen perfekt normalverteilt waren. Zur Robustheit des T-Tests bei Verletzung der Normalverteilungsannahme vgl. Diskussion in Kap. 6.1.3.3.

von 0,90% am Tag vor der Bekanntgabe (t_{-1}) auf 2,32% am Veröffentlichungstag (t_0).[1056] Über den gesamten Ereigniszeitraum von elf Tagen ergaben sich insgesamt CARs in Höhe von 2,82%, welche am fünften Tag nach der Ankündigung ihr Maximum erreichten. Abb. 6-5 stellt den Verlauf der durchschnittlichen und kumulierten Überrenditen in der Ereignisperiode grafisch dar.

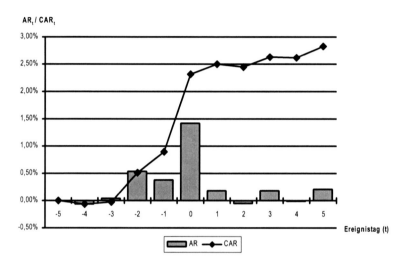

Abb. 6-5: Verlauf der (kumulierten) abnormalen Renditen bei positiven Ankündigungen

6.2.3 Kapitalmarktreaktionen bei negativen Prognoseänderungen

Bei der Analyse der Kapitalmarktreaktionen auf die Ankündigung einer Senkung der Ergebnis- bzw. Umsatzprognose können ebenfalls signifikante Kursanpassungen beobachtet werden. Dabei zeigten die Überrenditen bereits im Vorfeld der Ankündigung einen negativen Abwärtstrend auf (vgl. Tab. 6-4). Am Tag t_{-3} ergaben sich durchschnittliche abnormale Renditen in Höhe von -0,11%, welche sich bis einen Tag vor Bekanntgabe der Prognoseänderung weiterhin negativ entwickelten (AR$_{-2}$ = -0,25%; AR$_{-1}$ = -0,45%). Die vor dem Ereignisstichtag ermittelten Überrenditen erwiesen sich allerdings bei Anwendung der T-Statistik als statistisch nicht signifikant von Null verschieden (p_{-3} = 0,446; p_{-2} = 0,267; p_{-1} = 0,267).[1057] Gleichwohl konnte am Ereignisstichtag t_0 eine hoch signifikante von Null abweichende abnormale Rendite in Höhe von -7,56% festgestellt werden (p_0 = 0,000). Die Ausführungen zeigen, dass die größte Kursanpassung am Ereignistag t_0 statt-

---

[1056] Vgl. Tab. A-27 im Anhang.

[1057] Die Kolmogorov-Smirnov-Teststatistik deutet darauf hin, dass nicht bei allen betrachteten Variablen von perfekter Normalverteilung ausgegangen werden kann, was die Beobachtungen von *Fama* (1976), S. 21ff., stützt. Zu den damit verbundenen Implikationen vgl. bereits die Diskussion in Kap. 6.1.3.3.

fand, während Tags danach zwar weiter negative abnormale Renditen zu beobachten waren, diese aber betragsmäßig einen geringeren Wert aufwiesen (AR_1 = -0,64%; AR_2 = -0,16%). Signifikante Kursreaktionen ergaben sich nochmals am Tag t_4 mit einer Überrendite von -0,73% (p = 0,035).

Ereignistag (t)	Durchschnittliche Überrendite (AR_t)				
	DAX (N = 11)	MDAX (N = 9)	TecDAX (N = 5)	SDAX (N = 6)	gesamt (N = 31)
-5	0,03%	-0,73%	-0,71%	-1,52%	-0,61%
-4	0,65%	-0,20%	1,52%	-0,77%	0,27%
-3	-0,03%	0,10%	-0,33%	-0,37%	-0,11%
-2	-0,31%	-0,08%	0,18%	-0,73%	-0,25%
-1	-0,01%	-1,00%	-0,88%	-0,10%	-0,45%
0	-2,25%*	-7,68%**	-4,98%	-19,25%*	-7,56%**
1	-1,76%*	-0,87%	-2,95%	3,69%	-0,64%
2	-0,47%	1,06%	-0,64%	-1,03%	-0,16%
3	-0,57%	0,45%	-0,06%	1,87%	0,28%
4	-0,26%	-1,69%*	0,04%	-0,80%	-0,73%*
5	0,20%	1,74%	-0,86%	-2,11%	0,03%

** Die abnormalen Renditen sind auf dem 0,01 Niveau signifikant (zweiseitig).
* Die abnormalen Renditen sind auf dem 0,05 Niveau signifikant (zweiseitig).

Tab. 6-4: Verlauf der abnormalen Renditen bei negativen Ankündigungen

Die differenzierte Betrachtung der durchschnittlichen Überrenditen nach Indexzugehörigkeit bestätigt, dass am Ereignisstichtag t_0 jeweils die umfangreichsten Kapitalmarktreaktionen vorlagen (vgl. Tab. 6-4). So reagierten die im DAX und TecDAX gelisteten Titel mit einer durchschnittlichen abnormalen Rendite von -2,25% bzw. -4,98%. Bei den im MDAX und SDAX notierten Werten waren sogar Überrenditen in Höhe von -7,68% bzw. -19,25% zu verzeichnen. Der T-Test auf statistische Signifikanz lässt erkennen, dass die durchschnittlich erzielten Überrenditen am Ereignisstichtag t_0 bei den DAX-, MDAX- und SDAX-Titeln statistisch signifikant von Null verschieden waren (p_{DAX} = 0,037; p_{MDAX} = 0,005; p_{SDAX} = 0,021), wohingegen bei den TecDAX-Werten keine Signifikanz auf dem 0,05 Niveau gemessen werden konnte (p_{TecDAX} = 0,053). Eine signifikante Kursreaktion zeigte sich bei den DAX-Renditen auch noch einen Tag nach der Bekanntgabe der Prognosesenkung t_1, allerdings auf einem geringeren Niveau als Tags zuvor (AR_1 = -1,76%; p = 0,019).

Auch bei den negativen Prognoseankündigungen wurden in einem zweiten Schritt die kumulierten Werte betrachtet, um das Börsengeschehen im Ereignisfenster aggregiert zu analysieren. Die CARs untermauern die deutliche Kapitalmarktreaktion am Ereignisstichtag t_0 und damit die unverzügliche Kursanpassung auf die Bekanntgabe des Ereignisses (vgl. Abb. 6-7). Ausgehend von einer negativen CAR in Höhe von -0,61% fünf Tage vor Bekanntgabe der Prognoseänderung, erhöhte sich das Ausmaß der kumulierten Überrenditen auf -8,70% am Ereignisstichtag t_0.[1058] Das Maximum der CARs wurde am vierten

---

[1058] Vgl. auch Tab. A-28 im Anhang.

Tag nach der Ankündigung erreicht (CAR$_4$ = -9,95%), bevor Tags danach wieder ein leichter Rückgang auf 9,92% zu verzeichnen war.

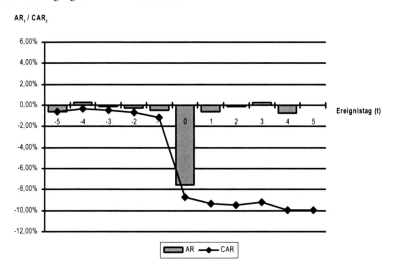

Abb. 6-6: Verlauf der (kumulierten) abnormalen Renditen bei negativen Ankündigungen

6.2.4 Zusammenfassende Befunde

In der Gesamtschau kann festgehalten werden, dass sich die Prognoseänderungen im Ereigniszeitpunkt (t_0) deutlich in die erwartete Richtung entwickelten und dieser Anpassungsprozess bereits im Vorfeld der Veröffentlichung einsetzte. Während in den Tagen t_{-5} bis t_{-3} noch ein annähernder Gleichverlauf bei den kumulierten Überrenditen zu beobachten war, zeichneten sich bereits zwei Tage vor der Ereignisveröffentlichung unterschiedliche Kursverläufe ab (vgl. Abb. 6-7).

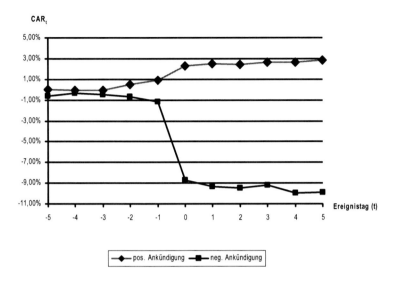

Abb. 6-7: Verlauf der CARs bei positiven und negativen Ankündigungen

So zeigten die CARs bei einer Prognoseerhöhung einen positiven Trend auf, währenddessen sich die CARs bei einer Prognosesenkung in eine negative Richtung bewegten. Am Ereignisstichtag t_0 wurde dieser Effekt noch verstärkt: Bei einer positiven Prognoseänderung reagierte der Kapitalmarkt mit einer durchschnittlichen abnormalen Rendite (AR_0) in Höhe von +1,42%, wohingegen bei einer negativen Prognoseanpassung eine deutlich höhere Überrendite (AR_0) von -7,56% zu beobachten war. Dabei wird deutlich, dass am Ankündigungstag t_0 sowohl bei positiven als auch bei negativen Bekanntgaben die größten Kursanpassungen festzustellen waren. Diese gestalteten sich aber bei Prognosesenkungen betragsmäßig weitaus umfangreicher als bei Prognoseerhöhungen. Die Durchführung eines T-Tests bestätigt, dass die Mittelwertunterschiede am Ereignisstichtag t_0 bei Prognoseerhöhungen bzw. -senkungen statistisch signifikant verschieden sind (p = 0,000; vgl. Tab. 6-5).[1059]

[1059] Die Levene-Teststatistik zeigte, dass keine Varianzhomogenität vorliegt, so dass auf das Signifikanzniveau bei ungleichen Varianzen zurückgegriffen wurde. Da ebenfalls von keiner perfekten Normalverteilung der abnormalen Renditen ausgegangen werden kann, wurden die Ergebnisse durch den nichtparametrischen Mann-Whitney-Test abgesichert. Dieser bestätigt die Befunde des T-Tests (p = 0,000).

	N	Mittelwert	Standardabweichung
Prognoseerhöhung	88	0,01	0,04
Prognosesenkung	31	-0,08	0,09
T-Test		p = 0,000	

Tab. 6-5: Mittelwertvergleich der abnormalen Renditen

In den Folgetagen nach der Ereignisbekanntgabe zeigten sich bei positiven wie auch bei negativen Ankündigungen nur noch geringfügige Antizipationseffekte des Marktes, die damit kaum zu einer Erhöhung bzw. Senkung der kumulierten Überrenditen beitrugen. Infolgedessen wiesen die CARs ab dem Tag t_1 einen fast horizontalen Verlauf auf (vgl. Abb. 6-7).

6.3 Kritische Würdigung der Ergebnisse

6.3.1 Beurteilung der Kapitalmarktreaktionen

Sowohl bei positiven als auch bei negativen Prognoseänderungen konnte eine Kapitalmarktreaktion um das Veröffentlichungsdatum beobachtet werden. Dabei zeigte sich, dass bei **Prognoseerhöhungen** bereits im Vorfeld der Ankündigung positive abnormale Renditen zu verzeichnen waren (vgl. Kap. 6.2.2). Eine signifikante Kursreaktion konnte schon zwei Tage vor dem Ankündigungstag ermittelt werden, während sich am Ereignisstichtag selbst eine hoch signifikante Überrendite in Höhe von +1,42% einstellte. Die positive Entwicklung der durchschnittlichen abnormalen Renditen im zeitlichen Vorfeld der Veröffentlichung kann damit erklärt werden, dass dem Kapitalmarkt bereits vor der offiziellen Ankündigung Informationen über das Ereignis bekannt waren. Dementsprechend „sickerten" Informationen schon vor der Veröffentlichung im Internet bzw. in den Printmedien an den Markt. Dies lässt wiederum den Rückschluss zu, dass die neuen Prognosedaten unverzüglich vom Kapitalmarkt verarbeitet wurden und damit eine sehr schnelle Anpassungsreaktion an den neuen Informationsstand erfolgte. Dieser wurde bereits durch elektronische Finanznachrichten ausgelöst, während die Pressemitteilungen im Handelsblatt, einen Tag nach der Veröffentlichung im Internet, kaum noch zu nennenswerten Überrenditen beitrugen. Somit kann festgehalten werden, dass positiven Prognoseänderungen durchaus ein Informationsgehalt zugesprochen werden kann, der sich in der signifikanten Kursreaktion um den Ankündigungszeitpunkt widerspiegelte.

Ähnliche Ergebnisse ergaben sich bei einer differenzierten Betrachtung nach Börsensegment. So war auch bei den im DAX, MDAX und SDAX gelisteten Werten die größte Überrendite am Ereignisstichtag t_0 zu beobachten. Dabei zeigte sich, dass bei Börsensegmenten mit kleineren Unternehmen und geringerer Liquidität (SDAX) weitaus größere abnormale Renditen am Ereignisstichtag zu beobachten waren, als das bspw. bei den größten, umsatzstärksten Unternehmen Deutschlands (DAX) der Fall war. Die fehlende Signifikanz bei den TecDAX- und SDAX-Titeln kann möglicherweise auf die geringe Anzahl von Ankündigungen in diesen Indizes zurückgeführt werden.

Die Analyse der abnormalen Renditen auf die Bekanntgabe einer **Prognosesenkung** brachte ebenfalls deutliche Kapitalmarktreaktionen hervor. So war auch hier eine hoch signifikante Überrendite am Ereignisstichtag t_0 zu verzeichnen, welche jedoch erwartungsgemäß einen negativen Verlauf aufwies. Im Vorfeld der negativen Ankündigungen konnten keine statistisch signifikant von Null verschiedenen Überrenditen beobachtet werden. An dem Tag, an dem die Informationen den Investoren offiziell zugänglich waren, fand auch die größte Kursanpassung statt. Dies deutet darauf hin, dass nur sehr wenige Informationen im Vorhinein an den Markt „durchsickerten". Möglicherweise könnte das darauf zurückzuführen sein, dass die Zurückhaltung der Informationen bei schlechten Nachrichten weitaus größter ist, da bei Bekanntgabe der Prognosesenkung mit negativen Kursanpassungen zu rechnen ist.

Bei einer differenzierten Betrachtung der Ergebnisse nach Börsenindex zeigte sich darüber hinaus, dass bei den im DAX gelisteten Werten auch noch einen Tag nach der offiziellen Bekanntgabe eine signifikante abnormale Rendite festzustellen war. Allerdings sind diese Ergebnisse mit einer gewissen Vorsicht zu betrachten, da die Anzahl der Ankündigungen in den einzelnen Gruppen relativ gering war. Nichtsdestotrotz unterstützen die Ergebnisse der einzelnen Börsenindizes die Aussage, dass die stärkste Kapitalmarktreaktion am Ereignisstichtag t_0 stattfand. Dabei waren es auch hier die kleineren Werte im SDAX, welche die größte abnormale Rendite am Ereignisstichtag aufwiesen. Die Ergebnisse deuten somit darauf hin, dass insbesondere bei einer Investition in kleiner Nebenwerte und Segmenten mit geringerer Liquidität mit deutlich stärkeren Kursreaktionen bei Bekanntgabe von Prognoseänderungen gerechnet werden kann, als das bspw. bei einer Investition in die Bluechips der Fall ist. Letztere erwiesen sich als weniger volatil bei Bekanntgabe einer Prognosesenkung.

Vor dem Hintergrund der Theorie effizienter Kapitalmärkte wurde in Kap. 4.2.4 die Hypothese aufgestellt, dass die Veröffentlichung von positiven und negativen Prognoseänderungen zu statistisch signifikanten Überrenditen im Veröffentlichungszeitraum führt (H_{12}). In der Gesamtschau kann diese Hypothese auf Basis der hier durchgeführten Analysen für den Ereignisstichtag, sowohl bei Ankündigung von Prognoseerhöhungen als auch bei Prognosesenkungen, bestätigt werden. Bei Prognoseerhöhungen gilt dies auch für die zwei Tage vor dem Ankündigungstermin. Die Befunde lassen die Schlussfolgerung zu, dass die abgegebenen Informationen für das Entscheidungsverhalten der Kapitalmarktteilnehmer von Bedeutung sind und eine Revidierung ihrer Erwartungshaltung auslösen. Letztendlich kann somit den publizierten Prognoseänderungen ein Informationsgehalt zugesprochen werden. Ferner deuten die Ergebnisse auf das Vorliegen effizienter Kapitalmärkte hin, auf denen – im Sinne einer mittelstrengen Form – alle öffentlich verfügbaren Informationen unverzüglich verarbeitet werden.

Zur Gewinnung einer Aussage über die Validität der Ergebnisse wurden frühere Studien für einen Vergleich herangezogen. Die Befunde dieser Arbeit decken sich bspw. mit den Ergebnissen der US-amerikanischen Kapitalmarktstudie von *Jaggi*, die ebenfalls anhand von täglichen Aktienkursreaktionen feststellen konnte, dass die Veröffentlichung von Gewinnprognosen zu signifikanten abnormalen Renditen in der Ereignisperiode führte. Dabei konnte den publizierten Managementprognosen ein Informationsgehalt zugesprochen werden.[1060] Zu ähnlichen Ergebnissen kamen auch die Studien von *Foster, Patell* und *Nichols/Tsay*, allerdings wurde in diesen Studien mit wöchentlichen Kursdaten gerechnet.[1061] Nichtsdestotrotz zeigten sich auch hier in der Woche der Ereignisankündigung (t_0) signifikante Preisanpassungen.

In Bezug auf die Hypothese, dass negative Prognoseänderungen stärkere Kapitalmarktreaktionen am Ereignisstichtag hervorrufen als positive (H_{13}), kommen die durchgeführten Analysen zu folgendem Ergebnis: Während bei Ankündigung einer Prognoseerhöhung durchschnittliche abnormale Renditen in Höhe von +1,45% zu verzeichnen waren, reagierten die Kapitalmarktteilnehmer auf die Veröffentlichung einer Prognosesenkung deutlich stärker mit durchschnittlichen Überrenditen von -7,56%. Die unterschiedlichen Mittelwerte erwiesen sich im Rahmen eines T-Tests als statistisch hoch signifikant. Somit ist die Nullhypothese abzulehnen, der zufolge keine Unterschiede in den durchschnittlichen Überrenditen zwischen positiven und negativen Prognoseänderungen bestehen. Dies untermauert die Vermutung, dass die Erwartungshaltung der Investoren durch negative Nachrichten im größeren Umfang revidiert wird (gemessen an den ausgelösten Kauf- bzw. Verkaufsentscheidungen), als dies bei positiven Ankündigungen der Fall ist. Die Ergebnisse bestätigen die empirischen Befunden von *Skinner*, der in seiner Untersuchung zeigen konnte, dass die Berichterstattung über „bad news" zu stärkeren Kursreaktionen führte (-6,06%) als die Veröffentlichung von „good news" (+2,46%).[1062] Abb. 6-8 fasst die Ergebnisse der überprüften Hypothesen zur Entscheidungsrelevanz der Prognosepublizität im Überblick zusammen.

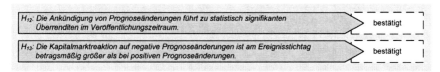

Abb. 6-8: Ergebnisse der Hypothesentests zur Entscheidungsrelevanz der Prognosepublizität

6.3.2 Grenzen und Implikationen der Untersuchung

Bei der Bildung eines Gesamturteils dürfen gewisse **Grenzen** bzw. Restriktionen der Studie nicht unberücksichtigt bleiben. Die in der Literatur zu findende Kritik an der kapitalmarktorientierten Forschung bezieht sich einerseits auf die zugrunde liegenden Annahmen:[1063] Dies betrifft das Entscheidungsmodell, welches einen Zusammenhang zwischen den publizierten Informationen und den Entscheidungsparametern der Aktionäre abbilden soll sowie die Informationsverarbeitungseffizienz des Kapitalmarktes, welche eine effiziente Verarbeitung der publizierten Informationen unterstellt. Hinsichtlich Letzterem wird die mittelstrenge Effizienzhypothese in der Literatur kritisch diskutiert.[1064] Anderer-

[1060] Vgl. *Jaggi* (1978), S. 961ff.

[1061] Vgl. *Foster* (1973), S. 25ff.; *Patell* (1976), S. 246ff.; *Nichols/Tsay* (1979), S. 140ff.; ausführlich zu diesen Studien vgl. bereits Kap. 3.2.2.2.2.

[1062] Vgl. *Skinner* (1994), S. 53f.; ausführlich zu dieser Studie vgl. bereits Kap. 3.2.2.2.2.

[1063] Kritisch zur kapitalmarktorientierten Bilanzforschung vgl. im Folgenden *Möller* (1983), S. 288ff.

[1064] Vgl. *Schildbach* (1986), S. 10ff.

seits wird bemängelt, dass der Einfluss der zu analysierenden Informationen auf die Börsendaten mithilfe eines angemessenen Modells isolierbar sein muss. Die Ausführungen in Kap. 6.1.4 haben jedoch gezeigt, dass eine Vielzahl unterschiedlicher Verfahren zur Bestimmung der abnormalen Renditen zum Einsatz kommen kann. Inwiefern die Befunde bei Anwendung verschiedener Modelle noch miteinander vergleichbar sind, ist fraglich. Kritisch zu sehen ist auch die Anwendung parametrischer Testverfahren, welche gewisse Voraussetzungen an die Datenbasis stellen. Insbesondere die Annahme normalverteilter Aktienrenditen war in der vorliegenden Untersuchung nicht immer erfüllt.[1065] Ferner bleibt zu berücksichtigen, dass die Börsenkursdaten die Einflüsse aller verarbeiteten Informationen reflektieren. Obwohl überlappende Ereignisse in der vorliegenden Untersuchung ausgeschlossen wurden, lässt sich abschließend nicht klären, ob die Kapitalmarktreaktionen allein auf die Veröffentlichung der Prognoseanpassungen zurückzuführen sind. So wurde häufig die Quartalsberichterstattung von den Unternehmen zum Anlass genommen, zukunftsbezogene Aussagen zu revidieren. Inwieweit die Veröffentlichung der Quartalszahlen in den Aktienkursreaktionen eingepreist war, bleibt an dieser Stelle offen.

Abschließend ist zu bedenken, dass nicht jeder Kursverlauf ökonomisch erklärt werden kann. Die hier vorgestellten klassischen Modelle der Kapitalmarkttheorie gehen von rational handelnden Investoren aus (homo oeconomicus) und unterstellen ein Gleichgewicht des Kapitalmarktes. Die bemängelte Realitätsferne dieser Annahmen führte in der Vergangenheit zu einer neuen Forschungsrichtung, die der „Behavioral Finance". Diese erweiterte die bestehenden Kapitalmarkttheorien um psychologische Erkenntnisse.[1066] Das Forschungsfeld der Behavioral Finance hat sich zum Ziel gesetzt, auftretende Anomalien und ökonomisch nicht zu erklärende Schwankungen an den Kapitalmärkten zu untersuchen. Daher bleibt auch in dieser Analyse eine gewisse Unsicherheit darüber bestehen, ob die gemessenen Kursreaktionen nicht ausschließlich auf die Prognoseveröffentlichungen, sondern auf das eingeschränkt rationale Verhalten von Anlegern zurückzuführen ist. Unabhängig vom Handeln rationaler Investoren brachen z.B. im Jahr 2008 die Aktienkurse im Sog der Finanzmarktkrise ein und zeigten einmal mehr, dass nicht jeder Kursverlauf ökonomisch erklärt werden kann.

Trotz der hier aufgeführten Grenzen können folgende **Implikationen** festgehalten werden: Sowohl bei der Veröffentlichung positiver als auch negativer Prognoseänderungen kann mit signifikanten Kursreaktionen am Ereignisstichtag gerechnet werden. Somit sind die ermittelten Resultate zum einen für die Anlageentscheidungen von Investoren von Interesse. Denn die beobachteten Kapitalmarktreaktionen helfen nicht nur, das künftige Börsengeschehen einschätzen zu können, sondern zeigen Anlegern auch gewisse Arbitragemöglichkeiten auf. So können bei der Bekanntgabe von Prognosesenkungen betragsmäßig deutlich umfangreichere Kursanpassungen erwartet werden, als das bei Prognoseerhöhungen der Fall ist. Ferner haben Investoren mit einem Anlageschwerpunkt in kleinere Nebenwerte (SDAX) mit deutlich stärkeren Kursreaktionen bei Veröffentlichung einer

---

[1065] Zur Anwendung der Testverfahren in Ereignisstudien und den damit verbundenen Kritikpunkten vgl. die Diskussion in Kap. 6.1.3.3.

[1066] Zum Begriff der Behavioral Finance vgl. *Roßbach* (2001), S. 10ff.; *Schäfer/Vater* (2002), S. 739ff. Zur Behavioral Finance als Ansatz zur Erklärung von Aktienrenditen vgl. die empirische Untersuchung von *Murschall* (2007).

Prognoseanpassung zu rechnen, als bspw. bei einem Portfolio, welches aus im DAX gelisteten Titeln besteht.

Zum anderen können die dargestellten Befunde dieser Arbeit für Standardsetter relevant sein. Das *IASB* kann z.b. auf Studien zur Kapitalmarktrelevanz von Rechnungslegungsinformationen zurückgreifen, wenn im sog. Due Process neue Standards erarbeitet werden.[1067] Dies gilt aktuell insbesondere für die Entwicklung eines Completed Guidance zur Managementberichterstattung (Management Commentary).

6.4 Kritische Gesamtdarstellung der Teilstudienergebnisse

Wurden in den bisherigen Ausführungen die Studien zur Prognoseberichterstattung im Lagebericht und zu den Kapitalmarktreaktionen separat betrachtet, wird im Folgenden eine Verknüpfung beider Teilstudien vorgenommen. Ein abschließendes Gesamturteil soll dabei anhand des Praxisbeispiels der *adidas AG* den empirischen Teil dieser Arbeit abrunden.[1068]

Untersuchungsgegenstand der durchgeführten Analysen war die Prognoseberichterstattung. Hierzu wurde zunächst in einer ersten Teilstudie der Frage nachgegangen, wie sich die zukunftsorientierten Angaben im Prognosebericht im Zeitablauf entwickelt haben und inwiefern den publizierten Daten eine Konformität mit den Anforderungen des HGB und DRS 15 bescheinigt werden kann (vgl. Kap. 5.2.1). Darüber hinaus wurden im Rahmen einer wirkungsorientierten Studie die Einflussfaktoren der Prognosepublizität bestimmt (vgl. Kap. 5.2.2). Die Ergebnisse zeigten, dass trotz einer Vielzahl von unspezifischen Angaben im Prognosebericht durchaus eine Verbesserung der Berichterstattung im Beobachtungszeitraum von 2004 bis 2006 festzustellen war. So stieg nicht nur der Umfang der publizierten Daten; auch die Prognosegenauigkeit und der Prognosehorizont wurden im Zeitablauf zunehmend konkretisiert. Die Ausführungen lassen sich am Beispiel der *adidas AG* wie folgt illustrieren:

	2004	2005	2006
Disclosure Index	39	49	56

Tab. 6-6: Disclosure Index der *adidas AG*

Während der Sportartikelhersteller im Berichtsjahr 2004 einen Disclosure Index von 39 Punkten erzielte und damit schon deutlich über dem Durchschnitt von 18 lag, erhöhte sich der Umfang der Berichterstattung im Jahr 2005 auf 49 Punkte (vgl. Tab. 6-6). Im Jahr 2006 konnte der Umfang der Prognoseberichterstattung mit einem Score von 56 erneut gesteigert werden. In allen drei Berichtsjahren lag die *adidas AG* damit deutlich über dem durchschnittlich erzielten Disclosure Index und zählte damit zu den Unternehmen, die am umfangreichsten über das künftige Unternehmensgeschehen berichteten. Auch die Konformität mit den Anforderungen in DRS 15 war zunehmend gegeben. Die

---

[1067] Vgl. *Lindemann* (2004), S. 105.

[1068] Die Ausführungen zur *adidas AG* können hier als Best-Practice-Beispiel angesehen werden, welche die vorbildliche und relativ umfangreiche Berichterstattung im Prognosebericht hervorheben.

Berichtspraxis der *adidas AG* bestätigt ferner die Ergebnisse der wirkungsorientierten Studie, dass der Umfang der Prognoseberichterstattung maßgeblich durch die Determinante der Unternehmensgröße beeinflusst wurde. So zählte der Sportartikelhersteller mit einer Marktkapitalisierung von ca. 7,7 Mrd. Euro im Jahr 2006 und einem Listing im DAX zu den größeren Unternehmen in der bereinigten Grundgesamtheit.

Auf Basis der bis dahin durchgeführten Untersuchungen ließ sich eine Aussage zur Ausgestaltung der Berichtspraxis und deren Bestimmungsfaktoren treffen. Allerdings blieb nach Durchführung der ersten Teilstudie unklar, inwiefern den Prognoseinformationen auch ein Nutzen zugesprochen werden konnte. Daher wurde im Rahmen der zweiten Teilstudie der Frage nachgegangen, ob das Entscheidungsverhalten der Kapitalmarktteilnehmer durch die abgegebenen Managementprognosen beeinflusst wird und diesen somit ein Informationsgehalt zukommt. Dabei stand die Entscheidungsrelevanz (i.s.v. Kapitalmarktrelevanz) der Prognosedaten im Fokus der Betrachtungen. Hierzu wurde eine Ereignisstudie durchgeführt, in der die Kapitalmarktreaktion um das Veröffentlichungsdatum von Prognoseänderungen beobachtet wurde (vgl. Kap. 6.2). Die Befunde zeigten, dass es am Ereignisstichtag zu signifikanten Kursreaktionen kam. Diese schlugen sich bei negativen Prognoseänderungen in einer betragsmäßig deutlich umfangreicheren Überrendite nieder, als das bei positiven Prognoseänderungen der Fall war. Auch diese Ergebnisse lassen sich am Beispiel der *adidas AG* veranschaulichen. In der folgenden Übersicht sind jeweils die Aktienkurse (p_t) der *adidas AG* in Euro sowie die abnormalen Renditen (AR_t) in der Ereignisperiode zusammengefasst.

Prognoseerhöhung 2004										
t	t-5	t-4	t-3	t-2	t-1	t0	t1	t2	t3	t4	t5
	28.07.	29.07.	30.07.	02.08.	03.08.	04.08.	05.08.	06.08.	09.08.	10.08.	11.08.
p_t	24,13€	24,55€	24,65€	24,60€	24,88€	26,26€	26,60€	26,23€	26,25€	26,71€	26,50€
AR_t	0,4%	0,6%	0,2%	0,2%	0,8%	6,1%	1,1%	0%	0,7%	1,2%	-0,3%
Prognoseerhöhung 2005										
t	t-5	t-4	t-3	t-2	t-1	t0	t1	t2	t3	t4	t5
	27.10.	28.10.	31.10.	01.11.	02.11.	03.11.	04.11.	07.11.	08.11.	09.11	10.11.
p_t	34,21€	34,45€	34,99€	35,66€	35,64€	35,64€	36,45€	36,57€	36,59€	37,06€	37,26€
AR_t	-0,9%	0,5%	0%	-0,1%	1,6%	-0,8%	2,5%	-0,1%	0,2%	1,3%	0,5%
Prognosesenkung 2006										
t	t-5	t-4	t-3	t-2	t-1	t0	t1	t2	t3	t4	t5
	02.11.	03.11.	06.11.	07.11.	08.11.	09.11.	10.11.	13.11.	14.11.	15.11.	16.11.
p_t	39,35€	39,24€	40,15€	41,15€	41,14€	38,37€	37,00€	37,47€	37,62€	37,39€	37,24€
AR_t	-0,3%	-0,4%	1,2%	2,2%	0,2%	-6,9%	-3,5%	0,9%	0,6%	-1%	-0,5%

Tab. 6-7: Kursverlauf und Überrenditen der *adidas AG*

Die *adidas AG* gab sowohl im Jahr 2004 als auch im Jahr 2005 eine Erhöhung ihrer Umsatz- und Gewinnprognosen bekannt, worauf der Kapitalmarkt jeweils mit positiven abnormalen Renditen reagierte. So stieg der Aktienkurs der *adidas AG* am Ereignisstichtag (04.08.2004) von 24,88 Euro auf 26,26 Euro. Dabei konnte eine Überrendite von +6,1% verzeichnet werden (vgl. Tab. 6-7). Auch im Jahr 2005 war auf die Bekanntgabe „Adidas erhöht die Prognose"[1069] Tags darauf (04.11.2005) eine abnormale Rendite von +2,5% zu beobachten. Im Jahr 2006 reduzierte der Sportartikelhersteller hingegen seine Gewinnerwartungen, nachdem im zurückliegenden Prognosebericht zum 31.12.2005 noch folgende mittelfristige Ergebnisentwicklung vorhergesagt worden war:

„Der Gewinn wird sich unserer Einschätzung nach in jedem der nächsten drei Jahre mit zweistelligen Wachstumsraten erhöhen, bedingt durch unsere anhalten den Wachstumserwartungen, eine weitere Verbesserung der Profitabilität aller Marken sowie Effizienzgewinne, die aus der Integration des Geschäftssegments Reebok entstehen."[1070]

Im November 2006 kam es zu einer Senkung der bisherigen Ergebnisprognose. Da die Neuausrichtung der US-Marke Reebok mit höheren Ausgaben verbunden war als bisher erwartet, wurde für das Jahr 2007 nur noch eine Gewinnsteigerung von 15% prognostiziert statt der bisher erwarteten 20%.[1071] Der Aktienkurs brach daraufhin von 41,14 Euro auf 38,37 Euro ein, was eine abnormale Rendite von rund -7% am Ereignisstichtag (09.11.2006) zur Folge hatte. Anhand des Fallbeispiels der *adidas AG* wird deutlich, dass den abgegebenen Prognoseinformationen durchaus ein Informationsgehalt beizumessen ist. So revidierten die Kapitalmarktteilnehmer bei Bekanntgabe einer Prognoseänderung unverzüglich ihre Erwartungshaltung, was sich in entsprechenden Kauf- bzw. Verkaufshandlungen niederschlug. Auch bei der *adidas AG* waren bei der Prognosesenkung betragsmäßig höhere abnormale Renditen zu verzeichnen als bei den Prognoseerhöhungen. Damit kam den Prognoseinformationen zweifellos eine gewisse Entscheidungsrelevanz zu.

In der Gesamtschau kann zum empirischen Teil dieser Arbeit abschließend Folgendes festgehalten werden: Die in zahlreichen Studien geäußerten Informationsbedürfnisse über das künftige Unternehmensgeschehen werden im Rahmen der Prognoseberichterstattung im Lagebericht nur teilweise erfüllt. Ungeachtet der im Untersuchungszeitraum beobachteten Verbesserung der Berichterstattung, insbesondere nach Verabschiedung des DRS 15, kann den hier untersuchten Prognoseberichten nur eine eingeschränkte Konformität mit den Anforderungen bescheinigt werden. Dies gilt vor allem für den Prognosehorizont. Vielfach war eine Einschätzung der Zuverlässigkeit der prognostizierten Daten nicht möglich, da es an Angaben zu den zugrunde liegenden Prämissen und Schätzverfahren mangelte. Ferner zeigte sich aber im Rahmen der Kapitalmarktstudie, dass publizierten Prognoseänderungen durchaus ein Informationsgehalt zugesprochen werden kann, da diese maßgeblich das Börsengeschehen am Tag der Veröffentlichung beeinflussten. Somit stehen auf der einen Seite die Informationsbedürfnisse der Investoren, die von der Unternehmensleitung umfassend über das künftige Unternehmensgeschehen im Rahmen ihrer Kapitalanlageentscheidungen informiert werden möchten. Auf der anderen Seite stellt sich das Problem der Regulierung der Prognosepublizität. Wie in Kap. 5.3 gezeigt werden konnte, können, insbesondere kleinere Unternehmen, die Berichtsanforderungen des *DSR* nur eingeschränkt erfüllen. Inwiefern strengere Vorschriften und umfassendere Anforderungen zur Verbesserung der Prognosepublizität beitragen und damit den gesteigerten Informationswünschen der Rechnungslegungsadressaten gerecht werden, ist fraglich. Da

---

[1069] *O.V.* (2005).
[1070] *Adidas AG*, Geschäftsbericht 2005, S. 119.
[1071] Vgl. *o.V.* (2006a), S. 1.

Prognosen im Zeitpunkt ihrer Abgabe für die Unternehmensleitung nicht bindend sind und nicht auf Richtigkeit überprüft werden können (Cheap Talk), wird die Regulierung der Prognoseberichterstattung Gesetzgeber und Standardsetter auch zukünftig vor große Herausforderungen stellen.

Schlussendlich bleibt zu wünschen, dass der eingesetzte Entwicklungsprozess mit Verabschiedung des DRS 15 von der Berichtspraxis weiter fortgesetzt wird und zu einer umfangreicheren und präziseren Prognoseberichterstattung im Lagebericht führt. Denn nur eine zuverlässige Berichterstattung über das zukünftige Unternehmensgeschehen kann gewährleisten, dass bestehende Informationsasymmetrien abgebaut werden und Investoren auf Basis der zur Verfügung gestellten Informationen fundierte Anlageentscheidungen treffen können.

7 Schlussbetrachtung

7.1 Zusammenfassung der Ergebnisse

Mit den folgenden Ausführungen wird diese Arbeit abgeschlossen. Dabei werden zunächst die wesentlichen Ergebnisse der Untersuchung zusammengefasst sowie der Erkenntnisfortschritt aufgezeigt (Kap. 7.1), bevor abschließend ein Ausblick auf zukünftige Forschungsprogramme sowie den Entwicklungsprozess der Prognoseberichterstattung gegeben wird (Kap. 7.2).

In den letzten Jahren waren zunehmende Reformmaßnahmen zu beobachten, welche den Lagebericht zu einem zukunftsorientierten Berichtsinstrument ausbauen sollten. Ursächlich dafür war u.a. der steigende Informationsbedarf an zukunftsbezogenen Aussagen über die voraussichtliche Unternehmensentwicklung seitens der Berichtsadressaten. Mit Verabschiedung des BilReG im Jahr 2004 änderte der deutsche Gesetzgeber die Vorschriften zur Prognosepublizität im jährlichen Lagebericht in den §§ 289 bzw. 315 HGB. Ferner wurden die Berichtsanforderungen zur Prognosepublizität durch den vom DSR im gleichen Jahr verabschiedeten DRS 15 weiter konkretisiert. Im Kapitalmarktrecht ist im Zuge des TUG der Lagebericht, und damit auch die Prognosepublizität, Pflichtbestandteil der Jahresfinanzberichterstattung geworden (§ 37v WpHG). Ferner wurde ein Zwischenlagebericht auch in die unterjährige Finanzberichterstattung eingeführt (§ 37w WpHG). Entsprechende Regelungen und Empfehlungen zur Ausgestaltung eines Zwischenlageberichts finden sich in dem vom DSR im Jahr 2008 verabschiedeten DSR 16. Mit Veröffentlichung des DP MC sind auch auf supranationaler Ebene die Managementberichterstattung und die darin enthaltenen zukunftsorientierten Angaben in den Fokus der aktuellen Diskussionen gerückt.

Da diesem Themengebiet eine große Aktualität zukommt und der gegenwärtige Stand der empirischen Forschung ein beträchtliches Defizit in diesem Bereich erkennen lässt, beschäftigte sich die vorliegende Arbeit mit der Prognoseberichterstattung als Untersuchungsgegenstand. Dabei wurden mit der Arbeit die Teilziele verfolgt,

- die Entwicklung und Ausgestaltung der Prognoseberichterstattung im Zeitablauf sowie deren Konformität mit den Anforderungen des HGB und des DRS 15 zu untersuchen,
- relevante Einflussfaktoren zu identifizieren sowie
- die Entscheidungsrelevanz der publizierten Prognosen am deutschen Kapitalmarkt zu erheben.

Um der formulierten Zielsetzung gerecht zu werden, war es erforderlich, zwei unterschiedliche Forschungsmethoden einzusetzen. So kam in der ersten Teilstudie ein Disclosure Index im Rahmen einer Inhaltsanalyse zum Einsatz, anhand dessen die Berichtspraxis der Prognosepublizität erhoben wurde. Im Rahmen der zweiten Teilstudie wurde auf die Methodik einer Ereignisstudie zurückgegriffen.

Die Durchführung der empirischen Teilstudien machte zunächst eine terminologische Fundierung notwendig. Daher wurde im zweiten Kapitel dieser Arbeit ein konzeptioneller Rahmen aufgespannt, um relevante Begrifflichkeiten zu klären und aktuelle Vorschriften und Anforderungen zur Prognosepublizität zu thematisieren. Die in diesem Kapitel vermittelten Grundlagen bildeten den Ausgangspunkt für die Konzipierung eines Disclosure Index im weiteren Teil der Arbeit. Um die Forschungsfragen zu konkretisieren und von anderen Studien abzugrenzen, wurde im dritten Kapitel der gegenwärtige Stand der empirischen Forschung im Bereich der Prognoseberichterstattung aufgearbeitet. Aufbauend auf den identifizierten Forschungslücken und Schwachstellen früherer Studien konnte im vierten Kapitel der empirische Untersuchungsrahmen dieser Arbeit entwickelt werden. Das fünfte Kapitel widmete sich der Prognosepublizität im Lagebericht als Untersuchungsgegenstand. Von zentraler Bedeutung war dabei die Konstruktion eines Disclosure Index, der sich an den aus dem Schrifttum abgeleiteten Anforderungen an die Prognoseberichterstattung orientierte. Unter Berücksichtigung von 116 Prognoseitems wurde im Rahmen einer Inhaltsanalyse die Berichtspraxis der Prognosepublizität bei 112 Unternehmen im Zeitraum von 2004 bis 2006 erhoben. Im Mittelpunkt der statistischen Auswertungen standen zum einen die Ausgestaltung der Prognosepublizität im Zeitablauf sowie deren Konformität mit den geltenden Anforderungen. Zum anderen wurden im Rahmen eines Regressionsmodells mögliche Determinanten der Prognoseberichterstattung auf statistische Signifikanz überprüft. Im sechsten Kapitel wurde die zweite Teilstudie dargelegt, in der die Kapitalmarktreaktionen auf die Veröffentlichung einer Prognoseänderung im Fokus der Untersuchungen standen. Unter Berücksichtigung der aufgestellten Anforderungen konnten für den Zeitraum von 2004 bis 2007 insgesamt 119 Prognoseankündigungen von deutschen börsennotierten Gesellschaften in der Ereignisstudie berücksichtigt werden.

Unter Bezugnahme auf die in der Einleitung formulierten Teilziele können auf Basis der hier durchgeführten empirischen Studien folgende zentrale Untersuchungsergebnisse festgehalten werden:

Im Hinblick auf die **Entwicklung und Ausgestaltung** der Prognoseberichterstattung im Zeitablauf ist positiv hervorzuheben, dass die Einführung des DRS 15 mit einer Aufwertung der Prognosepublizität verbunden war. So konnte nicht nur ein statistisch signifikanter Anstieg des Umfangs der Prognoseberichterstattung im Beobachtungszeitraum von 2004 bis 2006 konstatiert werden, auch hinsichtlich der Prognosegenauigkeit und des Prognosehorizonts war im Zeitablauf eine Verbesserung festzustellen. Die gewonnenen Erkenntnisse bestätigten die Argumentation im Rahmen der Political Cost Theory, der zufolge Unternehmen ihre Berichterstattung bei zunehmender Erwartungshaltung ausweiten, um politische Kosten zu minimieren. Als Ursachen für die vergleichsweise rudimentäre Berichterstattung im Jahr 2004 lassen sich die unzureichenden Vorschriften und Regelungen anführen, die mit Verabschiedung des DRS 15 zu einer umfangreicheren und detaillierteren Prognoseberichterstattung im Berichtsjahr 2005 geführt haben. Die vom deutschen Gesetzgeber initiierten Reformmaßnahmen zur Konkretisierung der Vorschriften im Prognosebericht konnten somit dazu beitragen, dem verfolgten Ziel näher zu rücken, den Lagebericht zu einem zukunftsorientierten Berichtsinstrument auszubauen und damit die Informationsfunktion und die Vergleichbarkeit dieses Berichtsinstrumentes zu verbessern.

Dessen ungeachtet bieten die vorliegenden Befunde jedoch auch Anlass zu negativer Kritik. So waren bei einer Reihe von kleineren, im SDAX gelisteten Unternehmen die Ausführungen zur voraussichtlichen Entwicklung im Prognosebericht auch noch im Berichtsjahr 2005 und 2006 relativ vage und wenig aussagekräftig. Dem von DRS 15 geforderten zweijährigen Prognosehorizont konnte bei der Mehrzahl der Unternehmen keine Konformität im Beobachtungszeitraum bescheinigt werden. Ferner waren der Ausweis von wesentlichen Prämissen und Einflussfaktoren sowie die Angaben zu angewandten Schätzverfahren vielfach verbesserungsfähig. In den Ergebnissen spiegelte sich die Argumentation der Cheap Talk Theory wider, der zufolge die Abgabe von Prognosen nicht bindend ist und somit Spielraum für eine unterschiedliche Ausgestaltung der Berichterstattung lässt.

In Bezug auf die in der Einleitung aufgeworfene Forschungsfrage nach den **Bestimmungsfaktoren** der Prognoseberichterstattung kann folgendes Ergebnis konstatiert werden: Die unterschiedlichen Publizitätsumfänge im Prognosebericht konnten maßgeblich über die Determinante der Unternehmensgröße erklärt werden. In allen drei Beobachtungsjahren zeigten die Analysen einen statistisch signifikanten Zusammenhang zwischen dem Umfang der Prognosepublizität und der Unternehmensgröße. Die Befunde standen im Einklang mit agency-theoretischen Überlegungen, nach denen die Prognoseberichterstattung als ein Instrument des Monitorings gesehen wird, um anfallende agency costs zu reduzieren. Ferner bestätigte sich die Argumentation der Political Cost Theory, nach der die Unternehmensgröße einen Indikator für Marktmacht darstellt. Um mögliche politische Kosten, bspw. im Rahmen von Enforcement-Prozessen, so gering wie möglich zu halten, wiesen größere Unternehmen auch mehr im Prognosebericht aus. Alle weiteren in der Untersuchung berücksichtigten Determinanten konnten hingegen nicht nennenswert zur Erklärung unterschiedlicher Berichtsumfänge beitragen. Allerdings dürfen gewisse Interdependenzen zwischen der Unternehmensgröße und den verbleibenden Einflussfaktoren nicht vernachlässigt werden, die – isoliert betrachtet – unterschiedliche Publizitätsumfänge erkennen ließen.

Auf Basis der ersten durchgeführten Teilstudie war keine empirisch gestützte Aussage darüber möglich, inwiefern den publizierten Prognosen auch ein Nutzen und damit eine **Entscheidungsrelevanz** zugesprochen werden konnte. Hier setzte die zweite Teilstudie an, die zu folgenden Erkenntnissen führte: Sowohl bei positiven als auch bei negativen Prognoseankündigungen kam es zu signifikanten Kursreaktionen um das Veröffentlichungsdatum. Diese schlugen sich bei negativen Prognoseänderungen in einer betragsmäßig deutlich umfangreicheren Überrendite nieder, als dies bei positiven Prognoseankündigungen der Fall war. Die Theorie effizienter Kapitalmärkte konnte zur Erklärung des beobachteten Kapitalmarktverhaltens beitragen. Schlussendlich zeigten die Befunde, dass die publizierten Prognosedaten eine Erwartungsrevision bei den Investoren auslösten und diesen somit ein Informationsgehalt zugesprochen werden konnte. Die Entscheidungsrelevanz der Prognosepublizität wurde daher auf Basis der hier durchgeführten Analysen bestätigt. In Abb. 7-1 sind die wesentlichen Forschungsergebnisse, differenziert nach den Untersuchungsfeldern, zusammenfassend illustriert.

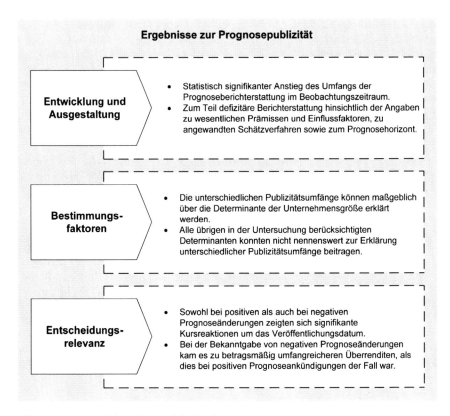

Abb. 7-1: Forschungsfelder und wesentliche Ergebnisse

Vor dem Hintergrund der zusammengefassten Befunde lässt sich der **Erkenntnisfortschritt** der vorliegenden Arbeit folgendermaßen festhalten: Zum einen leistete die erste empirische Teilstudie einen wesentlichen Beitrag zum Untersuchungsgegenstand der Prognoseberichterstattung im Lagebericht, die vor dem Hintergrund des *IASB*-Projektes zum Management Commentary im Mittelpunkt der aktuellen Diskussionen ist. Während sich bisherige Forschungsbemühungen auf die Prognoseberichterstattung vor Verabschiedung des BilReG konzentrierten oder nur auf einer geringen Unternehmensauswahl basierten, liefert die vorliegende Arbeit umfasste Einblicke in die Berichtspraxis der Prognosepublizität unter Berücksichtigung aktueller Rechnungslegungsanforderungen auf Grundlage einer umfassenden Datenbasis. Des Weiteren beschränkten sich frühere Forschungsergebnisse häufig nur auf das Berichtsjahr der verpflichtenden Erstanwendung von DRS 15. Darüber hinausgehend bieten die Befunde dieser Arbeit Einblicke in die Entwicklung der Berichtspraxis über einen Zeitraum von drei Jahren. Mit der Konstruktion eines Disclosure Index grenzt sich die vorliegende Arbeit auch methodisch von bisherigen empirischen Studien ab. Die wirkungsorientierte Analyse der Bestimmungsfaktoren der

Prognosepublizität vervollständigt ferner das vielfach deskriptive Wissen zur Prognoseberichterstattung. Zum anderen gelang es der zweiten Teilstudie, die Defizite in der empirischen Kapitalmarktforschung im Hinblick auf die Prognosepublizität aufzuarbeiten, indem mit dessen Entscheidungsrelevanz ein weiterer wichtiger Bestandteil der zukunftsorientierten Berichterstattung untersucht wurde.

Im Lichte der empirischen Befunde und der gewonnenen Erkenntnisse konnten in einem nach gelagerten Schritt folgende **Implikationen** für Berichtsadressaten, Wirtschaftsprüfer, Enforcement-Institutionen und Standardsetzer aufgezeigt werden. So ließen die Ergebnisse den Schluss zu, dass Berichtsadressaten bei größeren Unternehmen tendenziell eine umfangreichere Prognoseberichterstattung erwarten können als bei kleineren Gesellschaften. Wird dieser Erwartung nicht Rechnung getragen, könnte eine unzulängliche Prognosepublizität Anzeichen einer ungünstigen zukünftigen Entwicklung sein. Auch eine fehlende Planungsweitsicht seitens der Unternehmensleitung kann ursächlich dafür sein, dass der Berichtsadressat nur unzureichend über das künftige Unternehmensgeschehen informiert wird. Daher empfiehlt es sich, insbesondere für Investoren, bei kleineren Unternehmen auf weitere zukunftsbezogene Berichtsinstrumente neben dem Lagebericht zurückzugreifen, um eine fundierte Anlageentscheidung treffen zu können. Auch die Befunde der in dieser Arbeit durchgeführten Kapitalmarktstudie dürften dazu beitragen, Investoren bei ihren Anlageentscheidungen zu unterstützen und die Einschätzung des Börsengeschehens bei Veröffentlichungen von Prognoseänderungen zu erleichtern.

Für die Tätigkeiten von Wirtschaftsprüfungsgesellschaften und Enforcement-Institutionen bedingen die Ergebnisse eine erhöhte Aufmerksamkeit auf kleinere Gesellschaften, bei denen vermutlich interne Planungs- und Prognosemodelle bisher nur unzureichend etabliert sind und daher eine investorenfreundliche Informationsvermittlung nur eingeschränkt stattfinden kann. Insbesondere für die *DPR*, die in den letzten Jahren u.a. den Prognosebericht zu ihrem Prüfungsschwerpunkt erklärt hatte, können die vorliegenden Ergebnisse von Interesse sein. So waren es vor allem die im SDAX gelisteten Unternehmen, die den Anforderungen zur Prognosepublizität nach DRS 15 nicht im vollen Umfang gerecht werden konnten.

In der Gesamtschau liefern die gewonnenen Erkenntnisse auch eine wertvolle Unterstützung für den Standardsetzungsprozess beim *DSR* und *IASB*. Während der *DSR* in den letzten Jahren eine Reihe von Standards, betreffend die Berichterstattung im Lagebericht, verabschiedet hat (DRS 5, DRS 15, DRS 15a, DRS 17), zeigen die empirischen Befunde zur Prognoseberichterstattung, dass die berichterstattenden Unternehmen den Anforderungen nur teilweise gerecht werden können. Es schließt sich somit die Frage an, ob eine „Verschlankung" und Bündelung der Regelungen zur Lageberichterstattung in einem DRS die Berichtspraxis verbessern könnte. Die in Deutschland gemachten Erfahrungen mit dem Prognosebericht können auch wegweisend für weitere Entwicklungsschritte beim *IASB* sein und die Erstellung eines Exposure Drafts bzw. Completed Guidance flankieren. Schließlich bleibt anzumerken, dass Prognosen im Zeitpunkt ihrer Abgabe nicht durch die Rechnungslegungsadressaten auf Richtigkeit überprüft werden können, so dass auch zukünftig die Einschätzung des künftigen Unternehmensgeschehens mit Ermessensspielräumen behaftet sein wird. Inwiefern das *IASB* bei der Entwicklung von Regelungen für einen Managementbericht dieser Tatsache Rechnung trägt, bleibt abzuwarten. Abb. 7-2 fasst die dargestellten Implikationen überblicksartig zusammen:

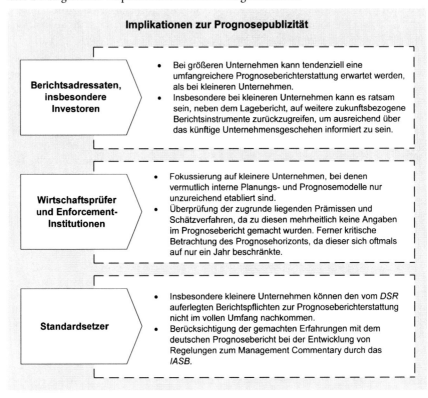

Abb. 7-2: Wesentliche Implikationen

Abschließend bleiben die wesentlichen **Grenzen der Untersuchung** aufzuzeigen, die Ansatzpunkte für zukünftige Forschungsprogramme bieten. In methodischer Hinsicht lässt sich in Bezug auf die vorliegende Unternehmensauswahl festhalten, dass nur die Gesellschaften in der Untersuchung Berücksichtigung fanden, die zum Stichtag 31.12.2006 im HDAX und SDAX der *Deutschen Börse AG* gelistet waren. Somit beschränkte sich die Erhebung ausschließlich auf die größten börsennotierten Unternehmen Deutschlands. Dabei schließt sich die Frage an, ob die Befunde auch auf kleinere, nicht börsennotierte Gesellschaften verallgemeinerbar sind. Darüber hinaus zeigten sich Restriktionen bei bestimmten statistischen Teilanalysen, da die Unternehmensanzahl in den betrachteten Fallgruppen (z.B. bei der Branchenzugehörigkeit) sehr gering war.

Auch hinsichtlich der Konzipierung des Disclosure Index lassen sich gewisse Grenzen erkennen. So beschränkten sich die zu erhebenden Items auf die im HGB und in DRS 15 vorgegebenen Vorschriften sowie die in der Fachliteratur zu findenden Ausführungen zur Prognosepublizität. Die bewusste Auswahl der Items aus diesen Informationsquellen impliziert somit eine gewisse Subjektivität des Betrachters. Eine Befragung der Berichtsadressaten hinsichtlich ihrer Informationsbedürfnisse in Bezug auf die Prognoseberichterstattung fand im Rahmen dieser Arbeit nicht statt. Des Weiteren ist darauf hinzuweisen, dass der hier entwickelte Disclosure Index einen Maßstab für den Umfang der Prognoseberichterstattung darstellte. Inwiefern mit dem Anstieg des Berichtsumfangs auch eine Verbesserung der Berichtsqualität einhergeht, ist fraglich. Schließlich ist zu beachten, dass die Anwendung einer Inhaltsanalyse mit gewissen Grenzen verbunden ist, die sich insbesondere in der subjektiven Einschätzung des Codierers niederschlagen.[1072] Die Methodik der Ereignisstudie weist ebenfalls zu berücksichtigende Beschränkungen auf. Hier werden häufig die zugrunde liegenden Modellannahmen, wie z.B. die der rational handelnden Investoren, kritisiert. Aber auch die Anwendung parametrischer Testverfahren führte dazu, dass die präsentierten Ergebnisse mit einer gewissen Vorsicht zu betrachten sind, da die Anforderungen an das Datenmaterial nicht immer erfüllt waren.

Inhaltlich bleibt zu der durchgeführten Ereignisstudie anzumerken, dass die beobachteten Kapitalmarktreaktionen auf die Veröffentlichung der Prognoseänderungen zurückgeführt wurden. Börsenkursdaten reflektieren aber generell alle verarbeiteten Informationen. Inwiefern andere Kurs beeinflussende Faktoren in den Börsenkursen eingepreist waren, kann abschließend nicht geklärt werden. Weiterhin beschränkte sich die vorliegende Arbeit auf die Veröffentlichung von positiven oder negativen Prognoseänderungen bei Umsatz und Ergebnis, um entsprechende Kapitalmarktreaktionen zu messen. Durch diese Restriktion fanden Veröffentlichungen mit bestätigendem Charakter keine Berücksichtigung.

Schlussendlich fokussierten sich die hier durchgeführten Analysen auf die publizierten Prognosen in den Berichtsmedien Lagebericht und Pressemitteilung. Wie die Prognosepublizität in weiteren Berichtsinstrumenten, wie z.B. in der Zwischenlageberichterstattung oder in Wertpapierprospekten, ausgestaltet ist, bleibt Ansatzpunkt weiterer Forschungsprogramme. Ferner wurden in dieser Arbeit die Untersuchungen unabhängig davon durchgeführt, inwieweit die publizierten Prognosen auch später eingetroffen sind. Die vorstehend aufgezeigten Grenzen dieser Arbeit bilden Ansatzpunkte für mögliche zukünftige Forschungsprogramme, die im folgenden Kapitel im Rahmen eines Ausblicks abschließend vorgestellt werden.

7.2 Ausblick

In der vorliegenden Arbeit wurde die Berichtspraxis der Prognosepublizität bei den größten deutschen börsennotierten Unternehmen erhoben. In weiteren Forschungsprojekten könnte die Datenbasis um kleinere, nicht börsennotierte Unternehmen ergänzt werden. Wie die empirischen Ergebnisse zeigten, war es insbesondere die Determinante der Unternehmensgröße, welche die Prognoseberichterstattung maßgeblich beeinflusste. Vor diesem Hintergrund kommt die Frage auf, wie umfangreich die Prognosepublizität bei

---

[1072] Daher wurde in der vorliegenden Arbeit die Inhaltsanalyse auch nur von einer Codiererin durchgeführt, um subjektive Einschätzungen mehrerer unterschiedlicher Codierer zu vermeiden.

kleineren, nicht börsennotierten Gesellschaften ausgestaltet ist und inwiefern die Berichtsadressaten mit entscheidungsnützlichen Informationen über das künftige Unternehmensgeschehen versorgt werden. Ein Vergleich des Berichtsumfangs zwischen börsennotierten und nicht-börsennotierten Gesellschaften würde sich anschließen. Auch die Datengrundlage der Ereignisstudie ließe sich auf Unternehmen des gesamten Prime Standards ausweiten, um schlussendlich die beobachteten Kapitalmarktreaktionen differenziert nach Unternehmensgröße darstellen zu können. Ferner wäre eine Fokussierung, z.B. auf die Branche der Finanzdienstleister, denkbar, da deren Prognoseberichterstattung in der vorliegenden Untersuchung keine Berücksichtigung fand.

Weiterer Forschungsbedarf besteht darin, die Treffgenauigkeit der publizierten Prognosen zu ermitteln. So zielte die vorliegende Untersuchung darauf ab, die Berichtspraxis der Prognosepublizität zu erfassen, unabhängig davon, ob sich die abgegebenen Einschätzungen später als richtig herausstellten. Da die publizierten Prognosen im Zeitpunkt ihrer Abgabe für die Unternehmensleitung weder bindend sind, noch von den Adressaten überprüft werden können, bieten sich für die Ausgestaltung der Prognoseberichte zahlreiche Ermessensspielräume. Vor diesem Hintergrund kann es für Investoren durchaus von Interesse sein, ob die publizierten Angaben zu optimistisch bzw. zu pessimistisch das zukünftige Unternehmensgeschehen darstellen und inwiefern sich eine Revidierung dieser Meldungen in den Aktienkursdaten niederschlägt. Angesichts der gegenwärtigen Finanzmarktkrise, die bei zahlreichen Unternehmen eine Anpassung der Prognosen erforderlich machte, eröffnet sich vielversprechendes Potenzial auf dem Gebiet der Kapitalmarktforschung.

Anknüpfungsmöglichkeiten für weitere Forschungsprogramme ergeben sich ferner hinsichtlich der zunehmenden Verzahnung von internem und externem Rechnungswesen im Rahmen des sog. Management Approach. So liegen zum jetzigen Zeitpunkt kaum Erkenntnisse darüber vor, inwieweit die intern zugrunde liegenden Planungsrechnungen und Prognosen auch Eingang in die externe Berichterstattung finden. Untersuchungen zum Umsetzungsstand des Management Approach im Bereich der Prognosepublizität würden den Erkenntnisstand dieser Arbeit um eine interne Perspektive ergänzen. Unter Anwendung von Einzelfallstudien oder breit angelegten Feldstudien könnte der Frage nachgegangen werden, wie die internen Planungs- und Prognoseverfahren im Unternehmen ausgestaltet sind und welche Bedeutung ihnen bei der Erstellung des externen Prognoseberichts zukommt. Es ist zu vermuten, dass auch hier die Unternehmensgröße als zentrale Determinante die Ausgestaltung der Prognosesysteme beeinflusst.

Das Projekt des *IASB* zur Entwicklung eines Completed Guidance „Management Commentary" spiegelt die Aktualität und Dynamik dieses Forschungsfeldes wider, aus dem neue Forschungsprogramme generiert werden können. Als besonders interessantes zukünftiges Forschungsfeld ist somit die Analyse der zukunftsbezogenen Angaben im Managementbericht nach Verabschiedung eines Completed Guidance zu sehen. Hierbei wäre zu untersuchen, inwieweit die Regelungen des DRS 15 zur Prognoseberichterstattung vom *IASB* übernommen wurden. Nach dem gegenwärtigen Projektstand hat das *IASB* angekündigt, im zweiten Quartal 2009 einen Exposure Draft zum MC zu veröffentlichen. Ein Completed Guidance ist für das erste Halbjahr 2010 geplant.[1073]

Somit bleibt abschließend festzuhalten, dass die hohe Aktualität des Themenbereichs sowie die angestrebten Entwicklungsprozesse zum Ausbau der zukunftsbezogenen Berichterstattung verschiedenste Anknüpfungsmöglichkeiten für vielversprechende Forschungsbemühungen eröffnen. Vor dem Hintergrund, dass Prognosen im Zeitpunkt ihrer Abgabe nicht bindend sind und ihr Wahrheitsgehalt erst zu einem späteren Zeitpunkt überprüft werden kann, bietet die Prognoseberichterstattung auch zukünftig für Investoren, Wirtschaftsprüfer und die Forschung Anlass für vielfältige Diskussionen.

[1073] Zum aktuellen Entwicklungsstand vgl. Projektübersicht *IASB* (2009).

Anhang A

Deskriptive und wirkungsorientierte Studien zur Prognoseberichterstattung

Tab. A-1: Deskriptive Studien zur Prognoseberichterstattung

Studie	Zeitraum	Forschungsfrage	Untersuchungsgegenstand/-methodik	Ausgewählte Untersuchungsergebnisse
Busse von Colbe, Walther: Prognosepublizität von Aktiengesellschaften (1968)	1962-1966	Inwiefern geben deutsche Aktiengesellschaften Prognosen zu ihrer künftigen Entwicklung ab und verbessern dadurch den Informationsstand der Berichtsempfänger für deren Entscheidungen?	Deskriptive Auswertung von Geschäftsberichten und Aktionärsbriefen von 22 Aktiengesellschaften sowie deren Pressemitteilungen und -berichte.	Der größte Teil der Prognosen wird außerhalb des Geschäftsberichtes, hauptsächlich als Presseinformation, abgegeben. Die meisten Aussagen erstrecken sich auf die Prognosegegenstände: Umsatz, Investitionen und Jahresüberschuss. 60% der Prognosen beziehen sich auf das laufende Geschäftsjahr. Die größte durchschnittliche Anzahl von Prognosen je Unternehmen weist die Chemieindustrie auf.
Berndsen, Hans-Peter: Unternehmenspublizität (1979)	1967-1974	Analyse des realen Publizitätsverhaltens und Messung der Verhaltenswirkung der Unternehmenspublizität auf die Adressatengruppe der Investoren (Nutzen der Publizität).	Deskriptive Auswertung der Geschäftsberichte von 116 börsennotierten Industrie-Aktiengesellschaften im Zeitraum von 1970-1974. Untersuchung von wöchentlichen Kursdaten von 1967-1973.	Die Prognoseberichterstattung wird von den untersuchten Gesellschaften nur sehr zurückhaltend ausgeübt. Die meisten Prognosen beziehen sich auf die Größen Umsatz, Investitionen, Produktion, Ertrag und Beschäftigung. Bzgl. des Prognosehorizonts beziehen sich die meisten Prognosen auf einen Zeitraum von bis zu maximal einem Jahr. Die Überprüfung der Treffgenauigkeit zeigt, dass die wenigen überprüfbaren quantitativen Aussagen ex-post einen großen Sicherheitsgrad mit der Tendenz zu pessimistischen Schätzungen aufweisen.
Tichy, Erhard: Der Inhalt des Lageberichts nach § 160 AktG (1979)	1960 bzw. 1959/60 und 1974 bzw. 1973/74.	Gewinnung von Aussagen über die Qualität der Gegenüberstellung von Soll- und Ist-Größen im Lagebericht.	Ermittlung von GoL und Ableitung eines Kriterienkataloges. Deskriptive Auswertung von 130 ausgewählten Lageberichten.	In der Praxis sind die Ausführungen zur zukünftigen Entwicklung, insbesondere zur Ertragslage, relativ dürftig. Häufig wird darauf verwiesen, dass aufgrund der unsicheren Situation und der harten Wettbewerbsbedingungen eine Vorhersage nicht möglich ist.
Kamp, Rüdiger: Leitlinien zur Prognosepublizität im Lagebericht (1988)	1986	Ziel der Untersuchung ist es, einen induktiven Beitrag zur Gewinnung von Leitlinien zur Prognosepublizität im Lagebericht zu leisten. Die gewonnenen Aussagen sollen Aufschluss über den Meinungs- und Informationsstand der Unternehmen bzgl. der Prognoseberichterstattung im Lagebericht geben.	Schriftliche Befragung von 300 Unternehmen durch Zusendung eines Fragebogens. Der Fragebogen enthält nur Meinungsfragen, die von den Unternehmen subjektive Stellungnahmen verlangen. Aus den Antworten werden induktiv Leitlinien zur Prognosepublizität abgeleitet.	Entwicklung eines Systems von Leitlinien zur Prognosepublizität im Lagebericht bestehend aus 10 Rahmen-Leitlinien und 13 Spezial-Leitlinien. Zu den Rahmen-Leitlinien zählen bspw. vollständige, wesentliche, klare, vergleichbare Prognosen. Die Spezial-Leitlinien umfassen z.B. die Prognosevariable, den Prognosezeitraum, den Detaillierungsgrad von Prognosen sowie die Darstellungsform. Die Leitlinien stellen Empfehlungen dar, die eine vergleichbare Prognosepraxis ermöglichen sollen.

Studie	Zeitraum	Forschungsfrage	Untersuchungsgegenstand/-methodik	Ausgewählte Untersuchungsergebnisse
Sorg, Peter: Die voraussichtliche Entwicklung der Kapitalgesellschaft (1988)	1985 bzw. 1984/85	Ob und inwieweit legen Kapitalgesellschaften in Erwartung der neuen Rechtslage (§ 289 Abs. 2 Nr. 2 HGB) bereits zum Ende des Geschäftsjahres 1985 „probeweise" Zukunftserwartungen im Lagebericht dar und welche Erkenntnisse sind daraus für die zukünftige Berichterstattung zu ziehen?	Gegenstand der Untersuchung sind alle börsennotierten deutschen Industrie-Aktiengesellschaften des verarbeitenden Gewerbes (254). Objekt des deskriptiven Erhebung sind die Zukunftsangaben im Lagebericht.	Über die zukünftige Geschäftsentwicklung und die Ertragslage wird am häufigsten berichtet. 51% der Prognosen sind komparativer und qualitativer Art. 62% der Aussagen weisen einen Prognosehorizont von unter einem Jahr auf. In keinem Lagebericht konnten Angaben zu dem zugrunde liegenden Prognoseberichtssystem (z.B. Plankennzahlensysteme) identifiziert werden.
Castan, Edgar: Rechnungslegung der Unternehmung (1990)	1987	Wie gestaltet sich die Lageberichterstattung in der Praxis? Wie werden die Vorschriften nach § 289 Abs. 2 Nr. 2 HGB umgesetzt?	Deskriptive Auswertung von 500 Lageberichten deutscher Kapital- und Personengesellschaften (Einzelabschluss), die 1988 im Bundesanzeiger veröffentlicht wurden.	60 Berichte enthalten überhaupt keinen Ausblick. Bzgl. des Prognosehorizonts dominiert ein Zeitraum von einem Jahr. Zahlenangaben sind nur in 7% der Fälle zu finden, hauptsächlich zu Investitionen oder zum Umsatz. 80% der Prognoseberichte enthalten nur ein globales Urteil über die zukünftige Entwicklung.
Schildbach, Thomas et al.: Lagebericht und Publizitätspraxis der GmbH (1990)	1987	Werden die gesetzlichen Bestimmungen zur Lageberichtspublizität eingehalten und werden die in der Literatur geäußerten Vorstellungen, wie ein Lagebericht zu gestalten sei, umgesetzt?	Deskriptive Auswertung der Lageberichte von 42 GmbHs, die den Lagebericht beim Handelsregister München publiziert hatten.	Der Prognosebericht macht den zweitgrößten Teil des Lageberichts aus. 62% der zukunftsbezogenen Angaben sind mangelhaft. Es liegen keine Punktprognosen und nur vereinzelt Intervallprognosen vor. Zumeist werden verbale Klassifikationen bei der Abgabe von Prognosen verwendet. 31 Gesellschaften geben Prognosen für einen Zeithorizont von einem Jahr ab.
Paschen, Iris: Zur Publizitätspraxis der GmbH (1992)	1987-1989	Wie häufig wird publiziert und wie stellt sich die Publizitätspraxis im Zeitablauf dar?	Deskriptive Auswertung der Geschäftsberichte von 43 GmbHs, die ihre Abschlüsse beim Handelsregister Hannover eingereicht hatten.	Der Prognosebericht bildet nach dem Wirtschaftsbericht den zweitgrößten Teil des Lageberichts. In neun Fällen kann ein Prognosehorizont von über einem Jahr ermittelt werden. Insgesamt sind die Angaben im Lagebericht eher vage.
Sorg, Peter: Prognosebericht und Publizitätspraxis der AG (1994)	1991 bzw. 1991/92	Ob und inwieweit weisen Kapitalgesellschaften in ihren Geschäftsberichten Zukunftserwartungen aus und welche Erkenntnisse sind aus diesen festgestellten Angaben für die zukünftige Berichterstattung zu ziehen?	Gegenstand der Untersuchung sind alle börsennotierten deutschen Industrie-Aktiengesellschaften des verarbeitenden Gewerbes (285). Objekt des deskriptiven Erhebung sind die Zukunftsangaben im Lagebericht.	Über die zukünftige Ertragslage wird am häufigsten berichtet. 53% aller Zukunftsaussagen sind allgemeiner, nicht zu klassifizierender Art. 82% aller Zukunftsaussagen haben einen Zeithorizont von unter einem Jahr. 75% der Aussagen weisen keinen Erklärungsgehalt auf.

Studie	Zeitraum	Forschungsfrage	Untersuchungsgegenstand/ -methodik	Ausgewählte Untersuchungsergebnisse
Baetge, Jörg et al.: Empirische Befunde über die Qualität der Geschäftsberichterstattung deutscher Kapitalgesellschaften (1997)	1995 bzw. 1994/95	Die Untersuchung soll Aufschluss über die Qualität der Geschäftsberichterstattung in den Geschäftsberichten deutscher Kapitalgesellschaften geben.	Deskriptive Auswertung der Geschäftsberichte anhand eines Kriterienkataloges bei 500 börsennotierten deutschen Kapitalgesellschaften.	Das durchschnittliche Qualitätsniveau im Prognosebericht beträgt nur ca. 16% (von 100%). Vielen schlechten Prognoseberichten stehen nur wenige gute Berichte gegenüber. In vielen Fällen wir nur ein globales Urteil über die zukünftige Unternehmenslage abgegeben. Der Prognosehorizont beschränkt sich zumeist auf einen Zeitraum von einem Jahr. Die Prognosen werden nur selten anhand von Einflussfaktoren oder Zukunftsszenarien erläutert. Zukünftige Aussagen sind meist qualitativer Art.
Ballwieser, Wolfgang: Die Lageberichte der DAX-Gesellschaften im Lichte der Grundsätze ordnungsmäßiger Lageberichterstattung (1997)	1995 bzw. 1995/96	Wie wird das System der GoL in der Praxis umgesetzt?	Deskriptive Auswertung von Lageberichten der DAX-30-Unternehmen anhand der GoL.	Soweit der Planungshorizont überhaupt erkennbar ist, handelt es sich um das kommende Geschäftsjahr. Längerfristige Prognosen werden nicht quantifiziert. Die Quantifizierung von Umsatz- und Ergebniserwartungen im Sinne von Punkt- oder Intervallaussagen erfolgt bei nur fünf Gesellschaften. Komparative Aussagen über Umsatz und Ergebnis liegen bei 15 Unternehmen vor.
Selchert, Friedrich W.: Zukunftsorientierte Berichterstattung im Lagebericht (1999)	1997	Wie gestalten sich die deutschen und US-amerikanischen Vorgaben zur zukunftsbezogenen Berichterstattung und deren praktische Umsetzung in Geschäftsberichten?	Deskriptive Untersuchung der zukunftsbezogenen Berichterstattung in den Geschäftsberichten der DAX-30-Unternehmen und der Neuen Markt-Unternehmen. Vergleich mit der zukunftsorientierten Berichterstattung in den annual reports ausgewählter Dow Jones-Unternehmen sowie der bei der	Die Praxis der zukunftsorientierten Berichterstattung in deutschen und US-amerikanischen Geschäftsberichten reicht von der völligen Abstinenz von Angaben über Zukunftswirkungen oder Erwartungen bis zur Nennung geplanter Investitionsvolumina, geschätzter Umsatzerwartungen und der Angabe von Einzelrisiken. Dabei ist die US-amerikanische Berichterstattung insgesamt „ergiebiger" als die deutsche.
Küting, Karlheinz/ Heiden, Matthias: Zur Informationsqualität der Lageberichterstattung in deutschen Geschäftsberichten (2002)	2000 und 2001	Wie hat sich die Informationsqualität von Branchenangaben und Prognoseberichten deutscher Konzerne entwickelt? Welchen Einfluss hat die angewandte Rechnungslegung auf die Informationsqualität der Lageberichterstattung?	Deskriptive Untersuchung der Lageberichte für DAX-, MDAX-, NEMAX- und SDAX-Unternehmen.	Die durch die Anschläge des 11.9.2001 entstandenen realökonomischen Schwierigkeiten haben sich nicht deutlich auf die Qualität der Prognosen in deutschen Lageberichten ausgewirkt. So kompensieren die Verbesserungen im NEMAX und im MDAX statistisch den qualitativen Rückgang im DAX. Trotz der Zunahme qualitativer Angaben sind weiterhin viele pauschale Formulierungen vorzufinden. Es kann kein Zusammenhang zwischen Rechnungslegungssystem und Prognosebericht festgestellt werden.

Studie	Zeitraum	Forschungsfrage	Untersuchungsgegenstand/-methodik	Ausgewählte Untersuchungsergebnisse
Rang, Reiner: Qualität der Lageberichterstattung von Kapitalgesellschaften in Deutschland (2004, 2007)	2001 bis 2002 bzw. 2004 bis 2005/2006	Qualität der Lageberichterstattung von Kapitalgesellschaften in Deutschland. Die Arbeit richtet sich in erster Linie an Arbeitnehmervertreter in Aufsichtsräten. Ihnen soll ein Überblick über den aktuellen „Qualitätsstandard" vermittelt werden, der Vergleiche mit der Berichterstattung der von ihnen überwachten Unternehmen zulässt.	Deskriptive Auswertung von 170 (130) Lageberichten von 136 (130) Unternehmen. Neben den Unternehmen mit einem Listing im DAX-30, MDAX und TecDAX werden auch Stadtwerke, Flughäfen und deutsche Tochterunternehmen von ausländischen Konzernen in die Untersuchung einbezogen.	Hinsichtlich der Prognoseberichterstattung kann festgestellt werden, dass die Qualitätsunterschiede zwischen den Berichten im Zeitverlauf abgenommen haben. Eine relativ hohe Prognoseberichtsqualität kann den Unternehmen aus der Automobilbranche bescheinigt werden.
Kirchhoff Consult AG, Studie Prognoseberichterstattung (2005, 2006, 2007, 2008)	2004, 2005, 2006, 2007	Untersuchung der Umsetzung der Empfehlung des DRS 15 zum Prognosebericht.	Deskriptive Analyse der Geschäftsberichte der DAX-Unternehmen in Bezug auf qualitative und quantitative Angaben im Kapitel Ausblick des Lageberichts. In 2004 auch Berücksichtigung des MDAX.	2004: Zahlreiche Unternehmen liefern keine quantitative Prognose ab. Nur 11% der Unternehmen weisen eine hohe Transparenz des Ausblicks auf. 2005: Im Vergleich zum Vorjahr hat sich die Transparenz leicht verbessert. Die Geschäftsberichte zeigen zum Teil eine oberflächliche Umsetzung der Empfehlung des DRS 15 zum Ausblick. 2006: Nur drei Unternehmen erhalten das Prädikat „hohe Transparenz". 2007: Verbesserte Prognosequalität, erhöhtes Transparenzniveau.
Pellens, Bernhard et al.: Ergebnisprognosen durch das Management (2007)	2002-2005	Welche finanziellen Kennzahlen werden vom Management prognostiziert? Wie präzise werden Prognosen des Managements formuliert? Werden die Prognosen tendenziell zu pessimistisch formuliert? Wie präzise sind freiwillige Prognosen in den Printmedien im Vergleich zu Prognosen im Konzernlagebericht?	Deskriptive Auswertung von Prognoseaussagen der DAX-30-Unternehmen, die zum Zeitpunkt der Bilanzpressekonferenz und der Vorstellung der drei folgenden Quartalsberichte für das nächste Jahresergebnis im Handelsblatt abgegeben werden.	Die am häufigsten publizierte Prognosevariable ist der (Konzern-) Jahresüberschuss. Manager geben eher weniger präzise Minimumprognosen ab, als konkrete Intervall- oder Punktprognosen. Es ist davon auszugehen, dass das Management zu pessimistischen Prognosen neigt. Managementprognosen im Rahmen der freiwilligen Berichterstattung werden häufig gleich präzise formuliert wie im Lagebericht.
Schmidt, André/ Wulbrand, Hanno: Umsetzung der Anforderungen an die Lageberichterstattung nach dem BilReG und DRS 15 (2007)	2003 bzw. 2002/03) und 2005 (bzw. 2005/06)	Inwieweit haben die Neuregelungen nach BilReG und DRS 15 zur Verbesserung der Berichtsqualität und zur Weiterentwicklung des Lageberichts zu einem entscheidungsrelevanten und wertorientierten Berichtsinstrument beigetragen?	Formale und inhaltliche Analyse der Lageberichte der DAX-30-Unternehmen anhand eines aus DRS 15 und der Literatur entwickelten, strukturierten Erhebungsrasters.	Der Schwerpunkt der Prognosen betrifft in beiden Vergleichsjahren die konjunkturelle und branchenspezifische Entwicklung. Es zeigt sich ein klarer Rückgang der nicht zu klassifizierenden allgemeinen Aussagen hin zu Intervallprognosen. Punktprognosen beziehen sich meistens auf die Konjunktur- und Branchenentwicklung. Der Prognosehorizont beschränkt sich mehrheitlich auf ein Jahr.

Studie	Zeitraum	Forschungsfrage	Untersuchungsgegenstand/-methodik	Ausgewählte Untersuchungsergebnisse
Dietsche, Marcel/Fink, Christian: Die Qualität der Lageberichterstattung in Deutschland (2008)	2005 bzw. 2005/06	Analyse der Qualität der Lageberichterstattung.	Auswertung der Lageberichterstattung bei 82 Unternehmen aus dem HDAX. Analyse anhand von 76 Kriterien, welche einen durchschnittlichen Disaggregationsgrad von 3,6 Punkten ausweisen. Zusätzliche Gewichtung der einzelnen Berichtsteile des Lageberichts.	Die Gesamtberichtsqualität für den Prognosebericht liegt bei 57,4%. Es werden verstärkt umfeldbezogene Daten dargestellt. Angaben zu unternehmensspezifischen Entwicklungen werden seltener abgebildet. Der Prognosebericht enthält kaum quantitative Punktprognosen, vielmehr werden qualitative Beschreibungen abgegeben.
Quick, Reiner/Reus, Michael: Zur Qualität der Prognoseberichterstattung der DAX 30-Gesellschaften (2009)	2005	Es wird der Frage nachgegangen, inwieweit die Praxis der Prognoseberichterstattung tatsächlich die Aufgabe erfüllt, den Gehalt des Lageberichts an entscheidungsrelevanten Informationen zu verbessern. Dabei soll untersucht werden, ob die Prognoseberichterstattung normenkonform erfolgt und ob diese einem idealtypischen Prognosemodell entspricht.	Inhaltsanalyse der Prognoseberichte der DAX 30-Gesellschaften anhand eines entwickelten idealtypischen Prognosemodells mit den Elementen Prognoseprämissen, Prognoseverfahren, Prognosehorizont und Prognoseaussage.	Für die Mehrheit aber nicht für alle der veröffentlichten Prognosen werden zugrunde liegende Annahmen angegeben. Über das angewandte Prognoseverfahren wird in der Praxis nicht berichtet. Die meisten Prognosen betreffen das folgende Geschäftsjahr. Bezüglich der Prognosegegenstände zeigt sich, dass unternehmensbezogene Prognosen in der Minderheit sind und häufiger gesamtwirtschaftliche und branchenbezogene Prognosen vorzufinden sind. Dabei dominieren qualitative Prognosen. Insgesamt kann die Qualität der Prognoseberichterstattung nicht überzeugen.

Tab. A-2: Studien zu den Bestimmungsfaktoren der Prognoseberichterstattung

Studie	Zeitraum	Forschungsfrage	Untersuchungsgegenstand/-methodik	Ausgewählte Untersuchungsergebnisse
Wasser, Gerd: Bestimmungsfaktoren freiwilliger Prognosepublizität (1976)	1970-1971, bei abweichendem Geschäftsjahr: 1968/69 und 1969/70 bzw. 1969/70 und 1970/71	Welche empirisch untermauerten Urteile lassen sich über das Ausmaß freiwilliger Publizität tatsächlich abgeben? Welche Bestimmungsfaktoren sind für das festgestellte Publizitätsausmaß von Bedeutung? Lässt sich die Wirkung dieser Einflussgrößen messen, und, wenn ja, wie stark ist der Einfluss einzelner Faktoren?	Deskriptive Auswertung der Prognosepublizität in Geschäftsberichten und Pressemeldungen von 100 börsennotierten Unternehmen. Ermittlung eines Messwertes für jedes Unternehmen anhand eines Bewertungsschemas. Analyse von Bestimmungsfaktoren auf die Prognosepublizität mittels Korrelations- und Regressionsverfahren.	Statistisch signifikante Zusammenhänge ergeben sich zwischen der Prognosepublizität und der Unternehmensgröße, Anzahl der Aktionäre, Marktanteil und Branchenzugehörigkeit. Isoliert betrachtet lassen sich mithilfe der Unternehmensgröße zwischen 53% und 56% der Unterschiede in dem von den Gesellschaften praktizierten Publizitätsausmaß erklären. Die beiden getesteten Ertragskraftindikatoren tragen nicht nennenswert zur Erklärung unterschiedlicher Publizitätsumfänge der Unternehmen bei.
Bauchowitz, Hans: Die Lageberichtspublizität der deutschen Aktiengesellschaft (1979)	1968 bzw. 1967/68 bzw. 1975 bzw. 1974/75	Auf welchem Niveau bewegt sich gegenwärtig die Lageberichtspublizität? Welche Faktoren bestimmen die Informationsversorgung der Unternehmen?	Deskriptive Auswertung der einzelnen Teilbereiche des Lageberichts von 124 Aktiengesellschaften. Überprüfung, welchen Einfluss die Unternehmensgröße die Unternehmensgröße auf die Berichterstattung im Lagebericht haben.	Informationen über die Zukunftserwartungen sind relativ selten im Lagebericht anzutreffen. Am häufigsten finden sich allgemein gehaltene, knappe Bemerkungen über das erwartete Ergebnis. Es besteht kein signifikanter Zusammenhang zwischen dem Publizitätsverhalten und der Unternehmensgröße oder einer Börsennotierung.
Pechtl, Hans: Die Prognosekraft des Prognoseberichts (2000)	1995	Besitzt der Prognosebericht eine Prognosekraft? Zusammenhang zwischen Prognosebericht und Entwicklung der Aktienrendite.	Ermittlung eines Informationswertes im Rahmen einer Inhaltsanalyse von Prognoseberichten bei 202 börsennotierten deutschen Aktiengesellschaften. Anwendung einer linearen Regressionsanalyse zur Schätzung des Zusammenhangs zwischen Prognosebericht und Aktienrendite.	Die untersuchten Prognoseberichte vermitteln einen eher oberflächlichen Informationscharakter. Das Ergebnis zeigt indes einen signifikanten Zusammenhang zwischen Prognosebericht und Aktienrendite. Der Prognosebericht kann dem Pool an Informationen über ein Unternehmen durchaus ergänzen und so dem externen Adressaten im Sinne eines Frühwarnsystems zumindest einige „schwache Signale" über die Entwicklung seines Aktionärsvermögens vermitteln. Das Schweigen zu einem Sachverhalt besitzt Signalfunktion für eine negative Aktienrendite.

Tab. A-3: Disclosure Index Studien

Studie	Zeitraum	Forschungsfrage	Untersuchungsgegenstand/-methodik	Ausgewählte Untersuchungsergebnisse
Gray, Sidney et al.: International Capital Market Pressures and Voluntary Annual Report Disclosures by U.S. and U.K. Multinationals (1995)	1989	Wie wirkt sich die Inanspruchnahme ausländischer Kapitalmärkte auf den Umfang der freiwilligen Berichterstattung im Geschäftsbericht aus?	Entwicklung eines ungewichteten Disclosure Index mit 128 Items. Anwendung einer ANOVA zur Analyse der unterschiedlichen Publizitätsumfänge. Untersuchung der Berichterstattungspraxis bei 116 börsennotierten US-Gesellschaften und 64 börsennotierten Unternehmen aus UK.	Unternehmen, die zusätzlich auch einen ausländischen Börsenplatz in Anspruch nehmen, weisen tendenziell auch eine umfangreichere Berichterstattung im Geschäftsbericht auf.
Hossain, Mahmud et al.: Voluntary Disclosure in the Annual Reports of New Zealand Companies (1995)	1991	Untersuchung der Berichterstattungspraxis von 55 neuseeländischen Unternehmen. Einfluss von fünf ausgewählten Determinanten auf den Umfang der Berichterstattung (Unternehmensgröße, Leverage, Vermögen, Wirtschaftsprüfungsgesellschaft, Auslandslisting).	Entwicklung eines ungewichteten Disclosure Index mit 95 Items. Überprüfung des Einflusses der Determinanten im Rahmen einer Regressionsanalyse.	Die Determinanten Unternehmensgröße, Verschuldungsgrad und Auslandslisting zeigen einen statistisch signifikanten Einfluss auf den Umfang der Berichterstattung.
Wang, Kun et al.: Determinants and consequences of voluntary disclosure in an emerging market: Evidence from China (2008)	2005	Untersuchung des Umfangs der freiwilligen Geschäftsberichterstattung bei 109 börsennotierten Unternehmen in China. Untersuchung des Einflusses von ausgewählten Determinanten auf den Umfang der Berichterstattung (Eigentümerstruktur, Ertragskraft, Wirtschaftsprüfungsgesellschaft, Fremdkapitalkosten).	Entwicklung eines ungewichteten Disclosure Index mit 79 Items. Überprüfung des Einflusses der Determinanten im Rahmen von Regressionsanalysen.	Die Determinanten Eigentümerstruktur, Ertragskraft und Reputation der Wirtschaftsprüfungsgesellschaft zeigen einen statistisch signifikanten Einfluss auf den Umfang der freiwilligen Berichterstattung. Der Einfluss einer umfangreicheren Berichterstattung auf geringere Fremdkapitalkosten kann hingegen nicht bestätigt werden.

Tab. A-4: Verhaltensorientierte Studien zur Prognoseberichterstattung

Studie	Zeitraum	Forschungsfrage	Untersuchungsgegenstand/-methodik	Ausgewählte Untersuchungsergebnisse
Frings, Philipp A.: Berichterstattung deutscher und amerikanischer Aktiengesellschaften im jährlichen Geschäftsbericht (1975)	1967 und 1968	Messung der Publizitätsfreudigkeit deutscher und amerikanischer Aktiengesellschaften im Geschäftsbericht. Welche unternehmensexternen Faktoren können einen Einfluss auf die Publizität ausüben? Überprüfung der Treffsicherheit der abgegebenen Vorhersagen.	Erstellung eines Kriterienkatalogs (Informationsbedarf des Investors) mit Publizitätsanforderungen. Deskriptive Auswertung der Prognosepublizität im Geschäftsbericht von jeweils 100 deutschen und amerikanischen Aktiengesellschaften anhand des Kriterienkatalogs. Analyse von Einflussfaktoren auf die Prognosepublizität (Unternehmensgröße, Branche etc.) mithilfe von Korrelations- und Regressionsverfahren. Analyse der Treffgenauigkeit der Prognosen.	Über die zukünftige Entwicklung können aus den amerikanischen Geschäftsberichten mehr Informationen entnommen werden. Es kann keine Einzelgröße festgestellt werden, die in starkem Maße die Prognosepublizität beeinflusst (keine signifikanten Ergebnisse). Soweit die Firmen im Geschäftsbericht Prognosen veröffentlichen, kann die Treffsicherheit mit Ausnahme der Intervallschätzung als gut bezeichnet werden. Bei den Tendenzaussagen und den Prognosen mit Angaben von Ober- und Untergrenzen zeigen die US-Unternehmen bessere Ergebnisse, während bei den Punktschätzungen die deutschen Unternehmen präziser prognostizieren.
Sorg, Peter: Zukunftsorientierte Berichterstattung in den Geschäftsberichten deutscher Industrie-AG (1984)	1981 bzw. 1980/81	Ob und inwieweit enthalten Geschäftsberichte zukunftsorientierte Aussagen? Erfüllen die zukunftsorientierten Aussagen die Informationsinteressen ihrer Adressaten? Lassen sich die zukunftsorientierten Aussagen von den Adressaten auf Plausibilität hin überprüfen und damit nachvollziehen?	Befragung von Kleinaktionären, Gläubigern, Kunden und Lieferanten nach ihren Informationsinteressen in Bezug auf Informationsbedarf (Informationsbedarfsstudie). Analyse von 253 Geschäftsberichten börsennotierter Aktiengesellschaften und Beurteilung der zukunftsorientierten Berichterstattung aus Sicht der Adressaten anhand eines Soll-Ist-Vergleichs.	Fast 25% der untersuchten Geschäftsberichte enthalten keine zukunftsorientierten Aussagen. Ferner war eine Vielzahl der angebotenen Informationen kaum relevant für die befragten Kleinaktionäre. In erheblichem Umfang werden Informationsinteressen von hohem Gewicht überhaupt nicht befriedigt. Nur in wenigen Fällen waren die Zukunftsaussagen bedingt nachvollziehbar, in allen übrigen Fällen waren sie gar nicht nachvollziehbar. Aussagen, die von hohem Interesse für Adressaten waren, können jedoch in keinem einzigen Fall nachvollzogen werden.
Krumbholz, Marcus: Die Qualität publizierter Lageberichte – Ein empirischer Befund und Unternehmenspublizität (1994)	1991 bzw. 1990/1991	Beurteilung der Qualität publizierter Lageberichte.	Befragung von 67 Fachleuten (Wirtschaftsprüfer und Wertpapieranalysten) zur Qualität und Inhalt von Lageberichten. Entwicklung und Gewichtung eines Kriterienkatalogs anhand der Einschätzung der Befragten. Deskriptive Auswertung von 120 Geschäftsberichten zur Beurteilung der Lageberichtsqualität.	In den untersuchten Prognoseberichten wird überwiegend verbal, in Form von qualitativen und komparativen Prognosen, berichtet. Prognosen, die von den befragten Fachleuten als hoch bedeutend eingestuft werden, sind nur vereinzelt zu finden. So enthält nur etwa jeder Dritte Prognosebericht Prognosen über den Umsatz und den Absatz. Ferner kann die Prognosesicherheit häufig nicht beurteilt werden, da nur selten der Prognosehorizont und die den Prognosen zugrunde liegenden Prämissen angegeben werden.

Studie	Zeitraum	Forschungsfrage	Untersuchungsgegenstand/ -methodik	Ausgewählte Untersuchungsergebnisse
Prigge, Cord: Konzernlageberichterstattung vor dem Hintergrund einer Bilanzierung nach IFRS (2006)	2005	Welche Anforderungen stellt der Kapitalmarkt an den Inhalt des Konzernlageberichts? Wie kann das Problem von Überschneidungen zwischen Lagebericht und Notes gelöst werden? Wie sollten Unternehmen ihren Konzernlagebericht vor dem Hintergrund der Anforderungen des Kapitalmarktes sowie den rechtlichen Vorschriften gestalten, wenn sie nach IFRS bilanzieren?	Online-Befragung von Privatanlegern und Kapitalmarktexperten zu den Themenfeldern des Lageberichts: Geschäfts- und Rahmenbedingungen, Ertrags-, Finanz- und Vermögenslage, Nachtragsbericht, Risikobericht und Prognosebericht.	Der Prognosebericht stellt den wichtigsten Teil der Konzernlageberichterstattung für die Kapitalmarktexperten dar. Die hohe Bedeutung des Prognoseberichts wird vom Autor damit begründet, dass Kapitalmarktexperten für ihre strategische Unternehmensanalyse umfangreiche zukunftsgerichtete Angaben benötigen. Innerhalb des Prognoseberichts haben die Ausführungen zur erwarteten Ertragslage des Konzerns aus Sicht der befragten Privatanleger und Kapitalmarktexperten die größte Bedeutung. Hingegen werden Angaben zu den wirtschaftlichen Rahmenbedingungen in den folgenden zwei Geschäftsjahren als weniger relevant eingeschätzt.

Tab. A-5: Kapitalmarktorientierte Studien zur Prognoseberichterstattung

Studie	Zeitraum	Forschungsfrage	Untersuchungsgegenstand/-methodik	Ausgewählte Untersuchungsergebnisse
Foster, George: Stock Market Reaction to Estimates of Earnings per Share by Company Officials (1973)	1968-1970	Informationsgehalt von EPS-Prognosen, gemessen am Handelsvolumen und der Kursreaktion.	Analyse von 68 EPS-Prognosen, abgegeben vom Management der Unternehmen. Ermittlung durch den Wall Street Journal Annual Index. Zur Berechnung der abnormalen Renditen: Anwendung des API, Market Model.	Sowohl das Handelsvolumen als auch die Kursreaktion zeigen, dass EPS-Prognosen bei einzelnen Investoren und aggregiert am Kapitalmarkt einen Informationsgehalt besitzen.
Patell, James: Corporate Forecasts of Earnings per Share and Stock Price Behavior: Empirical Tests (1976)	1963-1967	Informationsgehalt von EPS-Prognosen, gemessen anhand der Aktienkurse.	Analyse von 336 EPS-Prognosen (258 Unternehmen), die freiwillig im Wall Street Journal publiziert wurden. Zur Berechnung der Marktrenditen: Market Model.	In der Woche der Prognoseveröffentlichung kommt es zu einem statistisch signifikanten Kursanstieg. Daraus kann der Rückschluss gezogen werden, dass die freiwillig abgegebenen Managementprognosen zusätzliche Informationen an den Investor übertragen.
Jaggi, Bikki: A Note on the Information Content of Corporate Annual Earnings Forecasts (1978)	1971-1974	Liefern freiwillig veröffentlichte Gewinnprognosen des Managements dem Investor zusätzliche Informationen für ihre Anlageentscheidungen am Kapitalmarkt? Untersuchung des Informationsgehalts von Managementprognosen, gemessen an der Kursreaktion.	Analyse von 144 Prognosen (121 Unternehmen), abgegeben vom Management im Wall Street Journal. Zur Berechnung der Marktrenditen: Market Model.	Zum Veröffentlichungszeitpunkt kommt es zu Preisanpassungen an den Kapitalmärkten. Daraus kann geschlossen werden, dass freiwillige Angaben zu Gewinnprognosen dem Investor zusätzliche Informationen für die Anlageentscheidung liefern.
Nichols, Donald R./**Tsay**, Jeffrey J.: Security Price Reactions to Long-Range Executive Earnings Forecasts (1979)	1968-1973	Informationsgehalt von langfristigen EPS-Prognosen, gemessen anhand der Reaktion von Aktienrenditen.	Analyse von langfristigen EPS-Prognosen von 83 Unternehmen, abgegeben vom Management im Wall Street Journal: Berechnung der Marktrenditen: Market Model.	Durchschnittliche abnormale Renditen zum Veröffentlichungszeitpunkt sowie kumulierte durchschnittliche abnormale Renditen über einen Zeitraum von siebzehn Wochen deuten darauf hin, dass die untersuchten langfristigen Managementprognosen einen Informationsgehalt besitzen.
Penman, Stephen H.: An Empirical Investigation of the Voluntary Disclosure of Corporate Earnings Forecasts (1980)	1968-1973	Liefern freiwillig veröffentlichte Gewinnprognosen dem Investor zusätzliche Informationen über das Unternehmen, das die Prognose veröffentlichte? Erhalten Investoren alle potenziell verfügbaren Prognoseinformationen von von allen Unternehmen?	Analyse von 2.217 jährlichen EPS-Prognosen, abgegeben vom Management im Wall Street Journal. Angewandte Analyseverfahren: T²-Test und Excess Return Test.	Die Ergebnisse des T²-Tests deuten darauf hin, dass Gewinnprognosen im Durchschnitt relevante Informationen für die Unternehmensbewertung und die Anlageentscheidung von Investoren besitzen. Ferner zeigen die Ergebnisse, dass die Renditen der prognostizierten Unternehmen aus der Stichprobe in dem Jahr der Prognose im Durchschnitt höher sind als die Marktrenditen, was darauf hindeuten könnte, dass Investoren nicht alle potenziell verfügbaren Prognoseinformationen erhalten.

Studie	Zeitraum	Forschungsfrage	Untersuchungsgegenstand/-methodik	Ausgewählte Untersuchungsergebnisse
Pownall, Grace et al.: The Stock Price Effects of Alternative Types of Management Earnings Forecasts (1993)	1979-1987	Informationsgehalt von alternativen Prognosearten (Punktprognosen vs. qualitative Prognosen; unterjährige vs. jährliche Gewinnprognosen), gemessen an der Kursreaktion.	Analyse von 1.252 Prognosen von 91 Unternehmen, veröffentlicht im Dow Jones News Retrieval Service und Wall Street Journal.	Die Ergebnisse zeigen, dass Prognosen generell einen Informationsgehalt besitzen. Differenziert nach verschiedenen Prognosearten kann festgestellt werden, dass die Unterschiede zwischen Punktprognosen und anderen Prognosearten nicht signifikant sind. Im Gegensatz dazu sind unterjährige Gewinnprognosen signifikant informativer als jährliche Gewinnprognosen.
Skinner, Douglas J.: Why Firms Voluntarily Disclosure Bad News (1994)	1981-1990	Sind die Kapitalmarktreaktionen auf negative freiwillige Gewinnprognosen größer als bei positiven Gewinnankündigungen?	Analyse von 313 Gewinn basierten Angaben von 93 NASDAQ-Unternehmen im Dow Jones News Retrieval Service.	Die Ergebnisse zeigen, dass die Aktienkursreaktion auf negative Angaben bei -6,06% liegt, hingegen bei positiven Ankündigungen nur zu einer Kapitalmarktreaktion von +2,46% führt.
Hutton, Amy P. et al.: The Role of Supplementary Statements with Management Earnings Forecasts (2003)	1993-1997	Kapitalmarktreaktion bei Veröffentlichung von Gewinnprognosen, die durch zusätzliche Angaben begleitet werden. Unterscheidung der zusätzlichen Angaben in „soft talk disclosure" und „verifiable forward-looking statements".	Analyse von 278 Gewinnprognosen von 147 Unternehmen, entnommen dem Dow Jones News Service und dem Wall Street Journal.	Die Veröffentlichung von negativen Prognoseankündigungen (bad news) ist mit einer signifikanten Kursreaktion verbunden, so dass diesen Gewinnprognosen ein Informationsgehalt zugesprochen werden kann. Positiven Prognoseankündigungen kann hingegen nur ein Informationsgehalt zugesprochen werden, wenn diese von „verifiable forward-looking statements" begleitet werden.
Baginski, Stephen P. et al.: Why Do Managers Explain Their Earnings Forecasts? (2004)	1993-1996	Warum entscheiden sich Manager, neben ihren Gewinnprognosen, zusätzliche Erläuterungen und Einflussfaktoren bekannt zu geben und welchen Einfluss haben die zusätzlichen Informationen auf den Aktienkurs?	Analyse von 951 Gewinnprognosen, die vom Dow Jones News Retrieval Service zur Verfügung gestellt wurden.	Die zusätzliche Bekanntgabe von externen Einflussfaktoren (z.B. Wechselkursschwankungen) bei der Bekanntgabe von Gewinnprognosen findet Berücksichtigung in den Aktienkursreaktionen.
Hutton, Amy P./Stocken, Phillip C.: Effect of Reputation on the Credibility of Management Forecasts (2007)	1996-2003	Einfluss der Prognosereputation auf die Kapitalmarktreaktion bei Veröffentlichung von Gewinnprognosen durch das Management.	Analyse von 8.277 Gewinnprognosen von 1.767 Unternehmen. Die Reputation wurde anhand der Treffgenauigkeit der abgegebenen Prognosen in der Vergangenheit gemessen.	Die Ergebnisse zeigen, dass die Investoren bei positiven (good news) Gewinnprognosen mit einer umgehenden Aktienkursanpassung reagierten, wenn sich bereits eine gewisse Reputation bzgl. der Prognoseabgabe gebildet hatte.

Anhang B

Analyse der Prognoseberichterstattung im Lagebericht

Tab. A-6: Unternehmen in der bereinigten Grundgesamtheit mit Disclosure Index Score

Nr.	Unternehmen	Index	DI (2004)	DI (2005)	DI (2006)
1.	ADIDAS AG	DAX	39	49	56
2.	ADVA AG	TecDAX	23	26	23
3.	AIXTRON AG	TecDAX	11	26	25
4.	ALTANA AG	DAX	18	22	36
5.	ARQUES INDUSTRIES AG	SDAX	8	8	21
6.	BALDA AG	SDAX	43	44	31
7.	BASF AG	DAX	26	46	40
8.	BAUER AG	SDAX	4	5	14
9.	BAY.MOTOREN WERKE AG	DAX	18	32	31
10.	BAYER AG	DAX	35	37	35
11.	BAYWA AG	SDAX	20	27	26
12.	BECHTLE AG	TecDAX	20	28	26
13.	BEIERSDORF AG	MDAX	11	19	17
14.	BILFINGER BERGER AG	MDAX	26	25	31
15.	CELESIO AG	MDAX	8	10	16
16.	CEWE COLOR HOLDING	SDAX	12	11	14
17.	CONERGY AG	TecDAX	6	10	10
18.	CONTINENTAL AG	DAX	28	43	50
19.	CTS EVENTIM AG	SDAX	11	15	17
20.	CURANUM AG	SDAX	17	21	22
21.	D+S EUROPE AG	SDAX	10	10	16
22.	DAIMLERCHRYSLER AG	DAX	41	44	42
23.	DEUTSCHE POST AG	DAX	27	33	33
24.	DEUTZ AG	MDAX	8	29	34
25.	DOUGLAS HOLDING	MDAX	19	26	36
26.	DRAEGERWERK AG	TecDAX	12	14	13
27.	DEUTSCHE BETEILIGUNGS AG	SDAX	6	16	21
28.	DEUTSCHE TELEKOM AG	DAX	25	31	30
29.	DYCKERHOFF AG	SDAX	22	31	36
30.	E.ON AG	DAX	17	20	27
31.	ELEXIS AG	SDAX	11	9	21
32.	ELRINGKLINGER AG	SDAX	12	24	28
33.	EM.TV AG	SDAX	6	15	21
34.	EPCOS AG	TecDAX	16	16	18
35.	ESCADA AG	SDAX	18	12	37
36.	EVOTEC AG	TecDAX	13	20	31
37.	FIELMANN AG	SDAX	6	17	18
38.	FRAPORT AG FFM.AIRPORT	MDAX	26	42	52
39.	FREENET.DE AG	TecDAX	5	9	10
40.	FRESENIUS MEDICAL CARE KGAA	DAX	21	46	55
41.	FRESENIUS AG	MDAX	35	45	45
42.	FUCHS PETROLUB AG	SDAX	11	16	13

43.	GEA GROUP AG	MDAX	27	25	36
44.	GERRY WEBER INTERNAT. AG	SDAX	9	15	19
45.	GFK AG	SDAX	31	40	37
46.	GILDEMEISTER AG	SDAX	30	34	41
47.	GPC BIOTECH AG	TecDAX	18	30	28
48.	GRAMMER AG	SDAX	26	27	21
49.	H+R WASAG AG	SDAX	15	18	15
50.	HEIDELBERG.DRUCKMA. AG	MDAX	31	39	44
51.	HEIDELBERGCEMENT AG	MDAX	18	21	27
52.	HENKEL KGAA	DAX	14	14	14
53.	HOCHTIEF AG	MDAX	22	31	34
54.	HUGO BOSS AG	MDAX	36	36	31
55.	IDS SCHEER AG	TecDAX	12	28	13
56.	INDUS HOLDING AG	SDAX	7	20	19
57.	INFINEON TECHNOLOGIES AG	DAX	8	9	30
58.	IWKA AG	MDAX	21	25	22
59.	JENOPTIK AG	TecDAX	33	42	50
60.	JUNGHEINRICH AG	SDAX	20	22	24
61.	K+S AG	MDAX	24	59	58
62.	KARSTADT QUELLE AG	MDAX	10	7	10
63.	KLOECKNER-WERKE AG	SDAX	10	15	25
64.	KOENIG + BAUER AG	SDAX	11	19	21
65.	KONTRON AG	TecDAX	9	13	14
66.	KRONES AG	MDAX	14	16	19
67.	KWS SAAT AG	SDAX	8	11	13
68.	LANXESS AG	MDAX	11	36	37
69.	LEONI AG	MDAX	20	18	25
70.	LINDE AG	DAX	27	30	30
71.	LOEWE AG	SDAX	22	32	33
72.	LUFTHANSA AG	DAX	22	32	30
73.	MAN AG	DAX	30	37	30
74.	MEDION AG	SDAX	16	22	27
75.	MERCK KGAA	MDAX	9	32	31
76.	METRO AG	DAX	8	28	34
77.	MORPHOSYS AG	TecDAX	23	30	27
78.	MVV ENERGIE AG	SDAX	21	25	29
79.	NORDDEUTSCHE AFFINERIE AG	MDAX	12	12	34
80.	NORDEX AG	TecDAX	12	12	19
81.	PFEIFFER VACUUM TECH. AG	TecDAX	14	17	17
82.	PFLEIDERER AG	MDAX	20	21	32
83.	PROSIEBENSAT.1 MEDIA AG	MDAX	15	15	29
84.	PUMA AG	MDAX	20	25	19
85.	Q-CELLS AG	TecDAX	12	14	24
86.	QSC AG	TecDAX	7	13	18
87.	RATIONAL AG	SDAX	8	10	10
88.	RHEINMETALL AG	MDAX	21	20	27
89.	RHOEN-KLINIKUM AG	MDAX	10	15	15
90.	RWE AG	DAX	44	41	42
91.	SALZGITTER AG	MDAX	19	36	28

92.	SAP AG	DAX	35	35	38
93.	SCHWARZ PHARMA AG	MDAX	9	14	14
94.	SGL CARBON AG	MDAX	18	32	39
95.	SIEMENS AG	DAX	5	9	19
96.	SINGULUS TECHNOLOGIES AG	TecDAX	9	12	8
97.	SIXT AG	SDAX	13	17	22
98.	SOFTWARE AG	TecDAX	17	16	22
99.	SOLARWORLD AG	TecDAX	16	32	37
100.	SOLON AG F.SOLARTECH.AG	TecDAX	10	15	16
101.	STADA ARZNEIMITTEL AG	MDAX	11	11	10
102.	SUEDZUCKER AG	MDAX	3	6	9
103.	TAKKT AG	SDAX	15	21	22
104.	TECHEM AG	MDAX	10	13	11
105.	THYSSENKRUPP AG	DAX	33	32	36
106.	TUI AG	DAX	25	33	32
107.	UNITED INTERNET AG	TecDAX	18	16	16
108.	VOLKSWAGEN AG	DAX	27	37	42
109.	VOSSLOH AG	MDAX	20	22	28
110.	WACKER CHEMIE AG	MDAX	14	11	10
111.	WINCOR NIXDORF AG	MDAX	11	23	43
112.	WIRECARD AG	TecDAX	12	6	25

Tab. A-7: Disclosure Index

I. Gesamtwirtschaftliche Rahmenbedingungen [DRS 15.88]

Nr.	Item	Punktzahl
1.	Wirtschafts-/Konjunkturprognose	1
1a	Wesentliche Einflussfaktoren/Prämissen [DRS 15.17; 15.86; 15.89]	1
1b	Prognosehorizont von mindestens zwei Jahren [DRS 15.87]	1
2.	Zinsprognose	1
2a	Wesentliche Einflussfaktoren	1
2b	Prognosehorizont von mindestens zwei Jahren	1
3.	Wechselkursprognose	1
3a	Wesentliche Einflussfaktoren	1
3b	Prognosehorizont von mindestens zwei Jahren	1
4.	Prognose zur Inflationsrate/Preisniveau	1
4a	Wesentliche Einflussfaktoren	1
4b	Prognosehorizont von mindestens zwei Jahren	1
5.	Prognose zum Konsum/privater Verbrauch	1
5a	Wesentliche Einflussfaktoren	1
5b	Prognosehorizont von mindestens zwei Jahren	1
6.	Prognose zur Arbeitslosenquote/Beschäftigtensituation	1
6a	Wesentliche Einflussfaktoren	1
6b	Prognosehorizont von mindestens zwei Jahren	1
7.	Prognose zu Rohstoffen/Rohstoffpreise/Ölpreis	1
7a	Wesentliche Einflussfaktoren	1
7b	Prognosehorizont von mindestens zwei Jahren	1
8.	Prognose zur Investitionstätigkeit	1
8a	Wesentliche Einflussfaktoren	1
8b	Prognosehorizont von mindestens zwei Jahren	1
9.	Prognose zu Exporten	1
9a	Wesentliche Einflussfaktoren	1
9b	Prognosehorizont von mindestens zwei Jahren	1
10.	Prognose zur Binnen-/Auslandsnachfrage	1
10a	Wesentliche Einflussfaktoren	1
10b	Prognosehorizont von mindestens zwei Jahren	1
11.	Prognosen für unterschiedliche Wirtschaftsregionen	1

II. Branchenentwicklung [DRS 15.88]

Nr.	Item	Punktzahl
12.	Prognosen zur allgemeinen Marktentwicklung	1
12a	Wesentliche Einflussfaktoren	1
12b	Prognosehorizont von mindestens zwei Jahren	1
13.	Prognosen zur Nachfrageentwicklung	1
13a	Wesentliche Einflussfaktoren	1
13b	Prognosehorizont von mindestens zwei Jahren	1
14.	Prognosen zum Absatzvolumen/Marktvolumen	1
14a	Wesentliche Einflussfaktoren	1

14b	Prognosehorizont von mindestens zwei Jahren	1
15.	Prognosen zum Produktionsvolumen	1
15a	Wesentliche Einflussfaktoren	1
15b	Prognosehorizont von mindestens zwei Jahren	1
16.	Prognosen zur Preisentwicklung	1
16a	Wesentliche Einflussfaktoren	1
16b	Prognosehorizont von mindestens zwei Jahren	1
17.	Prognosen zu Marktanteilen/Wettbewerbssituation	1
17a	Wesentliche Einflussfaktoren	1
17b	Prognosehorizont von mindestens zwei Jahren	1
18.	Prognosen für unterschiedliche Regionen	1

III. Unternehmensentwicklung

Nr.	Item	Punktzahl
19.	Umsatzprognose [DRS 15.121]	1
19a	Wesentliche Einflussfaktoren	1
19b	Prognosehorizont von mindestens zwei Jahren	1
20.	Ergebnisprognose (z.B. JÜ, EBITDA) [DRS 15.89; 15.121]	1
20a	Wesentliche Einflussfaktoren	1
20b	Prognosehorizont von mindestens zwei Jahren	1
21.	Prognose von Renditen (z.B. Umsatzrendite, EK-Rendite)	1
21a	Wesentliche Einflussfaktoren	1
21b	Prognosehorizont von mindestens zwei Jahren	1
22.	Prognose zur Kostenentwicklung	1
22a	Wesentliche Einflussfaktoren	1
22b	Prognosehorizont von mindestens zwei Jahren	1
23.	Prognose zu (Sonder/Zins-)aufwendungen [DRS 15.121]	1
23a	Wesentliche Einflussfaktoren	1
23b	Prognosehorizont von mindestens zwei Jahren	1
24.	Voraussichtliche Entwicklung des FK-Kostensatzes [DRS 15.121]	1
24a	Wesentliche Einflussfaktoren	1
24b	Prognosehorizont von mindestens zwei Jahren	1
25.	Voraussichtliche Entwicklung der Steuerquote [DRS 15.121]	1
25a	Wesentliche Einflussfaktoren	1
25b	Prognosehorizont von mindestens zwei Jahren	1
26.	Prognose zur Investitionstätigkeit (z.B. Investitionsrate/ -quote) [DRS 15.84; 15.122]	1
26a	Wesentliche Einflussfaktoren	1
26b	Prognosehorizont von mindestens zwei Jahren	1
27.	Prognose zu Abschreibungen	1
27a	Wesentliche Einflussfaktoren	1
27b	Prognosehorizont von mindestens zwei Jahren	1
28.	Prognose zur Finanzierungstätigkeit (Verbindlichkeiten, Verschuldungsgrad)	1
28a	Wesentliche Einflussfaktoren	1
28b	Prognosehorizont von mindestens zwei Jahren	1
29.	Allgemeine finanzwirtschaftliche Auswirkungen [DRS 15.84]	1
30.	Angabe, ob die Finanzierung aus dem CF erfolgt [DRS 15.122]	1
31.	Cashflow-Prognose	1

31a	Wesentliche Einflussfaktoren	1
31b	Prognosehorizont von mindestens zwei Jahren	1
32.	Prognose zum Liquiditätsbedarf/Finanzmittelbedarf [DRS 15.122]	1
32a	Wesentliche Einflussfaktoren	1
32b	Prognosehorizont von mindestens zwei Jahren	1
33.	Prognose zur Dividende/Ausschüttungsquote	1
33a	Wesentliche Einflussfaktoren	1
33b	Prognosehorizont von mindestens zwei Jahren	1
34.	Prognose zur Mitarbeiterentwicklung	1
34a	Wesentliche Einflussfaktoren	1
34b	Prognosehorizont von mindestens zwei Jahren	1
35.	Prognose zum Personalaufwand	1
35a	Wesentliche Einflussfaktoren	1
35b	Prognosehorizont von mindestens zwei Jahren	1
36.	Prognose zu F&E (Forschungsausgaben/-aufwand) [DRS 15.41]	1
36a	Wesentliche Einflussfaktoren	1
36b	Prognosehorizont von mindestens zwei Jahren	1
37.	Prognose zur Auftragsentwicklung/Absatzvolumen	1
37a	Wesentliche Einflussfaktoren	1
37b	Prognosehorizont von mindestens zwei Jahren	1
38.	Prognose zur Beschaffung/Einkauf [DRS 15.84]	1
38a	Wesentliche Einflussfaktoren	1
38b	Prognosehorizont von mindestens zwei Jahren	1
39.	Angaben zur Veränderung der Organisationsstruktur/Restrukturierungsmaßnahmen [DRS 15.84]	1
40.	Angaben zur Einführung neuer Produkte/Dienstleistungen/Verfahren [DRS 15.84]	1
41.	Angaben zur Erschließung neuer Absatzmärkte [DRS 15.84]	1
42.	Abgabe von Segmentprognosen [DRS 15.90]	1
43.	Angaben zur zukünftigen Geschäftsstrategie/-politik	1

IV. Sonstige Angaben

Nr.	Item	Punktzahl
44.	Abgabe von mittel- bis langfristigen Prognosen (Prognosehorizont > 2 Jahre) [DRS 15.35; 15.87]	1
45.	Angaben zu Schätzverfahren/Prognosemodellen [DRS 15.17]	1
46.	Hinweis auf die mit den Prognosen verbundene Unsicherheit [DRS 15.16]	1
47.	Prognosebericht getrennt vom Risikobericht [DRS 15.91]	1
48.	Verdichtung zu einer Gesamtaussage [DRS 15.85]	1
	Total Disclosure Index	**116**

Empirische Ergebnisse

Tab. A-8: Prognosegegenstände nach Häufigkeit ihrer Nennung

Prognosegegenstand	2004 n	2004 %	2005 n	2005 %	2006 n	2006 %	Mittelwert n	Mittelwert %	Summe
Umsatz	94	84%	100	89%	99	88%	98	87%	293
Ergebnis	92	82%	99	88%	102	91%	98	87%	293
Marktentwicklung	85	76%	100	89%	97	87%	94	84%	282
Konjunktur	79	71%	84	75%	90	80%	84	75%	253
Investitionen	50	45%	66	59%	79	71%	65	58%	195
Rendite	33	29%	46	41%	57	51%	45	40%	136
Nachfrageentwicklung	41	37%	43	38%	44	39%	43	38%	128
Dividende	24	21%	37	33%	50	45%	37	33%	111
Kostenentwicklung	34	30%	33	29%	40	36%	36	32%	107
Absatz/Marktvolumen	28	25%	35	31%	40	36%	34	31%	103
F&E	24	21%	39	35%	37	33%	33	30%	100
Konsum	25	22%	39	35%	34	30%	33	29%	98
Personal	24	21%	34	30%	37	33%	32	28%	95
Auftragsentwicklung	24	21%	30	27%	33	29%	29	26%	87
Wettbewerb	20	18%	28	25%	30	27%	26	23%	78
Finanzierungstätigkeit	18	16%	24	21%	32	29%	25	22%	74
Preisentwicklung	24	21%	23	21%	22	20%	23	21%	69
Rohstoffe	16	14%	25	22%	24	21%	22	19%	65
Investitionen (gesamtw.)	19	17%	24	21%	18	16%	20	18%	61
Produktionsvolumen	16	14%	23	21%	22	20%	20	18%	61
gesamtw. Nachfrage	16	14%	31	28%	12	11%	20	18%	59
Cashflow	14	13%	15	13%	27	24%	19	17%	56
Finanzmittelbedarf	12	11%	20	18%	23	21%	18	16%	55
Exporte	18	16%	15	13%	20	18%	18	16%	53
Beschaffung/Einkauf	16	14%	16	14%	20	18%	17	15%	52
Wechselkurse	16	14%	15	13%	16	14%	16	14%	47
Aufwendungen	8	7%	17	15%	20	18%	15	13%	45
gesamtw. Zinsentwicklung	7	6%	16	14%	14	13%	12	11%	37
Arbeitsmarktlage	10	9%	12	11%	12	11%	11	10%	34
Inflationsrate/Preisniveau	5	4%	10	9%	16	14%	10	9%	31
Steuerquote	4	4%	8	7%	10	9%	7	7%	22
Abschreibungen	4	4%	5	4%	8	7%	6	5%	17
Personalaufwand	2	2%	6	5%	5	4%	4	4%	13
Fremdkapitalkosten	0	0%	0	0%	1	1%	0	0%	1
Summe	**902**		**1.118**		**1.191**		**1.070**		**3.211**

Tab. A-9: Prognosegenauigkeit nach Gegenstandsbereichen (2004)[1074]

	Prognosegenauigkeit Berichtsjahr 2004									
	Quantitative Prognose				Komparative Prognose		Qualitative Prognose		Allgemeine Angabe		Summe
Prognosegegenstand	Punkt-prognose		Intervall-prognose								
	n	%	n	%	n	%	n	%	n	%	
Umsatz	32	34%	17	18%	40	43%	1	1%	4	4%	94 (100%)
Ergebnis	16	17%	12	13%	51	55%	10	11%	3	3%	92 (100%)
Marktentwicklung	20	24%	8	9%	25	29%	14	16%	18	21%	85 (100%)
Konjunktur	46	58%	3	4%	21	27%	6	8%	3	4%	79 (100%)
Investitionen	24	48%	9	18%	11	22%	1	2%	5	10%	50 (100%)
Rendite	15	45%	7	21%	8	24%	1	3%	2	6%	33 (100%)
Nachfrageentwicklung	3	7%	0	0	21	51%	8	20%	9	22%	41 (100%)
Dividende	3	13%	2	8%	0	0	3	13%	16	67%	24 (100%)
Kostenentwicklung	4	12%	0	0	17	50%	3	9%	10	29%	34 (100%)
Absatz/Marktvolumen	7	25%	3	11%	15	54%	2	7%	1	4%	28 (100%)
F&E	6	25%	2	8%	6	25%	3	13%	7	29%	24 (100%)
Konsum	2	8%	0	0	17	68%	4	16%	2	8%	25 (100%)
Personal	8	33%	1	4%	11	46%	1	4%	3	13%	24 (100%)
Auftragsentwicklung	5	21%	1	4%	11	46%	3	13%	4	17%	24 (100%)
Wettbewerb	2	10%	0	0	9	45%	5	25%	4	20%	20 (100%)
Finanzierungstätigkeit	5	28%	1	6%	5	28%	3	17%	4	22%	18 (100%)
Preisentwicklung	1	4%	0	0	14	58%	3	13%	6	25%	24 (100%)
Rohstoffe	2	13%	0	0	6	38%	4	25%	4	25%	16 (100%)
Investitionen (gesamtw.)	2	11%	0	0	14	74%	1	5%	2	11%	19 (100%)
Produktionsvolumen	9	56%	1	6%	4	25%	0	0	2	13%	16 (100%)
gesamtw. Nachfrage	1	6%	0	0	12	75%	1	6%	2	13%	16 (100%)
Cashflow	5	36%	1	7%	4	29%	2	14%	2	14%	14 (100%)
Finanzmittelbedarf	0	0	0	0	1	8%	0	0	11	92%	12 (100%)
Exporte	3	17%	0	0	11	61%	3	17%	1	6%	18 (100%)
Beschaffung/Einkauf	0	0	0	0	2	13%	0	0	14	88%	16 (100%)
Wechselkurse	4	25%	0	0	6	38%	2	13%	4	25%	16 (100%)
Aufwendungen	2	25%	0	0	4	50%	1	13%	1	13%	8 (100%)
gesamtw. Zinsentwicklung	0	0	0	0	6	86%	0	0	1	14%	7 (100%)
Arbeitsmarktsituation	2	20%	0	0	5	50%	1	10%	2	20%	10 (100%)
Inflationsrate/ Preisniveau	1	20%	0	0	0	0	2	40%	2	40%	5 (100%)
Steuerquote	1	25%	2	50%	1	25%	0	0	0	0	4 (100%)
Abschreibungen	2	50%	0	0	0	0	0	0	2	50%	4 (100%)
Personalaufwand	0	0	0	0	1	50%	0	0	1	50%	2 (100%)
Fremdkapitalkosten	0	0	0	0	0	0	0	0	0	0	0
Summe	**233**	**26%**	**70**	**7%**	**359**	**40%**	**88**	**10%**	**152**	**17%**	**902 (100%)**

[1074] Bei den hier und im Folgenden ausgewiesenen Prozentzahlen handelt es sich um gerundete Werte, so dass sich geringfügige Abweichungen bei der Summenbildung ergeben können.

Tab. A-10: Prognosegenauigkeit nach Gegenstandsbereichen (2005)

	Prognosegenauigkeit Berichtsjahr 2005										
Prognosegegenstand	**Quantitative Prognose**				**Komparative Prognose**		**Qualitative Prognose**		**Allgemeine Angabe**		**Summe**
	Punktprognose		**Intervallprognose**								
	n	**%**	**n**	**%**	**n**	**%**	**n**	**%**	**n**	**%**	
Umsatz	44	44%	14	14%	40	40%	0	0	2	2%	100 (100%)
Ergebnis	29	29%	11	11%	47	47%	10	10%	2	2%	99 (100%)
Marktentwicklung	31	31%	11	11%	25	25%	14	14%	19	19%	100 (100%)
Konjunktur	60	71%	2	2%	21	25%	0	0	1	1%	84 (100%)
Investitionen	34	52%	9	14%	8	12%	2	3%	13	20%	66 (100%)
Rendite	20	43%	7	15%	12	26%	3	7%	4	9%	46 (100%)
Nachfrageentwicklung	2	5%	0	0	22	51%	9	21%	10	23%	43 (100%)
Dividende	6	16%	2	5%	2	5%	3	8%	24	65%	37 (100%)
Kostenentwicklung	4	12%	0	0	20	61%	2	6%	7	21%	33 (100%)
Absatz/Marktvolumen	18	51%	0	0	16	46%	1	3%	0	0	35 (100%)
F&E	13	33%	1	3%	9	23%	6	15%	10	26%	39 (100%)
Konsum	2	5%	0	0	31	79%	2	5%	4	10%	39 (100%)
Personal	13	38%	1	3%	15	44%	0	0	5	15%	34 (100%)
Auftragsentwicklung	8	27%	0	0	13	43%	3	10%	6	20%	30 (100%)
Wettbewerb	3	11%	1	4%	13	46%	6	21%	5	18%	28 (100%)
Finanzierungstätigkeit	5	21%	2	8%	6	25%	2	8%	9	38%	24 (100%)
Preisentwicklung	1	4%	0	0	7	30%	6	26%	9	39%	23 (100%)
Rohstoffe	3	12%	0	0	13	52%	6	24%	3	12%	25 (100%)
Investitionen (gesamtw.)	2	8%	0	0	15	63%	5	21%	2	8%	24 (100%)
Produktionsvolumen	17	74%	1	4%	3	13%	0	0	2	9%	23 (100%)
gesamtw. Nachfrage	0	0	0	0	25	81%	4	13%	2	6%	31 (100%)
Cashflow	2	13%	0	0	3	20%	8	53%	2	13%	15 (100%)
Finanzmittelbedarf	1	5%	0	0	2	10%	3	15%	14	70%	20 (100%)
Exporte	2	13%	0	0	10	67%	2	13%	1	7%	15 (100%)
Beschaffung/Einkauf	1	6%	0	0	1	6%	1	6%	13	81%	16 (100%)
Wechselkurse	6	40%	0	0	7	47%	1	7%	1	7%	15 (100%)
Aufwendungen	3	18%	2	12%	7	41%	1	6%	4	24%	17 (100%)
gesamtw. Zinsentwicklung	0	0	1	6%	14	88%	0	0	1	6%	16 (100%)
Arbeitsmarktsituation	2	17%	0	0	6	50%	2	17%	2	17%	12 (100%)
Inflationsrate/ Preisniveau	3	30%	0	0	4	40%	2	20%	1	10%	10 (100%)
Steuerquote	5	63%	1	13%	2	25%	0	0	0	0	8 (100%)
Abschreibungen	2	40%	0	0	2	40%	0	0	1	20%	5 (100%)
Personalaufwand	1	17%	0	0	4	67%	0	0	1	17%	6 (100%)
Fremdkapitalkosten	0	0	0	0	0	0	0	0	0	0	0
Summe	**343**	**31%**	**66**	**6%**	**425**	**38%**	**104**	**9%**	**180**	**16%**	**1.118**

Tab. A-11: Prognosegenauigkeit nach Gegenstandsbereichen (2006)

Prognosegegens-tand	Quantitative Prognose Punkt-prognose		Quantitative Prognose Intervall-prognose		Komparative Prognose		Qualitati-ve Prog-nose		Allgemeine Angabe		Summe
	n	%	n	%	n	%	n	%	n	%	
Umsatz	42	42%	18	18%	35	35%	2	2%	2	2%	99 (100%)
Ergebnis	23	23%	14	14%	52	51%	7	7%	6	6%	102 (100%)
Marktentwicklung	33	34%	11	11%	27	28%	9	9%	17	18%	97 (100%)
Konjunktur	68	76%	3	3%	16	18%	1	1%	2	2%	90 (100%)
Investitionen	44	56%	10	13%	12	15%	0	0	13	16%	79 (100%)
Rendite	25	44%	13	23%	16	28%	2	4%	1	2%	57 (100%)
Nachfrageentwicklung	4	9%	1	2%	25	57%	8	18%	6	14%	44 (100%)
Dividende	12	24%	3	6%	4	8%	4	8%	27	54%	50 (100%)
Kostenentwicklung	7	18%	0	0	22	55%	0	0	11	28%	40 (100%)
Absatz/Marktvolumen	25	63%	3	8%	8	20%	3	8%	1	3%	40 (100%)
F&E	14	38%	3	8%	9	24%	3	8%	8	22%	37 (100%)
Konsum	2	6%	1	3%	24	71%	4	12%	3	9%	34 (100%)
Personal	11	30%	0	0	22	59%	1	3%	3	8%	37 (100%)
Auftragsentwicklung	6	18%	2	6%	18	55%	2	6%	5	15%	33 (100%)
Wettbewerb	3	10%	0	0	13	43%	3	10%	11	37%	30 (100%)
Finanzierungstätigkeit	5	16%	1	3%	11	34%	1	3%	14	44%	32 (100%)
Preisentwicklung	1	5%	1	5%	12	55%	3	14%	5	23%	22 (100%)
Rohstoffe	3	13%	0	0	12	50%	7	29%	2	8%	24 (100%)
Investitionen (gesamtw.)	1	6%	0	0	9	50%	6	33%	2	11%	18 (100%)
Produktionsvolumen	16	73%	2	9%	4	18%	0	0	0	0	22 (100%)
gesamtw. Nachfrage	0	0	0	0	11	92%	1	8%	0	0	12 (100%)
Cashflow	5	19%	3	11%	7	26%	7	26%	5	19%	27 (100%)
Finanzmittelbedarf	0	0	0	0	4	17%	5	22%	14	61%	23 (100%)
Exporte	2	10%	0	0	12	60%	3	15%	3	15%	20 (100%)
Beschaffung/Einkauf	1	5%	0	0	2	10%	0	0	17	85%	20 (100%)
Wechselkurse	8	50%	0	0	7	44%	0	0	1	6%	16 (100%)
Aufwendungen	5	25%	3	15%	8	40%	0	0	4	20%	20 (100%)
gesamtw. Zinsentwicklung	2	14%	0	0	11	79%	1	7%	0	0	14 (100%)
Arbeitsmarktsituation	3	25%	0	0	7	58%	0	0	2	17%	12 (100%)
Inflationsrate/Preisniveau	8	50%	0	0	3	19%	4	25%	1	6%	16 (100%)
Steuerquote	5	50%	1	10%	4	40%	0	0	0	0	10 (100%)
Abschreibungen	4	50%	0	0	3	38%	0	0	1	13%	8 (100%)
Personalaufwand	1	20%	0	0	3	60%	0	0	1	20%	5 (100%)
Fremdkapitalkosten	1	100%	0	0	0	0	0	0	0	0	1 (100%)
Summe	**390**	**33%**	**93**	**8%**	**433**	**36%**	**87**	**7%**	**188**	**16%**	**1.191**

Tab. A-12: Prognosehorizont nach Gegenstandsbereichen (2004)

Prognosegegenstand	Prognosehorizonte Berichtsjahr 2004								Summe
	ein Jahr		zwei Jahre		über zwei Jahre		keine Angabe		
	n	%	n	%	n	%	n	%	
Umsatz	75	80%	2	2%	4	4%	13	14%	94 (100%)
Ergebnis	82	89%	2	2%	1	1%	7	8%	92 (100%)
Marktentwicklung	57	67%	1	1%	10	12%	17	20%	85 (100%)
Konjunktur	69	87%	2	3%	1	1%	7	9%	79 (100%)
Investitionen	35	70%	2	4%	3	6%	10	20%	50 (100%)
Rendite	21	64%	1	3%	6	18%	5	15%	33 (100%)
Nachfrageentwicklung	24	59%	1	2%	2	5%	14	34%	41 (100%)
Dividende	15	63%	1	4%	2	8%	6	25%	24 (100%)
Kostenentwicklung	22	65%	1	3%	2	6%	9	26%	34 (100%)
Absatz/Marktvolumen	19	68%	0	0	2	7%	7	25%	28 (100%)
F&E	15	63%	0	0	3	13%	6	25%	24 (100%)
Konsum	19	76%	0	0	0	0	6	24%	25 (100%)
Personal	19	79%	0	0	1	4%	4	17%	24 (100%)
Auftragsentwicklung	17	71%	0	0	1	4%	6	25%	24 (100%)
Wettbewerb	9	45%	0	0	1	5%	10	50%	20 (100%)
Finanzierungstätigkeit	14	78%	0	0	2	11%	2	11%	18 (100%)
Preisentwicklung	15	63%	1	4%	0	0	8	33%	24 (100%)
Rohstoffe	13	81%	0	0	0	0	3	19%	16 (100%)
Investitionen (gesamtw.)	14	74%	0	0	0	0	5	26%	19 (100%)
Produktionsvolumen	11	69%	0	0	2	13%	3	19%	16 (100%)
gesamtw. Nachfrage	13	81%	0	0	0	0	3	19%	16 (100%)
Cashflow	7	50%	2	14%	0	0	5	36%	14 (100%)
Finanzmittelbedarf	5	42%	1	8%	0	0	6	50%	12 (100%)
Exporte	18	100%	0	0	0	0	0	0	18 (100%)
Beschaffung/Einkauf	11	69%	0	0	1	6%	4	25%	16 (100%)
Wechselkurse	11	69%	0	0	0	0	5	31%	16 (100%)
Aufwendungen	5	63%	0	0	0	0	3	38%	8 (100%)
gesamtw. Zinsentwicklung	6	86%	0	0	0	0	1	14%	7 (100%)
Arbeitsmarktsituation	8	80%	0	0	0	0	2	20%	10 (100%)
Inflationsrate/Preisniveau	4	80%	0	0	0	0	1	20%	5 (100%)
Steuerquote	3	75%	0	0	0	0	1	25%	4 (100%)
Abschreibungen	4	100%	0	0	0	0	0	0	4 (100%)
Personalaufwand	1	50%	0	0	0	0	1	50%	2 (100%)
Fremdkapitalkosten	0	0	0	0	0	0	0	0	0
Summe	**661**		**17**		**44**		**180**		**902**

Tab. A-13: Prognosehorizont nach Gegenstandsbereichen (2005)

Prognosegegenstand	\multicolumn{8}{c}{Prognosehorizonte Berichtsjahr 2005}	Summe
	\multicolumn{2}{c}{ein Jahr}	\multicolumn{2}{c}{zwei Jahre}	\multicolumn{2}{c}{über zwei Jahre}	\multicolumn{2}{c}{keine Angabe}	
	n	%	n	%	n	%	n	%	
Umsatz	66	66%	22	22%	8	8%	4	4%	100 (100%)
Ergebnis	69	70%	19	19%	6	6%	5	5%	99 (100%)
Marktentwicklung	47	47%	10	10%	16	16%	27	27%	100 (100%)
Konjunktur	55	66%	23	27%	1	1%	5	6%	84 (100%)
Investitionen	40	61%	7	11%	7	11%	12	18%	66 (100%)
Rendite	21	46%	9	20%	9	20%	7	15%	46 (100%)
Nachfrageentwicklung	16	37%	2	5%	3	7%	22	51%	43 (100%)
Dividende	13	35%	4	11%	5	14%	15	41%	37 (100%)
Kostenentwicklung	11	33%	3	9%	2	6%	17	52%	33 (100%)
Absatz/Marktvolumen	14	40%	6	17%	9	26%	6	17%	35 (100%)
F&E	19	49%	3	8%	5	13%	12	31%	39 (100%)
Konsum	22	56%	1	3%	0	0	16	41%	39 (100%)
Personal	18	53%	4	12%	4	12%	8	24%	34 (100%)
Auftragsentwicklung	13	43%	4	13%	3	10%	10	33%	30 (100%)
Wettbewerb	7	25%	4	14%	4	14%	13	46%	28 (100%)
Finanzierungstätigkeit	12	50%	3	13%	3	13%	6	25%	24 (100%)
Preisentwicklung	10	43%	1	4%	1	4%	11	48%	23 (100%)
Rohstoffe	12	48%	2	8%	0	0	11	44%	25 (100%)
Investitionen (gesamtw.)	15	63%	0	0	1	4%	8	33%	24 (100%)
Produktionsvolumen	13	57%	3	13%	3	13%	4	17%	23 (100%)
gesamtw. Nachfrage	19	61%	0	0	0	0	12	39%	31 (100%)
Cashflow	9	60%	1	7%	2	13%	3	20%	15 (100%)
Finanzmittelbedarf	8	40%	1	5%	2	10%	9	45%	20 (100%)
Exporte	10	67%	0	0	0	0	5	33%	15 (100%)
Beschaffung/Einkauf	8	50%	1	6%	1	6%	6	38%	16 (100%)
Wechselkurse	9	60%	2	13%	1	7%	3	20%	15 (100%)
Aufwendungen	8	47%	3	18%	1	6%	5	29%	17 (100%)
gesamtw. Zinsentwicklung	10	63%	0	0	1	6%	5	31%	16 (100%)
Arbeitsmarktsituation	6	50%	2	17%	0	0	4	33%	12 (100%)
Inflationsrate/Preisniveau	5	50%	2	20%	0	0	3	30%	10 (100%)
Steuerquote	3	38%	1	13%	1	13%	3	38%	8 (100%)
Abschreibungen	4	80%	0	0	1	20%	0	0	5 (100%)
Personalaufwand	2	33%	0	0	1	17%	3	50%	6 (100%)
Fremdkapitalkosten	0	0	0	0	0	0	0	0	0
Summe	**594**		**143**		**101**		**280**		**1.118**

Tab. A-14: Prognosehorizont nach Gegenstandsbereichen (2006)

Prognosegegenstand	Prognosehorizonte Berichtsjahr 2006								Summe
	ein Jahr		zwei Jahre		über zwei Jahre		keine Angabe		
	n	%	n	%	n	%	n	%	
Umsatz	54	55%	30	30%	11	11%	4	4%	99 (100%)
Ergebnis	51	50%	35	34%	6	6%	10	10%	102 (100%)
Marktentwicklung	40	41%	12	12%	21	22%	24	25%	97 (100%)
Konjunktur	50	56%	35	39%	4	4%	1	1%	90 (100%)
Investitionen	40	51%	21	27%	10	13%	8	10%	79 (100%)
Rendite	19	33%	11	19%	14	25%	13	23%	57 (100%)
Nachfrageentwicklung	14	32%	2	5%	5	11%	23	52%	44 (100%)
Dividende	16	32%	6	12%	12	24%	16	32%	50 (100%)
Kostenentwicklung	18	45%	2	5%	4	10%	16	40%	40 (100%)
Absatz/Marktvolumen	16	40%	8	20%	10	25%	6	15%	40 (100%)
F&E	17	46%	6	16%	4	11%	10	27%	37 (100%)
Konsum	18	53%	2	6%	0	0	14	41%	34 (100%)
Personal	18	49%	10	27%	3	8%	6	16%	37 (100%)
Auftragsentwicklung	16	48%	4	12%	4	12%	9	27%	33 (100%)
Wettbewerb	9	30%	5	17%	5	17%	11	37%	30 (100%)
Finanzierungstätigkeit	14	44%	4	13%	2	6%	12	38%	32 (100%)
Preisentwicklung	9	41%	1	5%	2	9%	10	45%	22 (100%)
Rohstoffe	14	58%	1	4%	1	4%	8	33%	24 (100%)
Investitionen (gesamtw.)	9	50%	1	6%	0	0	8	44%	18 (100%)
Produktionsvolumen	10	45%	2	9%	3	14%	7	32%	22 (100%)
gesamtw. Nachfrage	8	67%	1	8%	0	0	3	25%	12 (100%)
Cashflow	13	48%	6	22%	3	11%	5	19%	27 (100%)
Finanzmittelbedarf	9	39%	4	17%	4	17%	6	26%	23 (100%)
Exporte	12	60%	2	10%	1	5%	5	25%	20 (100%)
Beschaffung/Einkauf	4	20%	4	20%	1	5%	11	55%	20 (100%)
Wechselkurse	10	63%	2	13%	1	6%	3	19%	16 (100%)
Aufwendungen	6	30%	3	15%	4	20%	7	35%	20 (100%)
gesamtw. Zinsentwicklung	12	86%	0	0	0	0	2	14%	14 (100%)
Arbeitsmarktlage	8	67%	2	17%	0	0	2	17%	12 (100%)
Inflationsrate/Preisniveau	9	56%	3	19%	1	6%	3	19%	16 (100%)
Steuerquote	3	30%	2	20%	1	10%	4	40%	10 (100%)
Abschreibungen	5	63%	1	13%	1	13%	1	13%	8 (100%)
Personalaufwand	1	20%	2	40%	0	0	2	40%	5 (100%)
Fremdkapitalkosten	0	0	0	0	1	100%	0	0	1 (100%)
Summe	552		230		139		270		1.191

Tab. A-15: Häufigkeit der Disclosure Index Items

I. Gesamtwirtschaftliche Rahmenbedingungen [DRS 15.88]

Nr.	Item	2004		2005		2006	
		n	%	n	%	n	%
1.	Wirtschafts-/Konjunkturprognose	79	71%	84	75%	90	80%
1a	Wesentliche Einflussfaktoren/Prämissen	53	67%	67	80%	69	77%
1b	Prognosehorizont von mindestens zwei Jahren	4	5%	26	31%	40	44%
2.	Zinsprognose	7	6%	16	14%	14	13%
2a	Wesentliche Einflussfaktoren	3	43%	4	25%	4	29%
2b	Prognosehorizont von mindestens zwei Jahren	0	0%	1	6%	0	0%
3.	Wechselkursprognose	16	14%	15	13%	16	14%
3a	Wesentliche Einflussfaktoren	5	31%	2	13%	3	19%
3b	Prognosehorizont von mindestens zwei Jahren	0	0%	3	20%	3	19%
4.	Prognose zur Inflationsrate/Preisniveau	5	4%	10	9%	16	14%
4a	Wesentliche Einflussfaktoren	1	20%	4	40%	9	56%
4b	Prognosehorizont von mindestens zwei Jahren	0	0%	2	20%	3	19%
5.	Prognose zum Konsum/privater Verbrauch	25	22%	39	35%	34	30%
5a	Wesentliche Einflussfaktoren	16	64%	29	74%	29	85%
5b	Prognosehorizont von mindestens zwei Jahren	0	0%	1	3%	2	6%
6.	Prognose zur Arbeitslosenquote/Beschäftigtensituation	10	9%	12	11%	12	11%
6a	Wesentliche Einflussfaktoren	1	10%	2	17%	1	8%
6b	Prognosehorizont von mindestens zwei Jahren	0	0%	2	17%	2	17%
7.	Prognose zu Rohstoffen/Rohstoffpreise/Ölpreis	16	14%	25	22%	24	21%
7a	Wesentliche Einflussfaktoren	5	31%	9	36%	9	38%
7b	Prognosehorizont von mindestens zwei Jahren	0	0%	2	8%	2	8%
8.	Prognose zur Investitionstätigkeit	19	17%	24	21%	18	16%
8a	Wesentliche Einflussfaktoren	11	58%	15	63%	12	67%
8b	Prognosehorizont von mindestens zwei Jahren	0	0%	1	7%	1	8%
9.	Prognose zu Exporten	18	16%	15	13%	20	18%
9a	Wesentliche Einflussfaktoren	13	72%	9	60%	13	65%
9b	Prognosehorizont von mindestens zwei Jahren	0	0%	0	0%	3	15%
10.	Prognose zur Binnen-/Auslandsnachfrage	16	14%	31	28%	12	11%
10a	Wesentliche Einflussfaktoren	6	38%	13	42%	7	58%
10b	Prognosehorizont von mindestens zwei Jahren	0	0%	0	0%	1	8%
11.	Prognosen für unterschiedliche Wirtschaftsregionen	64	79%	69	81%	79	85%

II. Branchenentwicklung [DRS 15.88]

Nr.	Item	2004		2005		2006	
		n	%	n	%	n	%
12.	Prognosen zur allgemeinen Marktentwicklung	85	76%	100	89%	97	87%
12a	Wesentliche Einflussfaktoren	39	46%	44	44%	47	48%
12b	Prognosehorizont von mindestens zwei Jahren	11	13%	26	26%	33	34%
13.	Prognosen zur Nachfrageentwicklung	41	37%	43	38%	44	39%
13a	Wesentliche Einflussfaktoren	13	32%	18	42%	24	55%
13b	Prognosehorizont von mindestens zwei Jahren	3	7%	5	12%	7	16%

14.	Prognosen zum Absatzvolumen/Marktvolumen	28	25%	35	31%	40	36%
14a	Wesentliche Einflussfaktoren	12	43%	12	34%	14	35%
14b	Prognosehorizont von mindestens zwei Jahren	2	7%	15	43%	19	48%
15.	Prognosen zum Produktionsvolumen	16	14%	23	21%	22	20%
15a	Wesentliche Einflussfaktoren	9	56%	7	30%	11	50%
15b	Prognosehorizont von mindestens zwei Jahren	2	13%	6	26%	5	23%
16.	Prognosen zur Preisentwicklung	24	21%	23	21%	22	20%
16a	Wesentliche Einflussfaktoren	10	42%	9	39%	12	55%
16b	Prognosehorizont von mindestens zwei Jahren	1	4%	2	9%	3	14%
17.	Prognosen zu Marktanteilen/Wettbewerbssituation	20	18%	28	25%	30	27%
17a	Wesentliche Einflussfaktoren	8	40%	11	39%	10	33%
17b	Prognosehorizont von mindestens zwei Jahren	1	5%	7	25%	10	33%
18.	Prognosen für unterschiedliche Regionen	41	44%	47	45%	55	53%

III. Unternehmensentwicklung

Nr.	Item	2004		2005		2006	
		n	%	n	%	n	%
19.	Umsatzprognose	94	84%	100	89%	99	88%
19a	Wesentliche Einflussfaktoren	64	68%	71	71%	71	72%
19b	Prognosehorizont von mindestens zwei Jahren	6	6%	30	30%	44	44%
20.	Ergebnisprognose	92	82%	99	88%	102	91%
20a	Wesentliche Einflussfaktoren	63	68%	69	70%	65	64%
20b	Prognosehorizont von mindestens zwei Jahren	3	3%	25	25%	41	40%
21.	Prognose von Renditen	33	29%	46	41%	57	51%
21a	Wesentliche Einflussfaktoren	15	45%	22	48%	31	54%
21b	Prognosehorizont von mindestens zwei Jahren	7	21%	18	39%	26	46%
22.	Prognose zur Kostenentwicklung	34	30%	33	29%	40	36%
22a	Wesentliche Einflussfaktoren	13	38%	14	42%	20	50%
22b	Prognosehorizont von mindestens zwei Jahren	3	9%	5	15%	6	15%
23.	Prognose zu (Sonder/Zins-)aufwendungen	8	7%	17	15%	20	18%
23a	Wesentliche Einflussfaktoren	3	38%	9	53%	11	55%
23b	Prognosehorizont von mindestens zwei Jahren	0	0%	4	24%	7	35%
24.	Voraussichtliche Entwicklung des FK-Kostensatzes	0	0%	0	0%	1	1%
24a	Wesentliche Einflussfaktoren	0	0%	0	0%	0	0%
24b	Prognosehorizont von mindestens zwei Jahren	0	0%	0	0%	1	100 %
25.	Voraussichtliche Entwicklung der Steuerquote	4	4%	8	7%	10	9%
25a	Wesentliche Einflussfaktoren	1	25%	1	13%	4	40%
25b	Prognosehorizont von mindestens zwei Jahren	0	0%	2	25%	3	30%
26.	Prognose zur Investitionstätigkeit	50	45%	66	59%	79	71%
26a	Wesentliche Einflussfaktoren	10	20%	12	18%	14	18%
26b	Prognosehorizont von mindestens zwei Jahren	5	10%	14	21%	31	39%
27.	Prognose zu Abschreibungen	4	4%	5	4%	8	7%
27a	Wesentliche Einflussfaktoren	1	25%	1	20%	3	38%
27b	Prognosehorizont von mindestens zwei Jahren	0	0%	1	20%	2	25%
28.	Prognose zur Finanzierungstätigkeit	18	16%	24	21%	32	29%
28a	Wesentliche Einflussfaktoren	7	39%	6	25%	11	34%
28b	Prognosehorizont von mindestens zwei Jahren	2	11%	6	25%	6	19%

29.	Allgemeine finanzwirtschaftliche Auswirkungen	22	20%	36	32%	46	41%
30.	Angabe, ob die Finanzierung aus dem CF erfolgt	6	5%	22	20%	24	21%
31.	Cashflow-Prognose	14	13%	15	13%	27	24%
31a	Wesentliche Einflussfaktoren	5	36%	3	20%	12	44%
31b	Prognosehorizont von mindestens zwei Jahren	2	14%	3	20%	9	33%
32.	Prognose zum Liquiditätsbedarf/Finanzmittelbedarf	12	11%	20	18%	23	21%
32a	Wesentliche Einflussfaktoren	3	25%	9	45%	11	48%
32b	Prognosehorizont von mindestens zwei Jahren	1	8%	3	15%	8	35%
33.	Prognose zur Dividende/Ausschüttungsquote	24	21%	37	33%	50	45%
33a	Wesentliche Einflussfaktoren	10	42%	17	46%	21	42%
33b	Prognosehorizont von mindestens zwei Jahren	3	13%	8	22%	16	32%
34.	Prognose zur Mitarbeiterentwicklung	24	21%	34	30%	37	33%
34a	Wesentliche Einflussfaktoren	15	63%	19	56%	19	51%
34b	Prognosehorizont von mindestens zwei Jahren	1	4%	8	24%	13	35%
35.	Prognose zum Personalaufwand	2	2%	6	5%	5	4%
35a	Wesentliche Einflussfaktoren	1	50%	2	33%	3	60%
35b	Prognosehorizont von mindestens zwei Jahren	0	0%	1	17%	2	40%
36.	Prognose zu F&E	24	21%	39	35%	37	33%
36a	Wesentliche Einflussfaktoren	2	8%	7	18%	6	16%
36b	Prognosehorizont von mindestens zwei Jahren	3	13%	9	23%	10	27%
37.	Prognose zur Auftragsentwicklung/Absatzvolumen	24	21%	30	27%	33	29%
37a	Wesentliche Einflussfaktoren	7	29%	10	33%	12	36%
37b	Prognosehorizont von mindestens zwei Jahren	1	4%	7	23%	8	24%
38.	Prognose zur Beschaffung/Einkauf	16	14%	16	14%	20	18%
38a	Wesentliche Einflussfaktoren	2	13%	3	19%	4	20%
38b	Prognosehorizont von mindestens zwei Jahren	1	6%	2	13%	5	25%
39.	Angaben zur Veränderung der Organisationsstruktur	47	42%	61	54%	70	63%
40.	Angaben zur Einführung neuer Produkte	58	52%	71	63%	85	76%
41.	Angaben zur Erschließung neuer Absatzmärkte	55	49%	73	65%	83	74%
42.	Abgabe von Segmentprognosen	70	63%	87	78%	88	79%
43.	Angaben zur zukünftigen Geschäftsstrategie/-politik	66	59%	82	73%	87	78%

IV. Sonstige Angaben

Nr.	Item	2004		2005		2006	
		n	%	n	%	n	%
44.	Abgabe von mittel- bis langfristigen Prognosen	18	16%	33	29%	42	38%
45.	Angaben zu Schätzverfahren/Prognosemodellen	0	0%	2	2%	2	2%
46.	Hinweis auf die mit den Prognosen verbundene Unsicherheit	17	15%	28	25%	34	30%
47.	Prognosebericht getrennt vom Risikobericht	112	100%	112	100%	112	100%
48.	Verdichtung zu einer Gesamtaussage	2	2%	13	12%	27	24%

Tab. A-16: Häufigkeit des Disclosure Index Score

Disclosure Index Score	2004		2005		2006	
	n	%	n	%	n	%
3	1	0,9%	0	0	0	0
4	1	0,9%	0	0	0	0
5	2	1,8%	1	0,9%	0	0
6	4	3,6%	2	1,8%	0	0
7	2	1,8%	1	0,9%	0	0
8	7	6,3%	1	0,9%	1	0,9%
9	5	4,5%	4	3,6%	1	0,9%
10	6	5,4%	4	3,6%	6	5,4%
11	9	8,0%	4	3,6%	1	0,9%
12	8	7,1%	4	3,6%	0	0,0%
13	2	1,8%	3	2,7%	4	3,6%
14	4	3,6%	4	3,6%	5	4,5%
15	3	2,7%	7	6,3%	2	1,8%
16	3	2,7%	6	5,4%	4	3,6%
17	3	2,7%	3	2,7%	3	2,7%
18	7	6,3%	2	1,8%	3	2,7%
19	2	1,8%	2	1,8%	6	5,4%
20	7	6,3%	4	3,6%	0	0,0%
21	4	3,6%	4	3,6%	6	5,4%
22	4	3,6%	4	3,6%	5	4,5%
23	2	1,8%	1	0,9%	1	0,9%
24	1	0,9%	1	0,9%	2	1,8%
25	2	1,8%	5	4,5%	4	3,6%
26	4	3,6%	3	2,7%	2	1,8%
27	4	3,6%	2	1,8%	5	4,5%
28	1	0,9%	3	2,7%	4	3,6%
29	0	0	1	0,9%	2	1,8%
30	2	1,8%	3	2,7%	5	4,5%
31	2	1,8%	3	2,7%	6	5,4%
32	0	0	7	6,3%	2	1,8%
33	2	1,8%	2	1,8%	2	1,8%
34	0	0	1	0,9%	4	3,6%
35	3	2,7%	1	0,9%	1	0,9%
36	1	0,9%	1	0,9%	5	4,5%
37	0	0	1	0,9%	4	3,6%
38	0	0	1	0,9%	1	0,9%
39	1	0,9%	2	1,8%	1	0,9%
40	0	0,0%	1	0,9%	1	0,9%
41	1	0,9%	2	1,8%	1	0,9%
42	0	0	1	0,9%	3	2,7%
43	1	0,9%	2	1,8%	1	0,9%
44	1	0,9%	0	0	1	0,9%

45	0	0	0	0	1	0,9%
49	0	0	1	0,9%	0	0
50	0	0	0	0	2	1,8%
52	0	0	0	0	1	0,9%
55	0	0	0	0	1	0,9%
56	0	0	0	0	1	0,9%
58	0	0	0	0	1	0,9%
59	0	0	1	0,9%	0	0
Summe	**112**	**100%**	**112**	**100%**	**112**	**100%**

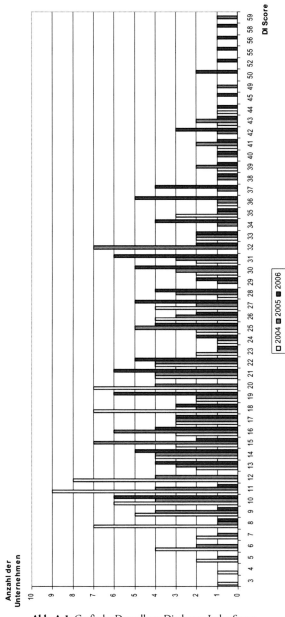

Abb. A-1: Grafische Darstellung Disclosure Index Score

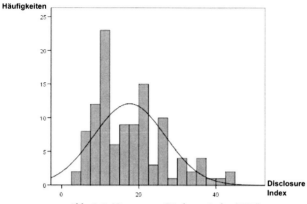

Abb. A-2: Histogramm Disclosure Index (2004)

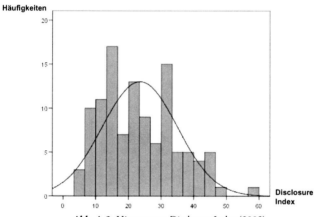

Abb. A-3: Histogramm Disclosure Index (2005)

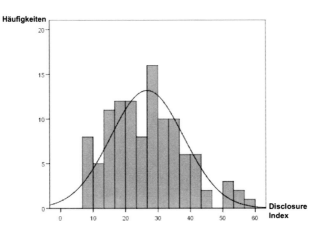

Abb. A-4: Histogramm Disclosure Index (2006)

Tab. A-17: Deskriptive Statistiken zu den Einflussfaktoren

		N	Mittelwert	Stand.abw.	Minimum	Maximum
	2004	112	11.638.247.727	31.234.835.052	16.612.829	182.696.000.000
Bilanzsumme	2005	112	12.910.233.411	34.669.361.006	80.116.644	201.632.000.000
	2006	112	13.871.806.644	36.485.501.282	107.519.000	217.698.000.000
	2004	112	2%	35%	-316%	118%
Umsatzrendite	2005	112	-1%	64%	-666%	80%
	2006	112	3%	30%	-288%	78%
	2004	112	60%	18%	12%	95%
Verschuldungs-grad	2005	112	59%	18%	7%	97%
	2006	112	58%	17%	9%	94%
	2004	96	58%	28%	0%	100%
Streubesitz	2005	96	66%	26%	9%	100%
	2006	98	66%	28%	2%	100%
	2004	95	55%	27%	0%	95%
Anteil Auslandsumsatz	2005	95	56%	27%	0%	96%
	2006	94	59%	26%	0%	97%

Tab. A-18: Ergebnisse der Regressionsanalyse (2004)

R	R-Quadrat	Korrigiertes R-Quadrat	Standardfehler des Schätzers	Durbin-Watson-Statistik
0,532	0,283	0,078	9,118	2,057

	Quadratsumme	df	Mittel der Quadrate	F	Signifikanz
Regression	2.063,315	18	114,629	1,379	0,174
Residuen	5.237,136	63	83,129		
Gesamt	7.300,451	81			

Variablen	B	Standard-fehler	Beta	T	Signifikanz	Toleranz	VIF
(Konstante)	-22,512	14,763		-1,525	0,132		
Ln Bilanzsumme	1,644	0,792	0,365	2,075	0,042	0,369	2,713
Umsatzrendite	0,423	7,078	0,007	0,060	0,952	0,778	1,285
Verschuldungs-grad	2,540	7,598	0,048	0,334	0,739	0,558	1,791
Streubesitz	1,776	4,860	0,051	0,365	0,716	0,583	1,716
Anteil Auslandsumsatz	3,835	5,249	0,106	0,731	0,468	0,544	1,838
Auslandslisting	0,600	3,730	0,029	0,161	0,873	0,361	2,769
WP-Gesellschaft	1,548	2,897	0,073	0,534	0,595	0,615	1,626
Consumer	6,170	5,066	0,141	1,218	0,228	0,851	1,175
Technology	-3,492	5,980	-0,069	-0,584	0,561	0,804	1,243
Pharma & Healthcare	0,250	4,030	0,008	0,062	0,951	0,639	1,565
Transportation & Logistics	2,070	5,388	0,047	0,384	0,702	0,752	1,329
Construction	2,237	6,964	0,037	0,321	0,749	0,879	1,138
Chemicals	0,775	4,687	0,021	0,165	0,869	0,680	1,470
Automobile	0,968	4,588	0,027	0,211	0,833	0,710	1,408
Software	2,685	4,680	0,074	0,574	0,568	0,683	1,465
Retail	-6,789	4,821	-0,172	-1,408	0,164	0,762	1,313
Media	-4,712	7,888	-0,077	-0,597	0,552	0,685	1,460
Others	-2,707	4,857	-0,075	-0,557	0,579	0,634	1,578

Tab. A-19: Ergebnisse der Regressionsanalyse (2005)

R	R-Quadrat	Korrigiertes R-Quadrat	Standardfehler des Schätzers	Durbin-Watson-Statistik
0,640	0,410	0,244	10,090	1,622

	Quadrat-summe	df	Mittel der Quadrate	F	Signifikanz
Regression	4.525,675	18	251,426	2,469	0,004
Residuen	6.516,180	64	101,815		
Gesamt	11.041,855	82			

Variablen	B	Standard-fehler	Beta	T	Signifikanz	Toleranz	VIF
(Konstante)	-29,140	19,776		-1,473	0,146		
Ln Bilanzsumme	2,090	1,114	0,350	1,876	0,065	0,266	3,764
Umsatzrendite	9,584	17,498	0,061	0,548	0,586	0,751	1,332
Verschuldungs-grad	-0,712	9,848	-0,010	-0,072	0,943	0,446	2,243
Streubesitz	1,815	6,006	0,039	0,302	0,763	0,565	1,770
Anteil Auslands-umsatz	4,014	5,588	0,093	0,718	0,475	0,554	1,804
Auslandslisting	-2,430	4,064	-0,092	-0,598	0,552	0,393	2,545
WP-Gesellschaft	6,204	3,275	0,226	1,895	0,063	0,648	1,543
Consumer	6,695	5,696	0,124	1,175	0,244	0,824	1,213
Technology	-6,222	6,669	-0,101	-0,933	0,354	0,792	1,263
Pharma & Healthcare	1,159	3,980	0,033	0,291	0,772	0,731	1,369
Transportation & Logistics	4,228	6,220	0,079	0,680	0,499	0,691	1,447
Construction	-0,203	7,636	-0,003	-0,027	0,979	0,895	1,118
Chemicals	12,251	4,977	0,275	2,461	0,017	0,738	1,354
Automobile	4,553	5,005	0,102	0,910	0,366	0,730	1,370
Software	1,778	5,400	0,037	0,329	0,743	0,743	1,346
Retail	-2,822	5,208	-0,063	-0,542	0,590	0,674	1,483
Media	-6,137	8,345	-0,082	-0,735	0,465	0,749	1,335
Others	-4,529	5,374	-0,102	-0,843	0,402	0,633	1,579

Tab. A-20: Ergebnisse der Regressionsanalyse (2006)

R	R-Quadrat	Korrigiertes R-Quadrat	Standardfehler des Schätzers	Durbin-Watson-Statistik
0,524	0,275	0,077	10,853	1,807

	Quadratsumme	df	Mittel der Quadrate	F	Signifikanz
Regression	2.947,321	18	163,740	1,390	0,166
Residuen	7.773,691	66	117,783		
Gesamt	10.721,012	84			

Variablen	B	Standard-fehler	Beta	T	Signifikanz	Tole-ranz	VIF
(Konstante)	-31,627	21,022		-1,504	0,137		
Ln Bilanzsumme	2,468	1,184	0,417	2,085	0,041	0,275	3,639
Umsatzrendite	-1,329	15,638	-0,010	-0,085	0,933	0,725	1,378
Verschuldungs-grad	-1,564	10,758	-0,023	-0,145	0,885	0,440	2,273
Streubesitz	6,838	5,787	0,160	1,181	0,242	0,597	1,676
Anteil Auslands-umsatz	0,306	6,569	0,007	0,047	0,963	0,515	1,942
Auslandslisting	-1,903	4,351	-0,074	-0,437	0,663	0,382	2,621
WP-Gesellschaft	3,156	3,775	0,112	0,836	0,406	0,608	1,645
Consumer	9,440	6,261	0,178	1,508	0,136	0,788	1,269
Technology	-4,808	7,076	-0,079	-0,679	0,499	0,813	1,230
Pharma & Healthcare	2,203	4,356	0,060	0,506	0,615	0,771	1,297
Transportation & Logistics	3,776	6,534	0,071	0,578	0,565	0,724	1,382
Construction	-3,191	6,730	-0,052	-0,474	0,637	0,899	1,113
Chemicals	4,329	5,144	0,106	0,841	0,403	0,693	1,443
Automobile	3,862	5,367	0,088	0,720	0,474	0,733	1,364
Software	-0,829	5,649	-0,017	-0,147	0,884	0,784	1,275
Retail	-2,563	5,587	-0,058	-0,459	0,648	0,677	1,478
Media	-1,316	9,355	-0,018	-0,141	0,889	0,689	1,451
Others	-5,290	5,978	-0,121	-0,885	0,379	0,591	1,692

Tab. A-21: Ergebnisse der Rang-Regressionsanalyse (2004)

R	R-Quadrat	Korrigiertes R-Quadrat	Standardfehler des Schätzers	Durbin-Watson-Statistik
0,539	0,291	0,088	31,138358	1,975

	Quadrat-summe	df	Mittel der Quadrate	F	Signifikanz
Regression	25.029,481	18	1.390,527	1,434	0,147
Residuen	61.084,631	63	969,597		
Gesamt	86.114,113	81			

Variablen	B	Standard-fehler	Beta	T	Signifikanz	Toleranz	VIF
(Konstante)	18,943	19,009		0,997	0,323		
Rang - Ln Bilanzsumme	0,282	0,161	0,282	1,753	0,084	0,436	2,296
Rang -Umsatzrendite	0,040	0,138	0,038	0,287	0,775	0,649	1,540
Rang - Verschuldungsgrad	0,077	0,151	0,078	0,510	0,612	0,476	2,101
Rang - Streubesitz	0,088	0,170	0,073	0,517	0,607	0,559	1,788
Rang - Anteil Auslandsumsatz	0,099	0,172	0,082	0,579	0,565	0,556	1,798
Auslandslisting	7,343	9,895	0,100	0,742	0,461	0,615	1,625
WP-Gesellschaft	2,384	12,077	0,033	0,197	0,844	0,402	2,489
Consumer	23,998	17,500	0,160	1,371	0,175	0,832	1,202
Technology	-8,856	20,719	-0,051	-0,427	0,671	0,782	1,280
Pharma & Healthcare	2,954	13,640	0,028	0,217	0,829	0,650	1,537
Transportation & Logistics	17,027	18,392	0,113	0,926	0,358	0,753	1,327
Construction	17,910	24,399	0,085	0,734	0,466	0,835	1,198
Chemicals	6,746	16,032	0,054	0,421	0,675	0,678	1,474
Automobile	10,365	15,575	0,083	0,665	0,508	0,719	1,391
Software	9,079	15,718	0,073	0,578	0,566	0,706	1,417
Retail	-21,285	16,594	-0,157	-1,283	0,204	0,750	1,333
Media	-21,294	25,428	-0,101	-0,837	0,406	0,769	1,301
Others	-7,936	16,468	-0,064	-0,482	0,632	0,643	1,555

Tab. A-22: Ergebnisse der Rang-Regressionsanalyse (2005)

R	R-Quadrat	Korrigiertes R-Quadrat	Standardfehler des Schätzers	Durbin-Watson-Statistik
0,630	0,397	0,227	28,710406	1,651

	Quadrat-summe	df	Mittel der Quadrate	F	Signifikanz
Regression	34.691,902	18	1.927,328	2,338	0,007
Residuen	52.754,393	64	824,287		
Gesamt	87.446,295	82			

Variablen	B	Standard-fehler	Beta	T	Signifikanz	Toleranz	VIF
(Konstante)	6,310	17,923		0,352	0,726		
Rang - Ln Bilanzsumme	0,340	0,168	0,334	2,026	0,047	0,347	2,882
Rang -Umsatzrendite	0,133	0,124	0,131	1,073	0,287	0,630	1,586
Rang - Verschuldungsgrad	0,085	0,147	0,085	0,579	0,565	0,436	2,294
Rang - Streubesitz	0,071	0,162	0,058	0,436	0,664	0,539	1,854
Rang - Anteil Auslandsumsatz	0,065	0,150	0,055	0,432	0,667	0,583	1,716
Auslandslisting	-1,614	10,336	-0,022	-0,156	0,876	0,492	2,033
WP-Gesellschaft	15,749	9,455	0,204	1,666	0,101	0,629	1,589
Consumer	22,028	16,372	0,145	1,345	0,183	0,808	1,238
Technology	-16,933	19,419	-0,097	-0,872	0,386	0,756	1,323
Pharma & Healthcare	-0,813	11,213	-0,008	-0,073	0,942	0,745	1,341
Transportation & Logistics	11,902	17,495	0,079	0,680	0,499	0,707	1,414
Construction	2,791	21,916	0,013	0,127	0,899	0,879	1,137
Chemicals	23,651	14,380	0,189	1,645	0,105	0,716	1,396
Automobile	12,832	14,135	0,102	0,908	0,367	0,741	1,349
Software	8,573	15,431	0,063	0,556	0,580	0,737	1,357
Retail	-7,714	14,676	-0,062	-0,526	0,601	0,688	1,454
Media	-17,757	23,242	-0,084	-0,764	0,448	0,782	1,279
Others	-16,275	15,309	-0,130	-1,063	0,292	0,632	1,583

Tab. A-23: Ergebnisse der Rang-Regressionsanalyse (2006)

R	R-Quadrat	Korrigiertes R-Quadrat	Standardfehler des Schätzers	Durbin-Watson-Statistik
0,571	0,327	0,143	29,935047	1,799

	Quadratsumme	df	Mittel der Quadrate	F	Signifikanz
Regression	28.680,346	18	1.593,353	1,778	0,047
Residuen	59.143,066	66	896,107		
Gesamt	87.823,412	84			

Variablen	B	Standardfehler	Beta	T	Signifikanz	Toleranz	VIF
(Konstante)	18,085	18,512		0,977	0,332		
Rang - Ln Bilanzsumme	0,490	0,168	0,487	2,922	0,005	0,368	2,718
Rang - Umsatzrendite	-0,028	0,133	-0,028	-0,212	0,832	0,593	1,688
Rang - Verschuldungsgrad	-0,001	0,157	-0,001	-0,005	0,996	0,417	2,397
Rang - Streubesitz	0,198	0,153	0,170	1,292	0,201	0,590	1,695
Rang - Anteil Auslandsumsatz	0,006	0,155	0,005	0,040	0,969	0,613	1,631
Auslandslisting	-1,363	10,524	-0,019	-0,129	0,897	0,496	2,015
WP-Gesellschaft	5,688	10,181	0,071	0,559	0,578	0,636	1,573
Consumer	34,937	17,288	0,230	2,021	0,047	0,787	1,271
Technology	-16,336	20,959	-0,094	-0,779	0,439	0,705	1,419
Pharma & Healthcare	1,385	11,897	0,013	0,116	0,908	0,787	1,271
Transportation & Logistics	6,873	17,692	0,045	0,388	0,699	0,751	1,331
Construction	-9,212	18,731	-0,053	-0,492	0,625	0,883	1,133
Chemicals	6,266	14,402	0,054	0,435	0,665	0,673	1,487
Automobile	9,438	14,646	0,075	0,644	0,522	0,749	1,335
Software	1,073	15,471	0,008	0,069	0,945	0,796	1,257
Retail	-9,307	15,392	-0,074	-0,605	0,547	0,678	1,474
Media	-0,448	24,026	-0,002	-0,019	0,985	0,795	1,258
Others	-14,324	15,994	-0,114	-0,896	0,374	0,628	1,592

Anhang C

Analyse der Kapitalmarktreaktion auf die Prognosepublizität

Tab. A-24: Unternehmen in der bereinigten Grundgesamtheit mit Ankündigungstag

Nr.	Unternehmen	ISIN	Positive Ankündigung	Negative Ankündigung
1.	ADIDAS AG	DE0005003404	03.11.2005	09.11.2006
			04.08.2004	
2.	ADVA AG	DE0005103006	03.11.2005	-
3.	AIXTRON AG	DE0005066203	-	-
4.	ALTANA AG	DE0007600801	05.11.2007	19.03.2004
			05.11.2004	
5.	ARQUES INDUSTRIES AG	DE0005156004	23.08.2007	-
			04.12.2006	
6.	BALDA AG	DE0005215107	26.07.2005	-
			26.07.2004	
7.	BASF AG	DE0005151005	30.10.2007	-
			04.05.2006	
			04.08.2004	
8.	BAY. MOTOREN WERKE AG	DE0005190003	-	-
9.	BAYER AG	DE0005752000	19.06.2007	-
			08.08.2005	
10.	BAYWA AG	DE0005194062	-	-
11.	BECHTLE AG	DE0005158703	08.11.2004	-
12.	BEIERSDORF AG	DE0005200000	-	-
13.	BILFINGER BERGER AG	DE0005909006	09.08.2007	05.10.2005
14.	CELESIO AG	DE000CLS1001	-	28.09.2007
15.	CEWE COLOR HOLDING	DE0005403901	-	-
16.	CONTINENTAL AG	DE0005439004	15.10.2004	-
			02.08.2004	
17.	CTS EVENTIM AG	DE0005470306	-	-
18.	CURANUM AG	DE0005240709	-	06.08.2007
19.	D+S EUROPE AG	DE0005336804	-	-
20.	DAIMLERCHRYSLER AG	DE0007100000	-	15.09.2006
21.	DEUTSCHE POST AG	DE0005552004	14.12.2005	
			30.07.2004	
22.	DEUTZ AG	DE0006305006	15.08.2006	
23.	DOUGLAS HOLDING	DE0006099005	-	-
24.	DRAEGERWERKE AG	DE0005550636	-	28.10.2004
25.	DEUTSCHE BETEILIGUNGS AG	DE0005508105	-	-
26.	DEUTSCHE TELEKOM AG	DE0005557508	-	29.01.2007
				09.08.2006
27.	DYCKERHOFF AG	DE0005591036	06.08.2007	-
28.	E.ON AG	DE0007614406	03.05.2007	
			15.08.2006	
			12.11.2004	
29.	ELEXIS AG	DE0005085005	03.05.2005	-

30.	ELRINGKLINGER AG	DE0007856023	09.08.2007 18.12.2006	-
31.	EM.TV AG	DE0009147207	23.05.2006	
32.	EPCOS AG	DE0005128003	-	03.02.2005
33.	ESCADA AG	DE0005692107	-	27.09.2007
34.	EVOTEC AG	DE0005664809	-	-
35.	FIELMANN AG	DE0005772206	-	-
36.	FRAPORT AG	DE0005773303	-	-
37.	FREENET.DE AG	DE0005792006	-	
38.	FRESENIUS MEDICAL CARE KGAA	DE0005785802	02.08.2007 04.08.2006 02.11.2004	-
39.	FRESENIUS AG	DE0005785638	31.10.2007 31.10.2006	-
40.	FUCHS PETROLUB AG	DE0005790430	-	-
41.	GEA GROUP AG	DE0006602006	20.06.2007	-
42.	GERRY WEBER AG	DE0003304101	-	-
43.	GFK AG	DE0005875306	19.08.2004	
44.	GILDEMEISTER AG	DE0005878003	07.11.2007 02.08.2007 07.11.2006 07.08.2006	-
45.	GPC BIOTECH AG	DE0005851505	-	-
46.	GRAMMER AG	DE0005895403	-	22.09.2005
47.	H+R WASAG AG	DE0007757007	-	12.10.2007
48.	HEIDELBERGER DRUCKMA. AG	DE0007314007	30.06.2005	-
49.	HEIDELBERGCEMENT AG	DE0006047004	-	-
50.	HENKEL KGAA	DE0006048432	07.11.2007 01.08.2007	06.07.2004
51.	HOCHTIEF AG	DE0006070006	11.05.2005	-
52.	HUGO BOSS AG	DE0005245534	01.08.2007 03.11.2006 24.10.2005 20.04.2005	-
53.	IDS SCHEER AG	DE0006257009	-	23.10.2006 28.10.2004
54.	INDUS HOLDING AG	DE0006200108	-	-
55.	INFINEION TECHNOLOGIES AG	DE0006231004	-	24.01.2006
56.	IWKA AG	DE0006204407	-	-
57.	JENOPTIK AG	DE0006229107	-	-
58.	JUNGHEINRICH AG	DE0006219934	17.08.2007	-
59.	K+S AG	DE0007162000	-	01.10.2007
60.	KARSTADT QUELLE AG	DE0006275001	-	09.08.2006 14.07.2005 03.11.2004
61.	KLOECKNER-WERKE AG	DE000KC01000	01.08.2007	-
62.	KOENIG + BAUER AG	DE0007193500	-	-
63.	KONTRON AG	DE0006053952	25.10.2006 12.08.2004	-

64.	KRONES AG	DE0006335003	-	-
65.	KWS SAAT AG	DE0007074007	-	-
66.	LEONI AG	DE0005408884	03.08.2006	-
67.	LINDE AG	DE0006483001	31.10.2005	-
68.	LOEWE AG	DE0006494107	06.11.2007	-
69.	LUFTHANSA AG	DE0008232125	25.07.2007 09.11.2005 09.08.2005	-
70.	MAN AG	DE0005937007	31.10.2007 12.08.2005	-
71.	MEDION AG	DE0006605009	-	02.10.2006 29.07.2004
72.	MERCK KGAA	DE0006599905	-	-
73.	METRO AG	DE0007257503	30.10.2007	01.11.2005
74.	MORPHOSYS AG	DE0006632003	-	-
75.	MVV ENERGIE AG	DE000A0H52F5	24.01.2006	-
76.	NORDDEUTSCHE AFFINERIE AG	DE0006766504	-	-
77.	NORDEX AG	DE000A0D6554	04.04.2006	27.08.2004
78.	PFEIFFER VACUUM TECHNOLO-GIES AG	DE0006916604	06.11.2007	-
79.	PFLEIDERER AG	DE0006764749	-	-
80.	PROSIEBENSAT.1 MEDIA AG	DE0007771172	-	-
81.	PUMA AG	DE0006969603	28.04.2006 04.11.2005 27.07.2004	07.05.2007
82.	QSC AG	DE0005137004	-	-
83.	RATIONAL AG	DE0007010803	-	-
84.	RHEINMETALL AG	DE0007030009	12.11.2007	-
85.	RHOEN-KLINIKUM AG	DE0007042301	16.08.2007 18.12.2006	-
86.	RWE AG	DE0007037129	09.08.2007	09.11.2004
87.	SALZGITTER AG	DE0006202005	14.05.2007 10.08.2006	
88.	SAP AG	DE0007164600	20.10.2005	-
89.	SCHWARZ PHARMA AG	DE0007221905	26.07.2005	
90.	SGL CARBON AG	DE0007235301	26.07.2006 09.08.2005	-
91.	SIEMENS AG	DE0007236101	-	27.04.2005
92.	SINGULUS TECHNOLOGIES AG	DE0007238909	-	-
93.	SIXT AG	DE0007231326	14.07.2005	
94.	SOFTWARE AG	DE0003304002	24.10.2006 27.04.2004	-
95.	SOLARWORLD AG	DE0005108401	02.08.2007 14.11.2006 01.08.2006 01.08.2005	
96.	SOLON AG F.SOLARTECH. AG	DE0007471195	13.11.2007	-
97.	STADA ARZNEIMITTEL AG	DE0007251803	-	13.10.2005 15.06.2004

98.	SUEDZUCKER AG	DE0007297004	11.10.2007	-
99.	TAKKT AG	DE0007446007	02.11.2006	-
100.	TECHEM AG	DE0005471601	12.05.2005 17.05.2004	-
101.	THYSSENKRUPP AG	DE0007500001	10.08.2007 11.05.2007 13.02.2007 12.05.2006	-
102.	TUI AG	DE000TUAG000	-	-
103.	UNITED INTERNET AG	DE0005089031	11.08.2006	-
104.	VOLKSWAGEN AG	DE0007664005	27.07.2007	23.07.2004
105.	VOSSLOH AG	DE0007667107	-	26.06.2006 27.07.2004
106.	WIRECARD AG	DE0007472060	16.08.2007	-

Tab. A-25: Ergebnisse der Regressionsschätzung bei positiven Prognoseankündigungen

Ankündigungstag	Alpha	Beta	T-Wert (Signifikanz)	Korrigiertes R²
03.11.2005	0,000	0,716	5,994 (0,000)	0,149
04.08.2004	0,001	0,582	8,537 (0,000)	0,265
03.11.2005	0,000	0,875	3,611 (0,000)	0,057
05.11.2007*	-0,006	0,285	0,632 (0,528)	-0,003
05.11.2004	-0,001	0,369	4,039 (0,000)	0,071
23.08.2007	0,004	1,608	6,516 (0,000)	0,172
04.12.2006	0,000	0,772	4,930 (0,000)	0,105
26.07.2005	0,000	0,666	3,537 (0,001)	0,055
26.07.2004	-0,001	1,012	5,879 (0,000)	0,144
30.10.2007	0,001	0,854	12,581 (0,000)	0,441
04.05.2006	0,000	0,955	12,573 (0,000)	0,441
04.08.2004	0,000	0,874	15,461 (0,000)	0,545
19.06.2007	0,000	0,855	8,967 (0,000)	0,285
08.08.2005	0,000	0,989	10,232 (0,000)	0,343
08.11.2004	0,002	0,987	6,270 (0,000)	0,161
09.08.2007	0,000	1,448	13,043 (0,000)	0,459
15.10.2004	0,002	1,048	11,036 (0,000)	0,378
02.08.2004	0,001	1,064	12,241 (0,000)	0,428
14.12.2005	-0,001	0,796	8,852 (0,000)	0,280
30.07.2004	0,000	1,029	11,024(0,000)	0,377
15.08.2006	0,002	1,055	6,011 (0,000)	0,150
06.08.2007*	0,002	0,220	1,716 (0,088)	0,010
03.05.2007	0,000	1,003	11,108 (0,000)	0,381
15.08.2006	0,000	0,968	13,074 (0,000)	0,461
12.11.2004	0,001	0,673	11,489 (0,000)	0,397
03.05.2005	0,003	0,798	2,713 (0,007)	0,031
09.08.2007	0,002	0,634	4,536 (0,000)	0,090
18.12.2006	0,001	0,637	5,570 (0,000)	0,131
23.05.2006	-0,003	0,847	3,132 (0,002)	0,042
02.08.2007	-0,001	0,628	6,452 (0,000)	0,170
04.08.2006	0,001	0,744	9,868 (0,000)	0,326
02.11.2004	0,001	0,402	5,192 (0,000)	0,115
31.10.2007	-0,001	1,117	7,708 (0,000)	0,227
31.10.2006	0,000	1,119	10,707 (0,000)	0,363
20.06.2007	0,001	1,395	10,139 (0,000)	0,338
19.08.2004	0,001	0,487	3,233 (0,001)	0,045
07.11.2007	0,003	1,773	9,278 (0,000)	0,299
02.08.2007	0,001	1,575	9,628 (0,000)	0,315
07.11.2006	0,000	1,303	9,926 (0,000)	0,329
07.08.2006	0,000	1,288	9,729 (0,000)	0,320
30.06.2005	-0,001	0,423	3,064 (0,002)	0,040
07.11.2007	-0,001	0,815	9,295 (0,000)	0,300
01.08.2007	-0,001	0,765	8,511 (0,000)	0,264

---

* Die gekennzeichneten Ankündigungstage wurden aus der Analyse ausgeschlossen, da die Regressionsschätzung keine signifikanten Werte ergab.

11.05.2005	0,001	0,701	5,344 (0,000)	0,122
01.08.2007	0,000	0,911	8,360 (0,000)	0,257
03.11.2006	0,000	1,160	10,235 (0,000)	0,343
24.10.2005	0,000	0,764	5,614 (0,000)	0,133
20.04.2005	0,001	0,684	4,804 (0,000)	0,100
17.08.2007	0,000	1,037	7,630 (0,000)	0,223
01.08.2007*	0,001	0,259	1,488 (0,138)	0,006
25.10.2006	0,001	1,034	7,749 (0,000)	0,229
12.08.2004	-0,001	1,331	9,206 (0,000)	0,296
03.08.2006	0,000	1,356	10,515 (0,000)	0,355
31.10.2005	0,000	0,892	9,665 (0,000)	0,317
06.11.2007*	0,000	0,005	0,037 (0,971)	-0,005
25.07.2007	0,000	0,885	7,889 (0,000)	0,235
09.11.2005	0,000	0,833	10,275 (0,000)	0,344
09.08.2005	-0,001	0,946	8,952 (0,000)	0,285
31.10.2007	0,002	1,201	11,395 (0,000)	0,393
12.08.2005	0,001	1,057	8,919 (0,000)	0,283
30.10.2007	0,001	0,602	6,426 (0,000)	0,168
24.01.2006	0,001	0,228	2,267 (0,024)	0,020
04.04.2006	0,004	0,962	2,766 (0,006)	0,032
06.11.2007	-0,002	0,895	7,280 (0,000)	0,207
28.04.2006	0,001	0,757	5,927 (0,000)	0,146
04.11.2005	0,000	0,552	4,351 (0,000)	0,083
27.07.2004	0,002	0,944	7,697 (0,000)	0,226
12.11.2007	-0,001	1,222	10,356 (0,000)	0,348
16.08.2007	0,000	1,014	8,150 (0,000)	0,247
18.12.2006	-0,001	0,889	6,751 (0,000)	0,183
09.08.2007	-0,001	0,731	8,296 (0,000)	0,254
14.05.2007	0,001	1,314	8,461 (0,000)	0,262
10.08.2006	0,001	2,203	12,352 (0,000)	0,432
20.10.2005	0,000	0,948	10,566 (0,000)	0,357
26.07.2005*	0,001	-0,055	-0,328 (0,743)	-0,005
26.07.2006	0,000	1,694	11,641 (0,000)	0,403
09.08.2005	-0,001	1,433	7,749 (0,000)	0,229
14.07.2005*	0,003	0,006	0,033 (0,974)	-0,005
24.10.2006	0,000	1,166	9,486 (0,000)	0,309
27.04.2004	0,001	0,693	4,168 (0,000)	0,076
02.08.2007	0,001	1,323	6,465 (0,000)	0,170
14.11.2006	-0,001	2,176	9,372 (0,000)	0,304
01.08.2006	0,001	2,107	9,075 (0,000)	0,290
01.08.2005*	0,006	0,405	1,009 (0,314)	0,000
13.11.2007	0,004	1,812	7,460 (0,000)	0,215
11.10.2007	-0,002	0,777	7,725 (0,000)	0,228
02.11.2006*	0,001	-0,009	-0,064 (0,949)	-0,005
12.05.2005	0,002	0,404	2,096 (0,037)	0,017
17.05.2004	0,001	0,606	5,125 (0,000)	0,113
10.08.2007	0,001	1,202	11,724 (0,000)	0,407
11.05.2007	0,000	1,115	8,685 (0,000)	0,272
13.02.2007	0,001	1,499	12,643 (0,000)	0,444

12.05.2006	0,002	0,943	8,371 (0,000)	0,258
11.08.2006	0,001	1,769	9,681 (0,000)	0,318
27.07.2007	0,002	0,914	7,025 (0,000)	0,195
16.08.2007	0,002	1,346	6,100 (0,000)	0,154

Tab. A-26: Ergebnisse der Regressionsschätzung bei negativen Prognoseankündigungen

Ankündigungstag	Alpha	Beta	T-Wert (Signifikanz)	Korrigiertes R²
09.11.2006	-0,001	0,846	11,337 (0,000)	0,391
19.03.2004	-0,001	0,429	3,914 (0,000)	0,067
05.10.2005	0,001	0,625	5,063 (0,000)	0,110
28.09.2007	0,000	0,825	8,817 (0,000)	0,278
06.08.2007	-0,001	0,498	3,723 (0,000)	0,061
15.09.2006	-0,001	0,962	12,742 (0,000)	0,448
28.10.2004	0,000	0,996	5,990 (0,000)	0,149
29.01.2007	0,000	0,656	8,166 (0,000)	0,248
09.08.2006	-0,001	0,507	7,805 (0,000)	0,231
03.02.2005	-0,004	1,660	11,657 (0,000)	0,404
27.09.2007	0,000	0,579	3,474 (0,001)	0,053
22.09.2005	-0,001	0,545	2,364 (0,019)	0,023
12.10.2007	-0,003	1,451	7,364 (0,000)	0,211
06.07.2004	0,000	0,529	7,357 (0,000)	0,211
23.10.2006	-0,001	0,894	6,781 (0,000)	0,184
28.10.2004	0,000	1,429	9,326 (0,000)	0,302
24.01.2006	-0,001	1,265	10,180 (0,000)	0,340
01.10.2007	0,000	1,699	12,674 (0,000)	0,445
09.08.2006	0,002	1,709	10,394 (0,000)	0,350
14.07.2005*	-0,001	0,520	1,574 (0,117)	0,007
03.11.2004	-0,003	1,031	5,402 (0,000)	0,124
02.10.2006	-0,002	0,601	4,260 (0,000)	0,079
29.07.2004	-0,001	0,753	6,485 (0,000)	0,171
01.11.2005	-0,001	0,735	9,606 (0,000)	0,314
27.08.2004	0,000	0,668	2,511 (0,000)	0,026
07.05.2007	0,000	0,743	5,601 (0,000)	0,132
09.11.2004	0,001	0,833	10,980 (0,000)	0,375
27.04.2005	0,000	1,033	14,794 (0,000)	0,523
13.10.2005*	0,002	0,368	1,945 (0,053)	0,014
15.06.2004	-0,001	0,414	3,999 (0,000)	0,070
23.07.2004	-0,002	0,979	14,123 (0,000)	0,499
26.06.2006	-0,001	0,591	5,371 (0,000)	0,123
27.07.2004	0,000	0,388	3,752 (0,000)	0,062

---

*   Die gekennzeichneten Ankündigungstage wurden aus der Analyse ausgeschlossen, da die Regressionsschätzung keine signifikanten Werte ergab.

Tab. A-27: Verlauf der CARs bei positiven Ankündigungen

Ereignistag (t)	Cumulative Abnormal Returns (CAR$_t$)				
	DAX (N = 34)	MDAX (N = 25)	TecDAX (N = 13)	SDAX (N = 16)	gesamt (N = 88)
-5	0,11%	-0,19%	0,61%	-0,44%	0,00%
-4	0,29%	-0,29%	0,51%	-0,98%	-0,07%
-3	0,41%	-0,23%	0,36%	-0,99%	-0,03%
-2	0,47%	0,05%	1,09%	0,84%	0,51%
-1	1,07%	-0,18%	1,62%	1,64%	0,90%
0	2,16%	1,43%	2,31%	4,05%	2,32%
1	2,27%	1,55%	3,07%	4,00%	2,50%
2	2,12%	1,68%	3,86%	3,20%	2,45%
3	2,51%	1,64%	4,75%	2,71%	2,63%
4	2,68%	1,89%	3,95%	2,52%	2,61%
5	2,79%	1,66%	6,25%	1,92%	2,82%

Tab. A-28: Verlauf der CARs bei negativen Ankündigungen

Ereignistag (t)	Cumulative Abnormal Returns (CAR$_t$)				
	DAX (N = 11)	MDAX (N = 9)	TecDAX (N = 5)	SDAX (N = 6)	gesamt (N = 31)
-5	0,03%	0,03%	-0,71%	-1,52%	-0,61%
-4	0,69%	0,69%	0,81%	-2,28%	-0,34%
-3	0,66%	0,66%	0,47%	-2,65%	-0,44%
-2	0,34%	0,34%	0,66%	-3,38%	-0,69%
-1	0,34%	0,34%	-0,23%	-3,48%	-1,14%
0	-1,91%	-1,91%	-5,20%	-22,72%	-8,70%
1	-3,67%	-3,67%	-8,15%	-19,04%	-9,34%
2	-4,14%	-4,14%	-8,79%	-20,07%	-9,50%
3	-4,70%	-4,70%	-8,86%	-18,21%	-9,22%
4	-4,96%	-4,96%	-8,82%	-19,00%	-9,95%
5	-4,77%	-4,77%	-9,68%	-21,11%	-9,92%

Verzeichnis der Gesetze, Verordnungen und Richtlinien

EU-Verordnung Nr. 1606/2002	Verordnung (EG) Nr. 1606/2002 des Europäischen Parlaments und des Rates vom 19.07.2002 betreffend die Anwendung internationaler Rechnungslegungsstandards
Fair-Value-Richtlinie	Richtlinie 2001/65/EG des Europäischen Parlaments und Rates vom 27.10.2001
HGB	Handelsgesetzbuch, 47. Aufl., 2008
InvG	Investmentgesetz vom 15.12.2003 (BGBl. I S. 2676), zuletzt geändert durch Artikel 7 des Gesetzes vom 05.01.2007 (BGBl. I S. 10)
KonTraG	Gesetz zur Kontrolle und Transparenz im Unternehmensbereich vom 27.04.1998
Modernisierungsrichtlinie	Richtlinie 2003/51/EG des Europäischen Parlaments und Rates vom 18.06.2003
Prospektrichtlinie	Richtlinie 2003/71/EG des Europäischen Parlaments und des Rates vom 04.11.2003 betreffend den Prospekt, der beim öffentlichen Angebot von Wertpapieren oder bei deren Zulassung zum Handel zu veröffentlichen ist, und zur Änderung der Richtlinie 2001/34/EG
Prospektrichtlinien-Umsetzungsesetz	Gesetz zur Umsetzung der Richtlinie 2003/71/EG des Europäischen Parlaments und des Rates vom 04.11.2003 betreffend den Prospekt, der beim öffentlichen Angebot von Wertpapieren oder bei deren Zulassung zum Handel zu veröffentlichen ist, und zur Änderung der Richtlinie 2001/34/EG, vom 22.06.2005
Transparenzrichtlinie	Richtlinie 2004/109/EG des Europäischen Parlaments und des Rates zur Harmonisierung der Transparenzanforderungen in Bezug auf Informationen über Emittenten, deren Wertpapiere zum Handel an einem geregelten Markt zugelassen sind, und zur Änderung der Richtlinie 2001/34/EG vom 15.12.2004
TUG	Gesetz zur Umsetzung der Richtlinie 2004/109/UG des Europäischen Parlaments und des Rates vom 15.12.2004 zur Harmonisierung der Transparenzanforderungen in Bezug auf Informationen über Emittenten, deren Wertpapiere zum Handel an einem geregelten Markt zugelassen sind, und zur Änderung der Richtlinie 2001/34/EG (Transparenzrichtlinien-Umsetzungsgesetz – TUG) vom 05.01.2007

Übernahmerichtlinie	Richtlinie 2004/25/EG des Europäischen Parlaments und des Rates vom 21.04.2004 betreffend Übernahmeangebote
Übernahmerichtlinie-Umsetzungsgesetz	Gesetz zur Umsetzung der Richtlinie 2004/25/EG des Europäischen Parlaments und des Rates vom 21.04.2004 betreffend Übernahmeangebote, vom 08.07.2006
WpHG	Wertpapierhandelsgesetz in der Fassung der Bekanntmachung vom 09.09.1998 (BGBl. I S. 2708), zuletzt geändert durch Artikel 1 des Gesetzes vom 16.07.2007 (BGBl. I S. 1330)
WpPG	Gesetz über die Erstellung, Billigung und Veröffentlichung des Prospekts, der beim öffentlichen Angebot von Wertpapieren oder bei der Zulassung von Wertpapieren zum Handel an einem organisierten Markt zu veröffentlichen ist (Wertpapierprospektgesetz – WpPG) vom 22.06.2005 (BGBl. S. 1698), zuletzt geändert durch Artikel 13b Nummer 2 des Gesetzes vom 16.07.2007 (BGBl. I S. 1330)
WpÜG	Wertpapiererwerbs- und Übernahmegesetz vom 20.12.2001 (BGBl. S. 3822), zuletzt geändert durch Artikel 4 des Gesetzes vom 16.07.2007 (BGBl. I S. 1330)

Verzeichnis der länderspezifischen Regelungen

Australien
ASX Listing Rules, vom 24.10.2005.

Corporations Act, No. 50, 2001, zuletzt geändert am 01.09.2007.

Corporate Law Economic Reform Program (Audit Reform and Corporate Disclosure) Act, an Act to amend the Corporations Act 2001 and the Australian Securities and Investments Commission Act 2001, and for related purposes, No. 103, 2004.

Guide to Review of Operations and Financial Condition, Group 100, 1998, überarbeitete Version von 2003.

Großbritannien
Companies Act 2006, Inkrafttreten erfolgte Schrittweise zum 01.01.2007, 01.10.2007, 01.04.2008 und 01.10.2008.

Reporting Statement: Operating and Financial Review, verabschiedet vom ASB am 26.01.2006.

Kanada
MD&A Guidance on Preparation and Disclosure, CICA, November 2002, überarbeitete Version von Mai 2004.

National Instrument 51-102 Continuous Disclosure Obligations, vom 19.12.2003, zuletzt geändert am 19.01.2007.

Neuseeland
Financial Reporting Act 1993, vom 28.09.1993.

Financial Reporting Amendment Act 2006, vom 21.11.2006.

Financial Reporting Standard No. 9: Information to be disclosed in Financial Statements, verabschiedet im März 1995, letzte Änderung im Oktober 2001, durch das Financial Reporting Standards Board of the New Zealand Institute of Chartered Accountants.

Financial Reporting Standard No. 42: Prospective Financial Statements, verabschiedet im Dezember 2005 durch das Financial Reporting Standards Board of the New Zealand Institute of Chartered Accountants.

USA
FRR 36: SEC Interpretation: Management's Discussion and Analysis of Financial Condition and Results of Operations; Certain Investment Company Disclosure [Release Nos. 33-6835; 34-26831; IC-16961; FR-36], 18.05.1989.

FRR 72: Interpretation: Commission Guidance Regarding Management's Discussion and Analysis of Financial Condition and Results of Operations [Release Nos. 33-8350; 34-48960; FR-72], 29.12.2003.

Regulation S-K: Standard Instructions for Filing Forms under the Securities Act of 1933, Securities Exchange Act of 1934, and Energy Policy and Conservation Act of 1975, Item 303 Management's Discussion and Analysis of Financial Condition and Results of Operations.

Securities Act von 1933.

Securities Exchange Act von 1934.

Verzeichnis der Rechnungslegungsvorschriften

DRS 5	Deutscher Rechnungslegungs Standard Nr. 5 (DRS 5) „Risikobericht-erstattung", verabschiedet durch den DSR am 03.04.2001, bekannt-gemacht durch das BMJ am 29.05.2001; überarbeitet durch DRÄS 1 am 02.07.2004 und DRÄS 3 am 31.08.2005.
DRS 15	Deutscher Rechnungslegungs Standard Nr. 15 (DSR 15) „Lagebe-richterstattung", verabschiedet durch den DSR am 07.12.2004, be-kanntgemacht durch das BMJ am 26.02.2005.
DRS 15a	Deutscher Rechnungslegungs Standard Nr. 15a (DRS 15a) „Über-nahmerechtliche Angaben und Erläuterungen im Konzernlagebericht, verabschiedet durch den DSR am 07.12.2007, bekanntgemacht durch das BMJ am 05.06.2008.
DRS 16	Deutscher Rechnungslegungs Standard Nr. 16 (DRS 16) "Zwischen-berichterstattung", verabschiedet durch den DSR am 05.05.2008, be-kanntgemacht durch das BMJ am 24.07.2008.
DRS 17	Deutscher Rechnungslegungs Standard Nr. 17 (DRS 17) „Berichter-stattung über die Vergütung der Organmitglieder", verabschiedet durch den DSR am 07.12.2007, bekanntgemacht durch das BMJ am 05.06.2008.
DP MC	Discussion Paper Management Commentary, a paper prepared for the IASB by staff of its partner standard-setters and others, 27.10.2005.
E-DRS 20	Entwurf Deutscher Rechnungslegungs Standard Nr. 20 E-DRS 20 „Lageberichterstattung", 13.11.2003.
E-DRS 21	Entwurf Deutscher Rechnungslegungs Standard Nr. 21 (E-DRS 21) „Zwischenberichterstattung", vom 17.11.2006 mit Änderungen vom 18.12.2006.
IAS 34	International Financial Reporting Standard No. 34 „Interim Financial Reporting", verabschiedet vom IASB im Februar 1998, mit Änderun-gen aus dem Jahr 2000.

Verzeichnis der zitierten Geschäftsberichte

Adidas AG   Geschäftsbericht 2004

                                            Geschäftsbericht 2005

                                            Geschäftsbericht 2006

ADVA AG   Geschäftsbericht 2006

Altana AG   Geschäftsbericht 2006

Bayer AG   Geschäftsbericht 2006

Bechtle AG   Geschäftsbericht 2006

Bilfinger Berger AG   Geschäftsbericht 2006

BMW Group   Geschäftsbericht 2006

Deutsche Telekom AG   Geschäftsbericht 2006

Deutz AG   Geschäftsbericht 2005

                                            Geschäftsbericht 2006

Elexis AG   Geschäftsbericht 2006

E.ON AG   Geschäftsbericht 2006

Heidelberger Druckmaschinen AG Geschäftsbericht 2006

Jenoptik AG   Geschäftsbericht 2006

Jungheinrich AG   Geschäftsbericht 2006

Lufthansa AG   Geschäftsbericht 2006

Merck AG   Geschäftsbericht 2006

ProSiebenSat1 Media AG   Geschäftsbericht 2006

Rheinmetall AG   Geschäftsbericht 2006

SAP AG   Geschäftsbericht 2006

Singulus Technologies AG   Geschäftsbericht 2006

ThyssenKrupp AG   Geschäftsbericht 2006

TUI AG   Geschäftsbericht 2006

Wincor Nixdorf AG   Geschäftsbericht 2006

Literaturverzeichnis

Adler, Hans/Düring, Walther/Schmaltz, Kurt (1968): Rechnungslegung und Prüfung der Aktiengesellschaft: Handkommentar, 4. Aufl., Stuttgart 1968.

Adler, Hans/Düring, Walther/Schmaltz, Kurt (1995): Rechnungslegung und Prüfung der Unternehmen, 6. Aufl., Stuttgart 1995.

AFRAC (2006): Comment Letter „Discussion Paper: Management Commentary", abrufbar unter http://www.iasb.org/NR/rdonlyres/A076045A-4DD2-4F45-8EF8D8 D2EAAA9D90/0/16 _230_MCCL32.pdf, Stand: 06.07.2009.

Ahmed, Kamran/Courtis, John K. (1999): Association between Corporate Characteristics and Disclosure Levels in Annual Reports: A Meta-Analysis, in: British Accounting Review, 31. Jg., Heft 1, 1999, S. 35-61.

Ahmed, Kamran/Nicholls, Des (1994): The Impact of Non-financial Company Characteristics on Mandatory Disclosure Compliance in Developing Countries: The Case of Bangladesh, in: The International Journal of Accounting, 29. Jg., Heft 1, 1994, S. 62-77.

AICPA (1994): Improving Business Reporting (The Jenkins Report), abrufbar unter http://www.aicpa.org/Professional+Resources/Accounting+and+Auditing/Accounting+ Standards/ibr/, Stand: 06.07.2009.

Akerlof, George A. (1970): The Market for "Lemons": Quality Uncertainty and the Market Mechanism, in: Quarterly Journal of Economics, 84. Jg., Heft 3, 1970, S. 488-500.

Al-Laham, Andreas (1997): Strategieprozesse in deutschen Unternehmungen. Verlauf, Struktur und Effizienz, Wiesbaden 1997, zugl. Dortmund, Univ., Diss., 1996.

Albach, Horst/Kraus, Willy (2003): Werte, Wettbewerb und Wandel, Botschaften für morgen, Gedenkschrift für Carl Zimmerer, Wiesbaden 2003.

Albert, Hans (1957): Theorie und Prognose in den Sozialwissenschaften, in: Schweizer Zeitschrift für Volkswirtschaft und Statistik, 93. Jg., 1957, S. 60-76.

Albert, Hans (1964a): Probleme der Theoriebildung, in: Albert, Hans (Hrsg.), Theorie und Realität. Ausgewählte Aufsätze zur Wissenschaftslehre der Sozialwissenschaft, Tübingen 1964, S. 3-70.

Albert, Hans (1964b): Theorie und Realität. Ausgewählte Aufsätze zur Wissenschaftslehre der Sozialwissenschaft, Tübingen 1964.

Albert, Hans (2000): Kritischer Rationalismus, Tübingen 2000.

Almeling, Christopher (2008): Die Auswirkungen der Unternehmenspublizität auf den Kapitalmarkt – Eine empirische Analyse der Kapitalmarktreaktionen auf die Veröffentlichung von Periodenergebnissen, Frankfurt am Main 2008, zugl. Frankfurt am Main, Univ., Diss., 2008.

Alsaeed, Khalid (2005): The Association Between Firm-Specific Characteristics and Disclosure: The Case of Saudi-Arabia, in: The Journal of American Academy of Business, 7. Jg., Heft 1, 2005, S. 310-321.

Amshoff, Bernhard (1993): Controlling in deutschen Unternehmungen. Realtypen, Kontext und Effizienz, Wiesbaden 1993.

Angehrn, Otto/Künzi, Hans Paul (1968): Beiträge zur Lehre von der Unternehmung, FS für Karl Käfer, Stuttgart 1968.

Arrow, Kenneth J. (1985): The Economics of Agency, in: Pratt, John W./Zeckhauser, Richard J. (Hrsg.), Principals and Agents: The Structure of Business, Boston 1985, S. 37-51.

Atteslander, Peter (2006): Methoden der empirischen Sozialforschung, 11. Aufl., Berlin 2006.

Auer, Kurt V. (1999): International harmonisierte Rechnungslegungsstandards aus Sicht der Aktionäre, 2. Aufl., Wiesbaden 1999.

Aumann, Robert J./Hart, Sergiu (2003): Long Cheap Talk, in: Econometrica, 7. Jg., Heft 6, 2003, S. 1619-1660.

Backhaus, Klaus/Erichson, Bernd/Plinke, Wulff/Weiber, Rolf (2006): Multivariate Analysemethoden. Eine anwendungsorientierte Einführung, 11. Aufl., Berlin 2006.

Baetge, Jörg (1989): Möglichkeiten der Früherkennung negativer Unternehmensentwicklungen mit Hilfe statistischer Jahresabschlußanalysen, in: zfbf, 41. Jg., Heft 9, 1989, S. 792-811.

Baetge, Jörg (1993): Rechnungslegung und Prüfung – Perspektiven für die neunziger Jahre –, Düsseldorf 1993.

Baetge, Jörg (1998): Sicherheit und Genauigkeit, in: Lück, Wolfgang (Hrsg.), Lexikon der Rechnungslegung und Abschlußprüfung, 4. Aufl., München/Wien 1998, S. 719-720.

Baetge, Jörg/Armeloh, Karl-H./Schulze, Dennis (1997): Empirische Befunde über die Qualität der Geschäftsberichterstattung börsennotierter deutscher Kapitalgesellschaften, in: DStR, 35. Jg., Heft 6, 1997, S. 212-219.

Baetge, Jörg/Börner, Dietrich/Forster, Karl-Heinz/Schruff, Lothar (1996a): Rechnungslegung Prüfung und Beratung – Herausforderungen für den Wirtschaftsprüfer – FS zum 70. Geburtstag von Professor Dr. Rainer Ludewig, Düsseldorf 1996.

Baetge, Jörg/Brötzmann, Ingo (2003): Die Geschäftsberichterstattung – Anforderungen und empirische Befunde, in: Albach, Horst/Kraus, Willy (Hrsg.), Werte, Wettbewerb und Wandel, Botschaften für morgen, Gedenkschrift für Carl Zimmerer, Wiesbaden 2003, S. 9-39.

Baetge, Jörg/Brüggemann, Benedikt/Haenelt, Timo (2007a): Erweiterte Offenlegungspflichten in der handelsrechtlichen Lageberichterstattung – Übernahmerechtliche

Angaben und Erläuterungen nach § 315 Abs. 4 HGB und E-DRS 23, in: BB, 62. Jg., Heft 35, 2007, S. 1887-1893.

Baetge, Jörg/Fischer, Thomas R./Paskert, Dierk (1989): Der Lagebericht, Aufstellung, Prüfung und Offenlegung, Stuttgart 1989.

Baetge, Jörg/Heumann, Rainer (2006): Wertorientierte Berichterstattung — Anforderungen des Kapitalmarkts und Umsetzung in der Konzernlageberichterstattung —, in: DB, 59. Jg., Heft 7, 2006, S. 345-351.

Baetge, Jörg/Hüls, Dagmar/Uthoff, Carsten (1996b): Früherkennung der Unternehmenskrise. Neuronale Netze als Hilfsmittel für Kreditprüfer, in: Corsten, Hans/May, Constantin (Hrsg.), Neuronale Netze in der Betriebswirtschaft. Anwendung in Prognose, Klassifikation und Optimierung, Wiesbaden 1996, S. 151-168.

Baetge, Jörg/Huß, Michael/Niehaus, Hans-Jürgen (1986): Die statistische Auswertung von Jahresabschlüssen zur Informationsgewinnung bei der Abschlußprüfung, in: WPg, 39. Jg., Heft 22, 1986, S. 605-613.

Baetge, Jörg/Kirsch, Hans-Jürgen (2005): Anpassung des deutschen Bilanzrechts an internationale Standards — Bilanzrechtsreformgesetz und Bilanzkontrollgesetz —, Düsseldorf 2005.

Baetge, Jörg/Kirsch, Hans-Jürgen/Thiele, Stefan (2007b): Bilanzen, 9. Aufl., Düsseldorf 2007.

Baetge, Jörg/Kirsch, Hans-Jürgen/Thiele, Stefan (2007c): Bilanzrecht, 21. Ergänzungslieferung, Bonn 2007.

Baetge, Jörg/Krumbholz, Marcus (1994): Prognosen sind im Lagebericht meist unpräzise und vage — Über die Qualität der Lageberichte, in: Blick durch die Wirtschaft vom 07.09.1994, S. 1 und 8.

Baetge, Jörg/Krumnow, Jürgen/Noelle, Jennifer (2001): Das „Deutsche Rechnungslegungs Standards Committee" (DRSC), in: DB, 54. Jg., Heft 15, 2001, S. 769-774.

Baetge, Jörg/Moxter, Adolf/Schneider, Dieter (1976): Bilanzfragen, FS zum 65. Geburtstag von U. Leffson, Düsseldorf 1976.

Baetge, Jörg/Prigge, Cord (2006): Anforderungen an verpflichtende, empfohlene und freiwillige Angaben des Konzernlageberichts, in: DB, 59. Jg., Heft 8, 2006, S. 401-407.

Baetge, Jörg/Schulze, Dennis (1998): Möglichkeiten der Objektivierung der Lageberichterstattung über „Risiken der künftigen Entwicklung" — Ein Vorschlag zur praktischen Umsetzung der vom KonTraG verlangten Berichtspflichten —, in: DB, 51. Jg., Heft 19, 1998, S. 937-948.

Baginski, Stephen P./Hassell, John M./Koimbrough, Michael D. (2004): Why Do Managers Explain Their Earnings Forecasts?, in: JoAR, 42. Jg., Heft 1, 2004, S. 1-29.

Ball, Ray/Brown, Philip (1968): An Empirical Evaluation of Accounting Income Numbers, in: JoAR, 6. Jg., Heft 2, 1968, S. 159-178.

Ball, Ray/Foster, George (1982): Corporate Financial Reporting: A Methodological Review of Empirical Research, in: JoAR, Supplement, 20. Jg., 1982, S. 161-234.

Ballwieser, Wolfgang (1985): Informationsökonomie, Rechnungslegungstheorie und Bilanzrichtlinie-Gesetz, in: zfbf, 37. Jg., Heft 1, 1985, S. 47-66.

Ballwieser, Wolfgang (1993): Die Entwicklung der Theorie der Rechnungslegung in den USA, in: Sonderheft zur zfbf, 45. Jg., Heft 32, 1993, S. 107-138.

Ballwieser, Wolfgang (1997): Die Lageberichterstattung der DAX-Gesellschaften im Lichte der Grundsätze ordnungsmäßiger Lageberichterstattung, in: Fischer, Thomas R./Hömberg, Reinhold (Hrsg.), Jahresabschluß und Jahresabschlußprüfung, FS zum 60. Geburtstag von Jörg Baetge, Düsseldorf 1997, S. 153-187.

Ballwieser, Wolfgang (2005): Die Entwicklungen beim Lagebericht, in: Baetge, Jörg/Kirsch, Hans-Jürgen (Hrsg.), Anpassung des deutschen Bilanzrechts an internationale Standards – Bilanzrechtsreformgesetz und Bilanzkontrollgesetz –, Düsseldorf 2005, S. 1-10.

Ballwieser, Wolfgang/Coenenberg, Adolf G./von Wysocki, Klaus (2002): HWRP, 3. Aufl., Stuttgart 2002.

Bamberg, Günter/Baur, Franz/Krapp, Michael (2008): Statistik, 14. Aufl., München 2008.

Bamberg, Günter/Spremann, Klaus (1987): Agency Theory, Information and Incentives, Berlin et al. 1987.

Barrett, M. Edgar (1977): The Extent of Disclosure in Annual Reports of Large Companies in Seven Countries, in: The International Journal of Accounting, 12. Jg., Heft 2, 1977, S. 1-25.

Bartel, Rainer (1990): Charakteristik, Methodik und wissenschaftsmethodische Probleme der Wirtschaftswissenschaften, in: WiSt, 19. Jg., Heft 2, 1990, S. 54-59.

BASF AG (2008): BASF stellt sich auf raues Geschäftsumfeld ein, abrufbar unter http://www.basf.com/group/corporate/de/content/news-and-media-relations/news-releases/P-08-478, Stand: 06.07.2009.

Bauchowitz, Hans (1979): Die Lageberichtspublizität der deutschen Aktiengesellschaft – Eine empirische Untersuchung zum Stand der Berichterstattung gem. § 160 Abs. 1 AktG, Frankfurt am Main et al. 1979, zugl. München, Univ., Diss., 1978.

Beattie, Vivien/McInnes, Bill/Fearnley, Stella (2004): A methodology for analysing and evaluating narratives in annual reports: a comprehensive descriptive profile and metrics for disclosure quality attributes, in: Accounting Forum, 28. Jg., Heft 3, 2004, S. 205-236.

Beaver, William H. (1968): The Information Content of Annual Earnings Announcements, in: JoAR, Supplement, 6. Jg., Heft 3, 1968, S. 67-92.

Bechtel, Wilfried/Köster, Heinrich/Steenken, Hans-Ulrich (1976): Die Veröffentlichung und Prüfung von Vorhersagen über die Entwicklung von Unternehmungen, in:

Baetge, Jörg/Moxter, Adolf/Schneider, Dieter (Hrsg.), Bilanzfragen, FS zum 65. Geburtstag von U. Leffson, Düsseldorf 1976, S. 207-216.

Beiersdorf, Kati/Buchheim, Regine (2006a): Entwurf des Gesetzes zur Umsetzung der EU-Transparenzrichtlinie: Ausweitung der Publizitätspflichten, in: BB, 61. Jg., Heft 31, 2006, S. 1674-1677.

Beiersdorf, Kati/Buchheim, Regine (2006b): IASB-Diskussionspapier „Management Commentary" – Export des deutschen Lageberichts als Managementbericht?, in: BB, 61. Jg., Heft 2, 2006, S. 96-100.

Bellavite-Hövermann, Yvette/Liebich, Burkhardt/Wolf, Jochen (2006): Unternehmenssteuerung, FS für Hans G. Bartels zum 65. Geburtstag, Stuttgart 2006.

Berelson, Bernard (1952): Content Analysis in Communication Research, New York 1952.

Beretta, Sergio/Bozzolan, Saverio (2008): Quality versus Quantity: The Case of Forward-Looking Disclosure, in: Journal of Accounting, Auditing and Finance, 23. Jg., Heft 3, 2008, S. 333-375.

Berndlmaier, Alexander F./Klein, Georg A. (1997): Kundenorientierung in der US-amerikanischen Rechnungslegung: Der Comprehensive Report des Special Committee on Financial Reporting des AICPA, in: DB, 50. Jg., Heft 22, 1997, S. 1089-1095.

Berndsen, Hans-Peter (1978): Unternehmenspublizität in Deutschland: Stand der empirischen Forschung, in: DBW, 38. Jg., Heft 1, 1978, S. 121-134.

Berndsen, Hans-Peter (1979): Unternehmenspublizität – Eine empirische Untersuchung zur Messung des Publizitätsverhaltens großer börsennotierter Aktiengesellschaften und der Auswirkungen auf die Anlageentscheidungen am Aktienmarkt, Augsburg 1979, zugl. Augsburg, Univ., Diss., 1979.

BERR (2009): Companies Act 2006, abrufbar unter http://www.berr.gov.uk/whatwedo/businesslaw/co-act-2006/index.html, Stand: 06.07.2009.

Berry, Michael A./Gallinger, George W./Henderson, Glenn V. (1990): Using Daily Stock Returns in Event Studies and the Choice of Parametric Versus Nonparametric Test Statistics, in: Quarterly Journal of Business and Economics, 29. Jg., Heft 1, 1990, S. 70-85.

Bester, Helmut/Hellwig, Martin (1987): Moral Hazard and Equilibrium Credit Rationing: An Overview of the Issues, in: Bamberg, Günter/Spremann, Klaus (Hrsg.), Agency Theory, Information and Incentives, Berlin et al. 1987, S. 135-166.

Binder, John J. (1998): The Event Study Methodology Since 1969, in: Review of Quantitative Finance and Accounting, 11. Jg., Heft 2, 1998, S. 111-137.

Bischof, Stefan/Selch, Barbara (2008): Neuerungen für den Lagebericht nach dem Regierungsentwurf eines Bilanzrechtsmodernisierungsgesetzes (BilMoG), in: WPg, 61. Jg., Heft 21, 2008, S. 1021-1031.

Bleymüller, Josef/Gehlert, Günther/Gülicher, Herbert (2008): Statistik für Wirtschaftswissenschaftler, 15. Aufl., München 2008.

Blind, Adolf (1966): Umrisse einer Wirtschaftsstatistik, FS für Paul Flaskämper, Hamburg 1966.

Blohm, Hans (1962): Der Geschäftsbericht als Mittel der Betriebspolitik – Praktische Hinweise für Erstellung und Auswertung, Baden-Baden 1962.

Blohm, Hans/Müller, Fritz (1967): Was sollte der Geschäftsbericht beinhalten – Was fordert das neue Aktiengesetz?, in: Zeitschrift für das gesamte Rechnungswesen, 13. Jg., Heft 1, 1967, S. 1-3.

Blum, Reinhard/Steiner, Manfred (1984): Aktuelle Probleme der Marktwirtschaft in gesamt- und einzelwirtschaftlicher Sicht, Festgabe zum 65. Geburtstag von Louis Perridon, Berlin 1984.

BMW Group (2008): BMW Group: Marktumfeld hat sich deutlich eingetrübt, abrufbar unter https://www.press.bmwgroup.com/pressclub/p/de/pressDetail.html?outputChannelId=7&id=T0005386DE&left_menu_item=node__2200, Stand: 06.07.2009.

Böcking, Hans-Joachim (2006): Verschärfte Anforderungen an die Lageberichterstattung, in: Bellavite-Hövermann, Yvette/Liebich, Burkhardt/Wolf, Jochen (Hrsg.), Unternehmenssteuerung, FS für Hans G. Bartels zum 65. Geburtstag, Stuttgart 2006, S. 74-88.

Böcking, Hans-Joachim/Dutzi, Andreas (2007): § 289 Lagebericht, in: Baetge, Jörg/Kirsch, Hans-Jürgen/Thiele, Stefan (Hrsg.), Bilanzrecht, 21. Ergänzungslieferung, Bonn 2007, S. 1-88.

Boehmer, Ekkehart/Musumeci, Jim/Poulsen, Annette B. (1991): Event-study methodology under conditions of event-induced variance, in: Journal of Financial Economics, 30. Jg., Heft 2, 1991, S. 253-272.

Böhmer, Ekkehart/Löffler, Yvonne (1999): Kursrelevante Ereignisse bei Unternehmensübernahmen: Eine empirische Analyse des deutschen Kapitalmarktes, in: zfbf, 51. Jg., Heft 4, 1999, S. 299-324.

Bohn, Alexander (2008): Mindestanforderungen und Benchmarks ordentlicher Chancenberichterstattung im Lagebericht, Bremen 2008.

Boneau, C. Alan (1960): The Effects of Violations of Assumptions Underlying the t Test, in: Psychological Bulletin, 57. Jg., Heft 1, 1960, S. 49-64.

Bortz, Jürgen/Döring, Nicola (2006): Forschungsmethoden und Evaluation für Human- und Sozialwissenschaftler, 4. Aufl., Heidelberg 2006.

Bosse, Lothar (1957): Über die Möglichkeiten und den Nutzen von kurzfristigen Wirtschaftsprognosen, in: Weltwirtschaftliches Archiv, 79. Jg., Heft 1, 1957, S. 65-83.

Botosan, Christine A. (1997): Disclosure Level and the Cost of Equity Capital, in: The Accounting Review, 72. Jg., Heft 3, 1997, S. 323-349.

Bowman, Robert G. (1983): Understanding and Conducting Event Studies, in: Journal of Business Finance & Accounting, 10. Jg., Heft 4, 1983, S. 561-584.

Brandi, Ernst (1977): Informationswirkungen der Jahresabschlussveröffentlichung auf Entscheidungen am Aktienmarkt, Augsburg 1977, zugl. Augsburg, Univ., Diss., 1977.

Brealey, Richard A./Myers, Stewart C./Allen, Franklin (2008): Principles of Corporate Finance, 9. Aufl., Boston et al. 2008.

Breid, Volker (1995): Aussagefähigkeit agencytheoretischer Ansätze im Hinblick auf die Verhaltenssteuerung von Entscheidungsträgern, in: zfbf, 47. Jg., Heft 9, 1995, S. 821-854.

Bretzke, Wolf-Rüdiger (1974): Zur Frage der Überprüfbarkeit von Prognosen im Geschäftsbericht, in: WPg, 27. Jg., Heft 11, 1974, S. 292-296.

Bretzke, Wolf-Rüdiger (1975a): Möglichkeiten und Grenzen einer wissenschaftlichen Lösung praktischer Prognoseprobleme, in: BFuP, 27. Jg., Heft 6, 1975, S. 496-515.

Bretzke, Wolf-Rüdiger (1975b): Das Prognoseproblem bei der Unternehmensbewertung – Ansätze zu einer risikoorientierten Bewertung ganzer Unternehmungen auf der Grundlage modellgestützter Erfolgsprognosen, Düsseldorf 1975.

Bretzke, Wolf-Rüdiger (1979): Inhalt und Prüfung des Lageberichtes: Anmerkungen zur gegenwärtigen und zukünftigen Praxis der Prognosepublizität, in: WPg, 32. Jg., Heft 13, 1979, S. 337-349.

Brockhoff, Klaus (1977): Prognoseverfahren für die Unternehmensplanung, Wiesbaden 1977.

Brosius, Felix (2008): SPSS 16. Das mitp-Standardwerk, Heidelberg 2008.

Brotte, Jörg (1997): US-amerikanische und deutsche Geschäftsberichte, Wiesbaden 1997, zugl. Bochum, Univ., Diss., 1996.

Brown, Stephen J./Warner, Jerold B. (1980): Measuring Security Price Performance, in: Journal of Financial Economics, 8. Jg., Heft 3, 1980, S. 205-258.

Brown, Stephen J./Warner, Jerold B. (1985): Using Daily Stock Returns: The Case of Event Studies, in: Journal of Financial Economics, 14. Jg., Heft 1, 1985, S. 3-31.

Bruns, Hans-Georg/Renner, Wolfgang (2001): Finanzanalytische SEC-Berichterstattung in der Form 20-F – „Operating and Financial Review and Prospects" (OFR), in: BFuP, 53. Jg., Heft 1, 2001, S. 7-26.

Bruns, William/Waterhouse, John H. (1975): Budgetary Control and Organization Structure, in: JoAR, 13. Jg., Heft 2, 1975, S. 177-203.

Buchheim, Regine (2003): Die Jahres- und Zwischenberichterstattung im Entwurf der EU-Transparenz-Richtlinie, in: KoR, 4. Jg., Heft 5, 2003, S. 241-248.

Buchheim, Regine (2005): Im Lagebericht wird jetzt mehr nach vorne geschaut, in: FAZ, Nr. 55 vom 07.03.2005, S. 22.

Buchheim, Regine/Knorr, Liesel (2006): Der Lagebericht nach DRS 15 und internationale Entwicklungen, in: WPg, 59. Jg., Heft 7, 2006, S. 413-425.

Buchheim, Regine/Ulbrich, Philipp (2004): EU-Transparenz-Richtlinie: Neuregelung der periodischen und laufenden Berichterstattung kapitalmarktorientierter Unternehmen, in: KoR, 5. Jg., Heft 7-8, 2004, S. 273-287.

Bühl, Achim (2008): SPSS 16. Einführung in die moderne Datenanalyse, 11. Aufl., München 2008.

Bühner, Rolf (1990a): Erfolg von Unternehmenszusammenschlüssen in der Bundesrepublik Deutschland, Stuttgart 1990.

Bühner, Rolf (1990b): Reaktionen des Aktienmarktes auf Unternehmenszusammenschlüsse, in: zfbf, 42. Jg., Heft 4, 1990, S. 295-316.

Bühner, Rolf (1992): Aktionärsbeurteilung grenzüberschreitender Zusammenschlüsse, in: zfbf, 44. Jg., Heft 5, 1992, S. 445-461.

Bühner, Rolf (1996): Reaktion des Aktienmarktes auf die Einführung von Management-Holdings, in: ZfB, 66. Jg., Heft 1, 1996, S. 5-27.

Bühner, Rolf (1998): Unternehmensspaltung – Motive und Aktienmarktreaktionen, in: zfbf, 50. Jg., Heft 9, 1998, S. 809-840.

Bühner, Rolf/Krenn, Susanne (2003): Reaktion des Aktienmarktes auf Ankündigungen beabsichtigter und realisierter Restrukturierungsaktivitäten, in: Rathgeber, Andreas/Tebroke, Hermann-Josef/Wallmeier, Martin (Hrsg.), Finanzwirtschaft, Kapitalmarkt und Banken, FS für Prof. Dr. Manfred Steiner zum 60. Geburtstag, Stuttgart 2003, S. 179-191.

Büning, Herbert/Naeve, Peter/Roll, Stephanie/Schlittgen, Rainer/Wilrich, Peter-Theodor (2002): Deskriptive Statistik, 2. Aufl., Berlin et al. 2002.

Büning, Herbert/Trenkler, Götz (1994): Nichtparametrische statistische Methoden, 2. Aufl., Berlin/New York 1994.

Busse von Colbe, Walther (1968a): Kapitalflußrechnungen als Berichts- und Planungsinstrument, in: Jacob, Herbert (Hrsg.), Schriften zur Unternehmensführung, Band 6/7, Wiesbaden 1968, S. 9-28.

Busse von Colbe, Walther (1968b): Prognosepublizität von Aktiengesellschaften, in: Angehrn, Otto/Künzi, Hans Paul (Hrsg.), Beiträge zur Lehre von der Unternehmung, FS für Karl Käfer, Stuttgart 1968, S. 91-118.

Buzby, Stephen L. (1974): Selected Items of Information and Their Disclosure in Annual Reports, in: The Accounting Review, 49. Jg., Heft 3, 1974, S. 423-435.

Buzby, Stephen L. (1975): Company Size, Listed Versus Unlisted Stocks, and the Extent of Financial Disclosure, in: JoAR, 13. Jg., Heft 1, 1975, S. 16-37.

Castan, Edgar (1990): Rechnungslegung der Unternehmung, 3. Aufl., München 1990.

Castan, Edgar (2007): Beck'sches Handbuch der Rechnungslegung, 28. Ergänzungslieferung, München 2007.

Cerf, Alan Robert (1961): Corporate Reporting and Investment Decisions, Berkeley 1961.

Chambers, Raymond J. (1993): Positive Accounting Theory and the PA Cult, in: Abacus, 29. Jg., Heft 1, 1993, S. 1-26.

Chatterjee, Samprit/Price, Betram (1995): Praxis der Regressionsanalyse, 2. Aufl., München 1995.

Chenhall, Robert H. (2003): Management control systems design within its organizational context: findings from contingency-based research and directions for the future, in: Accounting, Organizations and Society, 28. Jg., Heft 2-3, 2003, S. 127-168.

Chmielewicz, Klaus (1979): Forschungskonzeptionen der Wirtschaftswissenschaft, 2. Aufl., Stuttgart 1979.

Chmielewicz, Klaus (1993): HWR, 3. Aufl., Stuttgart 1993.

Chow, Chee W./Wong-Boren, Adrian (1987): Voluntary Financial Disclosure by Mexican Corporations, in: The Accounting Review, 62. Jg., Heft 3, 1987, S. 533-541.

CICA (2004): MD&A Guidance on Preparation and Disclosure, 2004.

Claussen, Carsten Peter (2002): Dem Neuen Markt eine zweite Chance, in: BB, 57. Jg., Heft 3, 2002, S. 105-119.

Clemm, Hermann/Ellrott, Helmut (1986): § 289 HGB Lagebericht, in: von Budde, Wolfgang Dieter (Hrsg.), Beck'scher Bilanzkommentar, München 1986, S. 1181-1196.

Coase, Ronald H. (1937): The Nature of the Firm, in: Economica, 4. Jg., Heft 16, 1937, S. 386-405.

Coenenberg, Adolf G. (1984): Jahresabschlußinformation und Aktienkursentwicklung, in: Blum, Reinhard/Steiner, Manfred (Hrsg.), Aktuelle Probleme der Marktwirtschaft in gesamt- und einzelwirtschaftlicher Sicht, Festgabe zum 65. Geburtstag von Louis Perridon, Berlin 1984, S. 307-332.

Coenenberg, Adolf G. (1993): Ziele, Wirkungen und Gestaltung der Unternehmenspublizität: Was lehrt die empirische Forschung, in: Baetge, Jörg (Hrsg.), Rechnungslegung und Prüfung – Perspektiven für die neunziger Jahre –, Düsseldorf 1993, S. 73-100.

Coenenberg, Adolf G. (2005): Jahresabschluss und Jahresabschlussanalyse, 20. Aufl., Stuttgart 2005.

Coenenberg, Adolf G./Berndsen, Hans-Peter/Möller, Hans Peter/Schmidt, Franz/Schönbrodt, Bernd (1978): Empirische Bilanzforschung in Deutschland, in: DBW, 38. Jg., Heft 4, 1978, S. 495-507.

Coenenberg, Adolf G./Brandi, Ernst (1979): The Information Content of Annual Accounting Income Numbers of German Corporations – A Review of German Accounting Standards and Some Preliminary Empirical Results, in: The annals of the School of Business Administration, Kobe University, o. Jg., Heft 23, 1979, S. 1-22.

Coenenberg, Adolf G./Federspieler, Christian (1999): Zwischenberichtspublizität in Europa – der Informationsgehalt der Zwischenberichterstattung deutscher, britischer und französischer Unternehmen, in: Sonderheft zur zfbf, 51. Jg., Heft 41, 1999, S. 167-198.

Coenenberg, Adolf G./Haller, Axel (1993a): Externe Rechnungslegung, in: Hauschildt, Jürgen/Grün, Oskar (Hrsg.), Ergebnisse empirischer betriebswirtschaftlicher Forschung, FS für Eberhard Witte, Stuttgart 1993, S. 557-599.

Coenenberg, Adolf G./Haller, Axel (1993b): Empirische Forschung, in: Chmielewicz, Klaus (Hrsg.), HWR, 3. Aufl., Stuttgart 1993, Sp. 506-517.

Coenenberg, Adolf G./Henes, Frank (1995): Der Informationsgehalt der Zwischenberichtspublizität nach § 44b Börsengesetz, in: zfbf, 47. Jg., Heft 11, 1995, S. 969-995.

Coenenberg, Adolf G./Möller, Peter (1979): Entscheidungswirkungen von Jahresabschlußinformationen vor und nach der Aktienrechtsreform von 1965, in: BFuP, 31. Jg., Heft 5, 1979, S. 438-454.

Coenenberg, Adolf G./Möller, Peter/Schmidt, Franz (1984): Empirical research in financial accounting in Germany, Austria and Switzerland: A review, in: Hopwood, Anthony G./Schreuder, Hein (Hrsg.), European Contributions to Accounting Research: The Achievements of the Last Decade, Amsterdam 1984, S. 61-81.

Coenenberg, Adolf G./Schmidt, Franz/Werhand, Manfred (1983): Bilanzpolitische Entscheidungen und Entscheidungswirkungen in manager- und eigentümerkontrollierten Unternehmen, in: BFuP, 35. Jg., Heft 4, 1983, S. 321-343.

Coenenberg, Adorf G./Fink, Christian (2007): Management Commentary – Zur Diskussion über die Lageberichterstattung nach International Financial Reporting Standards, in: Hausladen, Iris (Hrsg.), Management am Puls der Zeit – Strategien, Konzepte und Methoden, Band 1: Unternehmensführung, FS für Horst Wildemann, München 2007, S. 195-218.

Cooke, Terry E. (1989): Disclosure in the Corporate Annual Reports of Swedish Companies, in: Accounting and Business Research, 19. Jg., Heft 74, 1989, S. 113-124.

Cooke, Terry E. (1991): An Assessment of Voluntary Disclosure in the Annual Reports of Japanese Corporations, in: The International Journal of Accounting, 26. Jg., Heft 3, 1991, S. 174-189.

Cooke, Terry E. (1992): The Impact of Size, Stock Market Listing and Industry Type on Disclosure in the Annual Reports of Japanese Listed Corporations, in: Accounting and Business Research, 22. Jg., Heft 87, 1992, S. 229-237.

Cooke, Terry E. (1993): Disclosure in Japanese Corporate Annual Reports, in: Journal of Business Finance & Accounting, 20. Jg., Heft 4, 1993, S. 521-535.

Cooke, Terry E. (1998): Regression Analysis in Accounting Disclosure Studies, in: Accounting and Business Research, 28. Jg., Heft 3, 1998, S. 209-224.

Cooke, Terry E./Wallace, R. S. Olusegun (1989): Global Surveys of Corporate Disclosure Practices and Audit Firms: A Review Essay, in: Accounting and Business Research, 20. Jg., Heft 77, 1989, S. 47-57.

Corrado, Charles J. (1989): A Nonparametric Test for Abnormal Security-Price Performance in Event Studies, in: Journal of Financial Economics, 23. Jg., Heft 2, 1989, S. 385-395.

Corsten, Hans/May, Constantin (1996): Neuronale Netze in der Betriebswirtschaft. Anwendung in Prognose, Klassifikation und Optimierung, Wiesbaden 1996.

Courtis, John K. (1992): The Reliability of Perception-Based Annual Report Disclosure Studies, in: Accounting and Business Research, 23. Jg., Heft 89, 1992, S. 31-43.

Cowan, Arnold Richard (1992): Nonparametric Event Study Tests, in: Review of Quantitative Finance and Accounting, 2. Jg., Heft 4, 1992, S. 343-358.

Cowan, Arnold Richard/Sergeant, Anne M.A. (1996): Trading frequency and event study test specification, in: Journal of Banking & Finance, 20. Jg., Heft 10, 1996, S. 1731-1757.

Coy, David/Dixon, Keith (2004): The public accountability index: crafting a parametric disclosure index for annual reports, in: The British Accounting Review, 36. Jg., Heft 1, 2004, S. 79-106.

Coy, David/Tower, Greg/Dixon, Keith (1993): Quantifying the Quality of Tertiary Education Annual Reports, in: Accounting and Finance, 33. Jg., Heft 2, 1993, S. 121-129.

Coy, David/Tower, Greg/Dixon, Keith (1994): Public Sector Reform in New Zealand: The Progress of Tertiary Education Annual Reports, 1990-92, in: Financial Accountability & Management, 10. Jg., Heft 3, 1994, S. 253-261.

Craswell, Allen T./Taylor, Stephan L. (1992): Discretionary Disclosure of Reserves by Oil and Gas Companies: An Economic Analysis, in: Journal of Business, Finance & Accounting, 19. Jg., Heft 2, 1992, S. 295-308.

Crawford, Vincent P./Sobel, Joel (1982): Strategic Information Transmission, in: Econometrica, 50. Jg., Heft 6, 1982, S. 1431-1451.

Danckwerts, Rudolf-Ferdinand (1968): Absatzprognose: Elementare Methoden der Vorausschätzung, in: Marketing Journal, o. Jg., Heft 6, 1968, S. 289-295.

Daniels, John D./Bracker, Jeffrey (1989): Profit Performance: Do Foreign Operations Make a Difference?, in: Management International Review, 29. Jg., Heft 1, 1989, S. 46-56.

Davison, Mark L./Sharma, Anu R. (1988): Parametric Statistics and Levels of Measurement, in: Psychological Bulletin, 104. Jg., Heft 1, 1988, S. 137-144.

DeAngelo, Linda Elizabeth (1981): Auditor Size and Audit Quality, in: JoAE, 3. Jg., Heft 3, 1981, S. 183-199.

Deegan, Craig/Unerman, Jeffrey (2006): Financial Accounting Theory, Berkshire 2006.

Degen, Horst/Lorscheid, Peter (2002): Statistik-Lehrbuch mit Wirtschafts- und Bevölkerungsstatistik, 2. Aufl., München 2002.

Demougin, Dominique/Jost, Peter-J. (2001): Theoretische Grundlagen der Prinzipal-Agenten-Theorie, in: Jost, Peter-J. (Hrsg.), Die Prinzipal-Agenten-Theorie in der Betriebswirtschaftslehre, Stuttgart 2001, S. 45-81.

Denk, Robert (1974): Zum „Prognose"-Begriff in der Betriebswirtschaftslehre, in: Der Österreichische Betriebswirt, 24. Jg., Heft 1, 1974, S. 14-23.

Deussen, Reiner (2007): Der Lagebericht der Kapitalgesellschaften, in: StuB, 9. Jg., Heft 21, 2007, S. 795-801.

Deutsche Börse AG (2009): Leitfaden zu den Aktienindizes der Deutschen Börse, Version 6.9, Frankfurt am Main 2009.

Deutsche Industrie- und Handelskammer (2004): Stellungnahme zu dem Regierungsentwurf für ein Gesetz zur Einführung internationaler Rechnungslegungsstandards und zur Sicherung der Qualität der Abschlussprüfung, abrufbar unter http://www.jura.uni-augsburg.de/prof/moellers/materialien/materialdateien/040_deutsche_gesetzgebungs geschichte/bilreg/bilreg_pdfs/stellungnahme_dihk.pdf, Stand: 06.07.2009.

Deutsche Post World Net (2008): Deutsche Post World Net gibt Vorschau auf drittes Quartal 2008, abrufbar unter http://www.dpwn.de/dpwn?tab=1&skin=hi&check=yes &lang=de_DE&xmlFile=2010437, Stand: 06.07.2009.

Deutsche Telekom (2007): Deutsche Telekom passt Ergebnisplanung für 2007 an hartes Wettbewerbsumfeld an, Ad-hoc-Mitteilung der Deutschen Telekom AG gemäß § 15 WpHG vom 28.01.2007, abrufbar unter http://www.telekom.com/dtag/cms/content/dt/de/211904;jsessionid=A30F5888424BC4B93931E13333538371?printversion=true, Stand: 06.07.2009.

Deutscher Anwaltverein (2004): Stellungnahme des Deutschen Anwaltvereins durch den Handelsrechtsausschuss zum Referentenentwurf eines Gesetzes zur Einführung internationaler Rechnungslegungsstandards und zur Sicherung der Qualität der Abschlussprüfung, abrufbar unter http://www.jura.uni-augsburg.de/prof/moellers/materialien/materialdateien / 040_deutsche_gesetzgebungsgeschichte/bilreg/bilreg_pdfs/stellungnahme_anwaltsverein.pdf, Stand: 06.07.2009.

Dhaliwal, Dan S. (1980): Improving the Quality of Corporate Financial Disclosure, in: Accounting and Business Research, 10. Jg., 1980, S. 385-391.

Diekmann, Andreas (2007): Empirische Sozialforschung. Grundlagen, Methoden, Anwendungen, 18. Aufl., Hamburg 2007.

Dieter, Richard/Sandefur, Keith (1989): Spotlight on Management's Discussion and Analysis, What does the SEC expect this year?, in: Journal of Accounting, 168. Jg., Heft 6, 1989, S. 64-70.

Dietsche, Marcel/Fink, Christian (2008): Die Qualität der Lageberichterstattung in Deutschland – Empirische Analyse der Unternehmen des HDAX –, in: KoR, 9. Jg., Heft 4, 2008, S. 250-261.

Döhle, Patricia (2008): Stunde der Sieger. Geschäftsberichte: manager magazin prämiert die besten Reports aus Deutschland und Europa, in: Manager Magazin, Nr. 10 vom 26.09.2008, S. 102.

Domsch, Michel/Eisenführ, Franz/Ordelheide, Dieter/Perlitz, Manfred (1988): Unternehmenserfolg. Planung - Ermittlung - Kontrolle, Walther Busse von Colbe zum 60. Geburtstag, Wiesbaden 1988.

Dörner, Dietrich (1996): Der Prognosebericht nach § 289 Abs. 2 Nr. 2 HGB – Überlegungen zur Verminderung der Diskrepanz zwischen Publizitätsanforderungen und Publizitätspraxis, in: Baetge, Jörg/Börner, Dietrich/Forster, Karl-Heinz/Schruff, Lothar (Hrsg.), Rechnungslegung Prüfung und Beratung – Herausforderungen für den Wirtschaftsprüfer – FS zum 70. Geburtstag von Professor Dr. Rainer Ludewig, Düsseldorf 1996, S. 217-251.

DPR (2007): DPR gibt Prüfungsschwerpunkte bekannt, abrufbar unter http://www.frep.info/docs/press_releases/2007/20071126_dpr_pruefungsschwerpunkte_200 8.pdf, Stand: 06.07.2009.

DPR (2008a): Prüfungsschwerpunkte 2009, abrufbar unter http://www.frep.info/docs/press_releases/2008/20081021_pressemitteilung_Prüfungsschwerpunkte%20200 9.pdf, Stand: 06.07.2009.

DPR (2008b): Tätigkeitsbericht 2007, abrufbar unter http://www.frep.info/docs/press_releases/2008/20080214_pressemitteilung_zum_tb_2008.pdf, Stand: 06.07.2009.

Drobeck, Jörg (1998): Prognosepublizität – Die Berichterstattung über die voraussichtliche Entwicklung der Kapitalgesellschaft in den Lageberichten deutscher Aktiengesellschaften gem. § 289 Abs. 2 Nr. 2 HGB, Frankfurt am Main et al. 1998, zugl. Duisburg, Univ., Diss., 1997.

Drobeck, Jörg (2001): Die Prognosepublizität im Prospekt über öffentlich angebotene Kapitalanlagen und deren Beurteilung nach IDW S 4, in: WPg, 54. Jg., Heft 21, 2001, S. 1223-1234.

Dyckman, Thomas/Philbrick, Donna/Stephan, Jens (1984): A Comparison of Event Study Methodologies Using Daily Stock Returns: A Simulation Approach, in: JoAR, Supplement, 22. Jg., 1984, S. 1-30.

Dyckman, Thomas R./Zeff, Stephen (1984): Two Decades of the Journal of Accounting Research, in: JoAR, 22. Jg., Heft 1, 1984, S. 225-297.

Dye, Ronald A. (1985): Disclosure of Nonproprietary Information, in: JoAR, 23. Jg., Heft 1, 1985, S. 123-145.

Dye, Ronald A./Sridhar, Sri S. (1995): Industry-Wide Disclosure Dynamics, in: JoAR, 35. Jg., Heft 1, 1995, S. 157-174.

Eaton, Tim V./Nofsinger, John R./Weaver, Daniel G. (2007): Disclosure and the cost of equity in international cross-listing, in: Review of Quantitative Finance and Accounting, 29. Jg., Heft 1, 2007, S. 1-24.

Eckstein, Peter P. (2008a): Angewandte Statistik mit SPSS, 6. Aufl., Wiesbaden 2008.

Eckstein, Peter P. (2008b): Statistik für Wirtschaftswissenschaftler. Eine realdatenbasierte Einführung mit SPSS, Wiesbaden 2008.

Edwards, Franklin R. (1979): Issues in Financial Regulation, New York 1979.

Ellrott, Helmut (2006): § 289 HGB Lagebericht, in: Ellrott, Helmut/Förschle, Gerhart/Hoyos, Martin/Winkeljohann, Norbert (Hrsg.), Beck'scher Bilanz-Kommentar, 6. Aufl., München 2006, S. 1314-1339.

Ellrott, Helmut/Förschle, Gerhart/Hoyos, Martin/Winkeljohann, Norbert (2006): Beck'scher Bilanz-Kommentar, 6. Aufl., München 2006.

Elmendorff, Wilhelm (1958): Ursachen des verstärkten Dranges nach Unterrichtung, in: Zeitschrift für handelswissenschaftliche Forschung, 10. Jg., 1958, S. 478-480.

Elschen, Rainer/Siegel, Theodor/Wagner, Franz W. (1995): Unternehmenstheorie und Besteuerung, FS zum 60. Geburtstag von Dieter Schneider, Wiesbaden 1995.

Emmerich, Gerhard/Künnemann, Martin (1986): Zum Lagebericht der Kapitalgesellschaft, in: WPg, 39. Jg., Heft 6, 1986, S. 145-152.

Engelbrechtsmüller, Christian/Fuchs, Harald (2006): Management Commentary (Lagebericht) nach IFRS und seine Anforderungen an das Controlling, in: Controller-News, o. Jg., Heft 3, 2006, S. 103-106.

Erchinger, Holger/Melcher, Winfried (2007a): Neuregelung der SEC zu IFRS-Abschlüssen von Foreign Private Issuers, in: DB, 61. Jg., Heft 48, 2007, S. 2635-2636.

Erchinger, Holger/Melcher, Winfried (2007b): Stand der Konvergenz zwischen US-GAAP und IFRS: Anerkennung der IFRS durch die SEC – Eine kritische Bestandsaufnahme –, in: KoR, 8. Jg., Heft 5, 2007, S. 245-254.

Erchinger, Holger/Melcher, Winfried (2008): Neuerungen bei der Berichterstattung für Unternehmen, die den US-Kapitalmarkt in Anspruch nehmen, in: DB, 61. Jg., Heft 42, 2008, S. 2292-2295.

Erlei, Mathias/Leschke, Martin/Sauerland, Dirk (2007): Neue Institutionenökonomie, 2. Aufl., Stuttgart 2007.

Ernst, Christoph (1998): KonTraG und KapAEG sowie aktuelle Entwicklungen zur Rechnungslegung und Prüfung in der EU, in: WPg, 51. Jg., Heft 23-24, 1998, S. 1025-1035.

Ernst, Edgar/Gassen, Joachim/Pellens, Bernhard (2005): Verhalten und Präferenzen deutscher Aktionäre, Studie des Deutschen Aktieninstituts, Heft 29, Frankfurt am Main 2005.

Ewert, Ralf (1987): The Financial Theory of Agency as a Tool for an Analysis of Problems in External Accounting, in: Bamberg, Günter/Spremann, Klaus (Hrsg.), Agency Theory, Information and Incentives, Berlin et al. 1987, S. 281-309.

Ewert, Ralf (1990): Wirtschaftsprüfung und asymmetrische Information, Berlin et al. 1990.

Ewert, Ralf/Wagenhofer, Alfred (1992): Unternehmenspublizität und Konkurrenzwirkungen, in: ZfB, 62. Jg., Heft 3, 1992, S. 297-324.

Fama, Eugene F. (1965): The Behavior of Stock-Market Prices, in: Journal of Business, 38. Jg., Heft 1, 1965, S. 34-105.

Fama, Eugene F. (1970): Efficient Capital Markets: A Review of Theory and Empirical Work, in: JoF, 25. Jg., Heft 2, 1970, S. 383-417.

Fama, Eugene F. (1976): Foundations of Finance, New York 1976.

Fama, Eugene F. (1991): Efficient Capital Markets: II, in: JoF, 46. Jg., Heft 5, 1991, S. 1575-1617.

Fama, Eugene F./Fisher, Lawrence/Jensen, Michael C./Roll, Richard (1969): The Adjustment of Stock Prices to New Information, in: International Economic Review, 10. Jg., Heft 1, 1969, S. 1-21.

Farr, Wolf-Michael (2007): Checkliste für die Aufstellung und Prüfung des Lageberichts bzw. Konzernlageberichts – 4 Teil-Checklisten, 6. Aufl., Düsseldorf 2007.

Farrell, Joseph/Gibbons, Robert (1989): Cheap Talk with Two Audiences, in: The American Economic Review, 79. Jg., Heft 5, 1989, S. 1214-1223.

Farrell, Joseph/Rabin, Matthew (1996): Cheap Talk, in: Journal of Economic Perspectives, 10. Jg., Heft 3, 1996, S. 103-118.

Feigel, Herbert/Brodbeck, May (1953): Readings in the Philosophy of Science, New York 1953.

Feldhoff, Michael (1992): Die Regulierung der Rechnungslegung, Frankfurt am Main 1992, zugl. Passau, Univ., Diss., 1991.

Feldhoff, Michael (1994): Staat und Regulierung – eine regulierungstheoretische Perspektive –, in: WPg, 47. Jg., Heft 15-16, 1994, S. 529-536.

Fiedler, Jürgen (1971): Prognosen – Kunst oder künstlich?, in: Die Absatzwirtschaft, 14. Jg., Heft 4, 1971, S. 9-16.

Fink, Christian (2006): Management Commentary: Eine Diskussionsgrundlage zur internationalen Lageberichterstattung, in: KoR, 7. Jg., Heft 3, 2006, S. 141-152.

Fink, Christian (2007): Lageberichterstattung und Erfolgspotenzialanalyse. Eignung der Lageberichterstattung nach deutschem Recht und IFRS für die strategische Unternehmensanalyse, Marburg 2007, zugl. Augsburg, Univ., Diss., 2007.

Fink, Christian/Keck, Barbara (2005): Lageberichterstattung nach BilReG und DRS 15: Eine kritische Würdigung, in: KoR, 6. Jg., Heft 4, 2005, S. 137-146.

Firth, Michael (1979): The Impact of Size, Stock Market Listing, and Auditors on Voluntary Disclosure in Corporate Annual Reports, in: Accounting and Business Research, 9. Jg., 1979, S. 273-280.

Firth, Michael (1984): The extent of voluntary disclosure in corporate annual reports and its association with security risk measures, in: Applied Economics, 16. Jg., Heft 2, 1984, S. 269-277.

Fischer-Winkelmann, Wolf F. (1971): Methodologie der Betriebswirtschaftslehre, München 1971.

Fischer, Thomas R./Hömberg, Reinhold (1997): Jahresabschluß und Jahresabschlußprüfung, FS zum 60. Geburtstag von Jörg Baetge, Düsseldorf 1997.

Fleischer, Holger (2006): Prognoseberichterstattung im Kapitalmarktrecht und Haftung für fehlerhafte Prognosen, in: Die Aktiengesellschaft, 51. Jg., Heft 1-2, 2006, S. 2-16.

Flick, Uwe (2007a): Design und Prozess qualitativer Forschung, in: Flick, Uwe/von Kardorff, Ernst/Steinke, Ines (Hrsg.), Qualitative Forschung. Ein Handbuch, 5. Aufl., Reinbek 2007, S. 252-265.

Flick, Uwe (2007b): Konstruktivismus, in: Flick, Uwe/von Kardorff, Ernst/Steinke, Ines (Hrsg.), Qualitative Forschung. Ein Handbuch, 5. Aufl., Reinbek 2007, S. 150-164.

Flick, Uwe/von Kardorff, Ernst/Steinke, Ines (2007): Qualitative Forschung. Ein Handbuch, 5. Aufl., Reinbek 2007.

Foster, Georg (1973): Stock Market Reaction to Estimates of Earnings per Share by Company Officials, in: JoAR, 11. Jg., Heft 1, 1973, S. 25-37.

Francis, Jere R./Wilson, Earl R. (1988): Auditor Changes: A Joint Test of Theories Relating to Agency Costs and Auditor Differentiation, in: The Accounting Review, 63. Jg., Heft 4, 1988, S. 663-682.

Franke, Günter/Hax, Herbert (2004): Finanzwirtschaft des Unternehmens und Kapitalmarkt, 5. Aufl., Berlin 2004.

Freidank, Carl-Christian/Steinmeyer, Volker (2005): Fortentwicklung der Lageberichterstattung nach dem BilReG aus betriebswirtschaftlicher Sicht, in: BB, 60. Jg., Heft 46, 2005, S. 2512-2517.

Frese, Erich (1992): HWO, 3. Aufl., Stuttgart 1992.

Frings, Phillipp A. (1975): Berichterstattung deutscher und amerikanischer Aktiengesellschaften im jährlichen Geschäftsbericht, Bonn 1975, zugl. Bonn, Univ., Diss., 1975.

Früh, Werner (2004): Inhaltsanalyse, 5. Aufl., Konstanz 2004.

Fülbier, Rolf Uwe (2005): Wissenschaftstheorie und Betriebswirtschaftslehre, in: Horsch, Andreas/Meinhövel, Harald/Paul, Stephan (Hrsg.), Institutionenökonomie und Betriebswirtschaftslehre, München 2005, S. 15-29.

Fülbier, Rolf Uwe/Pellens, Bernhard (2008): § 315 HGB Konzernlagebericht, in: Schmidt, Karsten (Hrsg.), Münchener Kommentar zum Handelsgesetzbuch, 2. Aufl., München 2008, S. 1262-1285.

Funk, Wilfried/Rossmanith, Jonas (2008): Internationale Rechnungslegung und Internationales Controlling, Wiesbaden 2008.

Gebhardt, Günther (1980): Insolvenzprognosen aus aktienrechtlichen Jahresabschlüssen, Wiesbaden 1980, zugl. Bochum, Univ., Diss., 1980.

Gebhardt, Günther/Entrup, Ulrich (1993): Kapitalmarktreaktionen auf die Ausgabe von Optionsanleihen, in: Sonderheft zur zfbf, 45. Jg., Heft 31, 1993, S. 1-34.

Gebhardt, Günther/Entrup, Ulrich/Heiden, Stefan (1994): Kursreaktionen auf Kapitalerhöhungen aus Gesellschaftsmitteln, in: ZBB, 6. Jg., Heft 4, 1994, S. 308-332.

Gerfin, Harald (1964): Langfristige Wirtschaftsprognosen, Tübingen 1964.

Geringer, Michael/Beamish, Paul/DaCosta, Richard (1989): Diversification Strategy and Internationalization: Implications for MNE Performance, in: Strategic Management Journal, 10. Jg., Heft 2, 1989, S. 109-119.

Gerke, Wolfgang/Garz, Hendrik/Oerke, Marc (1995): Die Bewertung von Unternehmenszusammenschlüssen auf dem deutschen Aktienmarkt, in: zfbf, 47. Jg., Heft 9, 1995, S. 805-820.

Gerke, Wolfgang/Oerke, Marc/Sentner, Arnd (1997): Der Informationsgehalt von Dividendenankündigungen auf dem deutschen Aktienmarkt, in: DBW, 57. Jg., Heft 6, 1997, S. 810-822.

Giersch, Herbert (1960): Allgemeine Wirtschaftspolitik, 1. Band, Grundlagen, Wiesbaden 1960.

Giersch, Herbert/Borchardt, Knut (1962): Diagnose und Prognose als wirtschaftswissenschaftliche Methodenprobleme, Berlin 1962.

Giesel, Franz/Glaum, Martin (1999): Globalisierung – Herausforderungen an die Unternehmensführung zu Beginn des 21. Jahrhunderts, FS für Prof. Dr. Ehrenfried Pausenberger, München 1999.

Glade, Anton (1986): Rechnungslegung und Prüfung nach dem Bilanzrichtlinien-Gesetz, Herne 1986.

Glatz, Gerhard (2007): Der Konzernlagebericht – Die Anforderungen des DRS 15 im Vergleich zur US-amerikanischen MD&A, Berlin 2007.

Glaum, Martin (1996): Internationalisierung und Unternehmenserfolg, Wiesbaden 1996, zugl. Giessen, Univ., Habil.-Schr., 1995.

Glöckle, Thomas (1996): Die zukunftsbezogene Publizität von Kapitalgesellschaften in der Bundesrepublik Deutschland, Tübingen 1996, zugl. Tübingen, Univ., Diss., 1996.

Göbel, Elisabeth (2002): Neue Institutionenökonomik. Konzeption und betriebswirtschaftliche Anwendung, Stuttgart 2002.

Godfrey, Jayne/Hodgson, Allan/Holmes, Scott/Tarca, Ann (2006): Accounting Theory, 6. Aufl., New York 2006.

Godin, Reinhard Freiherr von/Wilhelmi, Hans (1971): Kommentar zum Aktiengesetz, 4. Aufl., Berlin/New York 1971.

Grandjean, Birgitt (1992): Unternehmenszusammenschlüsse und die Verteilung der abnormalen Aktienrenditen zwischen den Aktionären der übernehmenden und übernommenen Gesellschaft, Frankfurt am Main 1992, zugl. Frankfurt am Main, Univ., Diss., 1992.

Gray, Sidney J./Meek, Gary K./Roberts, Clare B. (1995): International Capital Market Pressures and Voluntary Annual Report Disclosures by U.S. and U.K. Multinationals, in: Journal of International Financial Management and Accounting, 6. Jg., Heft 1, 1995, S. 43-68.

Green, William H. (2008): Econometric Analysis, 6. Aufl., New Jersey 2008.

Gregoire, Timothy G./Driver, B.L. (1987): Analysis of Ordinal Data to Detect Population Differences, in: Psychological Bulletin, 101. Jg., Heft 1, 1987, S. 159-165.

Greinert, Markus (2004): Weitergehende Anforderungen an den Konzernlagebericht durch E-DRS 20 sowie das Bilanzrechtsreformgesetz, in: KoR, 5. Jg., Heft 2, 2004, S. 51-60.

Griewel, Eva (2006): Ad hoc-Publizität und Zwischenberichterstattung im deutschen Corporate Governance-System. Eine Analyse vor dem Hintergrund europäischer Harmonisierungsbestrebungen, Wiesbaden 2006, zugl. Hamburg, Univ., Diss., 2006.

Grochla, Erwin (1978): Einführung in die Organisationstheorie, Stuttgart 1978.

Gruber, Andreas (1987): Signalling and Market Behavior, in: Bamberg, Günter/Spremann, Klaus (Hrsg.), Agency Theory, Information and Incentives, Berlin et al. 1987, S. 205-227.

Hagest, Joachim/Kellinghusen, Georg (1977): Zur Problematik der Prognoseprüfung und der Entwicklung von Grundsätzen ordnungsmäßiger Prognosebildung, in: WPg, 30. Jg., Heft 15/16, 1977, S. 405-415.

Haller, Axel (1988): DBW-Stichwort: Positive Accounting Theory, in: DBW, 48. Jg., Heft 3, 1988, S. 398-399.

Haller, Axel (1994): Positive Accounting Theory. Die Erforschung der Beweggründe bilanzpolitischen Verhaltens, in: DBW, 54. Jg., Heft 5, 1994, S. 597-612.

Haller, Axel/Dietrich, Ralph (2001): Kapitalmarktorientierte Gestaltung der Lageberichterstattung, in: KoR, 2. Jg., Heft 4, 2001, S. 164-174.

Hanau, Arthur/Wöhlken, Egon (1962): Probleme der langfristigen Strukturprognose und der Branchenprognose im Agrarsektor, in: Giersch, Herbert/Borchardt, Knut (Hrsg.), Diagnose und Prognose als wirtschaftswissenschaftliche Methodenprobleme, Berlin 1962, S. 368-411.

Hansmann, Karl-Werner (1983): Kurzlehrbuch Prognoseverfahren. Mit Aufgaben und Lösungen, Wiesbaden 1983.

Hansmann, Karl-Werner (1995): Prognose und Prognoseverfahren, in: BFuP, 47. Jg., Heft 3, 1995, S. 269-286.

Harrison, David A. (2000): Zur Vorteilhaftigkeit von Aktiensplits, Frankfurt am Main 2000, zugl. Aachen, Techn. Hochsch., Diss., 1999.

Hartmann-Wendels, Thomas (1989): Principal-Agent-Theorie und asymmetrische Informationsverteilung, in: ZfB, 59. Jg., Heft 7, 1989, S. 714-734.

Hartmann-Wendels, Thomas (1992): Agency Theorie, in: Frese, Erich (Hrsg.), HWO, 3. Aufl., Stuttgart 1992, Sp. 72-79.

Hartmann, Christina (2006): Internationalisierung der Lageberichterstattung, Darstellung und Vergleich des deutschen Lageberichts und der US-amerikanischen MD&A, Marburg 2006, zugl. Siegen, Univ., Diss., 2006.

Hartung, Joachim/Elpelt, Bärbel (2007): Multivariate Statistik. Lehr- und Handbuch der angewandten Statistik, 7. Aufl., München 2007.

Hartung, Joachim/Elpelt, Bärbel/Klösener, Karl-Heinz (2005): Statistik. Lehr- und Handbuch der angewandten Statistik, München 2005.

Hartung, Sven (2002): Anhang und Lagebericht im Spannungsfeld zwischen Bilanztheorie und Bilanzpolitik – eine theoretische und empirische Analyse –, Aachen 2002, zugl. Lüneburg, Univ., Diss., 2001.

Hauschildt, Jürgen/Grün, Oskar (1993): Ergebnisse empirischer betriebswirtschaftlicher Forschung, FS für Eberhard Witte, Stuttgart 1993.

Hausladen, Iris (2007): Management am Puls der Zeit – Strategien, Konzepte und Methoden, Band 1: Unternehmensführung, FS für Horst Wildemann, München 2007.

Havermann, Hans (1987): Bilanz- und Konzernrecht, FS zum 65. Geburtstag von Reinhard Goerdeler, Düsseldorf 1987.

Hax, Herbert (1988): Rechnungslegungsvorschriften – Notwendige Rahmenbedingungen für den Kapitalmarkt?, in: Domsch, Michel/Eisenführ, Franz/Ordelheide, Dieter/Perlitz, Manfred (Hrsg.), Unternehmenserfolg. Planung - Ermittlung - Kontrolle, Walther Busse von Colbe zum 60. Geburtstag, Wiesbaden 1988, S. 187-201.

Healy, Paul M./Palepu, Krishna G. (2001): Information asymmetry, corporate disclosure, and the capital markets: A review of the empirical disclosure literature, in: JoAE, 31. Jg., Heft 1-3, 2001, S. 405-440.

Hebestreit, Gernot/Rahe, Ingo (2007): Die neue Zwischenberichterstattung nach dem Transparenzrichtlinien-Umsetzungsgesetz (TUG), in: IRZ, 2. Jg., Heft 2, 2007, S. 111-122.

Heiden, Stefan (2002): Kursreaktionen auf Dividendenankündigungen. Ereignisstudie am deutschen Kapitalmarkt, Wiesbaden 2002, zugl. Frankfurt am Main, Univ., Diss., 2000.

Hempel, Carl G. (1977): Aspekte wissenschaftlicher Erklärung, Berlin/New York 1977.

Hempel, Carl G./Oppenheim, Paul (1953): The Logic of Explanation, in: Feigel, Herbert/Brodbeck, May (Hrsg.), Readings in the Philosophy of Science, New York 1953, S. 319-352.

Henderson, Glenn V. (1990): Problems and Solutions in Conducting Event Studies, in: Journal of Risk and Insurance, 57. Jg., Heft 2, 1990, S. 282-306.

Henes, Frank (1995): Börsenrechtliche Zwischenberichtspublizität, Stuttgart 1995, zugl. Augsburg, Univ., Diss., 1995.

Henkel, Knut/Schmidt, Katja/Ott, Daniela (2008): Änderungen in der Zwischenberichterstattung kapitalmarktorientierter Unternehmen: Die TUG-Umsetzung in der Praxis (Teil 1), in: KoR, 9. Jg., Heft 1, 2008, S. 36-45.

Herrmann, Andreas/Homburg, Christian/Klarmann, Martin (2008): Handbuch Marktforschung. Methoden - Anwendungen - Praxisbeispiele, 3. Aufl., Wiesbaden 2008.

Herrmann, Andreas/Landwehr, Jan R. (2008): Varianzanalyse, in: Herrmann, Andreas/Homburg, Christian/Klarmann, Martin (Hrsg.), Handbuch Marktforschung. Methoden - Anwendungen - Praxisbeispiele, 3. Aufl., Wiesbaden 2008, S. 579-606.

Hess, Alan C./Bhagat, Sanjai (1986): Size Effects of Seasoned Stock Issues: Empirical Evidence, in: Journal of Business, 59. Jg., Heft 4, 1986, S. 567-584.

Hildebrandt, Lutz (2008): Hypothesenbildung und empirische Überprüfung, in: Herrmann, Andreas/Homburg, Christian/Klarmann, Martin (Hrsg.), Handbuch Marktforschung. Methoden - Anwendungen - Praxisbeispiele, 3. Aufl., Wiesbaden 2008, S. 81-105.

Hillenbrand, Thomas (2007): Telekom schockt Investoren erneut. Telefonkonzern senkt Gewinnprognose zum zweiten Mal − Kundenexodus verstärkt sich, in: FTD vom 29.01.2007, S. 1.

Hirst, Eric/Koonce, Lisa/Venkataraman, Shankar (2008): Management Earnings Forecasts: A Review and Framework, in: Accounting Horizons, 22. Jg., Heft 3, 2008, S. 315-338.

Holsti, Ole R. (1969): Content Analysis for the Social Sciences and Humanities, London 1969.

Hommelhoff, Peter (2002): Lagebericht § 289 HGB, in: Ulmer, Peter (Hrsg.), Groß-kommentar HGB-Bilanzrecht, 1. Teilband: §§ 238-289 HGB, Berlin/New York 2002, S. 900-947.

Hooks, Jillian (2000): Construction of a Disclosure Index to Measure Accountability, Working Paper Series No. 00.10, New Zealand 2000.

Hopwood, Anthony G./Schreuder, Hein (1984): European Contributions to Accounting Research: The Achievements of the Last Decade, Amsterdam 1984.

Hoque, Zahirul (2006): Methodological Issues in Accounting Research. Theories, methods and issues, London 2006.

Horsch, Andreas (2005): Agency und Versicherungsintermediation, in: Horsch, Andreas/Meinhövel, Harald/Paul, Stephan (Hrsg.), Institutionenökonomie und Betriebswirtschaftslehre, München 2005, S. 81-99.

Horsch, Andreas/Meinhövel, Harald/Paul, Stephan (2005): Institutionenökonomie und Betriebswirtschaftslehre, München 2005.

Horváth, Péter (2009): Controlling, 11. Aufl., München 2009.

Hossain, Mahmud/Ahmed, Kamran/Godfrey, Jayne M. (2005): Investment Opportunity Set and Voluntary Disclosure of Prospective Information: A Simultaneous Equations Approach, in: Journal of Business Finance & Accounting, 32. Jg., Heft 5-6, 2005, S. 871-907.

Hossain, Mahmud/Perera, M. Hector/Rahman, Asheq R. (1995): Voluntary Disclosure in the Annual Report of New Zealand Companies, in: Journal of International Financial Management and Accounting, 6. Jg., Heft 1, 1995, S. 69-87.

Hossain, Mahmud/Tan, Lin Mei/Adams, Mike (1994): Voluntary Disclosure in an Emerging Capital Market: Some Empirical Evidence from Companies Listed on the Kuala Lumpur Stock Exchange, in: The International Journal of Accounting, 29. Jg., Heft 3, 1994, S. 334-351.

Hossain, Monirul Alam (2007): Disclosure Index Approach in Accounting Research: Some Insights, paper presented at the 30th annual congress of the European Accounting Association, Lisbon, 2007.

Hub, Hanns Friedrich (1972): Unternehmensberichterstattung für Anlageentscheidungen, Karlsruhe 1972, zugl. Karlsruhe, Univ., Diss., 1972.

Hüfner, Bernd (2007): MD&A- und OFR-Berichtsregelungen der U.S.-amerikanischen SEC, in: BFuP, 59. Jg., Heft 3, 2007, S. 289-310.

Hütten, Christoph (2000): Der Geschäftsbericht als Informationsinstrument. Rechtsgrundlagen - Funktionen - Optimierungsmöglichkeiten, Düsseldorf 2000.

Hüttner, Manfred (1986): Prognoseverfahren und ihre Anwendung, Berlin/New York 1986.

Hutton, Amy P./Miller, Gregory S./Skinner, Douglas J. (2003): The Role of Supplementary Statements with Management Earnings Forecasts, in: JoAR, 41. Jg., Heft 5, 2003, S. 867-890.

Hutton, Amy P./Stocken, Phillip C. (2007): Effect of Reputation on the Credibility of Management Forecasts, Working Paper, 2007.

IASB (2009): IASB Work Plan – projected timetable as at 25 January 2009, abrufbar unter http://www.iasb.org/Current+Projects/IASB+Projects/IASB+Work+Plan.htm, Stand: 06.02.2009.

IDW (2004): Stellungnahme: Referentenentwurf eines Gesetzes zur Einführung internationaler Rechnungslegungsstandards und zur Sicherung der Qualität der Abschlussprüfung, abrufbar unter http://www.idw.de/idw/generator/property=Datei/id=359906.pdf, Stand: 06.07.2009.

IDW (2005a): IDW Rechnungslegungshinweis: Anhangsangaben nach § 285 Satz 1 Nr. 18 und 19 HGB sowie Lageberichterstattung nach § 289 Abs. 2 Nr. 2 HGB in der Fassung des Bilanzrechtsreformgesetzes (IDW RH HFA 1.005), in: IDW Fachnachrichten, o. Jg., Heft 4, 2005, S. 212-216.

IDW (2005b): IDW Rechnungslegungshinweis: Lageberichterstattung nach § 289 Abs. 1 und 3 HGB bzw. § 315 Abs. 1 HGB in der Fassung des Bilanzrechtsreformgesetzes (IDW RH HFA 1.007), in: IDW Fachnachrichten, o. Jg., Heft 11, 2005, S. 746-748.

IDW (2006): IDW Prüfungsstandard: Prüfung des Lageberichts (IDW PS 350), in: WPg, 59. Jg., Heft 20, 2006, S. 1293-1297.

Inchausti, Begona Giner (1997): The influence of company characteristics and accounting regulation on information disclosure by Spanish firms, in: The European Accounting Review, 6. Jg., Heft 1, 1997, S. 45-68.

Jacob, Herbert (1968): Schriften zur Unternehmensführung, Band 6/7, Wiesbaden 1968.

Jaggi, Bikki (1978): A Note on the Information Content of Corporate Annual Earnings Forecasts, in: The Accounting Review, 53. Jg., Heft 4, 1978, S. 961-967.

Jain, Prem C. (1986): Analyses of the Distribution of Security Market Model Prediction Errors for Daily Returns Data, in: JoAR, 24. Jg., Heft 1, 1986, S. 76-96.

Jensen, Michael, C./Meckling, William, H. (1976): Theory of the firm: Managerial behavior, agency costs and ownership structure, in: Journal of Financial Economics, 3. Jg., Heft 4, 1976, S. 305-360.

Johnen, Jürgen/Ganske, Torsten (2002): Management's Discussion and Analysis (MD&A), in: Ballwieser, Wolfgang/Coenenberg, Adolf G./von Wysocki, Klaus (Hrsg.), HWRP, 3. Aufl., Stuttgart 2002, Sp. 1520-1536.

Jöhr, Walter Adolf/Kneschaurek, Francesco (1962): Wirtschaftsprognose und Wirtschaftspolitik, in: Giersch, Herbert/Borchardt, Knut (Hrsg.), Diagnose und Prognose als wirtschaftswissenschaftliche Methodenprobleme, Berlin 1962, S. 415-435.

Jones, Stewart/Romano, Claudio/Ratnatunga, Janek (1995): Accounting Theory a contemporary review, Sydney et al. 1995.

Jost, Peter-J. (2001a): Die Prinzipal-Agenten-Theorie im Unternehmenskontext, in: Jost, Peter-J. (Hrsg.), Die Prinzipal-Agenten-Theorie in der Betriebswirtschaftslehre, Stuttgart 2001, S. 11-43.

Jost, Peter-J. (2001b): Die Prinzipal-Agenten-Theorie in der Betriebswirtschaftslehre, Stuttgart 2001.

Kähler, Wolf-Michael (2002): Statistische Datenanalyse, 2. Aufl., Braunschweig/Wiesbaden 2002.

Kaiser, Karin (2005a): Jahresabschlussprüfung und prüfungsnahe Beratung bei zukunftsorientierter Lageberichterstattung gemäß dem Bilanzrechtsreformgesetz, in: DB, 58. Jg., Heft 43, 2005, S. 2309-2314.

Kaiser, Karin (2005b): Auswirkungen des Bilanzrechtsreformgesetzes auf die zukunftsorientierte Lageberichterstattung, in: WPg, 58. Jg., Heft 8, 2005, S. 405-418.

Kaiser, Karin (2005c): Erweiterung der zukunftsorientierten Lageberichterstattung: Folgen des Bilanzrechtsreformgesetzes für Unternehmen, in: DB, 58. Jg., Heft 7, 2005, S. 345-353.

Kajüter, Peter (2001a): Der Entwurf des DRS 5 zur Risikoberichterstattung, in: WPg, 54. Jg., Heft 4, 2001, S. 205-209.

Kajüter, Peter (2001b): Risikoberichterstattung: Empirische Befunde und der Entwurf des DRS 5, in: DB, 54. Jg., Heft 3, 2001, S. 105-111.

Kajüter, Peter (2002): Prüfung der Risikoberichterstattung im Lagebericht, in: BB, 57. Jg., Heft 5, 2002, S. 243-249.

Kajüter, Peter (2004a): Der Lagebericht als Instrument einer kapitalmarktorientierten Rechnungslegung – Umfassende Reformen nach dem Entwurf zum BilReG und E-DRS 20 –, in: DB, 57. Jg., Heft 5, 2004, S. 197-203.

Kajüter, Peter (2004b): Berichterstattung über Chancen und Risiken im Lagebericht, in: BB, 59. Jg., Heft 8, 2004, S. 427-433.

Kajüter, Peter/Barth, Daniela/Meyer, Joop (2009): Zwischenlageberichterstattung nach § 37w WpHG und DRS 16 – Eine empirische Analyse der HDAX-Unternehmen, in: WPg, 62. Jg., Heft 8, 2009, S. 462-470.

Kajüter, Peter/Esser, Simon (2007): Risiko- und Chancenberichterstattung im Lagebericht, in: IRZ, 2. Jg., Heft 6, 2007, S. 381-390.

Kajüter, Peter/Reisloh, Christian (2007): Zwischenmitteilungen der Geschäftsführung nach § 37x WpHG, in: KoR, 8. Jg., Heft 11, 2007, S. 620-633.

Kajüter, Peter/Reisloh, Christian (2008): Zwischenmitteilungen der Geschäftsführung als Instrument der unterjährigen Finanzberichterstattung, in: IRZ, 3. Jg., Heft 2, 2008, S. 95-101.

Kajüter, Peter/Winkler, Carsten (2004): Praxis der Risikoberichterstattung deutscher Konzerne, in: WPg, 57. Jg., Heft 6, 2004, S. 249-261.

Kamp, Rüdiger (1988): Leitlinien zur Prognosepublizität im Lagebericht – Die voraussichtliche Entwicklung der Kapitalgesellschaft gem. § 289 Abs. 2 Nr. 2 HGB –, Kiel 1988, zugl. Kiel, Univ., Diss., 1988.

Kaserer, Christoph/Brunner, Andreas (1997): Die kurz- und langfristigen Kurseffekte von Kapitalerhöhungen aus Gesellschaftsmitteln – Eine empirische Untersuchung für den deutschen Kapitalmarkt, in: Finanzmarkt und Portfolio Management, 11. Jg., Heft 1, 1997, S. 77-99.

Kaserer, Christoph/Mohl, Hans-Peter (1998): Die Einführung der 5-DM-Aktie – Ein Testfall für die Untersuchung der Mikrostruktur von Aktienmärkten, in: Kredit und Kapital, o. Jg., Heft 3, 1998, S. 413-459.

Kasperzak, Rainer/Beiersdorf, Kati (2007): Diskussionspapier Management Commentary: eine erste Auswertung der Stellungnahmen an das IASB, in: KoR, 8. Jg., Heft 3, 2007, S. 121-130.

Kassarjian, Harold H. (1977): Content Analysis in Consumer Research, in: Journal of Consumer Research, 4. Jg., Heft 1, 1977, S. 8-18.

Keller, Erich/Möller, Hans Peter (1993): Die Auswirkungen der Zwischenberichterstattung auf den Informationswert von Jahresabschlüssen am Kapitalmarkt – Konzeption und Ergebnisse einer kapitalmarktorientierten empirischen Untersuchung zum Informationsgehalt der Jahresabschlüsse deutscher Aktiengesellschaften, in: Sonderheft zur zfbf, 45. Jg., Heft 31, 1993, S. 35-60.

Kellinghusen, Georg/Irrgang, Wolfgang (1978): Der optimale Geschäftsbericht – Praktische Hinweise auf der Grundlage von Marktforschungsergebnissen, in: DB, 31. Jg., Heft 48, 1978, S. 2277-2283.

Kiener, Stefan (1990): Die Principal-Agent-Theorie aus informationsökonomischer Sicht, Regensburg 1990, zugl. Regensburg, Univ., Diss., 1989.

King, Michael R./Mittoo, Usha R. (2007): What Companies Need to Know About International Cross-Listing, in: Journal of Applied Corporate Finance, 19. Jg., Heft 4, 2007, S. 60-74.

Kirchhoff Consult AG (2005): „Prognoseberichterstattung" – Überblick über die Prognosen der DAX- und MDAX-Unternehmen in den Geschäftsberichten 2004, Hamburg 2005.

Kirchhoff Consult AG (2006): „Prognoseberichterstattung" – Überblick über die Prognosen der DAX-Unternehmen in den Geschäftsberichten 2005, Hamburg 2006.

Kirchhoff Consult AG (2007): „Prognoseberichterstattung" – Überblick über die Prognosen der DAX-Unternehmen in den Geschäftsberichten 2006, Hamburg 2007.

Kirchhoff Consult AG (2008): „Prognoseberichterstattung im DAX 30". Eine inhaltliche Analyse der Prognoseberichterstattung in den Geschäftsberichten der DAX 30-Unternehmen im Jahr 2007, Hamburg 2008.

Kirsch, Hanno (2004): Offenlegung von Einschätzungen und Prognosen des Managements nach IAS 1 (revised 2003) für das langfristige Vermögen, in: StuB, 6. Jg., Heft 11, 2004, S. 481-489.

Kirsch, Hans-Jürgen/Köhrmann, Hannes (2007a): Inhalt des Lageberichts, in: Castan, Edgar (Hrsg.), Beck'sches Handbuch der Rechnungslegung, B 510, 28. Ergänzungslieferung, München 2007, S. 1-51.

Kirsch, Hans-Jürgen/Köhrmann, Hannes (2007b): Grundlagen der Lageberichterstattung, in: Castan, Edgar (Hrsg.), Beck'sches Handbuch der Rechnungslegung, B 500, 28. Ergänzungslieferung, München 2007, S. 1-19.

Kirsch, Hans-Jürgen/Scheele, Alexander (2003): E-DRS 20: Ausweitung der Lageberichterstattung zum Value Reporting, in: BB, 58. Jg., Heft 51/52, 2003, S. 2733-2739.

Kirsch, Hans-Jürgen/Scheele, Alexander (2004): Die Auswirkungen der Modernisierungsrichtlinie auf die (Konzern-)Lageberichterstattung – unter Berücksichtigung von E-DRS 20 und des Entwurfs eines Bilanzrechtsreformgesetzes vom 15.12.2003 –, in: WPg, 57. Jg., Heft 1-2, 2004, S. 1-12.

Kirsch, Hans-Jürgen/Scheele, Alexander (2005): Neugestaltung von Prognose- und Risikoberichterstattung im Lagebericht durch das Bilanzrechtsreformgesetz, in: WPg, 58. Jg., Heft 21, 2005, S. 1149-1154.

Kirsch, Hans-Jürgen/Scheele, Alexander (2006): Diskussionspapier des IASB zum „Management Commentary", in: WPg, 59. Jg., Heft 3, 2006, S. 89-91.

Kleeberg, Jochen M. (1991): Die Eignung von Marktindizes für empirische Aktienmarktuntersuchungen, Wiesbaden 1991.

Klein, April/Rosenfeld, James (1987): The Influence of Market Conditions on Event-Study Residuals, in: Journal of Financial and Quantitative Analysis, 22. Jg., Heft 3, 1987, S. 345-351.

Kockläuner, Gerhard (1988): Angewandte Regressionsanalyse mit SPSS, Braunschweig/Wiesbaden 1988.

Kockläuner, Gerhard (2000): Multivariate Datenanalyse. Am Beispiel des statistischen Programmpakets SPSS, Braunschweig/Wiesbaden 2000.

Kolbe, Richard H./Burnett, Melissa S. (1991): Content-Analysis Research: An Examination of Applications with Directives for Improving Research Reliability and Objectivity, in: Journal of Consumer Research, 18. Jg., Heft 2, 1991, S. 243-250.

Kopp, Thomas (2002): Finanz- und Ertragslage des Emittenten in Verkaufs- und Börsenzulassungsprospekten – Darstellung und Analyse (MD&A), in: RIW, 48. Jg., Heft 9, 2002, S. 661-668.

Kosiol, Erich (1968): Entscheidung, Information und Prognose, in: Kosiol, Erich/Sundhoff, Edmund (Hrsg.), Betriebswirtschaft und Marktpolitik, Köln/Opladen 1968, S. 277-289.

Kosiol, Erich/Sundhoff, Edmund (1968): Betriebswirtschaft und Marktpolitik, Köln/Opladen 1968.

Kothari, S.P. (2001): Capital market research in accounting, in: JoAE, 31. Jg., Heft 1-3, 2001, S. 105-231.

Krafft, Manfred/Haase, Kerstin/Siegel, André (2003): Statistisch-ökonometrische BWL-Forschung: Entwicklung, Status Quo und Perspektiven, in: Schwaiger, Manfred/Harhoff, Dietmar (Hrsg.), Empirie und Betriebswirtschaft, Stuttgart 2003, S. 83-104.

Kräkel, Matthias (2007): Organisation und Management, 3. Aufl., Tübingen 2007.

Krawitz, Norbert/Hartmann, Christina (2006): Aktueller handelsrechtlicher Lage- und Konzernlagebericht im Rahmen eines IAS/IFRS-Abschlusses, in: WPg, 59. Jg., Heft 20, 2006, S. 1262-1270.

Krelle, Wilhelm (1962): Möglichkeiten und Grenzen der Konjunkturdiagnose, in: Giersch, Herbert/Borchardt, Knut (Hrsg.), Diagnose und Prognose als wirtschaftswissenschaftliche Methodenprobleme, Berlin 1962, S. 30-81.

Krippendorff, Klaus (2004): Content Analysis. An Introduction to its Methodology, 2. Aufl., Thousand Oaks 2004.

Kromrey, Helmut (2006): Empirische Sozialforschung, 11. Aufl., Stuttgart 2006.

Kropff, Bruno (1980): Der Lagebericht nach geltendem und künftigem Recht, in: BFuP, 32. Jg., Heft 6, 1980, S. 514-532.

Krüger, Holm/Schneider-Piotrowsky, Katja (2008): Ergänzende Lageberichterstattung zum IFRS-Konzernabschluss. Empirische Indizien zur Berichterstattung im HDAX, in: IRZ, 3. Jg., Heft 10, 2008, S. 471-479.

Krumbholz, Marcus (1994): Die Qualität publizierter Lageberichte – Ein empirischer Befund zur Unternehmenspublizität, Düsseldorf 1994.

Kuhlo, Karl Christian (1962): Die Wachstumsprognose, insbesondere auch die Prognose der Produktivitätsentwicklung, in: Giersch, Herbert/Borchardt, Knut (Hrsg.), Diagnose und Prognose als wirtschaftswissenschaftliche Methodenproblem, Berlin 1962, S. 215-268.

Kuhner, Christopher (2006): Prognosen in der Betriebswirtschaftslehre, in: Die Aktiengesellschaft, 51. Jg., Heft 19, 2006, S. 713-720.

Kullmann, Walburga/Sester, Peter (2005): Das Wertpapierprospektgesetz (WpPG) – Zentrale Punkte des neuen Regimes für Wertpapieremissionen –, in: WM, o. Jg., Heft 23, 2005, S. 1068-1076.

Kümmel, Jens/Zülch, Henning (2006): Lageberichterstattung: Das IASB Discussion Paper „Management Commentary", in: StuB, 8. Jg., Heft 10, 2006, S. 393-395.

Kunold, Uta/Schlitt, Michael (2004): Die neue EU-Prospektrichtlinie, Inhalte und Auswirkungen auf das deutsche Kapitalmarktrecht, in: BB, 59. Jg., Heft 10, 2004, S. 501-512.

Küpper, Hans-Ulrich (2008): Controlling, 5. Aufl., Stuttgart 2008.

Küpper, Hans-Ulrich/Wagenhofer, Alfred (2002): HWU, 4. Aufl., Stuttgart 2002.

Kupsch, Peter (1985): Zum gegenwärtigen Stand des betriebswirtschaftlichen Prüfungswesens, in: ZfB, 55. Jg., Heft 11, 1985, S. 1139-1171.

Küting, Karlheinz/Heiden, Matthias (2002): Zur Informationsqualität der Lageberichterstattung in deutschen Geschäftsberichten – Branchenangaben, Risikobericht, Prognosebericht, in: StuB, 4. Jg., Heft 19, 2002, S. 933-937.

Küting, Karlheinz/Hütten, Christoph (1999): Der befreiende Konzernlagebericht nach internationalen Vorschriften – Anmerkungen zur Frage der Existenz eines gesetzlich geregelten Sachverhalts –, in: WPg, 52. Jg., Heft 1, 1999, S. 12-19.

Küting, Karlheinz/Langenbucher, Günther (1999): Internationale Rechnungslegung, FS für Professor Dr. Claus-Peter Weber zum 60. Geburtstag, Stuttgart 1999.

Küting, Karlheinz/Weber, Claus-Peter (1995): Handbuch der Rechnungslegung, Bd. Ia, 4. Aufl., Stuttgart 1995.

Küting, Karlheinz/Weber, Claus-Peter (2006): Die Bilanzanalyse, Beurteilung von Abschlüssen nach HGB und IFRS, 8. Aufl., Stuttgart 2006.

Lang, Mark/Lundholm, Russell (1993): Cross-Sectional Determinants of Analyst Ratings of Corporate Disclosure, in: JoAR, 31. Jg., Heft 2, 1993, S. 246-271.

Lange, Knut Werner (2004): Berichterstattung in Lagebericht und Konzernlagebericht nach dem geplanten Bilanzrechtsreformgesetz, in: ZIP, o. Jg., Heft 21, 2004, S. 981-987.

Lange, Knut Werner (2008): § 289 HGB Lagebericht, in: Schmidt, Karsten (Hrsg.), Münchener Kommentar zum Handelsgesetzbuch, 2. Aufl., München 2008, S. 815-850.

Leffson, Ulrich (1988): Wirtschaftsprüfung, 4. Aufl., Wiesbaden 1988.

Leftwich, Richard W./Watts, Ross L./Zimmerman, Jerold L. (1981): Voluntary Corporate Disclosure: The Case of Interim Reporting, in: JoAR, Supplement, 19. Jg., 1981, S. 50-77.

Lewandowski, Rudolf (1974): Prognose- und Informationssysteme und ihre Anwendungen, Band 1, Berlin/New York 1974.

Lilliefors, Hubert W. (1967): On the Kolmogorov-Smirnov Test for Normality with Mean and Variance Unknown, in: Journal of the American Statistical Association, 62. Jg., Heft 318, 1967, S. 399-402.

Lindemann, Jens (2004): Rechnungslegung und Kapitalmarkt, Lohmar/Köln 2004, zugl. Gießen, Univ., Diss., 2004.

Lindemann, Jens (2006): Kapitalmarktrelevanz der Rechnungslegung – Konzepte, Methodik und Ergebnisse empirischer Forschung, in: ZfB, 76. Jg., Heft 10, 2006, S. 967-1003.

Lingnau, Volker (1995): Kritischer Rationalismus und Betriebswirtschaftslehre, in: WiSt, 24. Jg., Heft 3, 1995, S. 124-129.

Lintner, John (1965): The Valuation of Risk Assets and the Selection of Risky Investments in Stock Portfolios and Capital Budgets, in: The Review of Economics and Statistics, 47. Jg., Heft 1, 1965, S. 13-37.

Lisch, Ralf/Kriz, Jürgen (1978): Grundlagen und Modelle der Inhaltsanalyse, Reinbek bei Hamburg 1978.

Löffler, Yvonne (2001): Desinvestitionen durch Verkäufe und Börseneinführung von Tochterunternehmen, Lohmar/Köln 2001, zugl. Berlin, Humboldt-Univ., Diss., 2001.

Lorenzen, Paul (1974): Konstruktive Wissenschaftstheorie, Frankfurt am Main 1974.

Lück, Wolfgang (1995): § 289 HGB Lagebericht, in: Küting, Karlheinz/Weber, Claus-Peter (Hrsg.), Handbuch der Rechnungslegung, Bd. Ia, 4. Aufl., Stuttgart 1995, S. 2005-2027.

Lück, Wolfgang (1998): Lexikon der Rechnungslegung und Abschlußprüfung, 4. Aufl., München/Wien 1998.

Macharzina, Klaus/Wolf, Joachim (2008): Unternehmensführung. Das internationale Managementwissen, Konzepte - Methoden - Praxis, 6. Aufl., Wiesbaden 2008.

MacKinlay, Craig A. (1997): Event Studies in Economics and Finance, in: Journal of Economic Literature, 35. Jg., Heft 1, 1997, S. 13-39.

Mak, Yven Teen (1991): Corporate Characteristics and the Voluntary Disclosure of Forecast Information: A Study of New Zealand Prospectuses, in: British Accounting Review, 23. Jg., Heft 4, 1991, S. 305-327.

Malone, David/Fries, Clarence/Jones, Thomas (1993): An Empirical Investigation of the Extent of Corporate Financial Disclosure in the Oil and Gas Industry, in: Journal of Accounting, Auditing & Finance, 8. Jg., Heft 3, 1993, S. 249-275.

Marston, Claire L./Shrives, Philip J. (1991): The Use of Disclosure Indices in Accounting Research: A Review Article, in: British Accounting Review, 23. Jg., Heft 3, 1991, S. 195-210.

Matschke, Manfred Jürgen (1981): Prognosen im Rahmen der publizierten Rechnungslegung (I) – Ein Bericht über die Prognosen der Pensionszahlungen gemäß § 159 AktG –, in: DB, 34. Jg., Heft 46, 1981, S. 2289-2293.

Maul, Karl-Heinz (1984): Der Lagebericht nach der 4. EG-Richtlinie und dem Entwurf des Bilanzrichtlinie-Gesetzes, in: WPg, 37. Jg., Heft 7, 1984, S. 187-193.

May, Axel (1991): Zum Stand der empirischen Forschung über Informationsverarbeitung am Aktienmarkt – Ein Überblick, in: zfbf, 43. Jg., Heft 4, 1991, S. 313-335.

May, Axel/Schweder-Weber, Stefanie (1990): Informationsverarbeitung am Aktienmarkt: Kritischer Überblick über den Stand der Forschung, Kiel 1990.

Mayntz, Renate/Holm, Kurt/Hübner, Peter (1978): Einführung in die Methoden der empirischen Soziologie, 5. Aufl., Opladen 1978.

Mayr, Georg (2007): Management Commentary – Erweiterte Berichterstattung nach IFRS statt Lagebericht nach nationalem Recht?, in: Löffler, Helge/Rohatschek, Roman (Hrsg.), Internationale und nationale Rechnungslegung am Wendepunkt, Wien 2007, S. 269-297.

Mayring, Philipp (2003): Qualitative Inhaltsanalyse. Grundlagen und Techniken, 8. Aufl., Weinheim 2003.

McWilliams, Abagail/Siegel, Donald/Teoh, Siew Hong (1999): Issues in the Use of the Event Study Methodology: A Critical Analysis of Corporate Social Responsibility Studies, in: Organizational Research Methods, 2. Jg., Heft 4, 1999, S. 340-365.

Meinhövel, Harald (2005): Grundlagen der Principal-Agent-Theorie, in: Horsch, Andreas/Meinhövel, Harald/Paul, Stephan (Hrsg.), Institutionenökonomie und Betriebswirtschaftslehre, München 2005, S. 65-80.

Mellerowicz, Konrad (1970a): Aktiengesetz Großkommentar, 3. Aufl., Berlin 1970.

Mellerowicz, Konrad (1970b): Planung und Plankostenrechnung, Band I - Betriebliche Planung, 2. Aufl., Freiburg 1970.

Menges, Günter (1966): Statistik und Wirtschaftsprognose, in: Blind, Adolf (Hrsg.), Umrisse einer Wirtschaftsstatistik, FS für Paul Flaskämper, Hamburg 1966, S. 50-71.

Mennenöh, Hartwig (1984): Prognosepublizität – Vorschläge zur ungewißheitsorientierten Gestaltung einer prospektiven Berichterstattung von Unternehmen an externe Adressaten, Bochum 1984.

Merino, Barbara D./Koch, Bruce S./MacRitchie, Kenneth L. (1987): Historical Analysis – A Diagnostic Tool for "Event" Studies: The Impact of the Securities Act of 1933, in: The Accounting Review, 62. Jg., Heft 4, 1987, S. 748-762.

Merten, Klaus (1995): Inhaltsanalyse. Einführung in Theorie, Methode und Praxis, 2. Aufl., Opladen 1995.

Meyer, Stephen L. (1973): The Stationarity Problem in the Use of the Market Model of Security Price Behavior, in: The Accounting Review, 48. Jg., Heft 2, 1973, S. 318-322.

Meyer, Wilhelm (2002): Grundlagen des ökonomischen Denkens, Albert, Hans/Hesse, Günter (Hrsg.), Tübingen 2002.

Milne, Markus J./Adler, Ralph W. (1999): Exploring the reliability of social and environmental disclosures content analysis, in: Accounting, Auditing & Accountability Journal, 12. Jg., Heft 2, 1999, S. 237-256.

Mittermair, Klaus/Pernsteiner, Helmut (1997): Freiwillige Unternehmensinformationen – Möglichkeiten aktiver Rechnungslegungspolitik, Wien 1997.

Möller, Hans Peter (1983): Probleme und Ergebnisse kapitalmarktorientierter empirischer Bilanzforschung in Deutschland, in: BFuP, 35. Jg., Heft 4, 1983, S. 285-302.

Möller, Hans Peter (1985): Die Informationseffizienz des deutschen Aktienmarktes – eine Zusammenfassung und Analyse empirischer Untersuchungen, in: zfbf, 37. Jg., Heft 6, 1985, S. 500-518.

Möller, Hans Peter/Hüfner, Bernd (2002a): Empirische Forschung, in: Küpper, Hans-Ulrich/Wagenhofer, Alfred (Hrsg.), HWU, 4. Aufl., Stuttgart 2002, Sp. 351-359.

Möller, Hans Peter/Hüfner, Bernd (2002b): Zur Bedeutung der Rechnungslegung für den deutschen Aktienmarkt – Begründung, Messprobleme und Erkenntnisse empirischer Forschung, in: Seicht, Gerhard (Hrsg.), Jahrbuch für Controlling und Rechnungswesen, Wien 2002, S. 405-463.

Morgenstern, Oskar (1928): Wirtschaftsprognose. Eine Untersuchung ihrer Voraussetzungen und Möglichkeiten, Wien 1928.

Morris, Richard D. (1987): Signalling, Agency Theory and Accounting Policy Choice, in: Accounting and Business Research, 18. Jg., Heft 69, 1987, S. 47-56.

Mossin, Jan (1966): Equilibrium in a Capital Asset Market, in: Econometrica, 34. Jg., Heft 4, 1966, S. 768-783.

Müller-Böling, Detlef (1992): Organisationsforschung, Methodik der empirischen, in: von Frese, Erich (Hrsg.), HWO, 3. Aufl., Stuttgart 1992, Sp. 1491-1505.

Murschall, Oliver (2007): Behavioral Finance als Ansatz zur Erklärung von Aktienrenditen. Eine empirische Analyse des deutschen Aktienmarktes, Hamburg 2007, zugl. Duisburg-Essen, Univ., Diss., 2006.

Müßig, Anke (2008): Lagebericht und Value Reporting, in: Funk, Wilfried/Rossmanith, Jonas (Hrsg.), Internationale Rechnungslegung und Internationales Controlling, Wiesbaden 2008, S. 187-221.

Nadvornik, Wolfgang/Schwarz, Reinhard (1997): Freiwillige Informationen in Anhang und Lagebericht, in: Mittermair, Klaus/Pernsteiner, Helmut (Hrsg.), Freiwillige Unternehmensinformationen – Möglichkeiten aktiver Rechnungslegungspolitik, Wien 1997, S. 31-43.

Naser, Kamal/Al-Khatib, Khalid/Karbhari, Yusuf (2002): Empirical Evidence on the Depth of Corporate Information Disclosure in Developing Countries: The Case of Jordan, in: International Journal of Commerce & Management, 12. Jg., Heft 3-4, 2002, S. 122-155.

Neuhauser, Gertrud (1962): Zur Unterscheidung von Diagnose und Prognose, in: Giersch, Herbert/Borchardt, Knut (Hrsg.), Diagnose und Prognose als wirtschaftswissenschaftliche Methodenprobleme, Berlin 1962, S. 187-189.

Neumann, Frauke (1974): Nutzung von gesamtwirtschaftlichen Projektionen und Prognosen in der Industrie, in: ifo-schnelldienst, o. Jg., Heft 13, 1974, S. 14-21.

Newman, Paul/Sansing, Richard (1993): Disclosure Policies with Multiple Users, in: JoAR, 31. Jg., Heft 1, 1993, S. 92-112.

Nichols, Donald R./Tsay, Jeffrey J. (1979): Security Price Reactions to Long-Range Executive Earnings Forecasts, in: JoAR, 17. Jg., Heft 1, 1979, S. 140-155.

Nölte, Uwe (2008): Managementprognosen, Analystenschätzungen und Eigenkapitalkosten. Empirische Analysen am deutschen Kapitalmarkt, zugl. Bochum, Univ., Diss., 2008, abrufbar unter http://www-brs.ub.ruhr-uni-bochum.de/netahtml/HSS/Diss/NoelteUwe/diss.pdf, Stand: 06.07.2009.

o.V. (1979): SEC provides "safe harbor" to companies that make public their financial forecasts, in: Journal of Accounting, 148. Jg., Heft 1, 1979, S. 3.

o.V. (2005): Adidas erhöht die Prognose, abrufbar unter http://www.faz.net /s/RubD16E1F55D21144C4AE3F9DDF52B6E1D9/Doc-EF5CD7EA212BE477FA C3BF42404DBB618-ATpl-Ecommon-Scontent.html, Stand: 06.07.2009.

o.V. (2006a): Reebok zieht Adidas nach unten. Übernahme des US-Konkurrenten kommt den Sportartikelkonzern teuer zu stehen – Aktienkurs bricht ein, in: Handelsblatt Nr. 218 vom 10.11.2006, S. 1.

o.V. (2006b): SGL Carbon verlässt die Wall Street, in: Handelsblatt Nr. 208 vom 27.10.2006, S. 18.

o.V. (2007): Telekom-Chef verspricht: Diesmal halten wir Wort. René Obermann will die Gewinnprognose nicht noch einmal revidieren – Konzern will stärker gegen Kundenverluste kämpfen, in: Handelsblatt Nr. 23 vom 01.02.2007, S. 16.

Oerke, Marc (1999): Ad-hoc-Mitteilungen und deutscher Aktienmarkt. Marktreaktionen auf Informationen, Wiesbaden 1999, zugl., Erlangen-Nürnberg, Univ., Diss., 1999.

Ordelheide, Dieter/Rudolph, Bernd/Büsselmann, Elke (1991): Betriebswirtschaftslehre und Ökonomische Theorie, Stuttgart 1991.

Padberg, Thomas (2005): Prognoseberichterstattung – Status quo und DRS 15, in: Unternehmensbewertung und Management (UM), o. Jg., Heft 6, 2005, S. 188-189.

Paschen, Iris (1992): Zur Publizitätspraxis der GmbH, in: DB, 45. Jg., Heft 2, 1992, S. 49-53.

Patell, James M. (1976): Corporate Forecasts of Earnings per Share and Stock Price Behavior: Empirical Tests, in: JoAR, 14. Jg., Heft 2, 1976, S. 246-276.

Patton, James/Zelenka, Ivan (1997): An empirical analysis of the determinants of the extent of disclosure in annual reports of joint stock companies in the Czech Republic, in: The European Accounting Review, 6. Jg., Heft 4, 1997, S. 605-626.

Pechtl, Hans (2000): Die Prognosekraft des Prognoseberichts – Eine empirische Untersuchung am Beispiel deutscher Aktiengesellschaften, in: zfbf, 52. Jg., 2000, S. 141-159.

Peiffer, Hans-Hubert (1974a): Möglichkeiten und Grenzen der Prüfung von Prognosen im Geschäftsbericht (Teil 2), in: WPg, 27. Jg., Heft 7, 1974, S. 186-197.

Peiffer, Hans-Hubert (1974b): Möglichkeiten und Grenzen der Prüfung von Prognosen im Geschäftsbericht (Teil 1), in: WPg, 27. Jg., Heft 6, 1974, S. 159-170.

Pellens, Bernhard (1991): Ad-hoc-Publizitätspflichten des Managements börsennotierter Unternehmen nach § 44 a BörsG, in: Die Aktiengesellschaft, 36. Jg., Heft 2, 1991, S. 62-69.

Pellens, Bernhard/Fülbier, Rolf Uwe/Gassen, Joachim/Sellhorn, Thorsten (2008): Internationale Rechnungslegung, 7. Aufl., Stuttgart 2008.

Pellens, Bernhard/Nölte, Uwe/Berger, Ole (2007): Ergebnisprognosen durch das Management – Sind die Managementprognosen der DAX-Unternehmen zu pessimistisch?, in: FB, 9. Jg., Heft 1, 2007, S. 24-29.

Pellens, Bernhard/Tomaszewski, Claude (1999): Kapitalmarktreaktionen auf den Rechnungslegungswechsel zu IAS bzw. US-GAAP, in: Sonderheft zur zfbf, 51. Jg., Heft 41, 1999, S. 199-228.

Penman, Stephen H. (1980): An Empirical Investigation of the Voluntary Disclosure of Corporate Earnings Forecasts, in: JoAR, 18. Jg., Heft 1, 1980, S. 132-160.

Pepels, Werner (2008): Marktforschung. Organisation und praktische Anwendung, 2. Aufl., Düsseldorf 2008.

Pernsteiner, Helmut (1997): Freiwillige Unternehmensinformation – ihre grundsätzliche Problematik, in: Mittermair, Klaus/Pernsteiner, Helmut (Hrsg.), Freiwillige Unternehmensinformation – Möglichkeiten aktiver Rechnungslegungspolitik, Wien 1997, S. 9-30.

Perridon, Louis/Steiner, Manfred (2007): Finanzwirtschaft der Unternehmung, 14. Aufl., München 2007.

Peterson, Pamela P. (1989): Event Studies: A Review of Issues and Methodology, in: Quarterly Journal of Business and Economics, 28. Jg., Heft 3, 1989, S. 36-66.

Pfaff, Dieter/Zweifel, Peter (1998): Die Principal-Agent Theorie. Ein fruchtbarer Beitrag der Wirtschaftstheorie zur Praxis, in: WiSt, 27. Jg., Heft 4, 1998, S. 184-190.

Pfitzer, Norbert/Oser, Peter/Orth, Christian (2004): Offene Fragen und Systemwidrigkeiten des Bilanzrechtsreformgesetzes (BilReG) – Erste Handlungsempfehlungen für eine normkonforme Umsetzung –, in: DB, 57. Jg., Heft 49, 2004, S. 2593-2602.

Pflaumer, Peter/Heine, Barbara/Hartung, Joachim (2005): Statistik für Wirtschafts- und Sozialwissenschaftler: Deskriptive Statistik, 3. Aufl., München 2005.

Philipps, Holger (2007): Halbjahresfinanzberichterstattung nach dem WpHG, in: DB, 60. Jg., Heft 43, 2007, S. 2326-2332.

Picot, Arnold (1977): Prognose und Planung – Möglichkeiten und Grenzen, in: DB, 30. Jg., Heft 46, 1977, S. 2149-2153.

Picot, Arnold (1991): Ökonomische Theorien der Organisation – Ein Überblick über neuere Ansätze und deren betriebswirtschaftliches Anwendungspotential, in: Ordelheide, Dieter/Rudolph, Bernd/Büsselmann, Elke (Hrsg.), Betriebswirtschaftslehre und Ökonomische Theorie, Stuttgart 1991, S. 143-170.

Pieper, Ute/Schiereck, Dirk/Weber, Martin (1993): Die Kaufempfehlungen des „Effecten-Spiegel". Eine empirische Untersuchung im Lichte der Effizienzhypothese des Kapitalmarktes, in: zfbf, 45. Jg., Heft 6, 1993, S. 487-509.

Pöckel, Julian (2006): Das Diskussionspapier „Management Commentary" des IASB – Vergleich und denkbare Wechselwirkungen mit dem bestehenden Regelwerk –, in: PiR, 2. Jg., Heft 5, 2006, S. 71-75.

Popper, Karl R. (1935): Logik der Forschung, 1. Aufl., Wien 1935.

Popper, Karl R. (1965): Prognose und Prophetie in den Sozialwissenschaften, in: Topitsch, Ernst (Hrsg.), Logik der Sozialwissenschaften, 6. Aufl., Berlin 1965, S. 113-125.

Poser, Hans (2006): Wissenschaftstheorie, Stuttgart 2006.

Pownall, Grace/Wasley, Charles/Waymire, Gregory (1993): The Stock Price Effects of Alternative Types of Management Earnings Forecasts, in: The Accounting Review, 68. Jg., Heft 4, 1993, S. 896-912.

Pradel, Marcus/Aretz, Wera (2008): Trend- und Zukunftsforschung, in: Pepels, Werner (Hrsg.), Marktforschung. Organisation und praktische Anwendung, 2. Aufl., Düsseldorf 2008, S. 227-259.

Pratt, John W./Zeckhauser, Richard J. (1985): Principals and Agents: The Structure of Business, Boston 1985.

Prigge, Cord (2006): Konzernlageberichterstattung vor dem Hintergrund einer Bilanzierung nach IFRS, Düsseldorf 2006, zugl. Münster, Univ., Diss., 2005.

Puckler, Godehard H. (1974): Eine weitere Herausforderung an den Wirtschaftsprüfer, in: WPg, 27. Jg., Heft 6, 1974, S. 157-159.

Quick, Reiner/Kayadelen, Engin (2002): Zur Aussagefähigkeit von Prognosen in Emissionsprospekten am Neuen Markt, in: WPg, 55. Jg., Heft 18, 2002, S. 949-965.

Quick, Reiner/Reus, Michael (2009): Zur Qualität der Prognoseberichterstattung der DAX 30-Gesellschaften, in: KoR, 10. Jg., Heft 1, 2009, S. 18-32.

Rabenhorst, Dirk (2008): Zusätzliche Angabepflichten im Lagebericht durch das Übernahmerichtlinien-Umsetzungsgesetz, in: WPg, 61. Jg., Heft 4, 2008, S. 139-145.

Raffée, Hans/Abel, Bodo (1979a): Aufgaben und aktuelle Tendenzen der Wissenschaftstheorie in den Wirtschaftswissenschaften, in: Raffée, Hans/Abel, Bodo (Hrsg.), Wissenschaftstheoretische Grundfragen der Wirtschaftswissenschaft, München 1979, S. 1-10.

Raffée, Hans/Abel, Bodo (1979b): Wissenschaftstheoretische Grundfragen der Wirtschaftswissenschaft, München 1979.

Raffournier, Bernard (1995): The determinants of voluntary financial disclosure by Swiss listed companies, in: The European Accounting Review, 4. Jg., Heft 2, 1995, S. 261-280.

Rang, Reiner (2004): Qualität der Lageberichterstattung von Kapitalgesellschaften in Deutschland unter besonderer Berücksichtigung der Darstellung von Risiken der künftigen Entwicklung, Köln 2004.

Rang, Reiner (2007): Qualität der Lageberichterstattung von Kapitalgesellschaften in Deutschland, Köln 2007.

Rathgeber, Andreas/Tebroke, Hermann-Josef/Wallmeier, Martin (2003): Finanzwirtschaft, Kapitalmarkt und Banken, FS für Prof. Dr. Manfred Steiner zum 60. Geburtstag, Stuttgart 2003.

Räuber, Dieter (1988): Der Lagebericht. Diskrepanz zwischen Erwartung und Rechtswirklichkeit, in: BB, 43. Jg., Heft 19, 1988, S. 1285-1292.

Riahi-Belkaoui, Ahmed (2004): Accounting Theory, 5. Aufl., Cornwall 2004.

Richter, Rudolf/Bindseil, Ulrich (1995): Neue Institutionenökonomik, in: WiSt, 24. Jg., Heft 3, 1995, S. 132-140.

Richter, Rudolf/Furubotn, Eirik G. (2003): Neue Institutionenökonomik, 3. Aufl., Tübingen 2003.

Richter, Tim (2005): Die Leistung von Aktienanalysten aus Anlegersicht. Empirische Untersuchung für den deutschen Aktienmarkt, Wiesbaden 2005, zugl. Hamburg, Univ., Diss., 2005.

Riebel, Frank (2004): Risiko- und Prognosebericht – Chancen und Gefahren für den Emittenten, in: GoingPublic, o. Jg., Heft 12, 2004, S. 42-43.

Riegler, Christian (2006): Immaterielle Werte in Management Commentary und Intellectual Capital Statement – Eine Gegenüberstellung von Berichtskonzepten, in: IRZ, 1. Jg., Heft 2, 2006, S. 113-121.

Rieso, Sven (2005): Risiko- und Prognoseberichterstattung nach § 289 HGB: eine entscheidungstheoretische Analyse, Frankfurt am Main 2005, zugl. Münster, Univ., Diss., 2002.

Robbins, Walter A./Austin, Kenneth R. (1986): Disclosure Quality in Governmental Financial Reports: An Assessment of Appropriateness of a Compound Measure, in: JoAR, 24. Jg., Heft 2, 1986, S. 412-421.

Röckemann, Christian (1994): Anlageempfehlungen von Börseninformationsdiensten und Anlegerverhalten. Eine empirische Analyse für den deutschen Aktienmarkt, in: zfbf, 46. Jg., Heft 10, 1994, S. 819-851.

Röder, Klaus (1999): Kurswirkungen von Meldungen deutscher Aktiengesellschaften, Lohmar/Köln 1999.

Röder, Klaus (2002): Intraday-Umsätze bei Ad hoc-Meldungen, in: FB, 4. Jg., Heft 12, 2002, S. 728-735.

Rogge, Hans-Jürgen (1972): Methoden und Modelle der Prognose aus absatzwirtschaftlicher Sicht, Berlin 1972.

Roll, Richard (1977): A Critique of the Asset Pricing Theory's Tests. Part I: On Past and Potential Testability of the Theory, in: Journal of Financial Economics, 4. Jg., Heft 2, 1977, S. 129-176.

Rönz, Bernd/Förster, Erhard (1992): Regressions- und Korrelationsanalyse, Wiesbaden 1992.

Ross, Stephen A. (1973): The Economic Theory of Agency: The Principal's Problem, in: American Economic Review, 63. Jg., Heft 2, 1973, S. 134-139.

Ross, Stephen A. (1976): The Arbitrage Theory of Capital Asset Pricing, in: Journal of Economic Theory, 13. Jg., Heft 3, 1976, S. 341-360.

Ross, Stephen A. (1979): Disclosure Regulation in Financial Markets: Implications of Modern Finance Theory and Signaling Theory, in: Edwards, Franklin R. (Hrsg.), Issues in Financial Regulation, New York 1979, S. 177-208.

Roßbach, Christine (2007): Entwurf des DRS 16 zur Zwischenberichterstattung, Ein Beitrag zur Harmonisierung der Rechnungslegung?, in: Accounting, o. Jg., Heft 5, 2007, S. 11-14.

Roßbach, Peter (2001): Behavioral Finance. Eine Alternative zur vorherrschenden Kapitalmarkttheorie?, Arbeitsbericht der Hochschule für Bankwirtschaft, Nr. 31, Frankfurt am Main 2001.

Rössler, Patrick (2005): Inhaltsanalyse, Konstanz 2005.

Rothschild, Kurt W. (1969): Wirtschaftsprognose. Methoden und Probleme, Berlin et al. 1969.

Rückle, Dieter (1981): Gestaltung und Prüfung externer Prognosen, in: Seicht, Gerhard (Hrsg.), Management und Kontrolle, Festgabe für E. Loitlsberger zum 60. Geburtstag, Berlin 1981, S. 431-468.

Rückle, Dieter (1984): Externe Prognosen und Prognoseprüfung, in: DB, 37. Jg., Heft 2, 1984, S. 57-69.

Ruigrok, Winfried/Amann, Wolfgang/Wagner, Hardy (2007): The Internationalization-Performance Relationship at Swiss Firms: A Test of S-Shape and Extreme Degrees of Internationalization, in: Management International Review, 47. Jg., Heft 3, 2007, S. 349-368.

Ruland, William/Tung, Samuel/George, Nashwa E. (1990): Factors Associated with the Disclosure of Managers' Forecasts, in: The Accounting Review, 65. Jg., Heft 3, 1990, S. 710-721.

Sahling, Claus (1981): Die Reaktion des Aktienmarktes auf wesentliche Ausschüttungsänderungen, Schwarzenbek 1981.

Sahner, Friedhelm/Kammers, Heinz (1984): Der Lagebericht – Gegenwart und Zukunft, in: DB, 37. Jg., Heft 45, 1984, S. 2309-2316.

Saudagaran, Shahrokh M./Biddle, Gary C. (1992): Financial Disclosure Levels and Foreign Stock Exchange Listing Decisions, in: Journal of International Financial Management and Accounting, 4. Jg., Heft 2, 1992, S. 106-148.

Saudagaran, Shakrokh M. (1988): An Empirical Study of Selected Factors Influencing the Decision to List on Foreign Stock Exchanges, in: Journal of International Business Studies, 19. Jg., Heft 1, 1988, S. 101-127.

Schäfer, Sue-Isabel/Vater, Hendrik (2002): Behavioral Finance: Eine Einführung, in: FB, 4. Jg., Heft 12, 2002, S. 739-748.

Scheele, Alexander (2007): Strategieorientierte Lageberichterstattung – Eine kritische Analyse internationaler Entwicklungen vor dem Hintergrund des Management Commentary des IASB, Lohmar/Köln 2007, zugl. Münster, Univ., Diss., 2006.

Scheffler, Eberhard (1999): Der Deutsche Standardisierungsrat – Struktur, Aufgabe und Kompetenzen, in: BFuP, 51. Jg., Heft 4, 1999, S. 407-417.

Scherff, Susanne/Willeke, Clemens (2006): Die Prüfung des Lageberichts – der IDW EPS 350 n.F., in: StuB, 8. Jg., Heft 4, 2006, S. 143-148.

Schildbach, Thomas (1986): Jahresabschluß und Markt, Berlin et al. 1986.

Schildbach, Thomas/Beermann, Markus/Feldhoff, Michael (1990): Lagebericht und Publizitätspraxis der GmbH, in: BB, 45. Jg., Heft 33, 1990, S. 2297-2301.

Schipper, Katherine (1981): Discussion of Voluntary Corporate Disclosure: The Case of Interim Reporting, in: JoAR, Supplement, 19. Jg., 1981, S. 85-88.

Schloen, Brüne (1988): Lagebericht und Unternehmenspotential, in: DB, 41. Jg., Heft 33, 1988, S. 1661-1664.

Schmalenbach-Gesellschaft für Betriebswirtschaft, Arbeitskreis „Externe und Interne Überwachung der Unternehmung" (2003): Probleme der Prognoseprüfung, in: DB, 56. Jg., Heft 3, 2003, S. 105-111.

Schmalz, René (1978): Die zukunftsorientierte Berichterstattung – Eine neue Perspektive der externen Rechnungslegung, Diessenhofen 1978.

Schmidt, André/Wulbrand, Hanno (2007): Umsetzung der Anforderungen an die Lageberichterstattung nach dem BilReG und DRS 15 – Eine empirische Untersuchung der DAX-Unternehmen –, in: KoR, 8. Jg., Heft 7-8, 2007, S. 417-426.

Schmidt, Karsten (2008): Münchener Kommentar zum Handelsgesetzbuch, 2. Aufl., München 2008.

Schneider, Carl W. (1989): MD&A Disclosure, in: The Review of Securities & Commodities Regulation, 22. Jg., Heft 14, 1989, S. 149-156.

Schnell, Rainer/Hill, Paul B./Esser, Elke (2005): Methoden der empirischen Sozialforschung, 7. Aufl., München 2005.

Schöpf, Anton (1966): Das Prognoseproblem in der Nationalökonomie, Band 2, Berlin 1966.

Schröder, Frank (2007): Der zukunftsorientierte Lagebericht gemäß § 289 HGB, Hamburg 2007, zugl. Düsseldorf, Fachhochschule, Diplomarbeit, 2006.

Schroeder, Richard G./Clark, Myrtle W./Cathey, Jack M. (2008): Financial Accounting Theory and Analysis: Text and Cases, 9. Aufl., Hoboken, N.J. 2008.

Schulz, Harald (1972): Der Einfluß von Kapitalerhöhungen aus Gesellschaftsmitteln auf die Entwicklung der Aktienkurse – Eine empirische Untersuchung für den Zeitraum von 1960 bis 1969 unter Berücksichtigung von Insider-, Publizitäts- und Splittingeffekten –, Göttingen 1972.

Schulze, Dennis (2001): Die Berichterstattung über Risiken der künftigen Entwicklung im Lagebericht nach dem KonTraG, Aachen 2001, zugl. Münster, Univ., Diss., 1999.

Schwaiger, Manfred/Harhoff, Dietmar (2003): Empirie und Betriebswirtschaft, Stuttgart 2003.

Schwarze, Jochen (1980): Angewandte Prognoseverfahren, Herne/Berlin 1980.

Scott, William A. (1955): Reliability of Content Analysis: The Case of Nominal Scale Coding, in: The Public Opinion Quarterly, 19. Jg., Heft 3, 1955, S. 321-325.

Seicht, Gerhard (1981): Management und Kontrolle, Festgabe für E. Loitlsberger zum 60. Geburtstag, Berlin 1981.

Seicht, Gerhard (2002): Jahrbuch für Controlling und Rechnungswesen, Wien 2002.

Seidenfus, Hellmuth St. (1962): Inwieweit ist die verstehende Methode für die Konjunkturdiagnose nützlich oder unerläßlich?, in: Giersch, Herbert/Borchardt, Knut (Hrsg.), Diagnose und Prognose als wirtschaftswissenschaftliche Methodenprobleme, Berlin 1962, S. 13-29.

Selch, Barbara (2000): Die Entwicklung der gesetzlichen Regelungen zum Lagebericht seit dem Aktiengesetz von 1965 bis zum KapCoRiLiG von 2000, in: WPg, 53. Jg., Heft 8, 2000, S. 357-367.

Selch, Barbara (2003): Der Lagebericht. Risikoberichterstattung und Aufstellung nach IDW RS HFA 1, Wiesbaden 2003, zugl. Würzburg, Univ., Diss., 2003.

Selchert, Friedrich W. (1999a): Zukunftsorientierte Berichterstattung im Lagebericht, in: Giesel, Franz/Glaum, Martin (Hrsg.), Globalisierung – Herausforderungen an die

Unternehmensführung zu Beginn des 21. Jahrhunderts, FS für Prof. Dr. Ehrenfried Pausenberger, München 1999, S. 405-428.

Selchert, Friedrich Wilhelm (1999b): Die MD&A – ein Vorbild für den Lagebericht?, in: Küting, Karlheinz/Langenbucher, Günther (Hrsg.), Internationale Rechnungslegung, FS für Professor Dr. Claus-Peter Weber zum 60. Geburtstag, Stuttgart 1999, S. 220-237.

Sharpe, William F. (1963): A Simplified Model For Portfolio Analysis, in: Management Science, 9. Jg., Heft 2, 1963, S. 277-293.

Sharpe, William F. (1964): Capital Asset Prices: A Theory of Market Equilibrium Under Conditions of Risk, in: JoF, 19. Jg., Heft 3, 1964, S. 425-442.

Siebel, Ulf R./Gebauer, Stefan (2001): Prognosen im Aktien- und Kapitalmarktrecht – Lagebericht, Zwischenbericht, Verschmelzungsbericht, Prospekt usw.- (Teil II), in: WM, 55. Jg., Heft 4, 2001, S. 173-220.

Sieben, Günter (1987): Offene Fragen bei der Erstellung und Prüfung des Lageberichts, in: Havermann, Hans (Hrsg.), Bilanz- und Konzernrecht, FS zum 65. Geburtstag von Reinhard Goerdeler, Düsseldorf 1987, S. 581-600.

Siegel, Sidney (1956): Nonparametric Statistics for the Behavioral Sciences, New York et al. 1956.

Singhvi, Surendra S./Desai, Harsha B. (1971): An Empirical Analysis of the Quality of Corporate Financial Disclosure, in: The Accounting Review, 46. Jg., Heft 1, 1971, S. 129-138.

Singleton-Green, Brian (2006): After Gordon. What will happen to non-financial reporting after the chancellor's abolition of the statutory OFR?, in: Accountancy, 137. Jg., Heft 1351, 2006, S. 39-40.

Skiera, Bernd/Albers, Sönke (2008): Regressionsanalyse, in: Herrmann, Andreas/Homburg, Christian/Klarmann, Martin (Hrsg.), Handbuch Marktforschung. Methoden - Anwendungen - Praxisbeispiele, 3. Aufl., Wiesbaden 2008, S. 467-497.

Skinner, Douglas J. (1994): Why Firms Voluntarily Disclose Bad News, in: JoAR, 32. Jg., Heft 1, 1994, S. 38-60.

Skrepnek, Grant H./Lawson, Kenneth A. (2001): Measuring Changes in Capital Market Security Prices: The Event Study Methodology, in: Journal of Research in Pharmaceutical Economics, 11. Jg., Heft 1, 2001, S. 1-17.

Smith, Malcolm (2003): Research Methods in Accounting, London 2003.

Solfrian, Gregor (2005): Änderungen in der Lageberichterstattung durch das Bilanzrechtsreformgesetz sowie den DRS 15, in: StuB, 7. Jg., Heft 21, 2005, S. 911-918.

Sorg, Peter (1984): Zukunftsorientierte Berichterstattung in den Geschäftsberichten deutscher Industrie-Aktiengesellschaften – Ergebnisse einer empirischen Untersuchung, in: zfbf, 36. Jg., Heft 12, 1984, S. 1028-1049.

Sorg, Peter (1988): Die voraussichtliche Entwicklung der Kapitalgesellschaft – Anmerkungen zu Form und Inhalt der Angaben im Lagebericht –, in: WPg, 41. Jg., Heft 13, 1988, S. 381-389.

Sorg, Peter (1994): Prognosebericht und Publizitätspraxis der AG – Ergebnisse einer empirischen Untersuchung, in: BB, 49. Jg., Heft 28, 1994, S. 1962-1969.

Spanheimer, Jürgen (2000): Spezifische Problemfelder des gesetzlichen Standardisierungsauftrages an den DSR gemäß § 342 Abs. 1 Nr. 1 HGB, in: WPg, 53. Jg., Heft 20, 2000, S. 997-1007.

Spence, Michael (1973): Job Market Signaling, in: Quarterly Journal of Economics, 83. Jg., Heft 3, 1973, S. 355-374.

Spence, Michael (2002): Signaling in Retrospect and the Informational Structure of Markets, in: The American Economic Review, 92. Jg., Heft 3, 2002, S. 434-459.

Spremann, Klaus (1990): Asymmetrische Information, in: ZfB, 60. Jg., Heft 5/6, 1990, S. 561-586.

Stanga, Keith G. (1976): Disclosure in Published Annual Reports, in: Financial Management, 5. Jg., Heft 4, 1976, S. 42-52.

Stanzel, Matthias (2007): Qualität des Aktienresearchs von Finanzanalysten, Wiesbaden 2007, zugl. Gießen, Univ., Diss., 2007.

Starbatty, Nikolaus (2005): Fair Value Accounting in der US-amerikanischen Rechnungslegung, Wiesbaden 2005, zugl. Augsburg, Univ., Diss., 2004.

Steffe, Horst O. (1962): Einige Thesen zur derzeitigen Praxis der laufenden Konjunkturdiagnose, in: Giersch, Herbert/Borchardt, Knut (Hrsg.), Diagnose und Prognose als wirtschaftswissenschaftliche Methodenprobleme, Berlin 1962, S. 122-126.

Steiner, Manfred/Bruns, Christoph (2007): Wertpapiermanagement, 9. Aufl., Stuttgart 2007.

Steinmeyer, Volker (2008): Der Lagebericht als publizitätspolitisches Instrument börsennotierter Aktiengesellschaften, Hamburg 2008, zugl. Hamburg, Univ., Diss., 2008.

Sterling, Robert R. (1990): Positive Accounting: An Assessment, in: Abacus, 26. Jg., Heft 2, 1990, S. 97-135.

Stevens, Stanley S. (1946): On the Theory of Scales of Measurement, in: Science, 103. Jg., Heft 2684, 1946, S. 677-680.

Stier, Winfried (1999): Empirische Forschungsmethoden, 2. Aufl., Berlin et al. 1999.

Stiglitz, Joseph E. (1975): The Theory of "Screening", Education, and the Distribution of Income, in: The American Economic Review, 65. Jg., Heft 3, 1975, S. 283-300.

Stiglitz, Joseph/Weiss, Andrew (1981): Credit Rationing in Markets with Imperfect Information, in: American Economic Review, 71. Jg., Heft 3, 1981, S. 393-410.

Stobbe, Thomas (1988): Der Lagebericht, in: BB, 43. Jg., Heft 5, 1988, S. 303-311.

Street, Donna L./Bryant, Stephanie M. (2000): Disclosure Level and Compliance with IASs: A Comparison of Companies With and Without U.S. Listings and Filings, in: The International Journal of Accounting, 35. Jg., Heft 3, 2000, S. 305-329.

Streim, Hannes (1995): Zum Stellenwert des Lageberichts im System handelsrechtlicher Rechnungslegung, in: Elschen, Rainer/Siegel, Theodor/Wagner, Franz W. (Hrsg.), Unternehmenstheorie und Besteuerung, FS zum 60. Geburtstag von Dieter Schneider, Wiesbaden 1995, S. 703-721.

Strieder, Thomas/Ammedick, Oliver (2007a): Die periodische unterjährige externe Rechnungslegung nach dem TUG und dem künftigen DRS 16, in: KoR, 8. Jg., Heft 5, 2007, S. 285-292.

Strieder, Thomas/Ammedick, Oliver (2007b): Der Zwischenlagebericht als neues Instrument der Zwischenberichterstattung, in: DB, 60. Jg., Heft 25, 2007, S. 1368-1372.

Subramaniam, Nava (2006): Agency Theory and Accounting Research: An Overview of Some Conceptual and Empirical Issues, in: Hoque, Zahirul (Hrsg.), Methodological Issues in Accounting Research. Theories, methods and issues, London 2006, S. 55-81.

Sullivan, Daniel (1994): Measuring the Degree of Internationalization of a Firm, in: Journal of International Business Studies, 25. Jg., Heft 2, 1994, S. 325-342.

Tabachnick, Barbara G./Fidell, Linda S. (2007): Experimental Designs Using ANOVA, Belmont 2007.

Tesch, Jörg/Wißmann, Ralf (2006): Lageberichterstattung nach HGB, Weinheim 2006.

Theil, Henri (1975): Economic Forecasts and Policy, 2. Aufl., Amsterdam 1975.

Tichy, Erhard (1979): Der Inhalt des Lageberichts nach § 160 I AktG – eine theoretische und empirische Untersuchung –, Hohenheim 1979, zugl. Hohenheim, Univ., Diss., 1979.

Tietzel, Manfred (1983): Kriterien für die Qualität von Wirtschaftsprognosen, in: Diskussionsbeiträge des Fachbereichs Wirtschaftswissenschaft Universität Duisburg-Gesamthochschule, Nr. 57, Duisburg 1983.

Tietzel, Manfred (1989): Prognoselogik oder: Warum Prognostiker irren dürfen, Jahrbuch für Nationalökonomie und Statistik, in: Diskussionsbeiträge des Fachbereichs Wirtschaftswissenschaft der Uni Duisburg-Gesamthochschule Nr. 118, Duisburg 1989.

Titman, Sheridan/Trueman, Brett (1986): Information Quality and the Valuation of New Issues, in: JoAE, 8. Jg., Heft 2, 1986, S. 159-172.

Topitsch, Ernst (1965): Logik der Sozialwissenschaften, 6. Aufl., Berlin 1965.

Toutenburg, Helge/Heumann, Christian (2008): Deskriptive Statistik. Eine Einführung in Methoden und Anwendungen mit R und SPSS, 6. Aufl., Berlin 2008.

Trueman, Brett (1986): Why Do Managers Voluntarily Release Earnings Forecasts?, in: JoAE, 8. Jg., Heft 1, 1986, S. 53-71.

Ulmer, Peter (2002): Großkommentar HGB-Bilanzrecht, 1. Teilband: §§ 238-289 HGB, Berlin/New York 2002.

Ulrich, Peter/Hill, Wilhelm (1976): Wissenschaftstheoretische Grundlagen der Betriebswirtschaftslehre (Teil II), in: WiSt, 5. Jg., Heft 8, 1976, S. 345-350.

Unerman, Jeffrey (2000): Methodological issues. Reflections on quantification in corporate social reporting content analysis, in: Accounting, Auditing & Accountability Journal, 13. Jg., Heft 5, 2000, S. 667-680.

Urban, Peter (1973): Zur wissenschaftstheoretischen Problematik zeitraumüberwindender Prognosen, Köln 1973.

Verrecchia, Robert E. (1983): Discretionary Disclosure, in: JoAE, 5. Jg., 1983, S. 179-194.

von Ameln, Falko (2004): Konstruktivismus. Die Grundlagen systemischer Therapie, Beratung und Bildungsarbeit, Tübingen/Basel 2004.

von Wysocki, Klaus (1976): Ergebnisse empirischer Untersuchungen über das Publizitätsverhalten deutscher Unternehmen, in: zfbf, 28. Jg., 1976, S. 744-755.

Wagenhofer, Alfred (1990): Informationspolitik im Jahresabschluß. Freiwillige Information und strategische Bilanzanalyse, Heidelberg 1990.

Wagenhofer, Alfred/Ewert, Ralf (2007): Externe Unternehmensrechnung, 2. Aufl., Berlin 2007.

Wallace, R. S. Olusegun (1988): Corporate Financial Reporting in Nigeria, in: Accounting and Business Research, 18. Jg., Heft 72, 1988, S. 352-362.

Wallace, R. S. Olusegun/Naser, Kamal (1995): Firm-Specific Determinants of the Comprehensiveness of Mandatory Disclosure in the Corporate Annual Reports of Firms Listed on the Stock Exchange of Hong Kong, in: Journal of Accounting and Public Policy, 14. Jg., Heft 4, 1995, S. 311-368.

Wallace, R. S. Olusegun/Naser, Kamal/Mora, Araceli (1994): The Relationship Between the Comprehensiveness of Corporate Annual Reports and Firm Characteristics in Spain, in: Accounting and Business Research, 25. Jg., Heft 97, 1994, S. 41-53.

Wang, Kun/O., Sewon/Claiborne, M. Cathy (2008): Determinants and consequences of voluntary disclosure in an emerging market: Evidence from China, in: Journal of International Accounting, Auditing and Taxation, 17. Jg., Heft 1, 2008, S. 14-30.

Wanik, Otto (1975): Probleme der Aufstellung und Prüfung von Prognosen über die Entwicklung der Unternehmung in der nächsten Zukunft, in: Bericht über die Fachtagung 1974 des Instituts der Wirtschaftsprüfer in Deutschland e.V. Düsseldorf, o. Jg., 1975, S. 45-60.

Wasser, Gerd (1976): Bestimmungsfaktoren freiwilliger Prognosepublizität, Düsseldorf 1976.

Watts, Ross L. (1992): Accounting Choice Theory and Market-Based Research in Accounting, in: British Accounting Review, 24. Jg., Heft 3, 1992, S. 235-267.

Watts, Ross L. (1995): Developments in Positive Accounting Theory, in: Jones, Stewart/Romano, Claudio (Hrsg.), Accounting Theory a contemporary review, Sydney 1995, S. 297-353.

Watts, Ross L./Zimmerman, Jerold L. (1978): Towards a Positive Theory of the Determination of Accounting Standards, in: The Accounting Review, 53. Jg., Heft 1, 1978, S. 112-134.

Watts, Ross L./Zimmerman, Jerold L. (1983): Agency Problems, Auditing, and the Theory of the Firm: Some Evidence, in: Journal of Law and Economics, 26. Jg., Heft 3, 1983, S. 613-633.

Watts, Ross L./Zimmerman, Jerold L. (1986): Positive Accounting Theory, Englewood Cliffs, New Jersey 1986.

Watts, Ross L./Zimmerman, Jerold L. (1990): Positive Accounting Theory: A Ten Year Perspective, in: The Accounting Review, 65. Jg., Heft 1, 1990, S. 131-156.

Weber, Jürgen/Schäffer, Utz (2008): Einführung in das Controlling, 12. Aufl., Stuttgart 2008.

Weippert, Georg (1962): Zur verstehenden Methode, in: Giersch, Herbert/Borchardt, Knut (Hrsg.), Diagnose und Prognose als wirtschaftswissenschaftliche Methodenprobleme, Berlin 1962, S. 166-178.

Weißenberger, Barbara E./Maier, Michael (2006): Der Management Approach in der IFRS-Rechnungslegung: Fundierung der Finanzberichterstattung durch Informationen aus dem Controlling, in: DB, 59. Jg., Heft 39, 2006, S. 2077-2083.

Wenger, Ekkehard/Terberger, Eva (1988): Die Beziehung zwischen Agent und Prinzipal als Baustein einer ökonomischen Theorie der Organisation, in: WiSt, 17. Jg., Heft 10, 1988, S. 506-514.

Wild, Jürgen (1969): Unternehmerische Entscheidungen, Prognosen und Wahrscheinlichkeit, in: Ergänzungsheft zur ZfB, 39. Jg., Heft 2, 1969, S. 60-89.

Wild, Jürgen (1970): Probleme der theoretischen Deduktion von Prognosen, in: Zeitschrift für die gesamte Staatswissenschaft (ZfgSt), 126. Jg., Heft 4, 1970, S. 553-576.

Willeke, Clemens (2004): Der E-DRS 20 „Lageberichterstattung" – ein Fortschritt?, in: StuB, 6. Jg., Heft 8, 2004, S. 359-365.

Winkelmann, Michael (1984): Aktienbewertung in Deutschland, Königstein/Ts. 1984.

Wolbert, Joachim (2006): Der Lagebericht nach DRS 15 – Zunehmende Kapitalmarktorientierung eines traditionellen Berichtsinstruments, in: GoingPublic, o. Jg., Heft 2, 2006, S. 50-51.

Wolf, Klaus (2005): Neuerungen im (Konzern-)Lagebericht durch das Bilanzrechtsreformgesetz (BilReG) – Anforderungen und ihre praktische Umsetzung, in: DStR, 43. Jg., Heft 10, 2005, S. 438-455.

Wöller, Rolf (2008a): Prognoseverfahren, in: Pepels, Werner (Hrsg.), Marktforschung. Organisation und praktische Anwendung, 2. Aufl., Düsseldorf 2008, S. 171-226.

Wöller, Rolf (2008b): Grundlagen von Prognosen, in: Pepels, Werner (Hrsg.), Marktforschung. Organisation und praktische Anwendung, 2. Aufl., Düsseldorf 2008, S. 139-170.

Wong, Jilnaught (1995): Agency Theory and Accounting Choices: A Theoretical Framework, in: Jones, Stewart/Romano, Claudio/Ratnatunga, Janek (Hrsg.), Accounting Theory a contemporary review, Sydney et al. 1995, S. 394-406.

Zarzeski, Marilyn Taylor (1996): Spontaneous Harmonization Effects of Culture and Market Forces on Accounting Disclosure Practices, in: Accounting Horizons, 10. Jg., Heft 1, 1996, S. 18-37.

Münsteraner Schriften zur Internationalen Unternehmensrechnung

Herausgegeben von Peter Kajüter

Band 1 Daniela Barth: Prognoseberichterstattung. Praxis, Determinanten und Kapitalmarktwirkungen bei deutschen börsennotierten Unternehmen. 2009.

www.peterlang.de